法经济学（第二版）

Law and Economics

史晋川 主 编
陈春良 副主编

图书在版编目(CIP)数据

法经济学/史晋川主编. —2版. —北京:北京大学出版社,2014.10
(21世纪经济与管理规划教材·经济学系列)
ISBN 978-7-301-24920-8

Ⅰ. ①法… Ⅱ. ①史… Ⅲ. ①法学—经济学—高等学校—教材 Ⅳ. ①D90-059

中国版本图书馆CIP数据核字(2014)第228580号

书　　　名:法经济学(第二版)
著作责任者:史晋川 主编　陈春良 副主编
策 划 编 辑:刘　京
责 任 编 辑:周　玮
标 准 书 号:ISBN 978-7-301-24920-8/F·4064
出 版 发 行:北京大学出版社
地　　　址:北京市海淀区成府路205号　100871
网　　　址:http://www.pup.cn
电 子 信 箱:em@pup.cn　　　QQ:552063295
新 浪 微 博:@北京大学出版社　　@北京大学出版社经管图书
电　　　话:邮购部62752015　发行部62750672　编辑部62752926　出版部62754962
印　刷　者:北京虎彩文化传播有限公司
经　销　者:新华书店
787毫米×1092毫米　16开本　25.75印张　595千字
2007年10月第1版
2014年10月第2版　2023年6月第4次印刷
定　　　价:52.00元

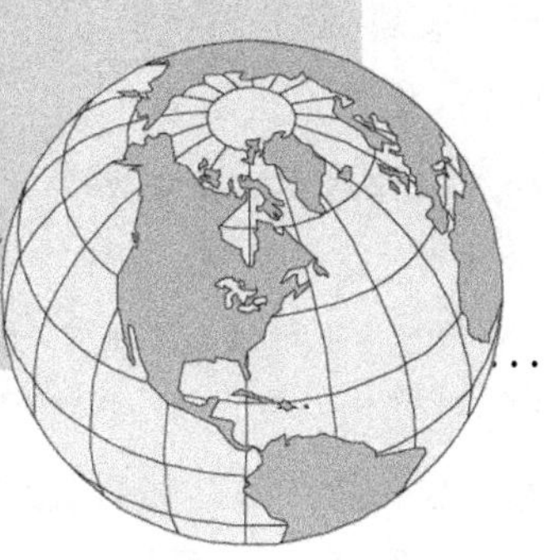

序　言

本书是一部适用于经济学专业和法学专业本科生学习法经济学课程的教材。

法经济学是一门20世纪60年代在美国兴起的经济学和法学交叉的学科,其最主要的学科特征是将经济学的基本原理和分析工具运用到法学的研究领域,研究法律的制定、法律的结构以及法律制度对经济社会的影响。20世纪80年代初,法经济学被介绍到中国后,越来越多地引起了社会科学研究者的关注,并且开始进入大学的课程体系。本书的目的在于帮助大学生更好地学习和掌握法经济学的基本理论,拓宽大学生关于经济学和法学的研究视野,增强大学生从事社会科学跨学科交叉研究和创新研究的意识,以推动中国法经济学的学科建设与发展。

作为一本大学本科生使用的教材,本书的编写具有如下一些特点:

第一,由于世界各国的法律基本上分属两大法律体系——英美法(普通法)和大陆法,同时由于法经济学主要发源于属于英美法的美国,所以大部分法经济学的教材基本上是基于英美法来介绍和研究法经济学的。此外,尽管中国的法律属于大陆法,但由于中国是一个处于大规模制度变迁进程中的转型国家,法律体系自身带有许多转型期的特征。考虑到上述两个原因,本书在介绍法经济学理论时,一方面在对法律制度进行理论分析时,继续保持了以英美法为主的法学理论分析与经济理论分析的阐述和比较;另一方面在相应的法律专题研究中,则尽量增加了一些大陆法的法律内容及比较分析,同时也尽可能将与大陆法有关的法学理论分析与中国转型时期的法律制度特征结合起来进行阐述。

第二,由于法经济学的研究内容十分广泛,同时法经济学的学科

发展过程中又出现了一些新的研究领域（如法与金融学），所以，在教材的内容选择上，一方面从学科的理论角度看，教材内容要力求全面系统；另一方面也必须兼顾在中国转型时期背景下教材内容的针对性和实用性。基于上述两个方面原因的考虑，本书在第一章和第二章介绍了法经济学的理论渊源、学科发展、学科的性质与研究范围和学科的研究方法后，选择了财产法、合同法、侵权法、公司法、管制法、刑法和程序法七个主要法律领域重点进行介绍。事实上，本书所介绍的公司法的核心内容是基于法与金融学理论，而且所介绍的内容主要是法与金融学理论中与法律体系、投资者保护和公司法理有关的理论，而较少涉及法与金融学中法律体系、金融发展与经济增长方面的内容。这样一种安排正是考虑到中国转型时期背景下教材内容的实用性。

第三，由于作为一本大学的教材，教材的使用者是中国的大学生，同时这些学生又具有不同的专业背景，所以，在教材的编写中不仅十分注重比较分析方法的运用，对于同一个法律领域的问题从经济学与法学及不同的法学理论视角展开阐述，同时还设置了一些专栏，主要介绍经济学和法学理论中的基础知识，以及著名经济学家和法学家的生平和学术观点。此外，在每一个法律领域的专题分析中，编写者都尽可能采用中国的案例来研究相关的法律问题，通过案例的学习，帮助学生更好地掌握将法经济学理论与中国法律实践相结合进行研究的方法。

诚然，本书的作者清楚地知道，我们所做的工作仍然是一项非常初步的研究和编写工作，同时，由于作者自身的学术水平所限，书中也一定会存在种种不足之处，甚至缺点和错误，我们真诚地希望学术界的同仁和各位同学予以坦诚的批评与指正。

史晋川
于杭州南都德迦公寓

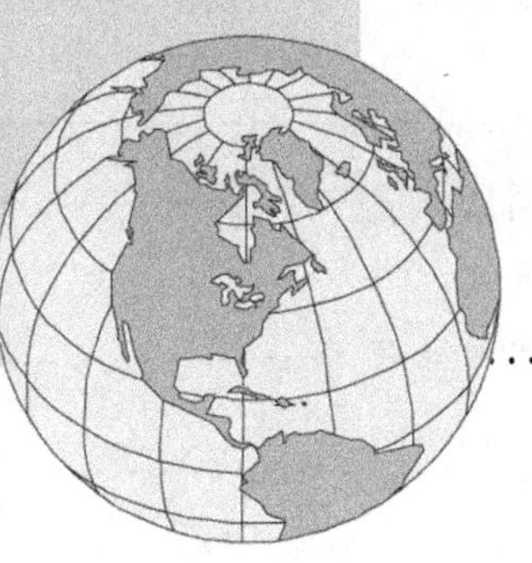

目 录

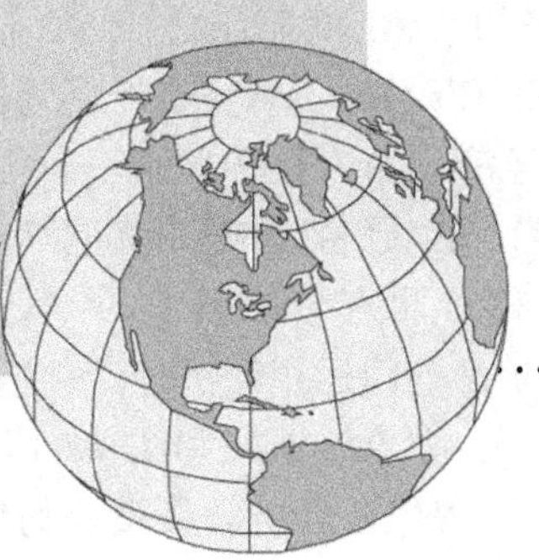

第一章

法经济学的学科演变

法经济学就是建立在某些法律领域具体知识基础上的一系列经济研究。

——〔美〕理查德·A. 波斯纳

【本章概要】

法经济学是现代经济学的一个重要分支。1960 年,罗纳德·科斯的《社会成本问题》一文的发表,被视为现代法经济学范式开始形成的标志。在此之前,古典自然法哲学、古典政治经济学、古典功利主义、德国历史学派、美国制度学派以及法律现代主义和形式主义,对法学与经济学的跨学科式交流,都作了有益的探索。以研究"反垄断"著称的芝加哥大学"旧法经济学",则是这场学术运动的直接思想来源。科斯以后,现代法经济学的成长呈现出多样化、多元化的繁荣,有代表性的思想观点包括:法经济学的芝加哥学派、纽黑文学派、公共选择学派以及批判法学派。

【学习目标】

1. 了解现代法经济学的主要思想来源。
2. 了解现代法经济学的不同理论流派及其代表性观点。
3. 了解现代法经济学的不同形成、发展时期的阶段性特征。

1991年,美国经济学会下属的《经济文献杂志》(*Journal of Economic Literature*)在新修订的权威经济学文献分类(JEL Classification)中,专门为法经济学新增加了一个分类号K,这标志着西方经济学界对法经济学作为经济学的一个独立分支的广泛认可。现今,尽管法经济学(Law and Economics),在"冠名"和研究范围问题上还存在较大分歧,但是对法经济学研究的核心内容,则相对而言分歧较小。① 根据尼古拉斯·麦考罗和斯蒂文·G.曼德姆的定义,"法经济学是一门运用经济理论(主要是微观经济学及其福利经济学的基本概念)来分析法律的形成、法律的框架和法律的运作以及法律与法律制度所产生的经济影响的学科"②。类似地,现代法经济学最重要的代表人物之一——史蒂文·萨维尔也曾指出,法经济学研究主要解决以下两个问题:第一,法律规则对个体行为的影响;第二,这种影响从社会层面上看是否合适。本章将从阐述法经济学思想渊源出发,进而介绍法经济学的产生与发展。

第一节 法经济学的思想渊源

一般认为,现代法经济学或法律的经济分析,肇始于20世纪60年代一系列开创性的文章,波斯纳法官1973年出版的《法律的经济分析》是法经济学范式正式确立的标志。然而,法律经济分析的思想,或更广泛意义上的法学与经济学的"跨学科式"交流已有相当悠久的历史,它至少可以追溯到中世纪的马基雅维利。另外,如果将法经济学简单地等同于用经济分析工具勾勒法律的内在结构,那么这种理性化阐释法律的努力显然在早期自然法哲学、古典经济学、德国历史学派、美国制度学派、法律形式主义及法律现实主义的作品中都可以找到踪迹,20世纪上半叶芝加哥学派有关反垄断法的研究,则是这场学术运动最为直接的思想来源。

一、从自然法哲学到边沁

从思想渊源角度评价法经济学范式的演进,波斯纳曾很深刻地指出,法经济学这种分析法学理路,本质上延续了中世纪以来法律法规的权威解释败亡后的理性化重构努力。而根据熊彼特《经济分析史》的概括,自然法哲学家的代表,例如格劳秀斯、霍布斯、洛克和普芬多夫等人,在讨论法律原则和政治原则时,就已经有意识地"认为这类原则具有普遍的适用性,因为它们是自然的,即它们是从人类本性的一般性质推导出来的"③。自然法哲学家们主张立足于人类本性推演阐释法律体系,大概应该是历史上最早的理性诠释法律的系统性尝试,它直接或间接地影响了几位古典法经济学先驱:斯密、休谟、贝卡里亚和边沁。

---

① 英文里,法经济学的常见表述有 Law and Economics, Economics of Law, Economic Analysis of Law 等。国内"法经济学"一词最早出现在种明钊教授与顾培东研究员发表于《法学季刊》1983年第2期的《马克思主义法的理论基础与法经济学的建立》一文中。目前,国内常见的中文翻译有以下几种:法律的经济分析、法经济学、法律与经济学、经济分析法理学。本书使用较中性的法经济学。

② 〔美〕尼古拉斯·麦考罗、斯蒂文·G.曼德姆:《经济学与法律——从波斯纳到后现代主义》,吴晓露等译,法律出版社2005年版,第1页。

③ 〔美〕约瑟夫·熊彼特:《经济分析史》(第一卷),朱泱译,商务印书馆2001年版,第188页。

亚当·斯密(1723—1790)是公认的现代经济学鼻祖。1751—1763年,斯密在格拉斯哥大学担任逻辑学和道德哲学教授。当时的道德哲学大概指与"自然哲学"相对的社会科学,主要由自然神学、自然伦理学、自然法学以及政策学构成,其中政策学又分为经济学和财政学。因此,不难理解斯密的著作大量涉及法律法规的讨论。除了后人编辑的《法学讲义》对法律有专门探讨,斯密的代表作《国富论》《道德情操论》也有不少有关法律与经济关系的内容。《法学讲义》中,斯密集中讨论了经济因素对法律制度的影响。与当时占主流的观点主张财产权利是一种自然权利,独立于时空存在不同,斯密认为有关财产的法律随着社会发展程度的变化发生相应变革。从狩猎时期、畜牧时期再到后期的农业社会,私人财产权才随着社会剩余品的富足,逐渐从习俗惯例中演化出现。

如果说《法学讲义》侧重于分析经济因素对法律法规演进的影响,那么1776年出版的《国富论》则重点阐述法律规则对市场秩序的激励效应。例如,《国富论》第一篇第十章分析了学徒法对劳动力市场的影响。斯密的分析表明,通过限制某些行业的进入,过度增加其他行业的竞争,阻扰行业和地区的劳动力流动,学徒法使劳动、资本的收益进一步偏离行业平均利润。而第四篇论政治经济学体系的几个章节,则是直接述及当时的贸易保护法规,比如谷物法,不利于自由贸易和国民财富增长。此外,《国富论》有关法律对经济运行影响的讨论还集中在第五篇——论君主或国家收入,其中斯密集中讨论了国防费用、司法费用、公共支出以及教育费用应如何有效率地筹集使用以促进经济效率。[①]

斯密的《道德情操论》也对法律有过精湛的分析。《道德情操论》试图论证基于同情共感的普遍社会正义秩序如何形成,由于合宜感和同情心的调适,不同的社会交往模式如何呈现出基本的正义特征。[②] 举例来说,就具体法律惩罚体系设计而言,斯密认为:"杀害人命是一个人所能使另一个人遭受的最大不幸,它会在那些与死者有直接关系的人中间激起极为强烈的愤怒,因此,在人们和罪犯的心目中,谋杀是一种侵犯个人最残忍的罪行;而剥夺我们已占有的东西,比使我们只对希望得到的东西感到失望更坏,因而,偷窃抢夺比撕毁契约行为的罪恶更大。"[③]所以,"最正义的法律的第一个层次应该是旨在保护我们和邻人生命和身体的那些法律;第二层次是保护个人所有权和所有物的法律;最后一个层次是保护所谓个人权利要求或允诺的那些法则"[④]。

英格兰启蒙运动中,另一个不容忽略的重要人物是大卫·休谟(1711—1776)。早在他的第一部作品《人性论》中,休谟就已经对法律与经济的相互关系充满兴趣,"惯例"是休谟分析两者关系的关键词。在休谟看来,财产权利或私人财产受到保护等法律规则,先是表现为某种习俗和惯例行为,后才上升为正式的法律规则。早期人类社会没有法律,但是已经存在对私人财产的尊重,这时保护私人产权的是种种社会习俗,所以,在这个意义上休谟认为惯例先于个人之间的承诺,而后者又先于国家政府。稳定的私人财产

---

① 〔美〕约瑟夫·熊彼特:《经济分析史》(第一卷),朱泱译,商务印书馆2001年版,第五篇。

② 当然,这个概括忽略了许多《道德情操论》的丰富细节。不同于早期对《国富论》的解读,近二三十年经济学界越来越重视对斯密《道德情操论》的重新发掘。现在,比较一致的看法是,《道德情操论》是理解斯密《国富论》及相关著作的基础。

③ Adam Smith, *The Theory of Moral Sentiments*, Edited by A. L. Macfie and D. D. Raphael, Oxford University, 1976, p. 84.

④ 同上。

保障、基于自愿的产权交易以及遵守契约承诺,被休谟视为任何社会和平进步的基础。另外,对市场交换契约,休谟的主要观点是:(1) 契约的启动、执行形式等都是传统习惯做法的延续;(2) 随着习俗惯例调节下的市场秩序逐渐扩展,这种基于小社会群体的惯例性行为慢慢受到侵蚀,于是人类天性中的短视以及对远近福利的不同权衡,开始鼓动交易个体背离习惯约束,这样,就有必要有独立受公众委托的司法第三方,充当契约执行的监督者;(3) 对于司法第三方,休谟进一步指出,他们的行为必须符合内在交往的习惯性做法,也只有这样交易契约的正式法律补充才能发挥作用。从这个论述可以发现,对于法律与惯例两者的关系,休谟强调了经验惯例的重要性,从法律创生及变迁角度,他的观点很接近现代从惯例演化视角理解法律制度的研究进路。因而,哈耶克和彼得·斯坦认为,休谟对现代法经济学,尤其对法律演化和法律契约的分析有重要借鉴意义。

贝卡里亚(1738—1794)曾被誉为意大利古典刑法之父。他的著作《论犯罪与刑罚》很早就被翻译为多国语言,对后来许多国家的刑法体系演进都有举足轻重的影响。[①] 熊彼特在《经济分析史》(第二卷)中对贝卡里亚推崇备至。在他看来,贝卡里亚在米兰宫廷学校的讲义——《公共经济学要义》,几乎可以与斯密的《国富论》媲美。从经济分析角度,扣除作者在时间投入、语言润色等方面的差异,熊彼特甚至认为贝卡里亚的贡献超过斯密。姑且不论熊彼特的评价是否客观、科学,但是就古典法经济学思想的贡献而言,贝卡里亚确有过人之处:他先于边沁正式主张以"最大多数人的最大幸福"的原则研究法律立法。[②]

1764年出版的《论犯罪与刑罚》现在已成为法学尤其是刑法经济分析的经典。在该书的引言中,贝卡里亚曾明确指出,"对于这些犯罪应适用什么样的刑罚?……什么是预防犯罪的最好方法?"等问题,"应当用几何学的精确度加以解释"[③]。这本小册子前后共分42个小专题,从惩罚的合法性来源开始,展开讨论犯罪惩罚的法律依据,惩罚强度、构成要件,以及惩罚形式比如死刑的犯罪威慑作用及对社会福利的影响。另外,结合犯罪惩罚,贝卡里亚还讨论了刑罚证据、程序及证人等一般问题处理的基本原则。总的来说,贝卡里亚的分析对刑法学而言,有点类似于提供百科全书式的参考,他试图以社会福利最大化为基本判据,推演出犯罪惩罚的合理体系。例如,他认为,"如果刑罚超过了保护既存的公共利益这一需要,它本质上就是不公正的"[④]。再如,在讨论刑罚的程度时,他认为刑罚的目的仅仅在于威慑,相比惩罚的确定性、坚定性,酷刑与死刑的威慑力要小得多,所以酷刑、刑讯逼供并不可取。

对现代法经济学的庞大理论体系而言,意大利人贝卡里亚的《论犯罪与刑罚》的重要意义在于,提出了刑罚经济分析的概念性框架。但遗憾的是,他并没有对这些专题作进一步展开,并且这本小册子也只局限于讨论刑罚刑法问题,对民法及立法的基本原则还未有涉及。受到贝卡里亚"最多数人的最大幸福"原则的启发,英国人边沁从研究范围和

---

① 有关贝卡里亚《论犯罪与刑罚》一书的影响,可以参考黄风在该书中译本后附上的一个简洁的贝卡里亚传略。

② 〔意〕贝卡里亚:《论犯罪与惩罚》,黄风译,中国大百科全书出版社1993年版,第5页。

③ 同上书,第7页。

④ 同上书,第9页。

研究方法两方面,对贝卡里亚进路作了深度延拓。1789 年的《道德与立法原理导论》分立法原则、民法和刑法三篇,对功利原则指引下的立法法律规定作了详细的剖析,该书最终也成就了边沁现代法经济学或功利主义古典之父的美名。

边沁(1748—1832)有关法律立法方面的研究,始于对布莱克斯通诠释英国普通法的批判。在边沁看来,"自然"这个概念没法确切理解,从中也很难推出公众可以参考、接受的一般标准,因而将其作为英国普通法的基础并不恰当。进一步,在《道德与立法原理导论》开篇,边沁提出应该以一些简单确定的规则作为法律体系推理的基础。他认为"快乐和痛苦是人类自然的两个至高无上的主人"[①],所以立法的指导原则就是引导实现"最多数人的最大幸福"。个人在追求自己的快乐时,如果增进他人的快乐,应当奖赏;相反,如果损害他人的快乐,则应当通过社会制裁,对此加以制止。总之,正是在痛苦与快乐计算的功利原则指引下,边沁主张对法律法规进行重新诠释和变革,以使公众对法律规定有确定性的预期。

二、从边际革命到法律现实主义

19 世纪 70 年代初是经济分析演进过程中的重要时期,通常被称为"边际革命"。这个时期的纪念意义在于:奥地利的门格尔、法国的瓦尔拉斯和英国的杰文斯,分别独立提出边际分析原理,这是古典经济学继李嘉图"形式化"努力后,全面推进经济学精密化研究的开始。此后,资源配置问题成为经济学研究的核心,法律制度和经济环境被视为稳定外设,不为研究者深究。[②] 经过马歇尔的新古典综合,社会制度等研究线索进一步慢慢淡出经济学研究的主流视野。经济研究中漠视法律制度的状况大概持续到 20 世纪 30 年代后期,直到进入 60 年代以后才开始渐渐有所改观。尽管,总体而言,这一时期经济学主基调在于分析工具的精致化,但是古典经济学对法律制度的关注仍旧在"非主流"经济学分支上顽强地延续,这其中包括:马克思经济学[③]、德国历史学派及美国制度学派。另外,就法经济学范式成长而言,这个时期传统法学领域内部的"理性化"动向,比如法律形式主义、现实主义的相关研究进路也十分值得关注。

经济学发展史上,德国历史学派是一个较独特的"别支"。如果说边际革命代表经济分析中的演绎推理,德国历史学派倡导的方法则更接近归纳理性。[④] 尽管涉猎的问题"五花八门",但是历史学派的代表人物,如早期的希尔德布兰德、罗雪尔、克尼斯,中期的重

---

① [美]皮特·纽曼:《新帕尔格雷夫法经济学大辞典》(第一卷),许明月等译,法律出版社 2003 年版,"杰里米·边沁"词条。

② 这部分思想史内容可以参考 H. W. 斯皮格尔:《经济思想的成长》,晏智杰等译,中国社会科学出版社 1999 年版。

③ 马克思本人对财产权利有很精辟的分析,比如财产的法权与经济权利的分立等,这方面的讨论可以参考黄少安(1995)的《产权经济学导论》。当然,马克思主义经济学对财产权利也有持续关注的传统,比如蒲鲁东的《什么是所有权》。熊彼特对马克思的制度分析范式也有很高的评价,这方面可以参考熊彼特的《资本主义、社会主义与民主》(吴良健译,商务印书馆 1999 年版),或者《从马克思到凯恩斯的十大经济学家》(韩宏等译,江苏人民出版社 2003 年版)。日本都留重人的《制度经济学回顾与反思》(张敬惠译,西南财经大学出版社 2004 年版),对马克思的制度思想也有过概括和比较。有关马克思的法经济学思想,魏建等(2004)的《法经济学:基础与比较》曾作过一个评述。

④ 熊彼特的《经济分析史》(第三卷)对历史学派有一个较好的评析,对历史学派及 20 世纪初的方法论之争感兴趣的,不妨一读。

要代表人物施穆勒,以及后起之秀韦伯、斯拉索夫、桑巴特,都倾向于认为社会科学研究的出发点应该是对历史细节及现实的考察。德国历史学派极其重视社会制度对经济行为的影响,甚至一定意义上,他们觉得个人的经济行为是特定社会制度环境的产物,因而他们将精力主要集中于收集许许多多的法律法规,并在此基础上作一些简单分类整理。所以,刚好和新古典边际革命相反,德国历史学派继承了古典学者的问题意识,但偏向归纳描述的统计方法,处理问题的进路和现代法经济学方法有根本不同。于是,波斯纳在评论马克斯·韦伯的贡献时,说道:“尽管韦伯在司法人员应独立于官僚体系,以及法律的功能性等观念方面,对后来的法律现实主义有很大影响,但其研究本质上与现代法经济学无关。”①

德国历史学派的做法,在同时期英国、美国经济学的发展过程中也有相应的体现。其中,美国的经济思想演变尤其值得细述。事实上,新古典经济学分析范式的主导地位,直到20世纪30年代后才在美国开始慢慢确立。在此之前,美国流行的是强调政府干预管制、有进步主义色彩的制度分析演化理论。就法经济学思想的发展,霍温坎普曾认为,如果承认经济学自身是一个历史发展过程,那么美国第一次大规模的法经济学运动应该追溯到1870—1890年之间开始的铁路管制研究,以及福利经济学、美国制度学派有关政府干预收入分配方面的探索性努力。② 20世纪初在美国占主流的制度学派,在批评新古典经济学的日益形式化、空洞化,以及主张研究社会习俗制度对经济运行的影响两方面都延续了德国历史学派的风格。当然,二者的明显传承与19世纪末许多美国经济学者留学德国的经历不无关系。美国制度学派中对法律制度的经济研究有贡献的至少包括凡勃伦、艾尔斯、埃利、康芒斯等人。

凡勃伦对新古典经济人假定的尖锐批评,影响了一大批经济学者,他对制度变迁动力及过程的描绘颇具特色。凡勃伦和他的学生艾尔斯认为,制度变迁的动力在于工具价值与礼仪价值之间的紧张。工具价值相对礼仪价值变动活跃,当礼仪价值不能包容工具价值时,制度变迁将发生;相反,礼仪包容指数较大时,制度则相对稳定。③ 埃利与其学生康芒斯则是美国制度学派威斯康星传统的重要代表。他们深受德国历史学派的影响,极力主张将德国历史学派方法纳入法律制度分析中。在埃利看来,私有财产制度是经济增长的重要保障,但不受限制的私有财产发展必将造成两极分化,因而,保持私有产权的激励职能同时兼顾收入分配的公平,将是法律制度设计的核心问题。康芒斯对现代法经济学成长的贡献主要体现在对交易与合同的分析。在《制度经济学》一书中,他明确提出交易是制度分析的根本单位,并将交易分为三类,即市场交易、管理交易和政治交易,同时指出不同交易域所需匹配的具体治理规则是不同的。对于资本主义普遍的市场交易治理,康芒斯指出,普通法是社会运行的一套基本规则,是社会习俗演进发展的自发结果,

① 〔美〕皮特·纽曼:《新帕尔格雷夫法经济学大辞典》(第三卷),许明月等译,法律出版社2003年版,“马克斯·韦伯”词条。

② 有关第一次法经济学运动的思想史考证参见 Herbert Hoverkamp, The First Great Law & Economics Movement, *Stanford Law Review*, Vol. 42, 1990。

③ 有关制度学派的制度变迁理论,可以参考贾根良:《制度变迁的凡勃伦传统和诺思》,载《经济学家》,1999年第5期。霍温坎普(1990)对凡勃伦在法律制度研究方面的贡献也有所述及,同前引。

因而是有效率的。[①] 康芒斯在这方面的研究,对新制度经济学交易契约治理的启发显而易见。

19世纪后半叶到20世纪30年代这段时间里,除了历史学派和制度学派延续着经济学视角的法律制度研究,法学内部的形式化努力及现实主义思潮对法经济学成长也有着十分明显的影响。法律形式主义的核心问题是,内在自治或逻辑一致的法学或法律体系是否可能。法律形式主义者主张"法学主要就是对法律术语的一种分析,和对法律命题合乎逻辑的相互关系的一种研究"[②]。在美国,这股思潮的杰出代表是前哈佛大学法学院院长兰代尔。兰代尔不仅在美国法学教育中首创案例教学法,他还将法律视为"一组隐藏在法律案件背后的原则,这些原则可以通过案例研究揭示出来"[③]。所以,司法判决或普通法前例,在法律中有着卓越地位,而法律推理的任务就是从司法判决和案例研究中洞悉法理。进而,"法律,在这个意义上,是自我反省的,并由一系列客观上能推理的规则和能被合乎逻辑地应用的程序所组成","法学仅仅是一个由合法教义建立的主体所组成,这些原则存在于简化的司法判决中"[④]。客观地说,就法学作为一个独立学科而言,兰代尔的方法意义重大,通过法律的专业化与律师在司法实践中的专门化相互促进,法学的独立自治得到进一步强化。但是,对法学与经济学的跨学科式交流而言,法律形式主义所主张的法学内部理性独立,无疑也同时切断了维系法学研究与其他学科尤其是社会经济学科之间本已脆弱的链条。

对法律形式主义的早期挑战来自"法律社会学"(sociological jurisprudence)的研究,代表人物有著名法学家霍姆斯、庞德和卡多佐等。这些学者宣称,法律必须参考社会环境才能理解,反对法律自治。他们认为,对其他社会科学的洞察力也应被整合进法学,法官应该了解影响法律演进路径和作出司法判决过程的社会经济环境。卡多佐指出,司法判决和法律演进路径都必然受本能的主观基本要素、信仰、信念及社会需求的影响。[⑤] 他还认为虽然先例在法律推理中重要,但当其与正义或社会福利有重大冲突时,后者应该优先考虑。霍姆斯则进一步更深刻地指出法律的工具性。在他看来,法律所表达的是在社会中占优势群体的意志,因而,应当对法律及判例的社会环境作详细考察。[⑥] 社会法学家们对法律形式主义的批评,在20世纪30年代的法律现实主义运动中得以延续。最杰出的法律现实主义者卡尔·卢埃林曾指出:"在立法程序中的司法规则远没有通常假设的重要。"[⑦]在现实主义者看来,先例判决逻辑上有两个问题:其一,法官的逻辑推理能力;

---

① 康芒斯从习俗视角论述普通法的效率性观点,可以参考他的 Law and Economics 一文。这篇文章,对法学与经济学的共同点、不同点的分析很有见地。另外,康芒斯法经济学思想也可以参考霍温坎普(1990)。康芒斯对法经济学的意义,还有一点可以提及的是,他曾经是律师又是经济学家的双重身份。尽管,一般认为制度学派的理论乏善可陈,但是他们的著作中却又到处充满对现代研究有启发的火花。这方面的论述可以参考《新帕尔格雷夫法经济学大辞典》中的"美国制度学派与法经济学"词条。

② 〔美〕尼古拉斯·麦考罗、斯蒂文·G.曼德姆:《经济学与法律——从波斯纳到后现代主义》,吴晓露等译,法律出版社2005年版,第7页。

③ 同上。

④ 同上书,第9页。

⑤ 同上书,第10页。

⑥ 同上书,第11页。

⑦ 同上书,第12页。

其二,先例在多大程度上可以等同于所处理的案件。法律现实主义者认为应该将法学视为基于科学原则逻辑推演的产物。比如,就具体合同法的研究而言,卢埃林主张合同订立执行应当满足交易费用最小化原则。[①] 也正是在这个意义上,波斯纳认为法律现实主义与法律形式主义的分野,实际上是边沁与布莱克斯通的分歧在当代的延续。

三、芝加哥的"旧法经济学"

科斯1960年的《社会成本问题》一文一般被视为现代法经济学范式出现的标志。但是,科斯之前芝加哥大学的法经济学研究就已经很成气候,其中反垄断法的研究直接对美国反垄断法律的制定、实施有重要影响。这一时期中芝加哥大学法学院以反垄断法为代表的法经济学研究,通常又被称为"旧法经济学"。总体上看,现代法经济学范式在芝加哥大学兴起,有着深刻的思想累积的原因:它一方面是法学院20世纪40年代开始的一系列引入经济分析的直接后果,另一方面也与芝加哥大学经济学者的努力有莫大关联。

值得一提的是,20世纪30年代之前,芝加哥大学经济系的主流并非新古典经济学理论,而是以凡勃伦为代表的制度学派。被誉为"价格理论之父"的弗兰克·奈特,当时在经济系开设的课程之一是"制度视角的经济学"(Economics from an Institutional Standpoint)。虽然,奈特非常强调制度因素对经济分析的影响,他与制度学派的不同在于,他始终主张制度分析应当坚持以新古典价格理论作为基本工具。奈特与同时期的维纳,对价格理论的坚持,不仅影响了弗里德曼、斯蒂格勒等后来芝加哥经济学派的中坚人物,还对法经济学的现代先驱艾伦·迪雷克特和亨利·西蒙斯有直接影响。

价格理论的流行为法经济学的兴起准备了必要的营养,但经济学分析工具进入法学领域,一定程度上却是芝加哥大学法学院"开放战略"的直接结果。如上所述,20世纪三四十年代,法律现实主义逐渐在法学界占得上风,这时芝加哥大学法学院在哈辛和卡尔·卢埃林的影响下,对本科生的课程设计作了众多调整,引入许多其他专业课程。另外,法学院教师传统上经常邀请外系老师,比如社会学、人类学等,到课堂上一同讲授某门课程或作专题演讲。[②] 而美国联邦预算法案修订中广泛涉及成本收益等内容,也促使法学院院长维尔伯·卡茨意识到,有必要在法学院中开设财务经济方面的课程。这些大概就是西蒙斯被法学院聘用的重要原因。当然,西蒙斯作为芝加哥大学法学院第一位长期聘任的经济学教授,从经济系转到法学院任教在当时也有供给方面的巧合和"无奈"。[③] 虽然,在经济系不如意,但他在法学院开设的价格理论课程——"公共政策的经济分析",却广受好评。许多学生,比如鼎鼎大名的塔洛克,都认为西蒙斯的经济分析套路直接改变了他们对法律的观感。所以,尽管就学术著作而言,西蒙斯对早期法经济学的贡献较

---

① 卡尔·卢埃林有关合同方面的论述,可以参考《新帕尔格雷夫法经济学大辞典》(第二卷)中的"卡尔·卢埃林与合同理论"词条。

② 参见凯奇整理的回忆性文章:The Fire of Truth: A Remembrance of Law and Economics at Chicago, 1932—1970, *Journal of Law and Economics*, Vol. 26, 1983。

③ 据科斯描述,西蒙斯在经济系时发表著作甚少,授课也不受学生欢迎,于是1934年当经济系面临是否继续聘用西蒙斯的选择时,许多成员都对此表示反对,但是奈特却是西蒙斯的强烈支持者,最后,经济系还是继续雇用了西蒙斯。此后,西蒙斯在法学院一些朋友的支持下,在法学院获得了聘任兼职。这部分思想史细节,可以参考凯奇(1983)、科斯(1993)。

为有限[1]，但是作为法学院第一个引进的经济学家，西蒙斯在教学上的成功却开创了法学院持续聘用经济学家的优秀先例。

继西蒙斯之后，进入芝加哥大学法学院的经济学家是艾伦·迪雷克特，他受聘于法学院是哈耶克和西蒙斯共同努力的结果。1946 年开始，迪雷克特先是接替西蒙斯讲“公共政策的经济分析”，随后又和列维合作讲授“反托拉斯法课程”。讲课中，列维从法学角度阐释反托拉斯法，而迪雷克特则告诉学生列维讲得不对，引导他们从经济分析角度重新审视反托拉斯法。[2] 迪雷克特对反垄断法的研究，尤其是对捆绑销售等的分析，直接改变了当时反垄断福利影响的分析，他的“口述传统”对后续年轻的法经济学者，包括波斯纳等，有重要启发。另外，迪雷克特还积极帮助年轻人，例如柏克、麦吉等，申请法经济学资助项目，研究诸如反垄断相关的掠夺定价等问题。[3] 所以，这个意义上，认为芝加哥大学的法经济学源于反垄断项目不无道理。最后，迪雷克特对现代法经济学范式成长的贡献，还在于 1958 年和列维合作创办了《法与经济学杂志》[4]，这为早期致力于研究法经济学的学者提供了一个良好的发表和交流的平台。同样，也正是由于迪雷克特出色的判断力和优秀的编辑才能，科斯 1959 年的《联邦通讯委员会》一文才得以在该杂志上发表，而该文在审稿过程中引发的争论，正是 1960 年名篇《社会成本问题》的直接源起。

从学术思想传承看，古典法经济学思想上承袭了自然分析法哲学的“衣钵”，试图给神秘、神圣的普通法寻找一个合适的理性诠释，这一点和苏格兰启蒙运动的主旨总体一致。但是，古典学者的努力基本停留在方法论层面，还未能有一个统一有效的工具来处理丰富的法律现象。边际革命后，古典的理性阐释法律努力在分析工具提炼和问题意识延续两个方向上出现了分野，一方面新古典分析工具深化却以制度线索的缺失为代价；另一方面德国历史学派和美国制度学派掌握了许多制度现象，但却缺乏严密的分析推理工具。所以，从学说史的演进看，芝加哥大学“旧法经济学”乃至科斯以后的“现代法经济学”，本质上是 20 世纪 30 年代奈特与维纳倡导的“价格理论”应用于传统制度学派问题领域的结果，也可以视为这两种分化的学术思想传统整合的尝试。

第二节　法经济学的产生

斯蒂格勒(1992)与兰德斯、波斯纳(1997)曾经分别选取《法与经济学杂志》上发表的文章为样本进行统计分析，他们的研究表明：法学与经济学的“跨学科”交流在 20 世纪 70 年代之前一直都处于充分相互隔膜状态，直到 70 年代中后期，法经济学范式对传统法学研究的冲击才开始慢慢显现。然而，这种滞后影响并不意味着法经济学范式在 70 年代才成长起来。事实上，现代法经济学的诞生，应归功于 20 世纪 60 年代的一系列开创性

---

① 西蒙斯最著名的小册子《积极的自由放任计划》(*A Positive Program for Laissez Faire*)，在科斯(1993)看来，论证逻辑和内容理念上极为粗糙，称不上学术著作。有关西蒙斯对法经济学的贡献，可以参考卡茨写的一篇纪念文章：Economics and the Study of Law the Contribution of Henry C. Simons, *University of Chicago Law Review*, Vol. 14, 1946, pp. 1—4。

② 参见凯奇(1983)或科斯(1993)。

③ 参见科斯(1993)，或《新帕尔格雷夫法经济学大辞典》(第一卷)中的“法经济学的芝加哥学派”词条。

④ 也有人认为 1958 年《法与经济学杂志》的创刊是现代法经济学范式开始的标志。

文章,具体包括科斯1960年的《社会成本问题》、卡拉布雷西1961年的《侵权责任与风险分配的几点思考》、阿尔钦1967年的《关于产权的经济理论》以及贝克尔1968年的《犯罪的经济学分析》。这些经典文献无论在方法论和分析工具,还是所涉及的法学问题研究的广度和深度上,都大大超出芝加哥"旧法经济学"的反垄断法研究。

一、科斯的产权与交易费用理论

罗纳德·科斯是法经济学初创时期最重要的代表人物,也是法经济学的学科创始人之一,其经典之作《社会成本问题》是法经济学学科创立的里程碑。这篇文章与1937年发表的《企业的性质》,共同成就了科斯在1991年荣获诺贝尔经济学奖。对现代法经济学而言,《企业的性质》一文的重要意义在于指出,利用价格机制是有成本的(即交易成本),不同制度安排将导致不同的交易成本,从而对经济运行的影响各有差异。从交易成本出发讨论企业的本质,科斯强调了资源配置的制度维度与资源配置本身同样重要。

科斯1960年的《社会成本问题》是法经济学的开山之作,但它却肇始于1959年发表的《联邦通讯委员会》一文。在1959年的文章中,科斯在末尾结论处提到,如果价格机制运行平滑,则初始法律规定对资源的最优配置没有影响。当时芝加哥大学负责审稿的弗里德曼和斯蒂格勒等人一致认为,科斯误解了庇古的意思,文章结论有问题,建议删除结论发表。但是,科斯坚持己见拒绝修改。最终双方达成妥协,《联邦通讯委员会》一字不改发表,但条件是科斯必须亲自到芝加哥大学作一个说明。在迪雷克特家的聚会上,当时芝加哥大学经济系的精英,如弗里德曼、斯蒂格勒、哈伯格等人,开始无不坚决反对科斯的观点。但经过一个下午的激烈讨论后,大家最后都接受了科斯的论点。受芝加哥大学经济学家们的邀请,科斯将1959年文章的结论重新表述阐释,于是就有了1960年发表在《法与经济学杂志》上的《社会成本问题》。

在《社会成本问题》一文开头,科斯就指出外部性损害问题本质上是相互的,对资源最优配置而言,关键在于明确权利归属。通过"牛和稻谷"例子的分析,科斯表明"如果定价制度运行成本为零,则产值最大化不受法律状况的影响"[①],即不论权利界定给牛主人还是稻田主人,最终篱笆墙的位置和牛的数量均相同。接着,他援引四个英美普通法侵权案例对以上论断作了进一步的说明。最后,科斯得出的结论是:定价制度平滑运行即交易费用为零,初始法权状况对资源配置没有影响。众所周知,科斯这个论点后来被斯蒂格勒命名为"科斯定理",开始在经济学和法学研究中广为传播。

通过引入"交易费用"这一核心概念,"科斯定理"将法律制度安排与资源配置效率有机地结合在一起,为运用经济学理论研究法律问题奠定了基础。[②]《社会成本问题》一文探讨了产权制度原理以及法律规定对经济体系运作的影响,扩展了法律经济分析领域,使之不再只局限于反托拉斯的政策。从此,交易费用和财产权利约束成为法律制度经济分析的两个至关重要的维度。另外,利用资源配置的效率标准讨论财产权利和侵权

---

① R. H. Coase, The Problem of Social Cost, *Journal of Law and Economics*, 3, 1960, pp. 1—44.

② 史晋川:《法律经济学述评》,载《经济社会体制比较》,2003年第2期。

原则,科斯的研究引起了美国各法学院的法律学者与经济学者的兴趣,进而催生了大量的文献报告,直接导致"法经济学"这门新兴学科的兴起。

<专栏 1-1>

罗纳德·H. 科斯简介

罗纳德·H. 科斯(Ronald H. Coase)(1910—2012),1910 年 12 月 29 日出生于英国伦敦近郊。1929 年进入伦敦经济学院学习商科,1930 年恰巧普兰特到伦敦经济学院执教,科斯开始跟随他学习经济学,并在普兰特的影响下,对经济学尤其是产业组织理论产生了兴趣。随后,科斯获得伦敦大学 1931—1932 年的卡塞尔爵士游学奖学金到美国游学一年。年轻的科斯将在美国的大部分时间都用于到工厂作实际调查,相反只在芝加哥大学旁听了弗兰克·奈特的一两次课。最后,基于这次美国的调查经历,科斯形成了有关企业性质的初步想法,并于 1932 年左右写成文章《企业的性质》,1937 年发表于英国的《经济学》杂志。这篇文章和 1960 年的《社会成本问题》一文,共同开创了交易费用与产权分析进路,被视为新制度经济学与法经济学的里程碑式作品。也正是由于这两篇论文的突出贡献,科斯于 1991 年荣获诺贝尔经济学奖。科斯的代表作包括:《英国的广播:垄断的研究》《企业、市场与法律》《经济学与经济学家论文集》。

二、卡拉布雷西有关侵权法的研究

奎多·卡拉布雷西对现代法经济学范式的开创性贡献,主要集中在侵权法的经济分析领域。其 1961 年发表于《耶鲁法学杂志》的《侵权责任与风险分配的几点思考》,和上文提到的科斯的《社会成本问题》一起被视为现代法经济学的经典文献。卡拉布雷西在该文开篇就指出:"许多人都以风险或损失分配为由,赞成或反对某种侵权法归责原则,但是就风险分配或损失分配具体指什么……是最有能力的人应该承担赔偿,还是最大限度分散风险,或者那些造成损害的工厂应该承担责任……已有的侵权法律规定及讨论在这一点上模糊不清。"[①]于是,卡拉布雷西的目的就是"为这些不同的侵权原则寻找一个坚实统一的分析框架"。

卡拉布雷西首先利用资源配置理论即价格理论分析严格责任规则,他认为损失最优分配应该满足两大条件:第一,物品的价格正好反映其对社会的总成本;第二,损失应当配置给最能将损失转嫁为企业产品价格上升的责任方。接着,他进一步论证到,如果责任划归私人,那么私人通常有低估风险的倾向,保险额度将低于社会最优规模,所以相比之下,侵权责任让企业承担即企业责任规则(enterprise liability)对社会最优的偏离较小。值得注意的是,卡拉布雷西讨论了不同行业市场结构的侵权归责,他认为尽管按照资源

---

① Guido Calabresi, Some Thoughts on Risk Distribution and the Law of Torts, *Yale Law Journal*, Vol. 70, No. 4, 1961.

配置的逻辑,应该对竞争性行业征税,相反对垄断行业尽量少征,但这种归责原则直接有违普遍公平的政治信念。[①] 于是,歧视垄断行业企业的归责原则被采纳,这最终有利于中小企业的成长,削弱行业的垄断力量。当然,对这种有违经济逻辑的侵权归责,卡拉布雷西用风险分配作了补充论证。他认为,小企业类似于个人,倾向于低估风险,投保规模将偏离社会最优规模,它们的投机行为造成"事故的二级成本"较高。所以,从事故总成本即一级成本和二级成本之和最小化角度考虑,严格的企业责任归责优于个人自愿投保和广泛的强制性社会保险。

卡拉布雷西1970年发表的《事故成本的经济学分析》更是明确地提出侵权事故的三大成本:一级成本、二级成本、三级成本。如今,这已经成为侵权的法经济学分析的经典。另外,1972年其与梅拉梅德合作的《财产规则、责任规则和不可分割性:大一统的观点》[②],区分交易费用高低,对侵权问题中的财产规则与责任规则作了统合分析,由此引发了外部性责任与产权界定孰优孰劣的一系列讨论,也进一步丰富了法经济学有关侵权的研究。最后,值得指出的是,卡拉布雷西对侵权归责的剖析,与以科斯、波斯纳为代表的芝加哥法经济学进路略有差别:一方面卡拉布雷西以市场失灵作为分析出发点,他的责任原则沿袭了庇古税的思路,主张"有效率的"政府干预;另一方面,他明确认为,法律的首要原则应该是公平公正,其次才是效率,效率分析无法解决更高层次的公平问题,所以卡拉布雷西对侵权责任分析更偏向于规范经济学的分析。[③]

《专栏1-2》

奎多·卡拉布雷西简介

奎多·卡拉布雷西(Guido Calabresi)(1932—),1932年出生于意大利米兰一望族。1938年,仅6岁的卡拉布雷西随父母迁往美国,1949年进入耶鲁学院,最初学习数学,然后学习历史,最后确定学习经济学。1953年,他以优异成绩获得经济学学士学位,其后获得罗兹(Rhodes)奖学金进入牛津大学学习,师从约翰·希克斯学习价格理论,1955年以优异成绩毕业返回耶鲁,1958年从耶鲁大学法学院毕业,1959年进入耶鲁大学法律系工作。1985—1995年间,卡拉布雷西担任耶鲁大学法学院院长,1995年被任命为美国第二巡回上诉法院法官。卡拉布雷西对法经济学的开创性贡献主要集中在侵权的法经济学领域。其代表作包括:1970年的《事故成本的经济学分析》,以及1972年发表在《哈佛法学评论》上的《财产规则、责任规则和不可分割性:大一统的观点》。

---

① 参见卡茨(Katz)编的文集《法律的经济分析基础》,法律出版社2004年版,第48页。

② 这篇文章在《法律的经济分析基础》中也有,目前国内也有翻译版本,但普遍翻译为"大教堂观点"。

③ 这方面的论述可以参考詹姆斯·哈克尼(James Hackney,1997)对新古典经济学与法经济学关系的探析,或者波斯纳(1976)比较卡拉布雷西的侵权法与他自己的侵权研究。

三、阿尔钦的财产权利理论

财产、合同和侵权的研究是法经济学的三大理论板块。法经济学有关财产的经济理论主要是针对财产法的经济分析，其基础是新制度经济学的产权理论。除了科斯等人外，这一研究领域最早的一篇重要经典文献是阿门·阿尔钦的《关于产权的经济理论》。另外，在介绍这篇产权经济学经典文献的贡献之前，有必要提及阿尔钦 1950 年对理性选择方法论的阐述，该文对法经济学范式的成长也具有积极的意义。

《不确定性、演化与经济理论》(Uncertainty, Evolution and Economic Theory)一文的发表，使阿尔钦名噪一时。众所周知，这在一定意义上也是 1870 年开始的美国制度学派历史方法与英国边际革命抽象方法之争的延续[①]，20 世纪 40 年代美国学术界又重新讨论经济理论假设的真实性问题。以李斯特等为代表的反边际主义者认为，问卷调查发现企业经理普遍没有使用边际方法决策，那么以边际概念作为分析的起点就不恰当，经济研究应放弃边际分析而代之以历史现实的详细考察。阿尔钦 1950 年的方法论文章独辟蹊径地指出，研究者可以认为这些企业“仿佛”(as-if)知道边际分析方法。根据阿尔钦的“仿佛论”，如果企业不是“恰巧”符合理论预测的行为模式，最终将被市场淘汰。企业不可能也没有必要使用理论研究发明的工具，市场竞争作为一种自然选择将合格的企业挑选出来，接下来这些合格企业的市场份额增加，行为模式将被模仿而变得稳定可观察，边际分析是这些成活企业行为模式的理论解释和抽象。“仿佛论”对新古典边际分析的强有力辩护，为该范式进一步扩展应用于非市场领域奠定了坚实的方法论基础。

除了方法论方面，阿尔钦 1961 年的《关于产权的经济理论》一文，对现代法经济学范式的贡献也颇值得称道。我们知道，边际革命以来，新古典价格理论只关心既定价格、禀赋约束下的资源配置问题。而阿尔钦在文章一开始就指出，竞争和约束是两个不可分割的概念，私有财产的形态则是资源约束的最普遍形式。[②] 这种产权约束通常意味着：“所有者按照自己的意愿使用财物的权利(或转让这种权利)，只要所有其他人的私有财产的物质性能或用途不受影响，并为别人抵制或转移这种影响留下充分的余地。”[③]进一步，在文章的第四、五、六、七部分，阿尔钦利用新古典微观经济理论，分析了财产权利的不同状态，比如私有制和公有制，对生产激励和风险承担的不同影响。

科斯和阿尔钦有关产权的文章，使后续研究开始重视资源约束的产权方面，由此带动了一系列相关研究，如德姆塞茨、张五常、利贝凯普、菲吕博腾等对财产权利的进一步讨论，现已经构成新制度经济学的一个重要分支——产权经济学。正如兰德斯(1997)指出，20 世纪 60 年代法经济学方面的文章很少有真正法律方面的内容，科斯、阿尔钦等对财产权利的讨论，立足点都是产权的经济学内涵。这些产权经济学的早期文献，一方面将经济学研究者的注意力成功地吸引到法律制度领域，使更多经济学家开始关注资源配置的制度层面；另一方面他们的分析也为后续财产法的经济学分析准备了恰当的处理工

---

① 有关 1870 年左右美国经济学说史上的方法论争论，比如埃利与纽康姆之争，可以参考霍温坎普(1997)。

② 参见阿门·阿尔钦的《产权经济学》第一、二节，载盛洪：《现代制度经济学》(上卷)，北京大学出版社 2003 年版，第 68—80 页。

③ 同上书，第 74—75 页。

具。对现代法经济学范式的成长而言,这两个方面的贡献都不容忽视。

四、贝克尔的犯罪经济学研究

虽然较少有学者会认为加里·贝克尔是法经济学的开创性人物,但是出于以下两个方面的原因,没有研究者能否认贝克尔对法经济学成长的重要贡献:一是现代法经济学分析,尤其以波斯纳为代表的法经济学研究,所体现的理性选择方法论,最出色的总结和推广工作是贝克尔的贡献;二是贝克尔创造性地将理性选择理论扩展到许多非市场领域,比如歧视、犯罪、家庭经济以及法律实施方面的分析,而这些方向现已成为法经济学最活跃的研究领域。

传统上,经济学研究的对象主要集中在市场交换领域,或者是可货币化计量成本收益的经济活动。然而,大概从20世纪50年代中后期开始,经济学家们在几个方向的努力都试图将经典经济学的理性选择模型,推广用于解释许多非市场或缺乏显性货币价格的现象。例如,公共选择学派有关政治域决策过程的讨论、新制度经济学对产权与合同等现象的研究,以及贝克尔对歧视和犯罪问题的分析,都是这方面的出色代表。值得注意的是,在理性选择范式扩展过程中,贝克尔始终坚持认为,基于偏好稳定、个人追求效用最大化和市场出清假定的理性选择模型,是理解许多无明确市场与价格现象的有力武器。[①] 在他看来,即使现实中非市场的参与者不可能具有模型中刻画的理性行为方式,但是通过理性选择模型,我们可以把握他们决策中的理性层面。[②] 对法经济学而言,贝克尔将理性选择模型扩展到非市场领域尤其有意义,因为法律规制涉及的许多行为都不具有明显的市场和价格。所以,在1997年《芝加哥大学法律评论》杂志编辑部召开的一场圆桌研讨会上,贝克尔也正确地指出,迄今法经济学之所以取得辉煌的成就,关键是贯彻了理性选择的三个基本分析原则。[③]

贝克尔将理性选择模型运用于形形色色的非市场行为的研究,其中1968年发表的《犯罪的经济学分析》对法经济学的直接影响最大。贝克尔在这篇文章中开创性地指出,犯罪分子的行为大致符合效用最大化模式。从社会福利最大化角度,犯罪行为是一种产生负外部性的活动,犯罪规模降低有利于社会福利改善,但也必须消耗稀缺的社会资源,比如警察、监狱支出的增加。所以,贝克尔认为社会福利最大化的犯罪规模大于零,它是权衡犯罪规制边际社会收益和边际社会成本的结果。进一步,在稀缺资源约束下实现最有效率的犯罪规制,则意味着资源必须在犯罪规制方式之间作适当分配。结合惩罚程度和惩罚概率的不同威慑效应,贝克尔认为应该对不同风险偏好的犯罪个体适用不同的犯罪威慑策略。最后,这篇文章中,贝克尔还论述到,罚金惩罚很大程度上是替代刑,而将罪犯关入监狱将带来额外的扭曲效应,所以,社会可以提高罚金,替代监禁,以改进社会福利。

---

① 这方面的论述可以参考兰德斯为《新帕尔格雷夫法经济学大辞典》(第一卷)所写的词条"加里·贝克尔",第173页。

② 有关贝克尔对法经济学的贡献,参见 R. A. Posner, Gary Becker's Contribution to Law and Economics, *The Journal of Legal Studies*, Vol. 22, 1993。

③ Douglas G. Barid, The Future of Law and Economics: Looking Forward, *University of Chicago Law Review*, 1997.

由于贝克尔的贡献,现在对非法行为的诱因取决于成本—收益分析,同时犯罪成本收益又部分取决于定罪概率和惩罚强度,这一点人们已经基本没有异议了。而这篇犯罪与刑罚的论文也引发了大规模的理论与实证方面的讨论,例如史蒂文·萨维尔等人对贝克尔理论模型的进一步扩展,考虑了更多惩罚威慑设计中的结构问题。而贝克尔最早指导的两位博士生之一——埃里奇则从劳动市场和犯罪市场时间配置角度,对贝克尔的理性威慑模型作了扩展,将收入差距、劳动力市场状况等因素纳入理性犯罪决策模型中,并开创性地应用经验研究工具,对刑罚威慑、死刑判罚及收入差距对犯罪供给的弹性作了尝试估计,后续这一系列研究有力推进了犯罪经济学理论建模和实证研究的发展。简而言之,贝克尔的研究大大深化了人们对许多非市场过程的理解,而他本人也由于将微观经济分析的研究领域扩展至人类行为和相互关系的广泛领域,包括非市场行为,而获得1992年诺贝尔经济学奖。当然,除了以上提到的两个方面的理论贡献,贝克尔对现代法经济学的影响还体现在对众多研究者的帮助上。兰德斯有关歧视的经验研究,以及埃里奇对死刑威慑的经验估计的博士论文,都是直接在贝克尔的指导下完成的。

第三节 法经济学的发展

20世纪60年代科斯和卡拉布雷西等人的开创性工作,直接和间接引发了一系列对法律经济分析范式的讨论。这在一定程度上使传统法学家意识到,经济分析在理解法律结构中的重要作用。此后,越来越多的法学院开始雇用或延长聘用经济学家,微观经济学课程也开始普遍进入法官和律师的专业计划培养中。[①] 然而,这个时期法学与经济学的"跨学科式"交流,很大程度上仍旧停留于经济学家"单方面"的主动出击。事实上,直到波斯纳1973年出版《法律的经济分析》,这种状况才开始有所改观:一方面经济学以前所未有的速度进入几乎所有法学研究领域;另一方面接受微观经济学普及后的法学家们,也开始对法经济学运动作出回应。所以,不少学者都把《法律的经济分析》的出版作为分界点,将1958—1973年这段时间视为法经济学范式的孕育期,而1973年之后的一段时间称为法经济学范式的接受期。

然而,即使是1973年以后的范式接受期,不少学者也同时开始严肃地反思甚至质疑法经济学运动。于是,与60年代相对一致地在法学研究中推进经济分析不同,法经济学运动的学者们在一些重要假设和理论主张上,出现了明显的分歧及争论。从大的方面看,这个阶段法经济学的反思和调整,大致可以认为是以下几个学派共同努力的结果,它们具体是:法经济学的芝加哥学派、纽黑文学派、公共选择学派以及批判法学派。

---

① 例如,亨利·梅因从1971年开始对律师、法官以及法经济学工作者等提供短期集中的经济学培训。另外,也正由于人才培训等方面的出色贡献,梅因被推举为与科斯、卡拉布雷西并列的法经济学奠基人之一。参见麦考罗和曼德姆(2005)。

一、法经济学的芝加哥学派①

不论是霍温坎普所指的第一次大规模的美国法经济学运动,还是1960年开始的新法经济学运动,芝加哥大学法学院和经济学院一直都是最重要的法经济学活动场所。现在,人们一般都认为,芝加哥的法经济学研究最早至少可以追溯到20世纪60年代出现的新法经济学之前。② 当然,这里必须指出的是,以下所称的法经济学的芝加哥学派主要是指20世纪60年代以后,尤其是1973年波斯纳的《法律的经济分析》出版后出现的"新"法经济学。③ 具体来说,围绕科斯、波斯纳、兰德斯等成长起来的一批学者,以及他们在芝加哥大学法学院的两份杂志——《法与经济学杂志》和《法学研究杂志》上发表的一系列文章,构成了法经济学的芝加哥学派,有些学者甚至称之为法经济学的主流学派。

芝加哥学派方法的一个最显著特点就是把微观经济学理论(或价格理论)直接应用于法律的研究,具体包括以下几个核心假设:(1) 个人在非市场行为方面与市场行为一样,是理性的效用最大化者;(2) 在非市场行为方面与市场行为方面一样,个人都会对价格刺激作出反应;(3) 在效率特征上,法律规则和法律结果都可以加以评价。因而,随之出现的一条标准原则是:法律决策应该提高效率。不难看出,第一、第二条是普通的个人理性最大化假设,它意味着,个人会对价格刺激作出反应,在法律领域或非市场行为方面,法律规则规定了参与各类非法活动的"价格"。据此,理性效用最大化者将权衡每一额外单位非法活动的收益与成本,确定最优的非法活动供给规模。当然,必须注意,芝加哥学派的理性最大化并不等于认为所有个体都是理性的,相反,只是认定理性最大化是合适好用的人类行为近似。按照波斯纳(1987)的辩解,法经济学分析之所以有必要引入个人理性效用最大化方法,关键也是应用这种方法可以理解个人决策的理性层面,进而得出富有启发的结论和预测。

法经济学芝加哥学派研究方法的第二个显著特点是对效率的推崇。这一学派的主要代表人物一般都相信,自发市场交易可以实现最优社会福利,进而坚持法律决策形成以及法律评价都应从经济效率角度进行分析。值得指出的是,经济效率在法经济学芝加哥学派的研究语境中,并不是帕雷托效率,而是卡尔多—希克斯效率或财富最大化。后者意味着:如果赢家的潜在获益超过输家的损失,或社会财富增加了,那么该法律变革是效率增进的。波斯纳还进一步主张,普通法最好被理解为一个普遍有效的定价机制。他明确指出,通过先例判决创造法律的法官们,都在试图提高资源的配置效率,从这个视角可以更好地理解普通法。波斯纳认为,普通法保障和增进经济效率的假设的传导机制有二:一是普通法的制定旨在通过契约培育和鼓励市场交易,达到提高效率的目的;二是普

---

① 有关法经济学芝加哥学派的类似于纲领性的声明,可以在波斯纳的一系列著作中找到,比如《法律的经济分析》以及1987年在《美国经济评论》上发表的《法经济学运动》一文。另外,凯奇(1983)、科斯(1993)以及麦考罗和曼德姆(2005)等人的工作都可以作为这方面的参考。

② 〔美〕尼古拉斯·麦考罗、斯蒂文·G.曼德姆:《经济学与法律——从波斯纳到后现代主义》,吴晓露等译,法律出版社2005年版,第65页。

③ 《新帕尔格雷夫法经济学大辞典》(第一卷)"法经济学的芝加哥学派"词条中,凯奇将法经济学的芝加哥学派定义为"1939—1975年之间,在研究和教学上对法律思考有独特方式,与芝加哥法学院相关联的一群学者的集合"。我们此处之所以选择1960年为分界线,主要参考的是麦考罗和曼德姆(2005)。

通法的判决将会模拟自由市场的有效结果，在法庭上，无效率的法规很可能比有效率的法规更频繁和更集中地遇到挑战，因而随着时间流逝，有效率的法规将能取代无效率的法规，另外，法官们会直接或间接地选择一些能产生有效率结果的法规。[①]

正是专注于勾勒普通法的内在经济逻辑，坚持从效率或财富最大化标准出发评价法律体系，使得以波斯纳为代表的芝加哥法经济学或法律的经济分析进路，在主张法律的首要价值是公正的世界里，显得突兀异常。波斯纳的财富最大化标准和普通法的效率假设，也曾多次激起其他法律学者和法经济学研究者的反对。再者，根据卡拉布雷西(1961)的理解，理性选择或资源配置方法只能解决效率层面的问题，而公平则属于更高层次的内容。这样，如何妥当处置理性选择内核，将是芝加哥学派法经济学进一步发展有待思考的问题。最后，必须注意的是，以上粗线条勾画的法经济学的芝加哥学派，最多只代表具体时段内芝加哥大学法学院尤其是以波斯纳为代表的法经济学研究进路，许多芝加哥学派中的重要人物，比如科斯以及现在的后芝加哥学派，在具体问题细节上和波斯纳仍存在许多不同的观点。

<专栏1-3>

理查德·A. 波斯纳简介

理查德·A. 波斯纳(Richard A. Posner)(1939—)，1939年1月出生于纽约，1959年获得耶鲁大学文学学士学位，1962年获得哈佛大学法学硕士学位，在读期间曾担任著名的《哈佛法律评论》编辑，1969年受迪雷克特的影响进入芝加哥大学工作，1981年被里根总统任命为美国上诉法院第七巡回法庭法官(1993—2000年荣升为首席法官)。波斯纳的《法律的经济分析》是一部类似于法经济学"百科全书"的经典作品，这部著作在1973年出版，它标志着法经济学完整理论体系的建立。1972年由波斯纳创办并担任主编的《法律研究杂志》(*Journal of Legal Study*)，现今已和《法与经济学杂志》并列成为法经济学研究最重要的两份杂志。在近40年的学术生涯中，波斯纳法官非常高产，截至2005年年底，波斯纳已出版著作40多部(包括合作)，发表论文300多篇，提出司法意见1 680多篇。由于在法经济学理论与实践方面的突出贡献，2004年波斯纳被《法律事务杂志》评为20世纪美国最有影响力的20名法律思想家之一。主要代表作包括：1972年的《法律的经济分析》(该书现已出到第七版)、1994年的《法理学》以及1996年的《超越法律》。

二、纽黑文学派的法经济学

法经济学的纽黑文学派也称为耶鲁学派，或者有时候又被命名为"法学改革派"，主

① 参见波斯纳(1994中译本)，或者同样也可参见麦考罗和曼德姆(2005)，第81—83页。有关财富最大化和卡尔多—希克斯效率在波斯纳法律的经济分析中的作用及引发的相关讨论，参见林立：《波斯纳与法律的经济分析》，上海三联书店2005年版。

要是指和耶鲁法学院有关的一批学者的工作。[①] 前述介绍20世纪60年代现代法经济学的起源时,我们曾简单提及科斯开创的分析传统与卡拉布雷西的研究进路有差异。事实上,埃弗里·卡茨(2004)在编辑《法律的经济分析基础》时也明确指出,科斯的文章强调了私人合作在解决外部性问题上的效率特征,而卡拉布雷西则延续了庇古的分析思路,认为私人解决问题的过程中不可避免有外部性问题,需要引入合理的政府规制。另外,和芝加哥学派首推效率标准不一样,卡拉布雷西在1961年及后续的工作中都坚持认为,法律的首要价值是公正,其次才是效率,所以经济分析在理解法律结构中的作用有限。卡拉布雷西对待法律的经济分析的态度,影响了后续的一批研究者,从此出现有别于法经济学芝加哥传统的耶鲁传统。

纽黑文学派将现代法制的福利国家作为研究对象,并把公共政策分析和社会选择理论作为研究方法的基础。他们认为法经济学的目标是:(1)"从经济学角度解释公共行为的正当性";(2)"现实地分析政治制度和官僚制度";(3)"说明法庭在现代政策制度体系中所起的重要作用"。[②] 和前辈庇古、卡拉布雷西类似,纽黑文学派分析的出发点有二:一是自由市场交换过程中出现的外部性问题;二是作为交换结果的公平、正义等分配问题。于是,他们认为,一方面市场失灵使某种形式的政府干预变得十分必要;另一方面政府必须介入收入再分配过程。所以,他们主张改革行政法,使之包含更多既有经验又有理论的东西,能够对公共官员、政治家和市民的需求作出更有效的回应。当然,纽黑文学派对政府干预市场失灵的强调,与庇古假定理想政府干预的思路还是有一定差别,他们明确意识到"矫正市场失灵的公共政策,都应建立在成本—收益分析的基础上,并且,这个过程的成本不应该只包括只能用美元衡量的成本收益,而应该涵盖所有的成本和收益"[③]。

支持个人选择,赞成使用像市场、民主过程这样一些能促进个人选择的机制,正是在这样的制度背景下,纽黑文学派确立了自己的研究重心——效率和公正。由于对有效率政府干预的看重,他们的政策主张更偏好像税收、补贴这样的政策机制,相反,不太重视使用那些法经济学芝加哥学派十分相信的普通法救济方案。这样,纽黑文学派使用法令和规章的范围更广,也更依赖一些结构严密的政府制度来帮助解决众多市场失灵现象。另外,和芝加哥学派认定普通法有效率的观点不同,纽黑文学派认为应该详细分析政府行为决策过程。他们主张处理市场失灵时,政策分析家应该努力确定各种备选政策方案,而且这时绝不能像公共选择学派那样优先考虑分配现状,也不能像芝加哥学派那样简单赞成普通法是最优的解决办法。

总之,相比芝加哥学派对普通法效率的强调,纽黑文学派主张从有更广泛基础的公共政策制定视角研究法经济学。在他们那里,法学与经济学的跨学科交流,更多是以法学为主导,将合适的经济分析工具纳入法学问题的研究中。"耶鲁精神"的内在实质实际上更接近传统法学。同时,也正由于分析中对公平、公正的重视,纽黑文学派一般被归为法经济学的规范分析进路。

---

① 有关耶鲁大学法学院早期法经济学方面的研究,可以参考凯奇(1983)的文章。

② 〔美〕尼古拉斯·麦考罗、斯蒂文·G. 曼德姆:《经济学与法律——从波斯纳到后现代主义》,吴晓露等译,法律出版社2005年版,第104页。

③ 同上书,第105页。

三、法经济学的公共选择学派

法经济学的公共选择学派又称为弗吉尼亚学派,主要指运用公共选择理论研究法律产生与实施的政治过程的法经济学研究思路。前两节介绍的法经济学芝加哥学派和纽黑文学派的工作,主要着眼于既定法律规则的激励和福利分析,本质上都将法律制定和实施过程抽象为一个"技术黑箱",对法律规则的制定、实施过程缺乏进一步的讨论。在这个意义上,法经济学公共选择学派的兴起,可以视为对以上两个研究理路的补充。

现代公共选择理论起源于20世纪50年代中期的公共财政研究。[①] 它可以简单地定义为非市场决策的经济分析,或经济分析在政治决策中的应用,涉及的研究领域包括:国家理论、投票规则和投票者行为、政治冷漠、党派政治、互投赞成票、官僚选择、政策分析和管制。法经济学的公共选择研究思路,主要借鉴公共选择理论的成果,研究立法机关、政府行政管理机构和法院生产法律的问题。他们的研究将政府和立法机关视为法律供给"企业",一方面分析这类"企业"的内部治理结构对法律供给的影响;另一方面研究官僚、利益集团之间的交易签约如何影响法律的制定。目前,法经济学的公共选择研究,主要考察以下几个方面的内容:(1) 立法机关的政治过程;(2) 官僚决策的原则和官僚决策;(3) 管制过程和已颁布的法规及规章;(4) 立宪的基本原则。

在公共选择的研究视野里,立法、行政甚至习惯法都是政治法律市场博弈的结果。以利益集团的分析为例,在政治法律市场中,利益集团可以通过影响政府决策实现自身的目的。一个利益集团为了得到自己所赞成的法律而愿意花费的金钱的数目,不仅取决于法律对该集团的价值,同时也取决于该集团在解决公共品问题自愿捐赠方面的能力,所以,政治市场中的开支不能准确代表法律对相关各方的价值。因此,无效的法律——对输者造成的损害大于对赢者带来的益处的法律——就有可能获得通过,而有效率的法律规则很可能被否决。[②] 类似地,公共选择的官僚理论讲述的是,在法律实施过程中,法官职权越大,立法目的与法律实施之间出现分歧的可能性也就越大,因此,法官的效用函数形式和激励结构对法律的社会福利的影响将很难简单评价,寻租等问题很难避免。总之,公共选择层面的法经济学分析意味着,法律通常是政治决策域中的利益集团、官僚,利用资源向国会、议会和议员游说的结果。

根据大卫·弗里德曼的归纳,法律的经济分析涉及三项不同但相互关联的工作:首先是运用经济学预测法律规则的效果;其次是运用经济学分析法律规则的福利效应,并建议应当采取什么法律规则;最后是运用经济学预测未来法律规则的发展。法经济学的芝加哥学派和纽黑文学派,分别大致对应了弗里德曼意义上的第一、第二项工作;而公共选择学派的法经济学研究则是第三项工作的典型代表。

四、批判法学派的法经济学

批判法学派是现代法经济学发展史上一个较独特的流派。不像前面介绍的芝加哥

---

① [美]丹尼斯·C.缪勒在《公共选择理论》(杨春学等译,中国社会科学出版社1999年版)一书中为我们提供了一个出色的公共选择理论的文献综述。

② [美]皮特·纽曼:《新帕尔格雷夫法经济学大辞典》(第二卷),许明月等译,法律出版社2003年版,第157页。

学派、纽黑文学派和公共选择学派都有大致统一的分析内核,批判法学派内部并不具备一致的方法论,也缺乏标准的分析范式。他们之所以能够被统合到同一个批判法学标签下,主要是在对法经济学和法学主流学派的持续批判态度这一点上是共同的。虽然,现在看来批判法学派对主流法经济学的批评许多已经过时,或随着分析技术进步有些内容已经被整合到主流的分析中,但从思想传承角度,有必要简单介绍一下批判法学派的工作。

批判法学会最初始于1977年,主要是作为一个全国性的法律从业者、教授、学生、社会科学家和其他致力于法学法律实践和法律教育的批判理论方面发展的研究组织。[①] 今天,批判法学部分被认为是对自由主义的折中反应,他们反对形式主义和教条主义法律推理,而这正是当今传统法学学派的重要内容,也是芝加哥学派最根本的基本原则。所以,批判法学派既反对形式主义、教条主义、传统法律推理和学说,又反对芝加哥法经济学派的不关心政治的价值中立观点。现代批判法学的思想渊源主要包括法律现实主义、美国史学、新马克思主义有关法律、法学及方法论方面的研究。

延续了法律现实主义对兰代尔形式主义的批评,批判法学派拒绝将法律规定视为基于少数几条原则推理的结果。相反,批判法学派的两个分支都将法律作为社会结构的一个方面。他们认为法律研究应该集中在作为社会制度的法律,特别应该注意以下几个方面:(1) 法律在社会中所起的作用;(2) 它是如何实现这些作用的;(3) 它与其他主要的社会制度是如何相互影响的。[②] 另外,批判法学派的支持者都很强调政治力量、意识形态在法律构造中的作用。意识形态作为一个核心的解释要素,在他们的作品中占据核心地位。他们还断言每个社会历史阶段都是以意识形态特征为标志,每个历史阶段中法官和律师所从事的工作,都是根据一定程序,借助意识形态让民众认同阶级的秩序结构,并相信这就是这个时代的逻辑。最后,批判法学派也否认在法律推理中存在理性的确定性,他们认为法律就是政治,本身具有欺骗性,“法律给权力和利益披上了合法权威的精致外衣”,法律关系也没有内在的本质含义,最终,只有在共同的现实建构中才变得可理解和重要。

总的来说,批判法学派可能一直试图揭示,植根于现代法律概念中的矛盾、不连贯和肆意掩饰的意识形态因素,以及自由主义和资本主义社会里,社会等级等支配性要素对法律的潜在影响。毋庸置疑,对这些内容每个社会观察者都没法回避,但出于各种各样的原因,主流法经济学分析框架却有意忽略了它们。所以,在这个意义上,批判法学派的“提醒”可能还是相当必要的。当然,必须注意,也不应对他们的工作给予过高的评价。因为,正如哈钦森和莫纳汉所说:“批判法学派不是一个同质或统一的运动。它的支持者在反对主流法律思想方面是团结的,但却没有一个统一的治疗方法。”

---

① 〔美〕尼古拉斯·麦考罗、斯蒂文·G. 曼德姆:《经济学与法律——从波斯纳到后现代主义》,吴晓露等译,法律出版社2005年版,第208页。以下对批判法学派的介绍主要参考了麦考罗和曼德姆(2005)、邓肯·肯尼迪为《新帕尔格雷夫法经济学大辞典》(第二卷)撰写的词条“法经济学:批判法学派观点”,以及斯蒂芬·M. 菲尔德曼的《从前现代主义到后现代主义的美国法律思想》,李国庆译,中国政法大学出版社2005年版,第四章、第五章。

② 〔美〕尼古拉斯·麦考罗、斯蒂文·G. 曼德姆:《经济学与法律——从波斯纳到后现代主义》,吴晓露等译,法律出版社2005年版,第217页。

针对法经济学的研究现状，著名学者杜克斯伯理曾风趣地评价说："法经济学是一门以争论和混乱为主的学科，定义这门学科就如用调羹吃意大利面条。"法经济学的芝加哥学派、纽黑文学派、公共选择学派，以及批判法经济学学派之间的论争，正好从侧面印证了这种判断。芝加哥学派强调普通法内在的经济效率逻辑；纽黑文学派则更看重有效率的政府干预；公共选择学派试图打开法律供给的黑箱；批判法学派的工作，基本上维持与主流相对的批判立场，他们的作品虽然揭示了主流分析在理解法律现象中的诸多不足，但却从来没能提供一个可供替代的分析框架。然而，必须指出的是，和思想史上任何一次学术争论类似，这些学派之间的争论绝不意味着法经济学内部的分崩离析；相反，不同学派争鸣共处的局面，只能是凸显了如下基本的事实：法律体系本身很复杂，不可能用简单的几条分类法则统扩所有法律规定，选择恰当的观察视角才是理解法律世界的关键所在。

第四节 法经济学的演变趋势

事实上，法经济学的兴起和发展从来都不是一场学术界的统一运动，在其发展过程中一直都存在着不同的观点和意见，这种观点和意见的分歧不仅存在于经济学家和法学家之间，同样也出现在经济学家内部。从古典法经济学思想到现代法经济学范式的孕育、成长和发展，这个领域内各流派观点的纷争，都一再凸显了法律现象的复杂性及其恒久魅力。从近30年的现代实践看，参加1997年芝加哥大学《法与经济学杂志》圆桌会议的各位知名学者都认同，理性选择在法律分析应用中已取得辉煌成就。然而，与会者也指出，进入20世纪90年代以后，法经济学的研究似乎进入了一个比较"沉闷"的时期，没有出现新一代的"领军人物"，也没有出现具有"突破性"观点的新的研究文献。于是，在主流法经济学流派相对平寂，而"非主流学派"开始活跃的背景下，下一个阶段的法经济学运动向哪个方向发展，将是极其值得思考的问题。

20世纪90年代以来，法经济学的研究领域显示出进一步扩大的趋势，"经济哲学"的色彩有所突出，一些学者试图将经济学、法学、哲学三者结合起来研究，使法经济学的研究领域扩展到更具根本意义的法律制度框架方面，从而推进了法经济学研究中的"经济法理学"(economic jurisprudence)运动。已有不少研究者，尝试从跨学科视角利用演化博弈论等分析工具，讨论发生学层面的法律制度或规则如何出现，进一步回答更根本的社会合作契约起源以及社会正义之类的问题。另外，从目前的文献来看，在法经济学研究领域扩展的过程中，存在着两种不同的学术倾向：

第一，对法经济学研究的全过程进行比较系统的反思和综合性的研究。麦考罗和曼德姆在《经济学与法律：从波斯纳到后现代主义》一书中明确指出，法经济学的研究并非是一个一致性的运动，而是不同学术传统并存的研究过程，其中有些研究具有互补性，有些研究则是竞争性的，或者说，是具有冲突对立性质的。因此，很有必要对法和经济学运动中发展起来的主要学术流派，包括芝加哥法经济学学派、公共选择学派、制度主义与新制度主义的法经济学学派、现代共和主义和批判法学研究等学派，进行比较与综合研究，从而判断究竟哪一些学派的思想能够真正成为当代法理学的重要组成部分。

第二,对法经济学的研究领域进行变革与突破,重新反思法经济学的学科性质及定位问题。罗宾·麦乐怡在《法与经济学》一书中明确指出,“法经济学”与“法律的经济分析”是既有联系又有相当程度不同的学科,两者应该加以区分。麦乐怡的观点实际上对由新古典主义支配的“法律的经济分析”在法经济学研究领域中所占据的统治地位提出了挑战,试图突破法经济学研究中“法律的经济分析”这种狭窄的研究框架,将更多具有意识形态内容的研究纳入法经济学的研究领域,发展出一种“新的思考法学和经济学的方法”。

总之,从范式诞生的第一天起,法经济学的演进过程中就一直充斥着各式各样的意见,反对和赞同也从来都不曾间断。然而,这些年的理论和实践,也已让人无法否认,法经济学分析方法已经成为理解法律现象最重要的视角之一。尽管法律世界的复杂性决定了在可预见的将来,法律的经济分析仍旧是一个意见纷呈的格局,但是,这丝毫无法改变法经济学或法律的经济学分析正被越来越多的世界各地法学和经济学从业人员所熟悉,也正运用于越来越多国家司法实践的事实。① 一句话,这些年法经济学的发展,已经从根本上改变了传统法学的研究格局,也日益成为理解微观经济理论的重要工具。

本章总结

1. 法经济学是一门运用经济理论(主要是微观经济学及其福利经济学的基本概念)来分析法律的形成、法律的框架和法律的运作以及法律与法律制度所产生的经济影响的学科。

2. 现代法经济学分析范式的成长过程中,早期自然法哲学、古典经济学、德国历史学派、美国制度学派、法律形式主义及法律现实主义领域的学者对此都作了有益的探索,20 世纪上半叶芝加哥学派有关反垄断法的研究,是这场学术运动最为直接的思想来源。

3. 科斯、卡拉布雷西、阿尔钦和贝克尔在现代法经济学范式的形成中作了开创性的贡献。

4. 法经济学的芝加哥学派主要是指 20 世纪 60 年代以后,尤其是 1973 年波斯纳的《法律的经济分析》出版后出现的“新”法经济学。具体来说,围绕科斯、波斯纳、兰德斯等成长起来的一批学者,以及他们在芝加哥大学法学院的两份杂志——《法与经济学杂志》和《法学研究杂志》上发表的一系列文章,构成了法经济学的芝加哥学派,有些学者甚至称之为法经济学的主流学派。

5. 法经济学的其他重要流派包括纽黑文学派、法经济学的公共选择学派和批判法学派的法经济学。

---

① 20 世纪 50 年代末开始的现代法经济学运动,前期工作主要由美国学者完成。但从 1980 年开始,法经济学开始为越来越多国家的学者熟悉,并应用于本国法律实践的研究分析中。有关各国法经济学发展的状况,由于篇幅有限,此处不再赘述。有兴趣的读者,可以参见:Boudewijn Bouckaert and Gerrit De Geest (eds.), The History and Methodology of Law and Economics, *Encyclopedia of Law and Economics*, Vol. 1, 1999。

思考题

1. 法经济学有哪些主要学说思想渊源？
2. 现代法经济学演进的不同阶段各有哪些特点？
3. 比较法经济学不同流派有关法律与经济分析关系的不同观点。
4. 芝加哥主流学派法经济学的观点对我国法经济学研究的启示何在？
5. 20 世纪 90 年代以来法经济学的演进呈现出哪些主要特点？

阅读文献

1. Ejan Mackaay, History of Law and Economics, in Boudewijn Bouckaert and Gerrit De Geest (eds.), *Encyclopedia of Law and Economics*, Volume I, 1999, *The History and Methodology of Law and Economics.*

2. Kitch, The Fire of Truth: A Remembrance of Law and Economics at Chicago, 1932—1970, *Journal of Law and Economics*, Vol. 26, 1983, pp. 163—234.

3. Richard A. Posner, The Law and Economics Movement, *American Economics Review*, Vol. 77, 1987, pp. 1—13.

4. Ronald Coarse, Law and Economics at Chicago, *Journal of Law and Economics*, Vol. 36, 1993, pp. 239—254.

5. 〔美〕理查德 · A. 波斯纳,《法律的经济分析》,蒋兆康译,中国大百科全书出版社 1997 年版。

6. 〔美〕尼古拉斯 · 麦考罗、斯蒂文 · G. 曼德姆,《经济学与法律——从波斯纳到后现代主义》,吴晓露等译,法律出版社 2005 年版。

7. 〔美〕斯蒂芬 · M. 菲尔德曼,《从前现代主义到后现代主义的美国法律思想》,李国庆译,中国政法大学出版社 2005 年版。

8. 魏建、黄立君、李振宇,《法经济学:基础与比较》,人民出版社 2004 年版。

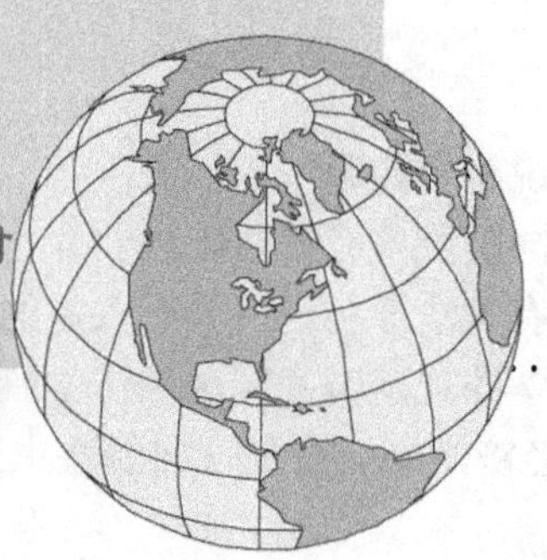

第二章

法经济学的学科特征

在关于方法论的讨论中，经济学家再清楚不过了；然而不幸的是，在这一方法的应用中，他们是再糊涂不过了。

——〔美〕弗兰克·奈特

【本章概要】

历经半个世纪的发展，法经济学已经成为西方经济学研究的一个重要分支领域，其研究范围已延伸至社会生活的各个法律相关领域。但法经济学界对这一学科本身的基本问题如学科性质、研究范围和研究方法等问题，却没有形成完整统一的认识。本章主要分三个部分，从法经济学不同学派——主流学派与非主流学派——对比的视角来阐述法经济学的学科性质、研究范围和研究方法。

【学习目标】

1. 厘清主流学派和非主流学派对法经济学学科性质的不同观点。
2. 了解法经济学各个研究领域中的几位代表人物。
3. 理解方法论的个人主义、最大化原则与均衡分析。
4. 了解公共学派和制度学派与主流学派间研究方法的差异。

正如波斯纳教授所指出的，法经济学的发展从来就不是一场学术界的统一运动，在其发展过程中一直都存在着不同的理论观点，包括对于法经济学的学科性质、研究范围和研究方法的各种意见分歧。本章从法经济学不同学派——主流学派与非主流学派——对比的视角来阐述法经济学的学科性质、研究范围和研究方法。

第一节　法经济学的学科性质

从法经济学的发展历程看，经济学凭借着其独有的技术优势来研究法律问题，对法学研究造成了持久和深远的影响，法经济学研究中所形成的学术文献也可以说是汗牛充栋。但是，法经济学学科迅速发展的同时，法经济学研究者却一直未能对法经济学的学科性质给出一个比较明确和一致的阐述。

一、法经济学主流学派的视角

法经济学的主流学派主要是指以芝加哥大学为代表的主张用新古典经济学的分析方法研究法律问题的法经济学学派，芝加哥大学法学院的罗纳德·科斯教授和理查德·A. 波斯纳教授是最重要的代表人物。

在波斯纳的视野中，法经济学是一个非常宽泛的研究领域，是伴随着经济学向法学领域的扩展而成长起来的一个交叉性学科，而且是与经济学对非市场交易领域的扩展相重叠的。波斯纳不主张对“法经济学”下一个固定的定义，他认为，词汇可以分成三类：第一类是纯概念的，如“边际成本”，现实中并没有对应的事物；第二类是参照系性的，必须借助参照物才能描述，如“一只如同人一样大的兔子”；第三类词汇既不是概念性也不是参照系性的，如宗教、法学、经济学等，它们没有固定的定义，即便有定义，也经常是循环论证的。法经济学就属于第三类。根据波斯纳的看法，法经济学是非市场经济学中的一个特殊领域，因为法律体系所管制的行为领域非常庞大，所以人们对法经济学的定义也可以同经济学、法学一样宽泛，基于这一观点，波斯纳教授认为：“法经济学就是建立在某些法律领域具体知识基础上的一系列经济研究。”①

另一位法经济学的领军人物罗伯特·考特在阐述“什么是法经济学”这一问题时也指出：“当我们主要集中于讨论经济学能够给法律带来什么的时候，我们发现法律也给经济学带来了一些东西。经济分析常把财产和合同法律制度看作与生俱来的，而这些制度对经济却有着重大影响。……除了内容之外，经济学家还能够从法学家那里学到很多法律分析的技术，比如对文字差异的敏感性。”②此外，罗伯特·考特在1998年的《表释性的法与经济学》③一文中指出：一方面经济学家应该懂一些法学，不满足于理论上的自圆其说，更应该强调对现实世界的理解；另一方面，法学也不要仅仅集中于法律的强制性理

① Richard A. Posner, The Law and Economics Movement, *The American Economic Review*, Vol. 77, No. 2, 1987, pp. 1—13.

② 〔美〕罗伯特·考特、托马斯·尤伦，《法和经济学》，张军译，上海三联书店1991年版，第16页。

③ Robert D. Cooter, Expressive Law and Economics, *The Journal of Legal Studies*, Vol. 27, No. 2, 1998, pp. 585—608.

论，应该学习经济学的理性选择方法，思考人类行为的效用最大化问题。

美国著名法经济学家大卫·弗里德曼在《新帕尔格雷夫经济学辞典》中提出："对法律的经济分析，涉及三种不同的但相互关联的论题。第一是运用经济学语言分析法律规则的效果。第二是运用经济学判定何种法律规则在经济上是有效率的，以便建议应当采用何种法律规则。第三是运用经济学预测法律规则的演化和发展。"①弗里德曼认为，第一项论题主要是价格理论的运用，第二项论题是福利经济学的应用，第三项论题是公共选择理论的应用。由此可见，弗里德曼强调的法经济学是经济学在法律研究中的应用。

耶鲁大学的卡拉布雷西也曾给出过法经济学的定义。他认为，法经济学研究整个社会在一个良好的框架下即在立法的框架下运行可能产生的成本和收益，以及维护社会持续运行所需要的一整套装置，而这套装置需要识别，这就是法经济学。② 由此可见，卡拉布雷西对法经济学的看法除了涉及波斯纳所推崇的效率之外，同时还顾及了公平这一问题。

乔治·梅森大学的查尔斯·K.罗利提出法经济学："……是运用经济理论和计量经济学方法检验法律和立法制度的形成、结构、演化和影响。"③他认为，立法制度不是独立于经济体系之外的，而是经济体系中的一个变量，在研究中须将两者联系起来考察。

法经济学研究领域的开拓者科斯指出："法经济学分为两个部分：第一部分是运用经济学分析法律；第二部分是法律系统的运行对经济系统运行的影响……其中第一部分的著述已经汗牛充栋，而第二部分关于法律系统的运行对经济系统运行影响的研究至今还很欠缺，理论尚不成熟。"④无独有偶，尼古拉斯·麦考罗和斯蒂文·G.曼德姆也认为，法经济学可以被定义为运用经济学理论来分析法律的形成、法律的框架和法律的运作以及法律制度所产生的经济影响的学科，这一表述详略得当地涉及了法经济学研究的两个方面的重要问题。⑤

用波斯纳的话来说，对法经济学定义的"唯一可能准则是它的实用性（utility）而不是准确性（accuracy）"，其目的是"开辟一个使大量的法学知识在其学说和制度方面与经济学研究相关的领域"。

二、法经济学非主流学派和法学界的视角

除了上述提到的主流学者对法经济学的定义之外，法学家和其他的法经济学学者同样从不同的角度提出过对法经济学定义的看法。纽约大学的罗纳德·德沃金认为：法经济学研究的是正义和分配的问题。因为如果承认一个社会整体运行的规则是建立在价

① 〔英〕伊特韦尔等：《新帕尔格雷夫经济学大辞典》（第三卷），经济科学出版社1996年版。

② Guido Calabresi, Nonsense of Stilts? The New Law and Economics Twenty Years Later, *Cooley Lectures*, 1979, University of Michigan.

③ Charles K. Rowley, Public Choice and the Economic Analysis of Law, in Nicholas Mercuro (ed.), *Law and Economics*, Kluwer Academic Publishers, 1989, p. 125.

④ Douglas G. Baird, The Future of Law and Economics: Looking Forward, *University of Chicago Law Review*, Fall, 1997.

⑤ Nicholas Mercuro and Steven G. Medema, *Economics and the Law: From Posner to Postmodernism*, Princeton University Press, 1997, p. 3.

格基础之上的,那么需要处理的最核心问题就是分配。如果从终极关怀角度来看,关怀的应该是正义问题。因此,可以认为,法经济学就是一门研究财富分配和社会公正问题的学科。①

法学界传统的法学家对分析法律的经济学家的研究工作评价往往持保留态度,他们认为经济学的分析过于强调效率而忽视了公平和正义,分析方法太抽象,而且与审判无关,也与司法的实践关系不大。经济学家也常常对法学家的这种态度表示不满,认为法学家常常还没弄懂经济学家的工作就试图反驳经济方法。但随着法经济学这一法学和经济学交叉学科的日益发展,这一误解正处在逐渐消除的过程中。

美国法学家罗宾·麦乐怡教授从比较研究的视角阐释了法经济学的学科性质,将法经济学这一学科分为"法与经济学"和"法律的经济分析"两种不同的提法。他认为相对于法与经济学对意识形态倾向和比较方法的强调,法律的经济分析只是采用经济学的方法和术语分析特定社会法律制度和法律关系的理论体系。法与经济学可以评估多种社会模式,并探索这种选择对法律与经济关系的后果,并且还能够提供将法律制度视为一种特定的政治理念的研究机会,各种意识形态观可以不加修饰地置于现行法律制度中加以比较研究。在麦乐怡看来,法与经济学是关于政治权力和稀缺性经济资源分配的学科,它的任务是揭示那些可供选择的不同意识形态框架所倡导的法律制度和法律关系。法与经济学基本上是一个比较研究的过程,它将经济的和法律的手段与不特定的政治或者经济意识形态相联系,而非限定于某种特殊的政治或者经济意识形态来考虑法和经济学。法与经济学的研究应当集中于考察经济哲学、政治哲学和法哲学在涉及社会制度安排及法律框架的选择时三者之间的关系。总而言之,法与经济学是一门在研究中可以包容一切不同政治意识形态互相作用的开放性的学科。②

第二节　法经济学的研究范围

从法经济学的研究范围来看,法经济学对法律制度问题的研究基本上覆盖了整个法律领域,包括民事、刑事和行政程序;惩罚理论及其实践、立法和管制的理论及其实践;法律的实施和司法管理实践,以及宪法、海事法、法理学等各个方面。

一、法经济学主流学派的视角

法经济学的研究重点是"普通法的中心内容——财产、合同和侵权"③。按照波斯纳的说法,经济学家以前对法律的研究基本局限在反托拉斯法和政府对经济实行公开管制的领域,而法经济学的研究重点则转向了"并不公开管制的法律领域"④。

(1) 财产法。从法律观点来看,财产是"一组权力",这些权力描述了一个人对其所有的资源可以做些什么,不可以做些什么,或者说,"财产的法律概念就是一组所有者自

① Ronald M. Dworkin, Is Wealth a Value? *The Journal of Legal Studies*, 9, 1980, pp. 191—226.
② 〔美〕罗宾·保罗·麦乐怡:《法与经济学》,孙潮译,浙江人民出版社 1999 年版,第 1—11 页。
③ 〔美〕罗伯特·考特、托马斯·尤伦:《法和经济学》,张军译,上海三联书店 1991 年版,前言。
④ 〔美〕理查德·A. 波斯纳:《法律的经济分析》,蒋兆康译,中国大百科全书出版社 1997 年版,第二版序言。

由行使并且其行使不受他人干涉的关于资源的权力”①。法经济学有关财产的经济理论,主要集中在关于财产法的四个基本问题上:① 私人可以拥有什么财产? ② 所有权是怎样建立起来的? ③ 所有者如何合法地处置其财产? ④ 如何保护财产? 如何赔偿对财产的侵犯?②

(2) 合同法。法经济学中有关合同的经济理论在利用经济学的理论及研究方法尤其是交易成本分析方法考察了法学经典的合同理论(交易的合同理论)的基础上,试图来回答以下三个问题:① 合同法的目的是什么? ② 应该履行什么样的合同? ③ 如何对合同执行过程中的违约给予补救?

(3) 侵权行为。法经济学的侵权行为理论,在传统的法学侵权理论基础上进一步表明,侵权是一种给他人造成损害的失职行为,而且这种行为无法通过求助事先的合同来解决赔偿问题,如交通肇事这类的侵权行为。法经济学在运用经济学的理论与方法来分析侵权行为时,主要是研究三个问题:① 侵权行为的特征;② 侵权行为的责任;③ 侵权的赔偿。

(4) 公司法。公司化企业是现代社会中最重要的经济组织形式。对于什么是公司这一问题,美国权威的公司法教授罗伯特·W. 汉密尔顿曾作过如下定义:“公司是一种规定人们之间关系的法律制度。”③对于公司法的经济学分析主要可以分为以下几个方面:第一方面是科斯在1937年发表的《企业的性质》④引出的关于“企业的性质”问题的研究;第二方面是关于公司的所有权和控制权分离问题的研究,这部分研究最早可以追溯到20世纪30年代阿道夫·A. 伯利和卡迪纳·C. 米恩斯的著作《现代公司与私人财产》⑤;第三方面是关于公司治理的理论,其较新进展是以拉·波塔(La Porta)、洛佩兹—西拉尼斯(Lopez-Silanes)、斯累夫(Shleifer)和维什尼(Vishny)(简称LLSV)为代表的第二代公司治理研究,他们提出了有关公司治理的法律研究方法,即投资者法律保护问题的研究。⑥

(5) 反垄断法。经济学认为,只有打破垄断,形成充分的自由竞争,才能产生最大的经济效率。波斯纳在对反垄断法的经济学分析中指出:其一,由于生产的垄断会使这种产品的数量下降,迫使消费者去购买替代品,进而又使一些企业越来越多地生产这种替代品。但使用替代品是一种浪费,是缺乏效率的。其二,垄断还会使垄断者失去技术进

① 〔美〕罗伯特·考特、托马斯·尤伦:《法和经济学》,张军译,上海三联书店1991年版,第125页。

② 有关“财产法的经济分析”、“合同法的经济分析”和“侵权法的经济分析”的详细内容请参考史晋川:《财产、合同和侵权行为的经济分析》,载《浙江树人大学学报》,2001年第2期(中国人民大学复印报刊资料,《民商法学》,2001年第11期)。

③ Robert W. Hamilton, *Corporation*(2nd ed.), West Publishing Co., 1986, p.1.

④ Ronald H. Coase, The Nature of Firm(1937), *The Firm, the Market, and the Law*, University of Chicago Press, 1988, p.44.

⑤ Adolph A. Berle and Gardiner C. Means, *The Modern Corporation and Private Property*, Transaction Publishers, 1991.

⑥ 有关LLSV的方法可参见:R. La Porta, F. Lopez-de-Silanes, A. Shleifer, and R. Vishny, Legal Determinants of External Finance, *Journal of Finance*, 1997, pp. 1131—1150。

步的动力，使得厂商不愿意采取更为先进的技术，这又是一层效率的缺乏。①

（6）刑法。法经济学对犯罪和刑法的研究主要从两方面展开：一是何种行为应受到惩罚？二是惩罚的程度如何？对第一个问题的回答也就是确定“什么是犯罪”的问题，波斯纳认为，犯罪是一种在特定的程序中将受到特殊惩罚的行为；在第二个问题的回答上，犯罪经济学家认为，犯罪率取决于风险和收益的对比，也就说是犯罪将随着“预期刑罚”（预期刑罚是刑罚概率和刑罚严厉程度的乘积）的上升而下降，并认为犯罪对预期刑罚是有弹性的，即我们可以通过调节刑罚的威慑水平来控制犯罪。②

（7）程序法。法律程序包含着分配资源的市场机制，即考虑什么样的资源配置才能使效率最大化。因此，在经济学意义上，法律可以视为私人交易边际的一种替代权利配置模式。关于程序法的经典的法经济学分析主要考察了当纠纷发生时到底是采用和解还是诉讼的方式来解决；民事诉讼和刑事诉讼所采取的不同证据标准的研究；关于普通法效率问题的研究。程序法的经济分析通过对纠纷解决方式的考察、证据标准的研究等，保证法律执行的正确性和科学性。对于社会和政治的现代化来说，合理的程序制度更具有非同寻常的积极意义。

二、法经济学非主流学派的视角

正如在法经济学学科性质的阐述中提到的，麦乐怡主张法经济学的研究在本性上应该是比较的，并且法经济学是一个包容一切不同政治意识形态互相作用的开放性的创造过程。

麦乐怡认为，与他所倡导的法经济学研究相对照，波斯纳的法律的经济分析会使得经济分析法学失去作为一个丰富的比较研究应该包括的许多分支学派，包括批判法学研究、保守主义、自由意志论、自由主义、古典自由主义等，事实上，这些学派的观点都是法经济学的重要组成部分。他认为，法经济学应该是一个包容各种不同的意识形态之间互相竞争的理论体系，通过对比、评价和选择意识形态界定法与经济学的对话过程，从而导致法的结构和内容方面的真正变化。麦乐怡有关法经济学的研究范围的基本观点可以用图 2-1 加以表示。

根据麦乐怡的研究框架，一个人对法和法律制度的理解来源于他对经济关系的基本观念。正是这种关系，使得法经济学有一个可以认识的界限。在界限范围内，互相竞争的观点都被视为劝导性的，故无论法经济学结构如何，它始终是关于权力和资源分配的对话。

（1）社会（共同体）的经济意识形态。这是占统治地位的经济意识形态，但它总是暂时的，且始终受到来自别的竞争性的意识形态的压力和挑战。一段时间之后，这种主导性的社会意识形态可能会发生变化，社会中关于法和法律制度的理论与实践也会发生变

---

① 有关反垄断的分析，可进一步参见理查德·A. 波斯纳所著的《法律的经济分析》一书中第三篇“市场的公共管制”有关内容。

② 对这一问题法经济学界存在着争议，威慑假说认为人们对刑事审判制度创设的威慑激励反应灵敏；另一派认为犯罪不会因为刑事审判制度在确定性和严厉性方面的变化而产生激励调整。但实证研究表明，支持威慑假说的论据要明显多于无威慑论。

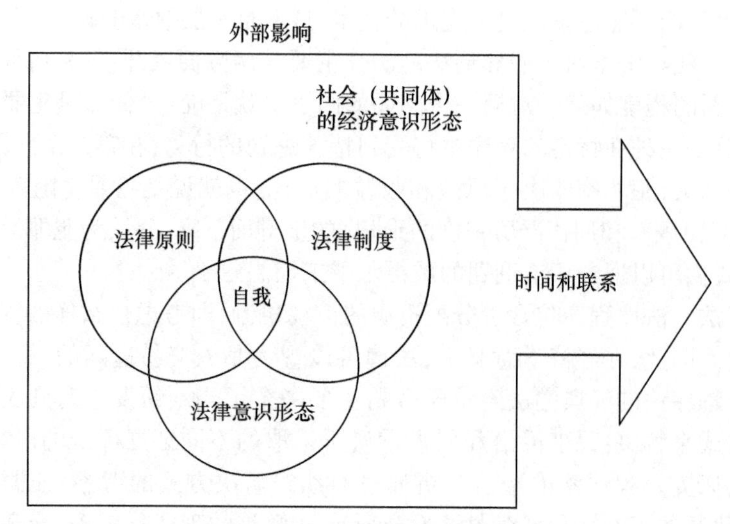

图 2-1　法经济学的研究框架

化，同样根植于法学理论和法律制度中的法律意识形态也随之变化。

（2）时间和联系。时间和联系指作为被社会的经济意识形态所界定的法和经济学的整个概念框架，必须结合历史的、政治的、经济的、社会的和文化的联系来考察。社会价值是存在于特定时间的价值，在时间联系中，法和经济学过程是动态的、创造性的、不断变化的。联系之所以重要，是因为它不仅可以用来确定问题的性质，而且还能得出解决问题的办法和措施。

（3）法律原则。法律原则是特定时期所认可的有效力的正式法律。当基本经济意识形态发生变化时，它为法律原则的进展铺设了道路。例如，“货物出门概不退换”原则，早先是保护卖方的规则，后来被抛弃，取代它的是更为倾向保护买方的规则。这种变化是基于这一规则在市场交易中不能发挥适当作用。因此，原先的法律规则必须让位于一个新的社会观念所认同的措施。

（4）法律制度。法律制度是经过认可的用来解释和处理所有被认为是法律事务的正式制度。制度结构在制衡体系中起着极为重要的作用。法律制度的范围和结构的演化经历了相当长的时期，并且与变化着的社会观念相联系。

（5）法律意识形态。法律意识形态是指那些说明一个社会中法的角色、目的或作用的意识形态，正式的法律意识形态体现在法律结果的根据中。正是这种意识形态说明了法和法律行为是什么。不同的法律意识形态会对法律原则和法律制度提出不同的要求，并且，不同的法律意识形态也会通过各自相应的法律原则和法律制度体现出来。

（6）自我。自我是整个框架的中心，设置“自我”是代表选择的基本参考点，以此来为法经济学的任何一种理论模型服务。

从非主流的视角来看，麦乐怡的这一研究框架中有关法经济学研究范围的界定，给法经济学带来了一种新视野，一个包含许多不同法经济学观点的动态体系，包括波斯纳的法律的经济分析，但同时又不局限于法律的经济分析。通过不同学派间的相互竞争和作用，法经济学不断地沿着自己特有的轨迹前进。

第三节 法经济学的研究方法

过去近半个世纪的经济学发展表明,经济学已经挣脱了过去仅仅依靠案例描述和概念解释的束缚,转而主要依靠微积分、线性代数、数理统计及计量经济学等高级数理工具的综合运用展开研究工作,由此取得了其他社会学科无法比拟的研究工具及技术优势,被誉为"社会科学皇冠上的一颗明珠"。而主流法学理论一直是法律的哲学,它的技术基础是对语言的分析。"法学不可能发展出数量方法,就好像澳大利亚不可能独立地产出兔子一样",虽说是一句调侃的玩笑话,但是,它在一定程度上反映了法学研究的方法一直缺乏一种严密的数理逻辑推理及数量分析工具。然而,随着法经济学的产生和发展,法学研究领域中的这一空白很快被经济学家发现并迅速地占领。正如罗伯特·考特所说:"这种侵入被称为经济学的帝国主义,而最近的一个受益者或者受害者是法学。"①

一、法经济学主流学派的观点

从法经济学是将理性选择的方法运用于对法律研究的角度来看,法经济学是以"个人理性"及相应的方法论的个人主义作为其研究方法基础,以经济学的"效率"作为其核心衡量标准,以"成本—收益"及最大化方法作为基本分析工具来进行法律问题研究的。②加里·贝克尔在 1997 年《芝加哥大学法律评论》编辑部召开的法经济学圆桌研讨会上谈到法经济学之所以成功的原因时指出,法经济学获得成功的原因之一就是它很好地运用了三个重要的经济学原则,一是个人效用最大化原则,二是市场出清(供求均衡)原则,三是效率原则。③ 沃纳·赫希也曾指出:"尽管并非所有的研究者对法和经济学的研究视角和研究方法都持有一致的看法,但是,绝大多数的研究者都认为,新古典主义经济学的分析方法——包括经济理论与计量分析工具——构成了法律和法律制度经济分析的基本特征。"④这一点,甚至连法经济学中的非主流学派的学者也看得十分清楚,如麦乐怡就一针见血地指出:"法律的经济分析通过对法律规则进行成本和收益分析及经济效率分析,使我们可以就法律实施的结果得出结论,并对特定的法律安排的社会价值作出评价。"⑤

1. *方法论的个人主义*

研究文献的考证表明,"个人主义方法论"一词最早是 1908 年由经济学家熊彼特提出的,而这一方法论的思想渊源则可以追溯到 17、18 世纪思想家的学说中。⑥

法经济学是以方法论个人主义的假定作为其研究基础的。汉斯·彼得·舒维托斯基在阐述法律的经济分析问题时也曾十分明确地指出,方法论个人主义是现代制度经济

---

① 〔美〕罗伯特·考特、托马斯·尤伦:《法和经济学》,张军译,上海三联书店 1991 年版,第 125 页。

② 史晋川:《法律经济学评述》,载《经济社会体制比较》,2003 年第 2 期,第 95—103 页。

③ 关于贝克尔对这一问题的详细论述请参见:Douglas G. Baird, The Future of Law and Economics: Looking Forward, *University of Chicago Law Review*, Fall, 1997。

④ Werner Z. Hirsch, *Law and Economics: An Introductory Analysis* (3rd ed.), Academic Press, 1999, p. 1.

⑤ 〔美〕罗宾·保罗·麦乐怡:《法与经济学》,孙潮译,浙江人民出版社 1999 年版,第 2 页。

⑥ 方福前:《公共选择理论——政治的经济学》,中国人民大学出版社 2000 年版,第 17 页。

学最重要的假设之一,其基本内涵是社会的所有决策都必须建立在个人基础之上。[①] 方法论个人主义的核心思想是:社会理论的研究必须建立在对个人意向和行为研究、考察的基础之上,分析研究对象的基本单元是有理性的个人,并由此假定集体行为是其中个人选择的结果。因此,从法理学的角度看,法经济学实质上是研究理性选择行为模式的方法论个人主义法学,或者说,是一种以人的理性全面发展为前提的法学思潮。

构成方法论个人主义的内容有三项:其一,任何行为都是由个人做出来的。集体(或社会)的作为或行动,总是由单个人的作为和行动表现出来,一个行为的性质取决于行为的个人和受该行为影响的其他人对这一行为所赋予的意义。其二,人是社会的动物,但社会过程是由单个人相互作用的过程。离开了个人,就没有这个过程,离开了个人行为,也就没有社会基础。其三,集体或社会是无法被具体化的,集体、社会之所以可被认识,是由于那些行为的个人赋予它的意义。

这种个人方法论,往往与自由主义关于社会的观念相联系,故斯坦尼德将方法论的个人主义称为正统的自由主义。自由主义者哈耶克1945年出版的《个人主义与经济秩序》文集,也阐述了个人主义与自由主义的密切关系。个人主义是关于自由的个人主义,自由主义是关于个人的自由主义。自由主义的基础是承认个人的自由权和不可侵犯性,个人主义强调的是个人之间的普遍人格平等,而较少过问个人的具体特征。

法经济学在将方法论个人主义假定作为其研究基础时,同时也就不可避免地借用了与这一方法论相一致的经济学基本概念和分析方法,例如"效用"、"效率"、"机会成本"等概念,以及"成本—收益分析"、"均衡分析"、"边际分析"等分析方法。罗伯特·考特和托马斯·尤伦在阐述运用微观经济理论的工具来研究法律问题的理由时指出:"法律所创造的规则对不同种类的行为产生隐含的费用,因而这些规则的后果可当作对这些隐含费用的反应加以分析",据此,"我们认为诸如最大化、均衡和效率之类的经济概念是解释社会,尤其是解释理性的人们对法律规则的反应行为的基本范畴"[②]。

2. 最大化原则与均衡分析

贝克尔认为理性选择方法是法经济学的重要方法之一,贝克尔则进一步将理性选择方法总结为"个人的最大化,市场的出清"[③]。

"个人最大化"实质上是指个人效用的最大化,"效用"是一个与个人偏好有关的概念:一件物品越是被偏好,对个人来说效用也就越大。效用可以用来衡量闲暇、爱情、利他心、对规则的忠诚等个人价值。可是效用理论也并非完美无缺,它的一个重要缺陷就是作为主观尺度很难进行人与人之间的比较。正因为效用理论的诸多缺陷,使得部分主流的法经济学家更倾向于使用第二个标准——财富,波斯纳指出:"财富最大化是一项相对不会引起争议的标准。"[④]

---

① Hens-Peter Schwintowski, An Economic Theory of Law, *The Journal of Interdisciplinary Economics*, 2000, pp. 1—6.

② 〔美〕罗伯特·考特、托马斯·尤伦,《法和经济学》,张军译,上海三联书店1991年版,第13页。

③ Douglas G. Baird, The Future of Law and Economics: Looking Forward, *University of Chicago Law Review*, Fall, 1997.

④ Richard A. Posner, *The Problem of Jurisprudence*, Harvard University Press, 1990, p. 359.

在其他条件不变的条件下，人们总是偏好更多的货币。虽然有些人可能是这个法则的例外，但由于它可以在表述上避免个体效用最大化的循环论证，所以的确显得最为真实有效。使用货币也使得个人之间的比较成为可能。在规范的法经济学中，这种比较的可能性显得尤其重要。因为帕累托标准只允许没有人状况会变得更差这种结果的财富变化，为了避免这种约束，波斯纳为财富最大化原理的应用进行了辩护。他认为所谓的货币测量就是支付的意愿：如果产品或其他资源掌握在那些有意愿且有能力作出最高支付的人手中，那么财富就算被最大化了。支付的意愿并非纯粹的偏好表达，比如 A 比 B 有着更为强烈的偏好，但 B 却比 A 支付的更多，理由很简单，就是 B 有更多的钱。但财富最大化原理也并非完美无缺，如罗纳德·德沃金就对波斯纳的财富最大化原理进行了猛烈的抨击。[①]

与最大化原则相关的研究分析工具是均衡。在经济学理论研究中，均衡是指经济事物变化中有关变量在一定条件下相互作用所达到的一种相对静止的状态，各市场参与者没有动力去改变既定的状态。例如，若价格下降则需求上升，价格上升则供给提高，在这种规则下市场将会趋于达到供求在均衡价格上相等的状态。均衡分析的适用性不仅在一般经济学意义上的市场活动中存在，同样也适用于许多非市场行为。如在法律领域内，法律规则用罚款、监禁等条文规定了参与各类非法活动的“价格”。正如波斯纳所言：“从经济或财富最大化视角看，法律的一个基本功能在于改变人们参与非法活动的激励。”[②]例如，只要预知的损害赔偿（边际收益）超出消除污染的成本（边际成本），就能促使排污企业降低污染水平；同样，在侵权法上，对过失实行更高的损害赔偿（如惩罚性赔偿）将会激励潜在的侵权行为者采取预防措施来防止侵权行为的发生；又如高额的罚款和较长的刑期将会减少犯罪的数量等。

3. 规范分析与实证分析[③]

规范分析与实证分析是经济学理论中的分析方法。规范分析所研究的主要问题是“为什么”，实证分析所研究的主要问题是“是什么”。而在法经济学中，既然主要应用了经济学的方法来研究法律问题，故同样也可分为规范研究和实证研究。在法经济学中，所谓规范研究是指运用经济学理论分析工具来研究最优的或最有效的法律规则的制定问题；而实证研究是指运用经济学的理论分析工具来研究现实中法律规则的实施效果问题。[④] 一般而言，耶鲁学派的研究更多地被认为是规范研究，而芝加哥学派的研究则被称为实证研究。

在法经济学的规范研究中，其最大的特点就是确立和突出法律的经济分析中的“效率”标准，即以效率为标准来研究一定社会制度中的法律制定和实施问题。波斯纳曾指出，“公正的另一种解释就是效率”，这种对效率的追求也正是贯穿波斯纳《法律的经济分

---

① Ronald M. Dworkin, Is Wealth a Value? *The Journal of Legal Studies*, 9, 1980, pp. 191—226.

② 〔美〕理查德·A. 波斯纳：《法律的经济分析》，蒋兆康译，中国大百科全书出版社 1997 年版，第 75 页。

③ 关于实证学派和规范学派的分析，可参见弗朗切斯科·帕里西：《法与经济学的实证学派、规范学派和实用学派》，载《比较》，第 20 辑，中信出版社 2006 年版。

④ Herbert Hovenkamp, Law and Economics in the United States: A Brief History Survey, *Cambridge Journal of Economics*, 19, 1995, pp. 331—352.

析》全书的一条准则。从具体的效率标准来看,法经济学在研究中所运用的经济效率标准,主要的并不是"帕累托最优",而是"卡尔多—希克斯"意义上的效率标准(Kaldor-Hicks efficiency)。按照这一效率标准,在社会的资源配置过程中,如果那些从资源重新配置过程中获得利益的人,只要其所增加的利益足以补偿(并不要求必须实际补偿)在同一资源重新配置过程中受到损失的人的利益,那么,这种资源配置就是有效率的。法经济学的规范研究之所以要确立这种经济效率标准,主要原因在于"帕累托最优"往往只能适用于市场中的自愿交易场合,而在许多社会活动中,法律规定的权利无法在市场上交易,或无法通过市场自愿交易来转换。

在法经济学的研究中,实证研究最适合用来分析法律的效果问题,或者说,实证经济学的分析方法最适合研究法律的"效果评估"问题,包括对法律的效能作定性的研究和定量的分析。法经济学运用实证研究来分析、预测各种可供选择的法律制度安排的效果,目的是更好地说明法律的实际效果与人们对该项法律预期的效果是否一致,或在多大程度是一致的。实证研究在法经济学中的运用,不仅促进了法经济学研究的"模型化"和研究的"精确化",而且使得法律效果这个在法学中处于十分重要地位的法律分析问题研究取得了极大的进展。①

4. 成本—收益分析

成本—收益分析方法是贯穿整个法经济学的分析方法,是法律经济分析的主要工具。法经济学家从科斯的《社会成本问题》出发,运用社会成本理论,从外部性入手来考察社会资源的最优配置。侵权防范标准中著名的"汉德公式"就可以用来说明成本—收益分析方法在法经济学中的运用。②

法经济学家普遍接受的一个观点是:侵权责任原则的构成应该能使预防费用、事故费用(损失)和行政费用降至最低。据此,法定预防标准的确立原则是:法定预防标准应确定在使社会成本最小化的标准上。我们以 x 表示行为人的预防量,w 表示每单位的预防成本,则预防成本总额为 wx,它是 x 的增函数;$p(x)$ 表示侵权发生的概率,A 是侵权所造成的潜在受害人的损失费用,则 $p(x)A$ 为可能发生的侵权行为的损害费用,它是 x 的减函数。由此可以得到,行为人的成本由两部分构成:一是行为人自身的预防成本 wx,二是强加给他人的部分,也就是侵权行为对他人构成的损害 $p(x)A$。这两部分加总后也就是侵权行为的社会总成本 $\mathrm{SC}=wx+p(x)A$,最佳的法定预防标准就是使社会总成本 SC 最小,即将上式对 x 求一阶导数并令其等于0,得 $\mathrm{SC}'=w+p'(x)A=0$ 或 $w=-p'(x)A$,从而得到最佳预防标准 x^*,即法定预防标准。上述分析中,$p(x)A$(即汉德公式中的 PL)还可以看成是预防侵权所获得的收益,即当行为人为预防侵权发生而支出 wx(即汉德公式中的 B)并达到了预防的目的时,他也就获得了 PL,也就是说,没有损失的成本就构成了他的收益。基于这个逻辑,汉德公式中 B 与 PL 之比,实质上就是一种经济学的成本—收益分析。

---

① 本部分详细内容请参见史晋川:《法律经济学评述》,载《经济社会体制比较》,2003 年第 2 期,第 95—103 页。

② "汉德公式"即 $B=PL$,其中 B 代表责任,P 代表概率,L 代表损失。有关"汉德法则"的详细内容,请参见罗伯特·考特、托马斯·尤伦的《法和经济学》第八章、第九章中的有关论述。

二、法经济学非主流学派的观点

1. 公共选择分析

公共选择理论就是把经济分析工具运用于政治、法律研究领域，运用经济学的方法和理论去考察政治、法律领域中的集体决策和其他非市场决策。用公共选择理论创始人布坎南的话说："公共选择实际上是经济理论在政治活动或政府选择领域中的应用和扩展。"①

公共选择理论是研究传统政治问题的，但其研究方法与传统政治学不同，它们最大的区别是：传统政治学用的是公共利益分析方法，认为在群体中存在着公共利益，个人只不过是群体这个有机整体中的一个不可缺少的组成部分，只存在着群体目的、群体选择和群体行为，把群体行为看成是公共利益中的基本行为；相反，公共选择用的是私人利益分析方法，在公共选择理论看来，不存在什么抽象的"公共利益"，有的只是实实在在的私人利益。他们建议人们从政治家和官僚们所追求的公共利益的虚构中摆脱出来。可以这样认为，公共选择理论是微观经济学理论向政治领域的一次有力的渗透。其理论主要包括公共物品理论、政府失灵理论、利益集团理论、寻租理论和宪法经济学等。

在具体分析政治决策过程中，公共选择理论学者又把这种私人利益的分析方法归结为三个方面，也被称为公共选择学派的三大理论假设，即经济人假设、个人主义的方法论、政治交易过程。

(1) 经济人假设。公共选择理论的最基本理念认为，政治活动中的人与市场中的人本质上是没有区别的，"都是追求效用最大化的人——政治活动表现为一种特殊形式的交换，而且就像在市场关系中那样，理想上还期望这种政治关系使所有各方都互有收获"②。个人在参与政治活动时也以个人利益的最大化为目的，也以成本—收益分析为根据。"政治人"与"经济人"一样，是利己的、理性的、依据个人偏好的，以最有利于自己的方式进行活动。"当个人由市场中的买者或卖者转为政治过程中的投票者、纳税人、受益者、政治家或官员时，他们的品性不会发生变化。"③

政治人的主要角色是政治家和选民。选民的主要政治活动是投票，选民在投票箱前的行为与消费者在市场上的行为没有本质区别，都把自利作为行动的原则。首先，选民投票时只愿支持能够给自己带来最大好处的候选人。其次，选民的政治冷漠是合理的。参与投票的成本过高时，选民就会放弃参选。当选民认为得不到直接收益时，他们也放弃参选。再次，选民"合乎理性地无知"。一个人的选票对于有众多选民参加的选举结果无足轻重，而了解候选人需要耗费时间、精力，一个利润最大化的"理性选民"就会减少自己的成本，合乎理性地保持无知状态。在政治家方面，他们优先考虑的是个人利益的得失，政治家的利益在于获得权力、地位、威望等。他们的这些追求未必符合公共利益。尽

---

① J. M. Buchanan, From Private Preference to Public Philosophy: Notes on the Development of Public Choice, *The Economics of Politics*, Institute of Economic Affairs, London, 1978, p. 3.

② J. M. Buchanan and G. Tullock, *The Calculus of Consent*, University of Michigan Press, 1962, p. 26.

③ 〔澳〕布伦南、〔美〕布坎南：《宪政经济学》，冯克利等译，中国社会科学出版社 2004 年版。

管政治家可能有促进公共利益的愿望,但促进公共利益只是他们个人众多意愿中的一种,而且这种愿望很容易被其他更有诱惑力的愿望所压倒。因此,公共利益不能成为政治家的最高道德标准。在西方代议制国家,政治家的目的首先是追求最多的选票。"政治家们被假设为具有能使他们再次当选的机会最大化的行为。他们被假定为选票最大化者——正像厂商被看成是利润最大化者一样。"①

(2) 个人主义的方法论。公共选择理论认为,无论是在集体活动还是在私人活动中,也无论是在市场过程还是在政治过程中,个人都是最终的决策者、选择者和行动者。正如布坎南所言:"我们的模型把个人行为作为其重要特征来体现,因此,把我们的理论归入个人主义方法论这一类也许是最恰当不过的了。"②由此出发,公共选择理论将个人看成是决策的基本单位和集体行为决策的唯一最终决策者,布坎南同时也反对从集体的角度出发来考察政治、法律等,因为这种方法很容易导致将国家不仅看成一个人的单位,而且将国家利益或公共利益看成是完全独立于个人利益而存在的东西,进而"将国家看成是代表整个社会的唯一决策单位"③。

对于公共选择理论中的个人主义方法,布坎南又作出进一步解释。他认为:第一,个人在选择与决策时不是孤立的,其选择行为会随着制度环境的不同而不同;第二,方法论上的个人主义并不限定个人选择所追求的目标是什么,它既可以是利己主义,也可以是利他主义,个人参与集体选择时的方法与选择的集体结果是两回事;第三,个人选择方案与选择结果是有区别的,你可以作出个人选择,但不能选择总体结果,总体结果是个人选择不经意的结果。④

(3) 政治是一种交易过程。公共选择理论把政治看成是复杂交换的理想化概念。布坎南接受哈耶克的观点,认为经济学是关于交换的学科,主要研究交换的过程及交换过程中次序的产生,研究独立的个体在自由交换中自发产生的秩序。经济学是关于契约的学科,其基本命题是不同个体之间的交换。政治领域中的基本活动也是交换,政治是个体、团体之间处于自利动机而进行的一系列交易过程。政治过程与市场过程一样,基础是交易行为,是利益的互换。

但政治中的交换与经济中的复杂交换不同:第一,市场上交换的是商品的归属,政治中通过交易形成的是协定、契约、规章、条例等公共物品。这些公共物品的形成必须通过集体协议,因而需要一系列特殊的中介(代议制、议会、政府等)。第二,市场交换发生在个体之间,政治是集团之间的交换。政治领域中人们追求个人利益的方式与市场上不同,政治是人们相互之间一种复杂的交易结构,通过这个结构,人们达到各自的个人目标。这些个人目标在市场交易中是无法实现的,只能借助团体,通过政治过程,比如利益集团在立法机构中的讨价还价,进而影响政治过程的完成。从这个意义上讲,政治是全体参加者之间的交换。第三,经济基本上是一种商品交换,政治则是"服从与统治的交

① 〔美〕保罗·萨缪尔森、威廉·诺德豪斯:《经济学》(第16版),萧琛译,华夏出版社2002年版,第232页。

② J. M. Buchanan and G. Tullock, *The Calculus of Consent* , University of Michigan Press, 1962, p. 3.

③ J. M. Buchanan, The Theory of Government Finance: A Suggested Approach, *Journal of Public Economy*, 57, 1949, p. 496.

④ J. M. Buchanan and G. Tullock, *The Calculus of Consent* , University of Michigan Press, 1962, pp. 12—16.

换”。当个人单独保护自己的利益成本过高时，选民与政府之间以服从换取安全。统治依靠权力，权力的行使意味着强制，因此，政治交换中有非自愿的成分。

用交换的方法观察政治，使人们在权力政治学之外，对政治过程的理解有了一个新的视角。首先，改变了对政治活动目的的传统看法。政治学家一直认为集体活动没有收益，把国家的任务局限于保护市场秩序的最低限度上。这无法解释为什么政府有时能做一些有利于社会的事情，政府有时有积极的职能；也无法说明那些在市场经济中自利的经济人为何一到政治领域就对个人利益无动于衷了。实际上，政治人也追求利益，只不过方法不同而已。其次，可以说明政治活动中的合作性的来源。传统上一直把国家看成是公正无私的，而公共选择理论把国家当作个人进行政治交易的场所。与经济市场一样，政治交易也以交易者之间的自愿合作为基础，政治交易的结果是交易双方相互获利。尽管政治市场中存在一定程度的强制性，比如使用多数决定规则时的集体决策对少数的强制，但只要参与者都有选择参与或不参与、合作或不合作的自由，这时的强制性就不会影响交易各方的相互获益。再次，提出对公正性的一种新的解释。有效率的决策结果并不是产生于政治家的品德或头脑，而是产生于集团之间或组成集团的个体之间的相互讨价还价、相互妥协和调整的政治过程。最后，把政治看成一种交易可以为政治分权化提供合理性。从市场中对自愿交换的肯定和对强制的反对出发，以政治与经济统一于交换的假设为依据，“这种含义推动公共选择经济学家趋向于主张看来行得通的市场那样的安排，主张在适宜形势下政治权力的分散”①。

以布坎南为代表的公共选择学派对西方现行的民主制度进行了研究。正如布坎南所说：“公共选择理论以一套悲观色彩较重的观念取代了关于政府的那套浪漫、虚幻的观念。公共选择理论开辟了一条全新的思路，在这里，有关政府及统治者行为的浪漫的、虚幻的观点已经被有关政府能做什么、应该做什么的充满怀疑的观点所替代。”②这样，“公共选择也就构成了研究法经济学的一种方法”③。

≺专栏 2-1≻

詹姆斯·M.布坎南简介

詹姆斯·M.布坎南(James M. Buchanan)，1986 年诺贝尔经济学奖获得者。1919 年 10 月出生于美国田纳西州。1940 年毕业于田纳西州师范学院，获理学学士学位。1941 年获田纳西大学硕士学位。1948 年，在芝加哥大学获哲学博士学位。先后执教于田纳西大学、加州大学洛杉矶分校、加州大学圣巴巴拉分校、剑桥大学、伦敦经济学院、乔治·梅森大学等。1971 年担任美国经济协会副会长。1976 年成为美国企业研究所的名誉学者和美国科学艺术研究院院士。其突出的经济贡献是创立了公共选择理论，将政治决策的

① 〔美〕道格拉斯·C.诺斯：《制度、制度变迁与经济绩效》，刘守英译，上海三联书店 1994 年版，第 21 页。

② 〔美〕詹姆斯·布坎南：《自由、市场和国家》，平新乔、莫扶民译，上海三联书店 1989 年版，第 282 页。

③ Nicholas Mercuro and Steven G. Medema, *Economics and the Law: From Posner to Postmodernism*, Princeton University Press, 1997, p. 110.

分析与经济学理论相结合，使经济分析扩大和应用到社会—政治法规的选择。其代表著作有《同意的计算》(*The Calculus of Consent*)、《成本与选择》(*Cost and Choice*)、《自由的限度》(*The Limits of Liberty*)、《自由、市场与国家》(*Liberty, Market, and State*)、《赤字的民主》(*Democracy in Deficit*)等。

2. 制度主义的分析方法

经济学中的制度学派分为旧制度学派和新制度学派。这种新旧之分，虽含有产生时间先后之意，但更主要的是由于存在两种不同的思想传统。旧制度学派产生于19世纪末20世纪初，并延续至今，其思想是美国的制度主义传统，这一思想传统与凡勃伦、米切尔、康芒斯以及现代的塞缪尔斯等有关。新制度主义始于20世纪60年代，其发展虽只有三四十年，但已成为当今经济学中的一种时髦，对现代经济学产生了很大影响。其理论可以说是源于古典主义、新古典主义以及奥地利经济学中的制度主义因素，是这些传统的再现和扩张。前者被称为老制度经济学，简称OIE；后者被称为新制度经济学，简称NIE。

法律的经济分析中所言及的制度经济学意指新制度经济学，又称现代制度经济学，更确切地说，法律的经济分析学派是新制度学派的一个分支，法经济学直接根源于美国的新制度经济学派。①

(1) 制度的定义。新制度经济学关于制度概念的含义非常广泛，既包括规则和秩序，也包括组织本身；既有政治、经济、文化、技术等方面的制度，也把道德意识形态等纳入了制度范畴。新制度经济学家一般认为，制度是对人和组织行为的规范，它是人和组织为适应环境、合理配置资源、实现目标最大化的必要手段；制度是组织构造的结构模式，人类的文化习俗和传统习惯是最早的制度形式。新制度经济学代表人物诺斯认为："制度是一个社会的游戏规则，或形式上是人为设计的构造人类行为互动的约束。""制度是一系列被制定出来的规则、守法程序和行为的道德伦理规范，它旨在约束追求主体福利或效用最大化的个人行为。"②舒尔茨说："我将一种制度定义为一种行为规则，这些规则涉及社会、政治及经济行为。"③

(2) 交易成本。老制度学派之后，形成了两个不同的制度学派：一是以加尔布雷斯、缪尔达尔等人为代表的新制度学派，该学派继承了老制度学派的传统，以现代资本主义的反对派和批判者的身份，对现存制度进行抨击，因结构松散而遭到弗里德曼等主流经济学家的攻击和嘲讽，不为正统经济学家所推崇；二是以科斯、诺斯等人为代表的新制度经济学派，他们利用在西方经济学中居主流地位的新古典经济学的一般静态均衡和比较静态均衡方法进行制度分析，使新古典经济学获得了对现实问题的新解释，大大拓展了新古典经济学的应用领域，在学术界造成重大影响。以科斯、诺斯等人为代表的交易成

① 本部分内容可以参见钱弘道：《法律经济学的基础》，载《法学研究》，2002年第4期。

② 〔美〕道格拉斯·C. 诺斯：《经济史中的结构与变迁》，陈郁等译，上海三联书店、上海人民出版社1994年版，第225页。

③ 盛洪：《新制度经济学在中国的应用》，载《天津社会科学》，1993年第2期。

本分析，为人们观察政治法律过程和政府行为提供了一种新方法。

新制度经济学认为，现实的世界并非是拥有完备信息的世界，当事人为完成一笔交易必然不断地出入交易市场，了解产品的质量和相对价值，需要就交易的细节进行谈判、协商、检验、签约，甚至要承担违约损失等，市场的交易是要付出代价的。这种使用市场价格机制的成本或代价即交易成本。信息充分与否是衡量交易成本大小的一个重要尺度。信息越充分，交易成本越低；反之，信息越不充分，交易成本越高。正的交易成本的存在构成了市场交换的重要约束条件。由此，新制度经济学在对传统新古典经济学的假定前提进行重新界定的基础上，提出了制度变迁的理论。

≺专栏 2-2≻

道格拉斯·诺斯简介

道格拉斯·C. 诺斯(Douglass C. North)，1993 年诺贝尔经济学奖获得者。1952 年在美国加州大学伯克利分校获博士学位，现为华盛顿大学经济学教授。诺斯教授建立了包括产权理论、国家理论和意识形态理论在内的"制度变迁理论"，代表作品包括《美国的经济成长》《美国过去的经济增长与福利：新经济史》《制度变迁与美国经济增长》《西方世界的兴起：新经济史》《经济史的结构与变迁》《制度、制度变迁与经济表现》等。

制度变迁是指一种效率更高的制度取代原有制度或一种更有效的制度的产生过程，是制度主体解决制度短缺，从而扩大制度供给以获得潜在收益的行为。诺斯认为，制度决定了社会的演进方式，制度的变迁是理解历史变迁和国家兴衰的一把钥匙，制度是"理解历史的关键"[①]。在经济发展、国家兴衰方面，制度起着至关重要的作用。"制度建立的基本规则支配着所有公共的和私人的行动，即从个人财产权到社会处理公共物品的方式，以及影响着收入的分配、资源分配的效率和人力资源的发展。"[②]

制度变迁分为诱致性制度变迁与强制性制度变迁。诱致性制度变迁指的是现行制度安排的变更或替代，或者是新制度安排的创造，它由一个人或一群人在响应获利机会时自发倡导、组织和实行。它意味着现行制度结构中出现了制度的不均衡和失效的或欠妥的制度安排，通过制度创新，可获得原有制度结构中无法得到的利益。诱致性制度变迁具有自发性、局部性、不规范性、制度化水平不高的特点。而强制性制度变迁的主体是国家，而不是一个人或团体。国家进行制度创新不是简单地由获利机会促使，这类制度创新通过国家的强制力短期内快速完成，可以降低变迁的成本，具有强制性、规范性、制度化水平高的特点。

(3) 科斯定理。提到新制度经济学，我们不能不提到科斯。科斯是新制度经济学的

---

① 〔美〕道格拉斯·C. 诺斯：《制度、制度变迁与经济绩效》，刘守英译，上海三联书店 1994 年版，第 3 页。

② 〔美〕奥斯特罗姆等：《制度分析与发展的反思：问题与抉择》，王诚等译，商务印书馆 1996 年版，前言。

杰出代表,他所引领的新制度经济学是以制度作为其研究对象,以交易成本为核心范畴,分析和论证制度的性质、制度存在的必要性以及合理制度的标志的经济学派。由于将交易成本作为最基本的分析工具,新制度经济学也被称为交易成本经济学。①科斯等人将交易成本这一概念一般化,将交易成本用于解释各类经济及其相关因素,诸如市场交换的风险、信息、垄断以及政府管制等因素,从而使交易成本这个概念在市场经济学中完全可以与价格、成本等基本经济范畴等量齐观了。

在《社会成本问题》一文中,科斯进一步讨论了交易成本与产权配置的关系。②科斯的这一思想首先被斯蒂格勒称为"科斯定理",其在《价格理论》中写道:"科斯定理表明……在完全竞争条件下,私人成本和社会成本是相等的。"③国内黄少安教授将科斯定理表述为一个扩展的定理组:④

第一定理:如果市场交易成本为零,不管权利的初始安排如何,当事人之间的谈判都会导致那些使财富最大化的安排。

第二定理:在交易成本大于零的世界中,不同的权利界定会带来不同效率的资源配置。

第三定理:产权制度的供给是人们进行交易、优化资源配置的前提,不同的产权制度将产生不同的经济效率。

科斯定理说明,能使交易成本最小化的法律就是最好的法律。由此,科斯定理构成了法经济学理论基础的主要框架。波斯纳说,科斯定理是他的《法律的经济分析》的"主旋律"⑤。因此,科斯定理提供了根据效率原理理解法律制度的一把钥匙,也为朝着实现最大效率的方向改革法律制度提供了理论依据。

三、方法论的进一步讨论

1. 再论财富最大化

传统的法律方法主张法律是独立存在的规则体系,如果人们能够对它进行正确的理解和运用,便可以找到解决复杂问题的正确办法。麦乐怡称这种方法为"法的实践中的神话"⑥。这种方法的组成部分可以由以下公式表示:

法律事实+法律问题+法规和正确的形式+判例+根据
=正确答案±人为过失

在麦乐怡认为,传统的法律工作者就是运用此公式寻求一个独立的过程,并由此得到"正义"或"正当"的结果。其司法过程如下:首先,法律工作者从一堆事实中筛选出法律事实;其次,从这些法律事实中发现问题或争议所在;再次,确定适当的法律规则及程序形式,在事实、问题、规则及程序确定后,下一步检验是否与判例一致;最后,通过联系

① 〔美〕道格拉斯·C. 诺斯:《制度、制度变迁与经济绩效》,刘守英译,上海三联书店1994年版,第7页。
② Ronald H. Coase, The Problem of Social Cost, *Journal of Law and Economics*, 3, 1960, pp.1—44.
③ George J. Stigler, *The Theory of Price* (3rd ed.), Macmillan, 1996, p.113.
④ 黄少安:《产权经济学导论》,山东人民出版社1995年版。
⑤ 〔美〕理查德·A. 波斯纳:《法律的经济分析》,蒋兆康译,中国大百科全书出版社1997年版,第17页。
⑥ Robin P. Malloy, Toward A New Discourse of Law and Economics, *Syracuse Law Review*, 27,1991, p.1.

传统和自己接受的文化观念得出结论。这当然不排除法律工作者本身的不完善行为导致的对事实或法律的误解或误用。

相比较而言,麦乐怡将波斯纳的经济分析方法称为“两面镜子的神话”①,在经济分析过程中,法学和经济学这两门独立学科好像两面互相照映的镜子,法学反映经济学,同时经济学又反映法学。正如波斯纳所言,在传统的普通法裁判中,即使法官没有明确使用经济学语言表达,但经济推理是一直起作用的,也就是说普通法基本上是一部经济效率的史话,即按照经济学术语讲,普通法是有效率的。

经济分析法学是以植根于个人、社会、国家关系的特定意识形态中的新古典经济学为基础的,其经济分析过程可以用以下公式来表示:

经济事实+经济问题+经济规则+事先的经济分配+效益根据
=正确答案±人为失误

在波斯纳看来,经济效率也许是数百年来推动法律发展的隐性力量。虽然法学家总认为法律是自给自足的,与市场无关或至少在市场之上,但强大的市场力量会在不知不觉中重塑法官的观念。法官在寻找一个合理的、公正的标准过程中,无疑会考虑损失是否是由于浪费或不经济使用资源而引起的。波斯纳认为,现在的许多法官就像经济学家那样思考问题——他们可以把自己置于原告/被告的位置,然后去思考特定当事人所面临的问题。②

有关波斯纳的法经济学分析方法,斯坦福大学法学院的莱西格教授作了一个很好的总结,他认为波斯纳高举着财富最大化的大旗,“把关于法律规则与社会结果之间关系的实用主义见解(规则如何影响行为,行为如何更能适应相关的法律规则)……运用于无穷无尽的法律题目,从合同和反托拉斯到宪法的条款以及法官行为”③。甚至有学者根据波斯纳的理论阐述归纳出“波斯纳定理”:如果市场交易成本过高而抑制交易,那么权利应赋予那些最珍视它们的人。④ 这一定理与科斯定理一起构成了法经济学进一步深化的理论基础。

2. 理性选择范式的反思与后续展望

倘若从更广泛的视角看法学与经济学的跨学科交流,20世纪60年代兴起的新法经济学与之前两个学科有限的交流相比,最重要的差别在于引入了强大的个人理性选择框架,因此,法学与经济学的交流得以纳入一个统一的框架进行分析。确实,不论从《法与经济学杂志》上发表的文章还是美国的立法实践看,理性选择范式在法律规则解释设计中,都已经发挥越来越大的作用。然而,这些年随着法经济学范式的蓬勃发展,理性选择范式的局限性也逐渐凸显。同时,值得注意的是,作为“硬核”的主流经济学理性选择范式,在这个过程中也正经受变革的冲击。20世纪80年代以来,法经济学的研究方法也发生了进一步的变化,已有一些新兴研究思路和方法在法经济学研究中得到了应用。主要

---

① Robin P. Malloy, Toward a New Discourse of Law and Economics, *Syracuse Law Review*, 27, 1991, p.1.

② 〔美〕理查德·A.波斯纳:《法理学问题》,苏力译,中国政法大学出版社1994年版,第453页。

③ 苏力:《也许还需要距离》(译序),引自莱西格:《多产的偶像破坏者》,载《元照法律评论》,2003年。

④ 〔美〕理查德·A.波斯纳:《法律的经济分析》,蒋兆康译,中国大百科全书出版社1997年版,中文译者序第20页。

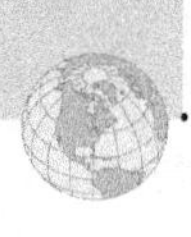

反映在以下几方面：

第一，在以“法律的经济分析”为代表的法经济学运动的主流中，新古典主义经济学的研究方法仍是其基本的研究方法。但是，新古典主义经济学的“形式化”或“模型化”的研究方法尽管在法经济学的教科书中仍占据十分重要的地位，可是在实际运用中却存在着两大问题：一是“形式化”或“模型化”的深入进展比较缓慢；二是许多法经济学的研究仍然是以描述和分析案例的研究方法为主。对于研究方法中存在的问题，即使在主流学派中也并无一致的意见。一些学者担心“形式化”会提高法经济学研究的“门槛”；另一些学者则十分重视和强调法经济学研究的“形式化”问题，他们认为，经济学之所以能扩散到包括法学在内的其他社会科学领域，所凭借的就是其研究方法的“技术优势”。

第二，新兴方法，比如博弈论、实验经济学和行为经济学，在经济研究领域的广泛运用，也已经对法律经济学的研究产生了明显的影响。霍夫曼等人1985年的文章就已经指出，实验经济学方法可以用来检验法经济学命题，校正法经济学分析的基本假设。现在，有关科斯定理、公共品自愿捐赠以及污染管制方面的实验，已经在现实管制法案中直接得到应用。另外，乔尔斯、桑斯坦和舍勒1998年在《斯坦福法律杂志》上发表的纲领性长文《法经济学的行为方法》主张，行为经济学的视角对实证法经济学、规范法经济学或诊断性法经济学研究都将有所启发。他们认为现有行为经济学的研究成果，比如人的有限理性、有限意志力、有限自利倾向，以及过于乐观、厌恶损失等心理特征，均可以用于补充解释正统法经济学很难理解的“反常”现象，并设计出更加有效的行为激励方案。当然，到目前为止，这几种法经济学的新研究方法与其说是对传统微观价格理论的替代，还不如说是对其的补充与完善，使主流分析框架能够容纳更多的法律现象。

第三，大样本实证检验方法在法经济学研究中的运用，同样是未来值得关注的研究动向。事实上，法经济学范式在成长之初，就已经有大量实证方面的研究，比如贝克尔指导兰德斯用美国劳工部的数据检验歧视问题，刑罚犯罪方面埃里奇的研究也属于这方面的早期尝试。但是，也正如1997年“圆桌会议”的学者所指出的，到目前为止法经济学研究主要仍旧集中在理论层面，对各种假说的实证检验还缺乏足够重视。20世纪80年代末90年代初复兴的刑罚的实证研究，90年代以来以LLSV为代表的法律金融研究进路，以及对产权制度效率的众多实证研究，都可以视为从大样本实证检验角度对传统理论研究作出的重要补充。

第四，在法经济学运动的非主流学派中，对应于重新反思法经济学的研究领域和学科性质定位的观点，一些学者提出了以比较分析为主的研究方法。按照这一观点，法经济学应该通过围绕各种“公平”社会模式的政治和经济谱系来对比和分析不同的社会制度中的法律安排。麦乐怡曾明确指出：“作为一种比较意义上的研究，法经济学提供了将法律制度视为一种特定的政治理念的反映的研究机会，各种各样的意识形态价值观可以不加修饰地置于现行法律制度中加以比较。”强调比较分析研究方法的学者，并不完全否定新古典主义经济学理论与分析方法在法经济学研究中的运用，但是，他们强调在法经济学的研究中，应该用有限度的经济方法分析法律，使法经济学的研究更见哲理和人性。

本章总结

1. 在学科性质问题上,以芝加哥学派为代表的主流学派主张用新古典经济学的分析方法研究法律问题,用波斯纳的话来说,对法经济学定义的“唯一可能准则是它的实用性(utility)而不是准确性(accuracy)”,其目的是“开辟一个使大量的法学知识在其学说和制度方面与经济学研究相关的领域”。而非主流学派则认为法经济学就是一门研究财富的分配和社会公正问题的学科,并认为法经济学是一门在研究中可以包容一切不同政治意识形态互相作用的开放性的学科。

2. 在研究范围问题上,法经济学的主流学派一致认为普通法的中心内容——财产、合同和侵权是法经济学研究的重点,并逐渐拓宽到了公司法、刑法和程序法等领域。

3. 在研究方法问题上,法经济学的主流学派认为,法经济学是以“个人理性”及相应的方法论的个人主义作为其研究方法基础,以经济学的“效率”作为其核心衡量标准,以“成本—收益分析”及最大化方法作为其基本分析工具来进行法律问题研究的。同时法经济学也吸收了公共选择分析和制度主义的分析方法,成为法经济学研究中的另一学派。

思考题

1. 主流学派和非主流学派在对法经济学学科性质的界定上有何不同?
2. 方法论个人主义的核心内容由哪些基本观点构成?
3. 法经济学方法论中制度主义分析方法的核心思想是什么?
4. 在法经济学的演进中,法经济学在研究范围上还可能取得哪些突破?

阅读文献

1. Douglas G. Baird, The Future of Law and Economics: Looking Forward, *University of Chicago Law Review*, Vol. 64, No. 4, 1997, pp. 1129—1132.

2. Robert D. Cooter, Expressive Law and Economics, *The Journal of Legal Studies*, Vol. 27, No. 2, 1998, pp. 585—608.

3. Richard A. Posner, The Law and Economics Movement, *The American Economic Review*, Vol. 77, No. 2, 1987, pp. 1—13.

4. 〔美〕理查德 · A. 波斯纳:《法律的经济分析》,蒋兆康译,中国大百科全书出版社1997年版。

5. 〔美〕罗宾 · 保罗 · 麦乐怡:《法与经济学》,孙潮译,浙江人民出版社1999年版。

6. 〔美〕罗伯特 · 考特、托马斯 · 尤伦:《法和经济学》,张军译,上海三联书店1991年版。

7. 〔美〕尼古拉斯·麦考罗、斯蒂文·G. 曼德姆:《经济学与法律——从波斯纳到后现代主义》,法律出版社 2005 年版。

8. 弗朗切斯科·帕里西:《法与经济学的实证学派、规范学派和实用学派》,载《比较》,第 20 辑,中信出版社 2006 年版。

9. 史晋川:《法律经济学评述》,载《经济社会体制比较》,2003 年第 2 期。

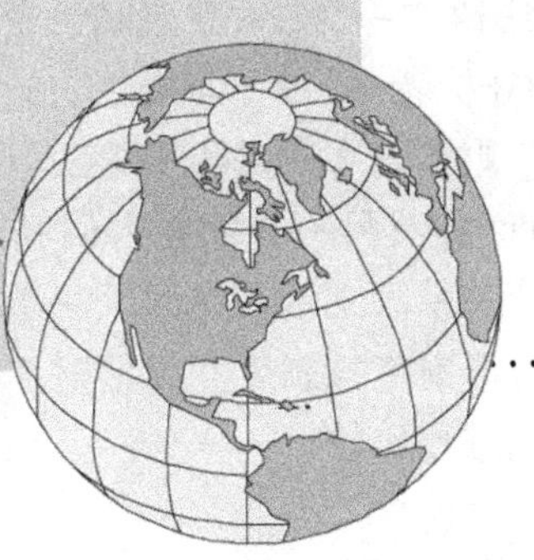

第三章

财产法的经济学分析

私有财产的真正基础即有占有,是一种事实。一个不可解释的事实,而不是权利。只是由于社会赋予实际占有以法律的规定,实际占有才具有合法占有的性质。

——〔德〕马克思

【本章概要】

经济学分析法学早期是源于对财产权利制度的研究,直至现在财产权利制度仍然是主要的研究内容。财产法的经济学分析不仅注重对财产制度起源和变迁的总体分析,同时也注重对具体财产权利的界定过程及其性质的研究。本章首先回顾法学研究视角下的财产法,之后的两节从法经济学的视角对有形财产权制度和无形财产权制度分别进行分析,最后一节对财产的法学和经济学研究进行比较。

【学习目标】

1. 了解财产和财产法的概念以及财产权利的分类。
2. 了解产权的定义。
3. 理解科斯定理、规范的科斯定理和规范的霍布斯定理。
4. 掌握空间上和时间上的产权限制问题。
5. 了解无形财产权制度的经济学分析。

财产法是人类最早建立的法律之一,它一方面赋予财产的所有者以控制资源的权利,对所有者个人而言是权利的守护者;另一方面调整人们之间的财产关系,对社会而言为整个社会提供一个法律框架。财产法的基本目标就是界定有限的资源,保护产权,激励人们为了扩大物质资料而进行生产,另一方面在人们利用有限资源的合作与竞争中,调整人们之间的物质关系和财产关系。本章首先回顾法学研究视角下的财产法,接下来的两节从法律经济学的视角对有形财产权制度和无形财产权制度分别进行分析,最后一节将对财产的法学和经济学研究进行比较。

第一节 财产法的法学分析

美国法学家霍姆斯曾说过:“财产是法律的一个创造,财产并不来源于价值,虽然价值是可以交换的,但是许多可交换价值被有意损害后却得不到补偿。财产其实就是法律所赋予的对他人干预的排除……”[①]简而言之,财产是由法律直接规定的。可见不同的法律如英美法系和大陆法系对“财产法”的理解和规定都存在较大的差异,因此本节从论述两大法系的财产和财产法的概念入手,探讨财产权利的性质和分类,最后从演进的视角分析财产法的起源和历史变迁。

一、财产和财产法的含义

一般认为,英美法和大陆法的起源不同,并且沿着不同的路径进行发展,对财产的定义也不尽相同。大陆法深受罗马法的影响,其概念体系和罗马法一脉相承。在早期的罗马法中,出现的“mancipium”、“potestas”等词均有财产权的含义,但主要是指家长对物和家长支配的权利。到了共和国后期,出现了“dominium”,除了指家长对财产的支配外,还包括家长的一般权利或对于任何主体权利的拥有。显然这些词并不是私法上的一种财产权。古罗马法与近代财产权最为接近的词是“properietas”,这是在晚期出现的表示对物的最高权利的技术性术语,即相对完整的个人所有权。中世纪的注释法学家在解释罗马法的时候,在对物之诉的基础上建立了物权学说。1811 年的《奥地利民法典》明确使用了“物权”一词。后来的《德国民法典》正式提出了“债权”的概念,并且把债权置于物权之前予以专章规定。物权和债权制度的系统建立使得大陆法系的财产权体系得以最终确立。由于英吉利是在盎格鲁—撒克逊人的统治下成为了早期的封建国家,英美法仍然保持了纯粹的日耳曼法传统。英美法早期是用“ownership”来表示土地所有权的,在此基础上英国的普通法中出现了“property”一词,并在意义上逐步转化为表示个人对任何事物使用、享有和处置的权利,而各种事物本身是无限的、不受限制的。上述的事物不仅指有形物,而且也指无形物,即各种权利。这里的财产概念已经与现代英美法的财产概念几乎达到一致。根据《法学大辞典》[②]的定义:“财产:1. 有货币价值的物权客体,即有

---

① 肯尼斯·万德威尔德:《十九世纪的新财产:同现代财产概念的发展》,载《社会经济体制比较》,1995 年第 2 期。

② 邹瑜、顾明:《法学大辞典》,中国政法大学出版社 1991 年版,第 763 页。

体物。2. 对物的所有权。某物归属某人所有即被视为某财产。3. 具有货币价值的有体物和对财物的权利的总和。这些权利包括所有权、他物权、知识产权等。”

“财产”不仅可以从法学的角度来理解,也可以从经济学的角度来理解。经济学中具有权威性的《新帕尔格雷夫经济学大辞典》[①]对“财产”(property)的定义为:“财产权,与稀缺性和理性一样,是经济学的基础。假若不是某种人类机构对所讨论的什么资源的使用都进行控制的话,那么,就无人确定价格,任何人也就没有计算生产成本的动机了。经济学家在其大量著作中可以,也的确是,认为下面这点是理所当然的,即一切有价值的东西(包括有形的物品和技能那样的无形物)都有所有主,而且所有主的控制与传统经济理论中的激励假定相一致。”可见,无论是法学还是经济学,都不严格区分“财产”和“财产权”这两个概念,在解释财产的同时也兼指财产权。法律经济学中的《新帕尔格雷夫法经济学大辞典》[②]则认为:“这里使用的财产权是一种社会上可接受的使用,这种权利的持有者可以利用属于该权利的稀缺资源。”财产从狭义上可以理解为资产或是财物,但是在多数情况下可以从广义的角度将其理解为,既包括财物又包括财产权的集合体。我国的《民法通则》从条文上看,也同样是从广义上理解的,不仅包括有体物,而且包括无体物,以及人们支配财产关系的各种权利和义务。

一切以财产(包括有体物、无体物、有价证券)为客体的法,或调整一切财产关系的法都可以称为财产法。从此角度看,财政法、税法、金融法、证券法、物权法、债权法、知识产权法、继承法等法都可以归属于财产法,这是最为广义的财产法范畴。英美法系中关于“财产法”是有明确的指定的。具体而言,财产法(Law of Property)在英美法系里是指规定对物的直接的和排他的权利的法律。大陆法系中没有具体的“财产法”概念,一般是指调整财产关系的所有法律。显然,大陆法系中关于财产法的概念要远远大于英美法系。英美法系中的财产法近似于大陆法系中的物权法以及部分的债权法,主要是赠予和信托。在我国使用财产法概念的时候,往往并不给予严格的区分,有时候沿用大陆法系的概念比较宽泛,有时候采用英美法系的定义比较狭隘。

二、财产权利的性质与分类

财产权利是所有者拥有的不受他人干涉的、可以自由行使的一束权利,是对所有者权利的一种规定。这些权利描述了一个人对其所有的资源可以做些什么、不可以做些什么:在多大的程度上他可以占有、使用、开发、改善、改变、消费、消耗、摧毁、出售、馈赠、遗赠、转让、抵押、贷款或阻止他人侵犯其财产。[③]

法学中的财产权利是一种狭义的产权概念,主要是指物权;而经济学中的财产权利是广义上的产权概念,不仅包括物权,还包括债权以及无形的知识产权等,并且可以扩大到交易中所涉及的权利。法学家将财产权利看成是依附于人身权并产生一系列其他权利的核心;经济学家将财产权利看成是经济主体从事经济活动的根本条件。马克思认为

---

① 〔英〕约翰·伊特韦尔等:《新帕尔格雷夫经济学大辞典》,经济科学出版社1996年版,第1099页。

② 〔英〕彼得·纽曼:《新帕尔格雷夫法经济学大辞典》,许明月等译,法律出版社2003年版,第165页。

③ 〔美〕罗伯特·考特、托马斯·尤伦:《法和经济学》,施少华、姜建强等译,上海财经大学出版社2003年版,第66页。

财产权利具有经济和法律两层意义，其中生产关系属于经济基础，法律关系属于上层建筑。美国法学家博尔曼则认为经济和法律是完全重叠的，财产权通常就具有经济和法律的两个方面，这两个方面水乳交融、相互联系。制度经济学家康芒斯也从经济和法律的角度分析过财产概念。在他看来，财产具有双重意义，既是指物质的东西也是指它们的所有权，并且所有权也包括法律上的占有和物质上的占有。关于财产和财产权，他认为："财产是有权控制的稀少的或者预期会稀少的自然物质，归自己使用或是给别人使用，如果别人付出代价。可是财产的权利是政府或其他机构的集体活动，给予一个人一种专享的权利，可以不让别人使用那种预期稀少、对于专用会造成冲突的东西。这样，财产不仅是一种权利，而且是权利的冲突，可见财产的权利是管理冲突的集体行动。"①罗马法的传统和日耳曼法传统不同，导致两者对财产权利的理解有不同的特点。罗马法是以"个人主义"为立法思想的，所以是以所有为中心，在财产权利的概念上特别强调所有权，承认个人对所有权的绝对性、排他性和永续性。同时罗马法的产权概念还以物权为中心，强调的是物的所有而不是物的利用。日耳曼法是以"团体主义"为立法原则，所有权具有相对性，并以物的利用关系作为中心，也即不强调物的归属和全面的支配，而是强调物的实际占有和利用。罗马法和日耳曼法的传统，对财产权利的概念产生了重要的影响，法国民法基本承袭了罗马法的传统，英美法则继承了日耳曼法传统，德国民法既有罗马法传统也有日耳曼法的特点。

财产权利从其本质上看，包含以下几点性质：第一，财产权利是权利主体对客体的一种权利，但并不是单一的权利，而是一个权利束。在这一束权利中，包括有占有、使用、开发、改善、改变、消费、消耗、摧毁、出售、馈赠、遗赠、转让、抵押、贷款或阻止他人侵犯其财产等。第二，财产权利与排他性有关，基本可以分为排他性产权和非排他性产权。第三，法律上的财产权利由于其具有经济上的价值，往往是具有可交易性的。第四，财产权利的全面性，也即所有有价值的资源都应该是有主的资源，因为无主的资源容易被无节制地使用。所有有用的资源都应该通过法律进行界定，使有用的资源能够得到有效的利用。

财产权利的基本特征是排他性，根据排他程度的不同可以分为私有产权、共有产权和国有产权等。私有产权是将资源的使用与转让以及收入的享用权界定给特定的人，此人既可以交换物品也可以让度权利，在权利的使用上一般不受限制。共有产权是指在共同体内的每一位成员都有权分享共同体财产的权利，即排除共同体外的任何成员对共同体财产的权利，也排除了国家对该财产的权利。国有产权是指，国家选定代理人来行使权利，排除部分人使用国有财产。三种财产权利制度的不同特征比较可参见表 3-1。

表 3-1　三种财产权利制度的特征比较

	所有者人数	排他性	权利的行使人
私有产权	一人	完全排他性	私有财产所有人
共有产权	有限数量	部分排他性	共同体的每一位成员
国有产权	无限数量	非排他性	国家授权的单位或个人

① 〔美〕康芒斯：《制度经济学》（上），于树生译，商务印书馆 1962 年版，第 356 页。

也有的文献将国有产权称为公有产权,而将共有产权称为俱乐部产权。尽管称法不同,但都普遍认为私有产权可以将共有产权和国有产权制度下的许多外部性内部化,从而达到最有效率的资源配置和利用,所以私有产权比其他财产权利安排更有效率。

三、财产法的起源和历史

对财产法的历史和起源等问题进行研究,将有助于加深人们对财产权利的理解。追溯历史,随着财产关系和财富观念的发展,关于占有和继承的法律也开始随之发展。最早的有关财产的法律就是继承法。从最初的财产由氏族成员继承,到后续的逐步由同宗亲属以及最后的由子女继承,当占有关系变成所有关系之后,就产生了权利,权利必然要求法律保护。在法律产生之后,就有了受到法律保护的财产权利。原始社会的生产力低下决定了共同劳动所得的产品自然归集体所有,相互之间没有权利和义务的分别也就没有法律关系。奴隶社会在私有制产生之后,需要用财产法来确认私有财产权、确立私有制,所以产生了代表奴隶社会最高水平的法律——罗马法,在其中就存在了物权制度。罗马法最早将物权分为自物权和他物权,并规定了占有和保护制度。封建社会的农奴制度对生产资源和劳动起到了优化配置的作用,在当时的西欧最具有代表性的财产法是日耳曼法。日耳曼法尤其是英国法,适应了封建社会自给自足的自然经济的要求,对经济发展起了重要的促进作用。资产阶级国家建立后,确立的是以保护资产阶级的私有财产权、追求资本增值的财产法律制度。在自由资本主义时期,是以保护个人私有财产的罗马法为基础,认为财产所有权是一种天赋人权,神圣不可侵犯;在垄断资本主义时期,资产阶级的法律开始从个人本位主义向社会本位主义转变,出现了社会化的倾向,强调"社会本位"和"社会效益"。

要探究财产法的起源和私有财产制度的形成就必须分析原始的财产权利产生的原因。对于原始财产权利的起源考察,学者们主要是从以下几个角度进行的。首先是稀缺问题,稀缺是人类面临的永恒问题。正因为资源是稀缺的,所以才需要排他性的占有。如果资源无限,获得无须成本,就不会出现排他性的财产权利。康芒斯指出:"所有权的基础是稀缺性。若是一种东西预期会非常丰裕,人人可以取得,不必请求任何人或者政府的同意,它就不会成为任何人的财产。若是供给有限,它就会成为私有的或公有的财产。"诺斯也曾在其著作中探讨了稀缺与财产权利的关系。在原始的采集和狩猎时代,由于人口少、生产力低,资源相对丰富。此后随着人口的增加和生产力的提高,资源开始变得稀缺起来。为了保证资源也是保证人类自身的存续,必须建立排他性财产权利。"从历史来看,产权的演变过程包括,首先是不准外来者享用资源,然后是制定规则限制内部人员开发资源的程度。"其次是控制问题,因为一种资源即使是自然稀缺的资源,如果缺乏能够被运用的控制技术,也不能导致财产权的创立。在美国的土地财产权形成的历史上,曾经出现了明显的东西部差异,主要原因就是源于对资源的控制能力。当时,随着欧洲皮毛贸易的发展,野兽的皮毛变得越来越稀缺,日益增长的需求导致猎取和捕获的规模也不断上升。通过形成对土地的原始财产产权来对野兽皮毛进行控制是有利可图的。并且在东部地区,对被森林覆盖的土地界定和执行财产权几乎等同于对森林动物界定和形成财产权,所以目前已经基本证实了美国印第安人私有财产权安排出现的时间和范围与欧洲人在美国东部的皮毛贸易一致。但在美国的西部却没有出现私有财产权,原因归结为在此地区对动物的权利进行控制和界定是非常困难的,与东部的森林动物相比,该地区的动物是在大面积的土地上发生迁徙的。总之,财产权的产生必须建立在稀缺和对稀缺资源的控制能力之上。

第二节 有形财产权的经济学分析

财产法的法律制度所涉及的基本问题可以归结为对产权进行如何界定、如何保护以及如何实施包括如何限制和救济等,最为重要的就是产权的界定和保护问题。下面将分别从这几个方面对法经济学分析中的有形财产权制度进行分析。

一、产权定义

对产权理论探讨的最为广泛的学者主要集中在新制度经济学里的"产权学派"。尽管产权学派的学者们对于产权的相关问题探讨得相当深入和透彻,但他们对产权却没有一个统一的定义。就连在新制度经济学圈内享有极高声誉的美国经济学教授巴泽尔也认为:"'产权'这一概念常令经济学家莫测高深,甚至时而不知所云,似乎对这一概念的解释非法学家莫属。但'天下英雄,舍我其谁'的习气又使经济学家们欲罢不能,而提出自己的理解。"①因此,不同的产权学派学者都分别在各自的著作中给予产权这个极其重要的概念以不同的定义。阿尔钦认为:"产权是一个社会所强制实施的选择一种经济品的使用的权利。"②德姆塞茨认为:"产权是一种社会工具,其重要性就在于事实上它们能帮助一个人形成他与其他人进行交易时的合理预期。"③菲吕博腾和配杰威齐认为,产权"是一系列用来确定每个人相对于稀缺资源使用时的地位的经济和社会关系"④。巴泽尔认为:"个人对资产的产权由消费这些资产、从这些资产中取得收入和让渡这些资产的权利或权力构成。"⑤诺斯认为:"产权是个人对他们所拥有的劳动、物品和服务的占有权利;占有是法律规则、组织形式、实施及行为规范的函数。"⑥利贝卡普认为:"产权是一些社会制度。这些制度界定或划定了个人对于某些特定的财产,如土地或水,所拥有的特权的范围。这些财产的私人所有权可以包括很多种不同的权利,其中包括阻止非所有者进入的权利,挪用因为使用资源和对资源投资所得的租金流的权利,将资源卖给或转让给其他人的权利。"⑦绝大多数的产权学派学者都承认产权是一个权利束的概念,包括一组权

① 〔美〕巴泽尔:《产权的经济分析》,费方域、段毅才译,上海三联书店1997年版,前言。

② 〔美〕阿尔钦:《产权:一个经典注释》,收录于《财产权利与制度变迁》,刘守英等译,上海三联书店1994年版,第166页。

③ 〔美〕德姆塞茨:《关于产权理论》,收录于《财产权利与制度变迁》,刘守英等译,上海三联书店1994年版,第97页。

④ 〔美〕菲吕博腾、配杰威齐:《产权与经济理论:近期文献的一个综述》,收录于《财产权利与制度变迁》,刘守英等译,上海三联书店1994年版,第204页。

⑤ 〔美〕巴泽尔:《产权的经济分析》,费方域、段毅才译,上海三联书店1997年版,第2页。

⑥ 〔美〕诺斯:《制度、制度变迁与经济绩效》,刘守英译,上海三联书店1994年版,第45页。

⑦ 〔美〕利贝卡普:《产权的缔约分析》,陈宇东等译,中国社会科学出版社2001年版,第1页。

利或是一系列权利,所以产权在英文中总是以复数“property rights”的形式出现。由于在英文中“产权”和“财产权利”在绝大多数场合都是用同一个词来表述,因此英美法学者对于产权和财产权利的定义一般不特别加以区分,在法学上英美法比大陆法对于财产权的定义更接近于经济学家对产权的定义。

我国在十六届三中全会审议通过的《中共中央关于完善社会主义市场经济体制若干问题的决定》中,第一次提出“产权是所有制的核心和主要内容”,并指出要建立“归属清晰、权责明确、保护严格、流转顺畅”的现代产权制度。这使得国内对于产权理论的研究也达到了一定的高潮。国内不少学者对产权的概念都提出了自己不同的观点。张军认为:“完备的产权,即使用权、用益权、决策权和让渡权。”[①]林岗指出:“产权首先是一个法权概念,它是由凌驾于社会之上的立法者创造的,法权关系决定经济关系。”[②]吴宣恭认为:“产权就是所有制权制的另一种译法,它指财产关系或者所有制关系在法律上的反映,也可以说是以法权的形式表现的所有制关系,它包括狭义的所有权、占有权、支配权、使用权以及运用这几个权获取相应经济利益的权利(即收益权和用益权)。”[③]唐丰义认为:“所谓‘产权’,简言之,即以财产的所有权为核心的财产权利的总称。”[④]学者们普遍认为产权是与所有权存在密切关系的一个概念。对于产权和所有权的关系问题,一直是经济学界研究的热点问题,特别是当前西方学者关于产权的争论使得产权和所有权的关系难以形成定论。在国内主要存在两种观点:一种观点是,把产权等同于所有权。这种观点主要是得到于光远和高鸿业等学者的支持。他们在把产权等同于所有权的前提下,进一步把所有权权能结构化,指出所有权包括多方面的权利,并区分出“广义所有权”和“狭义所有权”,广义所有权则不仅包括狭义所有权,还包括收益、转让、使用等具体权利。因此产权实际上是等同于广义的所有权。另一种观点是,产权包括所有权,但比所有权内涵更广泛。这种观点是把所有权作为产权的一个组成部分,和其他财产性权利一起纳入产权范畴。例如,刘诗白认为:“产权是指经济主体拥有的财产权利,它以财产所有权为基础,包括与所有权相关联的由非所有者实施的实际支配权。具体地说,产权表现为所有者和实际支配者的财产权。”[⑤]丁建中认为:“产权是指对特定的财产的占有权、使用权、收益权和转让权,而所有权是指剩余请求权和剩余控制权,只是一种特定形态的产权。同时,所有权只是一种静态的财产权,而不能包含中介性的动态财产,而产权同时包括静态财产和动态财产。因而产权包括所有权、经济权、管理权、使用权、支配权和分配权。”[⑥]

产权的概念本身也不是一成不变的,就如德姆塞茨所言,产权是个不断变化着的概念,随着社会技术的发展,组织结构制度创新,社会就会赋予产权以新的内涵。

---

① 张军:《现代产权经济学》,上海三联书店1994年版,第26页。
② 林岗:《产权分析的两种范式》,载《中国社会科学》,2003年第10期。
③ 吴宣恭:《产权理论比较——马克思主义与西方现代产权学派》,经济科学出版社2000年版。
④ 唐丰义:《产权概念的发展与产权制度的变革》,载《学术界》,1991年第6期。
⑤ 刘诗白:《主体产权论》,经济科学出版社1998年版,第31页。
⑥ 丁建中:《产权理论及产权改革目标模式探索》,上海社会科学出版社1994年版,第2—4页。

<专栏 3-1>

产权与所有权的区别[①]

产权与所有权是两个既相互联系,又有不同含义的相关概念。产权以所有权为核心,所有权性质决定着产权性质,甚至可以决定产权的存在与否,但产权并不等于所有权。它们之间的区别主要表现在以下几点:

1. 分析方法上的差别

所有权建立在静态分析的基础上,假定经济活动当事人是完全理性的,并具有高超的计算能力和预测能力。这实际上意味着交易费用为零,不用考虑与所有权获取、转让和保护相关的成本。产权则建立在动态分析的基础上,认为人们不可能了解经济活动过程的一切信息,必须为产权交易支付费用。

2. 行为关系上的差异

所有权主要反映由财产引起的人与物的关系,它一般仅分析财产所有者怎样支配自己的财产,不考虑财产使用过程中对他人产生的后果。产权则主要反映财产所引起的人与人之间的行为关系,它不仅考虑所有者如何对自己的财产行使权利,还要分析会给他人带来什么影响,是否有损其他社会成员的利益,要不要为此付出代价。

3. 权利界定上的差异

所有权是对财产归属作出的权利规定,集中体现在财产的终极归属上,比较容易确立排他性的权利关系。与所有权不同,产权作出的权利规定,集中反映在财产的收益权或剩余索取权上。它不仅涉及财产所有权及其内含的各项权利,而且还包括由这一财产派生的有形物和无形物的权利。它除了确定财产本身的权利边界外,还要确定其派生物品的权利边界。因此,产权形成排他性的权利关系比所有权困难得多,必须考虑界定过程的技术成本和交易成本。

4. 权利内容上的差异

所有权以财产关系为核心设置权利,反映由人拥有物而产生的各种现象的本质属性。就所有权来说,财产所有者处理本身的权利和义务,可以仅从人与物的角度,着手寻找解决办法。相邻所有者行使各自的权利,也可以仅从人与物的角度,考虑相互之间是否给予方便,是否接受限制。与此同时,产权内含各项权利的设置,除了必须考虑财产关系外,还要更多地考虑人际关系。

二、产权界定

对产权的界定和保护是财产法的核心内容,也即产权安排是否有效取决于财产法的有效性和合理性。财产法的制定必须以产权明晰作为首要前提,即不仅要明确产权的主

① 张明龙:《产权与所有权的关系》,载《浙江学刊》,2001 年第 2 期。

体对产权能做什么,还应明确其不能做什么,相应的权利和义务各是什么。只有通过明确地界定产权,财产法才能为资源的配置和财产的分配提供一个法律的框架。

1. 产权界定的原则

产权是一种行为权,其初始界定的方式主要是通过"第三方"的界定来完成的,基本的界定原则包括四种:第一是一物一权原则,一个标的物只能存在一个所有权,而不允许有互不相容的两个以上的物权同时存在于同一标的物上。该原则的目的是保障物的所有人能够按照自己的意思,独立、全面地支配、处分自有物,并充分享受其收益。从经济学角度看,一物一权原则能避免因物的所有关系不确定而造成混乱,降低交易费用,提高经济效率。第二是公示和公信原则,公示是以公开方式使大众知晓物权变动的事实;公信是指物权变动符合法定公示方法的,即具有可信赖的法律效力。该原则有利于减少搜寻物权主体的费用,减少监督、履行费用,维护公开交易的可靠性和正常秩序。第三是物权法定原则,物权的种类、效力、变动要件、保护方法等只能由法律规定,不允许当事人自己创设。此原则从经济学上讲,是通过法律来界定主体的利益,以形成一种稳定的激励,给人以稳定的预期。第四是物权取得的先占原则。先占原则是"时间上领先,权利上优先"这一重要法律准则的运用。先占原则的最大优点在于它将注意力集中在一些简单的事实上,所以操作起来相对简单而且费用较低。尽管先占原则具有明显的成本优势,但是大多数学者对其没有较好的评价,并认为它不公平且不能体现效率。下面对几种重要资源的先占情况进行概括,具体可参见表3-2。

表3-2　先占原则的各种情况①

原物类型	占有方式	原物与收益及其权利持续期间
动产(被抛弃、丢弃或无主财产)	发现或发明的意愿	原物(永久性的)
共有(牧场、森林、草地)	放牧、木材及草皮的采集	原物的份额(内部的捕获规则)
地下水——绝对的所有权	把水抽出地面	收益(目前提取的水量)
地下水——相互联系的权利	把水抽出地面	原物的份额(内部的捕获规则)
知识产权	最先发明、创作	原物(期间不等)
土地	占有、耕作	原物(永久性的)
矿物(固体)	确定矿物矿床	原物(永久性的)
海洋渔区	捕鱼	收益(目前的生产量)
无线电频道	传播信号	原物(永久性的)
地表水——占用优先理论	实施导水计划	原物(永久性的)
地表水——邻水土地权学说	抽水或分流	收益(目前使用)
野生动物	猎杀或捕获	收益(目前猎杀的部分)

2. 产权界定的目的

法经济学在研究产权界定目的问题时,提出了非常重要的财产法原则——"科斯定理"。1960年,产权理论的奠基人和重要代表科斯发表了《社会成本问题》,提出了著名的"科斯定理"的基本思想,将产权引入了经济学分析,并构筑了以科斯定理为核心的产权理

① 〔英〕彼得·纽曼:《新帕尔格雷夫法经济学大辞典》,法律出版社2003年版,第151页。

论的基本框架。此后,斯蒂格勒在其1966年出版的《价格理论》一书中将此基本思想概括为科斯定理,认为倘若交易费用为零,无论初始的产权如何界定,都不会影响资源配置的结果;也即,在交易成本为零的时候,法律的初始安排只对收益的分配构成影响,而不会对效率的实现产生影响。但是这并不意味着,现实中的产权界定和法律安排对效率毫无意义。因为,在现实中谈判交易面临各种各样的成本,当交易成本为正的时候,产权的界定就会对资源配置产生影响,就有了科斯定理的推论,也被称为科斯第二定理。科斯第二定理认为,倘若交易费用不为零,则不同的产权界定将导致不同的资源配置结果;也即,当交易成本为正的情况下,不同的法律安排不仅会影响收益的分配,更会影响效率的水平。

为了加深对科斯第一定理和第二定理的理解,可以从经典的科斯的"农夫与养牛人"案例中来进行说明。在案例中,农夫的隔壁住着养牛的牧场主,农夫在农地上种植谷物,牧场主在牧地上养牛,农地与牧地边界清晰,但之间没有栅栏。于是牧场主的牛不时地会到农夫的农地上饱餐一顿,给农夫造成经济损失。这显然是两种财产权的冲突问题,如果要通过法律来干预解决,那么法律该如何进行初始的产权界定并指定承担损失的责任者呢?具体而言,存在两种界定方式:一是,农夫有权利让农地免受侵害,牧场主有义务阻止所养的牛侵入他人农地,这表明农夫具有"农夫权",牧场主必须限制放牧;二是,牧场主有权自由放牧,农夫有义务防止他人所养之牛进入农地,这表明牧场主具有"放牧权",农夫必须围护农地。在第一种产权界定情况下,牧场主必须建造栅栏把牛限制在自己的财产上,如果牛破坏他人农地上的谷物,则牧场主要为此支付损失;在第二种产权界定情况下,农夫为了降低他人之牛入侵带来的损失,会减少谷物的种植或是在自己的农地周围安置栅栏。究竟何种产权界定更优?对于这个问题,传统的法学家们可能会从公平的角度出发,让牧场主对其所养之牛造成的损害进行赔偿,也即选择第一种界定方式。但是,科斯从效率的角度提出,也有可能选择另一种界定方式。

假设在没有栅栏的情况下,牛入侵农地造成的谷物损失为300元,但是给农地围栅栏的成本是100元,给牧场围栅栏的成本是每年150元。如果不考虑收益分配,根据效率标准应该要求农夫承担围农地的责任。当不发生交易的时候,第二种界定更有效率。如果交易发生且交易成本为零,则当事双方可以就法律的初始界定进行交易调整,则两种界定方式在效率上是无差异的。因为,显然根据第二种界定方式,牧场主具有"放牧权",结果必然是农夫围农地。而如果根据第一种界定方式,农夫具有"农夫权",牧场主会考虑到围牧场的成本而向农夫提出围农地的要求,并给予一定的经济补偿。经过交易之后,可能在牧场主给予125元补偿之后,仍然由农夫围起农地。所以,两种法律安排的产权界定方式的最终结果都是围农地而不是围牧场,都是以100元围农地的成本避免了300元的谷物损失。

但是如果将上例放在交易成本为正的情况下,如当事人双方的交易成本为30元,则两种产权界定会出现差异。在第一种界定方式下,牧场主仍然会与农夫进行交易,但是现在的交易净收益要比零交易成本时少了30元。此时,牧场主要向农夫支付125元补偿金达成交易。农夫收取的125元中,100元用于围农地,15元用于补偿交易成本,10元为净收益。牧场主免除围牧场的义务,收益为150元,支付农夫125元,剩下的25元中,15元用于补偿交易成本,10元为净收益。而在第二种界定方式下,本身就遵循效率原则,所以不需要进行交易,节省了交易费用。当存在交易成本的情况下,两种产权界定的结果是不同的,与第二种相比,第一种必须多支付30元的交易费用。

产权界定的最大意义在于有效地配置资源和减少资源的浪费。自愿合作和交易是促进效率的最优方式。因此,要克服自愿合作交易的障碍,就必须降低交易费用。科斯就曾认为,能够使得交易成本最小的产权界定制度是最佳的产权界定制度。并且他进一步认为,如果产权界定出现偏差,没能正确赋予产权,则应该允许当事人就产权的转让进行谈判,使产权通过让渡改变不合理的界定状态。

3. 产权界定的规范分析

根据前述分析,已经知道法律的产权界定会对效率产生影响,那么从规范分析的角度来看,怎样的产权界定和法律安排才是真正符合效率标准的呢?对于此问题的回答,又可以得到两大定理:规范的科斯定理和规范的霍布斯定理。而这两大定理分别从不同的角度揭示了当交易成本为正的时候,法律制度安排可以增加效率的两种途径:润滑交易,降低交易成本;纠正产权分配错误,将权利配置给对其评价最高的一方或是将责任配置给成本最低的承担者。这两个引申的原则之所以被称为规范的,原因在于它们为法律制定者应该建立怎样的法律制度提供了明确的指引方向。

交易成本并不是外生于法律制度的,而是有部分内生于法律制度。并且通过法律制度的安排,可以降低交易成本,从而有助于谈判的进行,这就是所谓的“润滑”作用。法律的一个重要作用就是界定一个简单且清晰的产权,使得交易比产权不确定的时候更为容易。交易成本是在谈判、签约、执行过程中产生的有关成本,主要涉及信息传递成本、监督成本、对策成本等。在现实生活中,同一个谈判过程在不同的法律制度框架中进行,所涉及的交易成本可能完全是不同的,由此所构成的障碍对私人谈判及其结果的影响也会不同。有效的法律制度安排会比相对缺乏效率的法律制度安排节省交易成本,从而减少达成私人谈判协定的障碍,有利于资源配置结果的改善。法律通过润滑交易来增进效率,这一原则为法律的配置权利提供了基本的方向,同时由于此原则是源于科斯定理的启发,因此它被称为规范的科斯定理,具体可以表述为:所构建的合理的法律制度,应该是能消除或减少私人协议的障碍,从而能使得交易成本最小化。

法律除了能够润滑交易这一功能外,还能纠正法律的错误配置,减少合作上的分歧和失败。在不受法律框架约束的谈判中,出现威胁的可能性及威胁的严重程度远远超过在法律框架约束中的谈判。而威胁的经常出现,尤其是严重威胁的出现,使谈判成功的可能性减小,或者说,使谈判濒临失败的可能性加大。17世纪的哲学家托马斯·霍布斯指出,由于人们之间存在分歧从而可能导致合作的失败,这时就需要一个强有力的第三方(他将其称为)利维坦来对权利进行配置,迫使他们达成协议,从而使得合作失败造成的损失最小化。法律通过纠正错误配置来增进效率,这一原则也为法律的安排提供了另一个方向,它被称为规范的霍布斯定理,具体可以表述为:在法律上应该构建一种权利安排,以使私人协议失败造成的损害达到最低程度。

规范的霍布斯定理虽然已经指出需要建立能使得私人合作失败造成损失最小化的法律制度,但是究竟怎样的法律制度才是能使损失最小化的呢?对此问题,霍布斯定理没能给出更多的解释。在此之后,波斯纳于1973年发展了规范的霍布斯定理,总结出了有效率的法律安排的一般规律。该原则也因此被称为波斯纳定理:如果市场存在交易成本,那么权利应该赋予那些对权利净值评价最高并且最珍视它们的人;事故责任应该归咎于能以最低成本避免事故而没有这么做的当事人。[①]

这两个规范的财产法原则,对产权的配置和法律的制定提供了不同的指导方向,使得法律分别沿着润滑交易和纠正错误配置两个方向对市场效率进行改进。

三、产权保护

在产权被清晰界定、法律安排被合理制定之后,又会出现一些新的有关产权保护的问题。因为在现实中,既定的产权经常会受到他人的侵犯,这时候就需要法律继续发挥作用,承担起以效率的方式来维护产权的责任。那么,法律究竟应该以何种方式来保护产权,防止他人的侵犯以及如何赔偿对产权的侵犯呢?对于这些问题的回答,法经济学主要是根据经济学的外部性概念来加以分析的。首先,所有者在利用其财产时,不能因为其利用财产的行为而导致强加给别人一种非自愿成本的结果,或者说损害别人的利益。如果说出现了这种损害,也就是侵犯了他人的财产。其次,当产权受到侵犯时,法律对侵权行为的制裁必须根据对产权侵犯的不同性质而采取不同措施。具体地说,当对产权的侵犯是一种“私害”也即只对极少数人造成损害,应该选择禁令这种衡平赔偿;当对产权的侵犯是一种“公害”也即会对许多人造成损害,则应该选择损失赔偿或货币赔偿这种法律赔偿。衡平赔偿是指由法院颁布的用于指导被告的行动或以一个具体的方式限制其行动的法令,目的在于阻止被告将来对原告的损害,即所谓的“向前看”;法律赔偿是指由被告向原告支付损失赔偿费,目的在于对已受伤害的原告进行补偿,即所谓的“向后看”。法经济学有关“私害”适用于衡平赔偿和“公害”适用于法律赔偿的研究结论,其实也是以“科斯定理”作为分析基础的,核心思想就是产权的保护也必须考虑交易费用,法律的实施必须以改善资源配置效率为目标。在具体的赔偿过程中,卡拉布雷西给出了赔偿的原则:当合作存在阻碍也即存在较高的交易费用时,更为有效的赔偿方式是判定一个补偿性质的货币赔偿金,即法律赔偿,也可以被认为是一种责任规则,旨在事后的补偿;当合作存在较小阻碍也即存在较低的交易费用时,更为有效的赔偿方式是对被告干扰原告财产的行为判定禁令,即衡平赔偿,也可以被认为是一种财产规则,旨在防患于未然。[②] 在法律实践中,常常是将两种赔偿规则结合起来,即对已经造成的损害进行经济补偿的同时也对未来可能造成的损害予以禁止。下面分别根据交易成本的高低,运用“上游工厂污染下游居民”的案例来考察两种赔偿规则的效率性。

1. 交易成本为零时的赔偿情况比较

假定,上游工厂将污水排入河流,对下游居民供水产生污染,导致居民损失 900 元。但是,水的污染可以通过两种方式的治理来消除:一是,在工厂安装污水处理设备,成本

---

① 〔美〕理查德·A. 波斯纳:《法律的经济分析》,蒋兆康译,中国大百科全书出版社 1997 年版,序言,第 20、26 页。

② Guido Calabresi and A. Douglas Melamed, Property Rules, Liability Rules, and Inalienability: One View of the Cathedral, *Harvard Law Review*, Vol. 85, No. 6, 1972.

1 200 元；二是，为居民安装净水设备，成本 600 元。当无法律给出规则且不考虑工厂和居民的交易成本时，各自的成本情况如表 3-3 所示。

表 3-3　无法律给出规则且不考虑交易成本时的成本情况

上游工厂 \ 下游居民	不安装净水设备	安装净水设备
不安装污水处理设备	（0，900）	（0，600）
安装污水处理设备	（1 200，0）	（1 200，600）

在分析的过程中，假定最有效率的结果是两者的“联合利润”最大化或是“联合成本”最小化。根据联合成本最小化的原则，上述结果中，上游工厂不安装污水处理设备、下游居民安装净水设备的成本 600 + 0 = 600 的情况是最有效率的。

现在考虑法律给出不同规则但仍无交易成本的情况下，两种赔偿规则是如何对双方的交易产生影响的。在财产规则下，法律可以颁布禁令，并可能作出分别对各方有利的界定情况。

情况 1：法律倾向于保护工厂，赋予上游工厂可以自由污染的权利。

情况 2：法律倾向于保护居民，赋予下游居民禁止工厂污染的权利。

在情况 1 中，工厂可以自由污染，因此工厂自然不会安装污水处理设备，居民在此情况下相应只能选择安装净水设备，并为此支付 600 元成本。这是一个有效率的配置结果，但是不存在合作，因此合作剩余为零。在情况 2 中，居民有禁止工厂污染的权利，这时工厂不得不处理污水，但如果选择在自己这里安装污水处理设备，成本是 1 200 元；在居民那里安装净水设备只要成本 600 元。这里存在 600 元的合作剩余。

在责任规则下，法律可以判定其中的某一方获得另一方损害赔偿金的权利，同样可以产生对各方不同的影响。

情况 3：法律倾向于保护居民，居民可以获得工厂因造成污染而支付的赔偿金。

情况 4：法律倾向于保护工厂，居民需要补偿工厂因安装污水处理设备而产生的成本。

在情况 3 中，工厂赔偿给居民的金额为 900 元，工厂也不再安装污水处理设备，双方合作剩余 300 元。在情况 4 中，工厂可以获得居民的补偿 1 200 元，双方合作剩余 600 元。

在这四种情况中，除了情况 1 没有合作的必要，其他的情况合作可以给双方带来利益，并且经过交易后结果都是由居民安装净水设备，以 600 元的成本解决问题。在情况 1 中，法律给出的规则直接实现了效率，而其他的三种情况还需要通过交易这种市场机制来纠正法律的配置从而实现效率的提高。总之，在交易成本为零的情况下，两种规则的结果最终都是一样有效率的。

2. 交易成本为正且较小时的赔偿情况比较

上述案例如果放置在交易成本为正但较小的情况下，情况就会有所不同。在四种情况中，情况 1 不需要发生交易，所以无交易成本产生，并且法律安排直接实现了最有效率的配置。后三种情况都需要通过交易来纠正错误的配置情况，虽然存在交易成本但其数额较小，只要不超过双方的合作剩余，交易仍然会发生。通过交易以后，同样实现了资源

配置的效率性。但是此时必须注意的是,由于交易成本的存在,后三种情况下双方的联合成本明显要大于情况1时候的600元。所以可以知道,在交易成本为正且较小的时候,财产规则也即禁令,是较为有效的赔偿原则。

3. 交易成本为正且较大时的赔偿情况比较

同样也可以将上述案例放置在交易成本为正但较大的情况之下。这时候选择有代表性的情况2和情况3进行比较。情况2和情况3都是倾向于保护居民的,而情况2采用的是财产规则,情况3采用的是责任规则。

现在假定交易成本很高,高到致使交易与合作成为不可能,也即不可能通过市场交易的方式来纠正法律的配置错误。那么情况2和情况3的所谓的合作剩余是肯定无法实现的。在这种前提下进行比较,可以发现情况2需要工厂支付1 200元安装污水处理设备才可以解决污染问题,而情况3只需要工厂支付给居民900元赔偿金就可以解决问题。显然此时情况3更有效率。所以,可以认为如果合作存在剩余但是交易成本过高阻止了谈判和协商的发生,那么采用责任规则将比财产规则更优,因为不仅不会造成受害者境况变坏,还能使得侵害者的境况变好。

本案例表明了一个简单的结论:在通过市场交易来分配权利的成本很低的情况下,财产规则是有吸引力的;当通过诉讼来分配权利的成本很低的情况下,责任规则是有吸引力的。①

四、产权限制

在资本主义的初期,财产权利是以意志理论为基础的,所以特别强调个人对财产的绝对支配权。布莱克斯通的《英国法注释》对财产的定义就是:“独有的和专断的支配权。”对财产权利进行限制和约束就是对自由意志的限制。在此种思想的影响下,财产权逐渐演化为一种滥用权。美国法律界在当时就财产权利滥用问题进行了争论,典型的案例就是所谓的“刁难人的栅栏”。一块土地的所有者在自己的土地上建立一道栅栏,目的不是方便自己,而是遮住光源或是阻挡邻居的视线而损害其邻居。② 就现在的理论来看,当财产被用于伤害别人的时候,法律可以进行限制和干预。但在当时19世纪的美国,法官对此案的补救采取否定态度。大法官霍姆斯就说:“一个人拥有在自己土地上建造栅栏的权利,愿意造多高就造多高,不管它可能把他的邻居的光线和空气挡住多少。”当然这种权利的滥用,引来了学者们的批判。法律对私有财产的限制思想也陆续体现在各国的法律中,到了20世纪的中期,对私有财产的限制才逐步被强调,倾向于禁止滥用权利的原则,并认为财产权的滥用就是财产权的终止。如今人们都已然能够理解没有任何的产权是不受限制的道理。正如孟德斯鸠所说:“自由是做法律所许可的一切事情的权利;如果一个公民能够做法律所禁止的事情,他就不再有自由了,因为其他的人也同样会有这个权利。”随着现代社会生活的社会化和经济发展的规模化,法律中关于产权的限制性

① 类似表述可参见〔美〕大卫·D. 弗里德曼:《经济学语境下的法律规则》,杨欣欣译,法律出版社2004年版,第65页。

② 转引自高德步:《产权与增长:论法律制度的效率》,中国人民大学出版社1999年版,第126页。

文字越来越多,对产权进行限制的理论也日益得到发展,有关各国法律以及各类著作关于产权限制问题的论述可参看专栏3-2。

≺专栏3-2≻

各国法律以及各类著作关于产权限制问题的论述

《简明不列颠百科全书》在“财产法”条目中对财产所有权的限制作了如下规定:“……3. 对财产所有权的限制[①]:① 对财产所有权客体的限制。第一,人本身不能成为财产权的客体,但是允许对本人身体的一部分或器官作适当处理(如捐血或遗赠眼球等)。第二,大气、水流、公海等也不能成为财产权的客体,因为它们在物质形态上不能为人们所拥有,或者法律规定不得为人们所拥有。第三,国家可以而且常常将许多财产宣布为国有,不准许个人私有。例如,海岸、大陆架、内河航道以及河床属于公共财产,归国家掌管。……② 对财产使用权的限制。主要是为了公用事业和公共利益而对个人的土地使用权作了很多限制。例如:① 根据公法规定,为了举办公用事业或根据城市规划的需要而征用个人所有的土地;② 为了保护毗邻所有人的利益或为了防止污染损害,根据司法规定禁止排放过量的烟雾、臭气和产生噪声和震动。……”

《新帕尔格雷夫法经济学大辞典》在“财产权”条目中对产权的限制作了如下规定:“……下面我们讨论这样一种情况,在这种情况中,排他权利存在,但存在对其转让性的限制。这种限制通常是由国家对经济行为的管制造成的。……价格的上限和下限。租金的控制,例如,对一个公寓所有人能够对租赁权收取租金数量规定一个上限。在一般的情况下,租金控制允许公寓的所有人排除其他人的占有而不必经过他们同意,一种排他性的权利,但是不允许租金支付超过法律规定的上限。这种禁止是对公寓所有人让渡权的限制,因为空间的出租就等于在一定时期对公寓空间的出卖。……权利的恒久性。财产权也能够在时间上受到限制。……竞争。所有的社会都通过禁止某些形式的竞争来限制财产权。一个人用突出竞争者产品的缺欠、欺诈行为,以及通过肉体伤害威胁其他人等方法利用自己的资源竞争是非法的。在这些情况中,一般的立场是用这些方法竞争对社会是有害的。禁止这些竞争形式的一个结果是将这些努力引导到竞争的定价和产品的提高上。……”

《德国民法典》第903条规定:“物之所有人,在不违反法律或第三人权利之范围内,得自由处分其物,并得排除他人对物之一切干涉。”《瑞士民法典》第641条规定:“物的所有人,在法令的限度内,对该物得自由处分。”《日本民法典》第206条规定:“所有人于法令限制的范围内,有自由使用、收益及处分所有物的权利。”规定“任何人不得被强制出让其所有权”的《法国民法典》在第544条规定:“法律及规定所禁止的使用不在此限。”我国《民法通则》第72条规定:“财产所有权的取得,不得违反法律规定。”

---

① 《简明不列颠百科全书》(第15版),中国大百科全书出版社、美国不列颠百科全书公司合作编译,中国大百科全书出版社1986年版,第67—68页。

在现代的法律社会中,完全不受限制和约束的产权是不存在的。个人在行使权利的时候,可能会对他人产生外部性影响,这种外部性既可能是产生于空间之上,也可能是产生于时间之上,此外也有源于道德层面之上的。在这一系列的限制中,我们重点讨论在空间中产生的产权妨害问题和政府征用问题以及在时间中产生的代际继承问题和紧急避险的问题。

1. 空间上的法律限制

双方当事人在行使各自的财产权的同时,可能会对另一方的权利在空间上产生影响,从而导致外部性的出现。法律因此规定"行使所有权不得妨碍其他公民的合法权益"以及"根据公共利益的需要,国家可以依法对土地或其他财产实行征用或收归国有",对私人的财产权进行空间上的法律限制。部分学者将因为私人目的而引起的权利限制,称为私益限制;因为公共目的需要而引起的权利限制,称为公益限制。私益限制主要表现在产权妨害问题上;公益限制主要表现在政府征用问题上。

随着现代科学技术的发展,人类对资源的利用越来越充分,形式也趋向于多样化,有些原来法律能够清楚界定的财产权开始变得模糊起来。例如,随着石油和天然气的开采应用,有关地下石油和天然气的归属纠纷日益增加;无线电频道在早期不存在产权之争,但是到了20世纪的20年代以后,随着广播业的兴起,电台数量的激增,无线电频率的相互干扰事件日渐发生。如今,有关产权妨害和产权拥挤的问题已经不仅仅出现在相邻关系之间,同样也发生在不相邻的财产权的使用过程中。

经济学家对此问题的研究主要通过对外部性的分析来实现。考特和尤伦将外部性定义为,当不同人的效用函数和生产函数相互关联的时候,那么他们就相互施加了成本和收益,这种成本和收益的非意愿转移就被称为外部性,因为这种成本和收益的传递是发生在市场之外的。[①] 外部性可以分为正外部性和负外部性,对他人施加的是收益时为正外部性;对他人施加的是成本时为负外部性。经济学家普遍认为外部性是导致"市场失灵"的一个重要原因,外部性的出现使得市场机制不能实现帕累托最优。根据图3-1可知,实现帕累托最优配置的产量为社会边际收益SMB(图中也即私人边际收益PMB)与社会边际成本SMC的交点X_0,但由于存在外部成本X_c,厂商私人产量移到X_1,这时SMC > PMC,也即从私人角度选择的最优产量与社会选择的最优产量是不同的。

在科斯之前的福利经济学家如庇古认为,当出现外部性问题时,国家应当进行干预,以弥补市场机制的缺陷,办法是对负外部性征税,对正外部性补贴。但是科斯和波斯纳都反对这一观点。科斯认为税收也是一种损害,是对引起侵害效应的一方的损害;而且由于税收的收益并不一定是支付给那些受到侵害的人,所以税收的补偿效应不理想。因此,采用税收来解决外部性不如后来科斯等人所提出的损害赔偿等方法更有效。从图3-1中也可发现,企业自身没有对其所造成的外部成本承担责任。那么如果法律所采取的措施是规定企业必须对其所造成的损失进行赔偿,也即根据企业的产出水平高低给定相应的赔偿额,使得PMC上移到SMC的位置两线重合,就可以实现外部性的完全内部

① 根据〔美〕罗伯特·考特和托马斯·尤伦著、施少华和姜建强等译的《法和经济学》(上海财经大学出版社2003年版)第130页相关内容归纳而成。

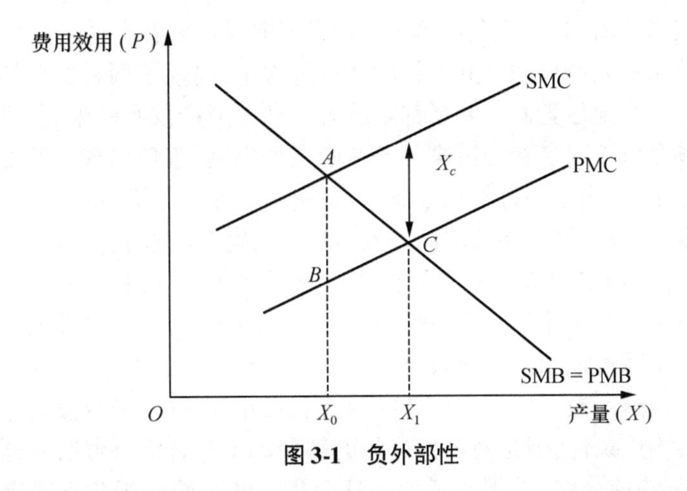

图 3-1　负外部性

化,企业利润最大化产量也就是社会最优产量。当然企业也有其他的选择,它可以在支付损害赔偿和采用新技术消除污染这两者之间进行比较,企业如果觉得采用新的无污染技术成本更低,就会选择后者。这种变化在图形上体现为 SMC 向 PMC 的移动,同样可以实现厂商最优产量与社会最优产量的一致。

由于这些外部成本和收益是在市场外传递的,因此没有得到定价,如果外部性得到定价,那么产品的供给就可以由市场来完成,也就实现了外部性的内部化,从而解决了外部性问题。解决外部性的有效方法取决于受影响的人数。如果相互关联的只是一小部分人,则外部性是私人性质的,就是所谓的"私害";如果相互关联的是多数人,则外部性是公共性质的,也即所谓的"公害"。假定一个经济体内存在两个人,分别可记作 a 和 b,有三种私人产品,分别记作 x_1、x_2、x_3,前两者消费时没有外部性,但最后一者的消费存在外部性。a 的效用就是该人消费三种产品的函数:$u^a = u^a(x_1^a, x_2^a, x_3^a)$。假定 b 只消费前两者、不消费最后一者,并且当 a 在消费最后的 x_3 时,会对 b 产生负面影响也即形成成本,因此 b 的效用函数为:$u^b = u^b(x_1^b, x_2^b, x_3^a)$。显然,$a$ 和 b 的效用函数是相互关联的,b 的效用函数中出现的一个变量上标有 a,这表明外部性的存在。该三种产品在市场上的价格分别为(p_1, p_2, p_3),但是 a 购买 x_3 支付的价格并不包含 a 消费 x_3 时施加在 b 身上的损害和成本。因此在 b 的效用函数中,没有与 x_3^a 相关的价格。为了将此价格考虑进去,a 和 b 需要通过协商和交易将此外部性内部化。所以当这种外部性是一种私害的时候,交易成本较低,双方可以通过交易的方式来解决外部性问题,适合用财产规则也即禁令的方式来解决。如果现在有着与 b 一样的 $1,2,3,\cdots,n$ 个人,将 n 个人中的任一个人记作 j,则 j 的效用函数为:$u^j = u^j(x_1^j, x_2^j, x_3^a)$,$j = 1,2,3,\cdots,n$。现在 a 消费 x_3 对 n 个人产生影响,成为一种公害。但是 a 与 n 个人谈判协商的交易成本太高,所以此时外部性不可能通过私人谈判来进行内部化,就需要为外部性进行定价。而法律规定的赔偿金额就是外部性的一种定价方式,所以当外部性是一种公害的时候,适合用责任规则也即赔偿金的方式来解决。

禁令和损害赔偿都是普通法中的概念,在我国还没有类似的概念和相似的法律规定。但是,我们仍然可以考虑借鉴这种分析方法,结合交易成本来决定,对于一个污染环境的企业究竟是应当关闭它,还是允许其生产但需要向受污染者支付赔偿费用。

公益限制导致从私人产权向公共产权的转换过程中,出现了两种类型的私产公用问题:一个是占用,另一个则是管制。两者都是政府对私人财产权利的限制,目的是解决有冲突的资源使用场合由于交易费用过高所导致的市场失灵,避免出现资源配置的低效率结局。不同之处在于,占用是一种补偿限制,而管制是一种非补偿限制。

在国外的许多民主国家中,宪法限制国家占用私人财产的权利,如《美国宪法第五修正案》中有关占用条款规定:“在没有得到公正的赔偿之情形下,私人财产不得被占用以作公共使用。”在其他的国家中,也有将占用称为“政府征用”,并将这种征用权看成是一种在以补偿为前提下通过强制手段获取财产的法律权利。政府占用私人财产,必须符合以下条件:第一,私人财产被占用是用作公共目的(public use)。是否被用作公共目的被看成是占用的重要构成条件,但是对公共目的的解释却十分宽泛,例如,修建法院、医院、学校、火车站、机场、高速公路、地下水道等。这个规定的目的在于防止政府对占用权的滥用,也即阻止政府将一个人的私人财产在征用之后转卖给其他的个人或单位。第二,私人财产所有者得到充分合理补偿(just compensation)。一般而言,政府征用私人财产,应当予以补偿。正如贝勒斯所说:“实际上,确切地说,补偿之主旨就在于避免为社会之善而牺牲某个人。”①但关键的问题是,支付公平合理的补偿是一个模糊的概念,究竟补偿多少才是公平合理的,是按照占用前财产的合理市场价格计算还是按照占用后财产的价值计算呢?对此,贝勒斯认为,为了防止人们拒不出让其财产以使其价值在政府的计划宣布后增加,对征用财产的补偿须以政府计划宣布前被征用财产的合理市场价格作为依据。② 但是,值得注意的一个问题是,这里所谓的“公平的市场价值”,可能会忽略财产所有者的主观价值,因此有时候也可能会通过附加计价来予以补偿。

在现代社会中,政府占用变得日益频繁。政府可以凭借行政权力直接征用私人财产,这不仅是因为政府的力量相对强大,私人无法与其抗衡,更主要的原因在于占用本身也具有一定的经济合理性。正如波斯纳所说:“一个已在法律的经济分析中被提及的重要问题是,非自愿交换是否以及在什么情况下才可以说是能增加效率的。”③总体来看,占用权的使用减少了公共项目的总建设成本;二是占用权的使用通过成本的再分配,实现了社会福利的再分配。按照经济学的原理,自愿交易能使资源从较低评价的使用者手中转移到较高评价者的手中,而政府占用是强制财产所有者或使用者转移财产,这就存在使财产从价值高的使用转向价值低的使用的可能,从而会造成无效率。但是如果规定政府要跟每个财产所有者进行交易,支付私人所要求的价格,那么每个财产所有者都会倾向于把价格抬得很高,产生所谓的要挟问题,这样政府进行一项工程的交易成本就过高,以至于最终政府在权衡成本和收益之后只能放弃预定的目标,这样反而不能实现社会公共福利的提高了。

占用是需要赔偿的,而政府的管制则是不需要赔偿的。政府管制实际上是政府对财

---

① 〔美〕贝勒斯:《法律的原则——一个规范的分析》,张文显等译,中国大百科全书出版社 1996 年版,第 141 页。

② 同上书,第 137 页。

③ 〔美〕理查德·A. 波斯纳:《法律的经济分析》,蒋兆康译,中国大百科全书出版社 1997 年版,第 17 页。

产所有者的财产使用权进行限制,并没有改变财产的所有权。管制一般会导致财产机制的下降,这将会引起赔偿诉讼。这时候就需要法院对诉讼进行判定,究竟其属于“占用”,还是属于“管制”。法院区分占用还是管制将对所有者和政府产生不同的激励。如果法院判定为补偿限制也即占用,政府需要为限制进行完全补偿,则财产所有者将在政府是限制他们还是不限制他们之间无差异。无差异的结果是导致财产所有者会过度地增加投入改进其财产,从而产生浪费的改进。如果法院判定为非补偿限制也即管制,政府不需要为限制进行补偿,则政府可能施加更多的限制。过多的限制会使资源不流向评价最高的地方,因此管制也导致资源的非效率使用。在这个问题上就出现了所谓的“补偿悖论”,即如果政府为占用补偿所有者,财产所有者有进行过度改进的激励;而如果政府不进行补偿,政府有对私人财产进行过度管制的激励。

在政府的管制中,最常用的是运用分区制(zoning)对城市土地实现功能上的用途管制,如划分住宅区和工业区。其原因在于,空间外部性的存在会导致非凸性的生产可能性曲线的出现,从而发生市场失灵,政府就需要进行干预。下面以某城市的住宅区和工业区的分区为例来分析分区制度的合理性。

图 3-2 表示的是某城市工业区和住宅区在利用给定资源方面存在一定的替代性,具体表现在凸性的生产可能性曲线上。横轴表示在一定时期内住宅区的数量,如果所有的资源都被用于建造住宅区,则可能达到的最大数量为 X^*。纵轴表示在一定时期内工业区的数量,如果所有的资源都被用于建造工业区,则可能达到的最大数量为 Y^*。凸性的生产可能性曲线表示的是,当给定的资源在两种用途上进行分配的时候,两类区域的可行性组合。生产可能性曲线从 Y^* 沿着曲线向下,每一点切线的斜率表示在不同规模下的产品的相对价格,其斜率越来越陡峭,表明工业区减少后随着稀缺程度的提高,相对价格升高的情况。并且,此时可以得到的最优解为内点解,如图中点 $A(X_0, Y_0)$。图 3-2 中所描绘的具有正规凸性的生产可能性曲线,其实暗含着工业区和住宅区相距较远(假定为 10 公里以外)、相互之间影响较小的情况。当两个区域迁到较近的距离之内,如小于 3

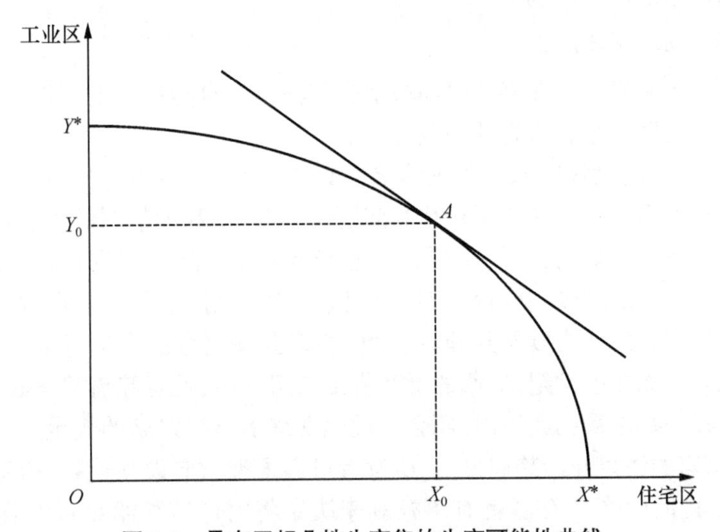

图 3-2 具有正规凸性生产集的生产可能性曲线

公里的位置，则工业区的污染会对住宅区的居民产生较大的空间负外部性，导致生产可能性曲线发生变化，也即如图3-3所示，朝向原点向内弯曲，成为非凸性的生产可能性曲线。当出现非凸性的生产可能性曲线时，情况发生变化。此时，沿着向原点弯曲的生产可能性曲线从 Y^* 向下移动到 X^* 的过程中，相应的切线的斜率开始逐渐变小，这表明由于工业区的减少，其相对价格反而开始降低了。所以，这种情况下是无法得到内点解的，最优解将是角点解，也即只有将所有的资源仅仅用于一种用途的时候，如全部用于工业区（在 Y^* 点）或是全部用于住宅区（在 X^* 点）才是最优的。

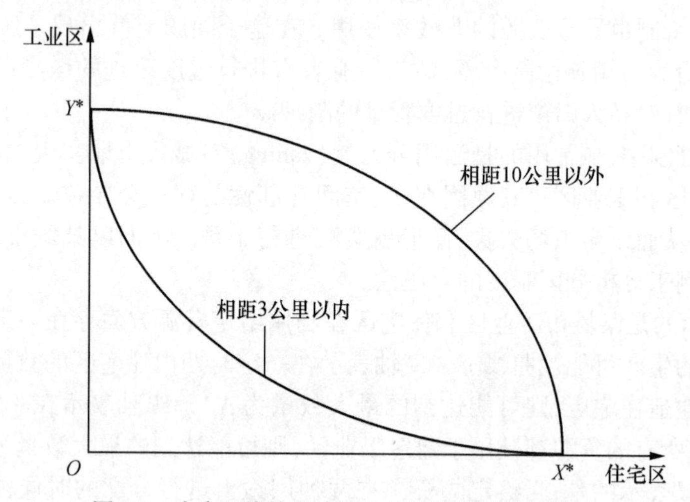

图3-3　生产可能性曲线从凸性转为非凸性的情形

要解决资源在工业区和住宅区配置过程中的冲突问题，需要政府运用分区制进行用途上的管制。可以采取使用隔离分区制（separation-of-uses zoning）将城市划分为若干的区域并相应地规定每一块区域的用途，也可以使用排斥性分区制（exclusionary zoning）在特定的区域内排斥某一种用途的使用。总之，分区制是对规定区域内的居民财产权所施加的一种较为严格的产权限制。

2．时间上的法律限制

财产的所有者有时候会在某些时间段上受到法律对自身产权的限制和规定，主要体现在代际转移的问题和紧急避险的问题之上。

财产权是一种“对世权”，权利的所有者可以排斥其他人对其占有物的使用。但是，当这种权利面对继承也即一种代际转移的问题时，存在权利被削弱的可能性。由于财产所有者的自然寿命是有限的，他们所拥有的财产需要在代际之间进行转移，从上一代的所有者转移到下一代的时候，会对财产作出用途上的限制，这实际上是对财产权利的一种限制。尤其是在奴隶社会以及封建社会里，法律会规定继承人进行继承，而不是所有者指定的继承人。如在中世纪，父辈的财产将由长房继承，这意味着只有长子、长孙才有继承的权利。在一些母系氏族里面，还会出现侄女继承姑妈财产的规定。进入资本主义社会后，西方国家的法律开始趋向自由，所有者可以根据意愿设立遗嘱，指定某位后辈继承财产。那么，此时财产所有者就有了权利来决定将财产转移给谁以及何时转移的问题，就能够通过寻找法律的漏洞来钻空子从而逃避法律对产权的时间上的限制和干预，此时就会招致钻空子成本的出现。即使所有者在转移财产的时候难以找到法律的空子，他还能通过在有生之年耗尽财产的方式来避免限制。因此，法律对转移财产的限制一般只可能导致两种成本的出现：一是钻空子成本，二是耗尽成本。

为了避免这些成本损失，英国普通法在执行对财产的转移过程中采用了一个“代际跳跃规则”，即在对产权进行限制的时候附加一个时间规定。当法定时间限制到期的时候，限制条款自动作废。这样使得法律对产权的限制不是永恒的，而是“寿命外加21年”。该规则允许所有者通过限制后代对其财产的使用跳跃过这一代，但是对于未出生的孩子，当他们长大到21岁的时候，他们所继承的财产将不受限制。

此外，即使不考虑跨际的问题，也可能出现法律对产权的限制。一般而言，在没有得到所有者允许的情况下，没有人可以使用其他人的财产。但在一种特殊情况下，在没有得到所有者允许时法律规定可以使用其他人的财产，这就是在所谓的紧急避险情况下。当处于紧急状态中，一个人可以无须征得所有者同意而使用他人的财产，但是事后必须要为使用中所造成的损失向所有者进行赔偿。法律允许私人性的紧急避险是有效率的。自由谈判和交易的发生通常需要较长的时间，但是在紧急的情况下，紧迫的时间阻碍了交易的发生。因为在紧急状态下可以使给予救助的一方处于垄断地位，而希望被救助的一方处于被垄断的地位。双方的交易成本极高，使得正常的交易不可能发生。当交易成本极高的时候，原有的财产规则也就不再适用，所以法律考虑运用责任规则，也即只要侵入行为给侵入者带来的收益大于给所有者造成的成本，就应该允许存在事后赔偿的紧急避险时的侵入。

可见，在代际转移和紧急避险两种情况下，法律允许财产所有者的财产权受到一定的限制。

第三节　无形财产权的经济学分析

当代财产法研究的核心早已超越了“有形物”的时代，对“无形财产”的界定成为了当代财产权制度的主要功能。但是目前来看，无形财产还是一个民法体系尚未深入研究的问题。在传统大陆法系财产权体系中，无形财产经常被归入物权和债权领域，但是由于其本身所具有的特殊性，导致无形财产引发的问题常常与传统理论相抵触。目前，多数学者都已经逐步意识到无形财产对于理解财产权制度具有重要的意义，也逐渐将其研究的范畴从有形物的财产权扩大到无形物的财产权。西班牙马德里大学的施瓦茨教授就认为：“我所说的产权不仅仅是人们对有形物的所有权，同时还包括人们有权决定行使市场投票方式的权利、行使特许权、履行契约的权利以及专利和著作权。”[①]

在现代的民事权利制度体系中，知识产权和无形财产权是与传统意义上的有形财产权相区别的。知识产权（intellectual property right），是人们基于自己的智力活动创造的成果和经营管理活动中的标记、信誉而依法享有的权利。最早将一切来自知识活动领域的

---

① S. Pejovich, *Socialism: Institutional, Philosophical and Economic Issues*, Kluwer Academic Publishers, 1987, p. 18.

权利概括为“知识产权”的是17世纪中期的法国学者卡普佐夫,后来比利时著名法学家皮卡第也发展了此概念,自此知识产权学说在国际上得到广泛认可。在我国法学界长期采用的是一个对应的概念,称为“智力成果权”,直到1986年《民法通则》颁布后开始正式通行知识产权的称谓,而我国的台湾地区则长期使用“智慧财产权”概念。知识产权可以分为广义知识产权和狭义知识产权。广义的知识产权包括版权、商标权、商号权、商业秘密权、专利权、产地标记权、集成电路布图设计权、植物新品种权等各种权利。而狭义的知识产权指传统意义上的知识产权,包括版权(含邻接权)、专利权、商标权三个组成部分,也可以说是包括文学产权(版权)和工业产权(专利权和商标权)。

无形财产权是与知识产权相当的一个概念,但两者在概念所涵盖的范围上并不是完全一致的。日本学者小岛庸和在《无形财产权》一书中指出,知识产权一词来自英美法系,在日本法系尚是一个不太成熟的词汇,因此,以无形财产权代替知识产权来表述精神领域的权利。他在书中列举的无形财产权权项,要大于传统知识产权所涉及的类别,如商品的形态、经营上的信用。① 法国民法关于无形财产权的界定范围则更宽泛,在习惯上该权利分为两类:一类是经营垄断范畴;另一类是顾客权利,即以顾客为标记的权利,或者说是关于营业资产的权利。② 郑成思认为这种权利是一种关于人及动物形象被付诸商业性使用所产生的权利。③ 基于以上出现的许多具有无形财产权属性特征但又不能归类于知识产权领域的一些权利,可以认为无形财产权和知识产权作为精神领域的民事权利范畴是具有同等内涵的,但是在外延上却有明显区别,无形财产权比知识产权具有更大的包容性。④ 本部分主要选取两者都涵盖的基本的专利制度、版权制度和商标制度作为研究分析的对象。

一、专利制度的经济学分析

专利制度是根据专利法的规定对申请专利的发明创造进行科学审查,对符合规定的发明创造授予专利权,同时将其公之于众,以利于技术交流和转让的一项制度。如今专利制度是保护发明创新的重要制度,也是国际通行的一种法律制度,更是无形财产权制度的一个重要组成部分。专利制度历史悠久,在封建君主时期为了鼓励创造发明需要授予发明人垄断的权利,在授予垄断权利之时常采用一份公开的文件,其拉丁文称为“literae patents”,此后“patent”就逐步与独占经营权相联系,最后发展成为专利权的意思。在专利制度发展过程中,第一个真正意义上的发明专利产生于15世纪的意大利。1421年,意大利城市国家佛罗伦萨对建筑师布伦内莱希发明的“装有吊机的驳船”授予了3年的垄断权。

1. 专利制度的合理性解释

专利制度是用市场垄断权来激励创新、公开信息的一种制度安排。专利权的英文为

① 〔日〕小岛庸和:《无形财产权》,日本创成社1998年版,第47—49页。
② 尹田:《法国物权法》,法律出版社1998年版,第69—65页。
③ 郑成思:《世界贸易组织与贸易有关的知识产权》,中国人民大学出版社1996年版,第44—45页。
④ 吴汉东、胡开忠:《无形财产权制度研究》,法律出版社2001年版,第44页。

"patent",实际上它包括两层意思:一是"垄断",二是"公开"。因此,垄断和公开是专利的两大基本特征。从这两个方面可以看出专利制度所具有的社会效用,也能解释专利制度存在的经济学原因。

第一,通过赋予垄断权利来激励创新。作为私有财产权的专利制度具有明显的激励功能,绝大多数的经济学家和政府的政策制定者都相信,如果没有专利制度,创新的数量和质量将会明显下降。主要原因在于,创新成果是一种新信息的提供,而信息是一种公共物品。如果人们可以无偿地获得新的知识产品,那么就不会有人愿意承担开发的成本。目前的厂商进行开发和研究的目的在于获得报酬,因此如果他们不能从研发中获利,就没有厂商愿意从事研究。专利制度通过使后续的免费搭车的模仿者们承担成本并适当延长模仿者的仿造时间,可以给予专利持有者垄断的市场力量。专利制度通过将专利垄断与竞争分隔,允许开发者获取与专利垄断生产有关的绝大部分利润,从而将外部收益内部化,解决了典型的开发技术外溢的外部性问题。

第二,通过产权限制来加速信息披露。因为专利权的内容包含解决新问题的知识,能够刺激和引发更多的创新和发明,所以加速专利信息的披露和公开,利用已有的专利信息,可以大大缩短后续研发的时间和成本。根据专利法的规定,专利说明书必须让熟悉该技术者了解其内容,并可据以实施,因此要求披露的内容必须翔实。对创新成果进行专利制度保护,必然提高了对创新产品的新颖性的要求,这对厂商的预期利润和信息的披露都会产生较大的影响。对创新在原来的基础上的差异性要求提高,新产品的专利越是难以获得,现有专利权持有者可能获得的垄断利润就越多,独占时间就越长。结果会导致新颖性要求越严格,从事研究开发的动机越强。但是,另一方面如果专利保护过于严格,创新成果不容易获得专利保护,也可能导致从事研究开发的动机变弱。同时,也会导致信息公开和披露的数量变少,延缓后续的研究和创新。因此,在专利权保护问题上,必须注意对保护严格程度的一个权衡。

专利制度通过信息披露机制扩大了人类技术知识和信息的公共领域。专利制度要求将发明中的技术秘密公开,从而换取对该产品或方法使用的短期内市场垄断权。在信息披露和授予垄断权之间完成了一种基于交换的契约思想。专利信息的公开使得思想的公共领域得以扩大,知识存量得以增加,这些都有利于社会福利水平的提高。同时,专利信息的公开可以加速技术的扩散,使得后续的研究者或是竞争者能够借鉴新的专利思想,从中得到信息和灵感,促进技术的进一步发展。从这个意义上看,专利制度在静态上是垄断的,但是在动态上是竞争的;在短期来看是垄断的,在长期来看则是竞争的。专利制度就是一种在静态目标和动态目标之间达到均衡的制度。

专利权的获得必须通过严格的"三性"审查,即所谓的"实用性"(utility)、"新颖性"(novel)和"非显而易见性"(nonobvious)。从经济学的角度看,此三性具有不同的意义。实用性条件具有三方面的经济意义:其一,是为了把专利从基础研究中排除出去;其二,是为了在一个新产品或者新方法的开发过程中,延迟可能获得某一专利的时间;其三,是为了减少专利检索的成本,其手段是筛选出非实用的发明,它们或者是由一些怪人或是业余爱好者所创作,或者是那些想通过专利来覆盖某一研究领域的发明人所提出,企图迫使那些在该领域作出有用发明的研究者向他们寻求许可,也即可以限制策略性专利行为。新颖性条件旨在阻止对那些被人知道已经做出发明的东西授予专利。一些国家的专利权是授予最先提出专利申请的人,而另一些国家则是把专利权授予最先发明人,这样做的目的在于节约广义上的搜寻成本。非显而易见性条件成功地阻止了对那些无须太大成本即可发现并且完善的发明授予专利,具体而言,就是可以限制专利竞赛。

2. 专利期限问题

专利保护实际上面临着一个社会成本与社会收益、私人成本与私人收益的问题,也即以垄断方式排斥公众自由使用创新产品,在激励技术发明和创新的同时也会人为地限制知识和技术的广泛传播和利用,并带来相应的社会成本。所以要在实践中合理控制专利的保护性垄断,而限制保护性垄断以使社会成本最小化的主要方式就是设置合理的专利保护期限。

关于专利期限的最早研究思想可见于诺德豪斯(1969),他解释了为什么专利或者其他知识产权应该是一个有限的期限。原因在于存在创新和福利损失的两难问题。随着诺德豪斯的理论研究以及谢勒(1972)对诺德豪斯论文的几何阐释,专利制度的最优期限研究越来越受到重视。诺德豪斯(1969)首先研究了专利制度下企业的最优研发支出。在既定保护期内,当企业从事技术创新的边际收益等于边际成本时,研发成本便是企业的最优研发支出。对政府而言,在确定最优专利保护期时,应该使得延长专利保护带来的边际社会成本等于边际社会收益。同时,他也指出专利期限的增加或缩短,会导致发明的数量相应地增加或减少。当专利期限增加时,两种相反的效应将影响经济福利的水平。一种效应是,一个长的专利期限带来的正效应是增加发明的数量,即在给定的投入水平条件下会增加产出;另一种效应是,一个长的专利期限意味着垄断期限的增加,即会扭曲资源配置,导致社会福利的损失。因此最优专利期限就是这两种效应在边际上的平衡点,也就是最优专利期限的条件是社会福利(消费者剩余与生产者剩余之和减去成本)的最大化。基于此分析,诺德豪斯构建了社会福利最大化的最优专利期限模型,其约束条件是企业从事研发活动时的利润最大化原则。同时诺德豪斯认为,社会最优的专利保护期不会是无限长的,因为随着保护期的延长,虽然研发投入会增加,但取得的技术创新在降低生产成本方面却呈现出边际报酬递减的趋势,并且损失的消费者福利越来越大,社会总福利越来越少。但是另一方面,如果专利保护期过短,专利制度对企业的激励就会失效。因此诺德豪斯模型得出一个重要结论:差别性的专利保护期更能增进社会福利,相应地,得到的政策建议是需要建立起强制实施的弹性制度。

一般认为,授予专利权利独占使用的期限应当能使厂商得到足够的回报,然后进入公共领域,这样才能达到个人利益和社会利益的平衡。如果授予发明者独占的期限过长,则由垄断和独占造成的损失会超过授予发明者专利权所能实现的社会收益,从而构成了社会成本。其中包括:第一,其他研究者投入的成本;第二,其他使用者购买使用权所支付的成本;第三,产品的垄断价格给消费者带来的成本。下面结合图 3-4 分析专利期限的决定问题。

如图 3-4 所示,横轴表示专利的期限,纵轴表示发明的成本和收益。发明者享有独占权的边际社会成本可以用向上倾斜的曲线表示,因为独占或是垄断的时间越长,导致的损失越大,所以专利权的社会成本是随着专利有效期限的增加而增加的。发明者享有专利权的社会收益可以用向下方倾斜的曲线来表示,因为尽管专利的有效期限增加可以激励发明人的研发积极性,从而增加发明的数量,但却是以递增的速度在增加的。在边际社会收益高于边际社会成本的地方如 A 点,专利的有效期应该趋于增加;在边际社会收益低于边际社会成本的地方如 B 点,专利的有效期应该趋于减少;最优的有效期应该在边际社会收益和边际社会成本相等的地方即 C 点达到。

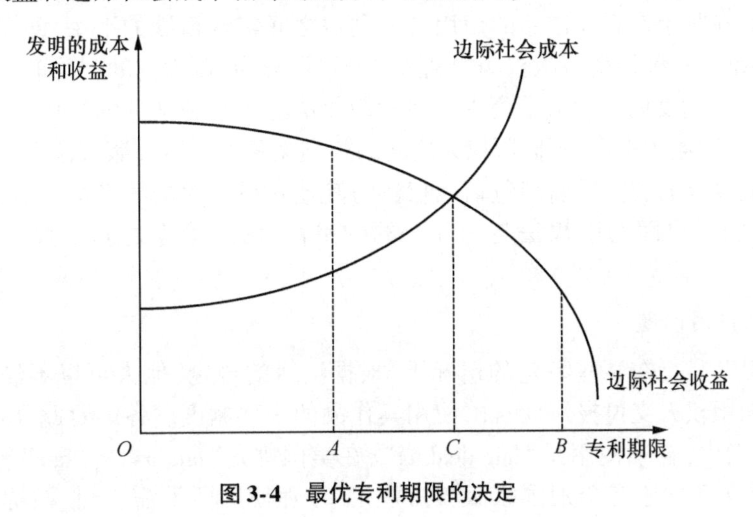

图 3-4　最优专利期限的决定

以上是关于专利期限的最为基本的模型分析。在专利经济学的研究中,有众多的学者对专利期限问题展开了广泛的研究,如吉尔伯特和夏皮罗(1990)等经济学家就结合专利宽度来探讨专利保护期限问题,此后也有不少学者将研究置于累积创新的框架下进行,也有学者结合不同的产业进行研究,都得出了有借鉴意义的结论。

二、版权制度的经济学分析

"版权"一词的英文"copyright"来源于拉丁文"copia",意为内容很丰富或为了形成丰富的内容。现在定义为由国家立法机关授予的一系列法律特权,其中包括复制权、筹备衍生作品权、发行被保护作品权以及展示或表演被保护作品权等。[①] 有些国家称其为著作权或作者权,我国的《著作权法》将"著作权"和"版权"规定为同义语。英美法系的版权制度始于 1710 年英国国会通过并颁布的世界上第一部版权法——《安娜女王法》[②],对文学作品的作者授予了一种所有权利益,"以鼓励……有学识者创作和写作有用的作品"。颁布该法的主要目的是防止印刷者不经作者同意就擅自印刷、翻印或出版作者的作品,以鼓励有学问、有知识的人编辑或写作有益的作品。此后,版权法经历了印刷技术、广播电视(又称模拟技术)和数字技术的三次重大飞跃。版权保护也扩展到其他各种形式所表现的创造性作品和行为中,将舞蹈、绘画、建筑、制陶、摄影、动画、唱片、磁盘等文化作品和活动,以及卫星广播、电视、电脑程序软件、集成电路布图设计等数字作品和

① 〔美〕彼得·纽曼:《新帕尔格雷夫法经济学大辞典》(第一卷),许明月等译,法律出版社 2003 年版,"copyright"词条。

② 也有的文献译为《安妮女王法》。

行为都纳入了版权保护的范畴中。

从经济学的角度看,版权实际上是一种较弱的财产权利保护边界。而此种较弱的权利保护边界恰好给予了软件以适宜的保护,有效地防止了过度垄断保护带来的效率损失和不保护时盗版带来的损失。软件版权保护的效率性就在于版权制度能够找到经济学意义上的均衡,解决两难困境的问题。版权制度以促进学习、留存公有领域和促进公共接近为目的,在赋予作者和作品的使用者的利益之间实现精妙的平衡,即在垄断和分享之间创设并维持一种均衡。版权法的利益平衡可以分为“制度内的利益平衡”和“制度外的利益平衡”。制度内的利益平衡主要包括版权法上权利和义务的总体平衡、版权人利益和社会公共利益的平衡、不同版权人之间的权利义务平衡以及版权法本身效率与公平的平衡等;制度外的利益平衡则包括版权法与其他知识产权法的平衡、版权法与竞争法的平衡以及国际层面的版权法与国际公约的平衡、南北国家之间版权法的利益平衡关系。

1. 合理使用问题

合理使用,是指在某些特定的情况下,根据法律的规定,他人可以不经版权人的同意,也不必向版权人支付报酬而自由使用其作品的一项制度。各国对此规定也有差异,在英国著作权中,合理使用是“fair dealing”,在美国则是“fair use”,“fair”有着“合理”、“公平”双重含义。还有个别国家版权法规定,合理使用而不需支付,被称为自由使用“free use”。《伯尔尼公约》以及各国的版权法,都对版权作出了一种普遍限制,就是规定“合理使用”的范围。这是因为,从版权是私权的角度出发,法律对其的保护就应当是完整的,但从版权的产生具有继承性出发,同时为了促进整个社会的文化进步与繁荣,法律对版权的侵权行为给予一定的例外和限制,即在某些情况下使用他人作品可以不经版权人许可,也可以不付报酬。这是对版权权利最严格的限制。所以从《伯尔尼公约》到《与贸易有关的知识产权协议》,其中的版权权利限制条款,均重点从“合理使用”的角度对各国版权法作了原则性的规定。我国著作权法第四节专门规定为“权利的限制”,其内容也主要是有关版权合理使用的具体条款。

合理使用制度的经济合理性在于,它允许使用者获得确定性的收益,但又没有对版权人构成损害。如果在事前按照财产规则阻止著作使用权的交易,成本太高;如果在事后按照责任规则对版权人给予损害赔偿来解决版权纠纷,在使用者人数众多、每次赔偿的金额很小的时候,运用法律程序要求损害赔偿的成本就显得过高,因此在实践中这种方法也是不可行的。所以,只有在使用著作获得收益超过版权保护的成本时,才适用于合理使用制度。此外,合理使用制度同时也是解决不相容使用(incompatible use)问题的重要途径。对于同一作品,创作者、传播者和使用者所享有的著作权、邻接权与使用者权,往往存在着权利的分配和利用的冲突。创作者要得到创作投入的回报需要凭借出版者、表演者、音像制作者和广播组织的广泛传播,需要依赖社会公众对作品的广泛使用。由此,版权法关于权利的一般配置方式是,创作者享有复制、公演、播放、展览、发行、摄制、演绎等独占使用作品并由此获得报酬的权利;传播者通过自愿交易与法定许可,在付酬的条件下以各种传播方式再现原创作品,并对自己的传播成果享有利益;社会公众作为消费者,可以通过各种途径,有偿或是无偿地获得作品,供个人学习、研究和使用,或是满足文化教育、司法义务、慈善事业等公共利益的需要。合理使用制度存在的价值就是在版权作品中，划分出各个有限的范围，供非版权人无偿地使用，在获益的同时并不损害创作者的利益。

然而在合理使用制度中存有最大争议的问题就是合理使用的限度问题。那么，如何判定使用者对作者作品的引用是属于合理使用而非剽窃或是侵权使用呢？1841 年美国法官约瑟夫·斯托里提出了合理使用三要素，此后美国 1976 年《版权法》形成了国际学者研究时经常引用的判断合理使用的四条标准：(1) 使用作品的目的，即要求使用他人作品的目的必须正当；(2) 被使用作品的性质；(3) 使用作品的程度，即同整个有著作权的作品相比所使用的部分的数量和内容的实质性；(4) 对被使用作品的影响，即对有著作权的潜在市场或价值所产生的影响。[①] 数字化传播技术的发展，使得建立在传统印刷技术基础上的合理使用制度不断受到挑战。人们复制的成本越来越低，质量和效果越来越好，速度也越来越快，而合理使用的既定规则却越来越模糊。版权人无法清楚地知道何人在何时、何地对其作品进行了出于何种目的的复制，他们要主张自己的权利也是越来越困难。总之，如今的合理使用与其说是一种法律问题，不如将其看作一种技术问题，或许现代的版权法需要一种更为合理的制度来解决版权人和社会公众之间的均衡问题。

2. *复制技术变迁与版权制度演进*

版权制度是随着复制技术的多次变迁和发展而逐步产生和完善起来的。复制技术的变化导致了版权市场的原有均衡发生改变，版权制度的相关利益人的均衡关系受到影响，因此必然要求变革现有的版权制度，对版权制度利益均衡进行重新调整，并达到新的均衡。本部分从版权制度利益均衡调整的角度，探讨复制技术变迁对版权制度产生和变革的影响作用。

1710 年《安娜女王法》颁布之前的时期都属于前版权时期。在此阶段的初期，作品大多数是以游唱诗人和演奏艺人即席创作的口头作品为主，因此不能有版权保护的理念，也不存在控制口头文化传播的法律。在这样的传统下，所谓的“复制”就是一种文化繁衍的模式，形成了特殊文化的再生产。到了该阶段后期，随着印刷术的出现，复制技术得到了前所未有的发展，发明使得复制变得更为容易。无论东西方的知识产权法学者，都无一例外地认为版权是随着印刷术的采用而出现的。[②] 出版商们由此得到了政府颁发的特许令，这实质上是一种政府审查的方式，也是一种封建特许权，并不是法律意义上的财产权，但这毕竟是版权制度的萌芽。通过政府审查，一方面政府对作品所表现的思想和言论可以进行控制，另一方面出版商通过许可证制度得到了出版特权。从 1710 年的《安娜女王法》到 1886 年的《伯尔尼公约》，属于传统版权制度时期，复制和传播技术在该阶段得到长足发展，复制导致的不再是个别赝品的出现，而是大规模、大批量的可以乱真的复制品的发行和销售，此阶段的盗版者都有了很多的获利空间。盗版现象的发生，也促使人们认识到法律对于保护无形财产权的必要性，由此版权法才有了形成的必要。传统的版权制度没有了前版权制度时期的审查功能，但承认作者对于智力作品的私人权

---

① 吴汉东：《著作权合理使用制度研究》，中国政法大学出版社 1996 年版，第 194—221 页。

② 郑成思：《版权法》，中国人民大学出版社 1990 年版，第 2 页。

利,同时阻止盗版。第一次技术变迁的发生,使得技术作为一种重要的生产要素进入流通市场,而技术成为商品的前提条件就是要有特定的产权主体和明晰界定的产权边界。因此可见,版权制度的出现实质上是对复制技术变迁所提出的"制度需求"的一种回应。

从19世纪末期到20世纪70年代,也即《伯尔尼公约》从缔结到历次修订完善再到最后一次修订的时期,被称为全球化版权制度时期。平版印刷术、摄影术、胶片和声录技术以及平版胶印等复制技术都对传统的"复制"提出了挑战。文化商品的大量传播形成了全新的文化产业,同时也使作者的公众名声得到了大幅度的提升。因此,作者们纷纷要求对自己的经济权利和人身权利进行主张。版权也不得不在新媒体中得到不断的扩张,先后将对电影、广播和录像等新的传播方式纳入保护的内容中。而大规模的跨国界和跨州界的盗版侵权行为使得人们开始考虑版权全球化保护的问题。总之,在这个阶段,版权保护体现的国际化程度越来越高。第二次复制技术变迁不是发生在一个国家之内的某一单方面突破,而是在发达资本主义国家的各个技术领域内同时实现突破。由于技术创新活动本身实现了国界上的突破,必然要求技术的传播和应用也要在全球范围内发生。因此,各国经济竞争所引发的对技术创新的需求,客观上促进了版权制度的国际化趋势。

从20世纪70年代到现在的现代版权制度,主要受到数字技术(包括通信技术、微电子技术和计算机技术)革新的冲击。版权人深感传统的版权法无法保护他们的权利,因此强烈要求修改版权法,同时各国和世界贸易组织以及欧盟都行动起来,纷纷调整各国法律以适应新技术的发展,保护版权人利益,更重要的是保持各国在技术方面的领先优势。可见,版权尽管处于不断的修订当中,但仍然落后于技术进步的步伐,因此版权法的适应能力正在接受越来越频繁的挑战。

从印刷技术到模拟技术和数字技术,在版权历史中所出现的所有技术进步都经历了从低级到高级的发展过程,都促进了人们对复制品的获得,也影响到相关版权利益人的权利的效力范围和各方利益人的利益均衡,因此一国就会修订其版权法来适应现实的需要。所以,面对不断进步的技术,我们所要做的是修改制度来适应技术,而不是一味地阻止和抵制技术的变迁。

三、商标制度的经济学分析

商标,英文为"trademark"或"brand",通常也称为"牌子",是用以将某一企业所生成的某一商品或服务与其他企业的商品或服务区别开来的一种文字、符号或者是其他标记,如"百事可乐"、"康佳"、"张小泉"等。商标是区别于专利和版权的一种知识财产形式,从某种角度看,它是反不正当竞争法的组成部分,因此更接近于侵权法的范畴。

商标的起源可以追溯到原始社会时期。据考证,在公元前三千多年的古埃及,人们就在斧头、标枪和匕首等物品上使用标记。此后,随着商品经济的发展,标记和符号开始广泛地应用在商业用途上。尤其是13世纪欧洲的行会盛行,每个行业的行业协会组织要求某一行业的从业人员必须在商品上签注自己的标记,以便于对产品质量进行监督,同时也为了保持行会对外的垄断。到了16世纪,商标已经在经济生活中被大量地使用,但是早期的商标都是通过侵权法和刑法来保护的。商标权作为一种私有财产权受到法律的承认和保护，并进而发展成为专门的法律保护制度，始于资本主义时期。资本主义国家从私有财产神圣不可侵犯的原则出发，在19世纪50年代先后制定了一系列专门法律，将商标权纳入工业产权的保护范畴。自此，现代意义上的商标制度开始出现，一般认为法国于1857年制定的《关于以使用原则和不审查原则为内容的制造标记和商标的法律》是世界上第一部具有现代意义的商标法。

1. 商标权的经济效用

商标对于以其作为品牌的企业而言，价值在于通过商标所传达或是体现的有关该企业品牌品质的信息，节约消费者的搜寻成本。当消费者对某品牌的商品有过消费体验并想再次购买或是经人推荐想要购买该品牌的时候，消费者就不需要通过阅读产品包装上的印刷物来确定他对产品的理解，而只需要通过确认相关的商标来购买相应的品牌，这样可以以低很多的成本来找到该商品，这就是所谓的降低搜寻成本的效用。

但是，商标降低搜寻成本的效用的发挥需要几个条件。其一，要求使用商标的厂商必须在长期内维持产品的稳定性。商标之所以有价值，是因为它们象征着持续稳定的品质，并且只有在企业有能力维持持续稳定的品质的时候，企业才会投入资源以开发强势的商标。当一个品牌的品质不能继续维持稳定时，消费者就不能够将该商标所代表的商品与以往的消费经验相关联，则商标就不能降低消费者的搜寻成本。其二，商标需要一种自我执行的过程，也即一个企业在开发和维持一个强势商标方面必须不断进行投资。因为该商标的品质声誉以及商标价值，都依赖于企业在产品质量、服务和广告等方面的投入。其三，商标要想能够降低消费者的搜寻成本，必须是以法律保护为前提的，因为仿制他人商标的成本是很小的，在没有法律保障的情况下，越是著名的商标越容易招致他人的搭便车行为。如果法律不能有效地对搭便车行为进行制止，则该行为可能损害在一个商标上所体现出来的信息资本，而且发生搭便车的可能性将会消除厂商开发有价值商标的激励。

此外，商标不仅在商品市场上体现出降低搜寻成本的效用，而且在语言市场上对语言文学的繁荣也起到一定的作用。当法律能够对商标赋予所需的保护时，厂商就有激励去发明新单词、新用语，设计新图案、新形象。首先，商标能够增加物品名称的词汇量，根据需要制造出新的词汇来满足科技进步的要求。如“柯达”(Kodak)和“埃克森”(Exxon)都属于经过臆造而出现的新单词。其次，激励厂商创造一些从商标转换过来的普通名词。有些名词在出现之处只是特定商品的商标和品牌，但在语言运用过程中逐步演化成为能够指代一类商品的专门名词。如“阿司匹林”(aspirin)、“电梯”(escalator)、“热水瓶”(thermos)以及“干冰”(dry ice)曾经都是作为商标出现的，如今都已经成为共同产品的名称了。最后，商标能够丰富语言的内涵。在商标的开发过程中，一些被创造出来的单词和短语被赋予了一些全新的内涵，成为了人们约定俗成的表达方式。如“劳斯莱斯”(Rolls Royce)尽管是一个商标，但除表示商标之外，还具有语言学上的价值，可以用来表示同类商品中最为豪华的。

2. 商标的续展与保护期限问题

商标权与前面提到的专利权和版权在期限方面存在较大的区别，主要体现在商标实际上并不存在一个固定的存续期间。因为多数的国家都规定,商标在有效期届满之后,可以通过无限的续展来延长商标的保护期限。有关我国内地和香港地区以及美国的商标权、专利权、版权的保护期限对比可以参见表3-4。

表3-4　中国内地、中国香港地区、美国各类知识产权保护期限对照表

	商标权保护期限	专利权保护期限	版权保护期限
中国内地	注册商标的有效期为10年,自核准注册之日起计算;注册商标有效期满,可以申请续展,每次续展注册的有效期为10年。	发明专利权的期限为20年,实用新型专利权和外观设计专利权的期限为10年,均自申请日起计算。	公民作品的发表权和著作财产权的保护期为作者终生及其死亡后50年,截止于作者死亡后第50年的12月31日;法人或其他社会组织的作品,著作权(署名权除外)由法人或其他社会组织享有的职务作品,其发表权、著作财产权的保护期为50年,截止于作品首次发表后第50年的12月31日;电影作品和以类似摄制电影的方法创作的作品、摄影作品,其发表权、著作财产权的保护期为50年,截止于作品首次发表后第50年的12月31日。
中国香港地区	2003年4月生效,和内地相似	标准专利20年,短期专利8年,外观设计5年,可续展4次至25年。	作者终生及其死亡后50年;但用于工业用途的艺术作品为25年,已上市的艺术作品的组合为15年。
美国	和中国相似。	发明专利保护期限为自专利申请提交之日起20年。外观设计专利的保护期限为自专利授予之日起14年。如果想要主张“专利申请待决”状况,又不想承担正式专利申请中所需的费用和文书工作,可以考虑提交一份“临时专利申请”(PPA),以证明PPA文件中描述的发明的日期先于其他提出申请的发明。PPA的有效期为1年。	作者终生及其死亡后50年,1996年起增至70年;法人和团体拥有著作权的保护期限是95年。

给商标权先设置一定的保护期限,在保护期限到期后又允许其通过续展来延长保护,这种制度的安排是具有经济学上的意义的。先设定一个有效的期间,目的在于向商标权人征收保护费用以弥补保护制度的成本,而不在于限制商标使用的期限。此后商标在到期之后通过续展实现永久性的保护,不受时效限制也同样有其原因。首先是因为一个给定的名称作为商标不具有稀缺价值,从而用来推进和维持该名称的资源只会导致一种竞争性回报的产生,而不会像永久性专利导致垄断带来的社会福利损失,也不会像永久性版权导致寻租带来的社会福利损失。其次,商品生产者在停止生产商品之前被禁止使用到期的商标名称,将会给消费者带来额外的搜寻成本,因为体现在该商标上的信息已经消失了。如果规定了商标的有限时效,那么到期后商标无效但商品仍在,商品不得不面临改名换姓的境地,或是可能被其他商品生产者随意使用了原有的商标,这样无论

对商标权人还是对消费者都会造成损失。

第四节　财产法的经济分析理论评析

回顾以上分析，不难发现财产法的法学分析和经济学分析两种视角本身存在十分明显的差异。在法经济学家们运用了产权理论对民法中的财产权利制度进行了分析之后，对世界各国当代市场经济条件下的财产权利法律体系都产生了深远的影响。本节将分别探讨财产法的经济学分析和传统财产法理论的比较以及财产法的经济学分析存在的问题。

一、财产法的经济学分析与传统财产法理论的比较分析

财产法的经济学分析与传统财产法理论的基本差异可以从以下五个方面进行概括。

第一，财产法的经济学分析以产权理论为起点，是一种普遍性的分析，适用于各种形式的财产权利，这对传统的财产法理论所存在的封闭性产生了显著的冲击。产权理论是从外部性角度来理解私人的实质，只要能够消除外部性并确实成为私人利益的财产性权利均可以成为产权。从这个意义上讲，产权是一种普遍性的财产权，产权理论对于有形物、债物和无形财产等都具有相同的理解。这使得财产权贯穿于发达的市场经济之中，成为普遍的法权关系。然而，传统的民法体系主要建立在有形物之上，是围绕着"物"和"所有权"形成的一套抽象的财产权理论体系。尽管后来逐步扩展到了债权领域，但是仍然摆脱不了"物的归属和流通"的理念。传统的民法体系中的基本权利无法涵盖市场经济中重新界定的新型权利形式，尤其是无形财产权更是无法在传统民法理论体系中找到合适的衔接点。但当代产权界定的核心已经超出"有形物"的时代，对"无形财产"的界定成为当代财产权制度的主要功能。因此，从此角度看，财产法的经济学分析比传统的财产法理论更为开放，能够适应新时代财产权理论不断扩展的现实要求。

第二，财产法的经济学分析更为注重探讨财产法问题产生过程中经济因素的作用。法经济学家们认为，法律是人们在进行成本—收益分析之后理性选择的结果，是实现财富最大化的工具。无论是波斯纳、考特和尤伦还是科斯都认为，是人们的经济动机决定了法律的产生、财产法律制度的建立，财产法的内容渗透了"理性人"的经济考虑。法经济学研究的理论基础实际上是经济理性主义，即认为人们在经济生活中总是受到个人利益的动机所驱动，人们在作出一项经济决策的时候总是考虑各种可能的收益和成本，进行抉择权衡和比较，以便为自己带来最大限度的利益。

第三，财产法的经济学分析较为注重经济学中的产权和交易理论的运用，强调契约和交换的思想。在运用法经济学理论分析财产法的研究中较多地使用了新制度经济学派的产权理论和交易成本理论。虽然法经济学中也出现了契约的思想，但与古典自然法学家的社会契约思想仍然存在较大差异。古典自然法学家认为法律应当是公正的、合理的，其研究旨在证明旧的封建时期的法律是不合理的；而法经济学家认为法律应该是有效率的，其研究目的在于验证现存法律的经济逻辑，并对不符合效率原则的法律进行改进和修正。

第四，财产法的经济学分析注重具体的和理性的分析，反对抽象的、超经济的和超历史的分析。财产法的经济学分析认为一切财产都是若干具体权利的组合，财产权的性质体现于有血有肉的财产权的具体形式和结构中，离开了对财产权具体结构的分析，财产权的性质也就难以得到切实的说明。因此财产法的经济学分析是把财产权的具体结构作为其重要的研究对象，从中揭示出主体的各种财产权利结构在市场经济中分化和重组的过程以及财产权形态的转变。而大陆法系民法体系则倾向于对某一财产权进行性质上的归类，或是将不同财产权进行比较，从而在一定程度上忽视了对财产权自身的具体特征的分析。例如，法学界在研究法律起源问题上有多种学说，如奥古斯丁、阿奎纳等人的神意论，认为神意是支配一切的法源；自然法学派的思想家们所谓的理性和正义说认为法出于理性，同公道、正义、公平不可分。

第五，财产法的经济学分析特别注重从经济生活中的问题和现象入手进行分析。法经济学家的理论贴近具体的经济生活现实，所列举的例子虽然多为假想案例，但是能被普遍接受，具有浅显易懂的特点。从科斯所列举的"医生和糖果商"案例、"农夫与养牛人"故事到考特和尤伦所讲述的"污染"问题，都能够深入浅出地引发读者思考，并且能够加深人们对财产法中各类财产权利和财产原则的理解。

二、财产法的经济学分析存在的问题

当然，财产法的经济学分析作为一种分析范式也存在一定的问题。第一，财产法的经济学分析主要是以市场经济为历史背景的，并以市场为主要的资源配置手段。财产法的经济学分析是以产权理论为基础的，而产权理论的提出必须满足一个前提条件，也即产权必须是单纯的经济性质的权利，不能是超越经济性质的特权，只有市场经济才能满足这一要求。产权的这一特点也与民法的财产权制度有一定差别，民法中的财产权制度可以在不同历史阶段有不同的表现形式，而产权则是彻底的市场经济的衍生物。在市场经济出现之前，行政权是与土地所有权结合为一体的，相应地，行政地位高低也与拥有财富的多少相联系，尽管可能已经出现了分工和私有制，但是市场还没有成为配置资源的方式，自然在超经济性的制度运行前提下也无法运用产权去界定每一项权利。即使是通过行政方式界定出的权利，也都有特殊的运行规则，是不能够进入市场进行交易的。第二，财产法的经济学分析受到现有制度的限制而不能完全发挥其理论分析优势。财产法的经济学分析所运用的产权理论，有可能在一定的制度条件下无法进行。以土地制度为例，某些国家法律规定土地为国家或集体所有，排除了私人对土地的所有权；同时又规定土地不得买卖，排除了土地自由交易的可能。但是按照科斯的观点，无论财产权最初的分配如何，只要存在法定权利的自由交易，市场机制就会发生作用，并使权利达到有效率的均衡分配，这也是法经济学推理分析的起点。在没有制度保障私人土地交易的前提下，财产法所认为能够达到的帕累托效率状态也是不能实现的。产权问题涉及很多领域，从国有企业改革到股权分置，再到农业、农村和农民问题及贫富分化、地区发展不平衡等。法经济学本可在相关政策和法规制定方面发挥优势，但碍于一些现有制度的规定，其作用深度和范围受到了较大的制约。

本章总结

1. 财产从狭义上可以理解为资产或是财物,但是在多数情况下可以从广义的角度将其理解为既包括财产又包括财产权的集合体。一切以财产(包括有体物、无体物、有价证券)为客体的法,或调整一切财产关系的法都可以称为财产法。

2. 科斯定理认为倘若交易费用为零,无论初始的财产如何界定,都不会影响资源配置的结果。科斯第二定理认为倘若交易费用不为零,则不同的财产界定将导致不同的资源配置结果。

3. 规范的科斯定理可以描述为:所构建的合理的法律制度,应该是能消除或减少私人协议的障碍,从而能使得交易成本最小化。规范的霍布斯定理可以表述为:在法律上应该构建一种权利安排,以使私人协议失败造成的损害最小化。

4. 如果对产权的侵犯是一种"私害",也即只对极少数人造成损害,应该选择禁令这种衡平赔偿;如果对产权的侵犯是一种"公害",也即会对许多人造成损害,则应该选择损失赔偿或货币赔偿这种法律赔偿。

5. 垄断和公开是专利的两大基本特征。从这两个方面可以看出专利制度所具有的社会效用,也能解释专利制度存在的经济学原因。要在实践中合理控制专利的保护性垄断,而限制保护性垄断以使社会成本最小化的主要方式就是设置合理的专利保护期限。

6. 版权制度以促进学习、留存公有领域和促进公共接近为目的,在赋予作者和作品的使用者的利益之间实现精妙的平衡,即在垄断和分享之间创设并维持一种均衡。

7. 商标对于以其作为品牌的企业而言,价值在于通过商标所传达或是体现的有关该企业品牌品质的信息,节约了消费者的搜寻成本。

思考题

1. 试比较财产法增进效率的两种途径。
2. 试论述财产规则和责任的含义以及使用规范和原则。
3. 政府占用私人财产必须符合哪些条件?
4. 试比较无形财产权与知识产权的异同点。
5. 合理使用的判断标准是什么?
6. 请解释商标权为何与专利权和版权的有限期限有所不同。

阅读文献

1. Benjamin E. Hermalin, Avery W. Katz, and Richard Craswell, The Law & Economics of Contracts, *Handbook of Law & Economics*, June 5, 2006.

2. Werner Z. Hirsch, Law and Economics: An Introductory Analysis (3rd ed.), Academic Press, 1999.

3. 〔美〕杰弗里·L. 哈里森:《法与经济学》(第二版)(影印本),法律出版社 2004

年版。

4. 〔美〕大卫·D. 弗里德曼:《经济学语境下的法律规则》,杨欣欣译,法律出版社 2004 年版。

5. 〔美〕莫顿·J. 霍维茨:《美国法的变迁》,谢鸿飞译,中国政法大学出版社 2004 年版。

6. 〔美〕彼得·纽曼:《新帕尔格雷夫法经济学大辞典》,许明月等译,法律出版社 2003 年版。

7. 〔美〕唐纳德·A. 威特曼:《法律经济学文献精选》,苏力等译,法律出版社 2006 年版。

8. 〔美〕理查德·A. 爱波斯坦:《简约法律的力量》,刘星译,中国政法大学出版社 2004 年版。

9. 〔美〕理查德·A. 波斯纳:《法律的经济分析》,蒋兆康译,中国大百科全书出版社 1997 年版。

10. 〔英〕约翰·伊特韦尔等:《新帕尔格雷夫经济学大辞典》,经济科学出版社 1996 年版。

11. 高德步:《产权与增长:论法律制度的效率》,中国人民大学出版社 1999 年版。

12. 彭汉英:《财产法的经济分析》,中国人民大学出版社 2000 年版。

13. 钱弘道:《经济分析法学》,法律出版社 2005 年版。

14. 曲振涛:《法经济学》,中国发展出版社 2005 年版。

15. 魏建、黄立君、李振宇:《法经济学:基础与比较》,人民出版社 2004 年版。

16. 吴汉东、胡开忠:《无形财产权制度研究》,法律出版社 2001 年版。

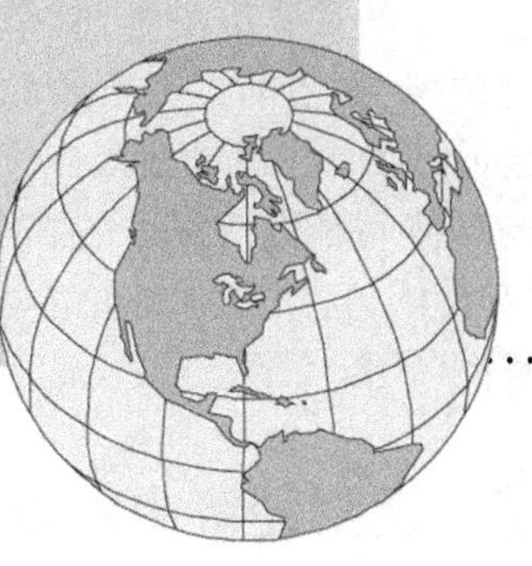

第四章

财产法经济分析专题

国家的收入是每个公民所付出的自己财产的一部分，以确保他所余财产的安全或快乐地享用这些财产。

——〔法〕孟德斯鸠

【本章概要】

本章内容主要涉及我国法律实践中有关财产法的具体问题。首先，我们将阐述中国转型经济背景下的财产法问题研究，并分析大陆法系与英美法系财产法研究的区别。在接下来的专题分析中，将借助具体的案例来考察我国当前法律环境和社会背景下的几个特殊的财产法问题，分别是"小产权房问题"、"山寨现象"和"遗失物拾得人权利问题"。通过这三个附有具体案例的专题研究，希望能在微观层面上引导读者对财产法中的具体问题进行深入思考。

【学习目标】

1. 掌握我国关于财产权的法律法规。
2. 了解我国关于小产权房问题的法律规定。
3. 了解我国山寨现象问题的相关分析。
4. 了解我国关于遗失物拾得人权利的法律规定。

中国正处于经济与社会加速转型的重要历史时期,全面实施依法治国方略,建立与国际通行规则相衔接的基本制度框架,是当前最为重要的任务。在此特殊形势之下,中国的财产法经济学研究任重而道远。因此本章通过对三个具体案例的专题研究,希望能从微观层面引导读者对财产法的具体问题进行深入的思考。在已有的国内外理论前沿成果的基础上,选择恰当的理论与方法,直面中国现实的财产法问题,探求规范与实证相结合、理论与实践相和谐的法经济学研究之路。

第一节 转型经济中的财产法

按照大陆法系民法理论,规范和调整财产关系的法律为财产法,财产法分为物权法和债权法两大部分。物权法是调整静态状态下财产关系和规范财产归属关系的法律,比如有关所有权以及具有占有、使用、收益权利的财产形态的法律;债权法是调整动态状态下财产关系和规范财产流转关系的法律,比如有关契约、担保、继承等财产转移,或被设定负担的形态及其过程的法律。我国所进行的经济体制改革是从发展市场交易开始的,因此比较重视规范财产流转关系的法律。现行民事立法体系中,规范市场交易关系的法律法规相对比较成熟和完善,而规范财产归属关系的法律显得相对薄弱和滞后。主要的法律法规有:(1) 民法通则。在中国现行法律体系中居于民事基本法地位的法律是1986年4月12日公布的《中华人民共和国民法通则》,包括九章156条,其中第五章民事权利中的第一节财产所有权和与财产所有权有关的财产权、第二节债权、第三节知识产权、第四节人身权,都对我国的财产法律关系进行了规定和调整。(2) 民事特别法。包括1995年6月30日公布的《中华人民共和国担保法》以及《最高人民法院关于适用〈中华人民共和国担保法〉若干问题的解释》;1992年11月7日公布的《中华人民共和国海商法》中有关船舶优先权、抵押权的规定;1995年10月30日公布的《中华人民共和国民用航空法》;1995年6月30日公布、2002年10月28日修订的《中华人民共和国保险法》关于财产保险的规定等。(3) 财产管理法。属于行政法律性质,但其中往往有关于物权的规则。包括1986年6月25日通过、1998年8月29日修订的《中华人民共和国土地管理法》及其实施条例;1994年7月5日公布的《中华人民共和国城市房地产管理法》。(4) 行政法规。根据中国的立法体制,国务院有行政立法权。由国务院指定的法律文件,统称行政法规。有关物权的行政法规主要有:1983年12月17日国务院发布的《城市私有房屋管理条例》;1990年5月19日国务院发布的《城镇国有土地使用权出让和转让暂行条例》,包括八章:第一章总则,第二章土地使用权出让,第三章土地使用权转让,第四章土地使用权出租,第五章土地使用权抵押,第六章土地使用权终止,第七章划拨土地使用权,第八章附则;1991年1月4日发布的《中华人民共和国土地管理法实施条例》,主要是其中第二章关于土地所有权和使用权的规定。(5) 行政规章。国务院所属部、委发布的规范性文件,称为行政规章,不具有立法的性质。但在现行法律体制下,行政规章在不与法律和行政法规抵触的前提下,有相当于行政法规的效力。有关物权的行政规章有:1983年6月4日城乡建设环境保护部发布的《城镇个人建造住宅管理办法》;1987年4月21日城乡建设环境保护部发布的《城镇房屋所有权登记暂行办法》;1989年11月21日建设部发布的《城市异产毗连房屋管理规定》;1990 年 12 月 31 日建设部发布的《城市房屋产权产籍管理暂行办法》;1992 年 3 月 8 日国家土地管理局发布的《划拨土地使用权管理暂行办法》。

上述的法律法规制定于经济体制转轨时期,难免会受计划经济体制的局限,存在诸多的缺陷。而且,除民法通则、担保法等由全国人大常委会法制工作委员会组织起草外,多数法律法规均由国务院所属部委负责起草。中国原有民法理论是在20 世纪50 年代继受苏联民法理论的基础上形成的,大体符合改革开放前单一的公有制形式和计划经济体制,而不符合市场经济的要求。按照中国政府确定的建设法治国家的目标,要在 2010 年前建成一个与发展市场经济和建设法治国家相适应的完善的法律体系,于是全国人大常委会法制工作委员会民法室开始着手起草物权法。按照工作安排,2000 年拟出《物权法草稿》。2001 年决定起草民法典,遂将物权法纳为其中的一编。2002 年 12 月,《中华人民共和国民法(草案)》提请第九届全国人大常委会第三十一次会议审议,其第二编为物权法。2003 年第十届全国人民代表大会后,没有再直接继续《中华人民共和国民法(草案)》的立法进程,而是先制定《中华人民共和国物权法》。2004 年 10 月,《中华人民共和国物权法(草案)》提请第十届全国人大常委会第十二次会议再次审议。2005 年 6 月,《中华人民共和国物权法(草案)》提请第十届全国人大常委会第十六次会议第三次审议。2005 年 7 月 8 日,全国人大常委会办公厅公布了《中华人民共和国物权法(草案)》,公开征求意见。2005 年 10 月,《中华人民共和国物权法(草案)》提请第十届全国人大常委会第十八次会议第四次审议。2006 年 8 月,第十届全国人大常委会第二十三次会议第五次审议了《中华人民共和国物权法(草案)》。2006 年 10 月,第十届全国人大常委会第二十四次会议第六次审议了《中华人民共和国物权法(草案)》。2006 年 12 月,第十届全国人大常委会第二十五次会议第七次审议了《中华人民共和国物权法(草案)》,并定将这部草案提请第十届全国人民代表大会第四次会议审议。全国人大常委会七次审议一部法律草案,创出立法之最。2007 年 3 月 16 日,第十届全国人民代表大会第五次会议通过了《中华人民共和国物权法》。该法约 22 000 字,分为总则、所有权、用益物权、担保物权、占有共五编十九章 247 条,并于 2007 年 10 月 1 日起开始实行。物权法的制定,对于保障国家、集体和公民、法人对财产的占有和支配,巩固我国公有制为主体、多种所有制经济共同发展的基本经济制度,促进社会主义市场经济的发展,都具有重要意义。随着物权法的颁布以及中国法律法规的不断完善,于 1983 年 5 月 25 日国务院批准,1983 年 6 月 4 日城乡建设环境保护部公布的《城镇个人建造住宅管理办法》,已被 1997 年 11 月 1 日中华人民共和国主席令第 91 号公布的《中华人民共和国建筑法》、2004 年 8 月 28 日中华人民共和国主席令第 28 号公布的《中华人民共和国土地管理法》、2007 年 3 月 16 日中华人民共和国主席令第 62 号公布的《中华人民共和国物权法》、2007 年 8 月 30 日中华人民共和国主席令第 72 号公布的《中华人民共和国城市房地产管理法》、2007 年 10 月 28 日中华人民共和国主席令第 74 号公布的《中华人民共和国城乡规划法》代替,因此被予以废止。于 1983 年 12 月 17 日国务院公布的《城市私有房屋管理条例》,已被 2007 年 3 月 16 日中华人民共和国主席令第62 号公布的《中华人民共和国物权法》、2007 年8 月30 日中华人民共和国主席令第 72 号公布的《中华人民共和国城市房地产管理法》、2001 年

6月13日中华人民共和国国务院令第305号公布的《城市房屋拆迁管理条例》代替，因此也被予以废止。

在国内的法学界，以王利明教授为代表的部分学者们，都赞成和采纳“物权法”；以郑成思教授为代表的部分学者们，则倡导采用“财产法”之名称代替“物权法”。然而，无论是在大陆法系国家还是在英美法系国家，都不存在将各种不同形式的财产融为一体，由一部法律统揽起来的先例。例如，在大陆法系国家，关于有形财产，主要由民法物权加以规定；关于股权、股票，则由公司法规定；关于专利、商标、著作，则分别制定单行法加以规定；关于商号，则纳入商法或由民法加以规范。即使是意大利民法典采用民商合一制把公司法等商法纳入民法典，或是荷兰民法典把智力成果权纳入民法典，也都不能做到将所有财产形式都融入一部法律。在英美法系国家，私法的渊源主要是判例，涉及股权、专利、商标、著作等多以单行法规范，更不存在一部包容各种形式的财产法。因此，就我国当前立法现状而言，关于知识产权已有三部法律分别规范专利权、商标权和著作权，关于股权、股票则由公司法和证券法规范，但在有形财产的立法方面相对来说仍然不是十分成熟，所以我国当前的立法主要应该是以有形财产的立法问题为重点来完善我国的民商法。

第二节　产权界定：小产权房

“小产权房”目前已成为社会的热点问题，其折射的社会矛盾和利益冲突是制度性的和深层次的，其作为一种新生事物，有它合理存在的原因。二元土地所有制是产生“小产权房”问题的制度根源。对于小产权房问题，国外的经验就是明晰产权，然而中国农地产权配置与土地私有化国家大不相同，这使得国外对农地市场经验研究的结论很难直接应用于国内。小产权房的特殊性归根结底是集体使用权和国家终极所有权的分离，也是我国城乡二元土地所有制度的划分和集体土地上市流转机制的缺位问题的现实反映。

≺案例4-1≻

江西法院判决首例“小产权房案”买卖合同无效[①]

这是一起因买卖“小产权房”而发生法律纠纷的典型案例。2010年9月27日，南昌市中院公布一起农房买卖纠纷案。法院确认农房买卖合同无效，但判决卖主赔偿买主60余万元经济损失。2010年10月8日，南昌市西湖区法院负责人称，这是江西省法院系统审结的首例农房买卖纠纷案。

据了解，引发争议的这栋房子位于西湖区桃花镇群力新村27号，所有人是陈某夫妇，面积达253平方米，是一栋农房。1995年3月，陈某夫妻以该房作抵押，在洪都典当行借款。1999年11月，由于无力归还典当行的借款，在南昌市公证处的公证下，这栋房

① 案例来源：《江西首例农房买卖纠纷案宣判》，载《江西日报》，2010年9月29日。

子的所有权被燕女士竞拍获得，价格为9万元。由于是农村住宅，而燕女士又非村民，所以一直无法办理房产证和土地使用权过户手续。燕女士购买房屋后进行了简单装修，主要用于自住和出租。2007年11月，陈某夫妇向西湖区法院提起诉讼，请求收回房屋，并表示愿意承担协议中的违约责任。2008年11月，西湖区法院认为农房买卖违反法律禁止性规定，判决双方合同无效，陈某夫妇返还燕女士购房款及维修费9万元，后者将房屋返还。

2008年年底，燕女士依据法院认定导致合同无效、陈某夫妇负有主要责任为由，向法院起诉，理由是陈某夫妇对房屋买卖协议单方面终止，要求赔偿经济损失80万元。西湖区法院和南昌市中院审理认为，原、被告于1999年11月签订的《房屋买卖合同》被依法确认无效后，自合同签订之日起，该合同对当事人就不具有法律约束力，并且"导致合同无效，订立合同的双方均有过错责任"。

虽然陈某夫妇是在无力偿还借款的情况下出卖房屋，但其应当知道农房不能出卖。此外，陈某夫妇在房屋出售9年后，以买卖房屋违反法律为由主张合同无效，有悖诚信原则，故应承担主要责任。燕女士在购房前未严格验证对方房屋产权，盲目购买亦负有次要责任。

法院认为，由于此案时间跨度较长，根据当地市场行情，存在升值价值，应按安置房折价处理。根据行情，目前当地安置房市场价为每平方米3 500—4 000元，就按每平方米3 500元计算，本案中的房屋为混砖结构，故升值部分约78万元。对房屋升值部分，根据双方过错责任，按照比例进行赔偿或分割，燕女士获赔62万元。日前，南昌市中院依照相关法律规定，判决陈某夫妇赔偿燕女士经济损失62万元，此判决为终审判决。

审理此案的法官表示，江西省没有一个宅基地房或小产权房项目补办到"两证"的，没有一户农民宅基地房出让办到合法手续，也同样没有一家集体土地建商品房办到土地证和产权证。按照相关法规，我国目前不允许在集体土地上进行房地产开发，农民住宅不得向城市居民出售，也不得批准城市居民占用农民集体土地建住宅，市场上的"小产权房"都没有经过用地审批，未经过土地市场，国土部门从来没有承认其合法性。

小产权房是指在农村集体土地上违法或违规修建的，没有获得县级及以上国土和房屋产权管理部门发放的具有法律效力的国有土地使用权证和房屋所有权证的房屋和其他建筑物。小产权房是一种特殊的部分产权房或是不完全产权房。部分产权房是和完全产权房相对而言的。完全产权房是指购房者拥有住房等建筑物的所有权和国有土地使用权，可以对所拥有的房屋行使占有、使用、收益、处置等权利。部分产权房的产权一般归单位和个人共有，购房人可以行使房屋的占有权、使用权，其部分可以继承和对内（单位内）出售，但是不拥有终极的收益权和处置权，尤其是处置权受到合约的限制。两类产权房最重要的区别是部分产权房的购房者不能单独享有与该房屋产权相组合的国有土地使用权。小产权房是一种特殊的部分产权房，其不能在法律上行使对国有土地的使用权和房屋的所有权，只能在经济上行使对房屋的狭义所有权和使用权。从使用价值上说，这种集体土地与国有土地完全相同，而它的国家所有权规定其不得流转上市。现

在的法律规定,小产权房的流转只有通过将小产权房依法卖给国家,再由国家进行房屋买卖,才是合法的。

小产权房出现的原因主要来自于以下三个方面。一是,居民购房的需求大与房屋价格的飞速增长。由于人口的不断增长,土地资源渐渐稀缺。国家为了保证粮食的安全,严格控制土地的征收。土地资源供应与日益增多的城市人口对于房屋的需求严重失调.在供需不平衡的情况下,土地价格的上升是土地资源缺乏的必然结果,相应地政府收的房地产商的土地出让金也会高涨,"地王"在这种情况下也就应运而生了。成本的提高,不得不使房地产商增加商品房的价格,相对于城市昂贵的大产权房,中下等收入水平的居民为解决住房问题,更偏重于物美价廉的小产权房,因为小产权房开发商不用缴纳土地出让金,这样必然造成成本降低,而且获得农村集体土地比获得城市土地容易,这样一举两得,开发商和城市中下等收入水平的人在表面上看都很受益。二是,我国固有的城乡二元土地制度。由于我国特殊的历史发展原因,土地被划分为两种类型,即国有土地和集体所有土地。这两类土地在运用上各有分工,国家针对的是城市的土地,集体针对的是城市郊区和农村所有的土地。根据《中华人民共和国土地管理法》第63条和《中华人民共和国城市房地产管理法》第6条规定,房地产开发只能针对国家所有的土地,农村集体所有的土地要想改变以前的用途,进行开发建设,只有通过国家相关部门的合法补偿征收后,先由集体土地变为国家所有的土地,然后才能公开出让给有资格的房地产商进行开发建设。小产权房当前要解决的最根本问题是在集体所有的土地上建设的房屋可不可以进行市场交易。其实在其中隐藏着农民追寻最大利益的问题。国家在征收集体所有的土地时,是按照土地的用途进行补偿的,农民手中少量的征地补偿费与政府获得的天价土地出让金相比,农民显然处于不利地位,农民在将自己手中所拥有的土地进行出让或自行进行房地产开发所获利润与政府征收后给的补偿费之间充分权衡后,在既得利益的驱使下,农民的选择便可想而知了,小产权房如雨后春笋般应运而生。三是,城市化的趋势增强,农村土地闲置。现在生活节奏加快,城市化的趋势增强,城市近郊的农民因为子女上学,进城务工,收入增长,想要有更好的生活移居城市,于是近郊的部分宅基地就为小产权房提供了生长空间。而对于城市居民来讲,远离城市的喧嚣,隐居第二线,仿佛无论是在经济承受力还是在环境承受力上看都是上等的选择。于是,小产权房就像一种流行趋势一样,引起了居民的高度重视。

小产权房制度困境的实质是已经在现实中实行的经济意义上的产权能不能得到国家意志的认可,变为法律意义上的产权。这主要源于城乡二元的土地产权制度。在现行城乡二元土地产权制度下,城市的土地归国家所有,要在城市里建房,必须取得国有土地使用权证;而农村的土地归农民集体所有,农民可以在经过审批的宅基地上建设房屋,村集体可以利用集体建设用地建造房屋用于集体事业或者集体企业等,在农民集体所有的土地上建造的房屋不能卖给城镇人口等。在这样的土地制度背景下,农村的土地只有被国家征收后才能以国有土地的身份进入一级土地市场进行交易,国家独家垄断了土地一级市场的供给。国家独家垄断土地供给的目的,一是获得可观的土地出让金收入,用剥夺农民权益的办法来支持城市发展;二是防止在多元土地供给主体下,出现侵占耕地资源等情况。但是在这种城乡二元土地产权制度下,农民的权利被剥夺了,农村的发展没有了资金支持,耕地的最大破坏者可能不是农民和农民集体,而是大规模征地的地方政府。

城乡二元土地产权制度导致在城市国有土地和农村集体所有制性质的土地之间出现了"同地不同价"和"同地不同权"的问题。在城乡二元土地产权制度背景下,小产权房在需求力量和供给力量的作用下如雨后春笋般发展起来。但是,小产权房不能获得法律制度的认可,只能实现经济意义上的产权。在这样的制度困境下,打破城乡二元土地产权制度,实现"同地同价"和"同地同权",就可以从制度层面解决小产权房问题。不过,这一过程是不同利益主体博弈的过程。在我国的城市中,房屋产权采用了"土地使用权＋建筑物所有权"的组合性产权,其特点是两者的主体是一致的,处置时需要共同出让这两种权利。当然,依据现行法律规定,"附着"城市土地使用权的土地必须是国有性质的。小产权房不被法律承认的根本原因就是物理上承载小产权房的土地是非国有性质的。土地所有权性质的差别导致了土地之上的房屋所有权没有被法律承认。在现实中,物理上承载小产权房的土地是农村集体所有制性质的,在此基础上建立的房屋产权仅仅得到小范围的承认,如土地使用权和房屋所有权仅仅得到了乡镇基层政府、农民集体和农民的承认,这构成了经济意义上的产权。但是,如果经济意义上的产权不能得到法律的承认,在现实的交易、继承、处置等过程中会产生很多的不确定性。从某种意义上来说,小产权房的产权仅仅是一种或然性权利,不会受到法律明确的保护。小产权房能够在经济契约范围内得到承认仅仅是由于交易双方的承诺,且这种承诺得到了该范围其他行为主体的尊重。当这种承诺与国家意志发生冲突后,这种具有私人性质的承诺就不会得到国家法律的保护。经济意义上的产权得不到国家法律的明确界定就会成为或然性权利,充满了各种交易风险。小产权房的产权仅仅是经济意义上的产权,而非法律意义上的产权。所以小产权房问题的本质就是产权制度问题。

在西方产权理论中,一些学者(如 Demsetz,1967)将产权理解为界定人们受益或受损以及形成合理交易预期的社会工具。即产权仅仅是一种社会性工具,帮助人们达成一些现实的目的。从这个意义上来说,房屋的产权就是界定购房者受益或受损的社会性工具,它可以帮助购房者实现合理的房屋交易和处置的收益预期。不过,小产权房虽然在经济契约范围内界定了房屋的产权,但是却不能形成具有法律保障的交易预期,为什么呢?其实西方经济学的产权理论更多关注了产权的运行层面,而对产权的本质没有进行更深入的挖掘。这一难题被马克思成功解决了。马克思认为产权(财产权)是"一定所有制关系所特有的法的观念"。其含义的本质是产权只有得到上层建筑,即法律的肯定才具有现实意义。完全产权房的产权是得到国家法律认可的,而小产权房的产权则没有得到国家法律的认可,所以小产权房的产权仅仅是或然性的权利。当然,或然性的权利的价值肯定会比完全性的权利的价值要低,这就可以部分解释为什么同一地段的小产权房的价格比商品房价格低很多了。现代产权和财产权理论发展具有了新的趋势。随着经济社会的发展,无论是大陆法系的民法还是英美法系的财产法都发生了转向:注重"物的利用",即"所有"已经被"使用"所取代。沿着这样的视角,小产权房的产权问题可以由注重"所有"向注重"使用"转变。另外,不完全合同下公有产权的改革问题和混合产权制度也越来越受到人们的重视,这都为小产权房产权制度的创新提供了可供选择的理论依据。

第三节　产权保护：山寨现象

“山寨”现象看似是一种社会现象，是与知识产权有关的问题，但其背后却隐含知识产权的创新与对已有知识产权产品的使用和学习，另外它更隐藏着权利的背后私人权利与公众权利的平衡以及公众领域如何发展和保护的深层次问题。

≺案例 4-2≻

伦敦奥运会埃及代表团“山寨”服装事件①

埃及奥委会为参加伦敦奥运会的本国运动员购买便宜的中国“山寨耐克”的队服备受批评。据埃及《金字塔报》2012 年 7 月 27 日报道，埃及当局已经决定为该国奥运代表团重新购置全新正品参赛服装。而在埃及民众看来，该丑闻的根源不是当局自我辩解的“为了省钱”，而是“贪腐问题”。

据报道，最早爆出这则消息的是埃及花样游泳队的赫拉芙。她在个人 Twitter 上爆料，埃及奥委会提供给运动员们的衣服是山寨版的耐克，“我们运动背包的正面是有一个大大的耐克标志，但是拉链上写的却是阿迪达斯”。赫拉芙表示，她向埃及奥委会反映这一问题后，得到的官方回应是“要不就穿上(这些运动服)，要不什么也没有”。她表示，和队友们“无法接受穿着山寨产品参加伦敦奥运会，因此将自掏腰包 300 美元购买正品”。

埃及奥委会一开始对这一丑闻并不重视。英国《每日电讯报》2012 年 7 月 26 日引述对埃及奥委会主席阿默德·阿里的采访称，提供“山寨耐克”的是一家中国经销商。阿里表示，为一位运动员提供全套正品运动装备需要 300—500 美元，由于埃及经济形势糟糕，埃及奥委会很难筹集到为该国 112 名运动员以及若干辅助人员购买正品服装的巨额资金。而这些“山寨耐克”即便是赝品，但质量也足够好。而且，在埃及国内所销售的耐克产品都是在中国制造的。埃及奥运代表团发言人对外称，2012 年 6 月，埃及奥运代表团“接受了一家中国运动产品商的报价”，他们愿意以五折的优惠价提供耐克产品，后来才发现“被欺骗了”。

埃及代表团身披“山寨耐克”出赛奥运不仅引发了本国运动员的不满，还引发了耐克公司的抗议。美国《赫芬顿邮报》2012 年 7 月 27 日报道称，耐克已经向埃及奥委会发出一封抗议信，表示“高度关注此事”，并要求埃及奥委会采取纠正措施。对此阿默德·阿里表示，如果耐克认为自身权益受到侵害，“应该去状告中国经销商，而不是来找埃及奥委会的麻烦”。不过据《纽约时报》2012 年 7 月 27 日报道，埃及代表团在和耐克公司进行磋商后，将从耐克英国公司购进正牌耐克运动服，作为补救措施。美国《波士顿环球报》将批评的矛头对准“中国制造”，称“仿冒文化在中国的工厂里并不少见”。

---

① 案例来源：《埃代表团紧急换掉中国产队服 当局被指贪腐》，载《环球时报》，2012 年 7 月 28 日。

对“山寨”一词,不同的人有不同的理解,目前各个层面都尚无统一的界定,主要有下面几种典型说法:常见说法是,“山寨”源于粤语,是“小型、小规模”甚至有“地下工厂”的意思,其主要特点为仿造性、快速化和平民化,主要运作形式为通过小作坊起步,快速模仿名牌产品,从行为上看是善打擦边球,经常行走在行业政策边缘。另一种说法是,“山寨”是形容自己动手组装产品,模仿一些知名品牌的企业或现象,是典型的 DIY(do it yourself)现象。还有的认为,“山寨”指那些供应正规厂家配件的中小企业, 或指生产成本低、质量不够稳定的厂家。

山寨企业和产品在我国已不是个别现象,俨然已经成为一种企业经营模式和涉及数百万从业者的普遍现象,我们将其统称为“山寨现象”。山寨现象可以有广义和狭义之分,狭义的山寨现象主要是针对山寨产品来说的,而广义的山寨现象还应该包括,山寨明星、山寨春晚之类的社会现象。“山寨”无疑是近两年中国最热门的名词之一。目前,我国各类山寨性质的消费电子产品快速发展,以较高的性价比、较快的技术更新和低廉的价格在国内外市场攻城掠地, 占据了越来越大的市场份额,对国内品牌厂商和跨国企业都造成了不小压力。部分山寨 IT 厂商近年来已主动实施从低端向中高端市场转型,从贴牌、代工到发展自有品牌,从简单的模仿装配到部分创新,从地下运作到正规化经营。但其中也有少数企业或产品涉及违法经营和侵权行为,或者测试、售后服务的环节不健全,在社会上产生了不良影响。

根据我国《专利法》第 60 条规定:“未经专利权人许可,实施其专利,即侵犯其专利权。”小作坊的行为侵犯了制造商的专利权。再者,小作坊未经权利人许可,在山寨产品上使用了知名品牌的商标或近似知名品牌的商标,根据我国《商标法》第 52 条第 1 款规定,未经商标注册人的许可,在同一种商品或者类似商品上使用与其注册商标相同或者近似的商标,属于侵犯注册商标专有权的行为。小作坊的此种行为侵犯了制造商的商标权。另外,我国《反不正当竞争法》也规定,假冒他人注册商标,或擅自使用知名商品特有的名称、包装、装潢,属于不正当竞争行为,违法人要负相应的民事责任、行政责任和刑事责任。

“山寨”经常使人联想到“模仿”和知识产权的“侵权”。模仿虽然有很大程度的侵权之嫌,但是模仿在知识产权范围内并不是一律予以否定的。模仿也分为合法模仿与非法模仿。在知识产权以及相关法律允许的条件下进行的模仿就属于合法模仿,它不仅不会造成侵权损害,反而还是人类获取、学习知识的重要方式之一。这种模仿不但不需要被打击限制,反而应当予以肯定和鼓励。其实模仿本身就包含了一定程度的创新。消费者的接受就是这种创新的体现。通常认为,知识产权制度的本质是鼓励创新,不鼓励模仿与复制,反对仿冒;也有学者提出在自主创新与知识产权保护路径的选择上,要在原始性创新、模仿创新和集成创新这三类模式中选择一条不受制于他人权利支配的集成创新和模仿创新为主流模式。目前山寨产品的“有所模仿、有所创新”的特征与模仿创新或集成创新在一定程度上不谋而合。但对于目前盛行的“山寨品牌产品”与学者提倡的模仿创新、集成创新却相去甚远。这些“山寨产品”基本上都牵涉到对原版产品的专利、外观或商标的侵权。但是,如果通过相应的法律制度、行政手段、行业自治等方式加以引导、规制,让其尽可能地以不侵权的方式去借鉴、学习进而走上创新之道,这将不仅对山寨企业的发展乃至对整个民族的创新力都是一个极大的推动。

知识产权的本质是一种平衡利益关系的再分配制度。立法者设计激励技术的创新制度,首要考虑的就是利益关系的问题。知识产权的直接目标在于保障知识创造者的经济利益,而在多大程度上保障知识产权人的利益,又在多大程度上要求其将权利让渡给社会公众,这本身就是一个利益衡量的过程。同样,在认定山寨作品是否侵权时,也应同时考量知识产权人与社会公众的利益。就山寨产品的生产者而言,其完全模仿或者引人误解地模仿、假冒品牌产品进行牟利行为,极大地侵犯了品牌生产者的经济利益,因此必须采取经济或法律手段对知识产权人的利益加以维护与平衡。知识产权的另一个重要目标是,“保障知识产品的传播和利用,保障知识和信息的扩散”,从而促进科学文化的繁荣。除山寨手机、相机、电脑等生活类用品外,还存在着“山寨春晚”、“山寨《百家讲坛》”以及山寨“影、视、音、像”等文化作品,它们是以平民化的姿态和草根式情结向传统意义上的精英文化作出挑战,表达了人们对文化多样性的一种诉求。这种以娱乐为主的山寨作品,我们不但应当允许其存在,而且应该鼓励其作更多的创新。毕竟以纯粹个人学习、获取知识为目的的模仿是不应该受到限制的,这也是对相关著作权人权利的保护和公众享受精神产品的一个平衡,并且从保护文化多样性的角度来讲,也是具有重要意义的。如果一味地“封杀”山寨,不仅解决不了对相关权利的保护问题,更是有害文化多样性的保护。

第四节　产权变更:遗失物拾得人的权利

《物权法》出台前,我国法学界学者围绕遗失物的相关法律问题展开过激烈的讨论,焦点集中在拾得人的权利和遗失物的归属上,其中拾得人的权利问题又引发了道德与法律的冲突问题。《物权法(草案)》曾在这一问题上几易其稿,但最终出台的《物权法》对遗失物拾得人的权利规定相比《民法通则》没有多少改变。

≺案例 4-3≻

遗失物所有权与拾得人权利制度[①]

王女士的订婚钻戒在停车场不慎丢失,捡拾者张某自称以为是假钻戒随手丢弃,无法归还。北京二中院终审判决,张某拾得遗失物未妥善保管,且具有主观故意,应向王女士赔偿4.6万余元损失。

王女士说,遗失钻戒是男朋友赠送的,价值4.6万余元,作为两人的订婚信物,有重大意义。2009年7月9日上午11时许,王女士在丰台区一停车场内不慎将钻戒丢失。随后,王女士向警方求助。民警调取事发地点的录像资料,发现是张某拾得钻戒。在警方帮助下,王女士找到了张某,对方认可捡到钻戒,但拒绝返还。张某自称,当时认为戒

---

① 案例来源:《捡钻戒以为是假扔掉 男子被判赔偿4.6万》,载《南国都市报》,2010年7月29日。

指是假的,就随手扔掉了。无奈之下,王女士将张某告上法庭,要求赔偿钻戒损失4.6万余元。此案开庭时,张某也称,确实曾经捡到了一枚戒指,但当时认为这是假钻戒便随手丢弃,也没有在意。对于王小姐丢失订婚钻戒一事,他表示惋惜,但不同意赔偿。

二中院审理后认为,张某拾得遗失物未妥善保管,且具有主观故意造成损失,应向王女士赔偿。对此案的判决,法官解释说,拾得遗失物,应当返还给权利人。拾得人应当及时通知权利人领取,或者送交公安等有关部门。在此之前,拾得人应当妥善保管遗失物,因故意或者重大过失致使遗失物毁损、灭失的,应当承担民事责任。根据现有证据,可以认定张某拾到的戒指系王某购买的价值4.6万余元的钻戒,张某在拾到戒指后,未将戒指送交公安等有关部门,也未妥善保管。他自称将戒指扔掉,以致戒指灭失无法返还,该行为违反了妥善保管遗失物的法定义务,且具有主观故意,应对由此给王某造成的经济损失承担侵权的民事赔偿责任。

自罗马法以来,世界各国民法对遗失物拾得制度的立法各有不同。一直以来有两种立法例,一种是罗马法的“不取得所有权主义”,另一种是日耳曼法的“取得所有权主义”。我国《物权法》第109条规定了拾得人返还、通知、送交的义务;第113条规定了招领公告之日起六个月内无人认领的,国家取得所有权。据此可以看出,我国采用罗马法的立法例,即拾得人不取得所有权主义。在我国法学界,对此种拾得人绝对不能取得遗失物所有权的立法例,有许多学者提出批评并建议我国立法应改用日耳曼法上的“取得所有权主义”。例如,有多部法典草案支持此观点,“拾得人获得遗失物的所有权应具备‘四要件’;建议《物权法》采用多数国家的拾得物取得所有权主义,使拾得人在一定条件下取得拾得物所有权”。持中立观点者认为,要按价值大小来确定归属;例如,“价值较大的遗失物经过六个月的招领期限,如果无人认领,可以归国家所有;另外有所有权人即遗失人和拾得人都放弃对该物的所有权时,应当归国家所有”。日本、德国和我国台湾地区规定公告期限为六个月,瑞士为五年,虽然期限不同,但是都规定拾得遗失物应当先行报告或送交警署和自治机关进行公告,而并非直接取得所有权。只有在期限届满后无人认领时,拾得人才能取得所有权。这一点也符合先占的取得方式的原理。

拾得人有条件取得遗失物所有权有其一定的合理性。第一,体现公平正义和权利与义务相一致的要求。权利与义务相一致原则是民事法律关系的一项基本准则。马克思曾经论断,“没有无义务的权利,也没有无权利的义务”。这说明权利、义务是对立统一、不可分离、缺一不可的。任何人不可能只享有权利却不承担相应义务;同理,任何人也不可能只承担义务而不享有权利。我国《物权法》规定,拾得人拾得遗失物之后有通知、保管和返还义务,但只享有必要费用偿还请求权。而且,在不能提供证据证明自己已经支出必要费用的情况下,连必要费用都无法请求返还。并且,如果找不到遗失人,拾得人的必要费用都无法得到补偿。不仅如此,拾得人因故意或者重大过失致使遗失物毁损、灭失的,还要承担民事责任。拾得人若不及时通知遗失人领取遗失物或者没有及时将遗失物送交公安机关,构成侵占的,也将无权请求必要费用的补偿。由此可见,拾得人几乎没有权利(也即利益)可言,却要承担一系列的义务;而遗失人疏忽大意丢失物品却没有任何义务,但享有很大的权利。这是对权利与义务相一致原则的严重挑战,是对法理基础的严重违背,是对公平正义的严重践踏。因此,使拾得人有条件地享有遗失物所有权,使遗失人因自己不及时行使权利而承担一定的义务,既符合民法权利与义务相一致的原则,也能更好地彰显法律的核心价值——公平正义。第二,有效的激励机制。民法中大部分的民事主体都是“经济人”,有经济理性的民事主体在进行民事行为时,会主动地选择对自己有最大利益的民事法律行为。当拾得人发现送交公安机关会比隐藏遗失物更能使自己得到更大的经济利益时,显然会选择归还,因为送交公安机关后无人认领时,可能会取得全部或者部分所有权,并且受到法律的保护,而不是冒着侵占的风险,触碰法律与违背道德。相比后者,显然是一个最好的选择。同时,遗失人也能通过公告更有可能找到丢失的东西。而现有制度只会使大多数拾得人选择看见遗失物不拾取,或者拾到后不积极找寻失主也不积极上交公安部门,而是等悬赏广告出现后去领取赏金。可见,立法者想要看到的局面不仅没有广泛存在,而且使得遗失物可能因为无人拾取而贬值甚至毁损。但是,如果法律能够建立附条件取得遗失物所有权制度,情形就大不相同:能够找到遗失人时,拾得人将会得到报酬;找不到遗失人时,拾得人将取得遗失物所有权,这对拾得人和遗失人是一种双赢机制。第三,实现“物尽其用”价值。物权法的价值功能之一是物尽其用,物权法立法时应围绕这一价值功能展开,尽可能使物的价值得到最大限度的发挥和利用。目前,我国物权法规定无人认领的遗失物归国家。这必然要求政府设置专门的机构来管理遗失物的收取、保管、拍卖、返还等环节,也必然耗费大量人力和经费。如果让拾得人附条件取得遗失物所有权,则可以节省管理遗失物的专门机构的运行经费以及变卖、拍卖遗失物的费用。而且,拾得人还能够第一时间将遗失物加以利用或使其进入流通领域,提高了遗失物的使用效率,以最低成本、最快速度实现了物的使用价值,从而避免了遗失物闲置引起的不必要的贬值。这能够以较低成本实现对物的有效利用,最大限度地发挥物的使用价值,实现物权法的法律效果。基于以上拾得人享有遗失物所有权的合理性分析,有必要建立拾得人有条件享有遗失物所有权制度,明确其取得所有权的限制条件和例外情形,完善我国遗失物所有权归属制度。

自2007年《物权法》颁布以来,实际上公安机关失物招领处的失物数量是屈指可数的,但同时寻物启事贴在大街小巷随处可见。这说明我国的遗失物制度存在缺陷,没有一个良好的激励机制,就不能解决这个缺陷。所以,我国《物权法》有必要完善遗失物的相关法律规定,尽早建立拾得人取得所有权制度,使法律适应社会的发展。

本章总结

1. 就我国当前立法现状而言,关于知识产权已有三部法律分别规范专利权、商标权和著作权,关于股权、股票则由公司法和证券法规范,但在有形财产的立法方面相对来说仍然不是十分成熟,所以我国当前的立法主要应该是以有形财产的立法问题为重点来完善我国的民商法。

2. 对于小产权房问题,国外的经验就是明晰产权,然而中国农地产权配置与土地私有化国家大不相同,这使得国外对农地市场经验研究的结论很难直接应用于国内。小产权房的特殊性归根结底是集体使用权和国家终极所有权的分离,也是我国城乡二元土地所有制度的划分和集体土地上市流转机制的缺位问题的现实反映。

3. “山寨”现象看似是一种社会现象,是与知识产权有关的问题,但其背后却隐含知识产权的创新与对已有知识产权产品的使用和学习,另外它更隐藏着权利的背后私权利与公众权利的平衡和公众领域如何发展和保护的深层次问题。

4. 我国的遗失物制度存在缺陷,没有一个良好的激励机制,就不能解决这个缺陷。所以,我国《物权法》有必要完善遗失物的相关法律规定,尽早建立拾得人有条件取得所有权制度,使法律适应社会的发展。

思考题

1. 我国关于财产法的法律法规有哪些?
2. 小产权房与完全产权房的区别有哪些?
3. 山寨现象对激励创新与信息传播有何积极的作用?
4. 为何需要建立拾得人有条件取得所有权制度?

阅读文献

1. 陈国富:《法经济学》,经济科学出版社 2006 年版。
2. 彭汉英:《财产法的经济分析》,中国人民大学出版社 2000 年版。
3. 高德步:《产权与增长:论法律制度的效率》,中国人民大学出版社 1999 年版。
4. 梅夏英:《财产权构造的基础分析》,人民法院出版社 2002 年版。
5. 钱弘道:《经济分析法学》,法律出版社 2005 年版。
6. 曲振涛:《法经济学》,中国发展出版社 2005 年版。
7. 魏建、黄立君、李振宇:《法经济学:基础与比较》,人民出版社 2004 年版。
8. 吴汉东、胡开忠:《无形财产权制度研究》,法律出版社 2001 年版。
9. 谢哲胜:《财产法专题研究(三)》,中国人民大学出版社 2004 年版。
10. 赵廉慧:《财产权的概念——从契约的视角分析》,知识产权出版社 2005 年版。

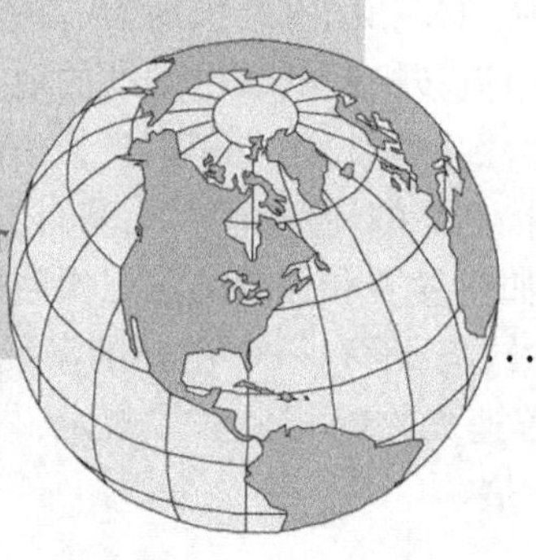

第五章

合同法的经济学分析

所有进步社会的运动,到此处为止,是一个"从身份到契约"的运动。

——〔英〕亨利·梅因

【本章概要】

现代社会是契约社会,尤其是在现代市场经济社会中,人民的许多经济活动都是通过契约或合同来安排的。本章首先回顾法学研究视角下的合同法问题,之后的两节则从法经济学的角度对合同法理论的几个相关问题进行分析,最后一节将对合同法的法学和经济学研究进行多方面的比较。

【学习目标】

1. 了解合同的概念、特征和分类,以及合同法的发展历史和进程。
2. 了解从"合同的交易理论"到"合同的经济理论"的变迁。
3. 掌握合同法的五个目的。
4. 掌握立法抗辩和履约抗辩。
5. 掌握合同违约的救济方式及其选择。

当今世界,无论各国在社会制度、法系、种族、语言、文化上存有多大的差异,都毫无例外地使用着合同。从生产、分配、消费到流通领域的各个环节,是一个又一个紧密相连的合同使社会生活长期处于相对稳定的状态。可见合同法是市场经济的基本法,合同法的发展是随着社会经济发展而不断变迁的过程。本章首先回顾法学研究视角下的合同法问题,之后的两节则侧重从法经济学的角度对合同法理论的几个相关问题进行分析,最后一节将对合同法的法学和经济学研究进行多方面的比较。

第一节　合同法的法学理论

合同法是有关合同的法律规范的总称,是调整平等主体之间转让财产或是劳务交易关系,并在适当的时候提供民事救济的法律。在现代各国的民事法律制度中,合同法居于重要的地位。一般而言,合同法的主要目的在于调整财产流转关系,规制交易行为。本节将从法学的角度对合同的概念、特征和分类以及合同法的发展历史和进程分别进行研究。

一、合同的概念

合同(contract)通常被解释为协议(agreement)或允诺(promise)。罗马法中合同(contractus)一词是由"con"和"tractus"组合而成的,前者源于"cum",有"共"的意思;后者意为交易,合起来就是"共相交易"。显然,由于历史的原因和司法制度的不同,英美法系和大陆法系以及我国法律规定关于合同的概念是有显著差别的。因此,通过对合同概念进行历史的和比较的分析,可以加深对"合同"一词在学理上的研究。

1. 英美法系中的合同

在英美法中,一般认为合同是一种"允诺"。使用最为广泛的是《美国合同法重述》(*American Restatement of Contracts*,又称《美国合同法注释汇编》)中的定义:合同是一个或一系列被违反时法律给予救济或者被履行时法律以某种方式认定为义务的允诺。① 英国的《不列颠百科全书》对合同所下的定义是:"合同是依法可以执行的诺言。这个诺言可以是作为,也可以是不作为。"安森给合同所下的定义是:一种法律上能够强制执行的协议,依据它,一方之一人或数人有权要求他方之一人或数人行为或不行为。② 柯宾认为,对通行用法的研究表明,"合同"一词一向被用于指代有多种组合方式的三种不同事务:第一,当事人各方表示同意的一系列有效行为,或者这些行为的某一部分;第二,当事人制作的有形文件,其本身构成一种发生效力的事实,并且构成他们实施了其他表意行为的最后证据;第三,由当事人的有效行为所产生的法律关系,它们总是包含着一方的权利与他方的义务关系。每个人可以随意从中选择,只有在满足我们的需要和方便的范围内,一种用法才优于另一种用法而被采用。③

---

① 〔英〕P. S. 阿蒂亚:《合同法导论》,赵旭东、何帅领、邓晓霞译,法律出版社 2002 年版,第 36 页。
② 〔美〕A. L. 柯宾:《柯宾论合同》,王卫国等译,中国大百科全书出版社 1998 年版,第 8 页。
③ 同上。

目前英美法系国家的学理和司法判例关于合同的概念与大陆法系呈现融合的趋势。1979年版的美国《布莱克法学辞典》对合同下了这样的定义:合同是“两个或两个以上的人创立为或不为某一特定事情的义务的协议”(Agreement between two or more parties that creates for each party a duty to do something or refrain from doing something)。这个定义与大陆法系的定义比较接近,意味着合同不再是一方当事人的行为,而必须是两个或两个以上的当事人达成了合意①。

英国《牛津法律大辞典》对合同下的定义是:合同是二人或多人之间为在相互间设定合法义务而达成的具有法律强制力的协议(legally enforceable agreement)。此定义一是强调协议,二是强调法律强制力,比较全面。

作为美国重要的成文法组成部分的《统一商法典》(*the Uniform Commercial Code*, UCC),在第1-201条第11款对合同也下了一个类似的现代定义:“合同指当事方受本法以及任何其他适用的法律规则影响而产生的协议的全部法律义务。”(Contract means the total legal obligation which results from the parties' agreement as affected by this Act and any other applicable rules of law.)

从英美法以上三个现代定义来分析,它们比强调诺言的传统定义更准确、更全面,它们都不约而同地强调协议,与大陆法的定义比较接近。因为诺言仅仅是一方的意思表示,仅仅强调了单方当事人的义务,未能抓住合同最为本质的特征——双方当事人之间的合意。从另一角度来看,上述现代定义比较强调合法性,英国《牛津法律大辞典》的定义直接用了“合法”的字眼,而美国《统一商法典》的定义则用了迂回手法——“受本法以及任何其他适用的法律规则影响而产生的”,也隐含了合法的意思。

2. 大陆法系中的合同

在大陆法系中,合同的概念始于罗马法,被认为是一种“合意”或者“协议”,其基本观点是:合同是债(debt)的一个种类。债是一个总概念,在此之下,合同、侵权行为(tort)、代理权的授予(delegation of power of attorney)、无因管理(spontaneous agency)、不当得利 (unjust enrichment)均是产生债的原因,这些都是特定的民事主体之间的权利义务关系。

法国法学家波蒂埃在其1761年《合同之债》一书中对合同下了这样的定义:合同是“由双方当事人互相承诺或由双方之一的一方当事人自行允诺给予对方某物品(promise to accord/give something)或允诺做或不做某事(promise to do or not to do something)的一种契约(agreement)”。该定义强调的重点是,合同义务必须在当事方自由订立合同时才产生,就是说,合同不是由法律直接强加给当事人的,而是在受约束的当事人之间的协议中产生的,或更慎重地说,是法律上视为签订“协议”的行为产生的。

《法国民法典》(*French Civil Code*)第1101条基本上采用了波蒂埃的上述定义,它规定:“契约是一种协议,依此协议,一人或数人对另一人或另数人负担给付、作为或不作为之债务。”(A contract is an agreement by which one or several persons bind themselves, to-

① 合意即“意思表示一致”。只有全体当事人的意思一致,即合意才能缔结合同,之后才能产生新的法律关系。参见〔德〕汉斯·哈腾保尔:《法律行为的概念——产生以及发展》,载《民商法前沿》,2002年第1辑、第2辑。

wards one or several others, to transfer, to do or not to do something.）由于《法国民法典》在世界民法史上的特殊地位，这一定义逐渐成为大陆法系民事立法关于契约的最传统的经典性定义，对许多国家的民事立法和民法理论产生了深刻的影响。这一定义中包括两个要素：其一为双方的合意；其二为发生债权债务关系的依据和原因。“合同”一词强调的是相互之间在某种事情上协调一致，合同的内容就是两个以上当事人的“意思表示一致”，即为“合意”。《法国民法典》特别强调“合意”，把“合意”作为合同成立的基础和效力根本要素，实际上“合意”在古代日耳曼法、古罗马法和教会法中都曾经被广泛使用过。同时，此定义也表现出将合同视为债的一个种类的另一层意思。

《德国民法典》（*German Civil Code*）未正面就合同下定义，它把合同纳入法律行为、债务关系的范畴内，其第305条规定：“以法律行为发生债的关系或改变债的关系的内容者，除法律另有规定外，必须有当事人双方之间的契约。”（For the creation of an obligation by legal transaction, and for any modification of the substance of an obligation, a contract between the parties is necessary, unless otherwise provided by law.）

3. 中国法律中的合同

我国民事法律及理论采用的是大陆法系的合同概念，于1999年3月15日颁布的《中华人民共和国合同法》第2条规定：“本法所称合同是平等主体的自然人、法人、其他组织之间设立、变更、终止民事权利义务关系的协议。婚姻、收养、监护等有关身份关系的协议，适用其他法律的规定。”此规定采用狭义式与排除式相结合的方法，将合同定位为市场交易的法律形式，从而排除了有其特性和规律的身份关系的协议。

可以看出，我国对合同的认定在于双方当事人是否以共同的意思（合意）追求某种具有民法意义的后果（权利义务）。合意反映了行为人处置自己所有的资源，协调彼此之间的行为的一种理性选择；权利义务反映了作为立法者的国家依据公共利益的价值尺度对私人之间达成的安排予以检视并甄选给予其约束力。我国在合同法的相关研究中，也运用到了“契约”这个概念，有关合同和契约概念上的一些基本问题可参见专栏5-1。

专栏5-1

契约与合同概念之辨析

我国今天使用的合同，在中国古代原本称为“契约”。依《说文》：契，约也。《礼记》注：契，券要也。书契是民事关系的记载方式，中国早已有之。据现有史料记载反映，我国西周后期及春秋时期便已有过相当发达的契约制度，成书于战国末的《周易大传·系辞传下》有言：“上古结绳而治，后世圣人易之以书契，百官以治，万发以察。”这一时期的契约又可分为“傅别”、“书契”、“质剂”三种形式。“傅别”用以“听称责”，是解决“贷而生子”过程中的债权关系的，即有息借贷契约。“书契”用以“听取予”。郑玄注云：“书契，谓出予受人之凡要。”贾公彦疏：“取予谓于官直贷不出子者。”“质剂”用以“听买卖”，即货物买卖契约。《周礼》上有时用“质剂”作为契约的通称。而“合同仅是契约形式之一种，严格地说，它是验证契约的一种标记，犹如今天的押缝标记，它本身不是当事人之间的协议”。①

1949年中华人民共和国成立，“契约”一语逐渐由“合同”所替代，从国家立法到日常用语，我国已普遍接受了“合同”这一概念。但随着国际交往和译著的增多，“契约”一词又被广泛用于许多场合。两者的内涵是否一致？有民法学者对此问题作了回答，他们认为：为谋共同利益而合意者，则应为合同，例如合伙合同，合伙者的利益是一致的。② 但是，目前我国学理和立法通常对契约和合同不作严格区别而同义地交互使用。因为有时契约可能更符合习惯，如“契约自由”要比“合同自由”在语感上更顺畅；有时用合同比用契约能达到更好的效果。

二、合同的特征与分类

合同的法律特征主要包括以下四个方面：

（1）合同是平等的民事主体之间的协议。合同是当事人意思表示一致的协议。这是合同最本质的特征。不管双方（或多方）当事人在磋商协议的过程中有过什么意见分歧，但是到最后，在受要约人表示承诺时，他们就有关的主要问题已经达成了合意，这样才建立了合同关系，否则就谈不上合同以及赖之而存的权利义务关系。③

（2）合同是双方（或多方）当事人的民事法律行为。这是合同区别于单方法律行为的重要标志。单方法律行为成立的基础条件是当事人的单方意志，如被代理人的事后追认行为，而合同是基于双方（或多方）当事人的合意得以成立的。

（3）订立合同的目的是产生某种民事权利义务方面的效果，以设立、变更或终止民事权利义务关系。

（4）合同须具有合法性、确定性和可履行性。合同的合法性是合同以实现法律效果为目的的协议的必然要求。合同的确定性是指合同内容必须确定，即约定明确，一为履行合同提供依据，二为对当事人意思表示的解释确立标准。可履行性与合法性有联系，是指合同标的具有履行的可能，使合同有效，否则，不能履行的合同会导致合同的解除或无效等。

合同的分类是指基于一定的标准（即给付义务），将合同划分成不同的类型。无论是大陆法系国家还是英美法系国家，都按照不同标准对合同进行了分类。大陆法系国家对合同的分类既有学理上的，也有法典上的；而英美法系国家对合同的分类多为学理上的。

大陆法系对合同的分类包括：第一，双务合同和单务合同。根据当事人双方权利义务的分担方式，可把合同分为双务合同与单务合同。第二，有偿合同与无偿合同。根据当事人取得权利是否以偿付为代价，可以将合同分为有偿合同与无偿合同。第三，诺成合同与实践合同。根据合同的成立是否以交付标的物为要件，可将合同分为诺成合同与实践合同。第四，要式合同与不要式合同。根据合同的成立是否需要特定的形式，可将

① 贺卫方：《“契约”与“合同”的辨析》，载《法学研究》，1992年第2期。
② 张俊浩：《民法学原理》，中国政法大学出版社2000年版。
③ 吴兴光：《国际商法》，中山大学出版社2013年版。

合同分为要式合同与不要式合同。第五,当事人利益的合同与第三人利益的合同。根据订立的合同是为谁的利益,可将合同分为当事人利益的合同与第三人利益的合同。第六,主合同与从合同。根据合同间是否有主从关系,可将合同分为主合同与从合同。第七,本合同与预约合同。根据订立合同是否有事先约定的关系,可将合同分为本合同与预约合同。第八,有名合同与无名合同。根据合同类型是否在合同法中有规定并赋予一定的名称,可以将合同分为有名合同与无名合同。有名合同又称典型合同,是指法律对这类合同的类型有规定并赋予一定的名称;而无名合同又称非典型合同,是指法律未对其类型特别加以规定,也未赋予其特定名称,而是由当事人自主创设的合同。第九,即时清洁的合同和不即时清洁的合同。根据给付是否具有连续性,可将合同分为即时清洁的合同和不即时清洁的合同。

英美法系对合同的分类包括:第一,正式合同和简单合同。正式合同包括登记合同、盖印合同,简单合同包括前述的英美法系中普遍定义的合同。第二,根据合同是否具有法律的约束力,可以将合同分为有效合同、无效合同、可撤销合同和没有强制力的合同四种类型。第三,双边合同和单边合同,这与大陆法系中双务合同与单务合同几乎一致。单边合同是指合同一方把接受对方做某件事情或不做某件事情作为他自己允诺的约因;双边合同是指合同双方互相把对方的允诺作为约因而接受。第四,根据当事人在创立合同时的意思表示方式不同,可分为明示合同、默示合同和准合同。第五,非法合同和不可强制履行的合同。非法合同是指违反法律或公共秩序的合同,往往是无效合同;不可强制履行的合同虽产生法律权利和义务关系,但不能通过法律程序强迫履行。第六,一次性交易合同和关系型合同。一次性交易合同是指以一次性交易为目的,合同所有条款针对一次性交易的合同;关系型合同是事关长期交易合作关系的合同。

从上述分析可以看出,英美法系对合同的分类在精确性、逻辑性和内在统一性方面不如大陆法系,同时也反映出英美法系的合同法作为判例法的特点。

三、合同法的历史与进程

合同法的历史可以追溯到中世纪,但其大多数基本原则却是在 18 世纪前后发展和完善起来的,主要是受到当时的自然法理论和自由主义哲学的深刻影响。从合同法的发展进程看,基本经历了古典合同法和现代合同法两个阶段,本部分将分别论述这两个阶段的合同法历史,并探讨合同法历史背后的经济根源。

1. 古典合同法

古典合同法的基本框架在 1804 年《法国民法典》中得到初步奠定,并于近一个世纪后的《德国民法典》中得到最后完善,其核心和精髓为合同自由。古典的合同自由主要有三层意义:(1) 缔约自由,即当事人双方有权决定是否订立合同,法律不应限制当事人订约或不订约;(2) 选择缔约相对方的自由,即当事人有权自主决定与谁缔约;(3) 决定契约内容的自由,即当事人有权订立任何种类的合同和合同的任何条款,法律不得随意干预。在这种认识下,契约即自由,法律即契约,法律的唯一崇高使命就是捍卫当事人的自由意志,"立法者不得为当事人订立契约"、"法官不得为当事人订立契约"是大陆法国度曾经通行一时的格言。

但是古典合同法存在两个明显的不足:第一是古典合同法不关注合同当事人之间的不平等。合同自由意思是你能选择你想要缔约的对方当事人,同时通过协议达到你提出的要求;但这里假设所有合同当事人的谈判能力是平等的。然而,也存在大量谈判能力不平等的例子,比如未成年人、精神病人在法律上无法保护自己,无法承担相应的责任;弱势群体无法对抗一个强大的对手等。第二是古典合同法很少考虑在很多情况下可能强迫一个人缔约的社会和经济压力。特别是当垄断和限制性的实践变得更加广泛时,古典合同法和社会经济的发展也变得更加不协调。

2. 现代合同法

但是,当资本主义踏进20世纪,伴随垄断的恣意横行和标准契约的广泛普及,古典契约法陷入全面危机。它的至高无上原则在新经济环境里充分暴露出其弊端,这时合同自由给予人们的只是形式上的平等,而其无限制的发展却带来结果的极不公平,从而导致贫富的急剧分化和社会的动荡不安。出现古典合同法向现代合同法变迁现象的三个主要的相互关联的因素是:第一,格式标准合同的出现和广泛使用;第二,作为法律义务基础的自由选择和合意重要性的削弱;第三,消费者作为合同一方当事人的出现。

现代合同法以限制合同自由的姿态出现,其具体体现是诚实信用、等价公平、权力不得滥用、缔约过错责任、格式合同约定之限制等20世纪合同立法中相继确立的基本原则或一般条款共同作用。为追求社会公平和正义,它一方面要求合同当事人缔约和履约时,既要考虑双方利益均衡,又要协调好社会和国家的利益;另一方面还给予法官充分的自由裁量权,使他们能够根据合同关系的具体情况,平衡合同当事人双方交易的利益,从而实现对弱势方的保护。

3. 合同法变迁的经济根源

合同法经历从古典合同法到现代合同法的变迁,其背后的根源主要是来自于经济的因素。随着市场交易从自由竞争迈向不完全竞争,合同法也相应地从古典合同法时期进入现代合同法时期。

合同自由成为古典合同法时期至高无上的原则绝不是偶然的,而是有着极其深刻的历史背景和理论根基,是生产力发展的内在需求和必然选择。马克思·韦伯认为:资本主义企业的特征和先决条件是企业家占有生产手段,以及市场的自由、合理的法律、自由劳动和经济生活的商业化。但在中世纪的欧洲,森严的特权和等级制度、林立的关卡、繁重的赋税、劳动力被土地完全束缚以及随意性的法律,都是资本主义自由市场建立的根本障碍。所以一旦资产阶级夺取政权后,他们首先要做的是为资本主义商品经济的发展建立一个自由、平等、竞争的良好市场环境,以方便他们自由自在、最大限度地追逐利润。这时在经济学领域,亚当·斯密的自由放任经济思想领导潮流,并受各国顶礼膜拜。亚当·斯密坚决反对国家对经济任何形式的干预,认为市场的"无形之手"自会安排一切,政府充其量是"守夜人"的角色,其在《国富论》一书中写到:"在一个自由放任的制度里,利己的润滑油会使经济的齿轮奇迹般地正常旋转。不需要计划者,不需要政府颁布法令控制价格或管理生产。市场会解决一切。"

这种经济思想对19世纪的合同立法产生了决定性影响,此时国家立法的任务主要在于保护自由竞争,而非干预自由竞争,而合同自由很自然地被奉为至尊无上的原则,并得到市场主体的广泛认同。特别是在18世纪和19世纪,工业革命刚刚开始,经济垄断尚未形成,科学技术有待发展,法律对专利、商业秘密的保护远远不够,对市场信息公开尚不足构成威胁;资产阶级革命摧毁封建采邑制度,广大农奴加入自由劳动者行列;而革命时期所崇尚的自由、平等精神在经济学领域基本得以贯彻。所以,资本主义自由竞争时期的市场是世界经济史上唯一与完全竞争市场模型比较接近的形态,换句话说,合同自由导向公平或正义的功能这时基本上有了用武之地。

但是1870年以来,世界社会经济条件开始发生持续性的变化,古典合同法在很多方面不再符合经济发展的要求。19世纪后半期西方各国相继完成工业革命,开始进入不完全竞争市场,并向垄断时期过渡,这时的市场特征就是有能力影响价格的大企业广泛存在,并控制经济运行。

大企业的出现打破了合同自由的基本前提;格式合同的产生腐蚀了合同自由的基本精神。一旦市场主体力量均衡被打破,经济交往中不公平现象应运而生。一方面由于大企业在资金及营业范围上存在优势或在市场上具有垄断地位,小企业往往会丧失谈判中的平等竞争地位,但很多时候却迫于需要的压力,只能接受甚至是显失公平之条款;另一方面在格式合同中几乎没有一般合同订立的谈判过程,对于广大消费者或相对人来说,既没有他们的独立人格体现,也没有当事人之间的信任基础存在,利益的决定和分配皆由单方意志决定。在这种条件下,小企业或消费者的“合同自由”实质上被剥夺得一干二净,无限制的合同自由这时不仅与法之正义目标背道而驰,而且有沦为助纣为虐的工具之危险。同时,横行一个多世纪的自由放任经济思想日趋衰微,凯恩斯国家干预理论逐渐登场。映射到合同立法就是国家开始对合同自由作出种种限制,从而为古典合同正义的转型和现代合同正义的成长提供了契机。

第二节　合同理论的经济学分析

从根本上看,合同法涉及的两个最为主要的问题:一是什么样的合同在法律上应该予以履行;二是违背可履行的合同应如何救济。第一个问题涉及的是合同的效率问题,第二个问题涉及的是缺失违约责任问题。这两个问题是合同理论的基础,是所有关于合同法的研究都必须面对的问题。不同的理论对这两个问题的解答也是有所差异的,在对这两个问题的解答中,合同理论也得到了不断的发展和变迁,有关合同的经济学理论流派可参见专栏5-2。总体而言,合同理论呈现出从“合同的交易理论”向“合同的经济理论”的转变,分析问题的原则也表现为从“交易原则”向“效率原则”的过渡。

◀专栏5-2▶

契约的经济学理论

现代经济学中的契约概念比法律上契约的概念要宽泛得多,不仅包括具有法律效力的契约,也包括一些默认契约和行为契约。现代契约理论由科斯首开先河,随着之后众多经济学家的参与,已逐步确立起契约经济学的理论框架,总体可以分为以下四个主要流派:

第一个流派是新古典经济学沿袭下来的一般均衡理论,研究传统的一般均衡框架或者说瓦尔拉斯—阿罗—德布鲁模型。在这一理论流派中,省略了契约在现实世界所具有的大多数特征。它是现代契约理论的基石。

第二个流派是产权—交易成本学派,或者叫新制度经济学派。一个基本观点是,一般而言,在交易成本(或者,通常称为制度成本)中,似乎信息成本占主要部分,它是经济中存在的契约安排和一般组织结构的主要的决定因素。我们所观察到的契约形式能被解释为个人在受约束集合下,包括受所发生的交易成本约束下的最大化结果。

第三个流派是关于契约结构的不对称信息的含义和信息获得成本昂贵代价的研究。因此,尽管它与第二种学派非常接近,但这种工作所选择的方法是不同的。第三种流派强调需要新的分析方法,而第二种流派则更直接倾向于应用和实证领域。

第四个流派称为法律经济学流派。它涉及契约义务的性质,与经济学分析中新出现的契约形式相一致的法律进展,或解释这种进展的可能性,以及根据经济学理论解释法律原则和法律实践。它强调的是契约安排应该遵守效率法则,并揭示出法律背后的经济逻辑。这一理论流派已有丰硕成果,并显示出良好的发展前景。

一、合同的交易理论

合同的交易理论发源于19世纪末20世纪初的英美法系。当时英美法系中的法律辩论员发展了此理论来回答合同法的两大基本问题。合同的交易理论所采用的方法是在一个典型的交易中筛选并抽象出交易的实质性要素。这些从典型交易中分离出的实质性要素具有普适性的效力,对任何一个有约束力的合同都是必不可少的。在此基础上抽象出一个经典交易的模型,并将其升华为现实生活中每一个交易的范式,以此来构建合同交易理论的基础。

“什么样的合同在法律上应该予以履行?”对于这个问题,经典的交易理论给出了明确的答案。如果一项允诺是作为交易的一部分作出的,那么它在法律上就是应该予以履行的,这也就是所谓的“交易原则”。交易原则将允诺划分为“交易的”和“非交易的”,以此来作为判定是否应该予以履行的标准。按照经典的交易理论,合同是作为现实交易关系的一种形式而存在的,允诺是一个现实交易过程的有机组成部分,所以要认定允诺的法律效力,只有将其重新放回交易中,只有承载了交易使命的彼此允诺才可能获得法律的保护。由此,任何不是作为交易的一部分所订立的允诺,都将被排斥在法律的保护之外。交易原则将法律上可以强制履行的承诺与根据道德、宗教或者是社会义务来履行的承诺区分开来。显然,纯粹单方面的赠予允诺,如某位亲戚允诺你在考试大学之后赠送你一台平板电脑之类的承诺,是属于交易之外不能得到法律保护的,即使是允诺没有被履行,也只能通过法律之外的救济方式来实现。但同时必须注意的是,只要是作为交易的一部分所作出的承诺，都是可以在法律上得到强制执行的，即使这个交易合同是与道德、宗教或是社会义务的标准不相符合的。假如有人与你订立了用其全部财产换取你做的一碗汤的承诺，按照交易原则，这样的承诺是可以在法律上得到强制履行的。

合同法的第二个问题是“违背可履行的合同应如何救济”。交易理论也给出了相应的答案。依照交易理论，受约人有权从交易中受益，即能够通过允诺的履行得到好处。根据这种思路，违约损害赔偿的计算将不得不回答“如果允诺得到履行，受约人将能从中得到多少利益？”这个假设性问题关注的是受约人从允诺中可以得到的适当的预期收益(expectation interest)。一旦食言，就应根据交易的预期收益进行赔偿。因此，交易理论下计算的违约损害赔偿金通常被称为“预期损失赔偿”(expectation damage)。

交易的合同理论实际上是从现实的交易中抽象出了合同的三个基本要素：报价、接受和对价(consideration)。“报价”和“接受”对应于大陆法系的“要约”和“承诺”，是合同形成的要件。在交易中，一方当事人提出报价并为另一方所接受，在合同中就是立约人向受约人提出了承诺。这个承诺能否得到履行，就看这个承诺中是否包含着“对价”，在大陆法系中与之相对应的是“约因”，关于“对价”与“约因”的说明可参见专栏5-3。

对价学说是交易理论的核心概念。对价就是指立约人和受约人在交易中各自得到的东西。作为交易理论核心的对价原理在英美合同法中占据着极其重要的地位。中世纪的英国法特别注重形式，每一个实体纠纷都有一种对应的诉讼程序，在当时的合同法中只有包含具有法定书面形式并加盖印鉴的合同才能进入诉讼，大量非书面合同不能采取诉讼保护。因此，为了提高司法的效率，英国法院的法官提出了对价原理，从而使得各类合同都能以一个统一的度量标准进行诉讼。对价具有不同的表现形式，它可以是货币，也可以是商品或者服务，甚至是另一个允诺。在17世纪初期，对价在违约之诉中的地位得到了基本的确定，此后的理论家开始自觉地将对价与合同法相联系，并试图进一步揭示对价的本质。布莱克斯通在对价出现在违约诉讼中数百年后指出了对价的实质，他认为：“历来的民法学者都指出，在所有的契约当中，不论它们是明示的还是默示的，都必须要有一个作为交换的东西，或称为对等或互惠的东西。这就是作为(缔结)合同的代价或动机的东西，我们称之为对价：它必须是合法的，否则合同就归于无效。”受其影响，后来的英美法学家都以此为根据建立了以对价为基础的合同交易理论。

应该承认的是，合同的交易理论在合同法的发展历史上是有着重要的理论贡献的，它为合同法理论研究提供了一个思路。但同时也应该注意到该理论由于抛弃了交换的实体内容，使得合同法以形式上的平等取代了实际上的平等。合同法的根本目的在于促进人们协商合作，从而有助于实现各自的目的。然而在现实中，如果坚守合同的交易理论，可能会出现一种情况：立约人和受约人都希望承诺被法律强制执行，但承诺由于没有对价的支撑且不是源于交易而被拒绝强制执行。例如在商业拍卖的过程中，对商家而言，他们自然希望商品的标价是可以强制执行的，那样可以增加报价的公信力；对潜在的消费者而言，他们也希望商品的报价是可以强制执行的，这样他们就可以作出购买或者不购买的正确选择。但是根据交易理论和对价原理,商家是作出了承诺而潜在消费者却没有可以交换的东西,所以公开标价在法律上就成为不可以强制执行的了。这些来自于现实的疑问和挑战迫使传统的交易理论对理论本身作出检讨。尽管该理论对典型的交易有很强的解释能力,但是对于随着社会发展必然出现的一些非典型交易却束手无策。对价原理在一定程度上限制了合同法对社会生活的调整能力,因此导致了理论学家们开始寻求其他新的理论和新的原则来分析和解释合同法领域中发生的变化,合同理论逐步从对价原则开始向效率原则变迁。

专栏 5-3

对价与约因

正如阿蒂亚所言:"在最近一百年左右,或者说在法官们和法学家们企图对有关约因的法律下定义和作解释的百年中,似乎已将它压缩成一套可以适用于案件的前后一致的规则。这部分说明了为什么这些规则被人们认为是一种学说。但与此同时,也发生了一些变化,这些变化表明,为什么我们能说,这些法律是混乱和处处自相矛盾的。"[①]霍姆斯、威灵斯顿和柯宾等人的理论论战也都主要集中在对价或约因问题上。英美国家合同法的发展变化无一不是与约因相关,在英美国家关于约因的说明资料也可谓汗牛充栋。

在 1574 年的卡尔托普一案(Calthorpe's Case)中,"对价是一种原因或可资报答的事情,据此要求双方在事实上或法律上相互(负担)补偿(的义务)"。在这里,对价的本来意义"补偿"得到保留,但附加了一个条件,即"事实上或法律上"。"事实上"的补偿是指按照常理应给予的补偿;"法律上"的补偿是指法律上予以确定的补偿。二者合一,就是指给予事实而由法官认定应当给予的补偿。这样,对价就取得了法律专业术语的地位。

在 1599 年的魏克尔诉约翰斯案(Wichals v. Johns)中,法官帕法姆确认了双方允诺可以相互构成对价,并使这些允诺具有同样的约束力:"(在本案中)有一对允诺是双方相互作出的,因而:如果原告不履行他的允诺,则被告可以对他提起诉讼,反之亦然;同时,一方的允诺对另一方来讲,就是对价。"

使对价最终成为实体合同法中心的经典案例出现在 17 世纪,包括 1602 年的斯雷德案(Slade's Case)和皮内尔案(Pinnel's Case)。在斯雷德案中,原告斯雷德在诉状引言中声称,他应被告汉弗雷的请求已经将其拉克帕克农场上的谷物和小麦卖给了被告,请求被告履行其支付价款的允诺,而被告则否认自己曾作出过这样的承诺。法官对事实进行分析后确定,既然被告从原告那里得到了有价值的东西,而原告显然不是白送的,则被告必然已经作出支付价款的允诺,因此,被告支付价款的允诺就有足够的对价,法院支持了原告请求。在皮内尔案中,由于被告提不出原告放弃债权的原因即对价,法官判决:"在

---

① 〔英〕阿蒂亚:《合同法概论》,程正康等译,法律出版社 1982 年版,第 75 页。

清偿期届满之时仅以较小的数额来清偿较大的债务，对整体债务来说不能算是履行义务。”

二、合同的经济理论

交易原则遭到的批评日益严厉，并且表现得越来越不适用于合同法的实践，到了20世纪六七十年代，美国出现了一个关于合同的经济理论。当合同理论从交易理论走向经济理论后，效率原则开始取代教条化的对价原则。合同的经济理论认为，如果一个承诺在订立的时候，立约人和受约人都希望它能够被强制履行，那么就应该要求它被强制执行。所谓的效率原则，其基本思想是如果一份合同经过修改有可能在双方不受损的条件下至少使一方受益，那么原来的合同就是无效率的；如果这样的修订是不可能的，那么该合同就是有效率的。这里提到的效率实际上就是经济学意义上的“帕累托效率”，是指合同的强制执行能够明显改善合同双方当事人的境况，或是能使一方当事人的境况改善而同时没有使得其他任何一个人的境况恶化的情况下，这样的合同就应该在法律上予以履行。具体而言，符合以下五个经济目标的合同是需要强制执行的。

1. 促进交易合作

瞬时完成的交易是不需要承诺或者允诺的，但是在延期的交易中，从给出承诺到履行承诺之间有很长的一段时间。在这段时间内，不确定性和风险随时都可能发生并会阻碍交易和合作。在一方交付商品而另一方承诺数日后交款的情况下，如果这种合同不给予法律上的强制履行会招致很高的风险，一个谨慎的商品卖方是不会愿意先交货后拿钱的，这样就会导致合同无法达成，合作不能实现。此时，对于这类符合效率原则的合同给予强制执行，为付款允诺提供履行的法律保证，则对双方都有利的合作就可以促成。这实际上就是合同法的第一个目标，即通过把不合作结果的博弈转变成有合作结果的博弈，促进人们合作。下面通过一个博弈模型来看合同法的第一个目标。

假定立约人是某投资公司，受约人是出资人，出资人的策略为投资该公司或者不投资，而投资公司在出资人投资的情况下其策略为合作或者私吞出资人的资金。如果选择的是合作，双方均可获利0.5；如果选择的是私吞，则利益在两者之间进行了重新分配，投资人损失1，投资公司取得收益1；当出资人选择不投资时，博弈双方没有任何收益，具体收益矩阵可以参见表5-1。根据对表5-1的观察，投资公司私吞要比合作获得的收益高很多，因此对投资公司而言，最优的选择自然是私吞。而出资人可能会预期到投资公司将要采取的私吞行为，因而出资人只能选择不投资来避免风险，于是在合同法介入之前的代理博弈的均衡解为（不投资，私吞）。

表 5-1　合同法介入前的代理博弈

出资人＼投资公司	合作	私吞
投资	(0.5,0.5)	(-1,1)
不投资	(0,0)	(0,0)

在无合同约束的情况下,双方不可能订立具有可强制执行的契约,如果投资公司私吞,法律将不能提供相应的救济,所以即使合作对双方有利,也不会发生合作。现在假定合同法介入其中,投资公司则承诺合作来换取出资人的投资,出资人进行投资作为相应的对价。如果投资公司违约,合同法就可以进行救济,防止投资公司对出资人的损害。在此情况下,代理博弈收益矩阵发生改变,具体见表 5-2。

表 5-2　合同法介入后的代理博弈

出资人＼投资公司	合作	私吞
投资(有合同)	(0.5,0.5)	(1,-1)
不投资(无合同)	(0,0)	(0,0)

如果出资人与投资公司签订合同,出资人进行投资,投资公司履约,双方各自得到收益 0.5。如果出资人投资,投资公司违约,则法律进行救济,假定出资人可以获得赔偿金额 1。无论投资公司是否履约,出资人都可以获得收益,但是如果不投资收益就为 0,于是对出资人来说,最优策略为投资。在出资人选择投资的前提下,投资公司若履约则有收益,若违约反而是损失,因此投资公司的最优选择是履约。可见,当合同法介入之后,双方的代理博弈均衡为(投资,履约)。一个承诺在作出之时是可以强制执行的,从而立约人的履约承诺是可信的,这样一个可信的履约承诺可以促进双方进行有效的合作,因此符合效率原则的合同就应该允许其获得法律上的强制执行。

2. *获得履约承诺*

当不考虑交易的延期性,立约人是否履约就取决于履约成本和违约责任之间的对比关系。当立约人的履约成本低于违约责任的时候,他会选择履约;当履约成本高于违约责任的时候,他就会选择违约。对关注违约责任的立约人来说,其所受约束条件为:

履约成本 < 违约责任→履约

履约成本 > 违约责任→违约

但是效率原则要求的是合同需要使立约人和受约人双方的收益总额最大化。简而言之,如果立约人执行允诺的成本低于受约人因此获得的收益,则履约是有效率的;反之,如果立约人执行的成本高于受约人因此获得的收益,则违约是有效率的。可以将效率原则的最优履约的约束条件归结为:

立约人的履行成本 < 受约人从履约中获得的收益→履约是有效率的

立约人的履行成本 > 受约人从履约中获得的收益→违约是有效率的

综上所述,当立约人的违约责任等于受约人从履约中获得的收益时,对社会最有效率的履约的约束条件也是对立约人最有效率的履约条件。此时,这样的合同最具有效率性,必须予以强制执行,因为它能够促使立约人产生有效履约的动机,使受约人获得最优的履约承诺。

3. 获得最优信任

合同形成之后,双方进行合作。实际上,双方开展合作的基础是不同的;立约人为了履约而进行合作,受约人是基于信任而进行合作的。信任是由承诺激励而形成的受约人境况的改变。对受约人而言,这种改变提高了履约的价值。但是必须注意的是,这种履约价值的提高往往是有代价的。所以信任具有两面的作用,当合同履行的时候,会提高收益;当合同不履行的时候,则增加了成本。而合同法的目标就是在两者之间找到均衡,建立起最优的信任。

额外信任的预期收益等于受约人履约价值的提高乘以履约的概率;额外信任的预期损失等于受约人违约损失的增加乘以不履约的概率。

预期收益 = 立约人履约的概率 × 受约人履约价值的提高

预期成本 = 立约人违约的概率 × 受约人违约损失的增加

如果预期收益大于预期损失,则效率原则要求增加信任;反之,如果预期损失大于预期收益,则效率原则要求减少信任。当预期损失与预期收益相等的时候,则达到最优的信任。

预期收益 > 预期损失→增加信任

预期收益 < 预期损失→减少信任

预期收益 = 预期损失→最优信任

4. 最小化交易成本

合同往往包括各种各样的风险,因此在签订合同之初就需要在合同中明确分配双方当事人的风险。但是各种风险不可能在签订的时候,都能预料到并一一列出和进行分配。当一个合同对某一风险不作出说明的时候,那么这个合同就存在一个“缺口”。所谓合同的缺口就是指合同中没有明确说明但会影响合同责任的事件。缺口的出现,并不完全是当事人有意识所为,也可能是当事人无心引起的。在合同中明确列出风险的条款是明示条款;还有一类条款是没有在合同订立之初明确列出的条款,法院可以通过解释双方当事人的意思,认为在某些情况下,他们的履约义务不是绝对的,而是有条件的,即使他们在合同中对此没有明确的规定,但也可以默示地适用于他们的合同,当这种默示条件成立时,当事人就可以免除履约义务,这被称为默示条款。默示条款按照不同的判断标准可以分为:事实上的默示条款、法律上的默示条款和习惯上的默示条款。事实上的默示条款是指合同中未明确规定,但根据当事人的意图必须包括在内的条款;法律上的默示条款是指虽然当事人并无此意,但法律规定应该包括的条款;习惯上的默示条款是指根据习惯和惯例应该包括在合同中的条款。在一些特定的情况下,法院可以通过提供默示条款来填补合同的缺口,默示条款是以违约的形式来填补合同的缺口的。因此,合同法实际上是通过提供有效的违约条款使商议合同的交易成本最小化。

如果在合同订立的时候就商讨如何分配意外事件带来的风险,那么必然会增加双方的交易成本;但是如果在合同订立的时候就留下缺口,那么事后发生意外时的实际损失就要在双方之间进行合理分配。合同订立双方可以在分配事前风险和分配事后损失之间进行选择。如果决定要在合同中以明确的条款分配风险,则需要承担较高的交易成本;如果觉得留下合同的缺口,则要承担因为合同缺口所导致的预期损失。因此,当事人是否在合同中留下缺口以及留下多大的缺口就取决于他们对于交易成本和预期损失的比较。当事前分配风险的成本大于事后分配损失的成本乘以损失发生的概率,则他们会选择留下缺口;当事前分配风险的成本小于事后分配损失的成本乘以损失发生的概率,则他们会选择填补缺口。

5. 增强合同的完备性

随着事件的发展,有些在合同订立之初是适宜的并被明确写入合同中的条款有可能变得不合时宜。于是法院就可以通过宣布合同中的某些条款无效或是提供一些条款取代原有合同中的明示条款,利用合同法来调整合同条款并纠正市场失灵现象,以便增强合同完备性。完备的合同与完全竞争的市场相对应,只有在完全竞争的市场中形成的合同才是完备的。所谓完备的合同是指具有完整性和效率性的合同。这里的完整性,可以理解为每一种偶然性的情况都被预料到了,而且相关风险也在双方当事人之间进行了有效的分配,所有有关的信息都是对称的,不会发生任何超出合同之外的情况。这里的效率性,是指每一种资源都配置给了对其评价最高的一方,每一种风险都配置给了能以最低成本承担该风险的一方,而且合同的条款对双方通过合作能够得到的合作剩余的种种可能性都进行了详尽的描述。根据以上对完备合同的描述可知,只有理性的经济人在交易成本为零的情况下才可能达成一份完备的合同。

如果合同双方所形成的合同是一个完备的合同,那么这个合同是没有缺口的,双方当事人也不需要法院提供违约条款,该合同也就不存在市场失灵的可能性,合同双方也不需要法院介入对合同条款进行调整。完备合同的双方当事人需要法院为其所做的事情,仅仅是根据他们双方已经订立的合同条款强制他们履行达成的各项条款。然而,在现实经济活动中,交易成本总是为正,当事人也不可能是完全理性的经济人,因此他们所达成的合同也不可能是完备的。这时候就需要合同法对非理性的当事人在交易成本为正的情况下订立的不完备合同进行调整。下面分别探讨个人理性和交易成本两个因素对合同法调整合同关系的影响过程,基本观点可归纳在表5-3中。

表5-3 完备合同的条件与合同法的调整原因

影响因素	完备合同的条件	合同法的调整原因
个人理性	稳定有序的偏好	缔约能力瑕疵(无资格和无能力)
	不受约束的选择	胁迫
	不存在必要性	显失公平
交易成本	不存在外部性	违反公序良俗
	不存在信息不对称	欺诈、重大误解、违反告知义务
	完全竞争的市场	格式条款、乘人之危

微观经济学对有理性的个人决策定义了三个假设条件:第一,有理性的决策者能够按照偏好的次序排列结果,从非优先选取的到最优先选取的。为了排列结果,决策者必

须有固定的偏好,如果偏好不稳定或者没有排列好,那么当事人在法律上就是无资格的或是无能力的,就不能订立可强制执行的合同。第二,决策者的机会受到适度约束,以至于他们只能达到其部分目的,而非全部。极端的约束破坏了行动自由,以立约人面临极端约束为理由存在容忍违约的两个规则是胁迫和必要性。如果合同是在胁迫的状态下订立的,那么以胁迫为由的违约是法律所允许的。第三,如果承诺是在立约人面临灾难性的困难时订立的,那么法院可以根据必要性的理由而允许违约。

订立一份合同通常包括寻找合作伙伴、商议条款、草拟合同、订立合同以及履行合同等多个步骤。在这个过程中会产生较高的交易成本。较高的交易成本的存在会使得订立之时原本合宜的条款变得需要法律进行调整。尤其在存在外部性、信息不对称和垄断的三种情况下,需要合同法对合同条款进行相应的调整。首先是外部性的存在会导致对第三方的损害,所产生的成本溢出使得个人的决策偏离社会的效率,从个人角度实现的最优情况对社会却可能是有害的。此时,合同法就可能通过拒绝强制履行合同来保护第三方当事人的利益。其次,有可能存在一种情况是合同双方对特定的有关合同事项的信息是不对称的。如果受约人是通过不告知有关信息或是欺诈的方式诱使立约人作出承诺并订立合同的,则法律可以以信息不对称为由拒绝对合同予以履行。最后,如果合同交易所处的市场是垄断的市场,具有垄断地位的一方可以控制交易的价格和合同的各项条款,那么由此签订的合同往往是不具有经济效率的,从而成为合同法规制的对象。日常提到的格式合同以及格式合同中的"霸王条款"都能被视为基于垄断的合同,我们将在第六章的案例研究中作详细的讨论。

三、合同法的长期关系

很多合同并不是一次性完成的,而是需要重复交易和合作。基于合同法长期关系的特殊性和重要性,本节将说明长期关系的经济学分析。在长期关系中,为了稳固合作关系,合同当事人通常依赖非正式的手段,而不是强制执行的法律。经济学者们研究了长期关系会如何影响人们的行为,我们将以代理博弈为例来解释一些主要的结论。[①]

在代理博弈中,出资人提供资金,投资公司进行投资。为了描述长期关系中的合作,假设表 5-4 所表示的代理关系可以无限次重复。在这个无限次重复博弈的任何一个子博弈中,出资人提供资金,投资公司投资。当然投资公司可以私吞对方的投资直接获利,但出资人也可以在下一回合的子博弈中进行报复,惩罚投资公司。

表 5-2 的可强制执行的承诺可以解决这一问题。但是假设承诺由于某些原因不具有强制执行的法律效力,例如,违约无法被证实、审判过于昂贵或腐败的法院。在没有法律约束下,为了解决这些问题,委托人将会在之后回合的博弈中采取报复行为。

表 5-4　出资人针锋相对时,投资公司的收益举证

投资公司的策略	轮次	$N-1$	N	$N+1$	$N+2$	$N+3$	$N+4$	$N+5$	$N+6$
	私吞	…	1	0	0	1	0	0	…
	合作	…	0.5	0.5	0.5	0.5	0.5	0.5	…

① 〔美〕罗伯特・考特、托马斯・尤伦:《法和经济学》(第六版),史晋川、董雪兵等译,格致出版社、上海三联书店、上海人民出版社 2012 年版。

表5-4举例说明了出资人可以通过对投资公司的私吞行为有效地采取报复行动来打消投资公司私吞的念头。假设投资公司在第 N 回合子博弈中,选择私吞出资人的投资,即投资公司在第 N 回合可以获得1单位的报酬。然后,出资人会在接下来的 $N+1$ 和 $N+2$ 回合子博弈中采取不再投资的报复行为,那么投资公司在 $N+1$ 和 $N+2$ 回合子博弈中所能获得的收益为0。因此,投资公司在采取私吞策略后,从 N 到 $N+2$ 回合子博弈中所能获得的总收益为1。

相反,如果投资公司从第 N 到 $N+2$ 回合子博弈中均采取合作策略,那么,当投资公司选择合作策略时,出资人的反应是投资。投资公司从 N 到 $N+2$ 回合子博弈中所能获得的总收益为1.5,要高于选择私吞的收益。① 假设出资人继续采用相同的策略,那么这三个回合子博弈的结论就能成立。例如,投资公司在 $N+3$ 回合子博弈中选择私吞,那么其从 $N+3$ 到 $N+5$ 回合子博弈中所能获得的总收益为1,而选择合作的总回报是1.5。

从长期看,投资公司从合作策略中所能获得的收益要高于从私吞策略中所能获得的收益。出资人的报复策略能让投资公司了解到这个教训。奖励合作、惩罚私吞的策略,被称为"针锋相对"策略。研究表明,针锋相对策略是重复代理博弈的一个有效率的均衡。

长期关系源于约束机制,并能形成制度,从而确保即使在没有法律保护下也能促进经济合作。但是合作关系的时间长度并不是无限的,在合作关系即将结束之时,就会面临终局博弈的问题。在表5-4中,当出资人不能采取下几个回合不投资的报复策略时,投资公司将选择私吞投资。而在博弈的最后一个回合,出资人不具备报复能力,因而代理博弈的最后一个回合与一次博弈的逻辑结构完全相同。这将导致在终局博弈中,如果缺乏强制履行的合同约束,博弈参与人就不能达成合作,甚至双方可能在每一个回合的子博弈中都不能达成合作。1989年的东欧,就是一个终局博弈的典型事例,具体讨论可参见专栏5-4。

≺专栏5-4≻

1989年东欧的终局博弈

1989年,东欧戏剧性地瓦解。中央计划经济在东欧已不可挽回地失败,市场经济迅速取代了中央计划经济,成为了新的经济体制。不幸的是,这个时期整个东欧经济出现了衰退。为何经济体制的改变会导致经济衰退而不是经济增长呢?

在苏联模式的共产主义制度下,大量生产活动是基于长期关系而存在的,例如,一个卡车司机"免费帮助"他一个经营加油站的朋友送货,而加油站的经营者也会在他汽油供应不足时提供汽油。计划经济体制的崩溃瓦解了政治生活。这种瓦解使人们对他们的长期经济关系是否能得以维持产生怀疑;而随着长期关系的终结,合作将难以为继。例如,卡车司机失去了对加油站经营者会为其继续提供汽油的信任(比如,加油站经营者可

① 表5-4假设不存在对时间的贴现。严格来说,收益应该按照收到的时间进行贴现。

能失业)，因此，他也就不愿意为加油站免费运输货物了。

合作的失败导致1989年后整个东欧经济的衰退。这种情形可以通过有效率的财产制度和合同制度的保护得以纠正。一些东欧国家已经得到了纠正。然而，在另一些国家，企业仍然是通过窃取财产(尤其是国家财产)而不是通过生产商品来获得高额利润。

第三节　合同过程的经济学分析

《新帕尔格雷夫法经济学大辞典》中对于合同的定义是：合同作为一种其成立后所获条件的功能，是对特定当事人在不同时期期望采取之行动的具体描述。这些行为包括货物运输、服务及货币支付等，而这些条件则包括不确定的偶然事件、当事人的过去行为及其传递的信息等。法经济学家把合同看成是当事人为了达成交易、实现自己的私人目的而为的一种合意。而合同法的作用就在于总结人们的交易习惯，规定统一的交易规范和术语，以免当事人每次签订合约都不得不就每个细节问题订立烦琐的合同条款，从而实现减少交易成本、促成交易的目的。本章将对合同的整个过程包括从缔约、履约、违约到解除等各个环节所产生的问题进行相应的分析。

一、缔约过程

合同是当事人之间意思表示一致的结果。各国合同法都认为，意思表示一致必须由双方当事人就同一标的交换各自的意见，从而达成一致的协议。这种订立合同的意思就是要约与承诺，即一方当事人向对方提出一项要约，而对方对该项要约表示承诺的过程。当然一个有效的合同还应该包括对价，这里不再对对价展开论述。在民法中，合同的成立必须经历两个不可缺少的阶段——要约(offer)和承诺(acceptance)。所谓要约，就是订立合同的当事人一方向另一方发出缔结合同的提议，发出要约的一方是要约人，另一方为受要约人。要约也称报价、发价或是报盘、发盘。所谓承诺，就是受要约人同意接受要约的全部条件的缔约合同的意思表示，也称接受。承诺必须是明确的、不含糊的和无条件的，不能带有附加条件或条款(即“镜像原则”，mirror image)；承诺亦必须经传达才生效(即“邮筒原则”，mail-box rule)。要约若是被受要约人拒绝，则称拒绝要约，要约一经拒绝即终止；如果要约被接受，但接受是附有条件的，包含了新的条款或改变了原要约中的条款，则构成反要约(counter offer)。

要约与承诺作为合同的基本要件，是以意思表示一致为依据的。波斯纳曾指出：“合同法的作用在于通过自愿交换，促进各种资源流向更有价值的使用方向，如果某许诺完全是单方面的，它就不可能成为交换的一部分。”①所以，意思表示一致也即合意，从经济学角度来看，必须建立在自愿交换双方都可以获利的假定基础之上，可以通过艾奇沃斯

① Richard A. Posner, *Economic Analysis of Law*, Little, Brown and Company, 1986, p. 185.

盒形图来进行说明,说明过程如图5-1所示。

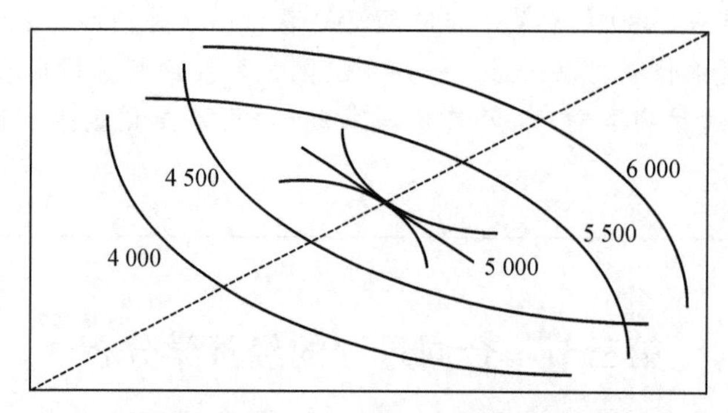

图5-1　缔约双方交易的艾奇沃斯盒形图

假定有甲乙两个人,甲想将自己的一台液晶电视卖给乙,这台液晶电视对甲来说效用为4 500元,而乙认为其值5 500元,双方都不知道对方的心理价位。于是甲不会以低于4 500元的价格出售,而乙也不会以高于5 500元的价格购入,但是潜在购入者的心理评价高于潜在的出售者,交易可能发生。假定他们订立合同以5 000元的价格成交,这个合同的履行与缔约之前相比,两者各得到500元的福利增加。合同履行所创造的价值为1 000元。图5-1中,左下方是甲的无差异曲线,右上方是乙的无差异曲线,对角线被称为契约线。只有当双方自愿交换对两者都有利益时,也即存在合作剩余的时候,双方才可能就某一标的订立合同。

二、履约过程

合同的履行(perform)是指合同当事人按照合同的约定行使权利和承担义务的行为。前面已经提及,如果合同是一个完备合同,则应该履行。因为完备合同符合效率原则,是能够使当事人之间的效用最大化的,合同不履行将会导致效率的损失。但是当合同是不完备的时候,合同是可以不履行或是可以不完全履行的。这里要探讨的问题是,在什么情况下合同是可以不履行或可以不完全履行,是可以由被告方提出立约与履约上的抗辩的。

当原告对被告的违约提起诉讼之时,被告可以提出两类辩解:第一是立约抗辩,订立合同时的不完备,所以合同是不可履行的;第二是履约抗辩,合同是通过正当手续订立的,并产生了法律责任,但在履行过程中出现了意外,因而应免除其合同义务。被告抗辩的目的是要求法院免除其合同义务。在这种情况下,法院根据效率的原则,将依据合同是否完备的有关标准,来判定违约方所提出的抗辩理由是否能够成立,并以此来作出是否应该免除违约方合同义务的判决。考特和尤伦指出:“根据我们的经济学理论,完备合同应予以严格履行,而反对履行的辩解应以所谓的合同不完备为依据。履约抗辩是以合同中没有考虑到意外事故发生为依据的。所以法律承认的抗辩借口堪称是合同形成过程中不完备或未预期到的意外事故,这些最好通过不履行承诺而得到补救。”考特和尤伦所论述的立约抗辩和履约抗辩的各种可能情况可以归纳在表5-5中。

表 5-5　立约抗辩和履约抗辩

法律理论	引致法律理论的事实情况	激励问题	法律解决方式
无资格	无资格行为人进行承诺	以最低成本保护无资格行为人	从无资格行为人最大利益角度解释合同
胁迫	受约人进行破坏性威胁	阻止威胁	不予强制履行合同
必要性	受约人威胁不进行援救	回报援救	受约人支付援救成本及回报
不可能性	突发事件阻止履约	鼓励预防措施和风险分散	由最小成本风险承担者承担责任
标的毁损	突发事件使履约标的毁损	鼓励预防措施和风险分散	由最小成本风险承担者承担责任
对事实的共误	买主和卖主对事实都存在误解	鼓励预防措施和风险分散	由最小成本风险承担者承担责任
对同一性的共误	买主和卖主所想的不是同一物	阻止非自愿交易	解除合同
单方失误	买主和卖主对事实有误解	结合信息与控制权、鼓励发现	强制履行合同
透露责任	受约人因信息保留而受损	鼓励真实信息供给	为损失承担责任
欺诈	受约人有意提供虚假信息	防止虚假信息供给	对合同不予履行并承担损失赔偿责任
追随式合同	卡特尔用标准式合同来促进共谋	分化卡特尔组织	对卡特尔合同不予履行
程序性显失公平	消费者对零售商合同中的重要条款无知	为交流合同条款含义提供激励	除非议价过程中包括交流信息，否则对合同不予履行

一般认为，自愿订立的合同应当得到履行，合同的履行也能够使得双方当事人和社会都从中获利。但是，也有特殊的情况，如因为情况发生变化，履约已经根本不可能；实际履行并不经济，违约反而是有效率的。前者是履约免除，后者是有效违约。履约免除是合同成立以后，由于特定情况的发生，因此免除当事人履约的义务。履约免除的事由包括：不可抗力、情势变更和合同免责条款。所谓不可抗力(force majeure)是指不能预见、不能避免且不能克服的客观情况[①]，包括自然灾害如台风、地震、洪水、火山爆发等，还有某些社会现象如战争、罢工等。情势变更(changed circumstances)与英美法中的合同落空概念接近，是指在合同不能履行或者如果履行会显失公平的情况下，根据诚实信用原则，当事人可以请求变更或解除合同。合同中的免责条款(exclusion clause 或 exemption clause)是双方当事人在合同中事先约定的，旨在限制或是免除其未来责任的条款，包括限制责任条款和免除责任条款。这些事前没有明确或是根本不可能预见的风险所造成的合同不能履行从而产生的风险成本将由哪一方来承担呢？对此，法院必须先确定该种风险在合同中是否明确地分配给当事人中的一方。如果已有明确分配，就应该根据合同条款履行并承担相应风险；如果没有明确分配，法院必须确定该种意外风险是否在合同

① 参见《中华人民共和国民法通则》第 153 条。

条款中有隐含的分配,如果可以合理推断有这种隐含的分配,则根据该推断予以履行;如果既没有明确的分配,也没有隐含的分配,则应由预防或承担该意外风险成本较低的一方当事人承担。这一原则可以刺激当事人积极采取预防措施,从而减少合同的风险,同时也减少由于这种风险所产生的社会总成本。此外,关于有效违约的思想,已经在合同的经济理论中论述过,也即从效率的角度出发,认为当实际履行有助于当事人实现其目标而不是相反的时候,则承诺就应该履行。反之,如果实际履行的成本大于履行所能带来的收益,就不应当履行。这就是法经济学中著名的"有效违约"(efficient breach)或"效率违约"的基本观点。考特和尤伦认为,这个观点是法经济学"最有见地的观点之一"。

三、违约过程

法律术语"违约"(breach of contract)是典型的英美法系用语,与之相近的大陆法系用语应为"债务不履行"①。违约责任,在英美法系中一般被称为违约救济,在大陆法系中被包括在债务不履行的责任之中,在我国立法中则被称为违反合同的民事责任或是合同责任。当合同双方当事人在缔约之后,契约债务未获履行或未获完全履行时,为保障契约债权人的期待利益,法律设立了一系列的救济措施以构成救济体系。纵观各国的合同法救济体系,主要的救济措施包括:要求债务人按照合同实际履行,称为实际履行措施②;或者要求债务人依照合同所要实现的预期利益折算为相当货币进行赔偿,称为损害赔偿。法经济学和法学理论界都非常关注的问题是,在实际履行和损害赔偿之间如何进行选择、具体的损害赔偿额又应该是多少等,这都是关系到一国法律政策的重大问题。

1. 实际履行

实际履行(specific performance)也称继续履行、强制实际履行或是依约履行,是指一方在不履行合同时另一方有权要求法院强制违约方按照合同规定的标的履行义务,而不得以支付违约金和赔偿金的办法代替履行。作为救济措施的实际履行包括两层含义:一是,在一方违约时,非违约方必须借助于国家的强制力才能使违约方继续履行合同;二是,要求违约方按合同约定的标的来履行,而不是以支付违约金和赔偿金的办法代替。实际履行最为适用的是没有替代品的交易,如对古董、字画和艺术品等标的物的交易。实际履行这种救济方式的实质就是将标的物本身,而不是标的物的价值给予受约人。法院通过将实际履行作为违反提供不存在替代品的物品的允诺的补救方式,可以避免问题无法解决的可能性,即难以断定受约人对违约物品所作的主观价值判断。法院判定实际履行,实质上赋予了受约人受财产规则保护的权利。只有当情况的变化使得立约人的履约成本变得很高,或者存在一种比履约更能增加其价值的交易时,违约才是有效率的。这时,立约人可能愿意向受约人支付金钱,要求受约人放弃实际履行的权利,也即受约人可以在实际履行和获得赔偿之间进行选择。

实际履行会导致较高的成本,可以分为私人成本和社会成本。实际履行是公权力介

---

① 债务不履行比违约的范围更为宽泛,除合同的不履行之外,还包括因侵权所生债务的不履行、因不当得利所生债务的不履行以及因无因管理所生债务的不履行等。

② 在我国学术界,一些学者将实际履行称为强制履行,另一些学者则认为两者之间存在差异,需要加以区分。

入私人纠纷的一种解决途径,因而不可避免地需要支付给第三方介入履行所需的成本。如当事人实际履行时,必须聘用律师,支付诉讼费用和执行费用,而且还要承担相应的机会成本。此外,实际履行是借用公权力实现缔约当事人之间资源的重新配置,就其后果而言,会给社会造成成本,具体表现在:一方面,直接造成司法资源的损耗;另一方面,虽然借用公权力实现了债权人履行合同的目的,但其实现过程不仅违背了债务人的意愿,可能也影响了其他社会公众的既得利益。当实际履行成本过高的时候,也会出现不能适用实际履行的情况。第一,实际履行已属不能。例如,无替代品的标的物被盗或是毁损等情况。第二,实际履行已无必要。例如,季节性很强的合同标的,在超过期限后仍实际履行则已无意义。第三,违反基于人身依赖关系的合同和提供服务的合同。这种合同不适用实际履行是惯例,因为强制违约当事人提供其劳动或服务,会侵犯他人的人身自由。第四,实际履行违反法律规定和契约约定。第五,实际履行在经济上不合理。

2. 损害赔偿

损害赔偿(damage)也称损失赔偿,在合同法中是指债务人不履行或者不完全履行债务时,依据法律规定或者约定赔偿债权人所受损失的一种责任形式。从性质上讲,损害赔偿实际上是法律强制违约方给付受害人一定数额的金钱,目的在于弥补受害人所受到的损失,因此产生损失是赔偿的前提条件。与实际履行这种财产规则相比,损害赔偿实际上是法律通过责任规则保护受约人的利益。违约的损害赔偿原则是:若一方当事人的约定义务未予履行,则该方当事人须使对方达到相当于合同已经完全履行的地位,只要非违约方不能处于那样的地位是违约义务不履行的可预见性的结果[①],赔偿就应包括因违约给受害方造成的全部损失,这也就是完全赔偿原则。具体而言,就是通过赔偿使得受害方在经济上达到合同得到正常履行时的状态,或者恢复到合同订立前的状态,另外还要赔偿违约方已知和可预见的、违约行为给受害方造成的可得到利益的损失,即预期损失、信赖损失和可得利益。

预期利益,是指当事人在订立合同时期望得到的利益。预期利益是用预期损害赔偿来保护的,目的是使受害方获得假如原合同能够完全履行所能得到的利益,即得到该得的,包括履行利益、利润损失和一些附带损失。在大陆法系中,这种赔偿被称为“积极赔偿”。信赖利益(reliance interest),是指当事人因信赖对方将履行合同而支出一定费用,因对方未履行或未适当履行而蒙受的损失。信赖利益是用信赖损害赔偿(reliance damage)来保护的,目的是使受害方恢复到合同订立前的状态,即补偿不该失去的。在大陆法系中,这种赔偿被称为“消极赔偿”。可得利益是假如合同适当履行,受害方可以得到的利益,或称预期可取得的财产利益。可得利益可用机会成本赔偿来保护。因为订立一个合同意味着失去订立另一个合同的机会,以失去的机会作为计算损害赔偿的底限,预期损害赔偿、信赖损害赔偿和机会成本赔偿之间的区别在于计算赔偿款的底限。所谓底限,就是指未受损害的状态。对预期损害赔偿而言,未受损害的状态是受约人在合同得到履行后所处的状态;对信赖损害赔偿而言,未受损害的状态是受约人在没有订立合同

---

① 〔美〕贝勒斯:《法律的原则——一个规范的分析》,张文显等译,中国大百科全书出版社1996年版,第234—235页。

之时所处的状态;对机会成本赔偿而言,未受损害的状态是受约人在履行时可供选择的最优合同时所处的状态。一般而言,履行实际的原合同应该至少使受约人的情况好于履行另一个可供选择的合同,所以完全预期赔偿至少应该和完全机会成本损害赔偿数额相对。履行另外一个可供选择的合同应该使受约人的情况好于没有订立合同的状态,所以机会成本损害赔偿至少应该等于完全信赖损害赔偿数额。由此,可以得到三种赔偿的数量关系为:

完全预期损害赔偿≥完全机会成本损害赔偿≥完全信赖损害赔偿

下面通过对一个医疗合同纠纷案例的图形分析来比较这三种损害赔偿额的大小关系,案例情况类似于考特和尤伦所述的“豪金斯诉麦琪案”[①]。2005 年 8 月,四十出头的吴女士到郑州某医疗美容门诊部咨询有关手术的事宜,负责接待的医生向她介绍了许多整形美容手术的好处,并保证术后能使她更加美丽。于是,吴女士在该门诊部由负责人为她做了眼部整形,包括做双眼皮、去除眼袋和面部提升手术三项。手术一年后,吴女士发现自己的眼部一直红肿,而下眼睫毛也因为手术的原因没有了,上眼睫毛也只剩不规则的几根。在经过多次的上门协商后,2008 年 10 月,该门诊部的另外一名医生又为吴女士的双眼皮做了修复手术,可是修复后的效果与第一次手术后的效果并没有什么区别,吴女士仍需带着深色眼镜出门。2009 年 10 月,吴女士再次来到该门诊部,该机构在检查了吴女士的眼睛情况后承认第一次的手术和修复手术均失败,遂答应给吴女士再次进行修复。不过吴女士在经过两次手术后已经对该门诊部的医生丧失了信心,而且通过咨询其他相关专家,吴女士知道自己的眼睛已经受到了严重损坏,即使再次修复也要花费巨额的费用,同时要承担巨大的手术风险,痛苦之中的吴女士将该医院告上法庭。[②]

一般而言,法院的损害赔偿额度将根据不同的伤残程度和级别,酌情判定具体的赔偿数额。在图 5-2 中,横轴表示的是吴女士眼部整容可能出现的状况,0 代表完全伤残,100% 代表完好无损,中间的程度用百分数表示。纵轴表示的是对应的赔偿数额。图中曲线表示的是伤残程度与赔偿金额的关系。假定手术前眼部的完好程度为 50%,手术后只有 25% 变差。在本案中,预期损害赔偿额是被告承诺的 100% 完好的眼部和实际结果只有 25% 完好的眼部之间的差额。图中,如果眼袋整形成功,赔偿额为 0;如果眼袋完好程度只有 25%,赔偿额为 100 000 元,也就是原告的预期损害赔偿额为 100 000 元,即最右上方的一条曲线。信赖损害赔偿额是手术前 50% 完好的眼袋和手术后 25% 完好的眼袋之间的差额,即通过赔偿达到使得原告的眼袋恢复到相当于手术前的水平,所以赔偿额是 50 000 元,即最左下方的曲线。剩下的中间一条曲线是机会成本标准下的损害赔偿额度线,因为该医院的手术使得吴女士失去了寻找另一家更正规的医院进行手术的机会,这个机会的价值取决于由另一家医院动手术后眼袋能够达到的完好程度。假定另一家医院的手术能够使眼袋恢复到 75% 的完好整形水平,则被告医院的机会成本损害赔偿额就是另一家医院提供的 75% 的完好水平和被告医院达到的 25% 的完好水平之间的差额。

---

① 具体内容可参见〔美〕罗伯特·考特、托马斯·尤伦:《法和经济学》(第六版),史晋川、董雪兵等译,格致出版社、上海三联书店、上海人民出版社 2012 年版。

② 案例来源:《女子整容不成反毁容 美容机构遭起诉》,中国法院网,2010 年 9 月 9 日,http://old.chinacourt.org/public/detail.php?id=427032。

机会成本曲线应该在75%的点上与横线相交，对应于另一家医院能够提供的整形程度。与在其左边和右边的信赖曲线和预期曲线一样，机会曲线上的每一个点都代表同样的利益水平。所以，该机会曲线与信赖曲线和预期曲线相平行，其对应于25%的点的位置所指的80 000元，就是机会成本损害赔偿额。在本案例中，正好介于信赖损害赔偿额和预期损害赔偿额之间。

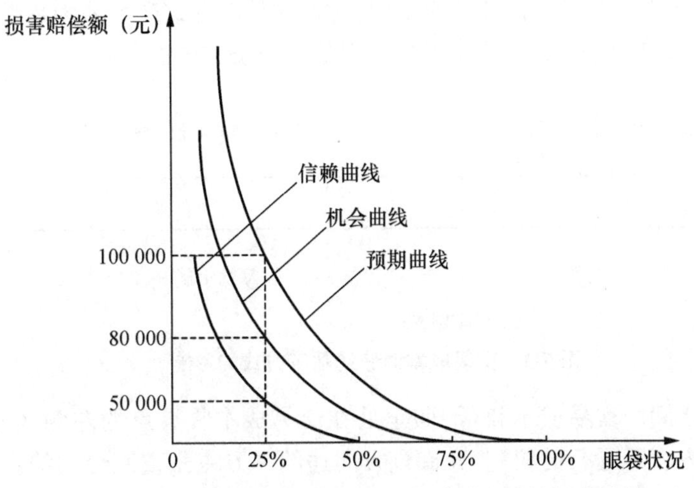

图5-2　预期损害赔偿、机会成本赔偿和信赖损害赔偿

此外，还有其他的一些损害赔偿计算方式，如返还和清偿性损害赔偿。返还（restitution）是指在延期交易中，一方当事人通常要向对方当事人预付一笔款项以换取在以后行动中的承诺。在此情况下，违约赔偿只需违约方归还之前交付的款项即可。清偿性损害赔偿（liquidated damage）是指，在订立合同之时，双方已经预先确定了一方违约时应该采取的赔偿方式。如果所规定的赔偿额度超过违约实际损失，则是一种惩罚性赔偿；如果所规定的赔偿额度没有超过违约实际损失，则被称为清偿性损害赔偿。

3. 实际履行与损害赔偿的比较

一般而言，大陆法系的国家多以实际履行行为作为首选，而英美法系的传统则以损害赔偿为原则居多。在大陆法系中，实际履行是一种重要的违约补救方式，如1990年的《德国民法典》甚至认为，实际履行是一种最为重要的违约补救方式，在其第25条中规定，只有在"不能恢复原状或恢复原状已不足以赔偿债权人的损失"和"恢复原状需要支付不相当的费用"时，才可以通过金钱赔偿弥补债权人的损失。在英美法系中，普通法的违约补救措施主要是损害赔偿。实际履行知识作为衡平法的辅助手段，"只有在损害赔偿不足以提供有效救济，且对于契约履行法院易于监督的场合，方可判定实际履行"。两者差异如此之大，究其原因主要是因为传统的两大法系的法律结构不同所致。在英美法历史上所形成的特有的法律结构下，按照英国普通法，当事人违约时，原则上受害的一方仅有权请求损害赔偿。当损害赔偿的方式不适当的时候，法院基于公平正义原则，可给予衡平法救济，也即实际履行。因此，实际履行的准许与否是法院的职权，当事人并无请求的权利。这一制度的传统来源于英美法中衡平法和普通法的二元法律调整体系。

两种违约的救济方式都有其应用的具体环境和特殊问题,但是如果履行利益是能够被确定和计算的,并且履行是具有可替代性的,那么两种方式就存在替代的可能性。此时,就涉及一个问题,在两种方式都可行的条件下,应该优先考虑哪一种方式。法经济学的回答其实很明确,当某种事件的发生使不履行比履行更有利可图,或是履约比不履约损失更大的时候,就应当不履行,因为这对于当事人和社会都是有效率的。这里又再一次提到了"效率违约"的思想。在各种成本中,对违约救济方式产生最为重要影响的成本就是交易成本,可以通过图 5-3 来看交易成本对违约救济方式的影响。

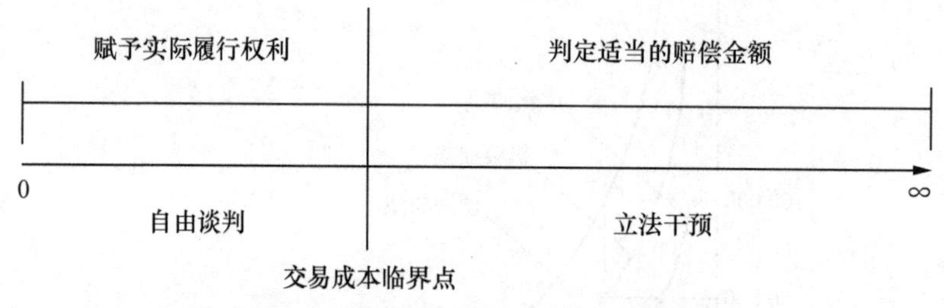

图 5-3　交易成本对违约救济方式的影响

如果当事人之间的交易成本较低,假定处在交易成本临界点的左侧区域,法院应该赋予违约受害一方实际履行的权利,允许该方向违约一方主张按照合同约定作出实际的履行。因为合同履行的情况发生改变使得双方对实际履行的利益发生改观,并且由于此时的交易成本较低,双方可以再次进行谈判,这样由市场交易得到的结果也应该是具有效率的。如果当事人之间的交易成本较高,假定处在交易成本临界点的右侧区域,实际上已经剥夺了双方以交易和协商为手段来解决纠纷的机会,这时候应该由法院从中代为判定适当的赔偿金额,以免造成不必要的交易成本的浪费。

四、解约过程

在某些情况下,一些合同按照双方当事人的"真实"意思均不希望履行或者合同并未成立,这时法律还要对这些合同给予解除或是废止的救济。合同的解除或废止从其原因和理由上看,与立法抗辩和履约抗辩的理由非常类似,但是具体而言略有区别。

合同的解除主要是基于双方"事前"的意愿,而立法抗辩和履约抗辩主要是基于被告"事后"单方面的意愿。所谓合同解除是指合同有效成立以后,当具备合同解除条件时,因当事人一方或双方的意思表示而使合同关系自始消灭或向将来消灭的一种行为。从各国合同法的规定来看,合同解除有两种形式:一是意定解除,二是法定解除。意定解除又可分为依协议的解除与依约定解除权的解除。依协议的解除是指双方通过订立一个新的合同以解释原来的合同,这种新的合同被称为反对合同;依约定解除权的解除是指合同当事人在订立之时或之后约定一方或双方的解除合同权发生的情况,即约定当发生某种情况时,一方或双方享有解除合同的权利。法定解除权是指当事人行使法定解除权而使合同效力消灭的行为,主要是依据法律规定的原因而产生的解除权。其与约定解除权的区别在于,解除权的产生原因是由法律直接规定而非当事人的约定。

合同的解除是一项严厉的救济措施,因此各国的法律都必须对合同解除的条件予以限制。英国法认为,只有当“实质性地违反合同”时,才能导致合同的解除。为了正确地界定何为“实质性地违反合同”,可以将合同条款分为“条件条款”和“担保条款”。前者是合同中陈述事实、双方作出许诺的条款,构成合同的根基;后者是依属于条件条款的内容的陈述,它不是合同的必要条款或是实质性条款,而仅仅是合同的某种附则。当违反前者时,将构成实质性违约,可以解除合同;当违反后者时,仅仅给予无过错的一方以请求损害赔偿的权利,而无权解除合同。因此,只有在一方不履行条件条款,或是条件条款所指的对象不存在的时候,合同才会被解除。

合同的废止是对各种缔约未果的情形进行救济的一种方式。合同当事人达成并履行的目的在于使当事人完成一项相互获利的正值交易。如果这个最优目的不能实现,则理性的经济人会追求次优的零值交易,即不赚也不赔。但有时缔约未果不仅没有正值收益,还会使交易双方的收益为负值,在这种情况之下,法律必须决定如何分摊已经产生的损失。合理的合同废止原则是:在合同无效的情形下,法律应该促使当事人恢复到缔约前的状态;如果损失已经发生而又没有其他正当的依据来分配损失,那么平均分摊损失就是合理的。

第四节 合同法的经济分析评价

通过对合同法的法学分析和经济学分析,可以看出这两种研究视角存在着明显的差异,因此本节首先要对合同法的经济学分析和传统的合同法理论进行比较;其次,合同法的经济学分析作为一种理论分析方法,必然会存在一些问题,所以本节还将对这些问题进行深入探讨。

一、合同法的经济学分析与传统合同法理论的比较分析

法经济学并不在于解释法律法规的历史,而是要预测它们的经济后果。合同法领域是法经济学最熟悉的法律范畴。因为合同法的基本目标在于使人们能够实现其私人目的,为单个公民提供一个达成彼此之间自愿关系条款的制度,通过强制履行承诺帮助人们实现其私人目标。所以,合同法理论主要应该围绕着研究如何通过自愿的协议促进个人对目标的追求,而经济学是分析以协商交易为基础的合同法的有效工具。在合同法的经济学分析中,运用了成本、收益、效用等概念来设置合同制度,同时利用帕累托效率、最大化等方法来分析合同法的制度,用消费者选择和市场失灵等理论来调整合同当事人的行为关系。这些新的思考方式给法学研究和法律法规找到了出发点和根本目标:以社会和个人为出发点,研究理性人在面对各种选择时所作出的判断;以效率为根本目标,由此来衡量法律政策的正确性。

(1) 传统的合同法理论注重的是对语言的分析,是一种法律的哲学,所研究的中心集中在有关合同的权利和义务等抽象的概念上,而合同法的经济学分析运用了成本、收益、效用等概念来设置合同制度,使得合同的交易本质得到了体现。

(2) 传统的合同法理论往往被认为是使社会达到公平和正义等目标的手段,而合同法的经济学分析却利用了帕累托效率、最大化等方法来分析合同法的制度,使得效率作

为一个可衡量的目标超越了公平原则,并由此产生了一系列全新的合同法理论概念,如效率违约。

(3) 传统的合同法理论以合同的自由、诚信原则来调整合同的关系,而合同法的经济学分析利用消费者选择和市场失灵等理论来调整合同当事人的行为关系。这体现了以人的行为为出发点和归宿的思考方式,强调了人在面对各种情况时所作出的判断和选择。

(4) 传统的合同法理论主要是以规范分析为主,立足于法律的秩序、自由、安全等价值目标来评判法律规范的优劣。合同法的经济学分析既有规范分析,又有实证分析,以经济学常用的方法对法律进行定量分析,具有显著的技术性和具体性。

简而言之,合同法的经济学分析解释和剖析了合同的内在机理和运作机制,这与传统的合同法理论相比,无疑是一种飞跃和进步。

二、合同法的经济学分析存在的问题

从经济学的角度来研究合同法还存在许多不完善的地方,主要体现在:

(1) 不完备合同是现实中普遍存在的一种合同状态,因此我们必须充分地了解不完备合同的产生原因和表现形式,并从经济学的角度进行研究和处理。目前,经济学中不完备理论也处于不断的发展之中,很多内容没有用到合同法的分析中来。通过对不完备理论的阐述,从而深入分析合同的效力问题,将是合同法的经济学分析发展的一个方向。

(2) 实际履行作为一项原则是符合当事人意愿的,是能够产生履行的激励作用的,从而能使当事人利益最大化。尤其是当实际履行作为一项补救措施,与损害赔偿相结合,由当事人根据情况进行选择的时候,它是有效率的。因此,在今后的研究中不能只是强调和注重对损害赔偿的分析,也要关注实际履行原则的内涵,并对其重要性进行重新的界定。这样才能以成本和效率为基础,以维护合同的效力为中心,以维护当事人的私权为目标,构建完善的合同救济体系。

(3) 就最优损害赔偿数额的选择而言,从经济学的激励角度出发,合同法的经济学分析所给出的信赖损害赔偿额、预期损害赔偿额和机会成本损害赔偿额使得法律对损害赔偿额的不同政策有了更多的选择余地和空间,但是也给判案的过程增加了许多的标准、添加了过细的原则。针对每个案件要确定最合适的赔偿政策,以达到既阻止当事人违约、又防止过度信赖而产生的成本增加的目的,仍然是一项很艰巨的任务。特别是,当遇到非财产性的赔偿问题如精神损害时,最优的损害赔偿数额如何确定又是一个值得探讨的问题。

法学和经济学在研究主题和价值观上还是存在相当多的共通性。面对涉及面广、对象复杂、经济性强的合同法,把传统法学的抽象推理的逻辑思维方法和经济学的具体实用的计算分析方法相结合,将对合同法理论的发展产生深远的影响。

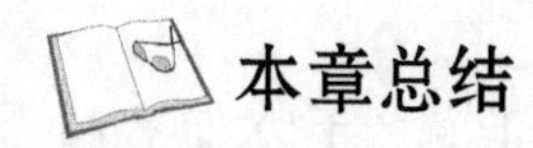

本章总结

1. 合同法是有关合同的法律规范的总称,是调整平等主体之间转让财产或劳务交易关系,并在适当的时候提供民事救济的法律。合同的定义通常被解释为协议或允诺,其最为本质的特征是双方当事人之间的合意。

2. 所谓"交易原则",就是如果一项允诺是作为交易的一部分作出的,那么它在法律上就是应该予以履行的。交易原则将允诺划分为"交易的"和"非交易的",以此来作为判定是否应该予以履行的标准。

3. 交易的合同理论实际上是从现实的交易中抽象出了合同的三个基本要素:报价、接受和对价。

4. 所谓"效率原则",基本思想是如果一份合同经过修改有可能在双方不受损的条件下至少使一方受益,那么原来的合同就是无效率的;另一方面,如果这样的修订是不可能的,那么该合同就是有效率的。也就是说,符合以下五个经济目标的合同是需要强制执行的:促成交易合作、获得履约承诺、获得最优信任、最小化交易成本和增强合同完备性。

5. 要约与承诺作为合同的基本要件,是以意思表示一致为依据的。意思表示一致也即合意,从经济学的角度来说,就是必须建立在自愿交换双方都可以获利的假定基础之上。

6. 当原告对被告的违约提起诉讼之时,被告可以提出两类辩解:一是立约抗辩,订立合同时的不完备,所以合同是不可履行的;二是履约抗辩,合同是通过正当手续订立的,并产生了法律责任,但在履行过程中出现了意外,因而应免除其合同义务。

7. 纵观各国的合同法救济体系,主要的救济措施包括:要求债务人按照合同实际履行,成为实际履行措施;或者要求债务人依照合同所要实现的预期利益折算为相当货币进行赔偿,成为损害赔偿。对违约救济方式产生最为重要影响的成本是交易成本。

思考题

1. 简述合同的交易理论与合同的经济理论的差异。
2. 符合哪些经济目标的合同是需要强制执行的?
3. 简述合同成立的基本条件。
4. 在什么情况下,合同是可以不履行或不完全履行的?
5. 简述主要的违约救济措施。
6. 试比较完全预期损害赔偿、完全机会成本损害赔偿和完全信赖损害赔偿的差异,并举例说明。

阅读文献

1. Benjamin E. Hermalin, Avery W. Katz, and Richard Craswell, The Law & Economics of Contracts, *Handbook of Law & Economics*, June 5, 2006.

2. 〔美〕大卫·D. 弗里德曼:《经济学语境下的法律规则》,杨欣欣译,法律出版社2004年版。

3.〔美〕理查德 · D. 爱波斯坦:《简约法律的力量》,刘星译,中国政法大学出版社 2004 年版。

4.〔美〕理查德 · A. 波斯纳:《法律的经济分析》,蒋兆康译,法律出版社 2012 年版。

5.〔美〕罗伯特 · 考特、托马斯 · 尤伦:《法和经济学》(第六版),史晋川、董雪兵等译,格致出版社、上海三联书店、上海人民出版社 2012 年版。

6.〔美〕马洛伊:《法律和市场经济:法律经济学价值的重新诠释》,钱弘道、朱素梅译,法律出版社 2006 年版。

7.〔美〕莫顿 · J. 霍维茨:《美国法的变迁》,谢鸿飞译,中国政法大学出版社 2004 年版。

8.〔美〕唐纳德 · A. 威特曼:《法律经济学文献精选》,苏力等译,法律出版社 2006 年版。

9.〔英〕约翰 · 伊特韦尔等:《新帕尔格雷夫经济学大辞典》,经济科学出版社 1996 年版。

10. 柴振国:《契约法律制度的经济学考察》,中国检察出版社 2006 年版。

11. 陈国富:《法经济学》,经济科学出版社 2008 年版。

12. 冯玉军:《中国法经济学应用研究》,法律出版社 2012 年版。

13. 高德步:《产权与增长:论法律制度的效率》,中国人民大学出版社 1999 年版。

14. 钱弘道:《经济分析法学》,法律出版社 2005 年版。

15. 周林彬等:《法律经济学:中国的理论与实践》,北京大学出版社 2008 年版。

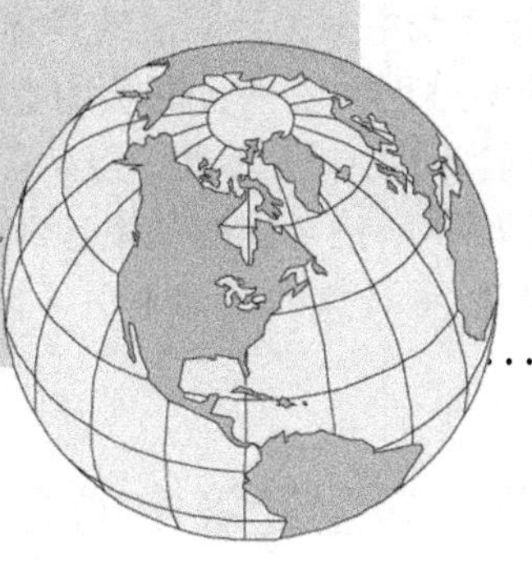

第六章

合同法经济分析专题

我们今日的社会与以前历代社会之间所存在的主要不同之处，乃在于契约在社会中所占范围的大小。

——〔英〕亨利·梅因

【本章概要】

本章内容主要涉及我国法律实践中有关合同法的具体问题。首先，阐述中国合同法的理论与实践，并分析在社会转型过程中统一合同法的意义。在接下来的专题分析中，我们借助具体的案例来考察我国当前法律环境和社会背景下两个特殊的合同法专题，他们分别是"格式合同的缔约问题"和"购销合同的效率违约问题"。

【学习目标】

1. 了解我国合同法的历史发展。
2. 了解我国合同法理念的发展及统一合同法的特点。
3. 掌握格式合同的效率原则以及霸王条款的规制方式。
4. 掌握效率违约的经济合理性以及效率违约的实质内涵。

本章内容主要涉及我国法律实践中有关合同法的具体问题。首先,阐述中国合同法的理论与实践,并分析在社会转型过程中统一合同法的意义。在接下来的专题分析中,我们借助具体的案例来考察我国当前法律环境和社会背景下两个特殊的合同法专题,它们分别是"格式合同的缔约研究"和"购销合同的效率违约研究"。通过这两个附有具体案例的专题研究,希望能在更微观、更具体的层面上引导读者对合同法理论进行更深入的思考。

第一节　转型经济中的合同法

社会的变迁会促进法律的发展。美国学者霍贝尔指出:"法是一个动态的发展工程,在这个过程中,解决问题的方法很少是永远不变的。"①合同法作为调整交易关系,维护交易秩序的法律,是市场经济最基本的法律规则。为与经济发展的进程相适应,合同法的发展表现出了明显的阶段性。②

一、中国合同法的发展历史

法学界对于我国合同法的历史发展,最具有代表性的包括两阶段论、三阶段论和四阶段论等不同的三种观点。

1. 两阶段论

从1949年到1978年是第一个阶段:在这个阶段,合同制度由此建立、发展而消亡,合同法一直表现为计划规则的形式。1979年以后是第二阶段:在这个阶段,随着农村和城市经济体制改革的推进、社会主义市场经济的不断发展,为合同法的立法提供了广阔的空间,加速了合同立法的步伐。

两阶段论深刻揭示了中国合同法的曲折发展过程,总结了发展中的经验、教训,符合我国的立法和司法实践。

2. 三阶段论

根据经济体制改革的进程和民事立法的变化,可以把我国合同法的历史发展划分为三个阶段:③

第一个阶段为法典立法阶段(1950—1980年)。在这个阶段,民法典(包括合同法部分)三次起草,三次中落。前两次中落并不正常,都是由于否定商品生产和商品交换的深层次原因,从而将反映商品经济生活规则的民法典加以搁置。第三次中落则因立法规则的改变,由制定民法典改变为制定单行法规。

第二个阶段为单行立法阶段(1981—1993年)。在我国改变立法方针以后,1981年12月通过并公布了专门性的合同立法——《经济合同法》。在此之后,又陆续颁布了《民法通则》《涉外经济合同法》《技术合同法》。并且根据《经济合同法》的规定,还颁布了条

---

① 〔美〕E. A. 霍贝尔:《初民的法律》,周勇译,中国社会科学出版社2008年版,第314页。
② 王泽普:《合同法在我国经贸发展中的应用及作用》,载《法制与社会》,2011年第10期,第85—86页。
③ 黄名述、张玉敏:《罗马契约制度与现代合同法研究》,中国检察出版社2006年版,第418页。

例和实施细则,形成了以《民法通则》为基础法、三个合同法并存、一系列条例为附属的合同法的初步体系。

第三个阶段为统一立法阶段(1994 年至今)。1994 年,我国经济社会发展状况发生了很大的变化,单行立法的方针应当加以改变。在 1994 年 1 月 5 日的专家座谈会上,明确将合同法作为民法典的组成部分,并委托 12 个单位的学者开始起草合同法。经过四次试拟稿、四次审议稿,最终获得全国人大通过,并于 1999 年 10 月 1 日生效,同时原三个合同法废止。从此,我国合同法得以统一,并进入了科学化、体系化的立法阶段。

这三个阶段的划分直接反映了我国客观的经济转型过程,即由计划经济向有计划的商品经济转型,再由有计划的商品经济向社会主义市场经济转型。

3. 四阶段论

四阶段论者从我国政治、经济的历史变化过程来划分合同的发展趋势:①

第一个发展阶段(1950—1956 年)。在这个历史阶段中,党的方针政策是发展商品生产和商品交换。1950 年 9 月 27 日,原政务院财政经济委员会颁布了我国第一个合同规章——《机关、国营企业、合作社签订合同契约暂行办法》。随后,中央各部委相继制定了一大批合同规章,对买卖合同、供应合同、基本建设包工合同、加工承揽合同、运输合同、财产租赁合同、保险合同、保管合同、委托合同、供货合同等加以规定。

第二个发展阶段(1961—1966 年)。在党的八届九中全会提出调整国民经济的八字方针以后,我国重新推行合同制度。1963 年 8 月 30 日,原国家经委颁布了《关于工矿产品订货合同基本条款的暂行规定》;1965 年 8 月 5 日,原国家经委转发了《关于物资调剂试行办法》;1965 年 5 月 6 日和 12 月 6 日,国务院批准了《木材统一送货办法》《煤炭送货办法》等重要合同法规。

第三个发展阶段(1981—1993 年)。在这期间,我国相继颁布了《经济合同法》《涉外经济合同法》《民法通则》《技术合同法》等,呈现出以《民法通则》为基本法、三个合同法"三足鼎立"的格局。

第四个发展阶段(1993 年 10 月至今)。全国人民代表大会常务委员会法制工作委员会从 1993 年 10 月起,着手进行《合同法》的起草工作。经过几年的努力,到了 1999 年 3 月 15 日,第九届全国人大第二次会议通过并公布了《中华人民共和国合同法》。

四阶段论者是从政治、经济的历史变化过程来划分合同的发展阶段的,符合我国的实际。

二、中国合同法的理念演变

合同理念,又称契约理念,是指契约的精神和价值,体现为形式契约所承载的权利、平等、意思自治、诚信、协作(合意)等价值追求。本部分试图通过我国合同法的偏位、修正、复位过程,阐述合同及合同法的理念和价值,从而揭示我国合同法及其理念的发展。②

---

① 崔建远:《合同法》,法律出版社 2010 年版,第 7—11 页。

② 丁璇:《我国合同法及其理念的发展》,华东政法学院 2004 年硕士学位论文。

1. 理念的偏位:1941—1981 年

从以上分析可以看出,在我国由于特殊的国情和历史原因,合同立法在一开始就出现偏位。此外,由于中国传统思想的影响和长期计划经济的束缚,契约理念的缺失不仅表现在立法上,更主要表现在思想上。

新中国成立之初,我国现实生活中的合同制度尚具有相对的自由。立法者在废除原有民法制度的基础上,着眼于社会主义公有制内部的经济流转关系,创设了调整社会主义组织之间商品交换的合同制度,并确立了以计划原则作为合同法的基本原则。由于当时经济结构存在一定的商品经济成分,当事人仍然享受一定的合同自由,这种合同制度仍然带有作为商品交换法律形式的色彩。

进入社会主义建设时期后,我国立法者按照高度集中的经济体制要求,树立了合同是保证国家计划实现的重要工具的观念,并以此为指导制定了大量调整计划合同的行政法规。在这些合同法规中,传统民法所倡导的合同自由得不到完全的体现,社会主义组织间的商品交换关系实质变成了计划调拨关系。可以说,在高度集中的计划经济体制下,合同的形式虽得以保留,但其价值取向发生了根本性转变,要求当事人(社会主义组织)通过协议履行国家计划。"在这一阶段,古典契约理论中的契约自由、意思自治等在其中得不到丝毫的反映,合同法的内容完全由国家政策确定,从而体现出计划与市场这对矛盾的初级调和的艰难。"

而 1981 年制定的《经济合同法》由于经济体制改革的目标尚未明确,商品经济的发展还很有限,计划经济体制仍占据主导地位,因此这一时期的合同立法未能摆脱计划经济体制的影响,如限定经济合同缔结的主体、国家干预随处可见等,因此《经济合同法》所确立的合同理念,与契约应有的价值和理念也偏离甚远。

总而言之,新中国成立后的前 30 年,我们不但抛弃了传统民法中存留的契约理论,甚至没有能够建立一个可以成为契约法的法律体系,整个社会在高度集中的计划体制下运行,合同仅仅是一种形式,是国家计划得以实行的保障工具。因此可以说,所谓私法自治的理念在我国一直未能真正确立起来,契约自由的精神亦未能成为契约立法的指导思想。

2. 理念的修正:1985—1999 年

随着我国的进一步对外开放、技术市场的形成和发展以及党的十四大和第八届全国人民代表大会第一次会议把改革目标确定为建立社会主义市场经济体制等社会经济发展的需求,相继颁布了《涉外经济合同法》(1985 年)、《技术合同法》(1986 年)、《经济合同法(修订版)》(1993 年),从而形成了以《民法通则》为基本法,三个合同法并存,一系列法规、规章为附属的合同法的初步体系。这主要体现了国家权力对契约领域的干涉,不仅在于具体行政行为对契约的干预,有的国家机关还通过立法来干预经济领域。部门立法的泛滥使法律不可能统一,也无法真正反映中国社会现实及普遍的社会意志,其所代表的部门利益严重地妨碍了合同法的公正及价值,其实质是非理性的立法。

当然,这三部合同法由于制定时间和背景各不相同,其中也能反映一些试图摆脱计划经济束缚的努力和对契约制度应然性的探索,但是由于对私法自治的理念和契约自由的精神没有本质的认识和理解,所以也无法改变这三部合同法为计划经济体制所统摄的命运。直至《合同法》的出台结束了三足鼎立的局面,改善了民事立法中分散、零乱、不规范的状况,初步实现了我国将以严谨的法治态度协调社会经济关系的决心。

3. 理念的复位:1999 年至今

1999 年 3 月 15 日通过、10 月 1 日起实施的《中华人民共和国合同法》是计划经济体制向市场经济体制转轨、市场经济体制逐步形成、国家经济职能发生根本性转变和市民社会逐步发展的结果,是近代民法的契约精神得以确立的体现。

《合同法》的颁布和实施结束了合同法三足鼎立的局面,是对过去的合同效力制度规范体系的系统整合,形成了以《合同法》为主体,以《民法通则》和我国加入的国际公约(如《联合国国际货物销售合同公约》)为两翼的新的规范体系。

这一立法以中国原有的三部合同法为基础,总结了改革开放以来有关合同立法和司法的经验,结合我国社会及经济发展特点,继承了传统合同法的基本理念,采纳了一些先进的理论和国外先进的立法成果,借鉴和吸收了英美法系和大陆法系的精华,接受了现代科技交往的先进法则,适应了我国社会主义市场经济发展的需要,重要的是使私法自治的理念和契约自由的精神得以复位。

三、统一合同法的特点

《合同法》是在中国改革开放不断深化、经济健康发展、社会全面进步的形势下出台的,在整个立法过程中,立法者作了大量的调查研究,综合了各方面的意见,最终完成了一部全面且切实反映社会经济生活的合同法。其内容具有以下特点:

其一,统一合同法是一部跨世纪的法律,具有超前性。在立法指导思想上,由将合同视为贯彻执行国家计划的经济形式转变为把合同作为市场交易的法律形式,全面适应了改革开放和发展社会主义市场经济的需要,因此可以成为我国相当长的历史时期内能够适用的法律。

自党的十四大提出我国经济体制改革的目标是建立社会主义市场经济体制,到十八届三中全会承诺深化经济体制改革,"让市场在资源配置中起决定性作用",我国市场经济有了长足的发展。市场经济是竞争经济,市场主体在平等的基础上竞争,在自愿的基础上交易。他们之间的关系不是用计划形式相互联系、相互约束,而是用合同形式相互联系、相互约束。合同成为一种法律形式,而不再是经济形式。

其二,统一合同法充分体现了当事人意思自治原则,取消了对合同的一般管理。《合同法》规定非因重大法定的正当理由,不得对当事人的合同自主性予以限制。《合同法》第四条规定:"当事人依法享有自愿订立合同的权利,任何单位和个人不得非法干预。"并对当事人是否订立合同、合同相对人的选择、合同内容的确定、合同的变更与转让、合同方式的选择、违约责任形式的选择等,都给予充分的自由。《合同法》的许多条款具有任意性,当事人有约定的从其约定。

其三,统一合同法从中国国情出发,同时广泛吸取了大陆法和英美法的立法经验,在立法技术上堪称世界一流。根据建立统一、开放的大市场的客观要求,《合同法》实现了中国合同立法的统一和与世界合同规则的相通。从中国实际出发,尽量广泛采用国际公约和各国合同立法的优秀成果,使之成为一部既有中国特色又符合时代精神,能够较好反映共同规则的现代化合同法。如该法对预期违约、根本违约、严格责任、隐名代理、电子合同的规定都反映了我国现行合同法的某些条文与英美法的制度相融合的特点。

其四,统一合同法坚固了经济效率与社会公正、交易便捷与交易安全。如该法第一章第三条规定了当事人的法律地位平等,第四条规定了合同自由原则,第五条规定了确定权利义务的公平原则,第六条规定了诚实信用的原则,第七条规定了公序良俗、禁止权力滥用的原则。又如我国《合同法》明确规定了保护消费者的利益,对采用格式条款订立合同的,建立了一整套平衡双方利益的具体制度(如第39条、第41条、第52条、第53条的规定)。同时合同法对电子商务的规定,说明我国首次以基本形式确认以最新科学技术为手段的电子商务的法律地位。因此《合同法》是一部有利于提高效率、推动生产力发展、注意维护社会公益、保护消费者和劳动者权益的法律;它既体现了现代化市场经济对交易便捷的要求,又不因此损害交易安全,以维护市场经济的健康秩序。

第二节　格式合同的缔约问题

格式合同是20世纪以来在合同法领域出现的一个普遍现象,其对社会经济生活影响之广、程度之深是前所未有的,有学者认为格式合同是对传统合同法的最大突破。据统计,我国消费者购买商品和接受服务时,90%以上都是通过格式合同的形式明确经营者与消费者之间的权利义务的,在房屋买卖、邮电通信、旅游保险等行业中,这个比例达到100%。近年来出现了大量关于格式合同中一些所谓“霸王条款”的合同纠纷问题,因此本节将通过对建设银行扣取短信服务费的合同纠纷案件的分析来探讨格式合同的缔约问题。

<案例6-1>

建设银行“霸王条款”乱收费合同纠纷案件[①]

“银行可以单方面调整收费标准和收费项目,无需另行通知储户。这是很多银行收费所依据的条款,但是这样的格式条款是典型的霸王条款,法院应当确认其无效,因为霸王条款不应成为银行乱收费的挡箭牌。”

北京某律师事务所律师吴飞在2012年1月24日收到建设银行扣取短信服务费2元的通知,吴飞表示:“在最初申办账户时,建设银行曾明确告知短信服务不收费,让人不能理解的是,在办卡几个月之后,银行方面突然开始单方收费。”

经多次与建设银行沟通无果,吴飞将建设银行起诉至北京市西城区人民法院。2012年4月17日,北京市西城区人民法院正式受理此案,同年12月19日作出一审判决。一

---

① 案例来源:《北京律师诉建设银行“霸王条款”乱收费》,中国新闻网,2013年3月15日,http://www.cet.com.cn/dfpd/bwdqzg/796814.shtml。

审判决不予支持吴飞的请求,随后吴飞提出上诉。2013年2月28日,北京市第一中级人民法院开庭审理本案二审。

庭审中,建设银行方面表示,其扣款行为是有合同依据的,并非乱扣。其依据就是吴飞在办理建设银行网银业务时,已经签署了个人开户与银行签约服务申请表,申请表上载明:"……本人同意贵行有权依据国家有关规定及业务需要对服务内容、收费项目或标准等内容进行调整,并同意该项调整将于正式对外公告一定时期后执行,无需另行通知本人……"

建设银行还提出,在上述条款之下,有"本人已仔细阅读上述客户确认内容和银行记录栏所打印内容,确认无误并同意遵守内容"的内容,吴飞签名表示已经阅读过该格式条款,并已同意条款的内容。

对此,吴飞表示,在办理储蓄卡时从未见到该条款,但经过质证,建设银行认可上述格式条款真实存在。吴飞在庭审中就此对银行进行提问。"你们在我办卡近半年后,突然开始收费,就是依据上述条款吗?"银行方面对此加以确认。

"你们突然收费,不需要通知我吗?"吴飞进一步提问。银行方面表示,已经进行短信通知,就算没有通知,依据上述条款,可以直接扣费。在提问的基础上,吴飞向法庭提出:"上述条款字体极小,如非借助放大镜等工具,肉眼阅读几乎不可能,银行以这种方式记载,其心理动机正是不愿意让储户看清。"

吴飞认为,上述内容属于格式合同,即"当事人为了重复使用而预先拟定,并在订立合同时未与对方协商的条款"。

《中华人民共和国合同法》第39条规定:"采用格式条款订立合同的,提供格式条款的一方应当遵循公平原则确定当事人之间的权利和义务,并采取合理的方式提请对方注意免除或者限制其责任的条款,按照对方的要求,对该条款予以说明。"

而最高人民法院《关于适用〈中华人民共和国合同法〉若干问题的解释(二)》规定,提供格式条款的一方对格式条款中免除或者限制其责任的内容,在合同订立时采用足以引起对方注意的文字、符号、字体等特别标识,并按照对方的要求对该格式条款予以说明的,人民法院应当认定符合《合同法》第39条所称"采取合理的方式"。

"上述格式条款依法应该用较大的字体字号书写,在客户办理时,也应进行当面提示,但这些内容不但没有采用较大的字体字号,反而以非常小的字体加以记载,根本没有尽到提示义务。"吴飞分析认为,"银行在别的地方、别的内容使用了黑体,但上述有关权利义务的内容却没有使用黑体,也没有采用大号字体。这是不能混淆的,但银行希望借此误导法庭。"

"上述格式条款应属无效,不仅仅是表现形式的问题。"吴飞律师提出,上述条款的内容完全符合《合同法》第40条有关"提供格式条款一方免除其责任、加重对方责任、排除对方主要权利的"规定,应当无效。

吴飞表示:"这是对我财产权的非法侵犯,建设银行在管理我财产时监守自盗,无故扣掉我的金钱,其行为没有任何合法有效的依据,是侵权行为。"

关于银行巧立名目,收费混乱问题,也饱受社会各界的非议。2012年,银监会就此发布《关于整治银行业金融机构不规范经营的通知》。通知提出,银行各项服务必须"明码标价”,充分履行告知义务。不得对未给客户提供实质性服务、未给客户带来实质性收益、未给客户提升实质性效率的产品和服务收取费用。银行应按照名录管理、统一定价、公开透明的原则,由总行总部统一制定服务收费价目名录,在网站上统一公布或印制手册发布。

“银监会虽然有规定,但银行未必会认真执行。银行以收费之名,任意侵犯储户权利的案例实在太多了。”吴飞说,银行乱收费问题根源很多,而通过这个案件,发现了这个非常恶劣的霸王条款,而银行直接利用这个条款,几乎可以任意地决定收费项目、收费时间、收费多少,如果法院判决支持这一条款,这种情况令人担忧。

“我现在已经把这个条款拿到了法庭上,如果法庭能宣布该条款无效,无疑具有重要的意义,将直接动摇银行乱收费的法律基础,倒逼建行反思其收费政策。”吴飞表示。

一、格式合同与经济效率

格式合同,又称标准合同,是指一方当事人预先制定的、并为不特定的第三人所接受的、具有完整的定型化特点的合同。

格式合同的产生不仅是由于市场交易的需要,同时也与垄断组织的出现存在关系。格式合同的一般特征为:第一,是由一方预先制定,而不是由双方在反复协商的基础上订立的。制定合同的一方往往是大型的企业、公司或者政府部门。第二,具有完整化和定型化的特点,即合同的主要内容是不需要修改的,具有稳定性和不变性,普遍适用于不特定的一切当事人,合同相对人不得加以修改、变更,只能表示完全接受或根本不接受,没有协商余地。第三,合同相对人为不特定的对象,没有特殊身份的要求。第四,相对人在订约中通常处于从属地位。相对人通常是众多分散的消费者,面对大企业、大公司和政府部门,没有讨价还价的能力,只能被迫接受合同条款。正是由于格式合同中存在着垄断的问题,使得格式合同不可能像平等的当事人在完全竞争的条件下所订立的完备合同一样符合公平和效率的要求,因此格式合同从其经济性质上看必然是一种利益不均衡的不完备合同。

根据交易主体,可以将格式合同分为两类:一类是消费者合同,另一类是商业性合同。消费者合同是指直接与消费者的日常生活相关的合同,如燃气供应合同、有线电视传送合同、运输合同、旅游合同、保险合同以及房产购买合同等。在这类合同中,一方为供应商,另一方为普通消费者。普通消费者缺乏关于产品和合同的信息与知识,因此在订立合同的时候,要么接受要么放弃。供应方通常可能在合同条款中加入一些条款,以保护自身的经济利益而对另一方进行经济压迫。商业性合同是商人之间订立的、在交易实践中证明行之有效的合同,这类合同的结构和条款是经历了长期的交易才能以固定的形式确定下来的。在商业性合同中,居于优势地位的交易方常常将一些条款强加给对方,这些条款有的是以小字出现,有的是在合同背面出现,有的则在公众认可的条款之间插入,通过转移对方的注意力来达到减少己方风险、增加对方风险的目的。

从对经济效率的影响来看,格式合同的作用是双重的。一方面,格式合同显然是基于垄断的合同,因此在存在垄断的交易中,具有垄断地位的一方可能通过控制交易的价格和有关的交易条款来限制竞争的范围,从而降低竞争水平,损害经济效率。当然,有部分格式合同也会出现一些可变的条款,这些条款是可以供双方谈判的。可变的条款属于可竞争的范围,固定的条款是不可谈判的,属于不可竞争的范围。固定条款与可变条款之间的比例反映出该市场的竞争程度。此外,在卡特尔组织中,成员之间达成了维持垄断高价的协议,可以使得所有成员作为一个整体获得最大收益。但是,具体到其中的单个成员,可以通过降低卡特尔定价争取其他成员的顾客来获得更高的收益。为了防止卡特尔成员的暗中降价,并监督成员的欺骗性行为,就要求整个行业内的成员使用统一的格式合同。统一的、固定的合同条款可以阻止卡特尔成员提供给买主特殊的让步,从而可以确保每个成员都是以卡特尔定价进行销售。弗雷德里克·凯瑟勒将这类要么接受要么不订立合同的协议称为"追随式合同"。法院有时会用"追随式合同"作为破坏合同可强制履行性的理由。

但另一方面,格式合同也可能会增进效率。格式合同以有利于提高效率的方式分配资源,达到最大限度增加社会财富的目的。正如英国的迪普洛克勋爵所说:"格式合同的条款都是经过多年的实践后固定下来的,它们由那些能够代表某一行业的经常从事此类交易的人制作,经验证明,它们能够促进贸易的发展。"[①]格式合同对经济效率的提高主要是通过节约交易成本和提高竞争水平来实现的。首先,格式合同可以减少需要起草、议定和达成协议的条款数量,从而降低了交易成本。如果一个供应商有100万个消费者,在不使用格式合同的情况下,就必须和每一个消费者单独订立合同。每个消费者都有特殊的要求,因此每份合同都有不同的条款,为此拟定和商议各个条款所花费的成本要明显高于格式合同。其次,格式合同通过增加产品的同质性,增强了市场竞争的程度。格式合同中的固定条款虽然可能减少竞争的范围,但可能降低了产品差异化程度,从而增加了价格竞争。生产者为了追求竞争优势,就会努力使得每个产品个性化。但厂商如果使用行业中通行的格式合同,那么厂商追求产品差异化的动机会降低,实际上格式合同限制了厂商追求差异的行为空间,这样就使得行业中产品的同质性提高,市场更趋近于完全竞争,相应的价格竞争更为激烈,经济效率更高。最后,格式合同可以规范厂家员工的行为,减少他们欺骗顾客的风险。在厂商内部,格式合同的使用可以有效规范雇员向顾客作出欺骗性的承诺。对顾客来说,使用格式合同进行交易可以感觉到是与公司进行交易,而不是与个人进行交易,从而感觉交易得到保障,使双方能够给予互信而更快达成交易。

二、霸王条款产生的原因

虽然格式合同的形式、内容标准化能够减少交易成本,但其缺陷也很明显,如不能对未来作出完全的预测,也即针对将来可能出现的自然变化、科技发展、市场走向、价格变动所带来的交易风险不可能都尽数包括,因此格式合同总是不完备的。而且,签订格式合同的交易双方地位是不相同和不对等的。格式合同往往表现出一种法律上或事实上

---

① 傅静坤:《二十世纪契约法》,法律出版社1997年版,第118页。

的垄断,这些垄断或当事人之间经济实力上的不平等足以使平等协商、自由意思名存实亡。一方的垄断不仅是指经济上的垄断,还包括信息的垄断,交易双方所拥有的信息处于极度不对称的状态。随着企业产品的复杂化和高科技化,消费者所拥有的信息呈递减趋势,消费者除缺乏各种信息外,在专业知识以及法律知识方面也是有限的。合同条款制定者的经济力量优势、信息优势、知识优势容易引发在合同中预先设定有利于自己规避商业风险和司法风险的条款,从而在合同的制定中会选择有利于自己的方式。

正是由于格式合同本身所具有的特殊的不完备性、合同当事人双方占有资源与信息的不对称性,所以极易导致商品买卖中出现大量的不平等格式条款,即俗称的"霸王条款"。霸王条款的出现,纵容了不良厂商的投机与冒险心理,损害了广大消费者的合法权益,干扰了市场的发展,因此引发了一系列经济和社会问题。所谓霸王条款,是指在商品交易中提供格式合同的一方利用其具有垄断地位、交易优势,或者在经济上的明显强势,在制定格式条款时违反公平原则,以单方声明或其他方式规避自己应承担的法律责任,加重交易对方的责任或限制,排除对方的合法权利。霸王条款一般具有以下三个特征:第一,该类条款多出现在格式合同中;第二,提供格式合同的一方具有明显的交易优势,即具有垄断地位、优势条件或经济强势;第三,合同中的条款违反公平原则,内容多为减轻或免除己方责任、加重对方责任,或是限制排除对方权利。

格式合同的霸王条款通常表现为以下几个方面:

(1) 减轻或免除己方责任的条款,也即格式合同的拟定方在合同中预定的旨在限制或免除其未来责任的条款。免责条款是格式合同中不公平条款的具体表现,可分为两种情况:一是免除责任,二是限制责任。

(2) 限制对方权利条款,也就是格式合同拟定方预先订立的要求对方在行使权利时,要由自己同意或加以其他限制的条款。

(3) 剥夺权利条款,即格式合同拟定方在合同中规定消费者放弃某些权利,消费者一旦签署,即视为放弃权利。

(4) 强行代理条款,就是格式合同拟定方在合同中规定在对方有主张本身权利的情形时由自己代理,从而剥夺对方亲身实现权利的机会,而经营者可以牺牲消费者权益来增加自己的利益。

(5) 赋予自身任意解除合同权条款,也就是经营者在格式合同中规定可以非因消费者违约或可归责于消费者的事由而解除、变更合同。

(6) 限制消费者寻求法律救济的条款,即经营者在格式合同中规定,在发生争议时,消费者应以其限定方式解决。

(7) 其他违反诚实信用原则的条款。如消费场所告示:物品损坏高价甚至天价赔偿。

三、霸王条款的规制方式

在前面分析中已经明确提到格式合同的存在有其经济意义,可以降低交易成本,但是格式合同的成立缺少双方合意,合同相对人只有完全同意或者根本不同意、不接受两种选择,不能经过磋商进行修改。针对这类合同尤其是其中的霸王条款,有必要对其进行履行上的规制。

以科斯和波斯纳等人为代表的自由主义观点认为,通过市场竞争可以解决此问题。只要市场是竞争的,不是垄断的,卖方为了吸引顾客和在竞争中占据优势,就必然会提出一些有利于消费者的条款,其他竞争者为争夺消费者而竞相仿效,这样就能够使得合同价格趋于成本,风险责任的条款有利于消费者。因此,在他们看来,消除垄断和保持竞争是解决问题的关键。还有部分学者提出通过政府管制的方式来解决此问题。格式合同是一种私人的立法,是由一方当事人(企业)在掌握各种资源的领域里产生的立法,对此国家进行干预是应当的,也是必要的。这个方法已经为较多国家所接受。各国都纷纷制定了管制格式合同的立法,用来保护消费者的利益。如德国法认为,格式合同显失公平的,可以对合同作出修订。我国在《消费者权益保护法》第 24 条中规定:"经营者不得以格式合同、通知、声明、店堂告示等方式作出对消费者不公平、不合理的规定,或者减轻、免除损害消费者合法权益应当承担的民事责任。格式合同、通知、声明、店堂告示等含有前款所列内容的,其内容无效。"

两种方法尽管思路不同,但是目标一致,都试图在保留格式合同经济功能的前提下,尽量使其能容纳合同相对方的意思表示,使格式合同最大限度地成为双方的自愿合意,从而使资源在交易成本最低的条件下实现有效率的转移。

总体而言,对霸王条款的规制可以分为以下四种方式:

(1) 立法规制,是指国家通过立法将某些格式合同的条款作为不公平条款明确写进法律,当格式合同中出现此类条款时,宣告无效。主要的三种表现形式是一般法的规制、专门法的规制和民事特别法及国际公约的规制。

(2) 行政规制,是指行政机关依照法律规定对格式合同的使用进行监督检查,从而防止格式合同中不公平条款的活动。这是对格式合同所采取的最早的规制方式,可以分为事先制定制、事先审定制、事先协商制和事后介入制。

(3) 司法规制,一般认为是指法院依照法律的规定,对格式合同进行审查,并依法对其法律效力作出肯定或否定判断的规制方式,包括个案判决和自由裁量。

(4) 社会自律规制,主要是指行业自律和消费者保护团体监督等方式。

各种规制方式都有优缺点,因此在对格式合同中的霸王条款进行规制的时候,仅仅依靠一种方式是难以担负重任的,只能综合运用各种方式相互协助,才能更好地进行管制。

第三节　购销合同的效率违约问题

效率违约是当代英美合同法理论的重要内容之一,是随着法经济学的兴起而不断发展成熟的法学理论。本节以一例机票超售的航空运输合同案例为起点,通过理论与实际相结合的研究方法探讨效率违约的合理性,进而揭示出颇具争议的效率违约的实质内涵。

≺案例6-2≻

机票超售——肖某诉中国南方航空股份有限公司航空运输合同纠纷案[①]

原告肖某诉称,2006年7月21日,原告出资1300元购买了被告当日20点10分飞往广州的CZ3112号航班机票,但在登机时被告知机票是超售票,飞机已满员,原告无法登机,被告的地服公司经理还解释说民航可以在3%的范围内超售。被告对乘客隐瞒机票超售的事实,事后又未妥善安排登机,造成原告在机场滞留长达3小时,此后的接机、住宿、工作安排方面均受到不同程度影响,严重侵害了原告的合法权益。为此,原告诉至法院要求被告承担法律责任,包括:(1)构成欺诈,侵犯消费者知情权,应双倍赔偿经济损失即机票款的2倍2600元;(2)赔偿进行诉讼已支付的律师费5000元;(3)在相关报纸媒体上公开赔礼道歉。

经法院审理查明,2006年7月21日,原告出资1300元购买了被告当日20点10分飞往广州的CZ3112号航班的七折机票。原告在办理登记手续时被中国南方航空股份公司地服公司(北京)工作人员确认机票是超售票,由于飞机已满员,原告无法登机。中国南方航空股份公司地服公司先安排原告转签国航某航班,后发现该航班延误,遂将原告唤回,转签至中国南方航空股份公司CZ3110航班头等舱,机票价格为2300元。候机时,原告被安排在头等舱休息室休息。当晚22时39分,原告乘坐C23110航班头等舱离港。

法院认为,由于被告的超售导致原告无法登机,虽然之后及时安排原告转乘其他航班并提升了客舱等级,但原告已被延误近三小时,被告构成合同履行迟延,应承担违约责任。关于被告应承担的赔偿数额,法院根据原告受损害的具体情况,结合被告因超售增加客源所获得的收益,判决被告赔偿原告相当于单倍机票价格的款项。

关于原告请求的赔礼道歉诉请,法院认为,被告并未侵害原告的精神性人格权利,因此,被告不应承担赔礼道歉的法律责任。法院最终判决被告赔付原告违约赔偿金1300元,驳回原告的其他诉讼请求。

一、效率违约的案例分析

在航空旅客运输中,经过统计可以发现,部分航班会出现一定比例(3%左右)的旅客因意外事件而在订票后放弃购买或者转签、改签其他航班的情况,如果航空公司不能提前处理,而等到旅客放弃购票或者转签、改签确定后再进行二次销售,在时间上已来不及。在一个航班的成本既定的约束条件下,座位空置必然会导致资源浪费。因此,通过长期的实践,航空公司采用了在一些容易出现座位虚耗的航班上,超过航班实际座位数一定比例销售机票的超售方式,提高航班的满座率。机票超售不一定会导致航班满员、个别购票乘客无法登机,但如果转签或改签的乘客数量少于超额销售的机票数量,则必

---

① 案例来源:北京法意科技有限公司法务软件系列“法规案例全互动数据库”(2009)。

然有乘客因航班满员而无法登机,航空公司会因此而违反与旅客签订的航空客运合同。对于因机票超售而不能按时成行的旅客,除自愿放弃座位的旅客外,航空公司会与旅客协商,给予一定数额的赔偿、退票或变更航程、提供免费食宿、交通和通信等。

对航空公司而言,因机票超售造成对不特定旅客违约的收益是从整体上提高了航班的满座率,从而提高了航空公司的总收益。虽然,对个别或少数旅客的违约本身并不能也不是因为机票价格的上涨而获得更大的利益,但由于一个航班是由上百个客运合同(等于航班的座位数)所组成,而每次航班的运营成本是固定的,因此,每增加一个旅客就会增加航空公司一个边际收益,直到航班满座。假如本案航班座位数为 200 人,有 3% 的旅客即 6 人因意外事件转签或改签,在没有机票超售的情况下,以原告购买的七折机票价格计算,航空公司将损失 1 300 ×6 =7 800(元)。而如果航空公司超售 7 张机票,6 人按时登机将在并不增加成本的同时增加航空公司 7 800 元的收益,对 1 个未能按时登机旅客的赔偿是 1 300 +2 300 =3 600(元),航空公司仍可获得 7 800 -3 600 =4 200(元)的收益。实际上,在现实生活中,此类案件进入诉讼程序的属极少数,航空公司在赔偿的数额上往往少于本案法院的判决(多数按航班延误处理给予 200 元的赔偿),也较少安排升舱,因此,航空公司获得的实际收益会大于上述计算的结果。对旅客而言,从航空公司因机票超售而违约中获得了相当于航班延误的补偿,并没有因航空公司违约而受损。

从航空公司机票超售而导致合同违约的案例看,虽然航空公司不能从单个合同的违约中获得更高的收益(事实上,航空公司并不希望违约,最理想的状态是超售的机票数量刚好与转签和改签的旅客数量相等),但这种销售模式或制度安排却提高了航空公司航班的满座率,从而提高了社会资源的利用效率,因此,航空公司因机票超售而导致的合同违约属于效率违约。

二、效率违约的经济合理性

效率违约,又称有效违约,是指违约方从违约中获得的利益大于其向非违约方作出(合同)履行的期待利益。美国大法官波斯纳曾指出:在有些情况下,一方当事人可能会仅仅由于他违约的收益将超过他履约的预期收益而去冒违约的风险。如果他的违约收益将超过他方履约的预期收益,并且对预期收益损失的损害赔偿是有限的,那就有违约的激励了,但存在这种激励是应该的。

效率违约成立的条件是:当某种意外事件的发生致使履约要比选择其他办法花费更多时,即履约的成本超过收益。意外情况的发生有两种情况:一是幸运的意外事件或意外收获可能使违约比履约更有利可图;二是不幸的意外事件或意外事故可能使履约比违约损失更大。可以说,效率违约并不仅仅是在获益与亏损之间作出选择,还包括在获益多少之间进行选择。效率违约理论对传统合同法中实际履行这种违约救济形式提出了挑战,在违约发生以后,是否应使用实际履约的救济方式,需要根据是否符合效率原则来决定。也即,如果损害赔偿方法足以使社会资源达到有效配置,则不必采取实际履行的补救方式。

任何法律都是以一定的经济关系为基础的,其根本目的是有效地利用自然资源,最大限度地增加社会财富,或者说以法律手段促进资源的有效配置。效率违约的合理性就在于,从经济的角度看,违约方从违约中获得的利益如果超过其履约所带来的利益,那么继续履行原合同对他来说就是一种损失,而违反原合同则实现了收益最大化。反之,如果单纯从尊重合同效力的角度考虑并坚持实际履行合同,就有可能造成社会资源的浪费,甚至在某些场合会对违约方构成不公平。合同法之所以必须以合意为基础,其根本原因就在于交易理论所表明的,自愿的交换可以给双方都带来更大的收益。当效率与社会公平等目标发生冲突时,效率优先,社会财富将会因各方的效率提高而增加,从而在更高层次和更大意义上实现社会公平。

三、效率违约的局限性

从经济学的角度考虑,效率违约有时也是不经济的,存在着一定的局限性。其原因在于:

(1) 可能会损害契约自由以及交易信赖的原则。如果效率违约受到法律保护并成为市场交易的常态,为了确保履行的时候能够取得合同的标的物,当事人必然要采取更为稳固可靠的交易路径。比如必须同时与多方订立合同,或是与若干个工厂合资,或是通过种种其他途径以便得到更稳妥的货源。这样,势必会增加该标的物在市场上的交易成本。长此以往,交易安全的信赖受到破坏,以缔结和约而完成交易的自由经济的市场功能也无从发挥。

(2) 在经济上不一定节省缔约的费用。违约之后,双方需就赔偿问题进行磋商,若不能达成协议,还需要通过诉讼途径解决。这样反而增加双方当事人的交易费用。此外,当效率违约发生之后,降低了相对人再次订立合同达成交易的意愿。想要再次达成合意,相对人必然为了防止同类事件的发生,委托律师制定更为完善的合同条款或是以责任保险的方式减轻因将来违约时自己所受的危害,或是要求提供担保。无论何种措施都将增加缔约费用,对整个社会而言并不是有效率的。

(3) 有些现行的法律体系也并不完全支持效率违约原则。就以效率违约在我国合同法的适用问题来看,在中国的合同法中"实际履行"被学者分成作为一项履行原则的实际履行和作为一种救济方式的实际履行。将实际履行提高到履行原则的地位,是我国合同法的一大特色。这就导致了效率违约在类似的强制实际履行的大陆法系国家中显得格格不入。在我国起草合同法的过程中,曾经对于是否引入效率违约制度进行了讨论,但最终遭到了否决,原因包括:与实际履行原则冲突、损害赔偿难以计算、与诚实信用原则不符、容易造成道德以及社会风气导向上的负面影响等。

四、效率违约的预防措施

在运用效率违约分析实际违约赔偿时,通常会遇到两种情况。

第一种是由双方事前在合同中约定违约赔偿额。这种情形比较多,交易双方在签订合同的时候已经根据各自的预期收益和风险承担情况在合同中预定好违约的赔偿条款,这是最经济的一种事前预防。但是,如果双方对与交易有关的市场情况,未来走势分析不准,违约赔偿定得过低,从效率违约的角度看,就给潜在违约方留有违约的机会。而在合同中规定较高的违约赔偿条款是保证合同有较高履行率的行之有效的方法。但是,含有较高的具有惩罚性赔偿条款的合同一般发生在当事人一方对履行合同有很高的期望值,而另一方正好是期望值损失的保险人的情况。如果不考虑具体情况,一律附以惩罚性条款,则反而可能导致效率损失。

第二种是法律救济。立约人可能会采取一些积极措施以提高其履约的可能性,并借此提高受约人对其履约的信赖度,但是如果立约人不能从其预防违约的措施中得到充分的利益,那么其对采取措施的有效激励就不存在。假如违约能带来额外的收益,立约人不仅不会采取积极措施,反而会想方设法违约。在受约人对立约人承诺的信赖程度很高的情况下,违约使受约人遭受的损失也很大。因此,单纯的法律补偿有时也是难以奏效的。

本章总结

1. 关于中国合同法的历史发展阶段分析,最具有代表性的包括三个观点,即两阶段论、三阶段论和四阶段论。

2. 合同理念,又称契约理念,是指契约的精神和价值,体现为形式契约所承载的权利、平等、意思自治、诚信、协作(合意)等价值追求。我国合同法理念的发展经历了从合同法的偏位、修正到复位的过程。当前的统一合同法是一部全面且切实反映社会经济生活的合同法。

3. 格式合同,又称标准合同,是指一方当事人预先制定的、并为不特定的第三人所接受的、具有完整的定型化特点的合同。从对经济效率的影响来看,格式合同的作用是双重的。一方面,格式合同显然是基于垄断的合同;另一方面,格式合同也可能会增进效率。

4. 所谓霸王条款,是指在商品交易中提供格式合同的一方利用其具有垄断地位、交易优势,或者在经济上的明显强势,在制定格式条款时违反公平原则,以单方声明或其他方式规避自己应承担的法律责任,加重交易对方的责任或限制,排除对方的合法权利。对霸王条款的规制可以分为四种方式,即立法规制、行政规制、司法规制和社会自律规制。

5. 效率违约,又称有效违约,是指违约方从违约中获得的利益大于其向非违约方作出履行的期待利益。效率违约的合理性就在于,从经济的角度看,违约方从违约中获得的收益如果超过其履约所带来的收益,那么继续履行原合同对他来说就是一种损失,而违反原合同则实现了收益最大化。

思考题

1. 简述中国合同法的历史发展过程。
2. 试从经济学角度分析格式合同的效率原则。
3. 结合具体案例阐述霸王条款的规制方式。
4. 试举例说明什么是效率违约,并分析效率违约的经济合理性。

5. 中国统一合同法的特点是什么?

阅读文献

1. Werner Z. Hirsch, *Law and Economics: An Introductory Analysis*(3rd, ed.), Academic Press, 1999.

2. 〔加〕彼得·本森:《合同法理论》,易继明译,北京大学出版社2004年版。

3. 〔美〕杰弗里·L. 哈里森:《法与经济学》(第二版)(影印本),法律出版社2004年版。

4. 崔建远:《合同法》,法律出版社2010年版。

5. 李永军:《合同法》,法律出版社2010年版。

6. 丁璇:《我国合同法及其理念的发展》,华东政法学院2004年硕士学位论文。

7. 冯玉军:《法经济学范式》,清华大学出版社2009年版。

8. 孙秋枫:《合同法的经济学分析》,吉林大学2008年博士学位论文。

9. 曲振涛:《法经济学》,中国发展出版社2005年版。

10. 钟奇江:《合同法责任问题研究》,经济管理出版社2006年版。

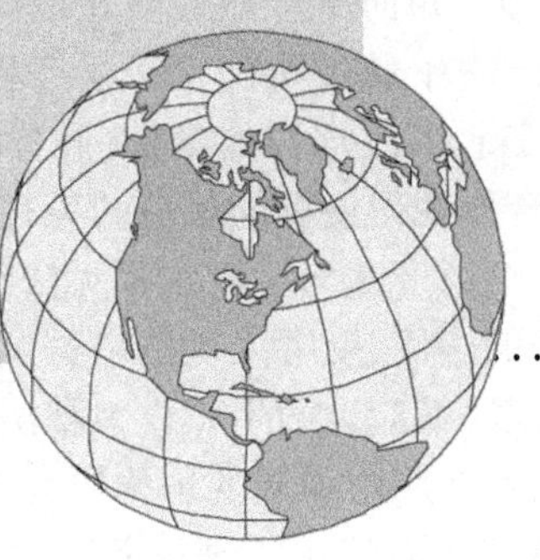

第七章

侵权法的经济学分析

"早期的法律提出的问题很简单,'被告是否做了伤害原告身体的行为?'而今天的法律除了一些基于公共政策的特定案例外,会问及更深入的问题,'该行为应该受到谴责吗?'"

——〔美〕詹姆斯·巴尔·埃姆斯[1]

【本章概要】

本章在对侵权法的发展历程和基本概念简要回顾的基础上,分别介绍了侵权法的法学与法经济学相关理论;同时也对这两种源于不同学科,但都对侵权法理论作出重要贡献的理论体系进行了比较分析,并指出目前现存的侵权法法经济学理论的不足之处。

【学习目标】

1. 掌握侵权法的概念、特征与机能。
2. 了解侵权法的发展历程。
3. 掌握有关侵权法的法学理论。
4. 掌握侵权法法经济学分析的基本内容。
5. 比较以上两种分析方法的异同点。

---

① James Barr Ames, Law and Morals, *Harvard Law Review*, 22, 1908, pp. 97—113.

现实社会,危害事故层出不穷,如何尽可能地防止或减少以及如何合理赔偿被害人所受损害至关重要。而传统财产法中通过明确定义财产权来促进人们之间的合作及相关的补救措施并不能胜任类似交通事故这样的案例;同样地,传统合同法中通过使人们作出可信承诺而使人们之间的合作变得便利的相应约束也不能胜任诸如废气、废水伤害人畜这样的案例;现实中存在一个财产法与合同法都无法约束的领域,即存在违背合同,或对财产的损害,或持续对禁令的违反,受害人无法依据这些法律来起诉的情形。因而,私法的第三个主体部分——侵权法就应运而生。作为私法最早组成部分之一的侵权法,不仅有源远流长的发展历程,而且在广博深邃的理论研究中到处闪耀着法学家与经济学的智慧火花;不仅拥有相对成熟与全面的法学理论基础,而且也正被正规经济理论成功分析。本章首先在第一节对侵权法的概念、特征、发展史作简要介绍,并提供其在比较法意义上的观察;第二、三、四节将分别从法学及法经济学角度对侵权学说的基本理论进行分析;第五节将对以上两个从不同角度论述的侵权学说加以比较与批判。

第一节　侵权法概述

“侵权”一词源于拉丁语“tortus”,原意为“扭曲的或弯曲的”①。侵权法的创制既早于刑法的产生,也早于国家的建立;早在原始社会,如果 A 打了 B 并且造成 B 的伤害,A 对 B 就有一个过错行为,B 也就相应地从 A 处获得了赔偿的权利。事实上,现代侵权法的许多先例都能在上古时期和原始社会的法律体系中找到。作为规范行为人故意或过失地不法侵害公共财产、公民个人和法人财产或人身权的法律工具和保护民事主体合法权利或利益的重要法律形式,侵权法在当今各国的民事法律中居于重要地位,无论在理论上还是现实中都备受瞩目。下面,我们将分别从侵权法的概念、特征、发展史及各国相关法律比较角度对其加以简单介绍。

一、侵权法的概念、特征与机能

在展开侵权法的法学分析和经济学分析的阐述之前,我们有必要首先来了解一下有关侵权法的概念、特征和机能等基本知识。

1. 侵权法的传统学说

传统法学领域,有关侵权法的基本学说历来存在各种不同主张,未有统一见解(代表性观点可参见表 7-1),是个尚待进一步研究的问题。

表 7-1　侵权法的传统学说

观点	提出人	内容
风险转移说	彼得·H. 舒克(1991)②	侵权法是调整关于某人受到损害时而可能将损失转移给他人的关系的一组法律规范的总和
过错说	莫里斯(1953)③	侵权法可以被称为有关私人过错的法律

① 王利明:《侵权行为之概念研究》,2006 年,http://tort.blog.hexun.com/3760680_d.html。

② Peter H. Schuck, *Tort Law and the Public Interest*, W. W. Norton Co., 1991, p. 17. 转引自张新宝:《中国侵权行为法》,中国社会科学出版社 1995 年版,第 1 页。

③ Morris, *On Torts*, Brooklyn Press, 1953, p. 1.

（续表）

观点	提出人	内容
利益协调说	约翰·福莱明（1968）①	侵权法的历史集中在寻求两种基本利益的协调，即安全的利益和自由行动的利益之间的协调问题
	威廉·L.普罗瑟（1974）②	侵权法是保持人们在自由与义务、权利之间关系达到平衡的工具
赔偿说	克雷斯蒂安·冯·巴尔（1987）③	侵权法是私法的一个部分，它决定某人受到侵害后是否有权得到赔偿（或者说在出现此等侵害情形时，是否有权得到法律上的救济），尽管受到侵害只构成双方当事人之间的法定之债
	戴维·M.沃克（1988）④	侵权法是各种有关情形法律的集合，在这些情形中，一个人在法律上不正当地加害或伤害另一个人的情况下，法院通常以判令损害赔偿形式予以救济；并不是适用于其他许多案件的关于赔偿责任的一般原则
	安德烈·图恩克（1974）⑤	侵权法的目的是使公民有义务赔偿因不法行为给其他公民造成的合同关系外的赔偿
	王利明（1993）⑥	侵权法是有关侵权行为的定义和种类、对侵权行为如何制裁、对侵权损害后如何补救的民事法律规范的名称

2. 侵权法的概念

基于传统侵权法的基本学说，成文法系与判例法系分别给出了侵权法的相关定义；此外，法经济学的兴起及在对传统侵权法的介入中，也从经济学视角给出了对侵权法的定义（参见表7-2）。

3. 侵权法的特征

侵权法作为一门具有内在逻辑体系的法律，有其自身的相对独立性和完整性。与其他民事法律相比，它有如下特征：

第一，在民法中具有相对独立的地位。侵权法究竟是一种什么样的法律，根据不同法律传统，有不同理解。大陆法系各国在制定民法典时，把其作为债法的一个组成部分来编制。而以判例法著称的英美法既没有成文的民法典，也并没有相应的债法概念，故而，其是相对独立的，与财产法、合同法地位平等的民法部门。

---

① John G. Fleming, *An Introduction to the Law of Torts*, Clarendon Press, 1968, p. 16.

② *International Encyclopedia of Comparative Law · Torts · Introduction*, New York Ocean Press, 1974, p. 15.

③ 〔德〕克雷斯蒂安·冯·巴尔：《欧洲比较侵权行为法》（上），张新宝译，法律出版社2001年版，第1页。

④ 〔英〕戴维·M.沃克：《牛津法律大辞典》，北京社会与科技发展研究所译，光明日报出版社1988年版，第547页。

⑤ *International Encyclopedia of Comparative Law · Torts · Introduction*, New York Ocean Press, 1974, p. 19.

⑥ 王利明：《民法·侵权行为法》，中国人民大学出版社1993年版，第32页。

表 7-2　侵权法的概念

<table>
<tr><th colspan="2"></th><th>定义形式</th><th colspan="2">内容</th></tr>
<tr><td rowspan="4">传统侵权法的概念</td><td rowspan="3">成文法系</td><td rowspan="3">在侵权法法典或相关法律规定的基础上,学者们大都围绕法律条文加以定义</td><td>法国</td><td>在《法国民法典》第 1382 条和第 1383 条分别规定“任何行为使他人受损害时,因自己的过错而致损害发生之人对他人负赔偿的责任”,“任何人不仅对因其行为所引起的损害,而且对因其过失或懈怠所造成的损害,负赔偿的责任”的基础上,提出侵权行为责任的三个要件:① 损害;② 过错;③ 过错与损害之间的因果关系。</td></tr>
<tr><td>德国</td><td>在《德国民法典》第 823 条(第 1 款和第 2 款)及第 826 条的基础上,对侵权的三种情况作了较为概括的规定:① 因故意或过失不法侵害他人的生命、身体、健康、自由、所有权或其他权利;② 违反以保护他人为目的的法律;③ 以悖于善良风俗的方法故意加损害于他人。</td></tr>
<tr><td>中国</td><td>通过《民法通则》第 106 条第 2 款规定“公民、法人由于过错侵害国家的、集体的财产,侵害他人财产、人身的,应当承担民事责任”及《侵权责任法》第 2 条第 1 款规定“侵害民事权益,应当依照本法承担侵权责任”,对侵权法的列举以概括式表述。</td></tr>
<tr><td>判例法系</td><td>学者们从审判实践中归纳而得①</td><td colspan="2">侵权法实践中注重注意义务的认定以及对注意义务违反的认定。例如,温菲尔德(1931)指出,侵权责任基于违反法律预先确定的义务而产生;这种义务对人们普遍适用,对它的违反是可以通过追索待定损害赔偿的诉讼而得到矫正的。</td></tr>
<tr><td>法经济学对侵权法的定义</td><td colspan="4">从经济学的角度看,侵权实质上是一种负的外部性,即一个人的行动给周围其他人带来了不合理的影响,而他对这种影响没有进行补偿。因而,科斯(1960)及卡拉布雷西(1961,1970)指出,侵权法通过制裁产生负的外部性的个人或者单位,补偿受害者,从而达到预防和减少负外部性活动的目的。</td></tr>
</table>

第二,表现上的概括性。虽然侵权法的内容极为广泛,涉及范围也很宽,但从各国民事立法来看,并没有就侵权行为以详尽列举方式规定,而只作原则性、概括性规定。如《法国民法典》的起草人泰尔内伯曾指出:“第 1382 条款广泛地包括了所有类型的损害,并要求对损害作出赔偿,赔偿数额要与受损害程度相一致。从杀人到轻微伤人,从烧毁大厦到拆除一间价值甚微的板棚……对任何损害都适用同一标准。”②

第三,内容上的复杂性。侵权法不仅涉猎面很广,而且法律渊源也极为复杂,法律规范的内容、层次和等级各不相同。

第四,内容和体系相当完备和系统。尽管侵权法的表现十分概括,内容又极为复杂,但它的历史发展却决定了其具有完备的立法体系和完善的理论系统。产生于上古原始社会的侵权法,发展到罗马法时期,就已有较为完备的立法体系和理论框架;而今又经过一千多年的不断完善与发展,已成为千锤百炼的、成熟的法律。其在立法上,条文虽少,

① 判例法系的学者们倾向于信仰法律的规则和精神存在于具体生动的审判实践之中,而不是抽象僵化的概念文字之中,因而,他们认为既然各种侵权行为的构成要件已经由具体的判例进行了规定,那么也就没有必要对侵权法再进行统一定义。

② *International Encyclopedia of Comparative Law · Torts · Introduction*, New York Ocean Press, 1974, p.13.

但逻辑严谨、内容完备,数个条款就概括了侵权行为的一般概念、种类、归责原则、制裁手段和救济方法等所有内容,使之成为一部立法最精炼、内容最广泛、体系最完整的法律;此外,在理论上,也同样具有完备的法学理论体系。

第五,成文法与判例法相结合。虽然在英美法系国家,侵权法的主要渊源是判例法,但21世纪以来,这些国家在该领域越来越重视成文法,一些单行性侵权条款不断出台;而在大陆法系国家,也不断加强对判例法的重视,通过大量判例,不仅建立了一系列规则,而且不断修改和完善成文法所确立的归责原则、举证方式、赔偿范围、对责任竞合的处理等。成文法与判例法的相互补充使侵权法得以不断发展与完善。

第六,强制性。这是侵权法区别于其他民事法律的一个重要特征,主要功能并不在于对权利的确认而是对权利的保护或对侵权行为的制裁,因此,主要表现为强制性规范,而非任意性规范。

4. 侵权法的机能

侵权法是为了防止或减少意外事故,并合理补偿因为意外事故导致的损害而生,故这两者构成了侵权法的目的与机能。既然法律通常是功能性的,那么,“侵权法的机能也在历史发展过程中迭经变迁,如赎罪、惩罚、威吓、教育、填补损害及预防损害等,因时而异,因国不同,反映了当时社会经济状态和伦理道理观念”①,但就世界各国现行侵权法而言,主要有以下三个机能:

其一,补偿功能。即侵权人在实施侵权行为并造成受害人的实际损害后,侵权法主要适用损害赔偿的手段,责令前者向后者支付赔偿金,以填补后者因侵权行为所受损害的功能。补偿主要包括对财产损失的赔偿、对人身伤害和死亡所花费费用的补偿、对精神损害的赔偿。其是基于公平正义的理念,主要目的在于使受害人的权利获得实质的、完整的、迅速的补救或恢复。

其二,惩罚功能。也称为制裁功能。侵权行为是侵害他人财产权和人身权的行为,具有一定社会危害性,因此应受到法律制裁。制裁不法行为人是法律对漠视社会利益和他人利益、违背义务和公共行为准则行为的谴责和惩戒,是法律依据社会公认的价值准则和行为准则对某种侵权行为所作的否定性评价,也是矫正不法行为的重要措施。当然对侵权行为的制裁并不是为了实现报复性惩罚,而主要是保护民事主体的合法权利、矫正不法行为,并起到某种行为导向的作用。

其三,教育和预防功能。侵权法通过规定侵权人应负的民事责任,以及在行为人实施了侵权行为后责令其承担损害赔偿等民事责任,进而教育不法行为人,引导人们的正确行为,预防各种损害发生,从而,保持社会秩序的稳定和社会生活的和谐。

二、侵权法的历史发展

作为保障社会成员的财产和人身的侵权法,曾经是“法律程序的原始形态”②,具有久

---

① 王泽鉴:《侵权行为法》,中国政治出版社2001年版,第7页。

② 〔美〕罗伯特·雷德菲尔德:《原始法》,载保罗·波汉南主编的《法律与战争:冲突人类学研究》1967年版,第9页;转引自王利明:《民法·侵权行为法》,中国人民大学出版社1993年版,第68页。

远的历史。虽然侵权法源于古罗马法,但考古学早已发现,在比罗马法更为古老的法律中,就有了关于侵权的法律规定。如,四千多年前,两河流域的乌尔第三王朝(约公元前2113—2006年)统治时期制定的《乌尔纳姆法典》中,就有采用罚金赔款方式赔偿由侵权行为造成损害的规定。由此可见,侵权法的成文法历史至少可追溯至四千多年前,而习惯法的历史则更为久远。下面,我们将试图追溯大陆法系和英美法系中的侵权法的发展轨迹以探究其渊源,剖析其特点。诚如梅因所言:“如果我们通过任何立法,断定法律要领的早期形式,将对我们有无限价值。这些基本观念对于法学家而言,就像原始地壳对于地质学家一样可贵。这些观念中,可能含有法律在后来表现其自己的一切形式。”①

1. 古代习惯法时期

在人类社会向文明的门槛迈进时,原始的侵权法可追溯到原始社会的复仇习惯。美国法学家庞德指出:“以复仇或报复形式的惩罚是一种最古老的保护利益和维护权利的方式。”②即侵权行为所引起的损害是以受害人及血亲对加害人进行同态复仇的方式来解决,习惯法上主要表现为私人复仇制度;其使命是解决部族成员间的矛盾与冲突。即使在国家和法律产生后,“在一个相当长的时期内法律还是允许私人复仇的存在”③。

但由于复仇行为破坏了公共秩序,不符合团体利益,且农业社会需要和平,于是理智逐渐控制感情。原始社会末期,随着私有财产制的出现,物质补偿较心理上的快感更具有实际意义,因而,这种对等血亲复仇方式逐渐为财物赔偿所取代,私力救济逐渐为公力救济所取代,最初的公力救济主要体现为损害赔偿、罚金等形式。④

2. 古代成文法时期

侵权损害赔偿作为一项法律制度,是人类社会进入成文法时期后才得以确立的。

(1) 从大陆法系看:人类社会进入成文法时期后,作为野蛮标志之一的私人复仇制逐渐被废止,代之而起的是侵权之债的设立。⑤ 这个时期,法律禁止私人复仇,赋予受害人及家属要求损害赔偿的请求权,规定了一些重要的侵权行为和损害赔偿的金额和计算标准。因而,侵权行为的私力救济被公力救济所代替;国家对侵权行为实行强制干预,废止私人复仇制度,确立了损害赔偿制度。据史料记载,西亚两河流域的《乌尔纳姆法典》《苏美尔法典》《汉谟拉比法典》、古希腊的《格尔蒂法典》、古罗马的《十二铜表法》《阿奎利亚法》都有对侵权损害赔偿的典型规定(参见专栏7-1)。

---

① 〔英〕亨利·梅因:《古代法》,沈景一译,商务印书馆1959年版,第2页;转引自施玮、叶成朋:《大陆法侵权行为法之古代状态》,载《淮北煤师院学报(哲学社会科学版)》,2002年第1期,第50、51、57页。

② 〔美〕罗斯科·庞德:《通过法律的社会控制法律的任务》,沈宗灵、董世忠译,商务印书馆1984年版,第114页。

③ 瞿同祖:《中国法律与中国社会》,商务印书馆1947版,第66页;转引自王利明:《民法·侵权行为法》,中国人民大学出版社1993年版,第69页。

④ 但严格地说,最初的损害赔偿,只是一种可以用财物赔偿代替私人复仇的变通做法,它仍属于一种习惯,尚不具有法律意义。

⑤ 但在这个时期,侵权法并没有单行的成文法加以规定,而是散见于各国的一般的成文法典中(杨立新,2004)。

罗马法在大陆私法的发展进程中,具有举足轻重的地位。为适应自然经济条件下简单商品经济发展的需要,确立了私权本位主义和较完备的私权体系,并相应规定了各类侵权行为责任。尤其是罗马法创立了过错责任原则,实现理性主义和权利主义的和谐结合。然而,由于其采取的是所谓的"程序式诉讼制度",即具体案件适用于具体程序,因而,过错责任原则尚未成为抽象性的一般原则。

(2) 从英美法系看:英美法系中,侵权法是英格兰在诺曼底人军事征服时期的习惯法或不成文法的一部分,但最早的、后来被认为是普通法中侵权法规则渊源的案例是由征服者威廉(诺曼底公爵)的继承人建立的皇家法庭所判决的,主要采取令状制度[①]。早在12世纪,就有法庭借助令状,在以暴力和直接对人身、财产的侵害予以刑罚时,对受害人给予附带的损害赔偿,即"直接侵害诉讼"形式。到13世纪后期,令状被用于威胁恐吓案(指仅有威胁动作而未真正接触到原告的人身),"间接侵害之诉"的令状被设计用来允许起诉各种形式的间接伤害行为[②],成为直接侵害诉讼的补充。18世纪后半期,在布莱克斯通撰写关于英国普通法的论著时[③],侵权法的几种现代原则已成为英格兰普通法的一部分;且在美国独立战争后,美国的州和联邦法院先后采纳了这些原则。

然而,铁路诞生前,侵权法并不是一个重要领域,意外事故案例很少,其不同于诸如威胁、殴打等故意过错行为,基本上没有被提出诉讼;意外事故案件应归何种原则支配仍存在不确定性。但这些法律和案例却对后世各国的侵权法产生了重大影响,为现代侵权法的诞生奠定了坚实基础。

◀专栏 7-1▶

古代成文法时期有关侵权法的记载

《乌尔纳姆法典》是迄今已知的人类历史上第一部成文法典。法典第15—17、19条等记载了有关伤害他人的肢体、器官等要处以罚款的规定。[④]

《苏美尔法典》是约在公元前20世纪,拉尔沙王国法律的一部分,这是楔形文字大泥板之一部分;泥板共有文字五行,这是其中的最后两行,原文为草书体的后期苏美尔文,当属于公元前19世纪,大概出自乌鲁克城。其规定了财产损失以财产方法补偿,还规定动物致人损害由动物主人赔偿。[⑤]

《汉谟拉比法典》是迄今发现的保存最为完整、内容最为充实的楔形文字法典,该法

---

① 令状是指为了在一个法庭进行诉讼,原告个人必须首先从(英国上议院的)大法官处获得一份称为令状的文件,用来指示当地行政司法长官将被告人带到法庭上应对原告的指控。最初使用暴力非法侵入之诉(用武力和武器)的令状是将侵权案件在皇家法庭提出的主要传讯手段。

② 关于英国侵权法的历史请参见 J. H. Baker, *An Introduction to English Legal History*(2nd ed.), 1979, ch. 4; M. J. Prichard, *Trespass, Case and the Rule in Williams V. Holland*, Camb. L. J., 22, 1964, p. 234.

③ William Blackstone, *Commentaries on the Law of England* (1765—1769), University of Chicago Press, 1979.

④ 朱承恩、董为奋:《乌尔纳姆法典和乌尔第三王朝早期社会》,载《历史研究》,1984年第5期,第179—192页。

⑤ 由嵘等:《外国法制史资料汇编》(上册),北京大学出版社1982年版,第2页。

典第12、23、24条记载了有关损害赔偿的规定。①

《格尔蒂法典》是在古希腊克里特岛的格尔蒂城发现的,法典全文刻在墙上,至今挺立在格尔蒂古城的废墟上。其是古希腊留存下来的唯一一部完整的,也是欧洲的第一部法典,制定于公元前5世纪前期。这部法典汇集了较早的习惯法和以前的各类成文法,大部分内容为今天所称的民法规范;基本上摆脱了初民社会法律的残酷性,较早将侵权行为纳入私法调整的轨道,表现出一种"法律文明"(或称"民法文明");在对强暴、通奸、遗弃、妨碍、诉讼等行为的处罚中,没有任何人身性刑罚,仅有关于罚金的规定。②

《十二铜表法》是古罗马在约公元前450年制定的法律,据说因刻在12块铜牌(也有说是着色的木牌)上而得名。③

《阿奎利亚法》(公元前287年),也是古罗马的成文法之一,首次确立了过错责任原则。④ 其规定:"因偶然事故杀害者,不适用阿奎利亚法,但以加害人自身无任何过错者为限,因为阿奎利亚法不但处罚故意,同时也处罚过错。"

---

3. 现代法时期

铁路的发展带来意外事故的激增,导致处理相应问题的侵权法原则得到扩充与精炼。这个时期的侵权法可分为两个阶段:

第一个阶段表现为,19世纪中叶到20世纪前期,侵权法飞速发展与扩张。由于社会经济发展、机器时代的来临、科技进步及自然法理的洗礼,大陆法各国民法典创设了概括性的侵权原则,采用了过错责任;同样地,过失侵权原则也逐渐在英美法国家登场,使侵权法发展到顶峰,并成为民法体系中最重要的法律部门。

首先,从大陆法系看,现代大陆法系国家为维护社会和经济秩序,保护社会成员的人身和财产权利,均规定了较为系统的侵权法。

《法国民法典》(1804年)承袭了罗马法的体系,将侵权行为作为"非合意而生之债",并用"侵权行为"和"准侵权行为"代替了罗马法中的"私犯"和"准私犯"概念,规定了侵权行为一般条款和替代责任的准侵权行为;制定了一个适用于一般侵权行为的原则性条文——第1382条;另外,又在第1383条进一步规定了推定过错责任和准侵权行为责任。

《德国民法典》(1900年)详细规定了一般侵权行为原则、特殊侵权行为责任、监护人责任、共同侵权行为责任、损害赔偿范围、请求权时效等一整套完善的侵权法制度;不仅采纳了过错责任原则,而且还区分了"过错"和"不法行为"这两个不同概念;另外,也没有效仿前者采取单一过错责任原则,而是采取了"有限多重原则";最后,又通过规定"违反保护他人的法律"(第823条第2款)和"违背善良风俗而损害他人利益"(第826条),

---

① 江平主编,《世界著名法典汉译丛书》编委会编:《世界著名法典汉译丛书:汉穆拉比法典》,法律出版社2000年版,第16、20页。

② 《格尔蒂法典》,郝际陶译,高等教育出版社1992年版,第1—2页。

③ 江平主编,《世界著名法典汉译丛书》编委会编:《世界著名法典汉译丛书:十二铜表法》,法律出版社2000年版,第35—40页。

④ 〔意〕桑德罗·斯奇巴尼:《债私犯之债·阿奎利亚法》,米健译,中国政法大学出版社1987年版。

以补充过错责任的不足。

日本也模仿和参考法国、德国，制定了相应的民法典[①]，有关侵权行为的规定在体系上分为一般不法行为和特殊不法行为。

其次，从英美法系看，这些国家的侵权法在非法典化道路上向前发展，一系列典型案例推动这些国家建立了过错责任和严格责任原则。

1852 年英国颁布《普通法诉讼程序条例》，废除诉讼形式，在直接和间接侵害基础上，产生了一系列新的侵权行为，采取“无限多重原则”，使英国侵权法成为由各种具体侵权行为责任规定和大量具体侵权诉讼的法院判例所构成的法律汇编。原则上采取过错责任原则，各种侵权行为以不同的主观归责事由为构成要件；但在代理责任、动物致害责任及产品责任中又适用严格责任原则。

美国独立后继受了包括侵权法在内的英国法。纽约州于 1848 年废止了令状制度，其他州从之。侵权法随着过错责任原则的建立，逐渐成为一个具有活力和创造性的法律领域，并逐渐超越英国法，创设了若干有关侵权行为的重要制度，成为当今世界最先进的侵权制度。[②]

此外，20 世纪 60 年代，《埃塞俄比亚民法典》的诞生，为侵权法的现代化提出了一种新思路，即将大陆法系的侵权行为一般化的立法方法与英美法系侵权行为类型化的立法方法相结合的新模式。之后，欧洲统一侵权法的起草就是对这一模式的延续。

第二个阶段表现为，20 世纪以来，尤其是 50 年代后，出现的侵权法危机使以过错责任为基础的侵权法深受检讨，进而发生重大变迁。

以过错责任为核心的侵权法在 20 世纪遭遇了前所未有的挑战。首先，若干原本由过错责任调节的领域引进了无过错责任，促进了侵权法体制内部的变革。其次，保险制度的分散风险机制日益受到人们的重视，并逐渐渗透到社会生活的各个角落，而这种机制却恰恰稀释了过错责任原本的激励功能。当然，对现代侵权法构成最大冲击和影响的则是第二次世界大战后发展起来的社会保障制度，即通过全社会统一的保障性补救政策来弥补受害人的损害。因而，随着所有这些变化趋势由小而大，由弱而强，以至于在 20 世纪七八十年代，一批法学者发出了侵权法面临危机的惊呼。

先不论以上三方面能否导致侵权法的危机，现实却是，侵权法从近代到现代的变化过程并非仅限于上面的描述，20 世纪事实上也是侵权法急剧扩张的时期。首先，过错推定和无过错责任的引入，本身就丰富和扩张了传统侵权法的调整范围，使得侵权法的结构更显合理。其次，侵权法的扩张还表现为：团体责任进一步发展；所保护权利范围越来越大；对合法利益的保护范围不断拓宽，使保护对象推进到各种法律尚未确定为单独的类型化权利的利益，从而将一些期待利益也纳入了侵权法的保护范围。因而，侵权似乎仍是充满活力的。[③]

---

① 日本于 1890 年制定的《日本民法典》（旧民法典）是模仿 1804 年的《法国民法典》；而现行的制定于 1896 年的《日本民法典》是参考《德国民法（草案）》（1988 年版和 1989 年版）而修订的，兼具法国法和德国法因素。

② 当然这不仅归功于美国社会的迅速发展，以及理论与实务的有力结合，而且也得益于 19 世纪末开始引入的个案研究方法、20 世纪初期法律实证主义的冲击，尤其是 60 年代后法经济学发展的影响。

③ 程宗璋：《侵权法的危机初探》，载《中国矿业大学学报（社会科学版）》，1999 年第 1 期，第 32—37 页。

总之,这个时期,因受工业事故影响,工人的请求赔偿运动不仅推动了侵权责任的更替,而且因为侵权行为各种豁免的废止,许多抗辩事由尤其是产品责任中相互关系的辩护以及许多州促成过失和自担风险的废止,还有宪法所涉及侵权法的巨大扩张,都直接推动了责任的膨胀,从而导致如今侵权法所调整领域比以往任何时候都要大。当然,这种扩张是否有效率可能正是我们现在所要考虑的问题。

第二节　侵权法的法学分析

对法学家而言,这是一个存在了数千年的理论与现实问题,无数法学研究者与实践者在该领域留下了各种深浅不一的足迹,使当代有关侵权法的法学理论成为一个不仅逻辑较为严谨、内容也相对完备的庞杂的法学理论体系。因而,我们可以从侵权法的核心法学概念——侵权行为入手考查。

一、侵权行为

1. 概念

侵权行为指:“行为人由于过错侵害他人财产和人身,依法应承担民事责任的行为,及依法律特别规定应当承担民事责任的其他损害行为。”[①]具有以下特征:(1)侵害他人合法权益的违法行为;(2)侵权对象是财产权和人身权等绝对权;(3)行为人基于过错而实施的行为;(4)承担侵权民事责任的根据。因而,与其他违法行为(犯罪行为与违约行为)的区别如表7-3和表7-4所示。

表7-3　侵权行为与犯罪行为的区别

区别依据	侵权行为	犯罪行为
法律依据不同	违反民事法律,承担民事责任	触犯刑事法律,承担刑事责任
侵害客体不同	只包括人身权和财产权	既包括主体的人身权和财产权,也包括法律保护的一切社会关系
社会危害程度不同	只要具备损害他人权利的违法性就可构成	必须具有社会危害性
行为人的主观恶性不同	绝大多数是过失行为,即使是故意也不具备较为严重的社会危害性	绝大多数是主观恶性较大、危害社会的故意行为,只有少数才是过失犯罪
法律对其行为形态的要求不同	只能是既遂行为,即造成损害方能构成	无论既遂、未遂还是预备都可能构成

① 王利明:《民法·侵权行为法》,中国人民大学出版社1993年版,第12页。

表 7-4 侵权行为与违约行为的区别

区别依据	侵权行为	违约行为
产生前提不同	加害人和受害人之间不具有特定法律关系,只是存在不特定的人身权和财产权法律关系,其性质属于对世权、绝对权	当事人之间必须存在特定权利义务关系,而且这种关系的性质必须是有效的合同法律关系,是对人权、相对权
违反义务的性质不同	违反法定义务,是不作为义务	违反约定义务,其产生不是基于法律规定,而是当事人间的一致意思表示而成立的义务
主体不同	主体不特定,不要求侵权行为人必须具备何种条件,任何民事主体都可能成为侵权行为人	主体必须是特定的,必须是合同关系中的当事人,必须具有完全民事行为能力
侵害对象不同	绝对权,即人身权和财产权	相对权,即合同债权
承担法律责任的形式不同	(1) 可以承担精神损害赔偿责任; (2) 可以适用赔礼道歉、恢复名誉、消除影响、返还财产、恢复原状的责任形式; (3) 损害赔偿包括财产损害,也包括人身损害和精神损害; (4) 损害事实的存在是侵权行为构成的必备要件	(1) 不能承担精神损害赔偿责任; (2) 不能适用赔礼道歉、恢复名誉、消除影响、返还财产、恢复原状的责任形式; (3) 损害赔偿只包括因合同义务不履行而造成的财产损害; (4) 损害事实的有无并不影响违约责任的成立

专栏 7-2

"侵权行为"的词源探源

英语中,"侵权行为"一词称作"tort",来源于拉丁文"tortus",原意是"扭曲和弯曲",也可用于将某人的手臂或腿砍掉的情形,此种含义现在仍然能从德语(jemanden einen tort antum;tortur)和法语(aviordu tort;faire du tortous)中找到,以后该词逐渐演化为错误(wrong)的意思。[①] 在法语中,"tortum"和"tort"都是来源于拉丁语"delictum",其原意是"过错"、"罪过"。拉丁语名词"delictum"派生于动词"delinqere"(偏离正确的道路),意思是一个违法、一个失误或者一个错误。中文的"侵权行为"一词"最早于清末编定《大清民律》草案时才开始应用"[②]。

2. 分类与构成

侵权行为种类繁多,但可以依据不同标准加以分类;意义在于:侵权行为类型不同,应适用的归责原则、责任构成要件、举证责任、责任形式也各不相同。根据法学理论的发

① *International Encyclopedia of Comparative Law · Torts · Introduction*, New York Ocean Press, 1974, p.7. 转引自王利明:《侵权行为概念之研究》,2006 年,http://tort.blog.hexun.com/3760680_d.html。

② 陈涛、高在敏:《中国古代侵权行为法例论要》,载《法学研究》,1995 年第 2 期。

展及各国的司法实践，主要有如下分类：

首先，一般与特殊的侵权行为。前者指，因为故意或过失造成他人财产或人身损害，应当承担民事责任的行为；必须完全具备侵权行为的四个要件方能成立；主要适用过错责任原则和对自己行为负责的原则；通常采取“谁主张、谁举证”的举证方式。后者指，当事人基于与自己有关的行为、事件或其他特别原因致人损害，根据民法的特别规定或特别法规定而应负的民事责任；主要适用过错推定责任和公平责任原则；采取举证责任倒置的举证方式；在责任免除方面，对该种行为的责任有严格限制。

其次，作为和不作为的侵权行为。前者指，行为人违反对他人的不作为义务，以过错的作为致人损害的行为。后者指，行为人违反对他人负有的某种作为义务，以未实施或未正确实施所要求行为而致他人损害的行为。虽然这两种侵权行为下，行为人都要承担民事责任，但法律上对不作为侵权行为的责任却有一定限制。从各国司法实践看，不作为行为构成违法，必须是行为人负有某种法定义务。另外，在确定不作为行为责任时的过错标准与作为侵权行为责任所适用的过错标准也有所不同。

最后，单独和共同侵权行为。前者指，一人单独进行和承担民事责任的侵权行为；后者指，两人或两人以上由于共同过错造成他人损害的侵权行为。共同加害人主观上具有共同过错，所产生的损害结果是同一的、不可分割的，因而，共同侵权人对受害人承担连带责任，按照过错程度等因素分担责任。

二、侵权责任的归责责任原则

任何一个国家的侵权法都将面临一个基本问题：因权益受侵害而生的损害应由被害人承担，抑或加害人负担损害赔偿责任？各国法律均采用相同原则——被害人必须自己承担所生损害，仅有特别理由时，方能向加害人请求损害赔偿。①“良好的政策应让损失停留于其所发生之处，除非有特别干预的理由存在。”②所谓“良好的政策”，是指避免增加损失的政策，因为使被害人向加害人请求损害赔偿，无论在法律规范或实际执行上，都势必耗费资源或产生交易成本；而特殊理由是指，损害应由加害人承担，使其负赔偿责任的事由。这在学理上称为“损害归责事由或归责责任原则”③，其是侵权法的统帅和灵魂，是侵权法理论的核心④。

1. 侵权责任的概述

归责（imputatio/imputation）是指，侵权人的行为或物件致他人损害的事实发生后，应依何种根据负责，此种根据体现了法律的价值判断，即法律应以行为人的过错还是以已

---

① 王泽鉴：《侵权行为法》，中国政法大学出版社 2001 年版，第 11 页。

② O. W. Holmes, *The Common Law*, 1891, p. 50. 关于 Holmes 的生平及法学思想可参见杨日然：《美国实用主义法学的哲学基础及其检讨》(2)，收录于《法理学论文集》，元照出版公司 1997 年版，第 179 页。波斯纳认为，*The Common Law* 一书是美国人关于法律所写的最卓越著作。

③ 王泽鉴，《损害赔偿之归责原则》，收录于《民法学说与判例研究》(1)，中国政法大学出版社 1998 年版，第 12 页；邱聪智，《从侵权行为归责原理之变动论危险责任之构成》，中国台湾大学 1982 年博士学位论文，第 77 页；〔日〕潮见佳男，《民事过失的归责构造》，信山社 1995 年版，第 23 页。

④ 杨立新：《侵权法论》，人民法院出版社 2004 年版，第 109 页。

发生的损害结果为价值判断标准,抑或以公平考虑等作为标准,使行为人承担侵权责任。[①]

现代侵权法的归责原则(criterion of liability),是确定侵权行为人侵权赔偿责任的一般准则,亦是在损害已发生的情况下,为确定侵权行为人对自己行为所造成的损害是否要承担民事责任的原则。[②] 归责原则是确定责任归属所必须依据的法律准则,所要解决的是用依据何种事实状态来确定责任归属的问题。[③]

纵观历史,侵权法的发展史在一定意义上是归责原则的演进史[④],它经历了从结果责任原则逐渐过渡到公平责任原则的发展历程。

2. 结果责任原则

古代法律(包括早期罗马法)中,侵权行为适用原因主义,即结果责任原则(或称加害责任原则),不管行为人有无过错,只要造成损害,就应对受害人负赔偿责任。[⑤] 这是一种客观归责原则,侵权行为只要具备损害事实和因果关系两个要件就可构成。

这种责任原则旨在满足权利受到侵犯时得以恢复和补救的纯粹目标;关注侵权行为相对于社会秩序的意义,通过严厉制裁来消灭这种有害于秩序维持的行为。然而,由于其不问行为人主观上是否有过错,只要造成损害即遭惩罚,忽视了人的主观心理状态,在一定程度上失去了公平性,实质上造成了对人的束缚及私权主体的个别性保护。[⑥]

3. 过错责任原则

基于结果责任原则本身固有的弊端,古罗马公元前287年通过的《阿奎利亚法》确立了过错责任原则,即因"故意或过失"不法侵害他人权利时,应就所生损害负赔偿责任。通过17、18世纪的进一步发展,19世纪欧洲大陆法典化进程迎来了过错责任原则的兴起,《法国民法典》(第1382条)、《德国民法典》(第823条)、《日本民法典》(第709条)皆采取过错责任。而英美法上的过错责任原则也逐渐由法院判例得以创设。[⑦] 过错责任原则成为了近代侵权行为法的根基,"按照该原则,一个人只有在过失情况下才对其造成的损害负责,在不涉及过失范围之内,行为人享有充分自由。如果个人已尽其注意,即便造

---

① 王利明:《侵权行为法归责原则研究》,中国政法大学出版社1992年版,第17、18页。

② 杨立新:《侵权法论》,人民法院出版社2004年版,第111页。

③ 吴祖祥:《侵权行为的归责原则——兼论我国侵权行为归责原则体系的构建》,载《兰州学刊》,2004年第5期,第166—168页。

④ 王福友:《侵权行为法归责原则演进的法理学思考》,载《国家检察官学院学报》,2003年第11卷第2期,第106—109页。

⑤ 魏振瀛、王小能:《论构成民事责任条件中的过错》,载《中国法学》,1986年第5期。

⑥ 吴祖祥:《侵权行为的归责原则——兼论我国侵权行为归责原则体系的构建》,载《兰州学刊》,2004年第5期,第166—168页。

⑦ 有名的"Donoghue v. Stenvenson"案(1932)标志着过错责任在英国的正式确立,该案案情为:该案原告的朋友在咖啡馆为她买了一瓶姜汁啤酒,瓶底有腐烂的蜗牛躯体,原告饮用时,突然发现,发生呕吐并引发肠胃炎。原告对啤酒生产者提起诉讼。上议员阿特金法官作出了英国侵权法上最著名的判决,提出了"邻人原则"(Neighbour Principle),该原则后来成为了现代英国疏忽责任原则的基础。"你应该友爱你的邻居的原则在法律上的表现,即你不应伤害你的邻居;律师的问题是,谁是你的邻居?一个有限的答案,你必须合理注意避免那种你应当预见的可能伤害你的邻居的作为或不作为。那么在法律上,谁是我的邻居?答案似乎是,那些受我的行为影响是如此紧密、直接,以至于我应考虑我进行某种作为或不作为时,这些人是否受我影响,那么这些人就是我的邻居。"

成对他人的损害,也可以免除责任,这样,个人自由并未受束缚”①。因而,其旨在针对造成损害行为的原因去归结责任,适应了民法主张以个人权利为本位的内在要求。

首先,从过错责任的理论与现实基础上看:法理上,19世纪的法学思潮十分重视个人自由和理性,过错责任被奉为金科玉律,视同自然法则。这是由于过错责任追求形式正义,不考虑主体身份不同,顾及理性人能够控制自身行为之能力,积极推进人的解放。“个人被作为抽象掉种种实际能力的完全平等的法律人格对待”,充分反映了古典自由主义的哲学思想,是自然法学派理论在侵权法中的体现。② 实践中,过错责任扩大了侵权法的适用范围,打破了结果责任对侵权行为类型的限制,建立了一般原则,顺应了资本主义社会发展初期的客观要求。

其次,从过错责任的认定标准上看:过错责任的认定标准有主观和客观之分。前者指,通过判定行为人的主观心理状态来确定其有无过错,如果行为人“主观上无法预见自己行为引起的结果,他对此结果不负任何责任;相反,如果他能够预见这种结果,就要承担责任”③。后者指,以某种客观行为标准来衡量行为人的行为,进而认定行为人有无过错,即是对行为人外部行为的考虑,而不是对内在心理状态的检验。由于前者具有以下两个缺陷:一是需要对每个行为人的预见能力作准确判断,这对于法官和当事人来说都是十分困难的;二是其适用虽不会扩大责任,但却会不适当地开脱行为人的责任,故其并不能很好地实现填补损害、保护受害人利益的侵权法目的,因而,客观标准更具合理性,世界各国当然大多采取后者。

客观标准认定过错的方法源于罗马法。罗马法将“过失”定义为,应加注意而怠于注意;并分为“疏忽之人”的注意和“良家父”(bonus paterfamilias)的注意,未尽一个“疏忽之人”可有的注意为重过失,而未尽一个“良家父”的注意则为轻过。“良家父”标准对现代大陆法影响极大,在大多数大陆法国家中,“过错”指未能像一个良家父,即一个细心的、谨慎的、顾及他人的人在同样的外部环境下行为。④其中,法国是适用“良家父”标准最典型的国家。德国法也采纳客观标准,但摒弃了“良家父”的行为标准而采取以同职业、同年龄人的行为来衡量;民事法上的判例学说则采用客观意义之过失概念,认为行为人如欠缺同职业、同社会交易团体分子一般应具有之知识能力时,即应受到非难。⑤

英美法系以“拟制的合理人”(reasonable man)作为判断模式。“合理人”标准也就是“良家父”标准。“法律标准是一般适用标准,并不考虑每个人固有的气质、能力、教育并因此使每个人实施的行为有所不同……而只考虑一个一般人、一般智力和谨慎程度而决定责任。”⑥英国侵权法学家温菲尔德强调注意义务的违反构成过失,他把“合理人”的注意视为一个谨慎、勤勉的人应尽注意,而违反注意义务并造成损害即为过失。

---

① 王利明:《民法·侵权行为法》,中国人民大学出版社1993年版,第88页。

② 吴祖祥:《侵权行为的归责原则——兼论我国侵权行为归责原则体系的构建》,载《兰州学刊》,2004年第5期,第166—168页。

③ 〔苏〕马特维也夫:《苏维埃民法中的过错》,法律出版社1958年版,第323页。

④ *International Encyclopedia of Comparative Law · Torts · Introduction*, New York Ocean Press, 1974, p. 71.

⑤ 〔德〕拉伦茨:《德国法上损害赔偿之归责原则》,转引自王泽鉴:《民法学说与判例研究》(第5册),中国政法大学出版社1998年版,第286页。

⑥ Oliver Wendell Holmes(1881), *The Common Law*, Mark DeWolfe Howe(ed.), Little, Brown & Company, 1963.

最后,从过错责任的举证及推定上看:过错的有无,原则上由被害人负举证责任。但基于现代社会的许多损害事故中,被害人很难提出被告人有过失的证明,英国法院创立了“事实自证”规则,即在缺乏充分证明的情况下,事实本身就能用来证明损害的发生。[①]“举证责任倒置”是指被告必须证明他没有过失,损害也会发生。但各国法律一般都将过错推定责任限制在以下两种情况:一是从人与人之间的关系上看,侵权人与被害人之间存在“势差”,这种“势差”表现在专业知识背景、管理与被管理地位、攫取利润和利益、占据和控制各项社会资源与自然资源等方面的优劣势等;二是从人与物之间的管属关系上看,侵权人的侵权行为是通过所管属的某种“物”作为工具而造成的,该“物”与受害人之间存在着“物”对人的严重危险性威胁。

总之,过错客观化醇化了传统个人主义的过错责任,不再强调行为人道德的非难性,而着重于社会活动应有的客观规范准则;而举证责任的倒置在某种程度上修正了过错责任,使法院基于社会需要,衡量当事人利益,合理分配损害。

4. 无过错责任原则

无过错责任原则诞生于19世纪中后期,也叫“无过失责任”,英美法称之为“严格责任”或“结果责任”,德国法称之为“危险责任”;即没有过错造成他人损害的,依法律规定应由与造成损害原因有关的人承担民事责任。执行这一原则,主要不是根据责任人的过错,而是基于损害的客观存在,由法律直接加以特别规定,责令与造成损害的原因有关联的人承担民事责任,其适用实际上加重了民事责任。

首先,从无过错责任的理论与现实基础上看:从法学理论上看,如果说过错责任充分反映了古典自由主义的哲学思想,是自然法学派理论在侵权法中的体现,那么无过错责任则体现了社会连带主义法学派的法哲学思想——基于分配正义理念,追求“不幸损害”的合理分配而非对不法行为的制裁。故而,该原则的一般可归责事由是:(1) 由特定危险事务享受利益,就此危险性所生的损害赔偿责任;(2) 基于法律特许,利用他人物品所生的损害赔偿责任;(3) 基于法定担保义务,尤其因自己行为为创造之信赖要件而产生的损害赔偿责任。[②] 因而,行为人潜在的对他人产生侵害的危害性及责任人与加害人间的不平等“势差”[③]是无过错责任的基础。换言之,过错责任所体现的社会正义,由于社会化大生产条件下“势差”的不断扩大而仅仅是形式上的正义,因而,体现矫正正义的“无过错责任”就应运而生。

从现实看,19世纪后,商品经济和工业社会高速发展、科技飞速进步以及生产力水平迅速提高,引发了许多前所未有的问题,诸如交通事故急剧增多、环境污染日益严重、产品责任事故频繁发生等。这些问题的出现给个人和社会造成了巨大损害,社会承受的压

---

① 过错推定责任理论由17世纪法国学者让·多马创立,不仅能够减轻受害人的举证难度,而且所奉行的受害人保护主义的伦理思想与民法的立法宗旨完美地结合在一起,因而,过错推定责任原则逐渐被一些国家所采纳。参见马俊驹、余延满:《民法原论》,法律出版社1998年版,第10—12页。

② 王泽鉴,《损害赔偿之归责原则》,收录于《民法学说与判例研究》(1),中国政法大学出版社1998年版,第347—348页。

③ 这种不平等并非法律地位的不平等,而是难以避免的社会分工造成的不平等。法律就是要把这种不平等通过“无过错责任原则”矫正过来,故被称为“矫正正义”。

力大大增加,单一的过错责任原则面对众多日益复杂化的侵权责任问题常常显得力不从心。而通过实行无过错责任原则,在一定程度上制约了意外灾害之严重性和频发性,使责任人尽最大努力注意他们的义务;另外也解决了受害人对加害人是否有过错难以举证的问题,使损害补偿能够落实。所以,其在保护弱势受害人利益方面的意义和作用是显而易见的。

其次,从无过错责任危机的爆发上看:无过错责任原则的实行也带来了一些副作用。"企业责任忧虑"一词就形象地说明了实行严格责任所引起的消极作用。在侵权法最发达的美国甚至在20世纪80年代爆发了"严格产品责任危机"。

5. 公平责任原则

公平责任,又称衡平责任,是指当事人双方对损害的发生均无过错,法律又无特别规定适用无过错责任时,由人民法院根据公平理念,在考虑当事人财产状况及其他情况的基础上,责令加害人对受害人的财产损害给予适当补偿,由当事人公平合理地分担损失的一种归责原则。其有以下特点:适用于当事人双方均无过错情况;以公平观念做价值判断标准来确定责任归属;主要适用侵犯财产权案件;只有在法律没有特别规定适用无过错责任原则而按过错推定责任原则处理又显失公平的情况下才适用。公平责任作为一项归责原则是近代民法的产物,现代社会商品经济和科学技术的发展,使民法所调整的商品经济关系及与此相联系的其他社会关系内容日益复杂化,无论是过错责任原则还是无过错责任原则,都不能很好地适应社会发展对归责原则所提出的要求。为了充分体现公平以利于人们生活安定和社会秩序稳定,公平责任原则应运而生。

总之,随着现代社会生产力的迅猛发展,侵权法的内容日趋复杂,而侵权行为的归责原则作为侵权法的核心,也将日益完善。

三、侵权责任的构成要件

侵权责任的构成要件,即侵权行为人承担民事侵权责任的条件,是判断侵权人是否应当负侵权责任的依据。而侵权责任构成及其要件也是侵权法理论的核心问题,是联系侵权行为和责任的桥梁(参见图7-1)。

虽然侵权责任的构成要件有"三要件说"和"四要件说",但并无本质区别。[①] 通常,我们采纳"四要件说",认为构成侵权责任必须具备四个要件:

(1) 违法行为的发生:构成民事责任的法律要件,也是最重要的条件。违法行为指公民或法人违反法定义务、违反法律所实施的作为或不作为。

(2) 损害事实的存在:构成民事责任的客观要件,也是必要条件。其指一定的行为致使权利主体的人身权利、财产权利以及其他利益受到侵害,造成财产和非财产利益的减少或灭失的客观事实。[②]

(3) 违法行为与损害事实间具有因果关系:构成民事责任的又一个要件,又是确定责任范围的重要依据。"因果关系"指违法行为和损害后果之间存在的一种内在的、本质

---

① 黄文平、王则柯:《侵权行为的经济分析》,中国政法大学出版社2005年版,第120、121页。

② 杨立新:《侵权损害赔偿案件司法实务》,新时代出版社1993年版,第38页。

的、必然的联系。

（4）行为人主观上有过错：构成民事责任的主观要件。过错指违法行为人对自己的行为及因该行为所产生后果的一种心理状态，包括故意和过失。前者是，行为人明知自己的行为会引起不良后果，而希望或者放任结果发生的心理；后者是，行为人应当预见自己的行为可能发生不良后果而没有预见，或者已经预见而轻信不会发生或自信可以避免的心理。

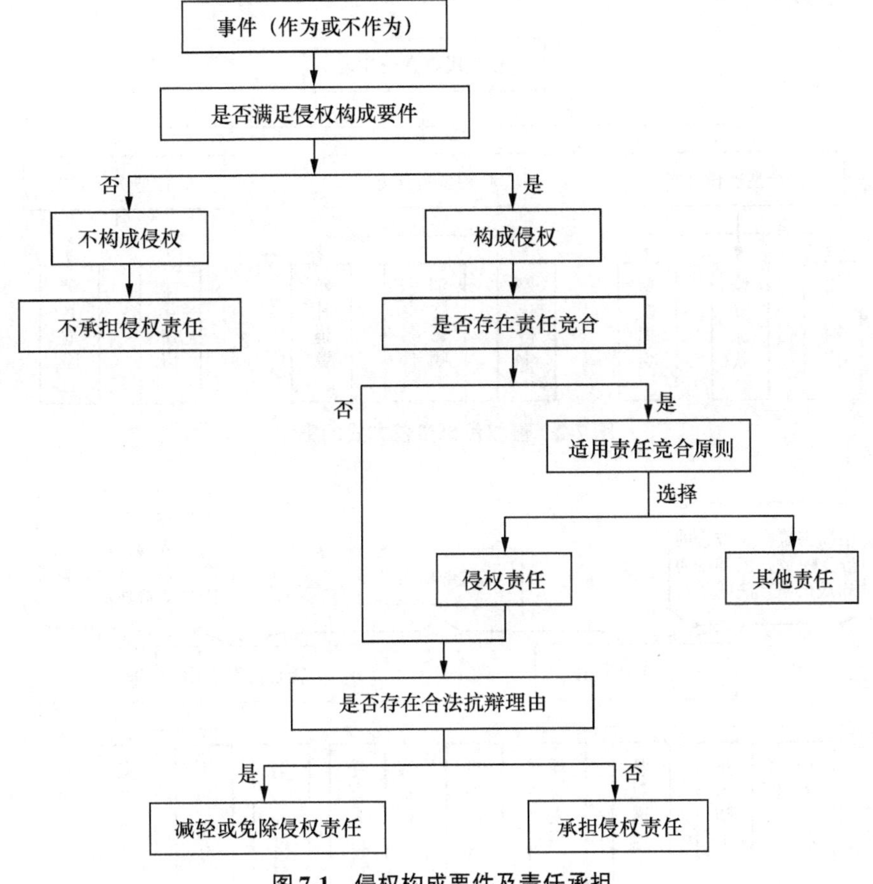

图 7-1　侵权构成要件及责任承担

四、侵权民事责任方式

侵权民事责任方式，指侵权人依据侵权法就自己实施的侵权行为应当承担的具体民事责任形式，有以下三个法律特征：是落实侵权责任的具体形式；是责任与义务、向法律负责和向受害人负责的结合；主要方式是赔偿损失。图 7-2 所示的八种侵权民事责任方式的一般适用原则是：救济损害需要原则、可以并用原则、适当处分原则及必要的先予执行原则。

五、抗辩事由

抗辩事由，指被告针对原告的诉讼请求而提出的证明原告诉讼请求不成立或不完全成立的事实。在侵权法中，抗辩事由是针对承担民事责任的请求而提出的，又称免责或可减轻责任的事由。[1] 侵权行为的抗辩事由是由侵权行为的归责原则和侵权责任构成要件派生而来的,适用不同的归责原则就有不同的责任构成要件,因而,也就有与上两者相对应的特定投辩事由。概括来说,其有效成立必须具备两个条件:一是对抗性要件,必须对抗侵权民事责任构成的具体要件,破坏整个侵权民事责任构成的内在结构,使原告诉请的侵权责任不能成立;二是客观性要件,必须是客观事实,具有客观性。抗辩事由的类型如图 7-3 所示。

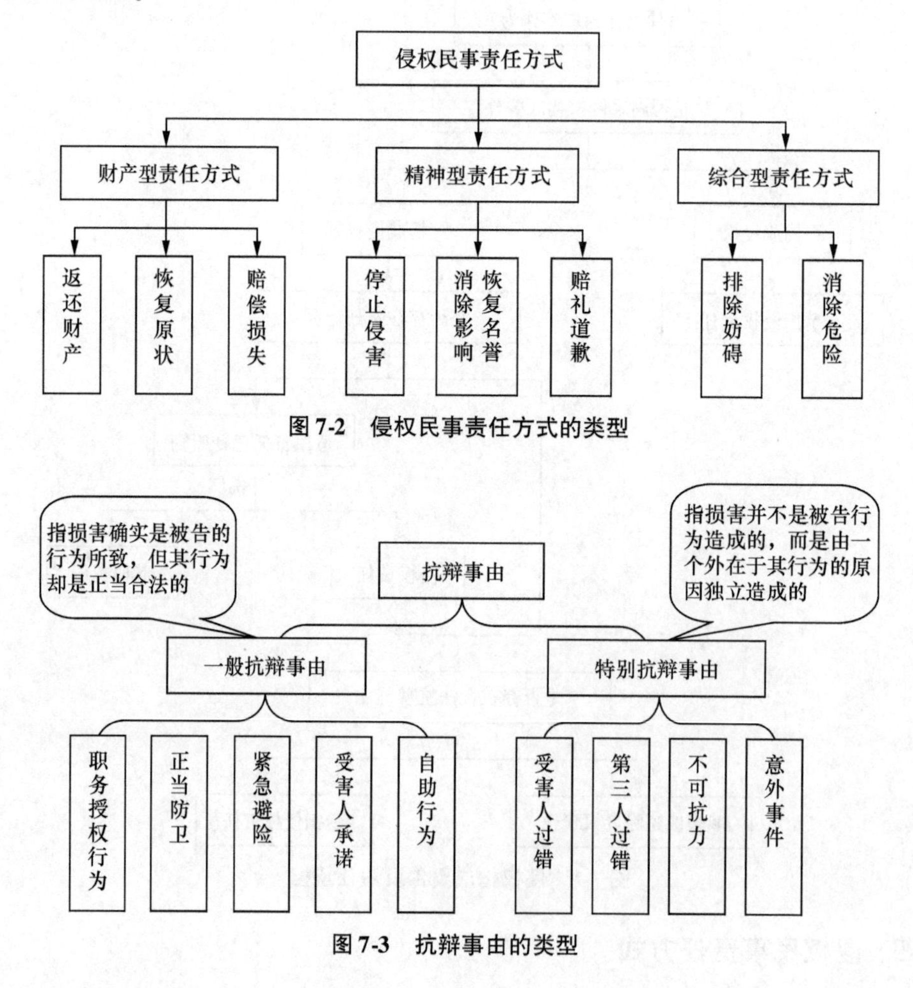

图 7-2 侵权民事责任方式的类型

图 7-3 抗辩事由的类型

六、损害赔偿

损害赔偿,指一方当事人因侵权行为或不履行债务而对他方造成损害时,应承担补偿对方损失的民事责任。其对权利人而言,是一种重要的保护民事权利的手段;而对义务人而言,却是一种重要的承担民事责任的方式。[2] 损害赔偿包括人身、财产和精神赔偿。它有以下四个法律特征:以救济损害为目的、财产特征、相对性特征及损害赔偿义务

① 王利明、杨立新:《侵权行为法》,法律出版社 1997 年版,第 76 页。
② 《法学词典》编委会:《法学词典》,上海辞书出版社 1988 年版,第 749 页。

具有转化性。此外,侵权损害赔偿还应遵循全部赔偿、财产赔偿、损益相抵、过失相抵和衡平原则。

至此,结合第一节内容,我们对侵权法的法学理论进行了简要概括,下面,我们将从经济学角度对侵权法加以解释。

第三节　经济学视野中的侵权法

至此,我们所进行的均是法学范围内对侵权法的学理和案例研究,传统的以学理式逻辑分析为核心,配合历史、实证、规范等手段对侵权行为的构成要件、归责原则、抗辩事由、侵权形态、损害赔偿等方面进行分析的法律研究逐渐呈现其局限性,如,传统法学理论对"侵权责任危机"的解释因不能自圆其说而陷入困境,从而迫切需要引入新的研究方法。而经济学正是顺应了这种需要而真正介入该领域,并发挥了重要作用。不过,在对现存侵权法经济分析理论介绍之前,有必要先了解,侵权法的经济学本质及其传统实证经济学理论。

一、侵权法的经济学本质

正如考特和尤伦(1988)所总结:"传统侵权行为诸要素与某些熟知的经济学概念之间存在一种对应:传统理论中的因果关系与经济学中的物质外部性相对应;损害赔偿与外部性引起的效用或利润率的下降相对应;而过错与决策者在进入边际成本带有非连续性的许可和禁止区域时所作选择的分割状态相对应。"①因而,我们可以借助科斯的交易成本理论来理解侵权法的经济学本质:侵权法不过是几种可以将外部成本内在化的政策工具之一,通过侵权责任将高昂的交易谈判成本所导致的外部效应内部化。因而,侵权法关注的是,那些为达成私人协议要付出相对高的交易成本的人之间的相互关系,通过要求受害人对施害人对其所造成损害予以赔偿来内部化成本,当潜在施害人内部化由其自身导致的损害成本时,便会刺激他们在一个有效水平上为安全性进行投资,以达到促使施害人将这些成本内部化的经济目的。

虽然科斯理论有助于将侵权法的经济学本质明确化,但有关侵权法的实证经济学理论却并不起源于交易成本理论,而是早已有之。

二、侵权法实证经济学理论的发展

首先,我们先介绍一下侵权法实证经济学理论的发展历程。

1. 侵权法的传统实证经济学理论

传统的侵权法的实证经济分析思想来源于贝特曼(1789)、霍姆斯(1881)、埃姆斯(1908)和特里(1915)等提出的"功利主义原则";其中,贝特曼是第一个将经济学运用于法律来规制非市场行为的学者。此外考虑现存文献,我们所能发现的最早对侵权法进行

---

① 〔美〕罗伯特·考特、托马斯·尤伦:《法和经济学》,张军等译,上海三联书店、上海人民出版社1996版,第514页。

主要经济学学术探讨的还包括霍姆斯出版于1881年的《普通法》中关于侵权法的讨论[①],及一些后来由埃姆斯[②]和特里[③]所著的侵权法的文章中。不过,遗憾的是,这些早期论述都没有意识到侵权法是用来提高资源配置效率的行为标准的。他们虽然认识到侵权法的威慑效果,但并没有将"侵权法的原则是以功利主义价值观为基础的"思想与"责任阻止了功利主义认为毫无道理的行为"的观点对比联系起来。[④]

2. 侵权法的现代法经济学理论

对侵权法的开创性经济学分析始于科斯(1960)关于社会性成本的重要论文和卡拉布雷西(1961)第一篇关于侵权法著作[⑤]所带动的侵权法学术运动第三次浪潮而展开;此后,各种经济学理论与方法逐渐介入这个由传统法学垄断的领域,并不仅取得了举世瞩目的成就,也为法经济学这个学科的创立起到了重要的推动作用。

虽然有关侵权法的经济学分析最早源于边沁,他指出人们在生活的各个领域都将效用最大化[⑥],然而,现代经济学方法融入侵权法的更直接起点是科斯交易成本理论中的"社会成本"概念,或因庇古的清楚阐述而引人注目的"外部性"概念的提出。[⑦] 庇古通过一个关于火车头产生的火花损害铁路沿线农民作物的例子分析了社会成本与私人成本的潜在分歧,指出强制使成本内在化的适当方法是征税,并没有讨论侵权行为的责任问题。奠定侵权法经济学分析框架的社会成本分析直至科斯和卡拉布雷西的文章的出现才被适用于侵权法。众所周知,科斯的洞见是以批判庇古的观点而著称,他基于与庇古所提同一案例的分析而提出了举世闻名的"科斯定理"。而卡拉布雷西(1961)的主要兴趣并不在于法院将如何(或是否)尝试使用侵权法以使意外事故成本内在化或评价一个已经存在系统的有效性,而是从主要原理开始构造一个全新的有效率的处理意外事故的侵权法系统。[⑧] 此外,卡拉布雷西(1970)还指出,事故法能够降低三种类型的成本,第一

① Oliver Wendell Holmes(1881), *The Common Law*, Mark DeWolfe Howe(ed.), Little, Brown and Company, 1963. 在该书有关非法侵入和过错责任的章节中已浮现现代经济学思路,认为从侵权法的标准来看,过错责任和严格责任的唯一区别在于后者提供了一个事故保险的形式;虽然这种来自经济学观点的区别并不是全部,但它却是很重要的一部分。参见〔美〕威廉·M.兰德斯、理查德·A.波斯纳:《侵权法的经济结构》,王强、杨媛译,北京大学出版社2005年版,第5页。

② 埃姆斯指出,侵权法是"功利主义的"(utilitarian),尽管他并没有解释使用这个术语的具体意义,但他却用有用性的平衡方面描述了过错责任标准。参见 James Barr Ames, Law and Moral, *Harvard Law Review*, 22, 1908, pp.97—110。

③ Henry T. Terry, Negligence, *Harvard Law Review*, 29, 1915, p.40.

④ 〔美〕威廉·M.兰德斯、理查德·A.波斯纳:《侵权法的经济结构》,王强、杨媛译,北京大学出版社2005年版,第6页。

⑤ Ronald H. Coase, The Problem of Social, *Journal of Law and Economics*, 3, 1960. Guido Calabresi, Some Thought on Risk Distribution and the Law of Torts, *Yale Law Journal*, 70, 1961, p.499. 卡拉布雷西的文章是独立于科斯的研究所写的。

⑥ Jeremy Bentham(1789), *A Fragment on Government and an Introduction to the Principles of Morals and Legislation*, Basil Blackwell, 1948, p.125. 研究暗示,责任规则可能会影响意外事故的发生率,虽然,边沁并未明确论述这层含义。

⑦ A. C. Pigou, *The Economics of Welfare*(4th ed.), The Macmillan Company, 1932, p.34.

⑧ 尽管卡拉布雷西后期的一些研究中也有涉及对现存侵权法体系没有遵循经济效率原则而进行的批判,但那并不是其对侵权法经济学分析理论所作的主要贡献,其主要贡献在于,"他的研究为侵权法的实证经济学原理奠定了基础"。参见〔美〕威廉·M.兰德斯、理查德·A.波斯纳:《侵权法的经济结构》,王强、杨媛译,北京大学出版社2005年版,第8页。

类事故成本是受害者损失,即(通过增加注意水平和减低危险行为的行为水平)避免损害发生所花费的成本应当与受害者遭受的损失相协调,实现成本总和的最小化。假如承担第一种事故成本的人属于风险厌恶者,就会产生第二类事故成本。在这种情况下,任何一种将第一类事故成本转移到最不愿意承担风险一方的风险均会带来社会利益。第三类成本包括因使用法律制度解决侵权案件而产生的所有管理成本。很明显,需要在降低第一类事故成本、综合保险范围和降低法律制度成本等各因素之间进行权衡。任何一部侵权法都是综合权衡这些因素而确定的。因所处历史时期及所需法律秩序的不同,对于这些因素的选择也各不相同,这有赖于私人保险市场的发展程度和法院公正处理信息的能力程度。①

继科斯和卡拉布雷西开创这个领域后直至今日长达数十年以来,经过诸多法学、经济学研究者的共同努力,有关侵权法经济学分析的理论早已远非当年那样的粗糙和浅见;而是一个相对完善和系统的理论体系与研究框架,虽然也存在两种不同观点间的争议,但总体上都能分别追溯到前面所提两位学者所作的杰出研究。例如,戴蒙德(1974a,1974b,1975)②和其他的一些理论经济学家相继将卡拉布雷西粗略构建的有效率的意外事故法模型加以具体化和精确化;而德姆塞茨(1969)则概略地发展了科斯关于普通法是一个内在化社会成本的机制的卓见③,兰德斯和波斯纳更是全面论证了这一卓见。其中,波斯纳(1972)通过研究1 500多份19世纪后半期和20世纪前期的侵权法案例,论证了过错责任标准和许多相关原则(促成过错责任原则、最后明显原则、自担风险原则等)都是实现资源安全和谨慎的有效配置方法④;并在《法律的经济分析》(1972)、《严格责任评论》(1973)两书中,将这种分析扩展到严格责任原则⑤。而布朗(1973)也同样提供了他对责任规则的经济分析。⑥ 继此之后,又有大量学者投入到这个领域的研究中,尤其是萨维尔更是从验证效率的视角,分析了侵权法的各个领域,成为了现代侵权法法经济学研究的集大成者。

综上所述,目前的侵权法经济分析是试图运用经济学术语和方法就法律加以解释,但它同时也承认现存主要法律原则的有效性,而并没有对旧的法律现实主义进行全面的质疑和否定。⑦

---

① Calabresi Guido, *The Cost of Accidents: A Legal and Economic Analysis*, Yale University Press, 1970, p. 340.

② Peter A. Diamond 的相关论著包括:Peter A. Diamond, Single Activity Accidents, *Journal of Legal Study*, 3, 1974, p. 107; Peter A. Diamond, Accident Law and Resource Allocation, *Bell Journal of Economics & Management Science*, 1974, p. 366; Peter A. Diamond, James A. Mirrlees, On the Assignment of Liability: The Uniform Case, *Bell Journal of Economics & Management Science*, 6, 1975, p. 487.

③ Harold Demsetz, Issue in Automobile Accidents and Reparation from the Viewpoint of Economics, in Charles O. Gregory and Harry Kalven, Jr.. *Cases and Materials on Torts* (2nd ed.), Little, Brown & Company, 1969, p. 870. 或参见〔美〕威廉·M. 兰德斯、理查德·A. 波斯纳:《侵权法的经济结构》,王强、杨媛译,北京大学出版社2005年版,第8—9页。

④ Richard A. Posner, A Theory of Negligence, *Journal of Legal Study*, 1, 1972, p. 29.

⑤ Richard A. Posner, Strict Liability: A Comment, *Journal of Legal Study*, 205, 1973, pp. 92—95.

⑥ Brown John Prather, Toward an Economic Theory of Liability, *Journal of Legal Study*, 2, 1973, pp. 323—349.

⑦ 〔美〕威廉·M. 兰德斯、理查德·A. 波斯纳:《侵权法的经济结构》,王强、杨媛译,北京大学出版社2005年版,第10页。

第四节　侵权法的经济理论

上文已经论述了侵权法的经济本质及整个理论体系的发展,现在,我们将对现存具体的侵权法的法经济学理论加以简要介绍。

一、责任规则模型:意外事故社会成本最小化

侵权法的目的在于,尽可能地降低阻碍私人间达成协议的高昂交易成本,使施害人强加于他人的成本内部化,以最小化意外事故的社会成本。因而,所有侵权法经济学分析都是围绕这一核心问题而展开,由卡拉布雷西创设并经后继者不断完善的意外事故责任规则模型正是对这个问题的经典阐述。

1. 意外事故模型

意外事故模型是责任规则模型的基础,假设:第一,施害人的行为可能而非肯定对受害人的人身或财产带来损害①;第二,存在两种类型的主体,施害人和受害人,所有施害人或受害人都为同质,且风险中性②;第三,社会福利标准是主体预期效用之和,也等于主体将要拥有利益的预期数量之和。

(1) 不确定下的选择

首先定义:

x = 意外事故的注意水平,$x \geq 0$。

p = 意外事故发生的概率,随着预防水平的提高而降低,即 $p'(x) < 0$。

A = 意外事故损失的货币价值③。

那么,$p(x)A$ 为事故的预期损失,是 x 的减函数。图7-4中,横轴表示行为人的注意水平 x,纵轴则表示成本 A。图中的曲线 $p(x)A$ 向下倾斜意味着随着 x 的提高,预期损失下降。进一步定义:

ω = 单位注意成本,且 ω 是一个常数。

那么,ωx 表示采取预防措施的总成本,在图7-4中为一条经过原点的斜率为 ω 的直线。因而,意外事故的预期社会成本(用SC表示)为:

$$SC = \omega x + p(x)A \tag{7-1}$$

图7-4中表现为由直线 ωx 和曲线 $p(x)A$ 在垂直于 x 轴方向上相加而成的U形曲线。

(2) 最优或应尽注意

侵权法的社会目标是,使总事故成本最小,即达到图7-4中U形曲线的最低点,令 x^* 表示该点所对应的注意水平,那么 x^* 就是使意外事故预期社会成本最小化的社会最优注意水平,且 x^* 是唯一的,由(7-1)式的一阶条件决定:

---

① 这个假设使我们能分析意外事故是侵权法的主要诉因,并使我们能运用经济学术语通过构建责任规则模型,对严格责任与过错责任加以比较,以实现对侵权法进行经济学分析的研究目的。

② 主体的效用被认为等于他所拥有利益的数量,预期效用等于他所拥有利益的预期数量。

③ 表示当意外事故发生后,产生的诸如收入减少、财产破坏、医疗费用等社会成本。

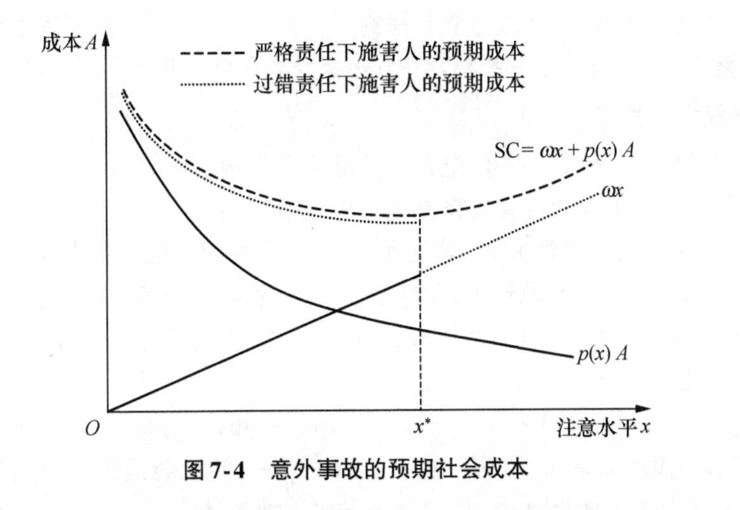

图 7-4　意外事故的预期社会成本

$$\omega = -p'(x^*)A \tag{7-2}$$

即，当边际注意成本等于预期意外事故损失减少所带来的边际收益时，有能最小化社会成本的社会最优注意水平 x^*。

2. 责任规范模型

在以上意外事故模型基础上，我们考查何种责任规则将有助于事故成本内部化并促使施害人投入 x^*。

首先，考虑严格责任下施害人的行为。分别定义，ω_i 和 x_i 为施害人的单位注意成本和注意水平，那么其注意成本为 $\omega_i x_i$。意外事故发生后的损失额为 A。

完全赔偿的严格责任下，事故发生后，施害人必须支付等于损失额的赔偿金 D，即 $D=A$。施害人的预期责任和预期总成本分别为 $p(x_i)A$ 和 $\omega_i x_i + p(x_i)A$，那么，其定要努力使预期总成本最小而选择一个最优预防水平 x_i^*，满足：

$$\omega_i = -p'(x_i^*)A \tag{7-3}$$

因而，由图 7-4 可知，有 $x_i^* = x^*$ 成立，施害人的最优注意水平就等于社会最优注意水平。

其次，考虑无责任[①]原则。事故损失由受害人承担，施害人不用支付任何赔偿金，即 $D=0$。因而，施害人将最小化 $\omega_i x_i$，将注意水平调整为 $x_i=0$。

最后，考虑过错责任原则。即，当事人的行为符合法定注意标准 $\bar{x}$，就可以免除责任。假定，$\bar{x}$ 由法院决定。那么，当且仅当施害人的注意水平低于法院确定的 $\bar{x}$ 时，才对他们所造成的损失承担责任。由图 7-4 可知，当且仅当 $\bar{x}=x^*$ 时，有 $x_i^*=x^*=\bar{x}$ 成立，此时，施害人会选择社会最优的注意水平。

综上所述，我们能得到结论 1：

结论 1　在完全赔偿的严格责任下，施害人具有内部化其注意的边际成本和边际收益的动机，因而，能激励施害人采取最优注意水平；在无责任原则下，施害人不会采取任

① 经济学意义上的无责任其实也是一种责任形式，因为它会影响双方当事人的激励。

何防范措施，注意水平为零；在过错责任原则下，假设法院所确立的合理注意水平 $\bar{x}$ 等于社会最优注意水平 x^*，那么，施害人同样会选择社会最优注意水平。

3. 责任模型的扩展

上面论述了单方性事故——仅施害人的行为会影响事故风险；下面我们将进一步探讨双方性事故——受害人的行为也将影响事故风险。

假设，x_v 为受害人的注意水平，相应地，ω_v 为受害人的单位注意成本。重新定义：

$p(x_i,x_v)$ 为给定 x_i 和 x_v 条件下，意外事故发生的概率，并有 $p(x_i,x_v)\geqslant 0, p_{x_i}(x_i,x_v)<0, p_{x_v}(x_i,x_v)<0$。此时，事故预期损失为 $p(x_i,x_v)A$。同样，社会目标是使总事故成本 $SC(x_i,x_v)$ 最小化：

$$SC(x_i,x_v) = \omega_i x_i + x_v\omega_v + p(x_i,x_v)A \tag{7-4}$$

定义 x_i^*, x_v^* 代表 x_i 和 x_v 的唯一最小化 $SC(x_i,x_v)$ 的社会最优值，并假设，双方当事人注意的边际成本为正且非递减，则 x_i^*, x_v^* 满足下列条件：

$$\omega_i = -p_{x_i}(x_i,x_v^*)A \tag{7-5}$$

$$\omega_v = -p_{x_v}(x_i^*,x_v)A \tag{7-6}$$

再假设，$x_i^*(x_v)$ 是给定 x_v 条件下使表达式(7-4)最小化的 x_i，因此，有 $x_i^*(x_v)$ 使 $\omega_i x_i + p(x_i,x_v)A$ 最小；同样，对 $x_v^*(x_i)$ 也予以相同定义，就能得到 $x_i^* = x_i^*(x_v^*)$，$x_v^* = x_v^*(x_i^*)$。

由于在双方性事故中，主体行为相互依赖的可能性意味着：受害人按某种确定方式行为时，施害人也会选择某种特定的方式行为；同样，当施害人以某种方式行为时，受害人也会选择特定方式行为，而具备这两种特征的状态就被称为均衡，即，此时，无论是受害人还是施害人都没有改变其行为的动机。接下来，我们考虑双边情况下，各种责任规则的激励效应。

首先，考虑无责任原则。此时，施害人会选择 $x_i=0$（无论 x_v 是多少）；而受害人则会选择使 $x_v\omega_v + p(0,x_v)A$ 最小的 x_v，即选择 $x_v^* = x_v^*(0)$。因而，这种情况下，结果并不是社会最优的。

其次，在完全赔偿的严格责任下，由于受害人总会选择 $x_v=0$（无论 x_i 是多少），因为他们所受的损失总能得到完全赔偿；而此时加害人则会选择 $x_i^* = x_i^*(0)$，因而，结果也不是社会最优的。

在不能完全赔偿的严格责任下，即施害人只赔偿所造成损失的一部分 θ，这里的 $0<\theta<1$，因而，施害人是通过最小化 $\omega_i x_i + \theta p(x_i,x_v)A$ 来选择最优的 $\tilde{x}_i$，其满足一阶条件 $\omega_i + \theta p_{x_i}(x_i,x_v)A=0$；又因为 $x_i^*(x_v)$ 满足 $\omega_i + p_{x_i}(x_i,x_v)A=0$，再有 $\theta<1, p_{x_i}(x_i,x_v)<0$，$p_{x_i x_i}(x_i,x_v)>0$，从而，有 $\tilde{x}_i < x_i^*(x_v)$。同样道理，受害人也会选择能使 $x_v\omega_v + (1-\theta)p(x_i,x_v)A$ 最小的 $\tilde{x}_v$，同样是 $\tilde{x}_v < x_v^*(x_i)$。因此，这时的结果也不能达到社会最优。

但如果我们进一步考虑具有共同过失抗辩的严格责任原则，除非受害人的注意水平 x_v 低于合理注意水平 $\bar{x}_v$（这种情况下，受害人必须自己承担损失），否则，加害人就要为他所造成的损失承担责任。类似单方性事故中有关过错责任的证明，我们同样也能得到：

如果 $\bar{x}_v = x_v^*$，那么在均衡状态下，施害人与受害人都会选择社会性最优的方式行为，而且这是唯一的均衡状态。

同样道理，对于具有相对过失抗辩的严格责任规则而言，所不同的仅仅在于，如果受害人的注意水平 x_v 低于合理注意水平 $\bar{x}_v$，那么受害人将承担他损失的一部分 λ，这里的 $0 < \lambda < 1$，并且有 $\lambda = \lambda(x_v)$，$\lambda'(x_v) < 0$。如果随着 $x_v \to \bar{x}_v$，有 $\lambda \to 1$ 成立，那么同样可以证明，当 $\bar{x}_v = x_v^*$ 时，施害人和受害人都以社会最优的方式行为是唯一的均衡状态。

最后，考虑过错责任原则下，双方当事人的行为。我们同样可以证明，当且仅当法定标准 $\bar{x}_i = x_i^*$ 时，施害人和受害人都以社会最优的方式行为是唯一的均衡状态。共同过失抗辩的过错责任下，由于当且仅当以下两个条件满足时，施害人才对他所造成的事故损失承担责任：① $x_i < \bar{x}_i$；② $x_v \geq \bar{x}_v$；否则，受害人就要承担自己的损失。我们同样也能运用以上证明共同过失抗辩的严格责任下均衡存在且唯一的方法证明，当且仅当 $\bar{x}_i = x_i^*$，$\bar{x}_v = x_v^*$ 时，施害人和受害人都能按照社会最优方式行为且均衡是唯一的。同样结果也适用于相对过错责任下双方当事人的行为特征。

因而，我们可以通过结论 2 总结双方性事故中，各种责任规则的效率特征：

结论 2　完全赔偿的严格责任和无责任原则下，结果并不是社会最优状态：在无责任规则下，施害人不会采取任何防范措施，而在完全赔偿的严格责任规则下，受害人不会施加任何注意。然而，如果给定受害人行为，那么，在严格责任下，施害人会选择最优注意水平；同样地，如果给定施害人行为，那么，在无责任原则下，受害人会选择最优注意水平。另外，在不完全赔偿的严格责任原则下，结果也不是社会最优的：在给定施害人行为条件下，受害人会选择低于最优水平注意，反之亦然。

但在其他责任规则下，无论是共同过失抗辩和相对过失抗辩的严格责任，还是过错责任原则——包括简单的过错责任原则、具有共同抗辩或相对抗辩的过错责任规则、共同过失或相对过错责任规则，其结果都是社会最优的。换言之，如果合理注意水平等于最优注意水平，那么，在均衡状态下，施害人和受害人都会施加社会最优的注意水平，而且这一均衡是唯一的。

本节这部分所提及的有关侵权法责任规则模型的介绍是非常简单和基础的，在这个简单模型及扩展中，可以了解到，在只考虑注意水平是意外事故风险的唯一决定因素时，无责任原则或严格责任原则只对受害人或施害人单方，而不是双方产生有效预防激励；而各种过错责任原则及包含共同或过失抗辩的严格责任原则却具有能同时针对施害人和受害人的双边有效预防激励。

但我们并不能就此简单地决定各种过错责任原则及包含共同过失抗辩的严格责任原则的优劣，而要借助于更为复杂的责任规则模型加以探讨，例如，将注意水平和行为水平同时作为风险决定因素进行研究。

二、侵权的存在基础：损害

关于损害的经济学分析包含三方面的内容：

首先，发生损害是要求施害人承担损害赔偿责任的前提，侵权受害人要想获得赔偿的必要条件之一就是受到了实质性的损害，无损害则无责任。法经济学把损害解释成受害人效用水平的降低,这点与传统法学并无本质区别。

其次,受害人受到什么样的损害应该获得赔偿。并非所有的损害都会导致施害人承担责任,区别于传统法学把应该获得赔偿的损害界定为违反法律的行为对受害人造成了不公平的损害,经济学则是从社会的角度来界定损害的,认为只要损害包含了社会成本就应当获得赔偿。

最后,损害还是确定损害赔偿数量的主要标准。例如,阿伦(2000)认为,损害作为确定损害赔偿金的标准,本身就包含了两层含义:① 对促使施害人尽到合理注意义务的激励机制产生影响;② 确定了由谁来承担事故风险。① 侵权法的经济学分析是在对上述两方面加以考虑的基础上确定出适当的损害赔偿金。适当的损害赔偿金促使施害人从主观上对预期事故成本加以预测并有效地行为。

三、侵权法的基本原则:汉德公式

什么样的损害应该获得赔偿?通常与受害人遭受损失相伴而生的是,施害人往往能从中获益,即,施害人有过错,这也就是上文对过错责任原则的分析中,提及的一个侵权法的核心概念——法定注意标准,并假设其等于有效注意水平($\bar{x}=x^*$)。有关这个标准的确立问题是侵权法经济理论的一个重要组成部分,在现存各种标准中,以汉德公式为典型。

1. 汉德公式的提出

“汉德公式”源于美国联邦第二巡回区上诉法院首席法官汉德在“United States v. Carroll Towing Co.”②一案中所作判决。该案中的问题是,当驳船靠岸时,其所有者是否有责任注意沿岸状况,因为驳船有时会从系泊处松脱而损坏其他船只。汉德法官在判决中指出:在其他条件相同的情况下,船主防止损害发生的责任由以下三个变量决定:① 驳船缆绳断掉的可能性 P;② 缆绳断掉可能造成的损害 L;③ 采取预防措施的费用 B。船主是否承担责任取决于他采取预防措施的费用 B 是大于还是小于缆绳断裂的可能性 P 与断裂后造成的损害 L 的乘积。如果 $PL<B$,他就应承担责任,反之,他就不应承担责任。

虽然汉德公式类似于前面分析责任规则中提到的应尽注意的经济模型,但它并没有明确阐明意外事故的成本和收益是在边际上而非总量上的考虑。但我们仍能沿用前面分析中所采用的数学符号将其加以表述。假设,某类事故的社会成本可以通过潜在施害人采取 x_i^* 的注意而实现最小化(为简化分析,假设受害人的最优注意 $x_v^*=0$)。因而,我们就可以用 ω_i(边际注意成本)替换 B(责任);用 p'(边际概率)代替 P(概率);用 A(意外

---

① Arlen Jennifer, Tort Damages, in Boudewijn Bouckaert and Gerrit De Geest (eds.), *Encyclopedia of Law and Economics* (Volume Ⅱ *Civil Law and Economics*), Edward Elgar Publishing, 2000, pp. 682—734.

② United States v. Carroll Towing Co. See United States Circuit Court of Appeals, Second Circuit, 1947, 159 F. 2d 169. 该案案情为:某一驳船队满载货物停靠在纽约港,船主租用卡罗尔公司的一艘拖船,让其将一艘驳船拖去港口。拖船开来后,发现驳船上无人(船长离船),船工便动手调整缆绳。因调整不当(有过错),其中一艘驳船猛冲向另一艘油船,被油船的推进器凿穿而沉没。驳船船主遂起诉,要求卡罗尔公司赔偿损失。卡罗尔公司申辩,驳船上没有人也是造成事故的原因,因此不同意负赔偿责任。所以,本案的争议在于:在原告驳船船长离船情况下,被告卡罗尔公司承担的赔偿额是否要相应减少。有证据表明,如果当时驳船船长在船上发出警示,其船的吸水管可以一起发动使撞向油轮的驳船不至于沉没。

事故损失)代替 L(损害)。那么,汉德公式也就可表述为:

$$\omega_i < p'A \Rightarrow \text{施害人有过错责任}$$

即,当施害人的边际预防成本低于相应的边际收益时,他负有过错责任。换言之,当 $\omega_i = -p'(x_v^*)A$,即,当施害人的注意的边际社会成本等边际社会收益时,施害人可免于承担责任。

2. 汉德公式的司法适用

汉德公式在美国法院判定过错责任问题中适用很广,纵观诸多侵权案件,不论是发生在汉德公式提出之前抑或之后,都能找到适用的痕迹,法官通过重复引用汉德公式来寻找有效率的注意水平。例如,在"Hendricks v. Peabody Coal Co."案中,汉德公式被用于 ω_i 的确定上。此外,原本针对个案提出的汉德公式现已被应用于起草法则时有效率的法定标准的决定上,如,高速公路的管理员可以考虑司机的时间价值及慢速行驶导致事故的减少来确定某一路段上司机的法定时速限制。

总之,汉德公式为确定行为人是否承担损害赔偿责任提供了一种客观标准。正如艾克曼所说:"这种思想路线提供了一个分析结构,使我们能够对由于采用一个法律规则而不是另一个法律规则的结果而产生收益的规模和分配,进行理智评价。"然而,汉德公式也存在一些不足之处,如,使用该公式时,决策者必须知道每增加一个单位注意的成本是多于还是少于相应减少的预期伤害成本 $p(x)A$,而 $p(x)A$ 的计算可能是很困难的;另外,汉德公式也没有为事故受害人的注意水平提供参考依据。

3. 影响汉德公式有效性的其他相关因素

首先,法官的不确定性与错误判断。例如,有时法院或立法者无法获得或者不能评价关于注意的成本和收益的相关信息,因此,在确定合理注意水平时就会产生错误。当法官存在高估合理的注意水平的可能时,施害人倾向于采取过多的注意以避免承担责任。此外,法官也可能错误估算施害人投入的注意水平,或把施害人无法控制其瞬间的行为所导致的事故发生错误地认定为主观上不存在施加注意的心理状态,也会迫使施害人为避免因存在过错而承担责任而会采取较高于合理注意水平的注意投入。

其次,施害人的个体差异。各个侵权事件的社会最优注意水平因施害人类型的不同而有所不同,因此,通过汉德公式判断的过错作为侵权必要构成要件的法律机制中,如想达到促使不同类型的施害人得以被引导采取最优的方式行为的效果,合理注意水平也应随施害人类型的不同而有所变化,即合理注意水平应体现出个体差异性。如果立法者和/或法院总能够区分不同类型的施害人,并可以针对每一类型的施害人最优地设定合理注意的标准,从而促使所有的施害人都能采取合理注意并以最优的方式行为,这当然是最理想的结果。但现实中,如果立法者和/或法院不能判断施害人的类型,尤其在成文法国家,通常只能为所有的施害人设定一个统一的合理注意标准,这种统一的合理注意标准有时被称作"理性人"的合理注意水平。[①] 这种统一的标准,一方面会使那些最优注

① Shavell Steven, Liability for Accidents, in Polinsky A. Mitchell and Shavell Steven(eds.), *Handbook of Law and Economics* (Volume Ⅰ), Elsevier B.V., 2007, p.159.

意水平高于所有类型施害人的平均最优注意水平的施害人既能从侵权行为中获益又能逃避法律责任,另一方面对那些最优注意水平低于所有类型施害人的平均最优注意水平的施害人来说,因其无法实现所获得的效用减去事故成本的最大化而不得不放弃从事某些对社会有利的行为以避免事故的发生。

四、侵权法的附加原则:理性人

根据上文对汉德公式的定义,如果其能真正产生避免过失事故的恰当激励,那在理论上就不可能有人犯有过失,当然也就不会有过失侵权案件的存在。但现实却并非如此,究其原因,除了法官和陪审团可能犯错外,在决定一件事故是否能由任何一方当事人以低于预期事故成本的成本避免时,法院并不能通过计算个体避免事故的能力而试图衡量当事双方的实际成本,而只能估计"理性人"的避免事故成本。①

1. 何为"理性人"?

普通法下传统侵权法中"理性人"概念,是指一个合理的人应该谨慎地按照社会通行的道德标准行事,且他在满足自己的欲望时要充分考虑他人的利益。波斯纳(1992)曾明确指出,"理性人"是其对法律进行经济分析的前提假设;而汉德公式的提出也使"理性人"这个既具体又抽象、既清晰又模糊、既刻板又灵活的概念或标准变得精确和可操作;之后,波斯纳进一步在汉德公式的基础上,明确了"理性人"标准:在决定意外事故是否可由任何一方以低于预期意外成本的成本来预防时,法院并不致力于衡量双方实际的成本,而只考虑其个别避免意外的能力。换言之,法院所估计的是一般人(理性人)在该状况下的预防成本。此外,在以低成本可以确认预防意外的能力有差距的地方,法院也同时承认理性人标准的例外,如盲人、未成年人的注意标准等。

2. "理性人"的经济学分析

假设,法院获取一个人避免事故能力的信息成本为零,那么,他们将会对个案中的每个人设定不同的注意义务标准。例如,一个潜在施害人 i 非常笨拙,他就会得到一个较低的注意标准 x_i^*(x_i^* 表示该施害人的最优注意水平,而我们亦可定义 x^* 为法院所设定的一个理性人的最优注意标准),因为 i 对注意的投入相对缺乏效率,因而,他提供注意的边际成本相对较高;相反,一个反应异常敏捷的人 j,提供注意的边际成本相对较低,故有最优注意水平 $x_j^* > x^*$。这样,我们就能通过注意边际成本的不同而对潜在施害人进行分类,用以说明设立过失注意个人标准的不恰当将会导致分配不当的无效率。②

对于 j 型人(对应于图 7-5 中的 III 区域)而言,虽然有 $x_j^* > x^*$,但在具体事件中,如适用过错责任原则,他只会采取 x^* 而非 x_j^* 注意水平的激励,因为如果选择后者,只会增加其成本而不会减少其预期责任,因此,在该原则下,只要他提供 x^* 的注意水平就能免责;而在严格责任原则下,他们可能会采取大于 x^* 的个别注意水平 x_j^*。

相反,对于 i 型人(对应于图 7-5 中的 I 和 II 区域)而言,有 $x_i^* < x^*$,在具体事件中,

① 〔美〕理查德·A. 波斯纳:《法律的经济分析》,蒋兆康译,中国大百科全书出版社 1997 年版,第 215—216 页。
② 这里,虽然为了简化分析过程,只关注了施害人的注意标准,但这种分析同样适用于对受害人的分析。

对于 I 区域的 i 型人而言,无论是在过错责任还是严格责任下,他都只会采取自身的最优注意 x_i^*,因为相对于避免承担责任所带来的好处,把自己的注意提高到一般理性人的最优水平 x^* 所花代价实在太大。但他仍可能会将注意程度提升到 x_i^*,虽然这是无效率的,因为通过增加额外注意$(x_i^* - x^*)$所能减少的损失少于所花费的成本。而对于 II 区域的 i 型人而言,他们既有可能仍保持自身最优注意水平 x_i^*,也可能将注意提高到一般理性人的最优水平 x^*。在严格责任下,无论施害人的注意水平如何,都要承担预期责任成本,因为只有当减少的预期损害超过额外的注意成本时,他才会给予额外注意;而在过错责任下,当提供额外注意$(x_i^* - x^*)$的成本等于预期责任成本 $p(x_i^*)A$ 时,收益最大。

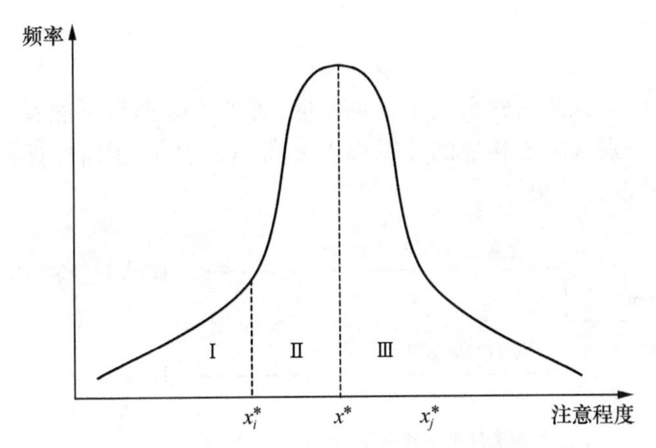

图 7-5　潜在施害人最优注意水平 x^* 频率分布

进一步分析,我们还能了解到,在一般理性人标准下,就减少事故发生量的目标而言,并不能判断过错责任与严格责任的优劣,因为,在过错责任下,虽然 III 区域的人会降低注意水平,但 II 区域的人却会增加一些注意,而这种彼此消长的关系并不能根据现有信息作出判断。[①] 此外,如果考虑受害人的注意水平及相应的注意成本,那么无论是严格责任还是过错责任都将是个别考虑标准。

然而,现实中,采取个别标准所取得的分配收益还应与确定每个人应尽注意的个别标准所花的信息成本相比较,而后者可能是巨大的;因而,通常放弃个别标准所带来的分配收益而适用一般理性人标准,以换取信息成本的节约是有效率的。当然经济学分析也为一般理性原则提供了一些显而易见的例外,如非成年人标准、精神错乱、突发性疾病等引起的事故。

五、因果关系与不可预见性

到目前为止,我们一直假设,无论何时,只要发生事故,一种或另一种责任规则就会自动适用。然而,现实中更让法官和学者们头痛的是,到底是何种事故,或它必须在怎样的责任范围内才能适用责任规则,即有关侵权责任的因果关系问题。在绝大多数的法学

① 注意,虽然从图 7-5 看,似乎 III 区域优于 II 区域,从而会有更多的事故被预期在 III 区域发生。但现实中,如果一般理性人标准 x^*,或潜在施害人的类型分布发生变化,II 区域和 III 区域的对比关系也会随之变化,因而,我们无法就此判定两种责任规则的优劣。

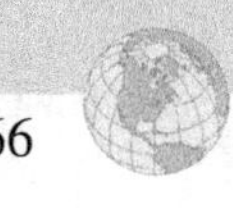

家看来，“可能整个法律领域中，再也没有其他问题如此混杂着诸多不一致意见；尽管作过各种努力去澄清，最好的途径是哪一种，现在仍没有达成总体上的一致”（恨根，1984）。

然而。面对令法学家们困惑不已的问题，经济家却在侵权法的经济分析中几乎省略了这个概念。这是由于，虽然所有经济学分析都暗含：行为带来的后果在特定情况下会因激励而改变，但这一观点在因果关系理论中却并不存在问题和争议，也不需要明确考虑。[①] 因而，我们同样可以通过构建因果关系的经济学模型对其加以说明。

1. 因果关系的经济学模型[②]

首先，假设，一个潜在施害人违反某法定注意标准的概率为 φ，且 φ 可以通过提高警惕 z 来减少，因此有：

$$\varphi = \varphi(z) \tag{7-7}$$

再假设，无论施害人是否违反这个注意标准，意外事故都有可能发生，条件概率分别为 p/v 和 p/nv，且分别取决于相应的注意投入 x 和 $0(x \neq 0)$。因而，我们可以通过图 7-6 来展示可能出现的四种结果。

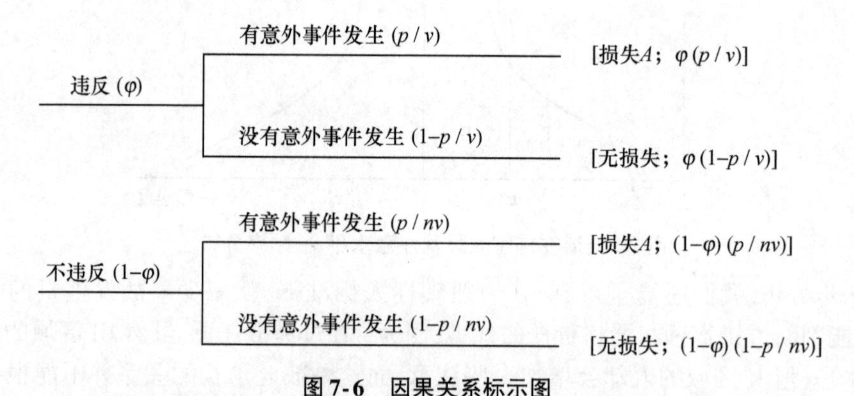

图 7-6　因果关系标示图

这样，我们就可以借助该模型，分析侵权法中存在的各种因果关系。（1）当 $p/v = p/nv$ 时，由于 $x \neq 0$，事故发生率与施害人采取的注意水平无关，施害人的疏忽不能被认为是事故的原因，被告应被免责。（2）当 $x > 0$ 时，有 $p/v < p/nv$ 成立，即施害人的行为导致了损害的发生，两者间存在必要的因果关系。

2. 不可预见性

前面介绍的两种因果关系显而易见是可预见的，但现实中有些情况可能是无法预见的，而被告却可能以此为由，试图逃避因其过失造成的损害责任。因为，从经济学角度看，侵权人只应对可预见的损害承担责任。

不可预见性的经济含义是，昂贵的信息成本阻止了一方当事人采取措施预防特定事故的发生；即，一旦风险信息被看作风险避免的一种成本，汉德公式中的预防成本 B 将会过高而对预防起抑制作用。

---

① 〔美〕威廉·M. 兰德斯、理查德·A. 波斯纳：《侵权法的经济结构》，王强、杨媛译，北京大学出版社 2005 年版，第 252 页。

② 为了简要分析，我们仅考虑只有施害人的注意水平可以作为风险唯一决定因素的单方事故模型。

对不可预见性进行侵权处理的一个重要例外是蛋壳原则（eggshell skull principle）——即便被告无法预见受害人伤害的程度，侵权受害人仍将被允许取得全部赔偿，因为受害人是异常脆弱的。不过，在这种情况下，加于责任的理由是，为了使全部侵权损害相当于侵权受害人的全部损害，就有必要在脆弱情况下加于赔偿责任，以平衡硬壳（roll skull）情况下的无责任。①

六、责任的严厉程度：损害赔偿

上文我们曾提到，责任原则促使人们实行高效率预防的能力，部分取决于法院实际判给受害人补偿性损害赔偿金的能力。这些赔偿金具有两种功能：(1) 使受害人恢复到未受到伤害时的效用水平；(2) 施害人因为伤害了受害人所必需的损害赔偿额。因而，下面我们将进一步探讨如何确定应补偿给一个受害人的损害赔偿额，并对判决中有关惩罚性损害赔偿额确定的效率问题加以分析。

1. 责任等于损失的程度

在通篇有关侵权法的经济分析中，一直有这样一个暗示：如果责任主体必须赔偿他们所造成的实际损失，那么在任何责任规则下，他们都会被引导采取最佳的行为方式。

虽然补偿性损害赔偿的目的在于"使受害人不受损失"，但在一些诸如人身伤害的事故中是不可能的，因而在侵权法中，事实上存在两种截然不同的补偿性损害赔偿金概念。一是，标准经济学中的无差异概念：当受害人对于受到伤害并得到损害赔偿与未受到伤害但得不到赔偿不加区分时，补偿是完全的。这个概念是与那种所损失物品的代替品可在市场上买到的损害相关联；这个完全补偿概念，是对动机进行经济解释的基本概念。当潜在施害人对完全补偿性赔偿金承担责任时，他也就将事故所致的外在损害内在化，从而为潜在施害人采取有效注意行为创造了动力。而且，由于存在一个已有的替代品市场，故而这个意义上的损害赔偿金很容易被计算出来。二是，通过对注意的成本和收益权衡的理性决策来推算的等量风险法。这主要适用于那些由于法律和道德的障碍而不存在替代品市场的损失，如人身、生命等侵权伤害的计算，即通过市场上的购买活动作引导来计算购买者安全的定价。

然而，只有在适用无差异方法的情况下，对损害的完全补偿才有可能，此时，这两种方法的应用在没有强制执行差错时，都能为潜在施害人采取有效率的注意水平提供动力。

2. 补偿性赔偿的计算

经济学对侵权法领域最大的贡献之一在于，为传统的只能进行定性分析的侵权法理论提供了切实可行的计量研究，从而使原本抽象而模糊的法学概念实现了现实中的量化和精确化，其中对损害赔偿的计量就是其中一个重要的组成部分。下面，我们将致力于补偿性损害赔偿额的计量研究。② 首先，定义：

l 为在给定 x 条件下，施害人所造成的预期事故损失，$l(x)=p(x)A, l(x)\geq 0$。

---

① 〔美〕理查德·A. 波斯纳著，《法律的经济分析》，蒋兆康译，中国大百科全书出版社 1997 年版，第 234 页。

② 为了简单起见，我们只将注意力集中于单方事故模型，只有施害人的注意水平是影响损害额的唯一变量。

$f(l;x)$为事故发生情况下，给定x时，损失l的概率密度；当且仅当$f\in[a,b]$，其中$0<a<b$时，有$f(l;x)>0$。

因而，预期损失为：

$$l(x)=p(x)\int_{b}^{\alpha}lf(l;x)\mathrm{d}l \tag{7-8}$$

当施害人必须给付的损害赔偿额为l时，其预期责任为$l(x)$；根据本节第一部分的分析，加害人在各种责任规则下都会采取最佳行为。即，有

结论3 如果责任的大小等于真实损失，承担责任的施害人将面临$l(x)$的预期责任，因此，在严格责任和过错责任规则下，施害人都将被引导采取社会最优行为。

然而，现实中，法院可能无法观察到事故的真实损害，即法院在关于损失水平的确定上具有不确定性。那么，我们可以进一步定义：

e为法院在评估损失中的措施。这意味着$l+e$是法院能观察到的损失，并有$e\geqslant0$。

假设：

$g(e)$为e的概率密度，当且仅当$g\in[-\underline{e},\overline{e}]$，其中$\underline{e}>0,\overline{e}>0$时，有$g>0$。

那么，如果承担责任的施害人要承担$(l+e)$的损害赔偿额，则预期责任为：

$$p(x)\int_{b}^{\alpha}\left[\int_{\underline{e}}^{\overline{e}}(l+e)g(e)\mathrm{d}e\right]f(l;x)\mathrm{d}l \tag{7-9}$$

因而，当$E(e)=0$时，式(7-9)就可能写成式(7-8)的形式，预期责任仍为$l(x)$。[①] 因此，有：

结论4 如果损害赔偿额等于法院所估计的损失，即使法院的估计是有错误的，但只要预期错误为零，那么施害人所要承担的预期责任仍为$l(x)$。因此，在各种责任规则下，施害人都将被引导采取社会最优行为。

3. 金钱性与非金钱性的损失

从上文对责任与损失的介绍中，我们了解到，侵权行为所造成的损失有两类：一是，能被消费也能在生产中制造的可替代的制造商品，如汽车、冰箱等；二是，只能被消费而不能被制造的不可替代的商品，如痛苦、精神折磨等。而现实中，大量侵权行为所造成的损失往往同时涵盖以上两种。

因而，在计算过程中，我们可以假设，某人原本从每单位制造品中获得的效用为c，而从第一单位不可替代的商品中获得的效用为u。[②] 故当其受侵权行为影响时，如果损失一单位制造商品，社会福利将减少c，而损失一单位不可替代品，社会福利的减少将为u。那么，很明显，前面我们关于补偿性损害赔偿计算的模型中有关责任规则的结论表明，损失既包括金钱性损失，也包括非金钱性损失。

但现实中的非金钱损失u对法院而言不能直接观察到，而且确定也很困难。因而，当u较小时，出于行政成本考虑，法院的最优做法是不要试图去确定其值，即使当侵权人的责任不包括非金钱损失时，可能会对其激励有所稀释，但这种影响是很小的。然而，当

---

① 即使允许e的分布依赖于l或x，我们也可证得相同结论成立。

② 注意，一般情况下，受害人只从第一单位不可替代的商品中获得的效用为u，而之后他从更多此类商品中所能获得的效用将为零。

u 较大时,对法院而言,确定这部分损失的数额可能就是至关重要的,尤其是当金钱性损失很小的时候。因而,各国法律制度中,对非金钱性损失的给付意愿有很大差异,例如,法国法认定非金钱性损失类型的过程最自由,英美法次之(尽管在赔偿数额、支付时间等方面,美国法似乎最自由),德国法却相对严格很多,而有些国家甚至拒绝承认非金钱性损失,如匈牙利、罗马尼亚及前苏联等。

4. 惩罚性损害赔偿

惩罚性损害赔偿,也称示范性赔偿或报复性赔偿,指由法庭所作出的赔偿数额超出实际损害数额的赔偿。这种赔偿制度的存在,似乎违背了侵权法所确立的"补偿性"、"使受害者恢复原有效用水平"的立法宗旨;因而,从表面上看似乎难以从法学或经济学上为他找到存在的理论依据和计算原则。然而,随着 20 世纪后,惩罚性损害赔偿判决越来越普遍,"存在即为合理",学者们也逐渐为其找到了一些经济解释:

第一,在责任规则无法实现完全赔偿的情况下,惩罚性损害赔偿可以弥补一般损害赔偿的不足。例如,一些情况下,基于行政成本考虑而并未给受害人予以非金钱性赔偿,或一些国家对非金钱性损害赔偿不予承认,或因为程序过多而给判定的这部分赔偿不足。

第二,弥补侵权制度的缺陷。现实中,侵权制度往往是不完善的,施害人可以基于各种原因而存在逃避诉讼的可能,例如,受害人可能因为不愿意为获得并不是太高的赔偿金而提起诉讼,甚至可能因为担心不能证明损害的存在而面临败诉的危险,从而不愿意提起诉讼等。我们可以假设,施害人逃避诉讼的概率为 q,而一旦施害人成功地逃避被追诉,就不用承担任何责任。那么,其预期责任就由 $l(x)$ 降为 $(1-q)l(x)$,这样就因无法将施害人的成本完全内在化而没有提供社会最优激励。因而,此时,如果法院能在补偿性损害赔偿基础上加上惩罚性损害赔偿,就能使施害人的预期责任重新恢复到 $l(x)$ 以实现侵权法的激励功能。即

结论 5　如果责任等于造成的损失乘以被追诉概率的倒数 $1/(1-q)$,那么施害人仍会在各种责任规则下,采取社会最优的行为方式,尽管他们有逃避诉讼的可能。

而且,传统的法经济学还进一步将被追诉概率的倒数 $1/(1-q)$ 定义为惩罚倍数,作为计算惩罚性损害赔偿的依据。

至此,结合第三节,我们已经给出了有关侵权法经济学分析的基本框架及相关理论。但我们并不想给读者造成,法经济学已将其他一切有关侵权法的学术研究形式都赶下历史舞台的错觉。事实上,这是不现实的。因而,在本章第五节,我们将对法学和经济学这两种同样作用于侵权法的研究方法加以比较,指出侵权法经济学分析的不足之处。

第五节　侵权法的经济学分析评价

在本章前几节中,我们详细介绍了法学与经济学对侵权法的研究,但第四节结束时,提到我们并不想造成经济学能在侵权法领域横扫一切的错觉,因而,下面,我们将就这两种方法对侵权法的研究作一对比,同时也对侵权法的经济学分析作简要批判。

一、两种研究方法的比较

无论是法学还是经济学,都是或至少曾经是有关侵权法学术研究领域最具影响力的两种研究方法,也都取得了举世瞩目的成就。因而,这两种表面上看完全不同的研究范式,必然都有合理的一面,我们也不能简单地作出孰优孰劣的判断,而他们之所以呈现目前的命运轨迹可能更需要从各自的立足点及研究方法去寻找原因。

1. 研究出发点不同

对法学而言,“公平”、“对受害人加以补偿”、“使受害人的状态恢复到损害前的情形”是整个侵权法理论研究及实践发展的立足点。补偿功能是侵权法最重要的法律机能。

而对经济学而言,目标永远只有一个“效率”,“所有法律活动(立法、执法、司法、诉讼)和全部法律制度(私法制度、公法制度、审判制度)都是以有效利用自然资源、最大限度地增加社会财富为目的”①。因而,侵权法在经济学家眼中不过是“激励机制的一种”。

当然,我们说,“公平”是传统法学就侵权法研究的立足点,并不意味着,传统法学的侵权法研究是排斥“效率”的,事实上,在侵权法的历史延革②及传统法学学术发展中,“效率”总是时隐时现,甚至很多时候呼之欲出。因而,真正的问题可能正是在于,传统法学研究并没有像经济学定义“效率”那样,给出一个有关“公平”的精确定义。因此,我们发现,强调“公平”与强调“效率”的侵权法实证原理并不矛盾,因为,也许在这个领域,“公平就等于效率”③。

2. 研究方法不同

在传统法学研究中,规范研究占绝对优势,而不像经济学更多地选择致力于侵权法的实证理论研究。但对任何一个学术领域而言,这两种研究方法究竟那种更具优势,却只与其处于何种发展阶段及面对何种社会问题密切相关。

传统法学在侵权法研究中的蓬勃生命力,已为侵权法第三次学术运动之前几千年的侵权法发展史所证明,其间经历了两次影响很大的学术变革,相继创设了合同责任、过错责任、严格责任等归责原则及各种相关的概念与理论。然而,任何一种理论本身都有局限性,或者说,只有开放性的理论才具有永久的生命力,也或者,侵权法在20世纪中后期所面临的一系列问题,极大地暴露了这种规范性研究方法的不足之处。例如,传统法学对侵权法的数千年的研究却仍不能明确解释为何侵权法的发展中会出现合同责任、过错责任、严格责任的延革,而这个问题终于在20世纪中期因严格责任与过错责任并存所造成的适用混乱及之后的“责任保险危机”而爆发;另外,有关“过错”的界定、“损害赔偿”的计算等问题,也是传统法学一直忽略或不愿面对的问题。因而,这就给善于从事实证研究的经济学开辟了介入空隙,并自侵权法第三次学术运动后,全面进入且在较短时间

---

① 张文显:《二十世纪西方法哲学思潮研究》,法律出版社1996年版。

② 至少在侵权法第三次学术运动前,传统法学对侵权法的发展几乎起了绝对的推动作用;无论传统法学家是否愿意承认,在这个部门法的学术研究及司法实践中,并不能完全抹杀“效率”的重要性。

③ 〔美〕威廉·M.兰德斯、理查德·A.波斯纳:《侵权法的经济结构》,王强、杨媛译,北京大学出版社2005年版,第10页。

内取得了重大成就。

二、侵权法经济学分析的理论批判及未来的研究方向

不过任何一种理论或研究方法都不是无懈可击的，总有其自身的局限性，侵权法的法经济学理论也不例外。事实上，自从经济学正式介入侵权法领域后，也遭到了来自各方的批评，而且，许多批评并不是针对实证理论而来。① 因而，这些批评也可能预示着侵权法经济学分析未来的发展方向。

例如，从经济学开始介入侵权法领域时，就存在对这种分析所依赖基础——不现实的行为假设的批评。认为经济模型总是建立在不现实的假设前提之上，因而，在侵权法的法经济分析中，无论侵权法原则在抽象中得到多么准确的计算，但却不能实际影响人们的行为。另外，也有批评指出，就目前的侵权法经济学分析而言，并不能就它的论点提供令人满意的证据支持。因为，在研究中，我们总会遇到以下问题：首先，规范本身就很难为了取样或假设检验而量化；其次，各种规范在重要性方面的差距很大。还有批评认为侵权法的效率理论定义并不完备：所有侵权法规则和判决都有效率，或只是它们中的一大部分？如果是后者，能被证伪吗？

至于有关侵权法经济学研究的未来，除了上面批评中提到的，仍然需要进行大量典型案例研究或数据检验来确保侵权法的实证经济学理论能建立在更牢固的基础之上以外，一些理论性研究也同样重要，如在某些同时存在保险制度、安全规则及责任制度的领域，它们三者的关系究竟如何，是替代还是互补？最后，是否能通过侵权事故中，有关行政成本、信息问题的研究，使侵权法的经济学理论在实际操作中也能如同面对书本上的法律一样有效率。

本章总结

1. 侵权法是调节如何尽可能减少或防止危害事故发生及对侵权损害后如何补救的一组民事法律规范的总称；包括民法中具有相对独立性、表现上具有概括性、内容上具有复杂性、内容和体系具有完备性和系统性、成文法与判例法相结合、强制性等法律特征。

2. 侵权法源于古罗马法，经历了古代习惯法时期、古代成文法时期、现代法时期三个发展阶段。

3. 侵权法的法学理论是一个不仅逻辑较为严谨、内容也相对完备的庞杂的理论体系；主要包括侵权行为、侵权责任的归责责任原则、侵权责任的构成要件、侵权民事责任方式、抗辩事由及损害赔偿等方面的理论。

4. 从经济学的角度看，侵权法的经济本质不过是几种可以将外部成本内在化的政策

---

① 一些类似于“法律体系用来提高效率是不道德的”（德沃金，1980）的批评可能是因为当侵权法从规范分析转向实证分析时，被误导。而侵权法经济分析真正的生命力在于对其实证理论的探索，我们更大的兴趣在于解释而不是批判，因而，这种道德性的问题本来就不是我们要考虑的重点。

工具之一,通过侵权责任将高昂的交易谈判成本所导致的外部效应内部化。

5. 侵权法的经济学理论是一门基本成形于 20 世纪 70 年代的新兴的法经济学理论体系,其试图运用经济学术语和方法就法律加以解释,但它同时也承认现存主要法律原则的有效性,而并没有对旧的法律现实主义进行全面的质疑和否定。因而,该理论主要包括对以下内容的探讨与研究:责任规则模型的构建、侵权损害的理解、汉德公式的提出、理性人原则的诠释、因果关系与不可预见性的分析、损害赔偿的计算等内容。

6. 侵权法的法学理论与经济学分析无论在研究出发点还是研究方式上虽各不相同,却各有千秋;而目前被法经济学界所推崇的侵权法的经济学分析同样有尚待改进的不足之处。

思考题

1. 结合侵权法的发展,简要阐述结果责任原则、合同责任原则、过错责任原则、无过错责任原则及合同责任原则的更迭过程。

2. 关于侵权的法学研究和经济学研究有哪些主要区别? 他们各自的主要成就表现在哪些方面?

3. 请运用双边责任规则模型证明,当注意水平是意外事故风险的唯一决定因素时,过错责任下最优社会均衡解的存在性与唯一性。

4. 当注意水平和行为水平同时作为风险决定因素时,请运用责任规则模型分析哪种责任原则更有效率。

5. 请运用本章所介绍的有关侵权法的法经济学理论,分析为何在产品责任领域中,过错责任会被无过错责任所代替。这种转变是否违背了侵权法所确立的“补偿性”立法原则?

阅读文献

1. Guido Calabresi, Some Thought on Risk Distribution and the Law of Torts, *Yale Law Journal*, Vol. 70, 1961.

2. Guido Calabresi, *The Cost of Accidents: A Legal and Economic Analysis*, Yale University Press, 1970.

3. A. C. Pigou, *The Economics of Welfare*(4th ed.), The Macmillan Company, 1932.

4. Ronald H. Coase, The Problem of Social, *Journal of Law and Economics*, Vol. 3, 1960.

5. 〔美〕理查德 · A. 波斯纳:《法律的经济分析》,蒋兆康译,中国大百科全书出版社 1997 年版。

6. 〔美〕罗伯特 · 考特、托马斯 · 尤伦:《法和经济学》(第五版),史晋川、董雪兵等译,格致出版社、上海三联书店、上海人民出版社 2010 年版。

7.〔美〕威廉·M.兰德斯、理查德·A.波斯纳:《侵权法的经济结构》,王强、杨媛译,北京大学出版社 2005 年版。

8. 黄文平、王则柯:《侵权行为的经济分析》,中国政法大学出版社 2005 年版。

9. 王泽鉴:《侵权行为法》,中国政法大学出版社 2001 年版。

10. 杨立新:《侵权法论》,人民法院出版社 2004 年版。

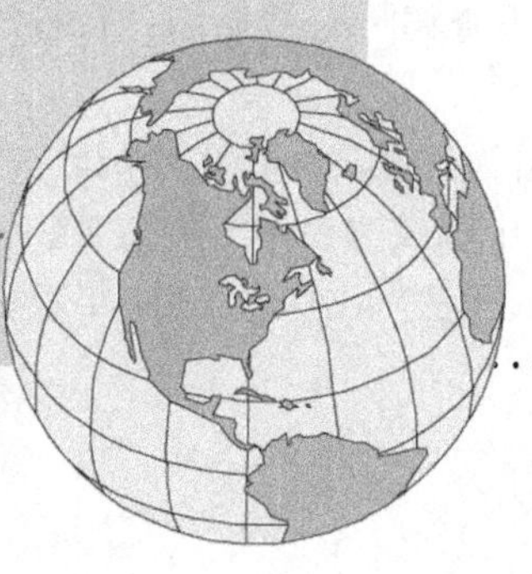

第八章

侵权法经济分析专题

“法律的生命向来不是逻辑，而是经验。人们当时感受到的必要性、盛行的道德理论和政治理论、公共政策的确立(无论是明言的还是无意识的)，甚至法官与他们同胞的共有偏见，在决定人们应当受到支配规则的时候，具有比逻辑推论更大的作用。法律承载着一个民族在诸多世界中发展变化的历史，因此，我们不能把它当成只含有公式或定理的数学书来对待。”

——〔美〕奥利弗·温德尔·霍姆斯[①]

【本章概要】

本章在对中国侵权制度的历史及现状作简要回顾的基础上，指出了现存侵权制度的基本特征；并运用前面所介绍的侵权法的法经济学理论，不仅对中国现代侵权制度作了简要性的阐述和分析，而且还通过选择反映受责任调节的典型侵权行为和受特别规制的特殊侵权行为的典型案例进行了专题分析。

【学习目标】

1. 了解中国侵权制度的历史变迁。
2. 了解中国现行侵权制度的现状和不足之处。
3. 掌握中国目前侵权法法经济学理论的发展现状及未来可能的发展方向。
4. 基本掌握侵权法法经济学理论的案例分析方法。

---

① Oliver Wendell Holmes(1881), *The Common Law*, Mark DeWolfe Howe(ed.), 1963, Little, Brown and Company, p.7.

前一章,我们不仅介绍了侵权法的基本概念及发展史,还分别从法学和经济学角度对这个部门法展开分析;而这一章,我们将运用侵权法的法经济学理论对某个特定国家——中国,及特定案例进行详细分析,进一步了解整个侵权法的经济结构。本章第一节将介绍转型国家——中国的侵权法;而第二、三节将致力于选择典型案例进行专题研究。

第一节　转型经济中的侵权法

本节首先对转型经济国家——中国侵权制度的历史及现状作简要回顾,并指出现存制度的基本特征;其次,运用第七章提到的有关侵权法的法经济理论对中国现行的侵权制度加以分析。

一、中国侵权制度的历史变迁

虽然中国一直没有独立的侵权法,但侵权制度却有悠久历史,主要经历了三个发展阶段:

1. 古代侵权制度

"侵权行为"一词虽为舶来品,但根据文献记载来看,中国自古以来在习惯、礼制及法律上存在与现代侵权法相近的一系列规则与做法;自商代就有侵权法萌芽的存在,并逐渐形成一个具有固定格局的、相当稳定的中华侵权法体系。其又可进一步分为三个阶段:一是,唐以前,以秦代的侵权法为标志,通过吸收奴隶社会侵权行为立法的遗产和战国时期封建社会初期侵权行为立法的思想和实践,创立了比较完备的侵权法体系。二是,唐代的侵权行为法律制度的确立。《唐律》是中国古代法律的典范,包括的侵权行为规范是当时世界各国立法中最先进、最科学的。三是,宋代至清代,这一阶段的古代侵权法建设日益完善,并在清代发展至顶峰,概括了中国古代侵权行为法的全部精华。

中国古代侵权法有如下特点:(1) 有相对独立完整的体系,各项制度周到、严密;(2) 侵权损害赔偿的性质以补偿损失为主,但仍强调惩罚功能;(3) 侵权行为有人身侵害和财产侵害之分,并分别适用不同的惩罚方式;(4) 对侵权责任构成的要求比较严格,如坚持无损害事实或行为不违法则不发生民事责任,行为与损害之间无因果关系、无过错则不负赔偿责任等。

2. 近代侵权制度

中国近代侵权法的发展,是随着中国近代民法的发展而发展的,清末受西方民法观念与制度的冲击与影响,以《大清民律草案》的推出为标志,中国进入了近代侵权法阶段,制定了完全意义上的侵权法;加上民国时期的《民国民律草案》和《中华民国民法》,一道完成了中国侵权法的现代化进程。

中国近代侵权法将民事责任与刑事责任分开,将侵权行为的基本归责原则确立为过错责任原则;同时也确立了精神损害赔偿制度,规定侵害身体、自由、名誉等非财产性损害赔偿的内容，形成了较为全面的现代侵权制度。[1]

总之，中国近代侵权法建设是卓有成效的。其在正确立法宗旨的指导下，保证了立法既能实现法律体系的变革，又能够结合中国实际情况，并敢于借鉴国外的立法经验，跟上立法发展的潮流。但仍存在许多缺陷，如：抄袭痕迹太重，所有条文几乎都抄自日本和德国，缺少自己的特点；借鉴面过窄，没有在世界范围内作普遍比较而择优借鉴；立法缺少创造，虽打破自己固有的立法封闭体系，但又陷入了大陆法系的封闭体系。

3．现代侵权制度

延绵整个20世纪后半期50年的中国现代侵权立法变革大体分为以下几个时期：

第一，初创时期。新中国成立初期的侵权法建设是在彻底废除国民政府伪法的废墟上开始的。当时只能通过借鉴苏联侵权法的立法经验，在实际审判工作中实行。理论上，主要是翻译苏联民法专家的作品，如《损害赔偿之债》，同时也结合实践编写了中国的民法教科书，如《中华人民共和国民法基本问题》；实践中，借鉴教科书内容为判案依据。20世纪50年代后期开始起草的《中华人民共和国民法》（草案）[2]制定了关于损害赔偿的内容。

第二，法律虚无时期。"文化大革命"时期，法院审理的案件主要是刑事案件，民事案件主要是离婚案件，侵权行为概念基本绝迹。

第三，复兴时期。"文化大革命"后，百废待兴，侵权法建设也同样如此。一开始，最高人民法院试图通过法律解释的方法，创建包括侵权法的中国民法体系。1979年，最高人民法院制定了《关于贯彻执行民事政策法律的意见》，几乎包含了中国侵权法的全部内容，奠定了新中国侵权法的基础。之后，1984年，最高人民法院审判委员会通过的《关于贯彻执行民事政策法律若干问题的意见》，对于上述规定进行了较大修正，规定了侵权法的基本内容，为《民法通则》关于侵权行为民事责任条文的制定奠定了基础。再之后，又借助《中华人民共和国民法通则》（1986）建立了当代侵权法体系，系统规定了侵权行为的归责原则、各类侵权行为的责任、责任的形式等基本内容，构成了中国现行侵权法最基本、最权威的表述。

第四，发展时期。20世纪90年代后，中国侵权法进入了快速发展时期，受到了前所未有的重视和关注，司法实践和侵权法理论都进步明显。

首先，在立法上，继《民法通则》后，又陆续颁布了与侵权法有关的若干法律法规和司法解释[3]，并与前者共同奠定了中国现行的侵权法体系（参见表8-1）。

---

① 中国近代侵权法建设主要集中于20世纪中期的40年，这期间，卓有成效地完成了侵权法从封建性质的法律向近现代化的转变。

② 这些条文草案主要是按照《苏俄民法典》损害赔偿一章的内容起草，较为简单。

③ 主要包括最高人民法院《关于贯彻执行〈中华人民共和国民法通则〉若干问题的意见（试行）》《中华人民共和国消费者权益保护法》《中华人民共和国产品质量法》《道路交通事故处理办法》《医疗事故处理办法》《中华人民共和国行政诉讼法》《中华人民共和国国家赔偿法》以及最高人民法院《关于确定民事侵权精神损害赔偿责任若干问题的解释》等。

表 8-1　《侵权责任法》出台前中国的侵权责任归责原则及相关规定

归责原则		内容	相关规定
过错责任原则	过错责任原则（一般原则）	一般侵权责任	《民法通则》第 106 条第 2 款
	过错推定责任原则（法定原则）	国家公务员责任	《民法通则》第 121 条，《国家赔偿法》第 2 条
		用人者责任	《民法通则》第 43 条，《民法通则意见》第 45、58 条
		专家责任	侵权法理论
		违反安全保障义务的责任	《消费者权益保护法》第 7 条
		物件致人损害责任	《民法通则》第 125、126 条
		事故责任包括： ① 医疗事故 ② 道路交通事故 ③ 学生伤害事故 ④ 工伤事故	①《医疗事故处理条例》，《民法通则》第 119 条 ②《道路交通安全法》第 76 条第 2 款，《道路交通事故处理办法》第 2、36、37 条，《道路交通管理条例》及相关法规规章 ③ 行政规章和地方立法 ④《劳动法》，《民法通则》第 106、119 条，但其损害赔偿责任适用于无过错责任
无过错责任原则	（法定原则）	概括性规定	《民法通则》第 106 条第 3 款
		产品责任	《民法通则》第 122 条，《产品质量法》第 141 条
		高度危险活动	《民法通则》第 123 条
		环境污染侵权	《民法通则》第 124 条，《环境保护法》《海洋环境保护法》《水污染防治法》《大气污染防治法》《环境噪声污染防治法》《固体废物污染防治法》等法律、法规
		动物侵权责任	《民法通则》第 127 条
公平责任原则	（法定原则）	概括性规定	《民法通则》第 106、132 条

其次，司法实践中，审判机关积极探索，以求更好地保护民事主体的权益，主要表现在：(1) 在人身损害赔偿的法律适用中，由注意对受害人赔偿请求的限制向注意保护受害人的权利转变；(2) 对名誉权的保护作出司法解释；(3) 在增加侵权行为保护客体范围上进行探索，例如，在隐私权保护上，司法机关作出了间接保护的司法解释，在一般人格权保护上，也在电话骚扰、门缝广告等侵害一般人格利益案件上作出了判决；(4) 积极适用侵权法的理论研究成果，如共同危险行为理论就是 20 世纪 80 年代的理论研究成果，在《民法通则》中并没有相关规定；(5) 扩大精神损害赔偿的适用范围；(6) 提高人身伤害赔偿标准等。

最后，侵权法理论也因人们对侵权行为的关注而得到迅猛发展：(1) 理论争鸣渐成气候，如在归责原则上，形成了“一元论”、“二元论”、“三元论”等不同意见；在侵权责任构成上，存在“四要件说”和“三要件说”。(2) 侵权法的理论研究日益丰富、深入，力求构建有中国特色的侵权法学理论体系。

第五，整合完善时期。侵权法理论研究的深入及司法实践的发展，终于使得中国的《侵权责任法》历经八年的起草与反复修订，于 2009 年 12 月 26 日正式出台。该法不仅在总论中全盘吸收了《民法通则》有关侵权责任的原有规定，而且在分论中也坚持了原有的侵权类型。但它在原有规定的基础上有所变更、细化、增加和删减，变更的是使原有之规定更加科学合理；细化的是使原有之规定更加具体明确；增加的是使侵权法能够与时俱进，及时反映新型侵权行为；删减的是不合时宜的规定(参见表 8-2)。

表 8-2 《侵权责任法》出台前后的中国侵权制度

变革			《侵权责任法》的相关规定	原侵权制度
继承	归责原则	过错责任	第 6 条第 1 款:行为人因过错侵害他人民事权益,应当承担侵权责任。	参见表 8-1
		过错推定	第 6 条第 2 款:根据法律规定推定行为人有过错,行为人不能证明自己没有过错的,应当承担侵权责任。	参见表 8-1
		无过错责任	第 7 条:行为人损害他人民事权益,不论行为人有无过错,法律规定应当承担侵权责任的,依照其规定。	参见表 8-1
	共同侵权		第 8 条:二人以上共同实施侵权行为,造成他人损害的,应当承担连带责任。	《民法通则》第 130 条
	侵权责任的方式		第 15 条:承担侵权责任的方式主要有:停止侵害;排除妨碍;消除危险;返还财产;恢复原状;赔偿损失;赔礼道歉;消除影响、恢复名誉。 以上承担侵权责任的方式,可以单独使用,也可以合并使用。	《民法通则》第 134 条第 1 款规定了承担民事责任的除第 6 项“修理、重作、更换”、第 8 项“支付违约金”专属于合同责任的范畴外, 其他八项责任方式。
	侵害财产权的民事责任		第 19 条:规定了财产损失按照“损失发生时的市场价格”或者其他方式计算。	《民法通则》第 117 条
	及时救济原则		第 21 条:将这种及时救济扩大适用于财产侵权领域。	《民法通则》第 120 条
	救助行为与侵权		第 23 条:在严格要件的情况下,“侵权人逃逸或者无力承担责任, 被侵权人请求补偿的”,受益人应当给予适当补偿。	《民法通则》第 109 条
	公平责任		第 24 条:受害人和行为人对损害的发生都没有过错的,可以根据实际情况,由双方分担损失。	《民法通则》第 123 条
	责任的承担	侵权责任和合同责任的共同规定	第 25 条:损害发生后,当事人可以协商赔偿费用的支付方式。协商不一致的,赔偿费用应当一次性支付;一次性支付确有困难的,可以分期支付,但应当提供相应的担保。	《民法通则》第 108 条
	侵权责任的免除		保留该规定的情况下,增加了受害人故意的情形(第 27 条)和第三人造成损害的情形(第 28 条), 这两种情形同样可以构成侵权人减免责任的抗辩事由。	《民法通则》对于责任的免除主要规定了四种情况, 即第 131 条的混合过错、第 107 条的不可抗力、第 128 条的正当防卫和第 129 条的紧急避险。
	无行为能力人和限制行为能力人致人损害的民事责任		第 32 条:无民事行为能力人、限制民事行为能力人造成他人损害的,由监护人承担侵权责任。监护人尽到监护责任的,可以减轻其侵权责任。 有财产的无民事行为能力人、限制民事行为能力人造成他人损害的,从本人财产中支付赔偿费用。不足部分,由监护人赔偿。	《民法通则》第 133 条

（续表）

变革		《侵权责任法》的相关规定	原侵权制度
保留并细化	侵害人身权的民事责任	第16条:具体化了侵害人身权的损害赔偿费用，增加列明了护理费、交通费;抽象提出“为治疗和康复支出的合理费用”概念;使用了术语残疾赔偿金和死亡赔偿金。	《民法通则》第119条
	产品责任	第41条、第42条、第44条分别规定生产者、销售者和运输者等第三人因产品缺陷致人损害的侵权责任，其中销售者与运输者等第三人承担的是过错责任; 第43条规定的是被侵权人追究责任的选择权及选择导致的求偿关系; 第45条规定的是被侵权者的排除妨碍、消除危险请求权; 第46条则是对生产者、销售者的警示、召回义务与责任的规定，这对于保护消费者的人身财产安全具有重要意义; 第47条规定的是生产者、销售者在明知情况下的惩罚性赔偿责任，这将对生产者、销售者起到真正的警示、预防和制裁作用。	参见表8-1
	高度危险责任	第69条是原则规定; 第70条、第71条分别规定了民用核设施、民用航空器造成他人损害的侵权责任; 第72条、第74条、第75条规定的均是高度危险物造成他人损害的侵权责任，分别指向占有、使用的情形，遗失、抛弃或者交由他人管理的情形和非法占有的情形; 第73条规定的是从事高空、高压、地下挖掘活动或者使用高速轨道运输工具造成的侵权责任; 第76条规定的是擅自进入高度危险区域时的责任承担; 第77条规定的是高度危险责任的赔偿限额问题。	参见表8-1
	环境污染责任	第65条是基本规定; 第66条规定的是举证责任问题; 第67条、第68条分别指向两个以上污染者的情况和因第三人的过错污染环境的情形。	参见表8-1
	物件损害责任	第85条规定的是建筑物等设施及其搁置物、悬挂物发生脱落、坠落致人损害的责任; 第86条规定的是建筑物等设施倒塌致人损害的责任，该规定可以对开发商和建筑商起到督导作用，以促进人们居住、工作之安全环境; 第87条规定的是抛掷物或者坠落物致人损害的责任; 第88条规定的是堆放物倒塌致人损害的责任; 第89条规定的是在公共道路上堆放、倾倒、遗撒妨碍通行的物品致人损害的责任; 第90条规定的是林木折断致人损害的责任; 第91条规定的是在公共场合挖坑、修缮，由于未尽到警示义务及安全措施致人损害的责任。	参见表8-1

(续表)

变革		《侵权责任法》的相关规定	原侵权制度
保留并细化	饲养动物损害责任	第78条规定的是动物饲养人、管理人的侵权责任; 第79条、第80条规定的是违反管理规定,未对动物采取安全措施或者禁止饲养的危险动物致人损害的责任; 第81条规定的是动物园的动物致人损害的责任; 第82条规定的是遗弃、逃逸的动物致人损害的责任; 第83条规定的是因第三人的过错致使动物致人损害的责任; 第84条规定的是饲养人的遵德守法义务。	参见表8-1
新增	法律宗旨的规定	第1条:为保护民事主体的合法权益,明确侵权责任,预防并制裁侵权行为,促进社会和谐稳定,制定本法。	
	民事权益的明确化	第2条第2款对民事权益的内容进行列举:本法所称民事权益,包括生命权、健康权、姓名权、名誉权、荣誉权、肖像权、隐私权、婚姻自主权、监护权、所有权、用益物权、担保物权、著作权、专利权、商标专用权、发现权、股权、继承权等人身、财产权益。	
	引介的规定	第5条:其他法律对侵权责任另有特别规定的,依照其规定。	
	责任聚合、侵权责任优先	第4条:侵权人因同一行为应当承担行政责任或者刑事责任的,不影响依法承担侵权责任。因同一行为应当承担侵权责任和行政责任、刑事责任,侵权人的财产不足以支付的,先承担侵权责任。	《民法通则》第110条
	人身权侵害的特殊性	第18条:被侵权人死亡的,其近亲属有权请求侵权人承担侵权责任。被侵权人为单位,该单位分立、合并的,承继权利的单位有权请求侵权人承担侵权责任。被侵权人死亡的,支付被侵权人医疗费、丧葬费等合理费用的人有权请求侵权人赔偿费用,但侵权人已支付该费用的除外。 第20条:侵害他人人身权益造成财产损失的,按照被侵权人因此受到的损失赔偿;被侵权人的损失难以确定,侵权人因此获得利益的,按照其获得的利益赔偿;侵权人因此获得的利益难以确定,被侵权人和侵权人就赔偿数额协商不一致,向人民法院提起诉讼的,由人民法院根据实际情况确定赔偿数额。	
	对于完全民事行为能力人的暂时没有意识或者失去控制的行为	第33条:完全民事行为能力人对自己的行为暂时没有意识或者失去控制造成他人损害有过错的,应当承担侵权责任;没有过错的,根据行为人的经济状况对受害人适当补偿。完全民事行为能力人因醉酒、滥用麻醉药品或者精神药品对自己的行为暂时没有意识或者失去控制造成他人损害的,应当承担侵权责任。	

（续表）

变革		《侵权责任法》的相关规定	原侵权制度
新增	用工责任	第34条：用人单位的工作人员因执行工作任务造成他人损害的，由用人单位承担侵权责任。 劳务派遣期间，被派遣的工作人员因执行工作任务造成他人损害的，由接受劳务派遣的用工单位承担侵权责任；劳务派遣单位有过错的，承担相应的补充责任。 第35条：个人之间形成劳务关系，提供劳务一方因劳务造成他人损害的，由接受劳务一方承担侵权责任。提供劳务一方因劳务自己受到损害的，根据双方各自的过错承担相应的责任。	
	教育机构的责任	第38条、第39条、第40条专门规定了无民事行为能力人、限制民事行为能力人在幼儿园、学校或者其他教育机构期间所发生的人身侵权案件的责任承担和责任分配问题，原则上由侵权人承担侵权责任，但学校或者其他教育机构未尽到教育、管理职责的，应当承担责任，并且采用举证责任倒置的方法，由教育机构承担举证责任。	
	机动车交通事故责任	除了在第48条规定了引介条款，依照《道路交通安全法》的有关规定承担赔偿责任外，还规定了复杂的人际关系链下的机动车交通事故责任。 第49条规定的是因租赁、借用等情形机动车所有人与使用人不同时的责任认定； 第50条规定的是因当事人转让并交付机动车但未办理所有权转移登记时的责任认定； 第52条规定的是机动车被盗、抢的情况下，发生交通事故的情形； 第51条规定的是机动车报废的情形； 第53条规定的是驾驶人逃逸的情形。	
	医疗损害责任	第54条原则上规定了医疗机构的过错责任； 第55条、第56条规定了医务人员的说明并取得患者或其近亲属同意的义务，以及紧急情况下的例外； 第57条规定了医务人员未尽相当诊疗义务的责任； 第58条规定了三种推定医疗机构有过错的情形，这有利于患者的权利保护，并同时警醒医疗机构、医务人员按规办事； 第59条规定的是因药品、消毒药剂等第三方的原因造成患者损害的责任，该种情形下的责任承担类似于产品责任，患者有了追究责任的选择权，有利于患者获得及时救济； 第60条规定了医疗机构不承担赔偿责任的三种情形； 第61条规定了医疗方填写、保管各种病历资料的义务及患者知情权； 第62条规定了医疗方对患者隐私的保密义务，这是该法中唯一特别强调隐私权的保护之规定； 第63条规定了对不必要的检查予以禁止； 第64条规定了医疗方合法权益的法律保护。	

（续表）

变革		《侵权责任法》的相关规定	原侵权制度
新增	共同侵权	第9条规定了教唆、帮助他人实施侵权行为的共同侵权； 第10条规定了准共同侵权； 第11条、第12条规定了共同侵权人之间的连带责任情形和责任分担； 第13条、第14条则是对连带责任对被侵权人的意义和侵权人之间责任关系的阐释。	
新增及明确	同命同价	第17条：因同一侵权行为造成多人死亡的，可以以相同数额确定死亡赔偿金。	
	精神损害赔偿	第22条肯定了精神损害赔偿，并规定侵害的客体是人身权益，并且需造成严重精神损害，受害人方可请求精神损害赔偿。	
	网络侵权	第36条规定了网络用户、网络服务提供者利用网络侵害他人民事权益的侵权责任。	
	安全保障义务	第37条规定了宾馆、商场、银行、车站、娱乐场所等公共场所的管理人或者群众性活动的组织者，未尽到安全保障义务造成他人损害时的侵权责任，以及存在第三人侵害时的补充责任。	
删减	职务侵权		参见表8-1
	知识产权侵权		参见表8-1

从以上的比较可以看出，中国的《侵权责任法》在以下几方面具有积极的意义：首先，明确了其保护的民事权益范围，尤其是对隐私权作为具体人格权的独立地位的确认；其次，摒弃了城乡二元结构下引发的同命不同价，在生命权的问题上肯定了人人平等这一基本原则；再次，肯定了人身权侵害情形下的精神损害赔偿制度；最后，确立了缺陷产品的召回制度和惩罚性损害赔偿等有利于维护消费者合法权益、保证产品安全的相关规定。因而，《侵权责任法》标志着中国侵权制度体系的不断科学化、合理化、体系化，有助于对人们权益的全面及时保护。

二、现行侵权法的法经济学分析

有鉴于侵权法的法经济学分析理论与方法在英美法中就弥补传统侵权法的法学理论中的固有缺陷，及立法和司法实践中所取得的巨大成功，中国学者也相继将这种理论及方法引入了本国侵权法的理论研究与司法实践之中。

1. 先行者的研究成果

自20世纪90年代开始，侵权法的法经济学理论已陆续进入了中国侵权法的研究领域，从开始对国外学者理论著作的介绍①，到运用相关理论就中国现行侵权法的分析，这种新的研究方法已经逐渐被国内学者所接受，越来越多的学者投入到该领域中，并作出了相应贡献。

---

① 主要对国外一些有关侵权法的法经济学经典著作的翻译，如张军译的《法和经济学》(1996)、朱苏力译的《法律的经济分析》(1997)、翟继光译的《事故法的经济分析》(2004)、王强和杨媛译的《侵权法的经济结构》(2005)等。

就现存文献看,中国学者对侵权法的经济分析主要集中于对侵权损害赔偿的研究,如王铁如、王艳华(1995)对诉讼中的成本项目进行了分类;李胜兰、周林彬、毛清芳(1996)论述了产品责任中,产品外部成本内部化问题;王启富、马志刚(1999)对权利成本项目进行了比较详细的分类;李培进、陶衡(1997)阐述了求偿风险问题,并补充了机会成本的项目因素;石春玲(1999)借用期权定价理论对机会成本进行了创新,提出计算受害人的机会成本时应扣除加害行为为受害人创造的机会成本;王成(2002)对"预防成本"、"预期成本"、"边际成本"等理论进行了详细的论述等。另外,史晋川、吴晓露(2002)研究了产品责任中"缺陷"标准的确定问题;更有周林彬、毛杰(2006)在"回答了中国侵权法为何要进行经济分析"的基础上,概括性地回答了"如何进行侵权法的经济分析",指出中国目前法学界运用经济分析的缺陷等。尤其是,2009年《侵权责任法》出台前夕,学术界对该法起草及修订的反复论证,以及2008年爆发的"三鹿奶粉事件",再次使人们认识到特殊侵权行为思考与研究迫在眉睫,国内掀起了侵权行为、产品责任侵权、食品安全侵权的研究热潮,并形成了一批高质量的研究文献。国内的侵权法法经济学研究也开始与国际接轨,尝试运用一些先进的经济学研究方法研究中国的现实经济问题。

2. 侵权法的法经济学理论在中国立法领域的运用

"普通法发展的原则之一就是效益确定判例的标准。"①现代侵权法朝着法律效益化方向进军是不可逆转的潮流,好的立法既要达到立法的预期目的,又要达到立法成本以及法律运行成本的最小化。因而,纵观中国现行侵权法,笔者认为首先应该从立法入手,以效率最大化原则为指导,废除现存的无效率法条,创设新的法律原则。

首先,重新确立"过错" 衡量标准。"过错"是侵权法中一个非常重要的概念,因为类似于中国这样的大陆法系国家是通过这个词来定义侵权行为的。施害人主观上有无过错,是决定损害应该由哪一方当事人承担的关键。然而,中国现行侵权法及相应的法学研究,除了对此提供了一个抽象概念外,并没有提出可操作性的衡量标准。而侵权法的法经济学研究中,并经由波斯纳修正后的汉德公式早已成功解决了行为人有无主观过错的衡量问题;虽然,现实中,要准确地测定预防某种事故的边际成本和边际收益有一定的难度,但是,这毕竟为我们提供了一种解决问题的思路。

其次,各种责任原则适用范围的界定问题。前面,我们已经提及,中国现行侵权法共确立四种侵权责任原则,但其适用边界却总是模糊不清。尤其是过错责任、过错推定责任与严格责任的区别何在?严格责任的适用范围如何?公平原则出现在侵权责任中是否恰当?而这些问题,可能可以借助于侵权法的法经济学理论加以解决。

例如,我们也许可以通过考特和尤伦所建立的一个简单经济学模型(可参见图7-4)来解决过错责任与严格责任的区分问题。或根据前面所提及的责任规则模型确定不同意外事故下有关归责原则的选择问题。相应地,有关侵权行为的立法也应本着同样目标,对各种责任原则的适用范围先作出概括性规定,再进行具体地列举,使其系统化、明晰化。

再如,有关公平原则的问题,如果本着侵权法只不过是一种激励方式,其目的是追求

① 〔英〕丹宁勋爵:《法律的未来》,刘庸安、张文镇译,法律出版社1999年版,第126页。

社会福利最大化这样的目标,该原则可能就不应该出现在侵权法当中,因为,按照这一原则,一方当事人常常会因为与具体"侵权"事实无关的背景状况(如拥有或驾驶机动车)而被视为相对于其他当事人(如行人)的强者,被迫承担不该由他负责的弱者损失。而这种做法恰恰稀释甚至否定了侵权法预防意外事故的激励功能。

再次,赔偿标准问题。赔偿标准设立得是否正确,对侵权法能否发挥其功能有决定性意义。而《民法通则》只在有限情况下笼统规定了侵权赔偿标准,而其他相关法律法规也只在某种程度或某方面加以细化补充,因而,如何确定对侵权受害人的损害赔偿仍是一个有待统一解决的问题。

最后,如何实现事故管理成本最小化。卡拉布雷西(1970)把事故成本减少的目标视作侵权领域不证自明的公理,指出,侵权法的首要功能就是减少事故成本与避免事故发生成本的总和,并将成本或者损失减少的目标划分为三个子目标:一是减少事故的数量与严重程度,通过威慑的方法实现;二是减少由事故产生的社会成本,通过风险分散的方法实现;三是减少事故的管理成本。侵权事故中,管理成本主要由实施事故处理的成本组成,它是为分配事故损害成本而产生,是为实现最优激励和最优风险分担两个目标所花费的成本,侵权法的法制建设应该实现管理成本的最小化,中国当前尤其要考虑诉讼成本对侵权诉讼的激励效应。

另外,有关侵权的精神损害赔偿在中国还是一个新鲜课题。虽然中国的《侵权责任法》第22条肯定了精神损害赔偿, 该规定要求侵害的客体是人身权益, 并且需造成严重精神损害, 受害人方可请求精神损害赔偿。然而,何谓"严重"? 法律既没给出相关定义,也没给出测定方法,导致原本不确定的精神损害赔偿更加缺乏可操作性。是否应通过类型化、法定化的方式将通常均会造成较为严重的心理伤害和精神痛苦的一些情形列举出来, 以减轻受害人的举证责任,而使精神损害赔偿具有一定的方向性和可操作性,从而能在司法实践中真正得到应用。因为通过第七章就侵权行为损害赔偿范围的分析可知,能引导施害人最优注意水平的损害赔偿额必须包括对非金钱性损失的赔偿,否则会导致激励不足。因此,如何正确处理这类赔偿问题已迫在眉睫。当然,还有惩罚性损害赔偿这个全世界任何一个侵权法所不能回避的问题,也需要侵权法法经济学理论的进一步深入研究。

既然中国侵权法的完整理论体系尚需进一步完善,我们就有必要从法经济学的角度来衡量中国未来侵权法所要采用的原则。当然,法经济学在方法论上也有其自身的局限性,还有待进一步完善。这正如科斯(1988)所说:"在法律和经济学这一新的领域里,人们将面临艰巨的任务。经济制度和法律的关系极为复杂。法律的变化对经济制度的运行和经济政策具体表现产生的许多效应,我们还一无所知……在我们面前,是那遥远、艰难而又值得试探的旅途。"①

3. 侵权法的法经济学理论在中国司法领域的运用

在立法机关确定了相应的法律规范之后,剩下的问题就是司法机关如何在实践中运

① 〔美〕科斯:《企业、市场与法律》,盛洪、陈郁等译,上海三联书店、上海人民出版社1990年版,第49页。

用。如何有效率执行现有法律,可能是相较于有效立法更让人头痛的问题。

例如,当侵权行为发生后,法院就会对双方的损失结果和成本进行估价,然后决定"哪一种选择更可能促进资源的使用效率",才能对当事人的行为加以定性。因而,在有关法律效益的分析中,是通过定量研究来进行定性分析,而不同于以往仅通过定性分析来研究法律的实施结果。而这种定量分析,可能有效地解决法律概念,如"情节严重"的模糊性问题,有助于更好地适用相关法律。

因而,正如波斯纳(1992)所言:"对经济分析法学而言,这一点表明,任何法律,只要涉及资源使用——而事实上恰恰如此——无不打上经济合理性的烙印……判决时,你也正在对资源使用的各种可能进行明确或不明确的比较和选择。无疑,判决必须依最有效率地利用资源这一原则进行。"[①]

第二节 主要通过责任控制的侵权问题

不同于前面运用侵权法的法经济学理论对中国现行侵权法总体情况的分析,在本节及下一节中,我们将选择一些典型的侵权案例,对侵权行为作专题分析。首先,我们通过借助"高空落石案"和"楼道间溢水案",探讨这两个生活中极为常见的主要受责任规制的典型侵权行为,也是侵权法的传统法学理论非常擅长的领域,看传统法学及法经济学的相关理论将分别如何面对。

≺案例 8-1≻

高空落石案[②]

2002 年 8 月 19 日下午 4 时许,成都盘谷花园物业管理公司职工杨某在该住宅小区 5 幢 3 单元楼下清洁草坪,突然,楼上飞下一块 4 寸见方的水泥石击中他的头部,当场血流如注,杨晕倒在草坪上达 3 分钟,后被一同事发现后送往四川大学华西医院。医生检查发现,杨某头部裂口长约 4 厘米,深约 0.8 厘米,后经医院进一步诊断证实,杨某头部受伤后产生脑震荡。

≺案例 8-2≻

楼道间溢水案[③]

本案当事人于某、王某、孟某是上、下楼的邻居,分别住 2 层、4 层和 6 层。1998 年 4

---

① Richard A. Posner, *Economic Analysis of Law*, 4th ed., Little, Brown and Company, 1992, p. 32.

② 《北京青年报》,2002 年 8 月 27 日。

③ 王利明:《中国民法案例与学理研究:侵权行为篇》,法律出版社 1998 年版,第 39 页。

月30日早晨,王某发现自家的厕所和下水道堵塞,大便池返水,当即告之5、6、7层的几户邻居停用厕所和下水道,同时到楼房管理单位找维修工修理。但因正值"五一"休假,维修工均未上班,无法进行修理。5月3日晚,王某回家,见厕所返出的水已将自己家的地板淹满,其中于某的2层和3层居民屋子也被水淹。王某再次制止各邻居用水,发现孟某正在用水,当即予以制止。于某因家被水淹,电视机、墙壁、地板遭受不同程度的损坏,检修电视机、粉刷墙壁及修理地板各花费110元、50元、20元,共计180元。事后,于某以王某和孟某为被告,提出财物损害赔偿之诉。

一、传统法学对此类问题的处理

传统法学对此类侵权案件的处理,一般都是从侵权行为的以下四个构成要件着手:(1)行为的违法性;(2)有损害事实的存在;(3)违法行为与损害事实间存在因果关系;(4)行为人主观上有过错。

1.【案例8-1】

杨某被高楼住户抛下的石头击伤案件完全满足侵权行为的四个构成要件,但问题关键在于,究竟应由谁来承担责任呢?因为,事实上,公安机关及杨某都无法确定该楼哪家住户中谁是真正的肇事者,但如果就此,杨某就无辜受伤而无法得到赔偿,显然是不公正的。一方面,如果杨某将所有住户一起告上法庭,让他们共同承担责任,在法理上并不成立,因为只有一个肇事者扔了石头,而不是所有住户一起扔,共同危险说不能成立。另一方面,杨某受伤显然与该住户扔石头间有明显、直接的因果关系。此时,法律就必然面临一个寻求某个平衡点,来合理分配伤害所造成损失的困境。

2.【案例8-2】

传统法学对于本案中王某和孟某的行为是否违法,有三种不同意见:意见一认为,王某和孟某的行为具有违法性,因为他们违背了相邻关系的法律规定,致使居住在他们下层的房客于某的财产损害,构成侵权行为,应当承担损害赔偿责任。意见二认为,王某和孟某的行为不具有违法性,不构成侵权行为,因为行为违法性这一要件要求造成损害的行为必须是违反法律规定,而王某和孟某的行为并没有违背法律的强制性规定。意见三认为,王某的行为不具有违法性,而孟某的行为具有违法性。因而,孟某的行为违背了相邻关系原则,而王某身为公产房居民,其房屋的修缮义务由房屋管理机关负责,他已尽告知义务,不存在不作为的违法性,故不应负侵权责任。

因而,我们可以看到,即使是这样简单的典型侵权行为,传统法学仍可能面临两难困境,或存在争议。那么侵权法的法经济学理论是否有助于此类问题的解决呢?

二、侵权法法经济学理论对此类问题的处理

根据第七章提及的相关理论可知,法经济学对此类问题的分析,完全可以运用汉德公式加以解决。

1.【案例 8-1】

杨某在清理草坪时,无法预料会有石头从天而降,故不可能头戴钢盔,身披盔甲工作。换言之,杨某要避免突如其来的天空坠物的预防成本 B_d 非常高,且 $B_d \gg PL$(事故的预期损失),因而,杨某在这个案件中肯定是没有过错的。

相反,楼上住户的注意成本 B_p 就要低得多,事实上,他们只要走下楼(可乘电梯)就能轻易处理这些东西,即 $B_p \to 0$,因而,必然有 $B_d < PL$,楼上的某住户肯定有过错而必须承担赔偿责任。

但在这个案件中出现的一个特殊问题是,究竟要由谁来承担?这也是侵权法的传统法学理论面临困境的原因。我们假设,如果这是一个交易成本为零的世界,那么我们一定可以找到抛石头的人,并令其承担侵权责任,此时的权利安排当然是最完美的。然而,现实却是一个科斯的世界,交易成本的存在会令这种寻找行为需要大量的管理成本,甚至是不可能的。因而,令所有住户一起承担赔偿责任,虽然会削弱侵权法的激励功能而导致特定侵害人进行预防的动力不足,但相对于管理成本的节约,这种判决对社会而言还是有效率的。

2.【案例 8-2】

同样地,在这个案件中,我们也要确定,于某、王某及孟某究竟谁要为 180 元的损失承担责任。在这里,也许我们可以套用科斯在 1960 年提出的那个经典案例中所用的方法加以分析,而根本不需要确定三人谁的行为违法。假设:

$B_4 = B_{4_a} + B_{4_b}$,其中,B_{4_a}是王某通知 5、6、7 层住户的成本,而 B_{4_b}是其寻找修理工,疏通厕所和下水道的成本。即,B_4 是王某的预防成本。

B_6 为孟某的预防成本。

L 为事故发生后,于某的损失。

P 为事故发生的概率,在这个案件中,可认为 $P \to 1$。

根据,B_{4_a}、B_{4_b}、B_6 及 L 的不同取值,可能出现以下不同的结果:

(1) 当 $PL < B_6$ 且 $PL < B_4$ 时,放任损害发生,对社会而言是有效率的。当 $B_6 \gg B_4$ 时,即如果孟某在三天内不用水是根本不可能的,那么损害应由王某承担;但当 $B_6 \ll B_4$ 时,即孟某可以轻易地另找住处而三天不用水,而当时王某根本找不到修理工,那么损害应由孟某承担;而当 $B_6 \approx B_4$ 时,王某和孟某承担共同过错责任,分摊于某的损失。

(2) 当 $PL > B_6$ 且 $PL > B_4$ 时,防止损害发生是有效率的。当 $B_4 \gg B_6$ 时,王某应该及时去找修理工,防止损害发生;而当 $B_4 \ll B_6$ 时,孟某应该在这三天内不用水,防止损害发生;同样当 $B_6 \approx B_4$ 时,王某和孟某承担共同过错责任,分摊于某的损失。

因而,即使对于如此典型的、原本由传统法学垄断的侵权行为,也能通过简单的法经济学分析不仅轻易解决了原有的困惑与争议,而且就如案例 8-2 所展示的那样,可能会得出意想不到的结论,而这种结论却有可能正孕育着一些平时被我们忽略的问题。

第三节　受特别规制的侵权问题

在 1999 年《沈阳市行人与机动车道路交通事故处理办法》(以下简称《处理办法》)

实施之初，国内学术界及各大媒体就展开了如火如荼的大论战；而2004年《道路交通安全法》颁布与实施，尤其是于该法正式实施8日后，出现的“刘寰撞死曹志秀案”更是将这场长达数年的论战推至巅峰。其论点不外乎两种：一是，由部分法学家、道德学者及行人所倡导的“生命权高于通行权”、“效率应让道于公平”，更有甚者认为，《处理办法》及“18条”不仅违法，也是违宪的。二是，认为《处理办法》的实施是有效率的，据有关部门统计，此方法实施后，当地一些主要街道发生的交通事故同比下降了22.2%，直接经济损失减少36.6%；车辆通行速度提高了一倍，行人过马路走人行道的比例达99%。尤其是，在“新交法实施第一案”发生及审理的过程中，对于被告刘寰在基本无过错的情况下，却要承担高达10万元的侵权损害赔偿显然是不合理也不公平的。

那么，这两种看似都有道理的观点究竟孰是孰非？侵权法的法经济学理论又将如何面对？这将是本节所要解决的主要问题。

≺案例8-3≻

新交法实施第一案①

2004年5月9日20时55分左右，北京市宣武区南二环主路菜户营桥东侧，行人曹志秀步行由北向南进入二环主路横过道路时，恰有刘寰驾驶京EN5276号“奥拓”牌小客车由东向西在主路内左侧第一条车道行驶。刘寰发现曹志秀，后在采取制动措施过程中，小客车前部与曹志秀身体接触，造成曹志秀当场死亡，小客车受损。调查表明，二环路主线是封闭式的机动车专用车道，当刘寰发现曹志秀横穿马路时，“踩刹车已经来不及了”。而且，事实上，如果刘寰猛踩刹车，将有追尾危险，且一旦发生追尾，其也有生命危险。对于这起事故，北京市交管部门认定，曹志秀违法横穿机动车道，但刘寰也未及时采取必要安全措施，结果应由双方负同等责任。

事故发生后，死者家属向北京市宣武区人民法院提起诉讼，2004年9月29日，北京市宣武区人民法院作出一审判决，由于行人违章和司机刘寰采取措施不当是导致事故的两个主要原因，因而，判处刘寰赔偿死者家属156900元。一审宣判后，刘寰提出上诉，2004年12月5日，北京市第一中级人民法院作出终审宣判，刘寰承担赔偿责任的50%，一次性赔偿共10.088万元。此外，刘寰反诉请求死者家属赔偿其修车费得到法院支持，获赔664元。

≺相关背景1≻

“撞了白撞”

1999年8月30日，沈阳发布《沈阳市行人与机动车道路交通事故处理办法》（以下简称《处理办法》），同年9月10日起实施。该《处理办法》及之后引起的其他城市的效仿与

① 此案材料由互联网上有关“新交法实施第一案”的相关资料整理而得。

争议被简称为“撞了白撞”。以下就是相关的六个条款:

第8条　行人通过有人行信号控制或没有人行信号控制,但有路口交通信号控制的人行横道时,须遵守信号的规定,因行人违反信号规定与机动车发生交通事故,机动车方无违章行为的,行人负全部责任。

第9条　在设有交通隔离设施和施划人行横道线的路段上,行人因跨越隔离设施或不走人行横道,与机动车发生交通事故而机动车无违章行为的,行人负全部责任。

第10条　行人横过没有施划人行横道线的路段时,须注意避让车辆,不准在车辆临近时突然横穿,违者发生事故,行人负主要责任。

第11条　行人走路须在人行道内行走,没有人行道的须靠路边行走。行人在机动车道内行走,与机动车发生交通事故,机动车方无违章行为的,行人负全部责任。

第12条　在封闭式机动车专用道或专供机动车通行的立交桥、高架桥、平台桥等道路上,行人与机动车发生交通事故,机动车方无违章行为的,行人负全部责任。着标志服装的道路维护和清扫人员在正常作业时,发生交通事故的除外。

第13条　行人在机动车道内有招停出租车、逗留等妨碍机动车通行的行为,发生交通事故,机动车方无违章行为的,行人负全部责任。

由于新的处理办法加快了交通事故的处理进程,受到了交警部门的欢迎,上海、济南、乌鲁木齐、郑州等十几个城市也相继颁布类似规定。尤其,上海市更将由违章行人或非机动车使用人对其违章行为所引发的交通事故承担全部责任的情况扩至18种(简称“18条”)。但西安、南昌、北京、广州等城市拒绝仿效。

≺相关背景2≻

《中华人民共和国道路交通安全法》[①]

2003年11月28日公布、并于2004年5月1日起正式施行的《中华人民共和国道路交通安全法》并未延续上述的相关规定,反而在第76条中对交通事故中受伤害的行人给予特殊保护。该条第2款规定:“机动车与非机动车驾驶人、行人之间发生交通事故的,由机动车一方承担责任;但是,有证据证明非机动车驾驶人、行人违反交通安全法律、法规,机动车驾驶人已经采取必要处置措施的,减轻机动车一方的责任。交通事故的损失是由非机动车驾驶人、行人故意造成的,机动车一方不承担责任。”该款首先明确规定机动车方在与非机动车驾驶员、行人发生交通事故时必须承担责任,而因行人和非机动车驾驶员违章引发的事故,机动车方的责任只是可以得到“减轻”而非免除。换言之,即使是完全因行人违章发生的交通事故,机动车方也要承担一部分责任。

《中华人民共和国道路交通安全法》自2003年通过后,经历了两次修订,分别是2007

① 目前广东、江苏和北京等地也都对新交法第76条制定了实施细则。广东省规定:行人负主要或同等责任的,机动车赔偿责任可能会减轻30%—50%;江苏省则按行人所负责任大小,规定了机动车不同的赔偿比例;北京规定行人负主要责任的,机动车将按国家规定的最低比例来赔偿。

年12月29日的第一次修订和2011年4月22日的第二次修订。第二次修订的一个重大变化是，将第76条第2款的“机动车与非机动车驾驶人、行人之间发生交通事故的，由机动车一方承担责任；但是，有证据证明非机动车驾驶人、行人违反交通安全法律、法规，机动车驾驶人已经采取必要处置措施的，减轻机动车一方的责任。交通事故的损失是由非机动车驾驶人、行人故意造成的，机动车一方不承担责任”，修改为“机动车与非机动车驾驶人、行人之间发生交通事故，非机动车驾驶人、行人没有过错的，由机动车一方承担赔偿责任；有证据证明非机动车驾驶人、行人有过错的，根据过错程度适当减轻机动车一方的赔偿责任；机动车一方没有过错的，承担不超过百分之十的赔偿责任”。即与2003年版相比，(1) 机动车方的责任当然承担全部责任的前提是，非机动车驾驶人、行人没有过错；(2) 进一步明确规定，当事故是由非机动车驾驶人、行人的过错导致，且机动车一方没有过错，其将只需要承担不足一半的赔偿责任。

一、交通事故责任模型

针对这个问题，我们可以构造一个当行为人的注意水平是风险的唯一决定因素时的双方事故责任模型加以解释。首先假设：

双方当事人，机动车驾驶者A与行人B，侵权事故的发生只与双方当事人的注意水平有关。

ω_i 为机动车驾驶者A的单位注意成本，ω_v 为行人B的单位注意成本；且 ω_i，ω_v 为常数。

x_i 为机动车驾驶者A的注意水平，x_v 为行人B的注意水平。

A 为意外事故损失的货币价值。

$p(x_i,x_v)$为给定 x_i 和 x_v 条件下，意外事故发生的概率，并有 $p(x_i,x_v)\geqslant 0$；那么，事故预期损失为 $p(x_i,x_v)A$。社会目标是使总事故成本最小化，因而，此时的总事故成本为：

$$\mathrm{SC}(x_i,x_v) = \omega_i x_i + x_v\omega_v + p(x_i,x_v)A \tag{8-1}$$

根据第七章有关侵权责任经济模型的分析可得，必然存在一组最佳注意水平(x_i^*，x_v^*)能使 $\mathrm{SC}(x_i,x_v)$取到最小值 $\mathrm{SC}(x_i^*,x_v^*)$，即当注意的边际成本等于边际收益时，有社会成本最小。因而，现在问题变为，责任如何在当事人之间进行合理分配，才能使双方当事人都有进行有效预防的激励。

不同法律规则将为人们的行为提供不同激励，交通规则也是如此。首先，机动车驾驶者A与行人B都试图利用相同时空，而这种时空资源的使用是排他的，因而，所谓交通事故责任不过是一个在机动车驾驶者A与行人B间分配时空资源的规则。其次，每一起交通事故发生的概率都是机动车驾驶者A与行人B注意水平的函数。最后，尽管机动车驾驶者A与行人B都了解车祸发生的可能性及不幸后果，但又都希望对方能投入更多注意而自己却能偷懒，而且双方都是在并不了解对方如何行动的情况下决定自己的策略。因此，我们可以用博弈论来研究不同交通事故规则对机动车驾驶者A与行人B行为的影响。即机动车驾驶者A与行人B包括以下三个要素：

(1) 有两个参与人,机动车驾驶者 A 与行人 B;

(2) 每个参与人的行动都有两种策略,{没有达到社会最优的注意,达到社会最优的注意}。即,机动车驾驶者 A 的两种策略为 $\{x_i < x_i^*, x_i = x_i^*\}$,而行人 B 的两种策略为 $\{x_v < x_v^*, x_v = x_v^*\}$

(3) 在每种可能策略组合下,参与人的收益取决于参与人双方的策略选择和法律对损害责任的分配。

进一步假设,当双方参与人都采取最优注意时,发生交通事故的概率为 $p(x_i^*, x_v^*)$,$1 > p(x_i^*, x_v^*) > 0$。只要有一方没有采取最优注意,车祸就会发生,即 $p(x_i, x_v) = p(x_i^*, x_v) = p(x_i, x_v^*) > p(x_i^*, x_v^*)$。最后,我们还假设,双方参与人都是风险中性。这样,我们就能分析不同责任原则下,机动车驾驶者 A 与行人 B 的策略选择。

1. *无责任原则*

先考虑行人 B 的策略:

如果,机动车驾驶者 A 选择 $x_i < x_i^*$,交通事故一定会发生。此时,如果 B 选择 $x_v < x_v^*$,预期成本为 $x_v\omega_v + p(x_i, x_v)A$;如选择 $x_v = x_v^*$,预期成本则为 $\omega_v x_v^* + p(x_i, x_v^*)A$。由于,$x_v\omega_v + p(x_i, x_v)A < \omega_v x_v^* + p(x_i, x_v^*)A$,那么,当 A 选择 $x_i < x_i^*$ 时,B 的最优策略是 $x_v < x_v^*$。换言之,在 A 没有采取最优注意水平且不用承担责任的情况下,B 也不会选择采取最优策略,即不会在注意水平上作无谓投资。

如果,机动车驾驶者 A 选择 $x_i = x_i^*$,当 B 选择 $x_v < x_v^*$ 时,交通事故一定会发生,由于损失由 B 自己承担,因而,B 的预期成本为 $x_v\omega_v + p(x_i^*, x_v)A$;如果 B 选择 $x_v = x_v^*$,由于双方都采取最优注意,因而,B 的预期成本为 $\omega_v x_v^* + p(x_i^*, x_v^*)A$,因为有 $\omega_v x_v^* + p(x_i^*, x_v^*)A < x_v\omega_v + p(x_i^*, x_v)A$ 成立,所以,当 A 选择最优注意 $x_i = x_i^*$ 时,B 也是选择最优注意 $x_v = x_v^*$。

因此,由上述分析可得,行人 B 的最优策略依赖于机动车驾驶者 A 的选择,当 A 选择 $x_i < x_i^*$ 时,B 的最优策略是 $x_v < x_v^*$;而当 A 选择 $x_i = x_i^*$ 时,B 的选择是 $x_v = x_v^*$。

那 A 的最优选择又是什么呢?从下面的博弈矩阵可以看到,如果交通事故发生后,A 不用承担责任,那么最优选择总是 $x_i < x_i^*$,而无论 B 是否选择最优注意。即 $x_i < x_i^*$ 是 A 的严格优势策略。而 B 也会根据 A 的选择而选择 $x_v < x_v^*$。

因而,在无责任制度下,由于机动车驾驶者 A 既可以享受交通的快捷,又不用承担行为的全部成本,因此 A 没有投入注意的激励;又由于我们假设,只要有一方没有采取最优注意,交通事故就会发生,因而 B 也不会作无谓的注意投资。所以,这种责任原则并不能给双方当事人提供有效的注意激励,交通事故频繁发生。

机动车驾驶者 A

		$x_i < x_i^*$	$x_i = x_i^*$
行人B	$x_\nu < x_\nu^*$	$x_\nu\omega_\nu + p(x_i, x_\nu)A, \omega_i x_i$	$x_\nu\omega_\nu + p(x_i^*, x_\nu)A, \omega_i x_i^*$
	$x_\nu = x_\nu^*$	$\omega_\nu x_\nu^* + p(x_i, x_\nu^*)A, \omega_i x_i$	$\omega_\nu x_\nu^* + p(x_i^*, x_\nu^*)A, \omega_i x_i^*$

图 8-1　无责任原则下的博弈矩阵

2. 严格责任原则

这里，我们将作另一个极端假设：只要有交通事故发生，A 就要承担全部责任，而不论其是否已经采取了最优注意。而其他条件均与前一种情况相同。

在这个新博弈中，首先分析 B 的策略：由于无论是否发生交通事故，B 都不用承担责任，因而，与无责任制度下的分析类似，$x_v < x_v^*$ 是 B 的严格优势策略。B 没有任何在注意上进行投资的激励。

对机动车驾驶者 A 而言，他能预期在这种情况下，B 一定会选择 $x_v < x_v^*$，因而，A 也一定会选择 $x_i < x_i^*$，因为无论其是否进行注意投资，交通事故总会发生，那还不如节约注意成本。

机动车驾驶者 A

		$x_i < x_i^*$	$x_i = x_i^*$
行人B	$x_v < x_v^*$	$x_v\omega_v, \omega_i x_i + p(x_i, x_v)A$	$x_v\omega_v, \omega_i x_i^* + p(x_i^*, x_v)A$
	$x_v = x_v^*$	$\omega_v x_v^*, \omega_i x_i + p(x_i, x_v^*)A$	$\omega_v x_v^*, \omega_i x_i^* + p(x_i^*, x_v^*)A$

图 8-2　严格责任原则下的博弈矩阵

由此可见，严格责任原则与无责任原则具有相同缺陷，即，将损害赔偿的全部责任都加在一方参与人身上，而另一方却不用承担因自己的过失导致的事故责任，这样的制度不能激励参与人在注意上进行足够投资以避免交通事故的发生。

因而，在交通事故侵权中，这种单边的防范机制至此已彻底宣告失败，下面我们将进一步分析双边防范机制，看其是否能起到有效的激励作用。

3. 共同过失抗辩的过错责任原则

接着考虑共同过失抗辩的过错责任原则，即，根据这种原则，有过失的机动车驾驶者 A 可以通过证明行人 B 的注意低于法定注意标准而避免责任。换言之，这种责任规则需要对行人 B 规定一个法定注意标准（$\bar{x}_v$）。在这种制度下：

（1）机动车驾驶者 A 有过失，$x_i < x_i^*$，且行人 B 无过失，$x_v \geqslant x_v^*$ 时，B 才能获得损害赔偿，对应于图 8-3 中的第 II 象限。

（2）机动车驾驶者 A 无过失，$x_i \geqslant x_i^*$，且行人 B 有过失，$x_v < x_v^*$ 时，A 不用承担责任，对应于图 8-3 中的第 III、IV 象限。

因而，此时将有如图 8-4 所示的博弈矩阵。这里，$x_v = x_v^*$ 将是 B 的严格优势策略，而 A 并不存在严格优势策略，其策略选择取决于 B 的策略。当 B 选择 $x_v < x_v^*$ 时，A 选择 $x_i < x_i^*$；而当 B 选择 $x_v = x_v^*$ 时，A 也会采取最优的注意 $x_i = x_i^*$。由于，在这个博弈中，$x_v = x_v^*$ 是 B 的严格优势策略，因而，A 能预期 B 一定会作此选择，故也会选择 $x_i = x_i^*$。此时的博弈均衡解为（$x_v = x_v^*, x_i = x_i^*$），即双方参与人都会采取最优的注意水平。换言之，当且仅当行人 B 的法定注意标准 $\bar{x}_v = x_v^*$ 时，适用共同过失抗辩的过错责任原则将能对双方参与人都产生有效率的激励。

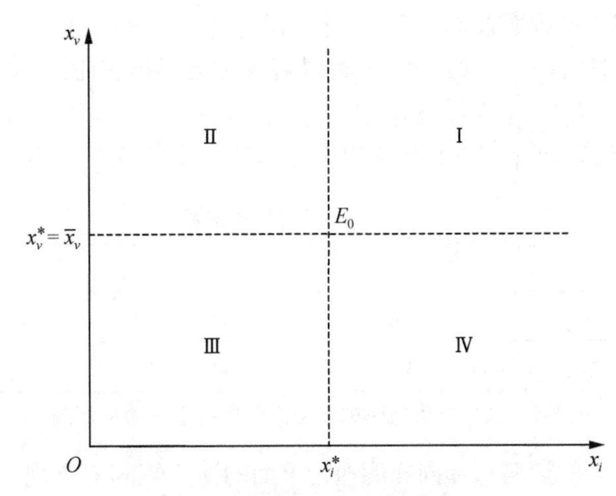

图 8-3　过错责任原则下的责任分区

机动车驾驶者 A

		$x_i < x_i^*$	$x_i = x_i^*$
行人B	$x_v < x_v^*$	$x_v\omega_v + p(x_i, x_v)A, \omega_i x_i$	$x_v\omega_v + p(x_i^*, x_v)A, \omega_i x_i^*$
	$x_v = x_v^*$	$\omega_v x_v^*, \omega_i x_i + p(x_i, x_v^*)A$	$\omega_v x_v^* + p(x_i^*, x_v^*)A, \omega_i x_i^*$

图 8-4　共同过失抗辩的过错责任原则下的博弈矩阵

4. 相对过失抗辩的过错责任原则

根据这种原则，当机动车驾驶者 A 和行人 B 都有过失时，须按一定比例分配事故成本。换言之，这种责任规则需要对机动车驾驶者 A 和行人 B 分别规定一个法定注意标准 $\bar{x}_i$ 和 $\bar{x}_v$。因而，这一规则可以描述为：

（1）机动车驾驶者 A 有过失，$x_i < x_i^*$，而行人 B 无过失，$x_v \geqslant x_v^*$ 时，A 承担全部责任，对应于图 8-3 中的第 II 象限。

（2）机动车驾驶者 A 无过失，$x_i \geqslant x_i^*$，而行人 B 有过失，$x_v < x_v^*$ 时，B 承担全部责任，对应于图 8-3 中的第 IV 象限。

（3）机动车驾驶者 A 有过失，$x_i < x_i^*$，且行人 B 也有过失，$x_v < x_v^*$ 时，按比例分担事故成本①，即，图 8-3 中的第 III 象限为 A 和 B 共同的责任区。

通过类似于应用共同过失抗辩的过错责任原则对双方参与人行为影响的分析可以证明，这种原则下的博弈均衡也是（$x_v = x_v^*, x_i = x_i^*$），即，当且仅当机动车驾驶者 A 和行人 B 的法定注意标准分别满足 $\bar{x}_i = x_i^*$ 和 $\bar{x}_v = x_v^*$ 时，才能为潜在施害人和受害人提供有效的防范激励。

5. 共同过失抗辩的严格责任原则

根据这种责任原则，只要行人 B 无过失，无论机动车驾驶者 A 采取什么样的注意水

① 这个比例由直线 OE_0 的斜率决定，即由 x_i^* 和 x_v^* 的相对大小决定。

平，都要承担交通事故的损害成本。即，这种责任规则可以描述为：

（1）行人 B 无过失，$x_v \geq x_v^*$ 时，机动车驾驶者 A 就要承担责任，对应于图 8-3 中的第 II 象限。

（2）行人 B 有过失，$x_v < x_v^*$ 时，B 承担责任，对应于图 8-3 中的第 III、IV 象限。

机动车驾驶者 A

行人 B	$x_i < x_i^*$	$x_i = x_i^*$
$x_\nu < x_\nu^*$	$x_\nu \omega_\nu + p(x_i, x_\nu)A, \omega_i x_i$	$x_\nu \omega_\nu + p(x_i^*, x_\nu)A, \omega_i x_i^*$
$x_\nu = x_\nu^*$	$\omega_\nu x_\nu^*, \omega_i x_i + p(x_i, x_\nu^*)A$	$\omega_\nu x_\nu^*, \omega_i x_i^* + p(x_i^*, x_\nu^*)A$

图 8-5　共同过失抗辩的严格责任原则下的博弈矩阵

因而，这一规则下的策略选择同样能通过上面的博弈矩阵来体现。分析 B 的策略选择可知，由于 B 要对自己的过失负责任，采取最优注意 $x_v = x_v^*$ 就成为他的严格优势策略；而对 A 来说，其行为将取决于 B 的策略。由于 A 能预期 B 一定会选择 $x_v = x_v^*$ 的严格优势策略，故而，A 也会选择采取最优注意 $x_i = x_i^*$。因而，这个博弈的均衡解为（$x_v = x_v^*$，$x_i = x_i^*$）。共同过失抗辩的严格责任原则也同样能在交通事故侵权中，就双方参与人提供有效激励来引导其采取最优的注意水平。

6. 相对过失抗辩的严格责任原则

其与前者的不同之处仅在于，如果行人 B 的注意水平 x_v 低于合理的注意水平 $\tilde{x}_v$，那么受害人将承担他损失的一部分 λ，这里的 $0 < \lambda < 1$，并且有，$\lambda = \lambda(x_v)$，$\lambda'(x_v) < 0$。因而，这种责任规则可以描述为：

（1）行人 B 无过失，$x_v \geq x_v^*$ 时，机动车驾驶者 A 就要承担责任，对应于图 8-3 中的第 II 象限。

（2）行人 B 有过失，$x_v < x_v^*$ 时，A 要分担部分责任，无论 A 是否有过失，即，图 8-3 中的第 III、IV 象限为 A 和 B 共同的责任区。

因而，如果随着 $x_v \to \bar{x}_v$，有 $\lambda \to 1$ 成立，且 $\tilde{x}_v = x_v^*$，那么，通过类似于应用共同过失抗辩的严格责任原则对双方参与人行为影响的分析可以证明，这种原则下的博弈均衡也是（$x_v = x_v^*$，$x_i = x_i^*$）。即，当设定的行人 B 的法定注意标准 $\bar{x}_v = x_i^*$ 时，同样能为潜在施害人和受害人提供有效的防范激励。

二、案例分析

在以上模型基础上，我们回头对本节开篇所提的“新交法实施第一案”及《处理办法》和《道路交通安全法》逐一分析。

1. 对《沈阳市行人与机动车道路交通事故处理办法》的分析

首先，从总体上看，《处理办法》确立的是交通事故侵权的过错责任原则，即，当侵害人——机动车驾驶者 A 无过失，而受害人——行人 B 有过失时，A 无责任，所有损失由 B 承担。而这种责任原则通过前面的模型分析可知，总体上是有效率的，能为双方当事人提供适当激励,引导他们采取最优注意行为。因而,该办法实施后,交通事故发生率下降,直接经济损失减少,道路通畅性增加,并不是偶然现象,而是有效制度安排发挥作用的结果。因而,从这个意义上说,“撞了白撞”并不存在“违法性”或“违宪性”,也不是漠视生命权,而是就特定时空下的道路使用权在机动车与行人间的重新界定,且这种制度变革被证明至少是一种卡尔多—希克斯改进,因而是有效率的。

其次,虽然在理论上被证明有效率的《处理办法》,在现实中不意味着“撞了白撞”在任何时空中都是正确的,但这并不是出于道德家们所倡导的、高调的“公平”,而是现有理论分析难免因存在局限性,导致不能与现实完全拟合。因而,完美的理论推导可能在现实中并不适用。以《处理办法》为例,虽然前面的博弈模型已证明,这种法规是有效率的,但由于在建模过程中,被我们抽象掉的许多被认为不重要的东西,在现实中可能至关重要,这直接影响了法规的实施效果。因而,我们有必要就分别对第8—13条加以进一步分析:

考虑第8条,此时机动车驾驶者A和行人B的法定注意标准 $\bar{x}_i$ 和 $\bar{x}_v$ 均为“遵守信号规定”,很明显有 $\bar{x}_i = x_i^*$ 和 $\bar{x}_v = x_v^*$ 成立。由于信号控制下的道路通行权的使用是排他的,换言之,如果有事故发生,必然是一方遵守而另一方违反,那么,当 $x_i = \bar{x}_i = x_i^*$ 而 $x_v < \bar{x}_v = x_v^*$ 时,让行人B承担责任当然是有效率的。

根据第9、12条的规定,有行人的法定注意标准 $\bar{x}_v$ =“不得进入这已被隔离或被封闭的机动车道”,且有 $\bar{x}_v = x_v^*$。很明显,在这种情况下,如果有交通事故发生,机动车驾驶者A是无过错的,而行人B采取的注意水平 x_v 必然低于 $\bar{x}_v$,因而,根据前面针对过错责任的博弈模型的分析,这两个条款必然也是有效率的。

但第10、11和13条的规定却有待商榷。因为,在没有隔离或封闭的机动车道上,机动车驾驶者A与行人B的道路通行权的界定可能需要视具体情况而定,而不是简单地将事发时的道路使用权界定给某一方,换言之,法定注意标准 $\bar{x}_i$ 和 $\bar{x}_v$ 的确定并不是绝对的,尤其是在中国当前人口众多、道路拥挤的情况下,如果将法定注意标准确定为任何情况下,行人都完全不能占用机动车道,将导致行人的严防超界的成本过高,即 $\bar{x}_v > x_v^*$,将会导致其适用的无效率。

2. 对《道路交通安全法》第76条第2款的分析

首先,2011年4月22日修订前的《道路交通安全法》第76条第2款很明显将交通侵权规定为适用严格责任原则。进一步分析可知:

(1) 根据“机动车与非机动车驾驶人、行人之间发生交通事故的,由机动车一方承担责任”的规定,只要有交通事故发生,均由机动车驾驶者A承担责任,因而,这是一种严格责任。根据严格责任下的博弈矩阵,这种单边防范机制并不能提供有效激励,故是无效率的。

(2) 进一步根据“但是,有证据证明非机动车驾驶人、行人违反交通安全法律、法规,机动车驾驶人已经采取必要处置措施的,减轻机动车一方的责任”的规定,第76条第2款实际上确立的是一种相对过失抗辩的严格责任原则,而根据前面的博弈矩阵可知,当且仅当如果随着 $x_v \to \bar{x}_v$,有 $\lambda \to 1$ 成立,且 $\bar{x}_v = x_v^*$,该原则方能提供有效激励。而第76条第 2 款的规定却恰恰表明 λ 不可能取到 1,因而,这个所谓体现"人本主义"、"正义化身"的条款反而是缺乏效率的;而以此为依据所作的"新交法实施第一案"的判决当然也必然脱离社会效率和法律理性。

其次,对 2011 年 4 月 22 日修订后的《道路交通安全法》第 76 条第 2 款的分析如下:

(1) 2011 年 4 月 22 日修订后的《道路交通安全法》大幅降低了机动车一方的责任,明确规定,其只有在非机动车辆一方、行人无过错时,才对事故损失承担责任。由原来的简单的严格责任原则转变为附共同过失抗辩的严格责任原则,加强了对非机动车辆一方及行人的约束,要求其承担相应的注意成本,使原来的单边预防变为双边预防,从而能给双方当事人提供适当的注意激励,符合双边事故中最优责任原则的效率特征。

(2) 修订后的《道路交通安全法》还规定,当交通事故完全不是由机动车辆一方的过错引起,而是由非机动车辆一方、行人的过错造成时,机动车辆一方承担的赔偿责任严格少于 50%,要求过错方承担主要责任。这也就意味着,当 $x_v \to \bar{x}_v$ 时,必然有 $0.5 \leqslant \lambda \to 1$ 成立,当 $\bar{x}_v = x_v^*$ 时,该原则对非机动车驾驶人、行人的注意激励不会因为事故损失由机动车驾驶人承担而大量稀释,自然也就能起到绝大部分的激励作用,因而,也是相对有效率的。

(3) 修订后的《道路交通安全法》第 76 条第 2 款仍然要求机动车驾驶者在无过错情况下,也要承担事故损失不高于 50% 的赔偿,体现了侵权法中的公平原则,符合《民法通则》第 132 条"当事人对造成损害都没有过错的,可以根据实际情况,由当事人分担民事责任"的规定和《侵权责任法》第 24 条"受害人和行为人对损害的发生都没有过错的,可以根据实际情况,由双方分担损失"的规定。

因此,结合"新交法实施第一案",观《处理办法》及《道路交通安全法》从 2003 年到 2011 年有关责任分配的相关规定的修订与转变,不仅如耶林所言:"使人负损害赔偿的不该是损害而应是过失,其道理就如同使蜡烛燃烧的不是光而是氧这一化学原则一般浅显明白。"而这一个浅白的道理赋予社会的却恰恰是一个重要的规则确定意识:我们究竟要用何种方法或标准来确定每一个社会规则?而且,也体现了中国在侵权立法领域的进步,更体现了法经济学的思路在司法实践中的运用。

本章总结

1. 中国的侵权制度历史悠久,经历了古代侵权制度、近代侵权制度和现代侵权制度三个发展阶段,并于 2009 年正式出台了《侵权责任法》。现行侵权法虽然无论在立法现状、学界研究还是司法实践上,仍存在众多问题,但这数十年来,侵权理论与实践的发展,及法经济学思想在中国的推进,也取得了一定的成效,形成了较为完善的、在一定程度上暗含经济激励的侵权法制度与原则。

2. 中国现行侵权法的法经济学分析源于 20 世纪 90 年代,相关研究主要集中于损害赔偿的计算、过错标准的确定等领域,但总体上仍处于起步阶段。然而,从近年的发展看,该理论已经在中国侵权法的立法和司法中发挥了一定作用,并且可以预见以后还会发挥更大的作用。

3. 本章第二节运用侵权法的法经济学理论,借助“高空落石案”和“楼道间溢水案”分析了主要受责任控制的典型侵权行为,不仅轻易解决了原有法学理论下的困惑与争议,而且得出了可能正孕育着一些平时被我们忽略的问题的意想不到的结论。而第三节则利用“新交法实施第一案”分析了受特别规制的特殊侵权行为——交通侵权,并借此对《沈阳市行人与机动车道路交通事故处理办法》和两次修订前后的《中华人民共和国道路交通安全法》的相关条款进行了深入的探讨与分析。

思考题

1. 请简要阐述我国现行侵权法的法律渊源,并指出可能的不足之处。

2. 试比较分析我国现行侵权法中的四种归责责任原则的适用范围。

3. 从法经济学的角度看,侵权法中的公平责任原则存在的意义何在?

4. 你能举出一个典型的案例来反映当前我国侵权法中存在的缺陷,并用法经济学原理加以分析吗?

阅读文献

1. R. H. Coase, *The Firm, the Market and the Law*, The University of Chicago Press, 1988.

2. 〔美〕理查德·A. 波斯纳:《法律的经济分析》,蒋兆康译,中国大百科全书出版社1997年版。

3. 王成:《侵权损害赔偿的经济分析》,中国人民大学出版社2002年版。

4. 邓峰:《到底是哪儿不对劲?——对〈道路交通安全法〉第76条的法律经济学分析》,载《判解研究》,2004年第5期。

5. 王利明:《民法:侵权行为法》,中国人民大学出版社1993年版。

6. 王利明、杨立新:《侵权行为法》,法律出版社1996年版。

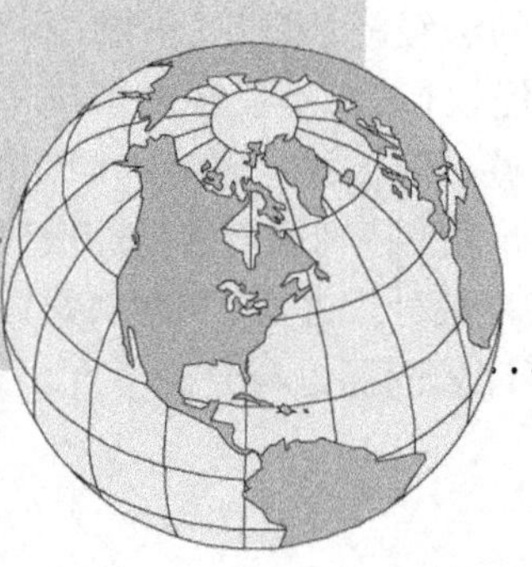

第九章

公司法的经济学分析

理论的和实证的研究都提出了这样的问题:政府管制究竟在多大程度上能够实现既定的目标,而正是为了这些目标才颁布管制措施的。

——〔美〕斯蒂芬·德雷尔、保尔·麦克韦

【本章概要】

风险客观地存在于现实生活中的各个方面。如何有效地防范风险和应对损失一直是人类社会发展中的重要问题。从本质上来说,风险是一种损失的发生具有不确定性的状态。本章将首先从法学角度讨论公司法的功能、规范和利益关系,接着从经济学角度分析公司法的本质、结构和内容,最后对公司法的经济学分析与法学分析进行比较。

【学习目标】

1. 掌握法学和经济学意义上公司法的本质。
2. 了解公司法的经济结构。
3. 了解有限责任制度与法人人格独立制度的关系。
4. 理解公司法经济分析与法学分析的关系。

公司的出现不仅为社会的发展提供了比蒸汽机更有意义的“发动机”，而且为法学和经济学领域提供了一片绿洲。从经济学角度分析公司法，对于深刻认识公司法的精神、把握公司法的适用具有重要作用。本章内容着重于从经济理论角度分析公司法的本质、法律规则的产生和演化。为此，本章首先介绍了法学对公司法的基本分析，然后运用经济理论从性质、内容和立法三个方面对公司法进行了具体分析，最后对比了公司法的法学分析和经济学分析的主要差异。

第一节　公司法的功能和规范：法学视角

从法学角度来看，公司法的作用主要是通过各种法律规范为公司法上的利益主体提供保护。为此，本节在介绍公司法的本质和功能的基础上，分析了公司法规范的内涵和相关利益关系。

一、公司法的功能

从法学角度来看，关于公司法的本质有契约理论、机构理论和法律框架理论。[①] 法律上将公司视为契约，是源自罗马法的传统观点，并被许多著名法典所采纳。由于一人公司的出现并被法律所承认，公司法的契约理论被机构理论所替代。机构理论认为公司本质是机构。公司法的法律框架理论被称为“公司法的现代概念”，该理论的代表帕鲁索认为，公司法是一种组织企业的技术，一种企业的“支撑框架”，公司法规定涵盖了公司的结构、运作、投资、决策程序、出售、合并、重组和清算等环节。契约理论实际上认为，公司法人是个人的集合和契约，公司法的功能不是创制公司，而是承认和保护组成公司的个人的利益和意思自治。机构理论强调立法创制公司组织的作用，认为公司是法定的组织，公司法是向企业提供机关的权威。法律框架理论与前两个理论相比，将考虑的视角从公司内部转向了公司利益相关者，对于公司法的功能注重的是对不同利益者利益的平衡和保护，将公司法变成组织企业的技术，公司提供的即是“企业的法律框架”。

二、公司法规范的内涵[②]

从公司法规范的内容及其内在联系分析可见，全部公司法规范的内涵大体可概括为“三个阶段的规范”和“两大系统的规范”。

所谓三个阶段的规范，是指与公司在设立、运作和解散、清算三个不同阶段相对应的公司设立规范、公司运作规范和公司清算规范。公司的变更实质上是公司的设立和解散重合之后的简化。

其一，公司设立规范。从发起设立公司到公司的成立是公司的设立阶段，这一阶段由公司法规范的主体主要是设立公司的发起人。规范的核心内容是关于公司设立的规范。发起人订立章程、出资以及筹建公司等行为，不仅关系发起人及其相互之间的利益

---

① 王红一：《公司法功能与结构法社会学分析——公司立法问题研究》，北京大学出版社2002年版。

② 本部分主要参考沈贵明：《公司法学》，法律出版社2003年版。

问题,关系到公司设立的质量问题,还涉及在公司设立过程中其他有关主体利益保护的问题。公司法对发起人行为的规范,构成了这一阶段相关立法的主要内容,并为处理因与发起人行为相关的纠纷提供了基本的法律依据。

其二,公司运作规范。从公司成立到公司解散是公司的存续阶段。在这一阶段,公司已成立并具有独立的法律主体资格。公司法主要规范公司、股东、公司组织机构以及其他相关主体的行为,其目的是保障公司取得良好的经营效益,保护有关主体的合法权益。一般情况下,这一阶段的活动围绕着公司组织机构的行为展开,并以公司的经营活动为基本内容,由此形成公司事务的各种关系。

其三,公司清算规范。从公司解散到公司的注销消灭是公司的清算阶段。这一阶段是公司清理资产,了解债权债务关系,分配剩余财产并使公司归于消灭的过程。虽然在这一阶段,公司的法律主体资格并未消灭,但是其存续的目的是进行清算,所以,除确属必须外,不得进行经营活动。因此,这一阶段的清算事务由公司清算人执行,而不能再由公司董事会与经理等执行机构执行。

所谓两大系统的规范,是指主体规范系统和资产规范系统。

主体规范是公司法对在公司设立、运作和清算过程中公司法规范的主体及其行为的规范,主要包括发起人及其行为、公司组织机构和相关主体及其行为、清算人及其行为。资产规范是公司法对公司在设立、运作、清算过程中有关资产关系的规范。在公司设立中的资产规范主要表现为公司法对发起人出资的规范;在公司运作中的资产规范主要表现为对公司资产管理、处分、财务会计以及利润分配的规范;在公司清算中的资产规范主要表现为对公司资产清理、处分和分配等方面的规范。

三、公司法的利益关系①

公司法通过重新界定权利与义务,调整公司与社会、公司与发起人、股东与股东、公司与债权人、公司与职工以及股东与公司管理层之间的行为与关系,对公司法上的各种利益主体提供法律保护,核心是建立起一整套新的利益制衡机制,平衡公司法所调整的各种主体之间的利害关系,制止某些主体以牺牲其他主体的利益为代价而实现不正当利益行为的发生,确保公司组织的稳定、健康和持续的发展。

1. 公司发起人与公司

公司发起人是公司最初的投资人,发起人发起和设立公司所从事的活动、所缔结的合约或所支付费用的承担问题是平衡发起人和公司利益的关键。为防止公司或发起人的利益受到损害,公司法就公司发起人在发起和设立公司时所承担的义务、公司发起人在公司设立之前所签订的合约等都作了详细的规定。根据现代公司法,公司发起人在发起和设立公司时所承担的义务有两种:发起人就其发起和设立的行为对他们所发起和设立的公司承担受托义务;公司发起人就其发起和设立公司的行为所承担的制定法上的义务。

① 本部分主要参考张民安:《公司法上的利益平衡》,北京大学出版社2003年版。

2. 公司股东与公司债权人

公司法人人格独立与股东有限责任是公司法人制度的两大基本原则。公司是一种独立的法人组织,股东对公司债务承担有限责任,即股东以其投资额为限承担责任,公司以其全部财产承担公司债务,这就是公司人格独立原则。当公司因为某种原因而陷入破产时,公司股东原则上不就公司的债务承担个人责任。但如果股东滥用公司独立人格和股东有限责任,就会严重损害公司债权人乃至社会公共利益。因此,如果公司独立人格的认可会导致某些不公平的现象发生,诸如欺诈债权人、规避制定法所规定的义务或者损害公共利益,公司的独立人格就会被否认,即揭开公司的面纱。由此,公司法在股东与公司债权人之间建立了权利平衡机制。

另外,为保护公司债权人的利益,现代公司法还对公司债权人提供了三种基本性的保护方法:公司事务公开原则之遵守,公司资本维护原则之贯彻,以及公司清算规则之执行。

3. 股东与管理人员

考虑到所有权与控制权的分离,为保障公司董事及管理人员能忠实、勤勉地为公司和公司成员服务,传统公司法对公司董事、管理人员规定了大量的责任和义务,例如在美国公司法中,董事的义务一般指以下三种责任:注意责任、忠诚责任与信托责任。根据公司法的规定,注意责任是指董事和管理人员必须诚实信用地履行其职责,表现出一般审慎者处于相似位置时,在类似情况下所表现出的勤勉、注意和技能。注意责任是要求董事勤勤恳恳地为公司以及公司的股东服务。忠诚责任则要求董事对公司、对股东忠心耿耿。信托责任是指为了他人的利益必须将自己的利益放在第二位。为适应经济发展的要求,现代公司法打破陈规,不仅使董事会享有不受限制的公司事务的管理权,而且还享有不受司法审查的公司事务代理权。另外,公司董事也能够通过各种手段使股东选择董事职务的权力落空。为此,各国公司法也相应地强化了股东的地位,赋予了他们优先购股权、财产出售的批准权、异议权和要求公司购回股份权。而且最重要的是,很多国家公司法给予了股东,尤其是中小股东诉讼提起权,并就此作了详细规定。

4. 公司股东与社会公众

公司尤其是大型的股份有限公司,作为社会经济生活中的重要力量,其决议之作出,其行为之效力对于社会公众的影响是广泛的。由此,公司法学者展开了对公司承担的社会责任的讨论,讨论在两个层次上展开:一是公司管理机关在作出重要决议时是否应当明确地考虑到社会利益,也就是说,他们在为公司成员实现利润最大化的同时,是否应接受政府和社会的干预与监督;二是人们认为是否有必要在公司的管理机关中增加政府、劳动者、债权人的代表人,以使公司的管理机关所代表的利益有所扩张。争论仍然没有结束,这反映了学者们想通过公司法协调公司与社会公众利益的想法。

5. 公司股东与股东

公司是由两大类型股东所组成,其中拥有 51% 的有表决权的股东为大股东,拥有 49% 以下有表决权的股东为小股东。公司法的基本规则是大股东规则,投票的简单多数即足以控制公司董事会的组成,并足以在公司的各种会议上作出有利于大股东的决议。

因此各国公司法专门就小股东的法律保护作了相应的规定。

第二节　公司法的结构与内容设计：经济学视角

一般而言,经济学对法律的分析主要有两种方法:一是将法律视为外生变量,考察法律对经济行为的影响;二是运用经济学考察法律规则的产生、演化和发展。公司法的经济分析主要源自企业理论的发展和契约方法的引入,它运用契约理论考察公司的本质及相关法律规则的产生和发展。

一、公司法的契约分析

要对公司法的本质进行分析,首先应从经济上考察公司的本质。因为公司的本质是进行公司法理论研究的平台。

1. 公司的契约本质

经济学最早正式提出“公司契约论”观点的是詹森与麦克林,他们指出:“私营公司或企业……只是合同关系的一种联结……组织的资产和流动资金通常可以不经其他缔约方同意而售出,而在这些资产和流动资金上面,存在着可分割的剩余索取权。”①公司契约理论一般应包括:激励理论、不完全契约理论和新制度交易成本理论。激励理论建立在委托代理理论(完全契约理论)基础之上。因此,本书将契约理论分为委托代理理论、不完全契约理论以及交易成本理论三个理论分支。各个流派都遵循这样一个基本的规定,即企业是一组契约。这一组契约包括同股东签订的公司章程和股东协议,同原材料或服务的卖方签订的供应合同,同向企业提供劳动力的个人签订的雇佣合同,同债券持有人、银行及其他资本供应方签订的借贷合同,以及同企业产品的购买方签订的销售合同等。这些合同既可能表现为文字的和口头上的,也可以通过明示或默示的方式来完成。

其一,交易成本理论。交易成本理论源于科斯,张五常将科斯的中心思想概括为:交易成本的差别导致企业取代市场。市场交易包括工业品和消费品,而企业交易包括生产要素。张五常认为要素市场与产品市场不总是可区分的,因此,企业替代市场更正确的表达方式应是一种契约替代另外一种契约。威廉姆森系统地提出了交易成本理论的分析框架。他指出,资产专用性、不确定性和交易频率是描述交易的三个维度。每一种交易都是一种契约,根据不同契约带来的交易成本匹配不同的治理机构。资产专用性、不确定性和交易频率的不同组合,形成了四种有效的治理机制。契约越是不完全,就越应该匹配具有更低的激励强度、更多的行政控制、更多官僚主义特征的治理结构。

其二,代理理论。代理理论是契约理论的另一分支。该理论认为,通过契约,一个人或一些人(委托人)授权给另一个人(代理人)为委托人的利益从事某项活动,由于委托人和代理人间利益不一致、信息不对称,从而导致代理成本的产生。出于研究方法的考虑,该理论又可分为开创者是阿尔钦、德姆塞茨、詹森和麦克林的代理成本理论(又称为

---

① 〔美〕詹森、麦克林:《企业理论:经理行为、代理成本和所有权结构》,收录于《法律经济学文献精选》,苏力等译,法律出版社2006年版,第251页。

实证代理理论)和开创者是威尔逊、斯彭斯、罗斯和哈特的委托人—代理人理论。实证代理理论,主要运用实证方法从分析股东、债权人和经营者之间的关系研究现代公司运营问题。委托人—代理人理论,主要运用数理模型研究委托人在不完全信息条件下如何设计一种激励约束机制,以激励代理人选择对委托人最有利的方法。

其三,不完全契约理论。不完全契约理论的代表人物哈特和穆尔等人认为,由于交易成本的存在,特别是相关变量的第三方(尤其是法院)不可证实性,使得合同是不完全的,即不可能在初始合同中对所有的或然事件及其对策作出详尽可行的规定。他们将在初始合同未规定的所有情况之下的决策权定义为"剩余控制权",并指出这种权力天然地归非人力资本所有者所有。剩余控制权能刺激当事人的专用性投资。为鼓励专用性投资,应在事前分配物质资产所有权。然而,因为,在一方获得所有权而增强了事前专用性投资的积极性的同时却打击了另一方的专用性投资的积极性,因此,其主张拥有重要投资或重要人力资本的一方应该拥有所有权。[①]

这三个分支研究的重点集中于企业契约的不同方面,各理论之间不存在孰优孰劣的问题,更不存在相互取代的关系,而是相互补充的关系。其中,代理理论和不完全契约理论主要讨论签约前的激励问题,而交易成本理论主要研究契约的实施问题(后端问题)。

2. 公司法的契约本质

公司契约理论被公司法学者成功导入公司法的研究,其中尤以美国公司法顶尖学者伊斯特布鲁克和费希尔为代表,他们认为公司法应该是开放式的标准合同,并指出,公司法发挥着公司合同模本机制和漏洞补充机制的作用。[②]

首先,就公司合同模本机制而言,公司法发挥着标准合同的作用。因为订立合同的成本很高,即便当事人能够订立完备的合同,但付出高额成本订立发生概率很小的条款很不经济。公司法这一标准合同范本浓缩着公司参与方不间断地试错和纠错而累积的经验,即通过法院对成千上万案件的审理,将公司可能面临的问题及其解决途径转化成公共产品,向公司参与各方提供。这样,公司法提供的一整套规则,如投票规则、派生诉讼持股数量最低限度规则、会议议事规则等,供公司各方选用,有效降低了协商成本,使他们能够将协商的焦点集中于特定的事项中。因为作为标准合同的公司法,并不具有强制约束力,所以合同当事人可以排除适用标准合同,通过个性化签约来实现各自的利益。

其次,就漏洞补充机制而言,公司法发挥着对公司运作的拾遗补缺功能。因为组织公司的过程是一个非常复杂的过程,公司组建后的运行也是一项繁杂的系统工程,即便是合同各方在签约前考虑得尽可能周全,事实上,也不可能使各方事前订立的合同涵盖全面。此外,公司事务牵涉面广泛,外部环境变动频繁,加之当事人认知能力的局限等因素,实际也很难预料未来发生的所有情况。所以,在订立合同的过程中,当事人很有可能遗漏一些意想不到的条款。这进一步增强了事前全面签约的难度,所以在当事人不能或不便及时通过合意签订合同的情况下,公司法提供了一套缺省性规范,以便公司各方在

---

① Hart and Moore, Property Rights and the Nature of the Firm, *Journal of Political Economy*, Vol. 98, No. 6, 1990, pp. 1119—1158.

② 〔美〕伊斯特布鲁克、费希尔:《公司法的经济结构》,张建伟、罗培新译,北京大学出版社2005年版。

未通过自由签约、未形成合意,却又需要立即解决一些突发问题时,能适用公司法提供的相关规范提高公司效率。这样就较好地发挥了拾遗补缺功能,填补了公司参与方的合意空白。因而,公司法是一种开放式的标准合同,它补充而不是替代了当事方的协商。

二、公司法的结构

既然公司法的本质也是契约,那么其应该是完全体现当事人意思自治还是体现政府的管制色彩呢?事实上,衡量一部法律中自治的空间有多大,需要考察任意性规范或者意思自治在该法中表现为多大的范围,也就是要看公司法的结构。公司法中公司自治的理念也要依托于大量的任意性规范来落实。在一定意义上说,任意性规范越多,意思自治的范围就越大,公司自治的空间就越宽广。

1. 法律规范的分类

爱森伯格将公司法规范分为赋权性、缺省性和强制性规范三种①;柴芬斯将公司法规范分为"许可适用"("可以")的规范、"推定适用"("可以放弃")的规范和"强制适用"("必须"和"必须不")的规范②。以上两种划分方法大体相同。汤欣则将公司法规范分为普通规则和基本规则两种。本章主要按照爱森伯格教授对公司法规范的划分方法进行分析。强制性规范是指在任何情况下当事人都不可排除适用的规范。缺省性规范(推定适用规范)是指当事人只要不排除适用就发挥效力的规范。赋权性规范(许可适用规范)是指只有在当事人选择适用时才发挥效力的规范。强制性规范与赋权性规范是相互对应的。而作为两者调和物的缺省性规范,与其说体现为一种缺省性的强制性规范,还不如说是一种变相的赋权性规范。因此,许多国内学者只把公司法规范分为两类:强制性规范与任意性规范,其中任意性规范包括了赋权性规范与缺省性规范。③

公司法中的政府管制主要表现为公司法中不能由当事人自由选择或排除适用的强制性规范的大量存在。因此,确定公司法的结构是以强行法为主还是以任意法为主,应该从分析强制性规范和任意性规范的成本与收益出发,然后,通过成本收益的权衡来确定公司法的规则哪些应该是强制的,哪些应该是任意的。

2. 法律规范的成本与收益

强制性规范完全排除了当事人自治,任意性规范则赋予了当事人很大的自主权。所以,从允许公司自治的角度来看,强制性规范与任意性规范是相对应的。因此,对这两种法律规范的成本—收益分析,可以简化为对一种规范的成本—收益分析即可。

其一,强制规范的成本:

(1) 效率损失的成本。首先,知识是分散的④,立法者不可能比当事人更了解他们自身利益的信息。表现在公司法上,就是公司之间的差异很大,公司参与各方偏好的变化

---

① 〔英〕梅尔文·爱森伯格:《公司法的结构》,载《比较》,第14辑,中信出版社2004年版。

② 〔加〕柴芬斯:《公司法:理论、结构与运作》,林华伟、魏旻译,法律出版社2001年版。

③ 江平:《完善公司治理结构的基本法律问题》,载《财经》,2002年6月5日;汤欣,《论公司法的性格强行法抑或任意法》,载《中国法学》,2001年第1期。

④ 〔英〕哈耶克:《致命的自负》,冯克利、胡晋华等译,中国社会科学出版社2000年版。

也日益频繁，而强制性规范是建立在具有普遍约束力的基础之上，不允许各方根据自身的需要进行调整，因此，难以满足公司各方根据自身需要获得有效率的结果的需求。[①] 其次，强制性法律规范具有被动反应性，缺乏灵活性，从而阻碍了当事人在面临情况时，及时捕捉新机遇，设计出符合各方特殊需求的、能增加共同福利的机制安排。

（2）规避法律的成本。尽管强制性规范具有强制约束力，但依然无法堵死规避法律约束的各种途径。从制度变迁理论可知，当人们为获得一个有效率交易而不得不避开一项正式制度时，所要花费的成本是这一制度的交易成本之一。当公司参与者面临新的获利机会时，经常要通过重新构建交易或安排，克服强制性规范的影响，并为了以合乎法律的形式安排事务，必须为此支付交易成本，这时，公司法的强制性规范的存在将产生大量的规避法律成本，而这种成本本身是一种无谓损失，而且一旦出现法律的失范还会损害法律的威严。[②]

（3）法律改革的成本。如果强制性规范阻碍了许多有效率的交易，或致使公司参与者在进行合法合理的商业交易时产生大量的费用，理想的状况是立刻进行调整以纠正那些困难。但是，即使我们不考虑立法过程中利益集团的寻租等对立法者的影响，实际的立法周期也很长，导致法律改革迟缓，往往使一些问题久拖不决。这对许多注重争端解决时效的公司纠纷来说，可能会造成很大的损失。“如果担心因存在强制适用规范而产生的费用和在任何形式的详细修改发生之前可能会有相当的延误，一个解决方法可能是使相当部分的规范变为推定适用。”[③]

〈专栏 9-1〉

布莱恩·R. 柴芬斯简介

布莱恩·R. 柴芬斯（Brian R. Cheffins）教授1998年至今任职于英国剑桥大学法学院（S. J. Berwin 公司法教授），在公司法、公司治理、法与经济学等方面的研究颇有建树。在国际知名刊物和社会科学研究网（SSRN）发表文章数十篇，其专著《公司法：理论、结构与运作》于2001年翻译成中文在中国出版发行。

柴芬斯教授于1978—1984年在维多利亚大学分别获得了文学和法学学士，1985—1986年在英国剑桥大学获得法学硕士。1986—1997年就职于位于加拿大的不列颠哥伦比亚大学法学院（1986—1991任助理教授；1991—1997年任副教授；1997年起任教授）。

柴芬斯教授曾于2000年在杜克全球资本市场中心做客座研究员；2002年在哈佛大学法学院做访问教授；2003年在斯坦福法学院做客座报告人及访问学者。

---

① 〔加〕柴芬斯：《公司法：理论、结构与运作》，林华伟、魏旻译，法律出版社2001年版。

② 徐菁：《论公司法的边界》，对外经济贸易大学2005年博士学位论文。

③ 〔加〕柴芬斯：《公司法：理论、结构与运作》，林华伟、魏旻译，法律出版社2001年版。

其二,强制规范的收益:

(1) 体现公平与正义的目标。在强制性规范期望实现的目标体现的是公平和正义,而这一目标又与市场组织内部层级自律等非强制性规范要实现的目标存在显著差异时,就要通过强制性规范的介入来纠正目标的偏离。强制性规范具有较强的约束力,这一特征是缺省性规范与赋权性规范所无法企及的。

(2) 减少外部性。外部性指人们的行为有一部分的利益不能归自己享受,或有一部分的成本不必由自己负担,前者称为外部效益,后者称为外部成本。当交易有外部成本时,当事人并未承担交易的全部成本,法律管制的方式是将外部成本内部化;有外部效益时,法律介入(广义的管制)的方式也是将外部效益内部化。当各方以一种对其他人不利的副作用的方式处理他们的事务时,推定适用规范很可能无法为受到损害的人提供保护。原因在于如果适用的法律不符合其利益,那些从事前述行为的人很可能选择排除适用。支持市场机制发挥主导作用的罗曼诺也承认,当出现外部性时有必要通过强制性规范对公司加以约束。因为,外部性如果得不到及时有效的纠正,就会影响资源的有效配置。①

3. 已有的理论讨论

公司法应该是强行法抑或任意法,或者是强制性规范多一些还是任意性规范多一些呢?对此有以下几种理论观点:

(1) 强行性说。这种学说认为,历史上的公司法常常包含着大量的强制性规范,这是由当时的特许设立制度决定的,后来公司设立经历了核准主义、准则主义和严格准则主义的变迁,准则主义者主张把公司视为合同无法导出对公司各方当事人公平、对社会有益的结果,因此公司法原则上应当是强制性的。②

(2) 合同理论。在合同理论看来,公司既然是许多自愿缔结合约的当事人:股东、债权人、董事、经理、供应商、客户之间的协议,那么就应该尊崇合同自治的基本原则。不仅应包括订立合同的自由,还应该包括合同内容的自由、合同履行方式的自由。因为只有订立合同的当事人才明白各自的利益所在,才可能找到最有利于自己的方式实现合同,保护自己的利益。国家不可能比订立合同的当事人更明白当事人自身的利益所在,因此,通过公司法律规范很难寻求以合适的方式对公司相关各方的利益进行恰当的保护,所以,对由合同集合而成的公司无须通过法律规范进行调整,即便需要,公司法需要的也是赋权性的公司法,即公司法原则上应当是任意法。③

(3) 综合观点。相对于以上两种观点,更多的学者的观点是比较折中的,认为公司法应该既包括强制性规范,也包括任意性规范,但对于该如何对规范进行划分,在理论上

---

① 但罗曼诺认为,公司法的强制性规范应主要体现在联邦立法层面上,因为联邦立法的政治程序会全面考虑股东的收益与成本。对于州公司法还是应该以非强制性规范为主,通过立法竞争实现各方利益的最大化。参见 Roberta Romano, Answering the Wrong Questions: The Tenuous Case for Mandatory Corporate Law, *Columbia Law Review*, 89, 1989, p. 1616。

② 该理论的支持者认为,经济学上的"合同"概念外延远较法学上强调法律认可的责任与义务的"合同"为广,经济学界和法学界在"隐含合同"概念上的差异更加明显,且公司结构和买卖结构毕竟大不相同,把分散的投资者和发起人之间的关系或者股东和公司管理层的关系称为"合同"殊为不当。参见 Brudney, Corporate Governance, Agency Costs, and the Rhetoric of Contract, *Columbia Law Review*, 85, 1985。

③ 〔美〕理查德·A. 波斯纳:《法律的经济分析》(下册),蒋兆康译,中国大百科全书出版社 1997 年版。

还没有形成一致。

① 一部分合同主义者以公司成立时间为标尺,划分了两个阶段。在合同订立前也就是公司成立前,他们可以容忍以强制性方式对各方当事人进行事前的约束,保证签约的公正。例如,有必要通过强制性规范确保各方的合理知情权,可以采取的此类强制性规范还有许多种,如公司设立的法定主义、必要的强制信息披露等。但一旦合同订立,公司设立完成后,就不应该通过强制性规范继续对公司加以干预,因为此时非强制性规范可以发挥更好的规范作用,而且为公司设立而不得不采取的强制性规范可能还会扭曲当事人的利益,这就需要通过非强制性规范在事后进行纠正。

② 爱森伯格根据公司组织类型来划分强制性规范与非强制性规范的界线,即对公众公司应该主要适用强制性规范,而对非公众公司应该主要适用非强制性规范。他还提出应根据公司组织特点、规则主旨两个角度对公司法规范结构进行深一步的细分,如表 9-1 所示。[①]

表 9-1　公司法规范结构

	结构规则	分配规则	受托人规则
公众公司	强制性	赋权性或缺省性	强制性
封闭公司	赋权性或缺省性	赋权性或缺省性	强制性

③ 根据公司内部组织关系加以划分。传统公司法都认为出于对股东的保护,对董事与经理人的义务应适用以受托人责任为核心的一整套强制性规范。对其他利益相关人的保护可以适用非强制性规范。对此标准,许多合同主义人士也表示了赞同。但他们支持的理由并不是从受托人责任的角度出发,而是认为,在公司里,股东是剩余请求权人,而经理人是剩余控制权人。即便通过市场机制,股东利益仍然得不到充分保护,所以需要借助于强制性规范。而雇员、债权人通过市场机制已经获得了确定的收益,因此,没有必要通过强制性规范加以保护。

≺专栏 9-2≻

梅尔文·爱森伯格简介

梅尔文·爱森伯格 1966 年加入加利福尼亚大学伯克利分校法学院,现为该学院科莱特法律教授(Koret Professor of Law)。

爱森伯格教授曾经是美国法学会“公司治理原则”项目的主报告人(chief reporter for

① 爱森伯格根据公司组织特点把公司分为封闭公司、上市公司与即将上市的公司。他根据公司规则主旨,把公司规则分为结构规则、分配规则和受托人规则。结构规则是指决定决策权在公司不同机关和不同代理人之间分配及在不同条件下行使决策权的规则,在不同公司机关与代理人之间分配控制权的规则,与公司机关和代理人行为有关的信息流流动的规则;分配规则是指决定资产及其收益在股东之间的分配的规则;受托人规则是指决定经理人及控股股东责任的规则。参见梅尔文·爱森伯格:《公司法的结构》,载《比较》,第 14 辑,中信出版社 2004 年版。

the American Law Institute's Principles of Corporate Governance)。现为《代理法重述》(第三版)顾问,以及《利益偿还法重述》(第三版)顾问,同时也是美国律师协会公司法委员会(ABA's Committee on Corporate Laws)顾问。爱森伯格教授曾是哈佛大学客座教授,获得过"古根海姆学者"(Guggenheim Fellow)、傅尔布莱特资深学者奖(Fulbright Senior Scholar)和美国国家基金会最高奖(Distinguished Teaching Scholar Award)。1984年,其应邀到密歇根大学法学院做"库利讲座"(Cooley Lectures),并曾在美国、德国、英国、意大利、加拿大、新西兰和日本等国知名大学做报告。1998年获米兰大学名誉法学博士学位。

爱森伯格教授在公司法领域享有盛誉,著有《普通法的本质》(*The Nature of the Common Law*)(1991)和《公司法的结构》(*The Structure of the Corporation*)(1997),并出版了《公司法与合同法》的案例选编。

---

④ 汤欣在其文章中将公司法的规则分为两类:普通规则和基本规则。前者指有关公司的组织、权力分配和运作及公司资产和利润分配等具体制度的规则;后者指涉及有关公司内部关系(主要包括管理层和公司股东、大股东和小股东之间的关系)的基本性质的规则。在此基础上,其分别区分了有限责任公司和股份公司。其中,股份公司又细分为初次公开发行前和上市后的存续期间两个时期。对这些不同种类、不同时期的公司中公司法规则的强制力度进行分析[①]:对有限公司法而言,原则上普通规则可以是任意性的,而基本规则应具有强制性,不得由当事人自由变更;股份公司法中的基本规则和有关权力分配的普通规则适用于管理层与股东之间利益冲突最为激烈的领域,原则上它们应该是强制性的,有关利润分配的普通规则则允许有一定的灵活性。

4. 强制性规范的适用

以上讨论更多地考虑了规则的公平性,即把股东作为主要关注点,实际上,外部性问题,即债权人利益保护也是适用强制性规范的主要原因,所以应该从公平性与外部性两个方面界定强制性规范的适用范围。

判断哪种规则应该采用强制性规范,就应该考虑如果没有该项规则是否会出现明显不公平或者外部性(给第三人造成损害)。产生的不公平主要源于两个原因:信息与能力。自治是指公司参与各方都能理性地依相关信息缔结符合双方利益的契约。因此,这里首先要求契约双方都能掌握与契约有关的信息(或者说信息对称),如果一方掌握的信息明显优于另一方(即信息不对称),那么签约对于处于信息劣势的一方是明显不公平的。例如在公司管理者与投资者之间,由于管理者直接对公司进行经营管理,因此其对公司的事务所掌握的信息较多。其次是契约双方的能力问题,即契约一方因客观原因无力保护自身利益的时候。客观原因的标准限制了因主观原因而提出的强制性规范的适用可能,如股东因自己的疏忽,甚至主动放弃保护自身权益的情况。以股东投票表决为例,公司事项往往依赖于股东投票表决机制的制定和实施。一方面,在资本多数表决情况下,股东表决容易演化成为大股东专制,小股东没有能力保护自身的利益;另一方面,

---

① 〔加〕柴芬斯:《公司法:理论、结构与运作》,林华伟、魏旻译,法律出版社2001年版。

由于管理层掌握了向股东大会提案的主要渠道和安排议程的权力,股东的投票自由实际上受到很大的限制。公司管理者常用的手段是推迟董事会召开,或将董事会召开的时间改在很多股东无法到来的日期,或交替运用“糖衣”策略和“斗鸡”策略[①]等方式。在这种情况下投票,中小股东往往有两种可能的选择:(1) 弃权;(2) 在没有对有关事项进行详细调查的情况下(信息不对称)就投票,从而使有利于管理者的提议获得通过。解决这一问题的方法就是将相关规则制定成不可改变的法律,即强制性规范,从而可以在一定程度上保护中小股东的利益。[②]

判断规则是否因为具有外部性而采用强制性规范的关键在于,确认谁是契约双方、谁是第三方。公司契约的第三方可能包括公司的债权人、交易对手、潜在投资者、员工等。法律通过强制性规范的规定可以避免契约双方隐藏信息,或者作出不利于第三方的协议,例如对法定资本制度、股票回购的规定,以此来减少股东或管理者利用有限责任进行一些冒险性经营活动的决策等。

出于公平的原因,适用强制性规范的标准,本书同意爱森伯格教授的观点,即是否适用强制性规范依公司类型和规则类型而定。有限责任公司的股东数目较少,往往是由其中一名股东作为公司的管理者,因此所有权与控制权分离的程度相对较低。因为股东人数少,所以较易就公司的大多数事项达成自愿的协议。因此,结构规则和分配规则可以以强制性为原则、任意性为例外。但因为不是所有的股东都参与公司的经营管理,所以赋权性规则应以强制性规范为主。而股份公司,尤其是上市公司往往规模较大,股东分散而数量众多,为了形成决策和实施决策能有效率,公司的职权通常委托给董事会和经理,两权分离较为严重。在这种情况下,股东很难就公司组织和运作的细节与管理层通过协商达成一致、缔结严格意义上的合同,对公司起规范作用的实际上是法律和公司的内部决策机制,如章程及章程细则、股东大会决议、董事会决议、经理的指令等。因此,股份公司核心的受托责任和结构规则应当是强制性的,不能由管理层自由决定或者更改。原因不在于立法者或法官一定比管理层更高明,而是因为在“代理人”与其服务之“本人”的利益有所冲突时,不能允许前者拥有决定或实质性改变“游戏规则”的力量。[③]

三、权力配置的经济分析

随着第二次产业革命的发展,所有者与经营者统一的古典资本主义企业被所有者与经营者相分离的现代企业所取代,所有者和经营者之间的委托代理关系成为企业中最重要的合同关系。怎样减少代理成本、最大化委托人利益也就成为理论研究的焦点。公司法对公司权力的配置就是要达到降低代理成本的目的。

公司内的权力配置涉及三个权力主体, 即股东、董事会和经理阶层。股东是剩余索

---

① “糖衣”指管理层把有利于与不利于股东的议案捆绑起来,同时向股东大会提出(好比苦药蒙上糖衣),例如股东想要得到现金分红的实惠,就必须同时批准向经理支付高额退休金的计划;“斗鸡”则指管理层可以把通过某项有利于己的议案作为为公司提供有效经营的交换条件,如果股东大会拒绝此项议案,则会出现两败俱伤的局面。在“斗鸡博弈”中,如果两只斗鸡互不相让,势必两败俱伤;如果一只退缩,则坚持前进者大获全胜,退缩者损失惨重。参见张维迎:《博弈论与信息经济学》,上海三联书店、上海人民出版社 1996 年版。

② 汤欣:《论公司法的性格——强行法抑或任意法?》,载《中国法学》,2000 年第 1 期。

③ 同上。

取者(所有者),拥有"每股一票的"的投票权,通过投票选择董事会,再由后者选择经理。法马和詹森专门研究了企业内部的权力配置问题,他们认为企业决策(控制)权可分为"决策管理权"和"决策控制权"。"决策管理"包括最初决策方案的提议和决策方案被批准后的执行决策,而"决策控制"则包括决策方案的审批和对决策方案执行的监督。他们把公司的权力配置看成是契约控制权的授权过程:作为所有者的股东,除了保留诸如通过投票选择董事与审计员、兼并和发行新股等剩余控制权外,将本应由他们拥有的企业控制权绝大部分授予了董事会,而董事会则保留了"决策控制权"(剩余控制权),将"决策管理权"(特定控制权)授予了总经理。这种授权的必要性在于,决策分工和专业化知识提高了现代企业的经营效率。

然而,以上的简单论述难以让我们全面理解公司法对公司内部的权力配置,我们还要回答以下问题:(1) 股东为什么拥有剩余索取权?(2) 经理为什么拥有部分剩余索取权?(3) 企业的融资结构与控制权有什么关系?

1. 股东拥有剩余索取权

剩余索取权是相对于契约收益而言,即指公司收入在扣除所有的固定契约支付后对其利润的要求权。

我们可以通过梳理现代企业理论得到股东为什么拥有剩余索取权的答案。早在科斯的《企业的性质》一文中,虽然没有明确提出"资本"与企业的关系,但把"雇主与雇员"比喻为"主人与仆人",以揭示出物质资本所有权在企业中的决定作用。阿尔钦与德姆塞茨在《生产、信息费用与经济组织》一文中主要分析了企业内部的激励问题,他们认为企业的生产在本质上是一种协作生产。协作生产的困境在于,相互合作的成员的边际产出无法直接或者分别观察,协作生产的产品是团队的边际产品而不是队员个人的边际产品;由于观察边际产出的成本不为零,所以每个成员都有将自己偷懒的成本转嫁给他人的偷懒和搭便车动机。因而,在团队生产中需要一个监督者。只有物质资本所有者能充当这个监督者,或者说,应该赋予企业监督者物质资本所有权。所以这一理论又被称为企业的"产权理论"。

威廉姆森也强调了企业中资本家对工人形成的"权威关系",虽然他未加论证,但在他的模型中,资本家作为雇主已经包含在其前提中。他还按照效率原则论证资本雇佣劳动的模式是最有效率的。所以,交易成本理论是把"资本"所有者拥有和控制企业作为理论前提和逻辑起点的。委托代理理论建立在资本所有权与控制权"两权分离"的基础之上。物质资本所有者是所谓的委托人,是企业天然的所有者。尽管事实上的资本所有权已不完整,但委托代理理论仍然建立在"股东至上主义"即资本所有权逻辑之上。

格罗斯曼和哈特发展了威廉姆森的理论,从区分特定控制权和剩余控制权入手,把未被合同明确规定的权力称为"剩余控制权",并且明确指出剩余控制权天然地归非人力资产所有者所有,因为"在合同不完全时,所有权是权力的来源",而且"对物质资产的控制权能够导致对人力资产的控制,雇员将倾向于按照他的老板的利益行动"①。因此,股

---

① Hart and Moore, Property Rights and the Nature of the Firm, *Journal of Political Economy*, Vol. 98, No. 6, 1990, pp. 1119—1158.

东才是根本和最终的风险承担者,也只有他们才有足够的激励选择优秀的经理、解雇平庸的经理及监督经理的表现。由此,可以发现剩余索取权的安排主要源于解决企业的激励问题。

2. 经理要拥有一定的剩余索取权

标准委托代理理论的两个重要命题就是:(1) 在任何满足代理人参与约束及激励约束,使委托人与其效用最大化的激励合约中,代理人都必须承受部分风险;(2) 如果代理人是一个风险中性者,那么就可以通过使代理人承受完全风险的办法来达到最优结果。

具体而言,经理人作为企业的经营成员,他对企业的日常经营决策拥有"自然"的控制,从而,在给定经理行动难以监督和不能写入合同时,他必须有剩余分享权(承担一定的风险)以促使其努力工作。特别是为了促使经理提高企业的长期生产能力,而不仅仅是提高总销售收入和短期利润,经理的报酬应当与公司股票价格密切相关。最好让作为企业内部人的经理持有一定的股份,成为内部股东,这样可以使经理的利益与外部股东的利益更好地一致起来。即使拥有剩余索取权和承担风险的人应当拥有控制权,或者说,拥有控制权的人应当承担风险,剩余索取权是使拥有控制权的人采取恰当行动的激励机制,尤其是如果剩余索取权与控制权(投票权)不对应的话,"廉价投票权"会使不称职的经理更有可能控制企业。当然,现实中,剩余索取权和控制权完全对应是不太可能的,否则就不存在代理问题。

3. 企业的融资结构与控制权的关系

由于债权人要承担本息到期无法收回或不能全部收回的风险,因此债权人应与股东一样,拥有监督权,并在非常情况下拥有控制权,特别是在破产清算时,因为此时,股东的收益已固定为零,在边际上已不承担风险,缺乏适当的激励,而债权人成为实际上掌握剩余索取权的人,要为新的决策承担风险,因而也有积极性作出好的决策。

因此,从这一点上看,融资结构不单是一个融资契约的选择问题,更重要的是资金背后产权主体相互依存、相互作用,共同构成的制衡的权力配置问题。作为一种治理结构,债权融资的治理效应体现在以下方面:(1) 债务是一种担保机制,能促使经营者努力工作,减少个人享受,并对投资决策更加负责,从而减低融资的代理成本;(2) 负债增多能有效约束经理人的行为,减少其随心所欲支配的现金,进而抑制经理人从事低效投资的选择空间,引导其进行理性投资;(3) 当企业违反债务契约或资不抵债时,债权人可以利用破产机制全面约束企业经营行为,并相机取得企业控制权而接管企业,自然会对企业股东和经营者的根本利益产生强烈冲击,所以债权人对经营者的控制更残酷也更有效;(4) 银行的监督和严厉的债务条款可以减少股权人的监督工作,并使监督更加有效。

四、有限责任制度的经济分析

公司是一种独立的法人组织,股东对公司债务承担有限责任,即股东以其投资额为限承担责任,公司则以其全部财产承担公司债务。

对于有限责任制度存在的合理性,法学界是从权利义务对等的角度进行分析的。其中,哈密尔顿认为,有限责任制度的确使原本应由出资人承担的风险被债权人承受了,但它以出资人放弃出资的财产权利为前提。公司在取得了独立的财产权利以后,具备了相应的责任能力或者义务承受能力,公司独立的财产使得债权人在与公司交易时,可以获得合理的担保预期,因为公司财产的独立性使得它的责任能力具备了相应的物质基础。有法学家从保障交易安全的角度,认为有限责任制度在股东与公司之间、股东与债权人之间设置了两道屏障:一是股东凭借出资获得了股权和承担有限责任,而公司则同时获得独立的财产和责任。这就切断了公司责任与股东责任之间的连带关系,降低了股东投资的风险。凭借独立财产,公司奠定了对外责任的担保基础,债权人也具备了预测投资风险的前提和参照。二是作为有限责任的对价,股东人格与公司人格相互分离,这对债权人产生合理预期有较大的限制作用,从而使出资人的财产可以免受债权人的无限制追索。①

经济学是从制度本身的成本—收益角度来论证有限责任制度存在的合理性的。伊斯特布鲁克和费希尔认为有限责任之所以会成为公司合同交易规则的模本,这并不是法律创造的,而是在经济发展中市场主体的自然选择。在经济学意义上,有限责任制度是公司所有权与控制权分离的内生要求。具体可归纳为以下两个方面:

(1) 有限责任有利于公司吸引投资者投资,增加公司规模。有限责任制度的最大优点在于它能将投资者的责任限制在其投资范围内,给投资者进行投资提供了一种确定的预期,即投资者能够预先知道其投资的最大风险仅限于其投资的损失。这就给予了投资者一种保障,从而能够有效地刺激其投资,进而有利于公司大规模吸收社会资金,筹集到巨额资本,拥有众多股东,建立两权分离的现代化公司。

(2) 有限责任有利于降低两权分离的监督成本。首先,有限责任通过减少股东所承担的风险,降低了股东对管理人的过度监督,提高了专业化管理的效率。投资于公司的股东为了保护自己的利益,往往会紧密地监督代理人,他们要承担的风险越大,就会越重视监督。过度监督对提高管理效率,增进企业收益弊大于利。而在有限责任的情况下,由于风险的事先确定性和有限性,从而降低了股东对管理者过度监督的需求。在客观上这种做法将导致一个独立的管理阶层的出现,而独立的管理阶层的出现,又必然会使公司的管理越来越成为专门的科学。其次,有限责任降低了股东之间相互监督的成本,鼓励了股份自由转让。无限责任要求股东或合伙人对公司债务负无限连带清偿责任,这对于富有实力的股东还可能造成不公平。因为,股东的财产越多,其他股东的资产被用以支付判决赔偿的可能性越小。这会鼓励现有股东耗费成本去监督其他股东,以保证他们不会转移或以低于实际价值变卖财产。而有限责任使得股东身份与其他股东财产之间变得毫不相干,从而不仅避免了成本浪费,而且还为股份自由转让提供了可能。②

有限责任制度在便利投资、促进现代公司形成的同时,也带来了一定的副作用。由于有限责任使股东仅以出资额对公司的经营活动所发生的债务承担有限责任,从而鼓励了股东的道德风险行为,给公司的债权人带来了负的外部性。因为在以纯股权进行经营时,所有的利润和损失都直接由股东自己承担。如果公司的资金来源部分是股权,部分

---

① 夏雅丽:《有限责任制度的法经济学分析》,载《西安电子科技大学学报》,2004年第3期。

② 〔美〕伊斯特布鲁克、费希尔:《公司法的经济结构》,张建伟、罗培新译,北京大学出版社2005年版。

是运用借款时,有限责任制度使债权人承担了股东原始投资以外的风险。因此,在有限责任制度情况下,股东更愿意去以一种更具风险的方式管理公司的资产,从而降低了公司对债权的偿还可能。

从经济学的观点来看,理性的债权人将正确地预期到股东的行为,为保护他们的债权不受损失或能在收益中尽量获取一定份额,其会向经理或股东提出一系列的要求或增加举债融资的约束条件。正如波斯纳所言:“有限责任并不是一种消除企业失败风险的手段,它只是将风险从个人投资者转移到公司自愿或非自愿的债权人身上,使他们承担了公司违约的风险。而债权人承担这种风险是必须要得到报偿的。”①债务融资比例的上升就将导致借债成本——利息率的上升,这种债权的代理成本将由股东来承担。这种成本的内在化可以限制股东的机会主义行为。随着债务融资比例的上升,应由股东承担的债务的代理成本将增大。因此,可以预期,债权人和股东之间的代理成本因有限责任而提高,并且随着公司的债务增长而增长。

五、公司资本制度改变的经济分析

1. 公司资本的含义及类型

公司资本是指公司设立时作为独立的法人应具有的最低限度的自有资产。公司资本与公司资产不同,前者属于公司法中的概念,是一种静态上的要求,不能随意更改;而后者是会计学中的概念,是指公司拥有的或能控制的以货币计量的各种资产的总和,是一种动态的概念,随公司经营状况的变化而不断变化。

为保证公司资本的静态稳定性,传统意义上的公司资本有三个原则:资本确定原则、资本维持原则和资本不变原则。资本确定原则指公司在成立时必须在公司章程中确定公司资本的总额,不论采取发起设立还是募集设立,都需全部认足或募足;资本维持原则是指公司在成立后的经营过程当中,应该维持不低于其公司资本的资产;资本不变原则是指公司的资本总额一经确定就不能随意变更。

追溯到法人制度的形成,公司的资本制度存在三种形式,即原始的法定资本制度、与法定资本制相对应的授权资本制度和集合了两者之优点的认可资本制度。

法定资本制度是公司法人制度刚被发明时遵循的一种制度。严格的法定资本制度是指完全符合公司资本三原则的制度,其内容主要包括:(1) 公司成立时公司章程必须明确符合法定最低注册资本的资本金额;(2) 公司成立之初全体股东必须足额缴纳公司的注册资本;(3) 公司在经营过程中要维持公司资产高于公司的注册资本金;(4) 公司的注册资本增加或减少要经过法定程序,包括公司内部的决定程序和行政机关的许可或登记手续才能生效。严格的法定资本制度对于资金的要求过于苛刻,已经不能适应要求资金高效运转的现代化经济模式,因此许多应变的资本制度模式便因此产生,其产生的内在动因都是基于效率与公平之间的博弈,其中授权资本制度就是一个明显的更加重视资金运用效率的现代化资本制度。

---

① 〔美〕理查德·A.波斯纳:《法律的经济分析》(下册),蒋兆康译,中国大百科全书出版社 1997 年版,第 516 页。

授权资本制度是与法定资本制度完全对立的一种模式。授权资本制度对于资本三原则没有严格要求,不要求发起人全部缴足公司章程中明确规定的公司注册资本,只需缴付其中的一部分,其余未缴足部分根据公司需要,随时发行新股募集。授权资本制度的理念是"放松不必要的资本管制,为资本的效率化形成和运作尽可能提供最大的灵活空间"。目前,美国、英国实行的就是授权资本制度,日本、韩国、中国台湾地区及欧盟地区等也逐渐向授权资本制度靠拢,可以说授权资本制度是世界公司资本制度发展的大趋势。

认可资本制度也叫折中资本制度,集合了法定资本制度和授权资本制度的优点,是指公司设立之初在公司章程中明确公司的注册资本,并缴付一定比例的资本,而其余部分则采取授权资本制度的方式,由董事会在经营过程中根据实际的情况决定何时缴足剩余的资本。但是这种给予董事会的自由并非没有任何限制的授权资本制度,认可资本制度要求剩余的注册资本必须要在一定的时限内缴足,可以说认可资本制度集合了法定资本制度与授权资本制度的优势。欧盟的许多国家已经由法定资本制度向折中资本制度转变,其资金运用的自由度大大提高。

在现存的两种法系中,大陆法系规定的资本制度严格遵守了公司资本制度的三个原则。与之不同的是英美法系中的公司资本制度的原则并没有要求公司成立时就全部缴足公司章程中规定的公司资本总额,股东只需缴足法定的资本最低限额即可,其余部分根据公司的实际经营情况在适当的时间缴足。

2. 我国公司法中相关制度规定的变化及发展趋势

我国1993年《公司法》第23条规定:"有限责任公司的注册资本为在公司登记机关登记的全体股东实缴的出资额。有限责任公司的注册资本不得少于下列最低限额:(一)以生产经营为主的公司人民币五十万元;(二)以商品批发为主的公司人民币五十万元;(三)以商业零售为主的公司人民币三十万元;(四)科技开发、咨询、服务性公司人民币十万元。特定行业的有限责任公司注册资本最低限额需高于前款所定限额的,由法律、行政法规另行规定。"第24条规定:"股东可以用货币出资,也可以用实物、工业产权、非专利技术、土地使用权作价出资。"第25条规定:"股东应当足额缴纳公司章程中规定的各自所认缴的出资额。"第78条规定:"股份有限公司的注册资本为在公司登记机关登记的实收股本总额,股份有限公司注册资本的最低限额为人民币一千万元,股份有限公司注册资本的最低限额需高于上述所定限额的,由法律、行政法规另行规定。"我国1993年公司法采取的是严格的法定资本制度,有着较高的注册资本金要求及较窄范围的实物出资许可,用以保证公司出资的资本真实。这种法定资本制度的设立初衷是保护债权人的利益,但由于公司的注册资本只是在公司设立的时间点确立,在公司的运营过程当中,公司的总资产随着经营情况的变化而不断变化,所以公司的注册资本已经不能起到保护债权人的效果。除此之外,公司法定资本制度还存在着许多的缺陷。1993年公司法的公司设立资本限额过高导致了公司设立门槛过高,不利于科技人才创业,阻碍了市场自由化,不利于国内外的投资,同时在公司内部造成了资源的闲置和浪费。

我国于2005年和2013年分别对《公司法》进行了较大幅度的修订,尤其是2013年,修订较2005年的修订更进了一步。主要表现在公司资本制度上:(1)取消对公司注册资本最低限额的限制。根据本次修改的规定,除法律、行政法规以及国务院决定对有限责任公司或者股份有限公司的注册资本最低限额另有规定外,取消有限责任公司最低注册资本三万元、一人有限责任公司最低注册资本十万元、股份有限公司最低注册资本五百万元的限制。(2) 取消对公司注册资本实缴的限制。根据本次修改的规定,除法律、行政法规以及国务院决定对有限责任公司或者股份有限公司的注册资本实缴另有规定外,取消有限责任公司股东或者发起设立的股份有限公司的发起人的首次出资比例和最长缴足期限。这意味着,自 2014 年 3 月 1 日起,《公司法》关于有限责任公司"全体股东的首次出资额不得低于注册资本的百分之二十,也不得低于法定的注册资本最低限额,其余部分由股东自公司成立之日起两年内缴足;其中,投资公司可以在五年内缴足"和发起设立的股份有限公司"全体发起人的首次出资额不得低于注册资本的百分之二十,其余部分由发起人自公司成立之日起两年内缴足;其中,投资公司可以在五年内缴足"的规定不再执行,除了募集设立的股份有限公司的注册资本为在公司登记机关登记的实收股本总额外,有限责任公司的注册资本为在公司登记机关登记的全体股东认缴的出资额,发起设立的股份有限公司的注册资本为在公司登记机关登记的全体发起人认购的股本总额。有限责任公司股东或者发起设立的股份有限公司的发起人在公司章程中自行规定其认缴的注册资本是否分期出资、出资额和出资时间,包括一人有限责任公司也不需要在公司设立时一次足额缴纳公司章程规定的出资额。全体股东(发起人)认缴的注册资本可以在十年、二十年甚至更长时间内缴足。(3) 取消对公司货币出资的比例限制。本次修改删去《公司法》第 27 条第 3 款"全体股东的货币出资金额不得低于有限责任公司注册资本的百分之三十"。这意味着,有限责任公司股东或者股份有限公司的发起人可以用货币、实物、知识产权、土地使用权等可以用货币估价并可以依法转让的非货币财产的一种或者几种出资,出资方式不再作任何限制,公司注册资本可以不用货币出资。(4) 取消公司登记提交验资证明的要求,公司营业执照不再记载"实收资本"事项。本次修改删去第 7 条第 2 款中的"实收资本",删去第 29 条"股东缴纳出资后,必须经依法设立的验资机构验资并出具证明"。将第 30 条改为第 29 条,修改为:"股东认足公司章程规定的出资后,由全体股东指定的代表或者共同委托的代理人向公司登记机关报送公司登记申请书、公司章程等文件,申请设立登记。"删去第 33 条第 3 款中的"及其出资额"。也就是说,自 2014 年 3 月 1 日起,股东缴纳出资后,不再要求必须经依法设立的验资机构验资并出具证明,公司登记机关也不再要求提供验资证明,不再登记公司股东的实缴出资情况,公司营业执照不再记载"实收资本"事项。

3. 我国公司资本制度演变的经济分析

公司资本制度的改变,即有关注册资本的规定会涉及公司内部股东与债权人的利益平衡问题,也就是债权人的利益保护和股东的创业成本平衡问题。下面我们将针对法定资本制度和授权资本制度有关债权人保护和股东创业成本问题进行分析。①

① 以下分析本文重点借鉴了两篇文章:崔福臣:《我国公司资本制度及其变化的经济分析》,北大法律网,2013 年, http://article.chinalawinfo.com/ArticleHtml/Article_57461.shtml;魏建、褚红丽:《股东创业成本最小化与债权人利益的虚假保护——公司资本制度的法经济学分析》,载《思想战线》,2007,33(2)。

(1) 债权人面对的风险

人们假设交易信息费用为零,实际上我们知道,现实交易中信息的获得是需要成本的。芝加哥大学经济系教授乔治·斯蒂格勒放弃了完备信息的暗含假设,提出了信息不充分、信息有价值、信息的获取有成本,使信息成为现代经济分析的一个重要考虑变量,这一贡献也成为其获得诺贝尔经济学奖的重要原因之一。

股东为了获得债权人的贷款会主动披露自身的信息。其披露的目的一方面是债权人在市场中基本上属于固定利益获得者,收取固定的利息费用,因而股东为了获取贷款便会主动披露自身的相关信息,这也促进了借贷市场的发展;但是另一方面股东为了追求利益最大化,也会去掩饰甚至提供虚假的自身信息,导致债权人获得的信息具有不确定性,从而不愿意借出款项,渐渐导致市场凋零。

股东为了获得高额的回报还有可能违反债权合约的约定,而用借来的款项进行具有较高风险性的投资,从而获得高额回报。在这一过程中债权人承担了巨大的风险却只能享受相对较小的回报,一旦项目成功,股东则可以享受高额的回报。

法定资本制度可以对股东的出资状况进行如实披露。资本制度成立之初,许多学者认为在法定资本制度下,股东需要对公示的公司资本进行出资到位,因而在不完全的市场上,法定资本具有值得信赖的公示公信力,可以在一定程度上减少债权人的信息不对称,增加债权人对市场的信心,因而减少了债权人和股东之间的监督费用和信息交易费用。那么法定资本制度究竟是否可以起到这样的作用,我们下面用经济学的方法对其加以分析。

(2) 债权人的保护

我们首先分析债权人的保护与公司的资本制度是否相关。我们的讨论建立在一种完美市场的假设下,即假设公司的投资者只有股东和债权人,且所有股东和债权人对公司的各项权利和义务均相等(债权同质,即不存在抵押等优先债权的情况);外界环境对公司的运作无干扰;股东和债权人都追求自身利益的最大化;当公司的清算价值小于债权人的本金和利息总和时(资不抵债),债权人即申请破产;公司申请破产时的资产仅用于支付给债权人及股东,没有职工的薪资福利及拖欠国家税款的情况,且破产清算等中介费用在所不计。那么根据法律规定,公司破产时应该先偿还债权人的债务。在上述假设的条件下,债权人的债权有两种实现形式:一是所投资公司正常经营,债权人拿回了本金及利息;二是债权人所投资的公司申请了破产,那么债权人就只能按比例得到公司的清算价值。设这两种情况下债权人实现的价值分别为 C 和 LA,所以债权人实现的价值为:

$$D = \begin{cases} C, & C < \mathrm{LA}(1-P) \\ \mathrm{LA}, & \mathrm{LA} < C(P) \end{cases}$$

其中,C 代表公司正常经营,债权人可以拿到所有的本金和利息;LA 代表公司资不抵债,债权人只能按比例拿到公司的清算价值。设公司破产进行清算的概率为 P,债权人对公司和股东进行监控的成本为 S,则债权人的收益 $I_c = C \times (1-P) + \mathrm{LA} \times P - S$。

传统观念认为公司进行破产清算的概率与债权人的监督成本和公司的注册资本有关,因为债权人监督成本付出越大,公司的各项运作风险就越小,公司趋向于稳定发展,

破产的风险 P 就越小；而注册资本金越大，公司实力越强，P 就越小。设 K_r 为公司的注册资本金，即有 $P(S,K_r)$。想要债权人的收益最大化，则应有：

$$\frac{\partial I_c}{\partial S}=0$$

$$-C\cdot\frac{\partial P}{\partial S}+\mathrm{LA}\cdot\frac{\partial P}{\partial S}-1=0$$

$$\frac{\partial P}{\partial S}=\frac{1}{\mathrm{LA}-C}$$

设上式的解为 S^*，那么债权人对公司的最优监督成本仅与债权人的应收本金及利息和公司的清算价值有关，公司的清算价值是公司在经营了一段时间后资不抵债时的价值，是一种资产价值，而公司的实缴注册资本只是公司成立之初的资产价值，与清算时的资产价值并没有直接的相关性。然而，庞大的注册资本却给了债权人假象，即使公司已经濒临破产，但依然可以拥有显示出充足实力的注册资本，这就是注册资本对债权人的虚假保护性。

由上述分析我们可以得出结论，无论公司的注册资本为多少，债权人都会根据自身的债权多少与公司现在的资产情况决定投入多少监督成本用以保护自己并获得最大的利益。实际上，公司的注册资本与债权人应该付出的监督成本并没有紧密的关系，债权人应该付出的监督成本取决于公司的实际资产与债权人的总体债务情况，注册资本只是公司成立之初的临时性的数字，与公司现阶段的经营状况及发展前景无关。由此我们可以得出结论，注册资本不能反映公司的偿债能力，所以不能作为债权人监督成本的直接参考变量。

许多学者都认为有效地降低债权人的监督成本和完善责任追究机制是保护债权人最有效的方式。债权人衡量是否对一家公司进行债权投资的关键：一是要考虑到公司和股东的动态信息是否能及时、完整和准确地传达给债权人，这反映了债权人监督成本的高低；二是要考虑到当所投资公司损害债权人的利益时，是否存在有效的责任追究机制以保障债权人的合法利益。债权人需要进行监督了解的内容包括公司的财务状况、前景和发展战略、公司的治理及其他债权人的情况等，用以随时衡量自己债权的实现能力。责任追究制度包括公司是否具有面纱性（实践中很难认定），公司是否与其他债权人恶意损害自己的债权及可否追究股东的个人连带责任（需股东在债权的实现过程中存在损害债权人利益的行为）。所以说，债权人的保护是一个动态的过程，需要债权人定期对公司的各种行为进行审核才能达到保证自身利益的效果，采取最严格的公司法定资本制度并不能保障债权人的利益。那么公司采用何种资本制度究竟对公司有着什么样的影响？一国公司采取的资本制度又会对该国的市场产生怎样的影响呢？

（3）股东创业成本最小化

我们依然用 K_r 表示公司的注册资本，股东投入公司的相对成本用 C_s 表示，那么公司的注册成本 K_r 越低，则股东投入的相对成本 C_s 越高，所以 C_s 是 K_r 的函数，即 $C_s(K_r)$，且有 $\mathrm{d}C_s(K_r)/\mathrm{d}K_r<0$。所以当采用一种较为宽松的资本制度时，公司的注册资本 K_r 降低，

股东投入公司的相对成本有所上升。我们还知道公司的破产风险 $P(K_r)$ 与注册资本 K_r 呈反向变动关系,有 $dP(K_r)/dK_r<0$。

我们假设股东获得的息税前利润为 E,应付利息为 R,税率为 T,依旧用 C 来表示债权人的应收本金及利息。当 $E\geqslant C$ 时,股东的本金及收益总和为 $(1-T)(E-C)+C_s(K_r)$;当 $E<C$ 时,股东的投入资本(C_s)会逐年受到侵蚀,当 $C_s+E<C$(资不抵债)时,公司的股东权益为0,所以公司股东最后所得的预期值可以表示为:

$$S_h=\begin{cases}(1-T)(E-C)+C_s(K_r), & E\geqslant C\\ 0, & E<C\end{cases}$$

所以,股东的预期收益为 $I_s=[(1-T)(E-R)+C_s(K_r)](1-P)$。可以看出,非破产情况下的股东所得 $[(1-T)(E-C)+C_s(K_r)]$ 与注册资本金 K_r 的关系为:

$$\frac{d[(1-T)(E-R)+C_s(K_r)]}{d(K_r)}=\frac{dC_s(K_r)}{d(K_r)}<0$$

所以,非破产情况下的股东所得与注册资本金呈反方向变化,因而较高的注册资本金不利于公司的设立,降低了股东的投资意愿。由此可见,在最大限度上降低创业成本,维护股东利益最大化才是注册资本的作用。

4. 我国公司资本制度的演变

各种制度的立法规定究其根源就是一场公平与效益的博弈,民法侧重公平,而商法偏重效益,经济制度的运行更毫无疑问地具有效益优先、兼顾公平的原则,这就给公司资本制度的选择提供了明确的指引。

经过长期的实践和探索,各国公司的资本制度已经确立了三种不同的形式,即法定资本制度、授权资本制度和认可资本制度。三种资本制度对于公司设立时的资本缴纳的方式、时间及资本的形式都有不同的规定。大陆法系国家大多采用法定资本制度,严格按照资本确定、资本维持和资本不变的资本三原则对公司的资本制度进行规定。但法定资本制度在公司成立之初便要求公司全额缴纳注册资本金,公司的设立需要发起人拥有足够的资金实力,因此可以说法定资本制度的设立没有给社会财富资源的创造渠道开通有利的条件,没有为市场资源配置提供最大的自由度。

我国《公司法》颁布于1993年,之后分别于1999年、2004年、2005年和2013年进行修改,但是关于公司资本制度的较大变化出现在2005年和2013年的修订中。根据我国1993年《公司法》[①]的相关规定,有限责任公司的最低注册资本金根据公司类型不同分别为五十万元、三十万元或者十万元,特定行业的有限责任公司注册资本最低限额需高于上述所定限额的,由法律、行政法规另行规定。股份有限公司的注册资本为在公司登记机关登记的实收股本总额,股份有限公司注册资本的最低限额为人民币一千万元,并规

① 参见1993年《公司法》第23、78条,前文已述。

定股东应当足额缴纳公司章程中规定的各自所认缴的出资额。[①] 旧公司法不但对公司设立的资本额度作出了较为严苛的规定，对资本缴纳的时限更是作出了一次性必须缴足的规定。在出资形式方面，旧公司法规定股东仅可以以货币、实物、工业产权、非专利技术和土地使用权作价出资，这意味着其他形式的资产不允许作为公司的资本进行出资。公司法对公司资本的出资形式进行了如此严格的规定，大大降低了公司设立的灵活性。例如，某自然人拥有可以产生大量经济价值的知识产权，手上没有足够的货币、实物、工业产权、非专利技术或土地使用权，无法作为股东对公司进行出资设立，那么如果他要将自己的知识产权转变为经济价值就只能转让自己的知识产权，而无法按照自己的想法使自己的知识产生经济价值，这样就将一个本应该为市场资源有效配置作出贡献的个体阻挡在市场大门之外，不符合大力提倡市场经济自由化的现代要求。我国 1993 年《公司法》中规定的公司资本制度是十分严苛的法定资本制度，其设立的初衷是放弃市场中公司设立的自由度以保护债权人的利益，这也和当时计划经济的背景相呼应。

有学者认为，股东设立公司而放弃了对自己财产的直接支配权，债权人承担较大风险且放弃了对投资者的直接追索权并不是一种不公平，而恰恰是通过这种完美的法人制度使股东和债权人的利益得到了相对的平衡，因为在此过程中股东以相对低的风险获得了债权人的资金以进行投资，而债权人直接与法人进行交易则节省了大量的交易费用。为了把债权人的风险降到最低，债权人有权根据需要采取债权人的监督、债务合约及破产保护等措施，使得股东与债权人的风险与利益达到平衡，从而出现了债务投资。而法定资本制度不但没有促进股东和债权人之间达到的这种平衡，反而由于资本制度对债权人的虚假保护性破坏了这种平衡，是一种不合理的公司资本制度。由于法定资本制度既无益于债权人利益的保护，又增大了公司设立的难度，不利于一国经济的发展，因而许多国家已经放弃了这种公司资本制度。授权资本制度是与法定资本制度完全对立的一种资本制度，不要求在公司章程中明确注册资本，只要实际缴付一部分即可，其余部分由董事会根据公司的经营需要自行决定何时缴足。那么，公司的注册资本就更加对股东没有任何约束力了。

基于上述原因，大陆法系的许多国家都在克服法定资本制度的缺点，借鉴授权资本制度的优点基础上采取了认可资本制度。相应于 1993 年和 2005 年的《公司法》，2013 年我国对《公司法》中公司的资本制度的规定进行了进一步修订，根据本次修改的规定，除法律、行政法规以及国务院决定对有限责任公司或者股份有限公司的注册资本最低限额另有规定外，取消有限责任公司最低注册资本三万元、一人有限责任公司最低注册资本十万元、股份有限公司最低注册资本五百万元的限制。这意味着，公司设立向所有的市

---

① 1993 年《公司法》第 24 条规定："股东可以用货币出资，也可以用实物、工业产权、非专利技术、土地使用权作价出资。对作为出资的实物、工业产权、非专利技术或者土地使用权，必须进行评估作价，核实财产，不得高估或者低估作价。土地使用权的评估作价，依照法律、行政法规的规定办理。以工业产权、非专利技术作价出资的金额不得超过有限责任公司注册资本的百分之二十，国家对采用高新技术成果有特别规定的除外。"

第 25 条规定："股东应当足额缴纳公司章程中规定的各自所认缴的出资额。股东以货币出资的，应当将货币出资足额存入准备设立的有限责任公司在银行开设的临时账户；以实物、工业产权、非专利技术或者土地使用权出资的，应当依法办理其财产权的转移手续。股东不按照前款规定缴纳所认缴的出资，应当向已足额缴纳出资的股东承担违约责任。"

场主体放开,注册资本不因公司形式的不同而有不同的要求,公司股东(发起人)可以不受注册资本多少的影响,自主决定设立有限责任公司或者股份有限公司,大大降低了公司设立的门槛,放宽了准入机制,有利于增强市场经济的自由和活跃。新公司法在资本制度上与世界趋势接轨,改善了市场准入机制,使得实体经济和资本市场制度更加完善。但是诸如人力资本等可以作价的非货币资产并没有在新公司法中被许可作为非货币资产进行出资。借鉴西方的立法经验,关于这方面的价值评估和出资制度还可以进一步考虑和完善。

第三节　公司法的经济学分析评价

经济学与法学作为两门不同的学科,在总的研究方法和研究目的上存在着很大的差异,这包括对效率和公平的不同关注程度、分析方法的个人主义等。应该说不同学科的研究范式都有其合理的一面,这里,我们不想就两门学科研究的差异泛泛而谈,而将研究集中于公司法的经济分析与法学分析的具体差异上。另外,值得指出的是,经济学对公司的契约分析方法在大大扩展传统法学领域公司法研究的分析思路的同时,也引来了许多学者的争议。

一、公司法经济学分析与法学分析之比较

公司法的法学分析和经济学分析的具体差异主要表现在对公司主体性和公司法结构的认识两个方面。

1. 对公司的产生及其主体性解说的差异

对公司的产生及其主体性的认识是公司法理论研究的逻辑起点。正是对公司的产生及其主体性解说的差异决定了法学与经济学在公司法研究上的分歧。

传统公司法所依赖的公司本质论主要可以概括为三类主张:法人拟制说、法人实在说以及法人否认说。① 法人拟制说的代表人物是萨维尼,他的观点体现了法人拟制说的基本主张。他认为,只有具备自由意识的自然人才能成为法律的主体,要将自然人以外的事物认同为权利义务主体,只有依赖法律将其拟制为自然人。即法人仅在观念上具有人格,并不是社会现实中的实体。法人在性质上为法律所拟制之人。② 法人实在说则认为团体是一种事实性存在,具备成为权利主体的条件,法人是客观存在的团体性独立实体,这种事实性存在是法人被赋予法律人格的基础和决定性因素。该学说有“有机体说”和“组织体说”之分。“有机体说”的代表学者基尔克认为,具有特殊的社团形式结构的法人,是一种具备不可混淆的、集体的自我意识能力的活生生的社会组织,构成了法律赋予团体法律人格的实体基础。法国的米休德、撒莱斯等持“组织体说”的学者认为,团体人格不是拟制的结果,法律规定团体人格是因为社会现实存在具有像自然人一样坚固而独立的实体——共同体或团体,适合于成为权利主体,即法人具有区别于其成员的团体

① 蔡立东:《公司本质论纲——公司法理论体系逻辑起点解读》,载《法制与社会发展》,2004 年第 1 期。
② 王利明、郭明瑞、方流芳:《民法新论》,中国政法大学出版社 1988 年版。

利益,具有表达和实现自己意志和利益的组织机构。这就是说,法人的实体基础是实在而有独立结构的,是适合作权利义务主体的组织体。与上述二说承认法人具有法律人格不同,法人否认说主张法人仅是假设的主体。法人否认说认为,法律上只有自然人具有人格,法人是多数个人与财产的集合,除个人与财产外,别无他物,所谓的法人或为财产,或为自然人。其可分为"目的财产说"、"受益者主体说"和"管理人主体说"。目的财产说的代表人物布林兹认为,法人本身不具有独立的人格,而是为了一定的目的而存在的财产,即"目的财产"。耶林等人提出"受益者主体说",认为享受法人实际利益的多数自然人为事实上的权利主体。这些受益个人仅系基于实用的理由,以思考的方式,被当成一个整体。赫德尔等人则倡导"管理人主体说",认为实际管理财产的自然人,如依章程为管理而任命的董事会才是财产的主体,法人不过是为管理者存在的财产而已。

虽然上述法学理论关于公司的产生及其主体地位的认识有一定的差异,但法学学者在一定程度上都接受一个结论:公司是国家制定法的产物,应该具有一定的主体地位。首先,国家利用制定法——《公司法》使公司得以产生,这一点可以从各国立法实践中得到验证,即不论在大陆法国家,还是在英美法国家,公司法律上的概念都可以总括为:公司是依照各国的公司法所组成并登记的以营利为目的的社团法人。总之,任何公司必须依照该国的公司法设立并登记,因此,第一,只能设立该国公司法所准许的公司;第二,有关公司的一切事项均须遵守公司法的规定;第三,公司依法登记后始为成立。其次,国家通过《公司法》赋予公司权利能力,并利用股东有限责任限定了公司的权利范围。这在相当意义上确定了公司的主体性,只有确定了公司的主体资格,才能论及其应该享有的权利和承担的义务。①

经济学界并不认同公司是法律的产物这一观点。科斯认为,企业的存在是一系列的要素所有者间的短期契约被一个长期契约——企业与生产要素所有者的契约替代了,从而节约了费用,即"企业的显著特征就是作为价格机制的替代物"②。张五常发展了一个对企业契约本质的更进一步解释。张五常认为,企业并非替代市场,而是用要素市场替代产品市场,或者说是一种合约替代了另一种合约。③ 基于科斯和张五常的基本思想,杨小凯和黄有光则建立了一个关于企业的一般均衡契约模型。模型指出,企业的本质就在于它是一种对较难定价的生产要素进行间接定价的有效"装置"。④ 以上观点都说明,经济学认为公司的产生是市场的自主选择,而非产生于公司法。公司法只不过被作为节约交易成本的开放性的标准合约加以考虑。

关于公司的主体性,公司契约理论认为公司并不作为一种实体而存在,而是要素所有者自愿达成的一系列合同,从而否认公司具有主体性。正如詹森与麦克林所指出的:"将公司看作个人之间的一系列合同关系的联结,也有助于说明公司的人格化是非常有

---

① 罗培新:《公司法的合同解释》,北京大学出版社2004年版,第39页。
② 〔美〕科斯:《论生产的制度结构》,盛洪、陈郁译,上海三联书店1994年版,第4页。
③ 转引自张维迎:《企业理论与中国企业改革》,北京大学出版社1999年版,第35页。
④ 同上。

误导的……”①

2. 对公司法结构解说的差异

公司法的结构,即管制与公司自治的关系一直是公司法理论争执最大的问题。对此,法学与经济学界是基于不同的研究视角进行解说的,从而必然也得出不同的结论。

依照法人拟制说的观点,既然公司是法律拟制的法人,那么,法律理所当然就应该对公司组织与行为进行某种形式、某种限度的干预。换言之,公司的生命既然是法律赋予的,法律当然可以对公司进行一定的管束。法人否认说主张,既然公司仅仅是自然人与自然人所拥有的物的集合,即便这些集合以不同于以往的新的组织形式得以体现,但仍然属于传统私人自治的范畴。所以,国家没有必要对此进行干预。而法人实在说是站在法人客观存在的现实基础上,反对国家对法人的过度干预。上述理论和主张,至今对许多立法或司法实践具有非常重要且持久的影响力,特别是法人拟制说。受法人拟制说影响的国家的公司法,不仅干预一些公司法人的行为,而且还干预公司法人内部的组织权力分配。如有不少持法人拟制说观点的学者认为,公司法中董事长的权限和经理的权限都是法律所规定的。因为,股东不可能开会决定将董事会的权限缩小,同样,董事会可以聘任经理,但经理的权限是法律所规定的。所以与其说董事权力是股东赋予的,倒不如说是法律赋予的。② 现代法学是从公法与私法的关系角度来论证这一问题的,认为,公司法从本质上说属于私法,要尊重当事人的意思自治。

总的来说,法学界倾向于认为公司法创造了公司,这本身就为公司法辖制公司提供了正当性的基础。

经济学的公司契约理论则认为,公司的本质是契约,公司法无非是开放性的标准契约而已。契约的内核就是契约自由,反对管制。契约的自由性在公司法的体现上就是当事人意思自治,即参与公司的有关各方在塑造他们之间的合约安排时应当是完全自由或者原则上是自由的。国家提供的公司法条款从本质上应当在于提供一套非强制性的模本,为有关各方的缔约过程提供便利,而各缔约方仍有权自由决定采纳或者不采纳这种模范条款。可见,经济学认为,公司并不产生于公司法,更不应受公司法的管制。

二、公司法经济学分析的意义与面临的批评

经济学对公司及公司法的契约分析方法为传统法学理论研究注入了新的思维,吸引了很多法学学者的关注;与此同时,契约的分析方法也引来许多学科学者的批评。

1. 公司法经济分析之于法学研究的意义

首先,经济学通过对公司契约本质的认识,更好地与公司法学提出的私法意思自治理念相协调,为公司自治提供了很好的理论基础。既然公司的本质是契约,而契约的核心就是自由,要求签约自由、履约自由等,由此,在理论上推动了公司的自由设立和公司治理制度的选择的自主性。

---

① 〔美〕詹森、麦克林:《企业理论:经理行为、代理成本和所有权结构》,收录于《法律经济学文献精选》,苏力等译,法律出版社2006年版,第251页。

② 徐菁:《论公司法的边界》,对外经济贸易大学2005年博士学位论文。

其次，经济学的契约研究方法开辟了公司组织运行研究的新领域。对公司组织运行的研究，必须要更多借助经济学分析，否则法学研究得出的公司规范，不是容易偏离正确航道，就是只能停留在抽象的原则层面。法律的经济分析与传统法学思维不同。经济学运用了大量的数学方法、边际分析方法、均衡分析方法、具体的成本—收益比较方法等，对公司的组织运营进行了论证和研究。另外，经济学更关注存在于企业内的利益冲突及由此产生的代理成本，使得公司治理制度的设计更具有理论依据。

最后，公司的契约本质有助于解释公司内部各利益主体的关系。无论是法人实在说还是法人拟制说抑或是法人否认说均存在共同的问题，这些理论仅仅能够对公司的外部关系作出解释，却不能对公司内部股东与股东之间、股东与公司董事之间以及公司与董事之间的某些关系作出解释。而这些问题却能够通过公司契约理论得到解决。因为，依照公司契约理论的观点，公司是一组契约，其中就包括股东之间所缔结的契约。因此，他们的权利、义务和责任在很大程度上取决于他们之间所缔结的契约。

2. 公司法经济分析面临的批评

经济学对公司及公司法的契约分析方法虽然取得了很大的成绩，但也遭到了来自经济学、法学和社会学学者们的批评。

(1) 来自经济学界的批评。肖卫平指出把企业本质理解为只是一种契约的认识存在逻辑解释的局限性。[①] 企业契约理论只关注交易费用，而忽略了生产费用，而生产费用却是市场和企业产生的最初原因。由此其提出，契约理论的创始者科斯误解了企业取代的对象。企业取代的真正对象其实不是市场而是单干经济。因此，企业本质是一种包含有要素市场交易合约的特殊团队生产。尼古莱·福斯等指出企业契约理论最关注的是企业的各种“规制”，而不是企业的“生产”特性。企业契约理论忽视了对企业生产领域的关注和分析，导致了企业(以及其他经济组织)的决策机制、销售机制等不再以生产成本来区分异同，而仅仅以交易费用来区分。[②] 由于缺乏对企业生产领域的研究，企业契约理论很难深入全面地解释企业运营过程中的许多重要现象。德姆塞茨承认，公司作为一实体，履行着许多不能为“降低成本”所解释的功能，例如公司是巨大的生产知识的储备器。林金忠认为，科斯之后的企业理论似乎都有一种倾向，即竭力将企业内部关系与外部市场关系加以泛化和同质化，亦即笼统地把它们都说成是交易关系或契约关系。[③]

(2) 来自法学界的批评。法学学者将公司的主体性——即公司的独立人格作为公司法的两大基本原则之一，而经济学对公司的契约研究视角则将公司看作一组契约，否认了公司的实体性。法学学者认为，契约研究方法使经济学对公司的研究具有清晰的分析方法与理论框架，但是，其局限性也十分明显。因为只有作为一个独立的实体，公司才能以自己的名义享有权利，同时承担法律义务。而传统的契约理论在解释公司合同的成立、履行、修改等方面的问题时，已经显得捉襟见肘，市场的缺陷使得公司合同理论面临

---

① 肖卫平:《企业契约论的局限性》,载《经济学家》,2005 年第 1 期。

② 转引自姚小涛、席酉民、张静:《企业契约理论的局限性与企业边界的重新界定》,载《南开管理评论》,2002 年第 5 期。

③ 林金忠:《否定企业的企业理论:“企业契约论”批判》,载《经济学家》,2003 年第 5 期。

着重重困境。因此,有法学学者指出,公司作为一种实体仍然是存在的,以契约性否认公司的组织性,就如同以"社会契约论"否认国家的存在一样荒谬。所以有学者进一步认为,公司只是一组合约的联结的理论,对法学领域的贡献,"更大的意义在于提供了一种新的思维训练,没有构成根本的冲击"①。

(3) 来自社会学研究的批评。社会学者的批评主要是针对交易成本理论的。汪和建认为,交易成本理论存在着目的论和反历史主义的根本错误。② 他认为,固然难以否认公司具有节约交易费用的功能,但是,以其功能来说明其产生原因,在方法论上犯了不合逻辑的目的论错误。目的论错误是指以某一事物的功能或结果来说明引起这一事物发生的原因。而交易成本理论确实难以解脱这样的责难。交易成本理论的另一个错误是它的反历史主义理论倾向。企业的确具有某种替代市场的功能,但企业和市场各自的功能并不能完全替代。而且,从历史上看,企业并非是在替代市场的过程中产生的。按照历史的逻辑,生产源于交换。

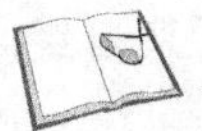

本章总结

1. 公司法的本质从法学角度来看,有契约理论、机构理论和法律框架理论;从经济学角度来看,公司法是开放性的标准合约。

2. 公司法规范分为赋权性规则、缺省性和强制性规则三种。公司法的结构是以管制还是自治为主,主要表现在三种规范的范围和比例上。

3. 强制性规范的成本有三个:效率损失成本、规避法律成本和法律改革成本。

4. 债权融资的治理效应体现在:(1) 债务是一种担保机制;(2) 负债增多能有效约束经理人行为;(3) 债权人对经营者的控制更残酷也更有效;(4) 银行的监督和严厉的债务条款可以减少股权人的监督工作,并使监督更加有效。

5. 循着公司资本制度的变迁,从经济学视角考察了资本制度从法定资本制度到授权资本制度对公司债权人和股东利益平衡的影响。

6. 公司法的法学分析和经济学分析的具体差异主要表现在对公司主体性和公司法结构的认识两个方面。

思考题

1. 从经济学角度解释为什么剩余索取权配置给股东。
2. 如何理解"公司的本质是契约"?
3. 公司法学分析与经济分析的主要差异体现在几个方面?
4. 公司法强制性规范的成本是什么?

---

① 罗培新:《公司法的合同解释》,北京大学出版社 2004 年版,第 7 页。
② 汪和建:《企业的起源和转化——一个社会学框架》,载《南京大学学报》(哲学人文社科版),1999 年第 2 期。

阅读文献

1. 〔加〕柴芬斯:《公司法:理论、结构与运作》,林华伟、魏旻译,法律出版社 2001 年版。

2. 〔美〕理查德·A. 波斯纳:《法律的经济分析》,蒋兆康译,中国大百科全书出版社 1997 年版。

3. 〔美〕伊斯特布鲁特、费希尔:《公司法的经济结构》,张建伟、罗培新译,北京大学出版社 2005 年版。

4. 史晋川、栾天虹:《法律环境、金融体制与公司治理》,载《中国社会科学评论》,2003 年第 1 期。

5. 夏雅丽:《有限责任制度的法经济学分析》,载《西安电子科技大学学报》(社会科学版),2004 年第 3 期。

6. 张维迎:《企业理论与中国企业改革》,北京大学出版社 1999 年版。

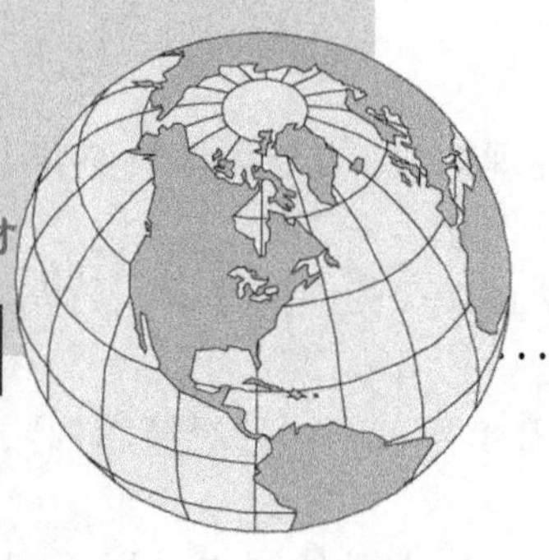

第十章

公司法经济分析专题

公司行为及管辖公司的法律规范可用经济术语来分析和描述,进行该描述和分析会产生关于可以作为论题的公司事项和商业的内部操作的重要洞见。

——〔加〕布莱恩·R.柴芬斯

【本章概要】

本章内容主要涉及我国法律实践中有关公司法的具体问题。为此,我们以分析大陆法系与英美法系公司法的差异为研究出发点,以《公司法》的修订为线索,阐述了转型经济背景下我国公司治理机制的变迁过程和《公司法》(1993)的颁布和修订。在接下来的专题分析中,我们借助具体的案例来考察我国当前法律环境和社会背景下的几个特殊的公司法案例:"中小股东权益保护问题"、"公司法法人人格否认问题"以及"公司合并、分立中的债权人保护问题"三个专题研究。通过这三个附有具体案例的专题研究,我们希望能在微观层面上引导读者对公司法研究具体问题的思考。

【学习目标】

1. 掌握法人人格否认制度的适用要件。
2. 了解大陆法系与英美法系公司法的差异。
3. 了解中小股东权益保护的理论基础根据。
4. 理解公司合并中的债权人保护问题。

本章内容主要涉及我国法律实践中有关公司法的具体问题。为此,我们以分析大陆法系与英美法系公司法的差异为研究出发点,以《公司法》的修订为线索,阐述了转型经济背景下我国公司治理机制的变迁过程和《公司法》(1993)的颁布和修订。在接下来的专题分析中,我们借助具体的案例来考察我国当前法律环境和社会背景下的几个特殊的公司法案例:"中小股东权益保护问题"、"公司法法人人格否认问题"以及"公司合并、分立中的债权人保护问题"三个专题研究。通过这三个附有具体案例的专题研究,我们希望能在微观层面上引导读者对公司法研究具体问题的思考。

第一节　转型经济中的公司法

对于经济转型国家而言,简单移植发达国家的公司法是无济于事的。正确的做法是在深入分析两大法系公司法的具体差异基础上,结合转型背景讨论公司法的修订。

一、大陆法系与普通法系公司法的差异

我国在传统上属于大陆法系国家,公司法的整体格调也与大陆法系公司法接近,当然,我国《公司法》的有些规定,例如股份有限公司的分类也吸收了普通法系公司制度的做法。那么,大陆法系与普通法系公司法的主要差异是什么呢?

1. 公司法中公司类型的差异①

大陆法系公司立法通常将公司分为无限公司、两合公司、股份两合公司、股份有限公司和有限责任公司。无限公司是股东对公司债务承担连带清偿责任的公司。两合公司是由无限责任股东与有限责任股东共同组成的公司,无限责任股东对公司的债务承担连带清偿责任,有限责任股东以其出资额为限对公司债务承担责任。股份两合公司是由无限责任股东与仅就所认购的股份对公司承担有限责任的股东组成的公司。股份两合公司是由两合公司发展而来的,它与两合公司的主要区别是:股份两合公司将公司资本均等分为股份。股份有限公司是依法定程序设立并向公众发行股票的有限公司。有限责任公司是指股东人数较少,不公开发行股票并由股东负有限责任的公司。

由于不成文法传统,英美法系国家的公司立法并不像大陆法系国家那样对公司的类型作严格系统的分类规定,这使得英美法系国家公司的基本分类很不统一,公司体系的差别也很大。例如在英国,按设立公司的法律依据不同,可将公司分为注册公司与非注册公司。非注册公司是依据特许制度或特别法令建立的公司。注册公司是指按照《公司法》登记成立的公司,是现今英国最重要的公司。按照公司是否上市,分为上市公司与非上市公司。在现代英国公司法中,主要是按股东的财产责任不同,将注册公司分为无限责任公司、保证有限公司和股份有限公司。无限责任公司股东的财产责任与其在公司中享有的权益成比例。保证有限公司的股东应在公司歇业时依其所保证的金额向公司出资,以清偿公司债务,超出保证金额的,不再承担责任。在美国,只有法人企业才是公司,其分类很简单,只有封闭性公司与开放性公司。

---

① 沈贵明:《公司法学》,法律出版社 2003 年版。

2. 管制与自治的关系

普通法系与大陆法系一个重要的区别就是体现在法律中的政府对市场的干预不同,大陆法国家政府干预的力度较大。这与历史传统有关。[①] 英国"光荣革命"(1684 年)后,英语民族在人类历史上第一次成功地约束了王权。1776 年"美国革命"后,美国摆脱了英皇统治,又建立了人类历史上第一个"民国",把"君权"换成"民权"。在英美民族独特的政治传统下,英美民族的普通法在发展过程中较少受到当时的政府干预,是在与国家对立过程中发展起来的。反观大陆法系,法律形成过程中政府起了重要作用(法国的拿破仑和德国的俾斯麦重写了商法),国家对法律和市场的干预较强。

两大法系这一重要的差异同样表现在公司法上。普通法系国家,尤其是英美两国更强调公司自治,相对地更借助于市场体系和诉讼制度实现对公司内部管理人员的制衡和监督。因此,公司法的许多条文为任意性的,给予股东"选出"成文法律规范更大的选择范围。以特拉华州公司法为代表的美国公司法,其强制性规范更少,就是在股东与经理层之间的受托人规则也相对宽松很多;相反,在大陆法国家,公司法的强制性法律规定不仅日益细致,且比普通法国家要多很多。[②] 例如大陆法代表国家德国,不仅对设立公司规定了详细的法定资本要求,而且法律要求董事执行决策而非作出决策。如果把德国模式看成是一种公司法规范的代表,那么,特拉华州模式则走到了另一个极端,它要求控制权由股东和董事共有,一旦股东同意,可将股东的优先认购权由强制性规范放宽为选择性规范。[③]

3. 董事会的结构差异

以德国为代表的大陆法系与以英美为代表的普通法系的公司法在公司董事会的结构设置上也存在很大的差异。英美国家的董事会制度为单层制(见图 10-1),而大陆法系的德国、日本等采用的是双层董事会制(见图 10-2 和图 10-3)。单层制与双层制区别的主要依据是监督职能与执行职能的关系。当执行是董事会的主要职能时,单层制董事会就会出现;当董事会主要执行监督职能时,就往往是双层制。由董事会制度的差异可以发现,大陆法系和普通法系公司法对董事会赋予的职能存在很大差异。因为,大陆法系在立法上讲求权力制约的平衡及法律规范的细致、机构的对称,所以才会在公司治理结构的基本框架结构上安排了双层制的董事会作为执行机关。在美国,通过加强董事会的独立性,使董事会能够对公司管理层履行监督职责。董事会还下设各种委员会,其中执行委员会负责执行董事会的决议及公司一般业务的决策,执行委员会通常由内部董事组成。董事会还设有全部或主要由独立董事组成的审计委员会、提名委员会、薪酬委员会等负责履行监督职责。

---

① R. La Porta, F. Lopez-de-Silanes, A. Shleifer, and R. W. Vishny, The Quality of Government, *Journal of Law, Economics and Organization*, 15 (1), 1999, pp. 222—279.

② William L. Cary, Federalism and Corporate Law: Reflections upon Delaware, *Yale Law Journal*, 83, 1974; Joel Seligman, A Brief History of Delaware's General Corporate Law of 1899, *Delaware Journal of Corporate Law*, 1, 1976, pp. 249—269.

③ John C. Coffee Jr., The Mandatory/Enabling Balance in Corporate Law: An Essay on the Judicial Role, *Columbia Law Review*, 89, 1989, pp. 1618—1691.

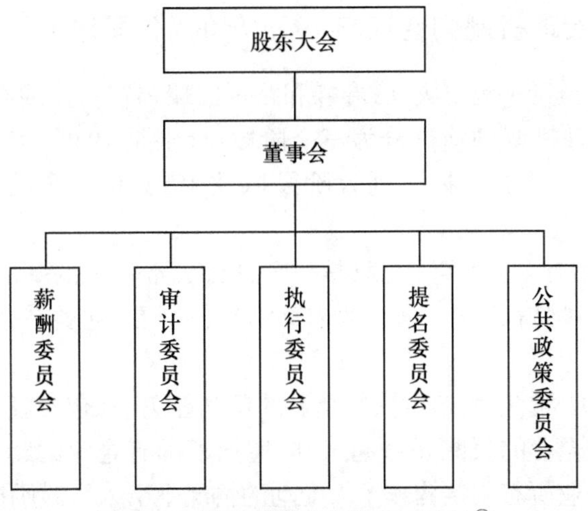

图 10-1　单层制董事会模式(美国)[①]

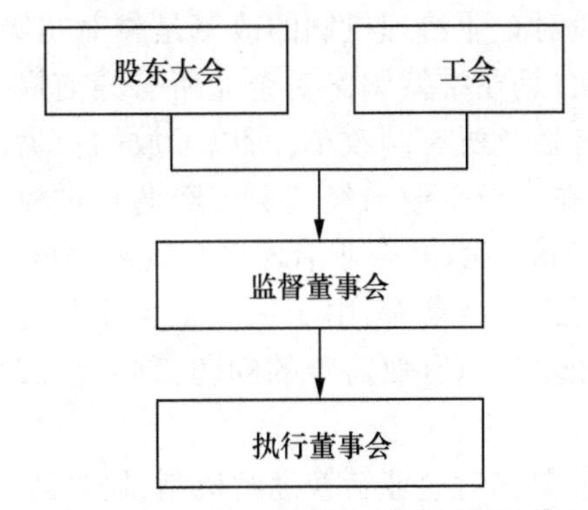

图 10-2　双层制董事会模式(德国)[②]

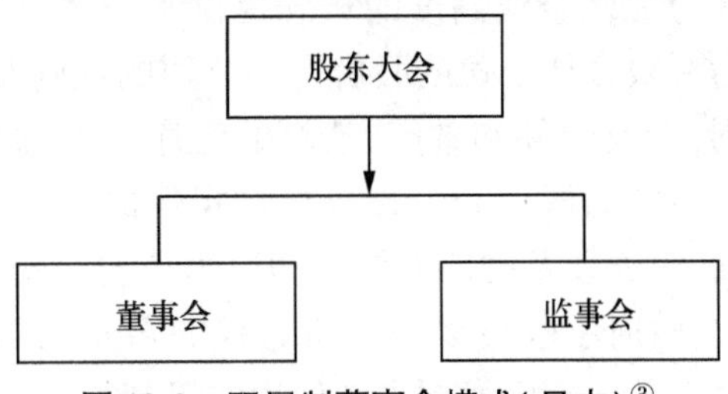

图 10-3　双层制董事会模式(日本)[③]

我国《公司法》采用的是大陆法系双层制董事会模式，即在股东大会下设立董事会和监事会，分别行使决策权和监督权。2001 年 8 月,中国证监会发布了《关于在上市公司建立独立董事制度的指导意见》,要求:“上市公司董事会成员中至少包括 2 名独立董事;在 2003 年 6 月 30 日前,上市公司董事会成员应当至少包括 1/3 独立董事。”

① 李维安等:《公司治理》,南开大学出版社 2001 年版。
② 同上。
③ 同上。

二、中国公司治理机制的变迁与1993年的《公司法》

根据世界银行斯道延·坦尼夫、张春霖和路·白瑞福特所作的有关中国公司治理的研究,把中国公司治理机制的演进分为三个阶段:分别是1949—1978年的计划经济阶段,1978—1992年的重新引入物质刺激阶段以及1993年至今的公司形式重新出现阶段。[①]

在计划经济下,国有企业"实际上只是一个进行成本核算的基层生产单位而不具有企业所必须具备的各种特征"[②]。从企业内部治理机制看,党委在企业经营过程中发挥了核心作用。

从1978年到1992年,中国通过恢复企业的留利能力、承包责任制和利改税等措施,把市场经营的成功与企业的报酬联系起来,即增加了国有企业的物质激励。从而,中国政府在没有对国有企业所有制结构作重大变动的情况下引入了激励措施。

这一阶段的改革无疑赋予了企业更大的自主权,同时赋予了企业厂长/经理更大的经营管理权。但是这一阶段对企业治理机制的改革是相对初级的。[③] 第一,这一阶段的改革并没有触及所有制层次,是在维持国家对企业所有的前提下,对企业与经理下放了一部分权力;第二,因为没有触及所有制改革,所以下放的权力局限于企业经营权层面,因此,改进是局部的;第三,在赋予企业与经理更多经营自主权的过程中,无论企业还是经理,其角色的转变都是被动的;第四,企业治理机制改革的核心问题是所有权与经营权的分离。从改革举措具体实施的结果看,由于在赋予企业及经理更多自主权的同时,政府依然无法解决对企业及经理实施有效监督的问题,因此,在此过程中产生了高额代理成本。

1993年以来最大的变化是国有企业转换经营机制,建立现代企业制度。两项要素显得极为重要:资本金向国企的排他性注入和保证这一目标实现的法律制度安排。1993年12月颁布的《公司法》,就为现代企业制度的概念提供了法律支撑。新的法律提供了不同类型所有制企业改造为有限责任公司或股份有限公司的规则及其具体的治理结构,关于股票转让和买卖的规则,以及合并和破产、清算的程序。地方政府把有限责任的特征视为一个可以使它们避免不断为国有企业债务提供担保的机会。政府通过诸如国有股的控制地位、不允许国有股流通以及把旧的机构塑造为公司形式等手段以冲淡意识形态方面的担心。运用公司化,政府不仅可以实现所有权的多元化,而且可以把它作为在混合经济当中国有部门相对于其他部门发挥主导作用的机制。

公司化为国企改革带来了诸多裨益[④]:第一,可以使企业成为独立的经济实体,使政府对企业的微观干预失去经济依据和法律依据,实现企业的自主经营;第二,可以明确各个公司的法人资产为实现企业的自负盈亏和可能的破产提供可能性;第三,可以保障在

① 斯道延·坦尼夫、张春霖、路·白瑞福特:《建立现代市场制度:中国的公司治理与企业改革》,载《经济社会体制比较》,2002年第4期。

② 吴敬琏:《现代公司与企业改革》,天津人民出版社1994年版,第134—135页。

③ 徐菁:《论公司法的边界》,对外经济贸易大学2005年博士学位论文。

④ 同上。

国家权益不受侵犯的条件下,经理人能自主经营,发挥企业家在企业管理中的独特作用;第四,公司化有利于解决国有企业改革的其他难点,如债转股、社会保障等棘手问题;第五,公司化为企业所有权的多元化准备了条件。[1]

但是,随着国有企业改革的深入,经营层自主权的不断扩大,内部人控制成为中国转型经济公司治理的主要特征。企业经理们努力保持对企业的控制权以获取个人利益,包括在职消费、其他与投资和扩张有关的租金以及转移国有资产等。

三、中国公司法的问题及修改

1. 公司法的问题

由于公司法承载着国有企业改革的重要任务,也正是由于其是在中国经济转型的大背景下颁布的,所以公司法存在着许多固有缺陷。主要表现为:

其一,公司立法与国有企业改革立法混同进行,公司法的许多规定与国际惯例不一致。例如,旧公司法第4条第3款规定,公司中的国有资产所有权属于国家。这一规定固然有利于保护国有资产,但却从根本上扭曲了公司治理结构,在实施过程中出现了许多不应有的混乱;旧公司法第65条规定,国有独资公司的公司章程由国家授权投资的机构或者国家授权的部门依照本法制定,或者由董事会制定,报国家授权投资的机构或者国家授权的部门批准;旧公司法第66条规定,国有独资公司不设股东会,由国家授权投资的机构或者国家授权的部门,授权公司董事会行使股东会的部分职权,决定公司的重大事项,但公司的合并、分立、解散、增减资本和发行公司债券,必须由国家授权投资的机构或者国家授权的部门决定等。这样的规定几乎是把公司作为政府的附属部门来对待,公司作为独立市场主体的地位根本没有得以体现。

其二,公司缺乏自治。作为公司自治纲领性文件的公司章程本应是公司自治的权利,却成了应付主管部门的官样文章。因为公司法多为"必须"、"应当"、"不得"、"严禁"的强制性规定,因此就造成了很多公司的章程都千篇一律。相关主管部门对公司章程本身也作了强制性规定,如现行公司法规定了有限公司章程11项绝对必须记载事项和股份有限公司13项绝对必须记载事项,使得公司章程这一最能体现公司自治的公司规则极为僵化,股东难以通过自由设定规则实现公司自治。例如,《中华人民共和国公司登记管理条例》第20条规定:"公司章程有违反法律、行政法规内容的,公司登记机关有权要求公司作相应修改。"《公司登记管理若干问题的规定》第12条规定:"公司章程内容违背国家法律、行政法规规定的,公司登记机关应当要求申请人修改,申请人拒绝修改的,应当驳回公司登记申请。"

2. 公司法的修改

中国《公司法》自1993年12月颁布以后,历经了四次修改,其中,最重大、最实质的修改是2005年和2013年的两次修订。

---

① 吴敬琏、钱颖一:《关于公司化》,收录于吴敬琏、周小川等:《公司治理结构债务重组和破产程序》,中央编译出版社1999年版,第12—13页。

中国《公司法》的2005年修订,不仅是条款数量达137条之多的大幅调整和修改,而且是对中国《公司法》的本质上的修订。从公司治理的角度来看,2005年修改的最大创新在于新《公司法》给予公司更大的自治空间。新《公司法》对公司章程中要求的法定记载事项减少,股东的权利和义务、股东转让出资的条件和公司的解散事由与清算办法都不再作为公司章程中的法定记载事项。同时,修改后的公司法在一定程度上允许公司章程排除公司法的适用。例如,修订的公司法频繁出现"公司章程另有规定的除外"、"公司章程另有规定或者全体股东另有约定的除外"、"除本法有规定的外,由公司章程规定"等形式的任意性规范。

2013年《公司法》的修订主要体现在公司资本制度上,主要包括四个方面:(1) 取消对公司注册资本最低限额的限制;(2) 取消对公司注册资本实缴的限制;(3) 取消对公司货币出资的比例限制;(4) 取消公司登记提交验资证明的要求,公司营业执照不再记载"实收资本"事项。

第二节　中小股东权益保护问题

股东作为公司的投资者,保护其在公司中的合法权益事关重大,而中小股东作为公司股东的重要组成部分,由于其本身的天然劣势,其权益极易被公司的大股东和公司的经营管理者侵害。因此,我们需要构筑中小股东的权利保护体制,建立一种平衡和协调公司股东、董事、监事和经理之间权利义务的机制,从而达到保护中小股东权益的目的。本节内容先从经济学角度分析中小股东权益保护的必要性,再就公司法中股东代表诉讼和累积投票两个具体的制度讨论中小股东权益保护问题。

一、中小股东权益保护经济分析

中小股东向公司投资后,一般拥有一些基本的权利,例如股东有权针对公司重要事务表决、选举董事,有权获取公司某些信息,有权获得年末分红等。虽然这些自益权或共益权按照法律在形式上是平等的,但实际上中小股东却常常处于弱势地位。下面我们就试着站在经济学的角度,分析对中小股东权益保护的必要性及可行性。

首先,在股权分散的情况下,一个小股东就公司的重大事宜作出投票决定,需要付出相当大的成本去获得必要的信息,对信息进行加工并作出决策。但是,往往其为此付出的成本要比因投票而获得的收益大,因此一个理智的股东会对积极行使投票权持冷漠的态度。同时,存在"搭便车"问题。在众多分散、独立股东的情况下,对公司管理者的监督在相当程度上具有"公共品"特征。因此, 有必要建立有效的股权权利保护机制, 这样不仅可以保证股东的各项权利得以实现, 而且还可以平衡各股东的利益, 并以此来实现对公平、正义价值的追求。

其次,中小股东权益保护是公司治理的核心问题之一,也是公司治理所要实现的基本目标。它源于代理问题,核心内容是防止内部人对外部投资者的掠夺,换句话说,是防止大股东和管理者从追求自身利益最大化的角度,漠视中小股东的权益。从股权制衡的角度看,虽然单个、分散的中小股东所拥有的股权很小, 不可能均衡大股东间的股权,但是作为一个整体，中小股东的股权集合完全可以等同视为一个大股东，其集合的股权可以有效地均衡大股东间的股权。无论是否存在占有明显股权优势的控股股东，中小股东集合的股权都可以左右公司控制权的转移，从而形成大股东间的股权制衡，对制约大股东的“内部人”掠夺有着积极的作用。比如公司法中的累积投票制度的价值在于，使中小股东有机会选出代表自己利益的董事或监事入主管理层，制衡控股股东及其可能操纵的董事会与监事会，防止其实施侵害中小股东利益的行为，扩大小股东的话语权，增强小股东表决权的含金量，弱化控股股东的话语霸权。

最后，契约理论认为，外部投资者一般能够认知到被内部人侵权的风险，并能惩罚那些没有按契约进行信息披露的公司及没有严格按契约对待投资者的公司。比如，公司法中的股东代表诉讼制度可以使中小股东在公司权益受到侵害但又怠于起诉的情况下，以自己的名义提起诉讼，保护公司及自己的合法利益。所以法律保护对于中小股东的意义在于，它使内部人或控股股东掠夺行为的转移成本提高，从而使内部人的侵害手段失效。这也说明了保护中小股东权益具有可行性。

二、股东代表诉讼制度

股东代表诉讼又称股东派生诉讼，是经由英美法上长期的司法实践和深入的理论研讨发展起来的，指当公司的董事、监事、高级管理人员等主体侵害了公司权益，而公司怠于追究其责任时，符合法定条件的股东可以自己的名义代表公司诉讼。新《公司法》第152条首次以法律的形式正式确立了股东代表诉讼制度，成为弥补公司治理结构缺陷及其他救济方法不足的必要手段，算是浩瀚的股东权益保护体系中的一颗璀璨的明珠。

≺案例 10-1≻

小股东之三联集团案[①]

从2008年起，上市公司*ST三联与前任控股股东三联集团、继任控股股东国美集团之间的纠纷不断，*ST三联与三联集团的商标纠纷案处于胶着状况，国美集团也无法进驻并重组，*ST三联也处于退市边缘。这时，便有小股东发起股东代表诉讼的公开征集。2009年9月，成功征集占总股本1.56%的中小股东的授权，并符合连续持股180天以上的《公司法》规定的股东代表诉讼要件。

“三联”商标由三联集团于1985年创立。2003年，三联集团战略重组郑百文时，双方签订《商标许可使用合同》，三联集团授权郑百文使用“三联”商标，但有两个“鉴于”前提，即许可人是“三联”服务商标的商标权人；许可人是被许可人的第一大股东，积极支持被许可人的发展。郑百文重组成功后改名为“三联商社股份有限公司”。2008年，在三联商社股权之争中，国美电器成为*ST三联的实际控制人。

2009年12月11日，山东省高院受理了78名*ST三联中小股东诉三联集团侵犯*ST

---

① 案例来源：http://news.163.com/10/0315/05/61PUP3CB000146BD.html。

三联商标专用权纠纷一案的立案,该案系《公司法》修订后的首次股东代表诉讼的司法实践。原告们的诉讼请求如下:(1) 请求确认三联商社享有注册号为“779479”的“三联”商标的独占许可使用权,以及享有三联商标的特许经营权、无形资产使用权等附属权利。(2) 请求判令三联集团停止使用以及授权其关联公司或其他公司使用“779479”号“三联”商标与第三人进行的同业竞争的侵权行为。(3) 请求判令三联集团向三联商社移交特许连锁合同及其他相关材料,并向三联商社赔偿2007年之后的加盟费、特许权使用费以及其他经济损失共计5000万元(暂计)。2009年12月30日,*ST三联董事会对此作了公告。

2010年1月21日,三联集团认为该提案是中国资本市场中上市公司股东代位诉讼第一案,且标的额高达5000万元,案件涉及商标权的归属,涉及三联集团与三联商社及其控制人之间的复杂关系,属于在全国范围内有重大影响力的案件,据此,要求山东省高院裁定移送最高人民法院审理。济南市中院随后驳回了该项异议,三联集团又上诉至省高院后又被驳回。

2011年6月,备受关注的*ST三联诉三联集团商标纠纷案在济南市中级人民法院审结。法院驳回*ST三联诉讼请求,济南市中院表示,涉案商标由三联集团申请并使用20年,成为企业一项重要的知识产权,亦即其重要的财产权利。当三联集团失去三联商社第一大股东地位后,本案商标使用许可合同中的“鉴于”条款二的前提和基础已不存在,合同目的无法实现,因此被告三联集团将涉案商标转让给第三人并无不当,原告三联商社要求被告三联集团停止将涉案商标转让给第三人并将其无偿转让给原告的诉讼请求,缺乏事实和法律依据,法院不予支持,因此法院驳回三联商社的诉讼请求,认定“三联”商标归三联集团所有。历时2年之久的“三联”商标权之争第一次获得司法结果。

在证券市场中,上市公司的控股股东、实际控制人利用其对公司的控制权,损害上市公司整体利益,董事、监事、高级管理人员履行职责不当或滥用权力,使公司利益受损的事时有发生,中国证监会的行政处罚决定、证券交易所的公开谴责更是数以百计。但是《公司法》修订以来,已见报的涉及上市公司股东代表诉讼并不多。尽管此小股东之三联集团案最后以小股东诉讼请求缺乏事实和法律依据被驳回而结案,但是这背后所映射出的有关中小股东权益保护的问题还是值得研究。下面,我们就从法学和经济学两个角度来对此进行简要的分析。

1. 法学分析

首先,从法学角度来看,我们知道,中小股东的利益往往与公司利益的相关性更大。当公司利益被侵害时,往往中小股东受害最大,大股东或者控股股东可以通过其他方式弥补自己的损失,甚至有时候使公司利益受损就是大股东、控股股东行为的结果。所以,此时大股东并没有保护公司利益的积极性,股东代表诉讼可以集中中小股东的力量,打击利用公司权力损害公司利益的各种行为。正如案例中,三联商社小股东对其前任控股股东三联集团提起“三联”商标诉讼,是为了维护公司的利益,排除经营干扰。

再者,根据法定代表人制度,只有法定代表人或其授权的代理人才能代表公司对侵权人提起诉讼。但是事实上,公司的董事或者大股东往往控制了公司的对内决策权和人事任免权,法定代表人的利益或权利与董事、监事、控股股东等有着不可分割的密切联系。当公司的董事、监事、控股股东等利用控制公司权力而损害公司利益时,法定代表人的意志受制于董事或大股东,甚至法定代表人本身就是侵害公司权利的始作俑者,此时他们兼原告与被告的双重角色,让他们代表公司提起针对或几乎是针对自己的诉讼基本是不可能的。此时,允许中小股东提起代表诉讼,为公司利益而主张公司的权力,则解决了公司因为被控制而无法提起诉讼保护自身利益的悖论。这一角色下的股东,犹如维护公司利益的检察官,是维护与实现公司利益难以替代的监督者。

在小股东之三联集团案中,上市公司*ST三联的前任控股股东三联集团以手中所持有的“三联”家电服务商标自主开店或授予第三方开店,并在公司核心门店附近不足十米处以“三联”字号新建门店,这使公司的业绩受到不同程度的影响,概括来说就是控股股东使公司的权益受到了侵害,这实质上间接地损害了其他小股东的利益。但在此番情形下,三联集团显然绝对不会以公司的名义来起诉自己,这样,就势必造成公司诉讼行使的懈怠。此时三联的小股东行使股东代表诉讼权利,不仅达到保护自己权益的作用,也捍卫了公司和全体股东的利益。

2. 经济分析

资源是稀缺的,相对于个体的需求来说资源是有限的,一切经济社会活动都是为了追求效率,有效配置资源。因此站在经济学的角度来看,法律制度实质上是一种经济制度,因此法律制度的设立与运用是在符合公平正义的原则下追求某种程度上的效率。所以对股东代表诉讼制度进行经济学分析,就可以研究该制度的构建和应用是否能提高整个社会资源利用的效率,是否更有利于股东权益之间实现均衡。

因为许多社会活动中,法律规定的权利无法在市场上交易,或者无法通过市场自愿交易而转换。所以法经济学的规范经济效率标准非严格的帕累托最优,而是更为宽泛的卡尔多—希克斯效率。所谓卡尔多—希克斯效率,是指一种非自愿的财富转移的具体结果,在社会的资源配置过程中,只要在资源重新配置过程中获得利益的人所增加的利益足以补偿(并不要求必须实际补偿)在同一资源重新配置过程中受到损失的人的利益,那么,这种资源配置就是有效率的。

股东代表诉讼制度的设立与应用正是以此效率为标准。现在我们试图从股东代表诉讼的有效利用程度与由此制度产生的最终保护程度出发,结合上述小股东之三联集团案,分析股东代表诉讼制度从经济学角度而言所能达到的“卡尔多—希克斯效率”。

在此*ST小股东诉三联集团案中,三联集团与郑百文签订《商标使用合同》,约定在该商标有效注册期内授权公司无偿独占使用;重组完成后,三联集团已无权再以“三联”服务商标从事同类业务。鉴于三联集团违背当时重组承诺,继续利用该商标自开门店或授予他人开设门店,并有意混淆消费者对两个“三联”的认识,公司为了维护自身权益,排除经营干扰,特依据上述《商标使用合同》的相关约定,要求法院裁定三联集团将“三联”服务商标的所有权无偿转让给上市公司。由此可见,小股东具备提起资格(持股时间与数量满足条件),提起派生诉讼遵循相关法律法规规定,严格遵从派生诉讼提起前置程序原则、善意公正原则、董事经营判断原则等原则,这就表示派生诉讼合理使用,有效利用。

另一方面,若当事人因对公司实施不正当行为而负有民事责任的惩罚,同时作出补救,这就表示派生诉讼得到有效保护。虽然此案法院最后判定,三联集团失去三联商社第一大股东地位后,本案商标使用许可合同中的“鉴于”条款二的前提和基础已不存在,合同目的无法实现,原告三联商社诉讼请求因缺乏事实和法律依据被驳回,但从后续的事件我们了解到实际控制人国美电器承诺选择合适时机,采取符合法律规定的方式彻底解决与公司存在的同业竞争问题。随着同业竞争问题的解决,“三联”商标问题将得以彻底消除。

概括地讲,若股东代表诉讼合理实施,诉讼结果得到应得补偿,整体福利增进,卡尔多—希克斯效率强有效,法律的公平正义与经济学的理性效率均满足。

诺思认为,设立法律制度的目的在于创造交易秩序和减少交易中的不确定性,从而降低交易成本。若股东代表诉讼过程中,原告前期担保、收集信息、诉讼以及公司自身资源的消耗所产生的花费交易费用小于派生诉讼为公司长期带来的利益,经过合理诉讼后,将惩罚有碍公司利益方的行为,最终公司治理结构得到改善,公司相关利益方的境况都会因此自然而然地获得补偿。因此,从交易费用的角度来看,股东代表诉讼也是有效的。

三、累积投票制度

2002年年初颁布实施的《上市公司治理准则》首次在我国引入了关于董事选举的累积投票制。新《公司法》第106条对累积投票制也作了专门规定:“股东大会选举董事、监事,可以根据公司章程的规定或者股东大会的决议,实行累积投票制。本法所称累积投票制,是指股东大会选举董事或者监事时,每一股份拥有与应选董事或者监事人数相同的表决权,股东拥有的表决权可以集中使用。”

作为一种公司治理机制,累积投票是否有效?能否真正起到保护中小股东权益的作用?下面我们就一个具体的案例来进行简要的分析。

≺案例10-2≻

格力电器董事会选举案[①]

2012年5月5日,珠海格力电器股份有限公司(以下简称“格力电器”)发布公告,拟在5月25日进行董事会换届选举。根据公告的信息,公司第九届董事会共有9名候选人,其中格力电器第一大股东—珠海格力集团有限公司推荐4名(董明珠、周少强、鲁君四、黄辉),第二大股东河北京海担保投资有限公司推荐1名(张军督),机构投资者耶鲁大学基金会、鹏华基金共同推荐1名(冯继勇),公司董事会推荐3名独立董事候选人(朱

① 案例来源:http://finance.qq.com/a/20120528/000992.htm。

恒鹏、钱爱民、贺小勇）。

格力集团推荐的董事候选人名单一公布，立即引起社会各界的普遍关注：珠海市国资委副主任周少强的空降。1972年出生的周少强于1994—1999年先后在中国建设银行和深圳发展银行工作，之后进入珠海市国有资产管理局在多个部门任职，2006年12月起任珠海市国资委副主任，2012年5月拟任格力集团党委书记、总裁。5月25日，格力电器召开股东大会，大部分机构投资者均派代表出席，并在发言中表达了对周少强空降的担心。

股东大会采取累积投票制表决董事会换届选举的议案，周少强因得票仅占出席会议所有股东所持表决权的36.60%，没有达到出席会议所有股东所持表决权的50%，未能当选为格力电器第九届董事会董事。母公司总裁被下属上市公司中小流通股股东拒之门外，迄今绝无仅有。

与此同时，耶鲁大学基金会和鹏华基金等机构投资者合理利用累积投票制，集中使用投票权，使得冯继勇得票高达226 905.68万票，达到出席当天格力电器股东大会的表决权总数199 529.17万股的113.66%，顺利当选。

股东大会结果令投资者满意，对公司未来治理有信心。选举结果体现了中小股东的意愿和资本的力量，这也说明累积投票制度在保护中小股东利益方面发挥着一定的作用。

格力电器董事事件发生后，市场的反应非常热烈。以基金、QFII、券商等机构投资者为代表的中小股东“完胜”大股东，这在中国资本市场还是第一次。以往，面对上市公司一股独大的格局，中小投资者与大股东出现意见分歧时，通常只能选择用脚投票，出货离场，结果往往是两败俱伤；而此次格力电器首开先河，令中小股东可以真正用手表决，群策群力，有望开启多赢格局。

---

1. 法学分析

事实上，中国A股市场从2003年开始，就开始推行累积投票制，这是从美国、欧洲引进的。累积投票是什么意思？举例来说，某公司要选5名董事，公司股份共1 000股，股东共10人，其中1名大股东持有510股，即拥有公司51%的股份；其他9名股东共计持有490股，合计拥有公司49%的股份。

若按直接投票制度，每一股有一个表决权，则控股51%的大股东就能够使自己推选的5名董事全部当选，其他股东毫无话语权。但若采取累积投票制，表决权的总数就成为1 000×5＝5 000票，控股股东总计拥有的票数为2 550票，其他9名股东合计拥有2 450票。股东可以集中投票给一个或几个董事候选人，并按所得同意票数多少的排序确定当选董事。因此，从理论上来说，其他股东至少可以使己方的2名董事当选，而控股比例超过半数的股东也最多只能选上3名己方的董事。

从法学角度分析可知，在累积投票制下，投票的过程其实是各个股东之间的博弈过程。累积投票制削弱了大股东对投票结果的控制力，而赋予了中小股东一定的决策权。这一方面，可以防止大股东作出不利于中小股东或不利于公司的决策；另一方面，累积投票制度也为中小股东提供了一个表达意志的渠道。累积投票制在制度设计上，比直接投票制有较大优势,它通过票数的累积计算,扩大了股东表决权数量;通过限制表决权的反复使用,限制了大股东对董事、监事选举的控制力,保护了中小投资者的投资热情,符合资本社会化原则。

在格力电器的案例中,累积投票已经开始发挥作用。由在上市公司的第一大股东珠海市国资委空降的提名董事周少强因遭到机构、中小股东联手反对,最终被否决。而最终由小股东耶鲁大学基金会和鹏华基金推荐的董事则顺利当选。如果没有累积投票制,格力电器小股东推选的董事是永远也选不上的。

2. 经济分析

在公司的经营管理中,大股东受资本多数表决原则的庇护,能够成功地推选自己中意的人进入董事会。而中小股东常常受到大股东欺压,在面对大股东胡作非为时,苦于没有自己的利益代言人。累积投票制最重要的制度价值就在于保护中小股东的利益,中小股东要想保护自己的利益,选出代表自己利益的代言人进入董事会参与公司经营决策无疑是一个很好的途径。同时,累积投票制所发出的增进中小股东福利的信号有助于公司"招徕"潜在投资者。

另外,累积投票制能提高董事会的工作效率,降低公司的决策风险。董事会作为公司的业务执行机关和决策机关,在公司治理中处于中心地位,因此董事会的工作效率极大地影响着公司的业绩。通过累积投票制选出的中小股东的代言人进入董事会,给董事会注入了新鲜血液,大股东和小股东的利益代言人在一起各抒己见,能够发挥集体智慧的力量。中小股东的代言人进入董事会,使董事会的决策过程中有了另外一种声音,有助于其他董事谨慎地对待决策方案,这对降低公司的决策风险也颇有助益。

正如此次格力电器董事会选举,耶鲁大学基金会与鹏华基金联手推荐的董事冯继勇获高票通过,开创了流通股东派驻董事介入上市公司经营的先河。格力电器股东大会的结果令投资者满意,体现了中小股东的意愿和资本的力量,有利于提升公司治理水平,增强投资者对公司未来发展的信心。

基于"道德人"的禀赋,有不少学者表现出对累积投票这一公司表决权规则很高的热情,认为它将有效改变我国公司治理中"一股独大"、控股股东操纵公司的现象。但是站在经济学的视角考察之,累积投票制扭曲了股东剩余索取权和投票权重相匹配的原则,可能引发不必要的代理成本。

试举一例,假设某公司有 A、B 两位股东,A 股东持股 30%,B 股东持股 70%;现有 3 位待选董事,在累积投票制下,A 股东将拥有 90 单位的表决权重,而 B 股东将拥有 210 单位的表决权重,A 如果足够明智地将表决权集中使用,则可确保有一位代表其利益的候选人选为董事。如此,A 股东在董事会层面的利益占据 33% 以上,高于其在公司拥有的剩余索取权(30%)。

由此导致的后果是,累积投票制在赋予小股东"盈余"权益的时候将剥夺大股东与其身份相匹配的激励,原本出于自身利益最大化的考量对公司全心全意的大股东可能会出现不同程度的懈怠,因为勤勉的大股东需要将付出的边际努力所获得的边际收益部分地配置给小股东。而大股东的懈怠和偷懒对公司全体股东的福利而言无疑是一种折损。

第三节 公司法人人格否认问题

公司制度的确立及其经济法律功能促进了经济的快速发展,公司法人制度发挥了中流砥柱作用,成为支撑现代市场经济的重要法律制度。其三大支柱理论分别是:公司与股东财产相分离、公司人格独立和股东承担有限责任。然而,公司法人制度在实践中却表现为一把双刃剑,随着社会经济的发展,它逐渐暴露出各种问题或缺陷。我国在20世纪80年代建立现代法人制度,滥用法人人格的行为不久便随之出现,且有愈演愈烈的态势。这些滥用公司法人人格的行为已严重破坏了我国公司法人制度,主要表现在如下几个方面:虚假出资、抽逃出资、脱壳经营、公司与股东人格混同、母公司对子公司过度操纵、恶意破产等。

就我国的公司立法而言,旧《公司法》中并无公司股东滥用权利逃避债务要承担连带责任的规定,公司法人人格否认制度的确立无疑是一项伟大的制度创新。新《公司法》第20条规定:"公司股东不得滥用公司法人独立地位和股东有限责任损害公司债权人的利益。公司股东滥用公司法人独立地位和股东有限责任,逃避债务,严重损害公司债权人利益的,应当对公司债务承担连带责任。"第64条规定:"一人有限责任公司的股东不能证明公司财产独立于股东自己的财产的,应当对公司债务承担连带责任。"这是我国《公司法》首次确立公司法人人格否认制度。

一、公司法人人格否认的含义及经济分析

公司法人人格是指公司享有独立于公司股东、出资人及债权人的独立人格,股东或出资人仅以出资为限对公司债务承担有限责任,公司以其全部财产对公司的债务承担责任。其实质上是公司具备了以自己的名义独立享受权利和承担义务的一种资格。具体而言,公司能够独立支配其财产而不受股东或者出资人的限制,虽然公司财产是由公司的股东出资构成,但股东一旦将此财产交由公司就再也无权直接处置该财产,而仅能换取公司股权,股东或者出资人也仅仅以其出资额对公司债务承担责任。即使公司在经营中资不抵债申请破产,公司的债权人也不能向公司的股东追索债务。

有限责任降低了股东的投资风险,但一定程度上增加了债权人的风险,因为较之无限责任的商业组织,由于法人独立人格切断了债权人向股东的追索权,债权人仅能以公司财产为限要求偿还债务,对于风险的增加,在交易之初债权人往往就会审慎地就有限责任公司的资信进行调查,以弥补风险的提高,这种注意使得有限责任并不必然增加债权人利益受损的风险。同时由于有限责任公司有法定的公开事项,比如注册资本,公司的经营范围、公司股东等,债权人对其相关信息的获取较之其他形式的商业组织更为容易,从而一定程度上降低了交易成本。但这一制度的设置本身并不能从根本上杜绝商业风险,其主要原因在于在公司法人制度中潜藏着一种"道德危险因素",即将风险经营所产生的成本转移给债权人。在道德风险、机会主义和经济人理性追求的收益最大化的作用下,有限责任原则被滥用,并最终影响了社会整体利益。

为了平衡公司法人制度中股东与债权人之间的利益关系,并且以法律形式对此进行

规制,“公司法人人格否认”这项制度便应运而生。

二、适用条件

新《公司法》中确立了公司法人人格否认制度,根据我国《公司法》第20条第3款的规定,公司股东滥用公司法人独立地位和股东有限责任,逃避债务,严重损害公司债权人利益的,应当对公司债务承担连带责任。公司法人人格否认,是指在具体的法律关系中,对已具有独立法人资格的公司,如果由于股东出于不正当的目的滥用公司法人人格,并因此对公司债权人的合法利益和社会公共利益造成了损害,法院可以基于公平正义的价值理念否认该公司法人的独立人格,并要求其股东直接对公司的债务承担连带责任的一种法律制度。那么何时适用法人人格否认,即其适用条件是什么呢?下面将为大家介绍四个适用要见。

1. 前提要件

公司通过登记与注册等法定程序设立,并取得独立的法人人格,是适用公司法人人格否认制度的前提条件。如果公司没有依法设立,行为人应按公司设立不成功的相关法律规定承担相应的民事责任,而不能进行公司法人人格否认。如果公司形式上已经设立,但不符合根据法律规定的实质要件,如实际出资总额低于法定注册资本最低限额,那么股东必须承担相应的法律责任,如限期进行资本差额填补。这种情况下,公司是具有法人人格的,可以进行人格的个案否认。

2. 主体要件

股东滥用了公司法人独立地位和股东有限责任的行为,才可适用公司法人人格否认制度。而能够滥用公司法人人格的股东主要集中在占有公司多数股份,对公司拥有实质控制能力并实际参与公司经营管理,且能对公司的主要决策活动施加影响的股东身上,其身份主要为公司的董事、经理等高级管理人员。但对于身为公司股东的董事、经理等高级管理人员,如果其没有以股东身份滥用法人人格,或者董事、经理等高级管理人员虽有滥用行为但并非公司股东的情况,则不能适用法人人格否认原则。

3. 行为要件

滥用公司法人人格的行为主体为控股股东。控股股东对公司组织和运营中的重大问题拥有实质性的决策权,也只有控股股东才更有可能发生滥用公司法人人格的行为。其相对方是因为滥用公司法人人格而受到损失的公司债权人或其他利益相关者。而且只有因为滥用公司法人人格而受到损失的相对方才能享有起诉权。

4. 结果要件

公司股东滥用公司法人人格的行为必须给债权人或社会造成实际损害,且股东滥用法人人格的行为与债权人利益受损的事实之间必须存在因果关系。通常情况下,如果公司股东的行为虽然有悖于公司人格独立原则,但没有造成任何债权人利益的损害;或者虽然滥用公司法人人格行为与造成的债权人损失有因果关系,但债权人没有举证或无法举证;又或公司股东的滥用行为与造成的债权人损失有因果关系,且债权人提出了诉讼申请,但公司有能力弥补债权人的损失,则不能适用法人人格否认制度。

分析了新《公司法》中法人人格否认制度后，来看一个发生在2006年的相关案例。

≺案例 10-3≻

北京博士伦眼睛护理产品有限公司诉长沙市佳健眼镜有限公司案[①]

2006年2月，北京博士伦眼睛护理产品有限公司（以下简称“北京公司”）因买卖合同纠纷，将长沙市佳健眼镜有限公司（以下简称“长沙公司”）诉至北京市崇文区人民法院。5月，北京公司向法院申请将长沙公司的大股东、法定代表人朱某追加为共同被告，承担连带责任。北京公司在向法院提交的追加被告申请书中称，其在诉讼过程中发现长沙公司股东朱某利用其持有的被告公司80%股份及其法定代表人的身份实际掌控着长沙公司，并将从北京公司购买的货物的90%转交给了上海市佳健眼镜有限公司（以下简称“上海公司”）进行销售，长沙公司只是名义上的货主，实际上是货物中转的仓库，上海公司才是直接受益人。而上海公司的股东也正是朱某及其丈夫两人各持股50%，北京公司认为朱某以长沙公司名义在长沙向其购货，再将长沙公司的资产转移到上海公司，然后在长沙消失，退租店面，使长沙公司只剩下一个法律空壳，债权人即使取得胜诉判决，也难以得到执行。因此，依据新《公司法》第20条第1款以及第3款的规定，提出申请追加朱某为本案共同被告，对长沙公司的对外债务承担连带责任。2006年8月中旬，考虑了举证、诉讼费等问题后，北京公司与朱某达成庭外和解协议，主动向法院撤回诉讼。

本案中长沙公司和上海公司法定代表人为同一人，朱某明知长沙公司经营效益不佳的情况下，仍然以该公司名义与北京公司签订买卖合同，意图以长沙公司逃避合同债务，损害债权人利益，而使上海公司获得利益，因此朱某应当承担连带责任。

促使法人人格否认制度的经济学基本思想是：交易费用的存在必然会对制度结构以及人们具体的经济选择产生影响，产权配置决定了一个社会的经济后果，交易费用会部分影响到产权的分配和执行的方式。经济学的基本价值取向之一是财富最大化或社会总产品生产的最大化。在一定条件下，一种制度安排应该有助于实现这个经济学的基本价值取向，否则这种制度安排就是有问题的，按照这个思路可以检验法人人格否认制度是不是特定公司运行状态下的最优制度安排。

在股东恪守公司独立人格的情况下（这里假定股东为控股股东或实际控制公司的股东），可以得出一个等式，假定股东剩余索取权的价值为 R，总收入为 x，应支付工人合同工资为 w，对债权人的合同支付为 r，股东索取的价值 $R = x \cdot w \cdot r$，R 的变化与 x 的变化是正相关的，由此可见，股东利益与公司绩效是一致的。因此可得出一个结论，从公司价值最大化角度分析，股东不滥用公司的独立人格是一个能够产生激励相容机制的安排。在这个安排下，股东与债权人和公司能够产生激励相容机制，从而实现公司价值的增加，社会总产品的增加。

---

① 案例来源：时建中，《公司法原理精解、案例与运用》，中国法制出版社2012年版。

如果股东滥用公司的独立人格,那么债权人优先于股东的清偿顺位已不复存在,债权融资事实上成为了股东的剩余索取权,这时公司的总收入显得无足轻重。一方面,由于 x 的价值已可忽略不计,R 与 r 的价值变成了正比关系。此时,股东财富的增加其实是建立在债权人财富的基础上,而不是建立在公司价值增加的基础之上,由此可见,股东滥用公司的独立人格,不能形成实现公司价值增加的帕累托改进的激励相容机制,不能形成社会总产品的增加,只是财富的转移。

这种财富的转移也构成追究股东侵权责任的根源性基础,若让对公司经营业绩没有激励的一方享有控制权,其道德风险又在有限责任的保护下难以控制,就直接违反了信息经济学的基本原理,为了矫正这种信息不对称下产生的道德风险,人格否认制度的产生实属必然。

三、一人公司法人人格否认

新《公司法》第 58 条第 2 款规定:“本法所称一人有限责任公司,是指只有一个自然人股东或者一个法人股东的有限责任公司。”一人公司在法律上具有独立的人格,有独立于股东个人的财产,股东以其出资为限对公司的债务承担责任。

所谓一人公司法人人格,是指一人公司具有独立的主体地位,享有独立的法律人格,从而使得一人公司可以独立承担责任,使股东可以在其出资范围内承担有限责任。一人公司具有法人地位,主要是由其拥有独立的财产、独立的意思和独立承担责任这三方面的因素决定的。所谓一人公司的独立财产,是指一人公司拥有完全独立于其股东的财产,而且一人公司对其财产拥有独立的支配权,这是一人公司成为法人的前提条件。一人公司的独立意思是通过公司的内部机关决议形成的,股东虽是唯一的,但公司的意思是独立的。公司的独立财产决定了公司的独立责任。一人公司的独立责任,是指公司应以自己拥有的全部财产对其债务独立承担责任,公司股东一般情况只以出资额为限对公司负责,且不承担超出其出资义务的任何财产责任,公司与其股东在承担责任上是彼此独立的。

一人公司与股东之间是紧密联系的,股东是公司的唯一出资人,公司的财产是股东投入的,但是股东一旦将自己拥有所有权的财产投入公司,公司一旦成立,股东的财产便从股东手中独立出来,股东便丧失了其对投入公司中的财产的所有权,相反使得公司具有了法人财产权。公司便有了自己独立的人格,能以自己的名义独立地处分财产,独立地进行商事活动,并对自己的行为用公司自己的财产独立地承担民事责任。

新《公司法》在一人公司的设立上规定了若干较其他有限公司更加苛刻的要求。对于以自然人为股东的一人公司的转投资也作出了比较苛刻的限制。新《公司法》第 59 条规定:“一个自然人只能投资设立一个一人有限责任公司。该一人有限责任公司不能投资设立新的一人有限责任公司。”且一人公司负有告之他人公司性质的义务,新《公司法》第 60 条规定:“一人有限责任公司应当在公司登记中注明自然人独资或者法人独资,并在公司营业执照中载明。”另外,新《公司法》第 63 条规定:“一人有限责任公司应当在每一会计年度终了时编制财务会计报告,并经会计师事务所审计。”新《公司法》对一人公司的若干更加严格的法律规制,无非是基于法律平衡的考虑,借立法技巧转移相对第三人的交易风险,降低一人公司股东滥用有限权利的可能性,从而维护交易市场的安全。为了防止股东利用公司独立人格逃避债务,新《公司法》第64条对一人公司人格否认作了专门规定:"一人有限责任公司的股东不能证明公司财产独立于股东自己的财产的,应当对公司债务承担连带责任。"也就是说,在发生债务纠纷时,一人公司的股东有责任证明公司的财产与股东自己的财产是相互独立的,否则就要对公司的债务承担无限连带清偿责任。在这里,《公司法》对一人公司股东采取了法人资格滥用推定的态度,即举证责任倒置的态度。这是我国《公司法》在公司法人格否认制度方面的一大创新。

≺案例10-4≻

一人公司案[①]

本案件系由当事人某摄影公司与中天摄像器材有限责任公司签订的买卖合同引发的。案件当事人某摄影公司系由甲于2006年7月设立,经营范围为照相、彩扩等业务。该公司为一人有限责任公司,甲为该公司唯一股东,兼负公司的运营。2006年9月,作为公司的法定代表人,甲代表摄像公司与中天摄像器材有限责任公司签订了一份关于照相器械的买卖合同,合同约定:中天摄像器材有限责任公司向摄像公司提供摄像器材,而摄像公司则需要支付费用26万元。付款期限到期后,摄像公司一再延迟交付,中天摄像器材有限责任公司无奈之下只能向法院提起诉讼,要求某摄像公司支付欠款及利息。法院在审理中认为某摄像公司拒不支付货款的行为违反了合同的约定,判定中天摄像器材公司胜诉。

但是在执行判决时,某摄像公司账户上已没有余额。经查知,甲早已将公司的财产转移至个人名下。于是中天摄像器材有限责任公司以甲为被告提起新的诉讼,要求其对公司的债务承担连带责任。

在该案件中,法院认为甲所设立的摄像公司系一人有限责任公司,《公司法》对其设立设定了严格的条件,如最低资本制度、一人公司不得再设立一人公司的制度、严格的财务制度等。甲利用公司的有限责任制度,转移公司财产至自己的名下,滥用了公司的独立人格,因此在此情形下应当否认公司的独立人格,判决甲与摄像公司承担对中天摄像器材公司债务的连带责任。

一人公司与普通有限责任公司最大的不同就是它只有一个股东,他可以完全地掌控公司,传统公司的管理机制对他缺乏有效的制约,极容易发生股东滥用公司法人人格及有限责任损害公司债权人合法利益和社会公共利益的现象。

有限责任制度降低了股东的投资风险,降低了融资成本,从而降低了交易成本,促进了交易,提高了生产力,推动了社会进步。但是有限责任制度的弊端是,在降低交易成本的同时带来的道德风险,以及股东在降低个人成本的同时带来的外部性,导致社会成本

① 案例来源:虞政平,《公司法案例教学》,人民法院出版社2012年版。

的增加。

法人人格否认制度的法理基础就是在公司利益、股东利益和债权人利益之间寻找一个平衡点。公司法人人格的否认，并不全面否定公司存在，而是在认定它作为法人存在的同时，针对特定情形，为了维护正义而否定其法人人格，从而避免法人人格被非法利用。因此，法人人格否认的引入至少在法人制度、有限责任及其利益相关者之间构建了一个救济保护的系统，从而寻求社会利益的最大化。

第四节　公司合并、分立中的债权人保护问题

公司在经营过程中会因为经营、法律等方面的需要，经历合并和分立，即公司主体发生变更。期间涉及的最重要的问题就是原公司的债权、债务的承继问题。我国《公司法》第 175 条规定："公司合并时，合并各方的债权、债务，应当由合并后存续的公司或者新设的公司承继。"我国《公司法》第 177 条规定："公司分立前的债务由分立后的公司承担连带责任。但是，公司在分立前与债权人就债务清偿达成的书面协议另有约定的除外。"然而，现实情况是，公司合并、分立后，债权人利益得不到有效保护，公司法应如何细化规定来保障债权人的利益呢？

一、公司合并中的债权人利益保护

公司合并是指两个或两个以上的公司依照《公司法》规定的条件和程序，通过订立合并协议，共同组成一个公司的法律行为。公司合并是公司实现规模经济、提高市场占有率、实现多元化经营、分散投资风险、构建核心竞争力的重要方式。

下面我们以一个金融借款合同纠纷案为例，讨论公司合并后的债权人利益保护问题。

≺案例 10-5≻

汝城县农村信用合作联社诉汝城县自来水有限公司、汝城县国有资产经营有限公司金融借款合同纠纷案①

2000 年 3 月 31 日，原汝城县自来水公司向汝城县农村信用合作联社借款 80 万元，用原汝城县自来水公司土地作抵押，还款使用水费收入及工程收入。2003 年 1 月 13 日，汝城县自来水公司被汝城县工商行政管理局注销。2003 年 3 月 25 日，汝城县自来水公司的主管部门汝城县建设局与汝城县龙泉制水有限公司签订合资合同。2005 年 3 月 4 日，汝城县自来水公司以有效资产与汝城县龙泉制水有限公司成立新设合并公司即汝城县自来水有限公司。该公司股东情况为：汝城县龙泉制水有限公司（403.26 万元）、汝城县建设局（170 万元）、汝城县自来水有限公司工会（60 万元）。原汝城县自来水公司的法

① 案例来源：http://www.110.com/panli/panli_154480.html。

定代表人黄金林继续担任汝城县自来水有限公司的副董事长,原汝城县自来水公司的生产设备、办公场所、生产场所等有效资产由新设公司汝城县自来水有限公司生产经营,但原汝城县自来水公司的债务未被清算,出现了在企业改制过程中为落实金融债券债务,使金融债券债务悬空的情况。原告于2004年至2008年多次向汝城县自来水有限公司发出催款通知书,2009年3月19日,原告再次向汝城县自来水有限公司发贷款催收通知书,但汝城县自来水有限公司认为现在的自来水有限公司与原自来水公司不存在关系,这笔债务不应由其承担,而应由汝城县国有资产管理有限公司承担。原告于2009年3月26日向法院提起诉讼。

法院审理认为:汝城县自来水有限公司名义上是汝城县建设局与汝城县龙泉制水有限公司合资组建的,实际上还是汝城县自来水公司与汝城县龙泉制水有限公司合并组建的,原汝城县自来水公司所有的有效资产都纳入现在的汝城县自来水有限公司,应视为现在的被告汝城县自来水有限公司是两个公司合并新设的公司,根据《公司法》第175条的规定,债务由新设公司偿还。并且自2003年汝城县自来水公司注销后,所有的水费收入都是由现在的被告汝城县自来水有限公司收取,该笔钱按约定应该用来偿还该笔债务。被告汝城县国有资产经营有限公司只是汝城县自来水公司的一个股东,在本案中不应以单独的民事主体承担责任。法院依据《公司法》第173、175条之规定,判决如下:原汝城县自来水公司向原告借款800000元及利息543921元(利息只计算到2009年3月19日,以后利息另算),合计人民币1343921元,由被告汝城县自来水有限公司在本判决生效后十日内一次性付清。本案诉讼费16895元,保全费5000元,由被告汝城县自来水有限公司承担。该案两被告在上诉期内均未上诉。

本案是一起公司新设合并前所负的债务,在两个公司合并后,原公司所负债务应由合并后新设的公司承担偿还责任的纠纷。汝城县自来水公司在改制合并前是一个有独立法人资格的国有企业,汝城县龙泉制水有限公司是一个民营企业。汝城县自来水公司在合并前欠原告贷款本金80万元及相应的利息。现汝城县自来水公司与汝城县龙泉制水公司合并新设为被告汝城县自来水有限公司,根据法律的规定,原汝城县自来水公司所负债务应由合并后新设的汝城县自来水有限公司承担偿还责任。被告汝城县国有资产经营公司(原汝城县自来水公司的债权债务承担者)只是汝城县自来水有限公司的一个股东,被告汝城县自来水有限公司的股东之间的约定系内部约定,对外不能对抗债权人。故汝城县法院判决由被告汝城县自来水有限公司承担偿还责任是正确的。

1. 公司合并对债权人的利益产生了重大影响——法学分析

公司合并,在合并的程序上,对债权人有不利影响。我国《公司法》第174条规定了公司合并应当由合并各方签订合并协议,并编制资产负债表及财产清单,对于合并公司的清算程序只字未提。公司解散时进行清算,目的就在于让具有独立人格的公司在其人格灭失以前,必须清算自身的财产和清理债权债务,了结和终止已解散公司作为当事人的一切法律关系,其中最重要的是对股东分配剩余财产之前清偿公司债务,尽量最先保证公司债权人债权的实现。公司合并时,为了简化合并程序、提高公司合并效率,公司合并中被并购公司解散无须进行清算。因此,在这种情况下,公司债权人债权的实现只能依赖于承继被合并公司人格的存续公司或者新设公司的现实以及未来的偿债能力,而这种期待中的债权的实现具有不确定性和变动性。这与及时、快捷地实现债权人债权的清算程序相比,无疑具有更大的风险性。

《公司法》第175条规定:公司合并时,合并各方的债权、债务,应当由合并后存续的公司或者新设的公司承继。因而,公司合并无须征得解散公司债权人的同意。解散公司债权人没有选择同意与否的权力,并且对未来的债务人偿债能力和偿债信用一无所知,只能被动地接受债务人变更的残酷事实。这无疑使债权人债权的实现更加难以确定。在本案中,汝城县自来水公司在公司解散和新设合并时,并未通知债权人即汝城县农村信用合作联社,没有进行债权债务的清算,造成汝城县农村信用合作联社多次向汝城县自来水公司主张债权时得不到答复(因公司已经解散),向汝城县自来水有限公司主张债权时被拒绝,理由是公司与原自来水公司不存在关系。

公司合并之后,合并公司的偿债能力和信用发生了巨大变化,这种变化增加了债权人债权实现的不确定性。一方面,合并公司经营范围或者组织形式的变更会增加债权实现的不确定性。通常,公司合并后,都会扩大或者变更经营范围,变更组织形式,如有限责任公司与股份有限公司的合并,存续公司或者新设公司的组织形式可变为有限责任公司,也可变为股份有限公司。而二者在公司治理、资本运营方面的重大差异,会直接影响债务人公司的偿债能力。另一方面,公司合并有可能造成债务人公司资本减少,导致偿债能力下降,影响债权人债权的实现。公司合并,解散公司的净资产并入存续公司或者新设公司的净资产中,合并后的总净资产成为参与合并公司所有债权人债权的共同担保,成为债务人公司所有债权人共同的责任财产。但是,各参与合并公司的资产负债率不同,负债率高的公司参与合并,导致合并公司净资产担保额降低,偿债能力下降,不利于债权人债权的实现。

由此可见,债权人在公司分立的过程中是弱势群体,其债权的实现面临着极大的不确定性,利益很容易受到侵害,而我国《公司法》为了降低公司合并的成本、提高公司合并的效率,对合并公司原债权人的保护程度偏低,在整个公司合并的流程上,对有关债权人保护的规定不够详细,甚至有所缺失。如我国《公司法》没有明确债权人知情权的内容、没有具体规定债权人的异议权等。这样的法律规范导致的结果是,债权人的利益往往得不到有效保护,一些公司通过合并的方式逃避原有的债务。虽然最终通过法律诉讼,债权人能够取得自己的权益,如本案中,汝城县法院判决由被告汝城县自来水有限公司承担偿还责任,但是,债权人在取得应有权益的过程中,付出了很大的成本。如本案中,汝城县农村信用合作联社从2004年起开始追讨债务,至2009年向法院提起诉讼,历时五年。倘若债权人能有效行使知情权,在得知公司合并消息时,就能判断决定是否主张债权;倘若债权人拥有异议权,就能在公司合并对其债权实现构成不利影响的情况下,主张清偿债务或者要求合并公司对债务提供担保。

2. 公司合并中债权人与公司的信息不对称——经济分析

公司债权人为公司提供资金,承担公司运营中的风险(不能按期偿还债务的风险、破产风险),获取利息作为报酬,除此之外,并没有像公司股东、董事、经理层等公司内部人员那样参与公司的决策和经营管理的权利。法律为弥补其损失,规定了公司债权人的债权优先于股东分配红利和公司破产时优先偿还其债权的权利。但这与债权人承担的风险相比,还是远远不够的。由于公司债权人无法参与公司的管理和决策,无法获得公司内部运营状况的信息,特别是在公司合并过程中,公司股东和债权人形成明显的信息不对称,公司债权人面临公司股东的道德风险。因为在公司的合并过程中,公司债权人往往获取不到合并方面的信息,即使能够获得,也需要付出较高的信息成本,在我国,《公司法》尚未规定公司合并公告的具体内容及方式。一般公司若要合并,只会将合并的简要信息通过公告的方式告知原公司债权人。债权人往往不能及时获取公告的信息,等到期索取债权时,发现原公司已经注销解散,当向合并公司索取债权时,被告知此债务归属原公司,最后只能通过法律诉讼途径解决。如本案中,原告汝城县农村信用合作联社就遇到了这样的情况。因此,在公司合并中,债权人与公司内部管理人员的信息不对称,使得债权人处于被动劣势地位。为了避免信息不对称带来的损失,债权人往往需要付出高昂的信用成本,即债权人为了避免出现债权无法实现而进行的事先储存所消耗的成本,如银行的坏账准备金。然而,债权人信用成本的产生降低了债权人资金的利用效率,在一定程度上造成了社会金融资源的浪费。

为了降低债权人的信用成本,提高债权人资金的优化配置,减少债权人与公司之间的信息不对称,降低公司内部人的道德风险,公司法须在以下两个方面进行完善:

(1) 确定公司合并决议公告的具体方式。由于我国《公司法》没有规定公司合并决议公告的具体方式,某些公司可以故意在不知名的报刊上刊登公司合并决议公告,使得债权人无从知悉公司合并事实,采取要求清偿债务的行动。借鉴他国的经验,可以帮助我们确定我国《公司法》有关公司合并决议公告的具体形式。例如:德国采取的是由办理公司合并登记的法院依职权通过《联邦法律公报》和至少通过另外一种公报对登记的全部内容进行公告的方式。日本采取的是在政府公报上公告并对已知债权人分别进行催告的方式,但按照公司章程选定的法定公告方式进行了公告的,免除对已知债权人分别提醒催告的义务。我国台湾地区规定,公司在合并决议后,应即向各债权人分别通知及公告;对合并决议之通知及公告,要指定三十日以上期限,让债权人得于期限内提出异议。通过规定公司合并决议公告的具体方式,可以有效避免债权人获取不到公司合并决议公告的信息,进而错过主张自己债权人权利的最佳时机。

(2) 确定公司决议公告的具体内容。在债权人知情权的涵盖范围上,我国《公司法》没有作出具体规定。除了债权人有权知悉债务人公司将要合并这一事实外,我国《公司法》未明确债权人知悉内容。在德国,《公司改组法》要求合并的公司应该附上合并合同、合并决议笔录、合并报告、审查报告、公司资产负债表(终结资产负债表),然后才能进行申报及公告,让债权人从公司公告事项中了解公司财务,借以保障其债权。我国应借鉴德国的公司合并的公示制度,让债权人知悉公司合并的所有财务状况及相关信息,从而判断对公司合并是否有信心,若无信心,则加强保护其债权,如要求公司清偿债务或者提供担保。

二、公司分立中的债权人利益保护

公司分立是指公司因生产经营或管理上的需要，依据法律或合同的规定，将公司依法变更为两个或两个以上公司的法律行为。公司分立是公司法上的重要制度，是公司实现资产重组、调整组织结构、实现企业经营专业化、降低投资风险、提高公司盈利能力的重要经营手段之一。

下面我们以一个债务纠纷案为例，来说明公司分立后公司的债权人利益在法律上是如何进行保护的。

≺案例 10-6≻

江西省某压缩机股份有限公司诉宏达公司、宏泰公司和宏天公司债务纠纷案①

2006 年 1 月 4 日，某市天宇电器股份有限公司（以下简称“天宇公司”）与江西省某压缩机股份有限公司（以下简称“压缩机公司”）签订一份 10 万台压缩机的买卖合同，总金额 5 000 万元。合同签订后，压缩机公司依约如期履行了合同，而天宇公司在合同履行期满时，由于冰箱销路不畅而导致大量积压，仅支付了 2 000 万元货款。2007 年 3 月，天宇公司为躲避债权人追讨，分立成三个公司，即宏达公司、宏泰公司和宏天公司，三个公司于同年 3 月 26 日签订了公司分立协议并编制了资产负债表和财产清单。协议规定：原天宇公司的厂房、机器设备等优质资产由宏达公司和宏泰公司平均分配；原天宇公司债务由分立后的宏天公司承继。因天宇公司欠压缩机公司 3 000 万元货款和违约金一直未支付，2007 年 4 月压缩机公司向某市人民法院起诉，要求分立后的三家公司支付货款和违约金及其利息。宏达公司和宏泰公司辩称天宇公司分立时，宏达公司、宏泰公司和宏天公司已签订分立协议，协议规定天宇公司的债务由宏天公司承继，而与它们无关。

法院经审理后认为，天宇公司分立为宏达公司、宏泰公司和宏天公司，虽然三家公司签订了分立协议，并对天宇公司的财产作了相应分割，且编制了资产负债表和财产清单，依法通知和公告了债权人，但未与债权人达成债务承担协议。判决如下：宏达公司、宏泰公司和宏天公司对天宇公司欠压缩机公司的 3 000 万元货款和 150 万元违约金及其银行同期存款利息承担连带责任；案件受理费由三被告承担。

在本案中，天宇公司分立后的三家公司相互之间达成的债务负担协议只是一种内部约定，未经债权人压缩机公司的同意，对其不具有对抗效力。实际上天宇公司分立的意图十分明显，即借公司分立逃避债务，对于这种行为应予否定，以保护债权人的利益。被告三家公司依法应对公司分立前的债务向原告压缩机公司负担连带清偿责任。

① 案例来源：林嘉、曾宪义、王利明，《商法案例分析》，中国人民大学出版社 2009 年版。

1. 公司分立的法律效果:债务的承继?——法学分析

公司分立时引起的最主要的法律效果就是公司债权、债务的承继。我国《公司法》第177条规定,公司分立前的债务由分立后的公司承担连带责任,但是,公司在分立前与债权人就债务清偿达成书面协议另有约定的除外。从中可以看出,总的原则是分立前的债务由分立后的公司承担连带责任,但在分立前如果公司与债权人就债务清偿达成的书面协议与上述规定不同,应按照该协议处理分立前的债务。

分立后的连带责任是对外关系而言的,就对内关系而言,分立后的存续公司或新设公司通常根据其接受资产的比例而规定其内部债务承担比例。但是此种内部债务承担比例除非得到债权人同意,否则并不能对抗债权人,更不能摆脱连带责任的束缚。如本案中,分立后的宏达、宏泰、宏天三家公司相互之间达成的分立协议中有关债务承继的内容只是一种内部约定,未经债权人压缩机公司的同意,对其不具有对抗效力。

连带责任能够很好地保护债权人,但是公司分立后的新设公司或承继公司因要对债权人负担连带责任可能会阻碍分立的经济动机,使得公司在准备分立时存在很大的顾忌。为了公司分立的顺利进行,促进专业化分工,在连带责任范围上,我国《公司法》有必要在财产数量和时间上作出一定的限制。我国台湾地区规定:由分立后受让营业的既存公司或新设公司,就分立前公司所负债务在受让营业的出资范围内负连带清偿责任,但债权人的连带清偿责任请求权,自分立基准日起两年内不行使而消灭。日本商法也规定了连带责任的范围,当该公司是分立公司或新设公司时,限定为分立日当时所持有的财产份额;当是承继公司时,则限定为所承继的财产份额。参考我国台湾地区及日本的规定,分立当事公司连带责任的财产范围可以限定为,分立公司和新设公司为分立时所持有的财产份额,承继公司则限定为所受承继的财产份额。这样既可保障债权人的权益,又不削弱公司的分立动机,同时减轻分离后当事公司的负担。

在连带责任承担的期限上,我国台湾地区规定,自分立基准日起两年内不行使而消灭;德国《公司改组法》第133条规定,即使是在分立、转让合同中为分配的债务的承继公司在分立后五年内已到达清偿期并依据债权人请求诉讼时,也应对该债务负担责任。若连带责任承担的期限过短,实践中可能会存在分立当时未到期的债务,到期时已经过了连带责任承担的期限。因此,在连带责任承担的期限上,德国的立法比较合理,值得我国借鉴。

2. 公司分立对债权人的影响——经济分析

公司分立,公司偿债能力和信用都将发生变化,增加了债权人债权实现的不确定性。本案中,天宇公司分立后,债权债务发生了很大变化,天宇公司内部分立协议中约定,原天宇公司的优质资产由分立后的宏达公司和宏泰公司平均分配,而天宇公司的债务由宏天公司承继。这样当压缩机公司向分立后的公司主张债权时,宏达公司和宏泰公司就以不承担债务为由拒绝,压缩机公司就面临着债权实现的极大不确定性。不确定性意味着风险,本案中,压缩机公司以赊销的方式,将价值5 000万元的压缩机售于天宇公司,等于压缩机公司向天宇公司进行了无息贷款,由于其事先尚未预料到天宇公司会通过公司分立的方式逃避债务,因此,压缩机公司并未提高售价或者改变货款支付方式或者要求天宇公司对货款支付提供担保。这对于压缩机公司来说意味着很大的风险。而且这个风险最终转变为了现实,天宇公司分立后,拒绝承担债务。在金融学中,高风险意味着要有高回报,面临债权实现的极大不确定性,债权人将资金借给公司时,必将要求更高的回报率。这样势必增加需要进行分立的公司在分立前的外部融资成本,降低公司运营收益,不利于公司通过分立进行专业化的经营,提高盈利能力。那么如何在公司分立过程中,降低债权人面临的不确定性,确保债权人利益的实现,使得公司不敢于通过公司分立的方式逃避债务,损害债权人的利益,同时对需要专业化经营的公司来说,降低分立前的融资成本呢?

这里法律起了很好的保障作用。《公司法》第176条规定:"公司应当自作出分立决议之日起10日内通知债权人,并于30日内在报纸上公告。"《公司法》第177条规定:"公司分立前的债务由分立后的公司承担连带责任。但是,公司在分立前与债权人就债务清偿达成的书面协议另有约定的除外。"此外《合同法》第90条规定:"当事人订立合同后分立的,除债权人和债务人另有约定的以外,由分立的法人或者其他组织对合同的权利和义务享有连带债权,承担连带债务。"《最高人民法院关于审理与企业改制相关的民事纠纷案件若干问题的规定》第12条规定:"债权人向分立后的企业主张债权,企业分立时对原企业的债务承担有约定,并经债权人认可的,按照当事人的约定处理;企业分立时对原企业债务承担没有约定或约定不明,或者虽然有约定但债权人不予认可的,分立后的企业应当承担连带责任。"第13条规定:"分立的企业在承担连带责任后,各分立的企业间对原企业债务承担有约定的,按照约定处理;没有约定或者约定不明的,根据企业分立时的资产比例分担。"我国法律的上述规定,无形中增加了公司逃避债务的成本,使得债权人的利益得到了一定程度的保障。如本案中,法院最终判决由天宇公司分立后的三家公司对原天宇公司欠压缩机公司的货款承担连带责任。但就目前发生的案例来看,这些保护一般都在事后,即一般都是债务人违约后,由债权人通过法律诉讼主张债权。法律如何在事前起到有效的保护作用或者说遏制作用呢?

这里,原《公司法》的一些规定还是值得借鉴的,即原《公司法》规定:"公司应当自作出分立决议之日起10日内通知债权人,并于30日内在报纸上至少公告三次。债权人自接到通知书之日起30日内,未接到通知书的自第一次公告之日起90日内,有权要求公司清偿债务或者提供相应的担保。不清偿债务或者不提供相应的担保的,公司不得分立。"新《公司法》将公司分立公告的次数缩减为一次,并且删去了不清偿债务或者不提供担保公司就不得分立的规定。新《公司法》是从提高企业分立的效率,降低分立成本,兼顾各方利益,采用适度保护的原则作出修改的。但是,《公司法》简化分立程序的同时,也简化了债权人保护的法律规范。当前公司分立过程中如此众多的公司通过分立逃避债务的案例表明,《公司法》应当加强在公司分立过程中对债权人利益的保护,细化规范,赋予债权人在公司分立过程中的知情权、异议权及权利损害的救济请求权。这样才能使得在公司分立中,债权人的利益得到有效保护,优质的公司也能降低融资成本,通过分立,进行专业化经营,提高盈利能力。

本章总结

1. 大陆法系与普通法系公司法的主要差异在于公司类型、管制与自治的关系和董事会的结构。

2. 中国公司治理机制的演进分为三阶段:1949—1978 年的计划经济阶段,1978—1992 年的重新引入物质刺激阶段以及 1993 年至今的公司形式重新出现阶段。

3. 公司法提供给中小股东法律保护的两种主要途径分别是:股东代表诉讼制度和累积投票制度。

4. 公司分立前的债务由分立后的公司承担连带责任;公司合并时,合并各方的债权、债务应当由合并后存续的公司或者新设的公司承继。

5. 法人人格否认制度的适用要件是:前提要件、主体要件、行为要件和结果要件。

思考题

1. 站在投资者保护角度,比较直接投票和累积投票制度的优劣。

2. 揭开公司面纱是对公司有限责任的否认吗?

3. 在什么条件下应当揭开一人公司的法人面纱? 由谁来承担举证责任?

4. 公司合并过程中,债权人应获得哪些权利?

5. 结合相应的案例指出我国《公司法》修改前的主要问题所在。

阅读文献

1. 宋尚华:《论公司合并中债权人的权利》,载《经济研究导刊》,2008 年第 7 期。

2. 胡强:《公司累积投票制之法律经济学分析》,载《法学研究》,2013 年第 7 期。

3. 叶建中:《公司法原理精解案例与运用》,中国法制出版社 2012 年版。

4. 虞政平:《公司法案例教学》,人民法院出版社 2012 年版。

5. 谢文哲:《公司合并无效的实体和程序问题研究》,收录于《2007 年法学新问题探论》,北京大学出版社 2007 年版。

6. 时建中:《公司法原理精解、案例与运用》,中国法制出版社 2012 年版。

7. 虞政平:《公司法案例教学》,人民法院出版社 2012 年版。

第十一章

管制法的经济学分析

由政府实行的管制必须解释为对财产法、民法、契约法等普通法的一种补充。

——〔美〕丹尼尔·F.史普博

【本章概要】

法学和经济学对管制具有相近而略有不同的定义。管制法是调整政府管制关系以及在此基础上产生的监督政府管制关系的法律规范和原则的总称,包括了与经济性管制相关的法律、与社会性管制相关的法律和反垄断法。从法学角度看,管制法是被作为建立在行政法一般理论基础上的一个部门法的分支来进行研究的,因而,管制法与传统行政法密切相关,两者既有相通的共性,又有鲜明的个性。而从经济学角度看,管制源于市场失灵;同时,由于管制的需求和供给的特点决定了管制的供求均衡难以实现,不均衡成为一种常态。对政府管制进行成本—收益比较分析,则有利于权衡政府管制的利弊得失,从而为政府管制提供理论依据。从现实来看,管制与法律的密切联系决定了管制的建立与发展是一个管制与法律的互动过程。

【学习目标】

1. 掌握管制及管制法的定义,了解管制法的体系。
2. 了解管制法与传统行政法的联系与区别。
3. 理解管制与市场失灵的关系,掌握管制的供求分析和成本—收益分析。
4. 理解管制与法律的互动关系。

有效的管制体制对一个国家经济社会的健康发展,无疑是非常必要的,尤其是对中国这样的大国来说更是如此。随着中国从计划经济体制向市场经济体制的转型,中国对各行各业管制改革的力度越来越大,但中国到底要建立一个什么样的管制体制似乎尚无定论。管制体制的建立与完善有赖于一系列管制法律法规的出台和完善。本章在阐述管制法体系的基础上,从法学与经济学角度对管制法进行分析。

第一节　管制的法律体系

管制,即政府管制,是由英语"regulation"翻译过来的,意为政府运用法律、法规、制度等手段对经济和社会加以控制和限制,"regulation"在日语中被译作规制,在中国除了管制,还有监管、管理、规制等各种译法。管制涉及社会、政治、经济、法律等活动的各个方面,是一项十分复杂的活动。研究管制的专家学者,由于其学术背景和研究兴趣的不同,所关注问题的侧重面不同,因而给出的管制的定义也不尽相同。到目前为止,可以说"一个具备普遍意义的可有效运用的政府管制定义仍未出现"[①]。即使在经济学研究领域,至今也没有一个统一的被人们公认的管制定义。本节从管制的法学定义和经济学定义出发,阐述管制法的概念及管制法体系。

一、管制的法学定义

政府管制不仅是政府的经济管理活动,而且是政府的法律活动,因而,政府管制必然涉及法律问题。从历史上看,政府管制是行政法学研究的重要领域,美国最早对行政法的研究起源于对独立管制机构的研究,因而,美国传统上曾经从独立管制机构角度对行政法下定义,认为行政法是规范和控制独立管制机构行为和权利的法;美国最权威的法学词典,即《布莱克斯法学词典》对行政法的解释亦属此类。[②] 但是,在政府管制不断发展和改革,经济学对政府管制开展大量研究并取得丰硕研究成果的同时,却鲜见法学界对政府管制有系统而深入的研究。

经济学对管制的定义,虽然在经济学研究上具有重要意义,但却既不可能反映政府管制具有的与一般行政管理相同的法律上的共性,也无法从法律上揭示政府管制的特征,从而无法为人们从法律的角度了解和认识政府管制制度提供足够的帮助。

茅铭晨在参照管制的经济学定义的基础上,从法律角度对政府管制下了一个定义:所谓政府管制,就是管制性行政主体根据法律法规的授权,为追求经济效益和社会效益的帕累托最优及维护社会公平和正义,对经济及其外部性领域和一些特定的非经济领域采取的调节、监管和干预等行政行为。[③] 显然,这一定义表明,政府管制是政府管理或行政管理的一类活动,但它又具有一般行政管理所不具有的管制性质,因而是一种特殊的行政行为。

---

① 〔美〕丹尼尔·史普博:《管制与市场》,余晖等译,上海三联书店、上海人民出版社1999年版,第28页。
② 胡建淼:《比较行政法——20国行政法评述》,法律出版社1998年版,第116—117页。
③ 茅铭晨:《传统行政法与政府管制法的关系》,载《西南政法大学学报》,2005年第8期。

作为行政管理的一类活动,政府管制具有一般行政管理所具有的共同特征:(1) 主体都属于行政系统的机关或机构;(2) 对象都属于立法、司法之外的行政事项;(3) 目的都是实现政府管理的某种目标;(4) 行政性质都属于行政法上的"行政行为";(5) 要求都应当依法进行,并受到法律的监督。政府管制与一般行政管理的共性,使得法学界有理由把政府管制法作为建立在行政法一般理论基础上的一个部门法的分支来进行研究。

然而,政府管制毕竟不同于一般的行政管理。美国人用"administration"表示行政,而用"regulation"表示管制,本身说明两者具有不同的涵义。英文的"administration"有"管理"、"支配"、"执行"和"实施"的含义,它反映公共行政的国家支配力和相对于立法的执行性;而"regulation"的主要含义是"调整"和"调节",因而"regulation"可以被认为是从属于"administration"的一种特殊活动。与一般行政管理相比,政府管制所具有的特殊性体现在以下几个方面:

(1) 主体的特殊性。政府管制的主体是负有管制使命的管制性行政主体,经济学界一般称之为"管制机构"。在美国,管制性行政主体主要是指根据某一管制法的特别决定,直属总统,由总统提名,经议会同意后任命,主要由相应领域专家组成核心领导机构,有固定任期,非因法定事由不得免责,集行政与准立法、准司法于一体的"独立管理机构",这些机构实行委员会制,不对任何行政部门或上级机构负责,由法律授权其对有关经济和社会领域实施监督、调节和管制,是联邦行政机构中具有特殊地位的专业组织。而一般行政管理的主体是普通行政主体,在我国包括各级政府、政府职能部门以及法律法规授权其从事某种一般行政管理活动的授权性组织。

(2) 权力来源的特殊性。一般行政管理的权力大多来源于宪法和组织法的"一般授权",或者可以被认为是普通行政主体的"固有职权"。而管制权力则往往来源于特定法律、法规的授权,或者来源于权力机关或上级行政机关专门决议的授权。这种授权在行政法学上称之为"特别授权",而根据"特别授权"获得的权力则被称为"授予职权"。不过,由于体制不同,管制性行政主体权力的来源在不同的国家具有不同的表现形式。例如,在美国,独立管制机构是根据特定的法律直接设立的,其职权通常也由该法律直接授予,因此,管制性行政主体与其权力往往是按同一法律同时产生的。美国的联邦贸易委员会(Federal Trade Commission,简称 FTC)就是伴随《联邦贸易委员会法》(1914)的通过而授权建立的。而在中国,由于管制性行政主体多为"综合性管制机构",因而其管制权力往往是"自然而然"的,即使有些管制权力是通过"特别授权"授予的,通常也是在其原来的一般行政管理权力之外增加的,因此,管制性行政主体与其权力并非同时产生,而是先有主体后有管制权力。

(3) 权限的特殊性。管制性行政主体是集立法、执法、司法于一身的行政机关(机构)或授权性组织,具有很高的权威性。在美国,管制机构由国会授权,同时拥有半立法、半行政、半司法的"三位一体"权利,被称为第四权,它可以设立标准、设定权利义务甚至创制法律。而绝大多数地方政府及其职能部门没有准立法权,即使具有一定级别的普通行政机关有权进行准立法,也只能是"执行性立法"、"补充性立法"和"试验性立法",具有强烈的相对于立法机关的从属性和执行性,与管制性行政主体的创制性立法具有明显的区别。管制性行政主体享有的创制性立法权,固然与其级别有关,但更主要的还是其使命使然。

(4) 对象、内容和目的的特殊性。一般行政管理的管理对象是一般国家行政事务与公共事务,如国防、外交、财政、税收、科教文卫、国家信息与情报、基础设施等,目的是实现对国家事务和社会事务的管理以及为社会提供公共服务;而政府管制的对象主要集中在经济活动及其所涉及的"垄断"、"外部性"、"信息不对称"等领域,包括反垄断管制、经济性管制和社会性管制,其目的是实现经济效率和社会效率的帕累托最优,维护社会公平与公正。

(5) 原则、手段和方法的特殊性。一般行政管理以合法性和合理性为基本原则,采取征收、审批、确认、监督、处罚、强制、给付、奖励、裁决、合同、指导等手段进行;而政府管制除了需要遵守合法性和合理性的一般原则外,还有其特殊的一些具体原则。如反垄断管制应当坚持充分竞争原则、市场机制优先原则;经济性管制应当坚持自然垄断性与适度竞争相协调原则、经济效益与社会效益兼顾原则;社会性管制应当坚持以人为本原则、权益补救原则等。在手段方面,管制手段总体上比一般行政管理的手段更为狭窄,具有较强的"刚性"。为了实现管制目标,政府管制会运用一些特殊的管制方法,比如,反垄断管制通过采取禁止垄断协议、禁止滥用市场支配地位、控制经营者过度集中、禁止行政性垄断等方法以实现管制目标;经济性管制通过采取控制市场的进入与退出、实现价格管制、质量管制等以实现其管制目标;社会性管制则采取设定社会基准法、倾斜立法等方法以实现管制目标。

二、管制的经济学定义

在《新帕尔格雷夫经济学大辞典》中,管制被定义为:"政府为控制企业的价格、销售和生产决策而采取的各种行动,以努力制止不充分重视'社会利益'的私人决策。"植草益认为:"通常意义上的规制,是依据一定的规则对构成特定社会的个人和构成特定经济的经济主体的活动进行限制的行为。"[①]卡恩则指出,作为一种基本的制度安排,政府管制是对该种产业的结构及其经济绩效的主要方面直接的政府规定,比如进入控制、价格决定、服务条件及质量规定,以及在合理条件下,服务所有客户时应尽义务的规定。[②] 史普博认为:"管制是由行政机构制定并执行的直接干预市场配置机制或间接改变企业和消费者的供需决策的一般规则或特殊行为。"[③]施蒂格勒在 1971 年提出:作为一种法规(rule),管制是产业所需要的并为其利益所设计和主要操作的。中国学者余晖给出了一个我们较为容易理解的定义:"管制是指政府的许多机构,以治理市场失灵为已任,以法律为依据,以大量颁布法律、法规、规章、命令及裁决为手段,对微观经济主体(主要是企业)的不完全公正的市场交易行为进行直接的控制或干预。"[④]王俊豪也认为:"政府管制是具有法律地位的、相对独立的政府管制(机构),依照一定的法规对被管制者(主要是企业)所采

① [日]植草益:《微观规制经济学》,朱绍文、胡欣欣等译,中国发展出版社 1992 年版,第 1 页。
② [美]卡恩:《管制经济学:原理与制度》,高凯译,上海译文出版社 1998 年版。
③ [美]丹尼尔·F. 史普博:《管制与市场》,余晖等译,上海三联书店、上海人民出版社 1999 年版,第 45 页。
④ 余晖:《中国政府管制制度》,载《改革》,1998 年第 3 期。

取的一系列行政管理与监督行为。”①

≺专栏 11-1≻

诺贝尔奖获得者乔治·斯蒂格勒

乔治·J. 斯蒂格勒(George J. Stigler, 1911—1991),美国权威经济学家,曾任哥伦比亚大学教授、芝加哥大学华尔格林美国机构杰出服务经济学教授、芝加哥大学经济与国家研究中心主任。由于在产业组织和政府管制方面的开创性研究,斯蒂格勒荣获1982年诺贝尔经济学奖。瑞典皇家科学院在授奖公报中这样概括他的主要贡献:“通过长期、广泛的实证研究,斯蒂格勒为市场运行的研究和产业结构的分析作出了重大贡献。作为这一研究的一部分,他对经济法规如何影响市场作了探索。他对产生经济法规的诸力量的分析,已经开辟一个经济研究的全新领域。”“斯蒂格勒的成就使他成为市场和产业结构应用研究领域(产业组织)的学术带头人。他的独特的研究成果,还使他被公认为‘信息经济学’和‘管制经济学’的创始人,以及边缘学科——法律和经济学的先驱之一。”②斯蒂格勒的成就主要凝聚在他的有关论文中,其中最有名的论文有《规模经济》《论寡占》《信息经济学》《管制者能管制什么》和《经济管制论》等。

尽管经济学家们对管制的定义众说纷纭,但是,管制毫无疑问是一种政府对微观经济领域的干预行为。因此,从经济学角度,本书倾向于将管制定义为:政府对微观经济活动进行的各种干预。具体来说,管制的主体是通过立法或其他形式被授予管制权的政府行政机关,通常被称为“管制者”;管制的客体是市场的各种经济主体(主要是企业),通常被称为“被管制者”或“受管制者”;管制的主要依据和手段是各种法律、法规或制度等,它们明确限定被管制者某个方面的决策、如何被限制,以及被管制者违反将受到什么样的行政或经济制裁,甚至是刑事制裁。

在对管制进行的定义的基础上,学者们还按照不同的方法对管制进行不同的分类,其中植草益将管制划分为直接管制和间接管制。

直接管制是指具有政府直接干预性质的管制,即政府通过批准、认可等制度,对公共事业中的进入、退出、价格、投资等所进行的制约和干预,以及在防止公害、环境保护、保证健康和安全、取缔毒品等方面进行的管制,因而,直接管制具有依据由政府认可和许可的法律手段直接介入经济主体决策的特点,并属于事前规制。

间接管制是以不直接介入经济主体的决策而仅仅制约阻碍市场机制发挥作用的行为,以形成和维护市场竞争秩序为目的的管制。间接管制主要是对不公平竞争的规制,

---

① 王俊豪:《政府管制经济学导论——基本理论及其在政府管制实践中的应用》,商务印书馆2001年版,第3页。

② 转引自〔美〕乔治·斯蒂格勒:《产业组织和政府管制》,潘振民译,上海人民出版社、上海三联书店1996年版,《译者的话》第3页。

即通过反垄断法、民法、商法等对垄断等不公平竞争的制约。间接管制是一种事后规制，在西方是由司法部门来实施的，一般不纳入政府管制范围。所以，前文所述的广义的政府管制包括了直接管制和间接管制，而狭义的政府管制仅指直接管制。

在直接管制中按照管制对象的不同，还可以将其划分为经济性管制和社会性管制。

经济性管制(economic regulation)是指在自然垄断和存在信息偏在的领域，主要为防止发生资源配置低效和保证利用者的公平利用，政府机关用法律权限，通过许可和认可等手段，对企业的进入和退出、价格、服务的数量和质量、投资、财务会计等有关行为加以规制。经济性管制的主要领域是自然垄断和信息不对称。针对特定行为而言，传统的管制以及后来的放松管制主要与经济性管制有关，所以，经济性管制又被称为旧式(old-style)管制。

经济性管制的主要形式有进入管制、价格管制、投资管制等。进入管制是指在具有自然垄断性质的产业中，从提高生产效率的观点出发，允许特定一家或少数几家企业加入某一行业，而限制其他企业加入；或从防止过度竞争的观点出发，由管制机构视供求的平衡状况来限制新企业的加入。具体执行中政府可以通过发放许可证来实现进入管制。价格管制主要是指在自然垄断产业中，管制者从资源有效配置和服务公平供给观点出发，以限制垄断企业确定垄断价格为目的，对价格(收费)水平和价格体系进行的管制。实际中，为资源有效配置和服务公平供给，政府在竞争性产业中也进行某些价格管制。投资管制是指政府为防止因投资过度或过少而造成的价格波动，对各产业所进行的投资规模和投资结构的管制，尤其在竞争产业中，投资管制可以防止因投资过度而发生的过度竞争。

社会性管制(social regulation)是指以保障劳动者和消费者的安全、健康、卫生以及保护环境、防止灾害为目的，对物品和服务的质量和伴随着提供它们而产生的各种活动制定一定的标准或禁止、限制特定行为的规制。[①] 社会性管制是政府在产品和服务的安全性与质量、卖方所提供信息的可信度、生产经营活动对人类和自然环境的影响等方面所作的努力。社会性管制出现较晚，且范围较广，是政府管制领域扩展的结果。社会性管制的主要领域是负外部性、非价值物品等，不仅针对企业行为，也针对经济或社会绩效。因而，社会性管制被称为新式(new-style)管制。

植草益认为社会性管制的目标大体上可以分为：(1) 保证健康、卫生(由药物法、医疗法等产生的管制)；(2) 保证安全(由劳动安全环境卫生法、保护消费者法、公路交通法、建设标准法、消防法等产生的管制)；(3) 防止公害、环境保护(由公害对策基本法、防止大气污染法、防止噪音法、自然环境保护法、禁止高压煤气法、国土利用计划法等产生的管制)。因此，社会性管制的具体形式主要有产品质量管制、工作场地安全卫生管制、环境污染管制以及合约条款管制等。产品质量管制，又称产品或服务的质量标准管制，指的是既要防止那些不存在激励竞争的垄断产业提供物品和服务的质量下降，又要防止竞争产业提供低劣的物品和服务。政府往往通过制定标准，如质量标准、服务标准、技术标准等来进行管制。工作场地安全卫生管制既包括了雇员限于作业环境的限制提供劳

① 〔日〕植草益：《微观规制经济学》，朱绍文、胡欣欣等译，中国发展出版社1992年版，第281页。

动供给方面某些特别综合性特征(如保姆体检),也包括了雇主受限于某些特殊契约必须满足对雇员健康和安全规制的要求(如化工厂的防护设施)。环境管制是一种可能增进交易机会的管制方式,因为它在原先产权不明确的地方创造了可交换的产权(通过污染排放的许可,进行排污权交易)。合约条款管制通过降低形成合约的成本和提供违约补救条款的办法,可增进交易订约的机会。

为实现社会性管制,政府在禁止特定行为和进行营业活动限制的同时,也根据资格制度、审查检验制度以及标准认证制度制定的对特定行为的禁止和营业活动的限制进行补充。禁止特定行为,是指直接禁止应取缔的或对社会不良的行为。对营业活动的限制,主要是指通过批准、认可制度对与提供公共性物品和准公共性物品、非价值性物品有关的事业者极有可能因外部经济而产生危害的事业者进行营业活动的限制。资格制度是指从事确保健康、安全、环境方面的业务,要由国家对其专门知识、经验、技能等进行认定、证明的制度。检查、鉴定制度是指以产品的安全性保证、机械设备的安全运转和操作的确保为目的,规定事业者有各种检查义务的制度。基准、认证制度是指从确保产品的安全性及设备操作、管理的安全性的观点出发,对于其结构、强度、爆炸性、可燃性等规定出安全标准,主要通过消费者生活用品的安全法、工业标准法等多种法律来体现。

根据以上分析,可以用图 11-1 来表示管制的分类:

政府管制
- 直接管制
  - 经济性管制:进入管制、退出管制、价格管制、投资管制等
  - 社会性管制:产品质量管制、工作场地安全卫生管制、环境污染管制等
- 间接管制:反垄断管制以及合约条款管制等

图 11-1 管制的经济学分类

尽管理论上,可以按图 11-1 对管制进行明确分类,但在实际的政府管制中,有时要将直接管制与间接管制、经济性管制与社会性管制严格分开是困难的。

三、管制法及其体系

管制法,即政府管制法,就是政府管制的依据。如果规范地表述,那么,政府管制法应该是调整政府管制关系以及在此基础上产生的监督政府管制关系的法律规范和原则的总称。该定义包含了两层含义:①

第一,管制法是涉及政府管制领域的一类法律规范和原则的总称。法学理论一般认为近代法域分为公法域和私法域,此为"二元法律结构说";也有学者认为在公法域和私法域之外还存在着公、私法融合形成的第三法域——社会法域,此为"三元法律结构说"。管制法的领域虽小于"法域",但横跨三大法域。管制法既涉及保护国家利益和公共利益的公法域;也涉及保护私人利益的私法域,如企业的市场地位及彼此之间的竞争关系;还涉及有关环境、健康、安全、劳动和社会保障、消费关系的社会法域。

第二,管制法的调整对象有两类:一类是政府管制关系,即管制性行政主体在行使管制职权时与管制相对方及利害关系人之间发生的社会关系以及管制性行政主体的内部

---

① 以下内容主要参考茅铭晨:《传统行政法与政府管制法的关系》,载《西南政法大学学报》,2005 年第 8 期。

关系。该关系受到政府管制法的调整,即上升为政府管制法律关系。另一类是建立在政府管制关系之上的监督政府管制关系,即有权的监督主体在对政府管制机构及其管制行为的监督过程中,与被监督的政府管制机构之间发生的关系。该关系受到政府管制法的调整,即上升为监督政府管制法律关系。

因此,所有涉及管制的相关法律法规都可以纳入管制的法律体系。如果将管制的经济学分类与管制的法律相结合,那么一个比较完整的管制法体系应该包括涉及经济性管制的法律、社会性管制的法律和反垄断法(或反托拉斯法)。下面分别以中国和美国为例,来看看这三类管制的法律体系。

从计划经济向市场经济转型,中国需要取消与计划经济相对应的旧管制,建立与市场经济相对应的新管制,因此,目前中国的管制法体系并不完善,但是到目前为止,中国已经颁布和完善了一系列与经济性管制、社会性管制相关的法律,分别见表 11-1 和表 11-2。

表 11-1 中国经济性管制法体系

产业		进入管制	价格管制	管制法(法律、法规、规章)	管制机构
公用事业	电力	供电营业许可证、营业执照	核准	《中华人民共和国电力法》(1995 年 12 月) 《国家电力公司组建方案》(1986 年 11 月通过;1996 年 12 月修订) 《电力监管条例》(2005 年 2 月) 《电力安全事故应急处置和调查处理条例》(2011 年 7 月) 《承装(修、试)电力设施许可证监督管理实施办法》(2012 年 4 月) 《电力可靠性监督管理办法》(2007 年 5 月) 《电力监管执法证管理办法》(2006 年 4 月)	国家、地方发展和改革委员会
	城市供水	资质审查、工商登记	地方政府定价	《中华人民共和国城市供水条例》(1994 年 1 月) 《城市供水价格管理办法》(1998 年 9 月) 《城市供水水质管理规定》(2007 年 3 月)	住房和城乡建设部、地方政府部门
	城市燃气、热力	地方政府垄断	地方政府定价	地方性法规	住房和城乡建设部、地方政府部门
	公共电汽车、地铁	地方政府垄断	地方政府定价	地方性法规	住房和城乡建设部、地方政府部门
	城市出租车	营业执照	地方政府定价	《城市出租车管理暂行办法》(1988 年 6 月) 地方性法规	住房和城乡建设部、公安部、国家旅游局、物价局

(续表)

产业			进入管制	价格管制	管制法(法律、法规、规章)	管制机构
邮电广播	邮政		国家垄断	法定价格	《中华人民共和国邮政法》(1986年12月通过;2009年4月第一次修订;2012年10月第二次修订)及其《实施细则》(1990年12月) 《邮政行业标准管理办法(试行)》(2010年5月) 《邮政产品质量监督抽查管理办法(暂行)》(2002年7月) 《邮政用品用具监督管理办法》(2001年8月)	工业和信息化部
	电信	国际长途	国家垄断	法定价格	《中华人民共和国电信条例》(2000年9月) 《电信业务经营许可证管理办法》(2001年12月) 《电信网络运行监督管理办法》(2009年4月) 《电信业务经营许可管理办法》(2009年3月)	工业和信息化部、物价司(局)
		国内长途	国家垄断	法定价格		
		地区通信	国家垄断	地方政府定价		
		无线移动电话	寡头垄断	地方政府定价		
		无线寻呼	许可证	法定价格		
		增值业务	申报			
	无线电广播		审批	放开	《中华人民共和国无线电管理条例》(1993年9月) 《无线电台执照管理规定》(2009年3月) 《中华人民共和国无线电管制规定》(2010年8月)	国家新闻出版广电总局、国家无线电管理委员会
	有线电视		许可	地方政府定价	《有线电视管理规定》(1994年2月) 《有线电视基本收视维护费管理暂行办法》(2004年12月) 《城市社区有线电视系统管理暂行办法》(2004年8月)	国家新闻出版广电总局
	卫星电视广播		许可	地方政府定价	《卫星电视广播地面接收设施管理规定》(1993年10月)及其《实施细则》(1994年2月) 《卫星电视广播地面接收设备定点生产管理办法》(2000年6月)	国家新闻出版广电总局、公安局、安全部、工商局

（续表）

产业			进入管制	价格管制	管制法（法律、法规、规章）	管制机构
交通运输	铁路	国家铁路	国家垄断	法定价格	《中华人民共和国铁路法》（1990年9月） 《铁路运输安全保护条例》（2004年12月） 《铁路建设工程安全生产管理办法》（2006年9月） 《铁路建设工程质量安全监督管理办法》（2006年8月） 《铁路运输收入管理规程》（2005年12月）	铁道部、物价司
		地方铁路	审批	地方政府定价		地方铁道局、物价司（局）
		专用铁路	审批	放开		地方铁道局、物价司（局）
	航空运输		许可、营业执照	法定价格	《中华人民共和国民用航空法》（1995年10月） 《通用航空飞行管制条例》（2003年1月） 《公共航空运输企业经营许可规定》（2004年12月） 《通用航空经营许可管理规定》（2004年12月） 《中国民用航空国内航线经营许可规定》（2006年1月） 《民用航空安全信息管理规定》（2007年3月）	民航总局、物价司
	水路运输		许可、营业执照	行业指导价格	《中华人民共和国水路运输管理条例》（1987年5月通过；1997年12月第一次修订；2008年12月第二次修订）及实施细则（1998年3月通过；2009年6月修订） 《国内水路运输经营资质管理规定》（2008年5月） 《国内水路运输管理条例》（2012年10月）	交通运输部、物价司
	公路运输		营业执照	行业指导（客运）、放开（货运）	《中华人民共和国道路交通安全法》（2011年4月） 《剧毒化学品购买和公路运输许可证件管理办法》（2005年5月） 《中华人民共和国道路运输条例》（2004年4月） 《放射性物品道路运输管理规定》（2010年11月） 《道路运输车辆燃料消耗量检测和监督管理办法》（2009年6月） 《道路运输从业人员管理规定》（2006年11月） 《道路运输行政处罚规定》（2001年8月）	交通运输部

(续表)

产业			进入管制	价格管制	管制法(法律、法规、规章)	管制机构
交通运输	管道运输		特许		《中华人民共和国石油天然气管道保护法》(2010 年 6 月) 《危险化学品输送管道安全管理规定》(2012 年 1 月) 《中华人民共和国海关管道运输进口能源监管办法》(2011 年 10 月)	石油天然气总公司、石油天然气管道局
金融	商业银行		许可、营业执照	法定指导利率	《中华人民共和国商业银行法》(1995 年 5 月通过;2003 年 12 月修订) 《商业银行资本管理办法》(试行)(2012 年 6 月) 《商业银行信息披露办法》(2007 年 7 月) 《商业银行服务价格管理暂行办法》(2003 年 6 月)	中国人民银行、银监会
金融	非银行金融机构	信托投资公司	许可、营业执照	法定指导利率	《中华人民共和国信托法》(2001 年 4 月) 《信托公司管理办法》(2007 年 1 月)	各级人民银行
金融	非银行金融机构	城市商业银行	许可、营业执照	法定指导利率	《城市商业银行、城市信用合作社财务管理实施办法》(2002 年 5 月)	各级人民银行
金融	非银行金融机构	农村信用社	许可、营业执照	法定指导利率	《农村信用合作社管理规定》(1997 年 9 月) 《农村信用社省(自治区、直辖市)联合社管理暂行规定》(2003 年 9 月)	各级人民银行
金融	证券	股票	审批		《中华人民共和国证券法》(1998 年 12 月通过;2004 年 8 月第一次修订;2005 年 10 月第二次修正;2013 年 6 月第三次修订)	中国证监会
金融	证券	期货	审批		《期货交易管理条例》(2007 年 3 月颁布;2012 年 9 月修订) 《中国金融期货交易所期货异常交易监控指引(试行)》(2010 年 10 月) 《证券期货业信息安全保障管理办法》(2012 年 9 月) 《期货公司分类监管规定》(2011 年 4 月)	中国证监会
金融	证券	债券	审批	法定指导利率	《企业债券管理条例》(1993 年 4 月) 《国库券管理条例》(1992 年 3 月) 《公司债券发行试点办法》(2007 年 8 月)	财政部、中国人民银行、国家发改委、地方政府等

（续表）

产业			进入管制	价格管制	管制法（法律、法规、规章）	管制机构
金融	证券	证券投资基金	审批		《中华人民共和国证券投资基金法》（2003年10月通过；2012年12月修订） 《证券公司定向资产管理业务实施细则》（2012年10月） 《证券公司集合资产管理业务实施细则》（2012年10月） 《证券公司客户资产管理业务管理办法》（2012年10月）	中国证监会
	保险		审批、营业执照	法定	《中华人民共和国保险法》（1995年6月通过；2002年10月第一次修正；2009年2月第二次修正） 《中华人民共和国社会保险法》（2010年10月） 《机动车交通事故责任强制保险条例》（2006年3月）	中国保监会、民政部
建筑业			施工许可证 营业执照		《中华人民共和国建筑法》（1997年11月通过；2011年4月修订） 《建筑工程质量管理条例》（2002年1月）	住房和城乡建设部
盐业			特许专营	地方政府定价	《中华人民共和国盐业管理条例》（1990年3月） 《食盐价格管理办法》（2003年1月）	发展和改革委员会
烟草业			产销许可证	放开	《中华人民共和国烟草专卖法》（1991年6月）及其《实施条例》（1997年7月） 《烟草专卖行政处罚程序规定》（1998年9月） 《烟草专卖品准运证管理办法》（2002年6月） 《烟草专卖许可证管理办法》（2007年2月）	国家烟草专卖局

注：本表主要参考王俊豪：《政府管制经济学导论》，商务印书馆2001年版，第35—37页。

表11-2　中国社会性管制法体系

管制对象			管制方式	管制法（法律、法规、规章）	管制机构
内部性	消费者保护	消费者基本权利	民事责任	《中华人民共和国消费者权益保护法》（1993年10月颁布；2013年10月修订）	国家工商行政管理总局
		广告	内容审查、许可证、营业执照	《中华人民共和国广告法》（1994年10月） 《广告管理条例施行细则》（2004年11月颁布；2011年12月修订） 《广告经营许可证管理办法》（2004年11月） 《广播电视广告播出管理办法》（2009年9月）及其《补充规定》（2011年11月） 《食品广告监管制度》（2009年8月） 《医疗广告管理办法》（2006年11月）	国家工商行政管理总局、广告审查机关

(续表)

管制对象			管制方式	管制法(法律、法规、规章)	管制机构
内部性	消费者保护	销售行为(直销、传销)	进入审批、品种限制、价格审核	《直销管理办法》(2005 年 8 月) 《禁止传销条例》(2005 年 8 月)	国家工商行政管理总局、物价部门
		房地产交易	价格评估及申报、房地产所有权登记	《中华人民共和国城市房地产管理法》(1994 年 7 月通过;2007 年 8 月修订) 房地产经纪管理办法(2011 年 1 月) 《房地产估价机构管理办法》(2005 年 10 月) 《城市房地产转让管理规定》(2001 年 8 月) 《城市房地产中介服务管理规定》(2001 年 8 月) 《房地产开发企业资质管理规定》(2000 年 3 月) 《城市房地产开发经营管理条例》(1998 年 7 月) 《城市房地产抵押管理办法》(1997 年 5 月通过;2001 年 8 月修订)	建设部、国家工商行政管理总局、土地管理局
	健康与卫生	药品	合格证、许可证、营业执照	《中华人民共和国药品管理法》(1984 年 9 月通过;2001 年 2 月修订)及其《实施条例》(2002 年 8 月) 《农药管理条例》(1997 年 5 月通过;2001 年 11 月修订)及其《实施办法》(1999 年 7 月颁布;2002 年 7 月第一次修订;2004 年 7 月第二次修订) 《药品生产质量管理规范》(1999 年 6 月通过;2010 年 10 月修订) 《麻醉药品和精神药品管理条例》(2005 年 8 月) 《疫苗流通与预防接种管理条例》(2005 年 3 月) 《中华人民共和国中医药条例》(2003 年 4 月)	卫生部、医药管理局、农业部、国家工商行政管理总局、技术监督局等
		医疗	审批、执业许可证	《医疗机构管理条例》(1994 年 2 月) 《中华人民共和国执业医师法》(1998 年 6 月) 《医疗卫生机构医学装备管理办法》(2011 年 3 月) 《医疗质量安全事件报告暂行规定》(2011 年 1 月) 《医疗技术临床应用管理办法》(2009 年 3 月) 《进口医疗器械检验监督管理办法》(2007 年 6 月) 《医疗器械经营企业许可证管理办法》(2004 年 8 月) 《医疗器械生产监督管理办法》(2004 年 7 月) 《医疗废物管理条例》(2003 年 6 月) 《医疗事故处理条例》(2002 年 4 月)	卫生部

（续表）

<table>
<tr><th colspan="3">管制对象</th><th>管制方式</th><th>管制法(法律、法规、规章)</th><th>管制机构</th></tr>
<tr><td rowspan="5">内部性</td><td rowspan="3">健康与卫生</td><td>食品</td><td>卫生标准、卫生许可证、营业执照</td><td>《中华人民共和国食品安全法》(2009 年 9 月)及其实施条例(2009 年 7 月)
《中华人民共和国农产品质量安全法》(2006 年 4 月)
《流通领域食品安全管理办法》(2006 年 12 月)
《生猪屠宰管理条例》(1997 年 12 月通过;2007 年 12 月修订)
《粮食流通管理条例》(2004 年 5 月)</td><td>卫生部、技术监督局、农业部等</td></tr>
<tr><td>化妆品</td><td>许可、批准文号、特殊化妆品证书、标准设立</td><td>《化妆品卫生监督条例》(1989 年 11 月)及其《实施细则》(1991 年 3 月通过;2005 年 5 月修订)
《化妆品标签标识管理规定》(2007 年 7 月)
《进出口化妆品检验检疫监督管理办法》(2011 年 1 月)</td><td>卫生部、国家质量监督检验检疫总局</td></tr>
<tr><td>保健食品</td><td>批准证书、许可、标准设立</td><td>《保健食品管理办法》(1996 年 3 月)
《保健食品标识规定》(1996 年 7 月)
《保健食品注册管理办法(试行)》(2005 年 4 月)</td><td>卫生部</td></tr>
<tr><td rowspan="2">生命安全</td><td>消费品质量</td><td>标准设立</td><td>《中华人民共和国产品质量法》(1993 年 2 月通过;2000 年 7 月第一次修订;2009 年 8 月第二次修订)
《中华人民共和国标准化法》(1988 年 12 月)及其《实施条例》(1990 年 4 月)
《中华人民共和国计量法》(1986 年 7 月通过;2013 年 12 月修订)及其《实施细则》(1987 年 1 月)</td><td>技术监督局、国家工商行政管理总局、内贸部</td></tr>
<tr><td>职业安全与卫生</td><td>标准设立</td><td>《中华人民共和国劳动法》(1994 年 7 月)
《中华人民共和国劳动合同法》(2007 年 6 月)
《中华人民共和国安全生产法》(2002 年 6 月)
《中华人民共和国职业病防治法》(2001 年 10 月通过;2011 年 12 月修订)
《女职工劳动保护特别规定》(2012 年 4 月)
《使用有毒物品作业场所劳动保护条例》(2002 年 4 月)
《中华人民共和国尘肺病防止条例》(1987 年 12 月)
《中华人民共和国消防法》(1998 年 4 月通过;2008 年 10 月第五次修订)
《中华人民共和国工会法》(1992 年 4 月通过;2001 年 10 月修订)</td><td>劳动部、卫生部、产业主管部门、人力资源和社会保障部</td></tr>
</table>

(续表)

管制对象			管制方式	管制法(法律、法规、规章)	管制机构
外部性	一般环境管制		标准(环境质量、污染物排放)设立、三同时、超标排污费	《中华人民共和国环境保护法》(1989年12月通过;2014年修改)	环境保护部
	公害防治	大气污染	标准设立、申报、三同时、超标排污费、禁止特种污染排放	《中华人民共和国大气污染防治法》(1987年9月通过;1995年8月第一次修订;2000年4月第二次修订) 《地方机动车大气污染物排放标准审批办法》(2001年2月) 《中华人民共和国国家标准大气污染物综合排放标准》(1996年4月) 《汽车排气污染监督管理办法》(1990年8月)	各级环保、公安、交通、铁路、渔业、经贸主管部门
		水污染	标准设立、申报、三同时、排污费、超标排污费、禁止特种污染排放	《中华人民共和国水污染防治法》(1984年5月通过;1996年5月第一次修订;2008年2月第二次修订)及实施细则(2000年3月) 《淮河流域水污染防治暂行条例》(1995年8月) 《重点流域水污染防治专项规划实施情况考核暂行办法》(2009年4月) 《违反水污染防治法严重污染案件罚款额度裁量基准》(2005年5月) 《排污费征收使用管理条例》(2002年1月) 《饮水水源保护区污染防治管理规定》(1989年7月)	各级环保、航政、水利、卫生、地矿、市政管理机关及重要江河的专门水管机构
		噪声污染	标准设立、三同时、申报、超标排污费	《中华人民共和国环境噪声污染防治法》(1996年10月) 《航空器型号和适航合格审定噪声规定》(2007年3月)	各级环保、交通、铁道、民航、公安部门
		固体废物污染	申报、排污费(排污设施建设好前、危险固废填埋)、经营许可证(危险固废处理)、转移和进口固废审批许可	《中华人民共和国固体废物污染环境防治法》(1995年10月通过;2004年12月修订) 《进口可用作原料的固体废物检验检疫监督管理办法》(2009年8月) 《防止船舶垃圾和沿岸固体废物污染长江水域管理规定》(1997年12月) 《城市放射性废物管理办法》(1987年7月)	各级环保、城建及经贸主管部门

（续表）

管制对象			管制方式	管制法（法律、法规、规章）	管制机构
外部性	环境保护	水资源、河道	取水许可证、水资源费、河道工程修建维护管理费等	《中华人民共和国水法》（1988 年 1 月通过；2002 年 8 月修订） 《河道管理条例》（1988 年 6 月） 《长江河道采砂管理条例》（2001 年 10 月）及其《实施办法》（2003 年 6 月） 《取水许可证制度实施办法》（1993 年 8 月） 《中华人民共和国防洪法》（1997 年 8 月通过；2009 年 8 月修订）	各级政府水利及相关行政部门
		水土保持	各种禁止令	《中华人民共和国水土保持法》（1991 年 6 月通过；2010 年 12 月修订）及其《实施条例》（1993 年 8 月）	各级水利行政部门
		海洋	各种行为报批、审批、排污费、消除污染费、环境影响报告书、废弃物倾倒许可证	《中华人民共和国海洋环境保护法》（1982 年 8 月通过；1999 年 12 月修订） 《防治船舶污染海洋环境管理条例》（2009 年 9 月） 《中华人民共和国对外合作开采海洋石油资源条例》（2001 年 9 月） 《海洋石油平台弃置管理暂行办法》（2002 年 7 月） 《海洋石油安全管理细则》（2009 年 10 月） 《海洋石油安全生产规定》（2006 年 2 月） 《中华人民共和国海洋倾废管理条例》（1985 年 3 月通过；2011 年 1 月修订） 《陆源污染物污染损害海洋条例》（1990 年 5 月） 《海岸工程建设项目污染海洋环境条例》（1990 年 5 月） 《海域使用论证资质管理规定》（2004 年 6 月） 《沿海海域船舶排污设备铅封管理规定》（2007 年 4 月） 《中华人民共和国海域使用管理法》（2001 年 10 月）	环保（拆船、陆源污染及海岸工程）、海洋（石油、倾废）、港务（船舶、倾废）、渔政（渔港监视）、军队等部门
		水产资源	养殖使用证、捕捞许可证、资源增殖保护费	《中华人民共和国渔业法》（1986 年 1 月通过；2000 年 10 月第一次修订；2004 年 8 月第二次修订）及其《实施细则》（1987 年 10 月） 《渔业捕捞许可管理规定》（2004 年 7 月）	农业部渔业局（渔政渔港监督管理局）

（续表）

管制对象			管制方式	管制法（法律、法规、规章）	管制机构
外部性	环境保护	草原	使用权登记发证、各种禁止令	《中华人民共和国草原法》（1985年6月通过；2002年12月修订） 《草原防火条例》（1993年10月通过；2008年11月修订） 《草原征占用审核审批管理办法》（2006年1月）	农业部畜牧兽医司
		森林资源	限额采伐、采伐许可证、育林费、所有权证	《中华人民共和国森林法》（1984年9月通过；1998年4月修订）及其《实施细则》（1986年4月） 《森林和野生动物自然保护区管理办法》（1985年6月） 《中华人民共和国自然保护区条例》（1994年10月） 《森林采伐更新管理办法》（1987年8月）	国家林业局
		野生动物	重点保护名录、特许猎捕证、狩猎证、驯养繁殖许可证、贸易审批、进出口货物证明书、保护管理费	《中华人民共和国野生动物保护法》（1988年11月通过；2004年8月修订） 《陆生野生动物保护实施条例》（1992年2月） 《水生野生动物保护实施条例》（1993年7月）	国家林业局、农业部
		野生植物	重点保护名录、采集证、进出口货物证明书	《野生植物保护条例》（1996年9月通过；2002年9月修订）	国家林业局
		矿产资源	勘查许可证、采矿许可证、资源补偿费	《中华人民共和国矿产资源法》（1986年3月通过；1996年8月修订） 《矿产资源补偿费征收管理规定》（1994年2月） 《石油及天然气勘查、开采登记管理暂行规定》（1988年4月） 《中华人民共和国煤炭法》（1996年8月通过；2013年6月第三次修订）	地质矿产部、国家发改委能源局（石油、天然气、补偿费）、核工业总公司（放射矿）、水利部（地下水）、财政部（补偿费）、煤炭部等
		土地资源	土地使用证复垦标准	《中华人民共和国土地管理法》（1986年6月通过；1998年8月第一次修订；2004年8月第二次修订）及其《实施条例》（1991年1月） 《中华人民共和国农村土地承包法》（2002年8月） 《土地复垦条例》（2011年3月）	国土资源部

（续表）

管制对象			管制方式	管制法（法律、法规、规章）	管制机构
外部性	产业灾害	核能利用	核设施建造、运行许可证、核材料许可证、操纵员执照、核安全监督员证标准设立	《中华人民共和国民用核设施安全监督管理条例》（1986 年 10 月） 《民用核安全设备监督管理条例》（2007 年 7 月） 《民用核安全设备设计制造安装和无损检验监督管理规定》（2007 年 12 月） 《核材料管制条例》（1987 年 6 月）及其《实施细则》（1990 年 9 月） 《公安部、国家原子能机构核材料国际运输实物保护规定》（1994 年 7 月） 《核电厂核事故应急管理条例》（1993 年 10 月） 《核电厂核事故应急演习管理规定》（2003 年 2 月）	核安全局、核工业总公司

注：本表部分参考王俊豪：《政府管制经济学导论》，商务印书馆 2001 年版，第 41—42 页。

虽然世界上有近 90 个国家建立了反垄断法，但是，迄今为止，中国还没有正式出台《反垄断法》，而从世界范围来看，在反垄断法或反托拉斯法建设上走在最前列、法律相对比较完善的是美国。美国的反垄断政策的基础不是一个法律，而是三个法律以及这些法律后来的修订，见表 11-3。

表 11-3　美国的反垄断法体系

立法	主要内容及其影响
《谢尔曼法》（1890 年）	宣布限制贸易的联合和垄断行为为非法。
《联邦贸易委员会法》（1914 年）	建立了一个独立的委员会，有权制定和实施禁止不公平或欺骗性贸易行为的规则。
《克莱顿法》（1914 年）	禁止一些特别的行为，如价格歧视、捆绑式协议或排他性经销权、与竞争者有关的股权合并、互兼董事。这些行为可能倾向于削弱竞争与制造垄断。司法部或者联邦贸易委员会负责实施该法律。
《鲁宾逊・帕特曼法》（1936 年）	对《克莱顿法》有关价格歧视部分进行修正。因为这一部分可能会伤害与价格歧视的实施者或接受者有关的竞争。
《米勒・泰丁斯法》（1937 年）	是对《谢尔曼法》的修正。使州政府能够通过立法来允许（甚至强制实施）转售价格维持协议。1976 年，该法律被国会废除。
《塞勒・基福弗法》（1950 年）	是对《克莱顿法》的修正。禁止在任意的两个企业（无论它们是不是实际的竞争者）之间进行任何可能削弱竞争或者倾向于制造垄断的（股权或资产）合并。

注：本表主要参考小贾尔斯・伯吉斯：《管制和反垄断经济学》，冯金华等译，上海财经大学出版社 2003 年版，第 173—174 页。

第二节　管制法的法学分析

由于管制法是调整政府管制关系以及在此基础上产生的监督政府管制关系的法律

规范和原则的总称，而且历史上对行政法的研究起源于对独立管制机构的研究，因此，管制法与传统行政法密切相关，两者既有相通的共性，又有鲜明的个性。本节从法律关系“三要素”，即主体、客体、内容三个方面，通过管制法与传统行政法的比较分析来阐述管制法的法学内涵与特征。①

一、主体比较

传统行政法的主体只要具备行政主体资格即可，即或者是行政机关或者是法律法规授权的组织。行政法学中所讲的行政机关包括各级政府、县级以上政府职能部门和政府派出机关，其中在中央一级，还包括国务院直属机构、部委管理的国家局。法律法规授权的组织指依具体法律、法规授权而行使特定行政职能的非国家机关组织。它们不同于行政机关，不具有国家机关的地位。只有在行使法律法规所授职权时，它们才享有国家权力和承担行政法律责任；在非行使法律法规授权时，它们只是一般的民事主体，享有民事权利和承担民事义务。它们所行使的是特定行政职权而非一般行政职权。所谓特定职权，即限于相应法律法规明确规定的某项具体职权或具体事项。法律法规授权的组织主要有事业组织、社会团体、基层群众性自治组织和企业组织等。

管制法的主体是指政府管制法律关系的参与者，也就是在政府管制法律关系中权利的享有者和义务的承担者，主要包括管制性行政主体和管制相对方，特殊情形下也包括管制利害关系人。

1. 管制性行政主体

所谓管制性行政主体，是指依法享有管制职权，能以自己的名义行使管制权，并能独立承担因此而产生的相应法律责任的组织。根据权力来源和组织性质的不同，可以把目前中国的管制性行政主体分为两大类：

第一类是职权性管制主体，就是直接依据宪法和组织法设立，并能够以自己的名义行使管制职权和独立承担由此而产生的相应法律责任的政府管制机构。这类管制主体原则上无须法律、行政法规的专门授权，就具有该事项管理权限范围内的管制职权，具体包括具有管制职能的国务院部委（如国家发展和改革委员会、国家环境保护部、国家卫生和计划生育委员会等）、国务院直属机构（如国家资产监督管理委员会、国家质量监督检验检疫总局、国家安全生产监督管理局、国家食品药品监督管理总局、国家新闻出版广电总局等）和国务院部委管理的国家局（如国家烟草专卖局、国家粮食局、国家能源局、煤矿安全监察局、国家中医药管理局、中国民用航空局、国家外汇管理局等）。

第二类是授权性管制主体，是指其组织性质原本不属于行政组织，或者其组织性质原本虽属于行政组织但不具有管制主体资格，经法律、行政法规的专门、明确授权而获得行使某项管制职权的主体资格的组织。在中国，授权性管制主体主要表现为两种形式：被授权的国务院直属事业单位和被授权的中央管制机构的派出机构。国务院直属事业单位原本不属于行政组织，只是为了适应一定领域政府管制需要而由法律、行政法规或

① 本节主要参考茅铭晨：《传统行政法与政府管制法的关系》，载《西南政法大学学报》，2005 年第 8 期。

国务院有关规定直接设立并授予其享有行使该领域管制的职权，如中国证券监督管理委员会、中国保险监督管理委员会、中国银行业监督管理委员会等。这类管制机构直接依法设立，管制权限清晰，法律地位明确，管制职能比较专门化，并且不受部门的控制，独立性较强，更接近于美国的独立管制机构。中央管制机构的派出机构一般不具有管制性行政主体的资格，但是如果出于某种特殊的管制需要，法律、行政法规可以授权派出机构以自己的名义实施管制行为。

2. 管制相对方

所谓管制相对方，是指在政府管制中与管制性行政主体相对应，处于被管制和被支配地位的组织和个人。公民、法人和其他组织都可以成为一般行政法律关系中的行政相对方，而只有在被纳入管制领域内活动的公民、法人和其他组织，才可以成为管制的相对方。相对而言，个人在一般行政管理中作为行政管理相对方是常见的，但在政府管制中，管制相对方主要是社会组织，尤其是企业。例如，垄断企业、自然垄断企业、金融企业、污染企业、缺陷产品企业、缺乏必要劳动安全条件的企业、食品或药品的企业等。在某些情况下，个人也可以成为管制相对方，例如，制造污染的个人、违反安全管制的个人等。

3. 管制利害关系人

传统行政法理论认为，行政法律关系主体仅由行政主体和相对方两方面构成，不承认利害关系人在行政法律关系中的主体地位。但是，现代行政法理念已经越来越关心利害关系人的权利保护。

在美国，个人或组织只要实质利益受到政府行为的不利影响，只要这种影响不是过分间接，就允许受害人参加听证等行政程序。例如，在美国的管制上，州际商务委员会(Interstate Commerce Commission of USA，ICC)对不同运输方式的管制往往涉及利害关系人(如公路货运、水运的承运商)的权利，因而 ICC 总是试图公平地对不同运输的承运商利益进行协调。

近年来，我国的一些法律法规和司法解释也对利害关系人的权利保护作了具体的规定，从而确立了利害关系人参与行政程序和行政救济权利的法律地位。例如，2004 年 7 月 1 日起施行的《中华人民共和国行政许可法》第 36 条和第 47 条赋予了利害关系人参与行政程序，行使陈述、申辩和听证的权利，成为行政法律关系一方主体的资格。这是我国首次从法律的高度具体而明确地实践了利害关系人权利保护原则。

在政府管制实践中，利害关系人的权利保护更需要引起足够的重视。因为无论是资源开发利用、公共资源配置、特定公用事业准入，还是排污许可、卫生许可、安全许可等政府管制，都可能产生管制相对方取得权利而使利害关系人受到不利影响的情况。所以，将管制利害关系人作为政府管制法律关系的一方主体，符合公平、公正、合理、民主等法治原则。

二、内容比较

法律关系的内容是法律关系主体双方的权利义务。与一般行政法律关系的内容相比，政府管制法律关系的内容具有特殊的表现形式。例如，政府管制机构享有制定管制标准的立法权力、对政府管制领域发生的争端进行裁决的权力、对垄断企业作出处理决定的权力、许可市场进入和退出的权力等;政府管制相对方承担不得以垄断为目的进行串谋和合并的义务、强制性信息公开的义务、执行强制性价格管制的义务、执行强制性安全规范和质量标准的义务等。

三、客体比较

法律关系客体是法律关系主体双方权利义务指向的对象,包括物质财富、精神财富和行为。与一般行政法律关系客体相比,政府管制法律关系的客体也具有特殊的表现形式。在物质财富方面,表现为政府管制相对方的市场占有率和价格等;在精神财富方面,表现为政府管制相对方的精神利益,例如发明、专利等智力成果,因环境污染、道路交通事故、工作场所不安全、产品缺陷、医药事故等引起的精神损害等;在行为方面,表现为政府管制相对方的垄断行为、进入或退出行为、提价或限价行为以及涉及健康、安全、卫生的行为等。

从以上比较可以看出,政府管制法律关系与行政法律关系具有许多共同或从属的方面,行政法的一般理论和制度对政府管制法具有指导甚至直接适用的作用;同时,政府管制法又具有许多自身的特点,这些特点仅靠行政法的一般理论和制度无法解决。为此,要把政府管制法作为建立在行政法一般理论基础上的一个部门法的分支来进行研究,并且不断地形成和发展政府管制法这一行政学分支学科。

第三节　管制法的经济学分析

对管制法的经济学分析可以从管制的原因、管制均衡与管制效果三方面来加以分析,因此本节分为市场失灵与政府管制、管制的供求分析和管制的成本—收益分析三个方面。

一、市场失灵与政府管制

在完全竞争市场中,市场机制能够有效地配置资源,使经济恰好处于其生产可能性边界上,实现社会福利最大化。然而,完全竞争市场需要一系列理想化的假定条件,这些条件大部分在现实经济世界中是难以满足的。现实的市场大部分是不完全的,市场失灵是一种普遍现象,它为政府管制以及管制法的出台提供了依据。下面从垄断、外部性、信息不对称三方面来阐述政府管制的理由。

1. 垄断与管制

严格地说,垄断是指一家厂商控制一个行业的全部销售量,即只存在唯一卖者的市场结构。但是,如果按照这一定义,在西方国家很难找到一个垄断组织,从而在理论上垄断干扰市场机制的说法也就很难成立。因此,西方经济学在提供微观经济政策建议时,不得不给垄断下一个比较广义的定义,认为垄断是一个或几个企业控制一个行业的全部或大部分供给的情况。

按照广义的垄断定义,现实经济生活中,垄断现象比比皆是。虽然某些垄断有利于获取规模经济效益，有利于科学研究和技术创新，但是在没有政府管制的情况下，垄断企业总可以凭借自身的垄断势力制定垄断高价，损害消费者利益，获取高额的垄断利润。因而通常人们认为，垄断会妨碍正常的市场秩序，造成收入分配不公，导致产业结构倾斜，形成市场进入壁垒，阻碍经济的正常发展。古典经济学家亚当·斯密曾提出著名的垄断弊害论，认为垄断会使产量减少、资源浪费、效率降低，并指出"垄断价格是在一切场合都能达到的最高价格"。现代经济学和寻租理论有关垄断损失的研究支持了这一观点。在没有政府管制的情况下，哈伯格三角形表明了垄断的净福利损失，见图 11-2。

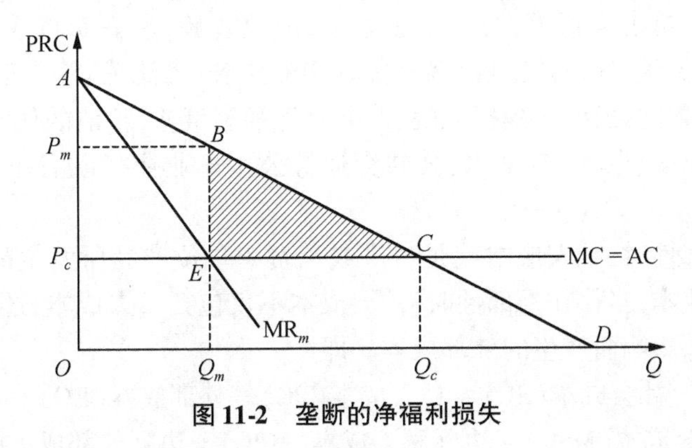

图 11-2 垄断的净福利损失

垄断的效率损失来自于垄断厂商利润最大化的企图。在完全竞争市场中，任何一个厂商都只是一个价格接受者，无法影响市场价格。它面临的需求曲线是一条水平线，如图 11-2 中从 P_c 出发的 MC 曲线，因此，厂商按照利润最大化的条件（$P = \mathrm{MC}$）所决定的产量为 Q_c，经济利润为零，全社会的福利可以用消费者剩余来表示，相当于三角形 AP_cC 的面积。但是，垄断厂商所面临的需求曲线是一条向右下方倾斜的线，如图中的 D 曲线，相应的边际收益曲线为 MR_m，因此，它按照利润最大化条件（$\mathrm{MR} = \mathrm{MC}$）所决定的产量和价格分别为 Q_m 和 P_m，显然，$Q_m < Q_c$，$P_m > P_c$，与完全竞争相比，垄断厂商减少了产量，提高了价格；同时，由于假定平均成本等于边际成本（$\mathrm{AC} = \mathrm{MC}$），因此，垄断厂商的定价高于边际成本，即 $P_m > \mathrm{MC}$，从而垄断厂商能够获得相当于四边形 P_mP_cEB 的垄断利润，但使消费者剩余减少为三角形 AP_mB 的面积。这不仅表明垄断使消费者的部分剩余转到厂商手中，成为厂商的垄断利润，从而导致社会财富的分配不公；而且消费者减少的剩余大于垄断厂商获得的利润，因此，存在一个相当于三角形 BEC 面积（哈伯格三角）的社会福利因为垄断而白白损失了，这就是垄断的净福利损失。

垄断造成低效率和分配不公为政府管制提供了理由。最显而易见的管制方法就是强行限制垄断厂商，制定一个低于垄断价格 P_m 的管制价格，在图 11-2 中，假定管制价格低于 P_m，那么，垄断厂商就会相应地提高产量，并将一部分垄断利润转移给消费者，消费者剩余增加了，社会净福利损失也会减少，因此，价格管制既可以改善资源配置效率，又可以增加全社会的公平感。特别地，当管制价格等于 P_c 时，就可以消除垄断所产生的低效率和分配不公，实现资源的有效配置。

2. 外部性与管制

外部性问题由马歇尔在其 1890 年出版的《经济学原理》中首先提出，后来，庇古在其

1920年出版的《福利经济学》中对之加以充实和完善,最终形成外部性理论。

外部性是指一定经济行为对外部的影响,造成私人成本与社会成本、私人收益与社会收益相偏离的现象,如穆勒提到的灯塔、庇古所举的火车火花、米德所指的养蜂业。根据偏离的不同方向,可以分为正外部性和负外部性。正外部性是指一种经济行为给外部造成的积极影响,使他人成本减少,收益增加。负外部性则是一种经济行为给外部造成的消极影响,导致他人成本增加,收益减少。

外部性问题比比皆是。负外部性的例子有工厂排放污水、废气和产生噪音;汽车排放废气、制造噪音、抢占人行道;行人乱丢垃圾、随地吐痰;家庭麻将或音乐妨碍他人休息;公共场合高谈阔论;暴发传染性疾病(如SARS、H7N9禽流感)等。正外部性的例子有文明礼貌活动,注射防疫针,兴建孤儿院、养老院等福利事业,整洁的住宅和美丽的花园,天生丽质等。而电信、电力、自来水、公共交通等公用事业往往既有正外部性又有负外部性。

当不存在外部性时,私人成本就是生产或消费一单位产品所发生的全部成本,即私人成本等于社会成本;当存在外部性时,社会成本不仅包括私人成本,还包括人们的生产或消费行为对外部影响而产生的外部成本。即

社会成本(SC) - 私人成本(PC) = 外部成本(EC)

边际社会成本(MSC) - 边际私人成本(MPC) = 边际外部成本(MEC)

我们考虑一个在竞争性市场中出售其产品的厂商。该厂商排放污染物破坏邻近地区的空气质量。这时负的外部性就体现在恶劣的空气质量可能使当地居民的健康受到损害,从而导致额外的医疗成本和时间的机会成本。厂商在作决策时,不会主动考虑这些外部成本,它只依据其私人成本决定最优产量,这个最优产量将高于考虑外部成本后决定的社会最优产量,从而因过量生产导致低效率,如图11-3所示。

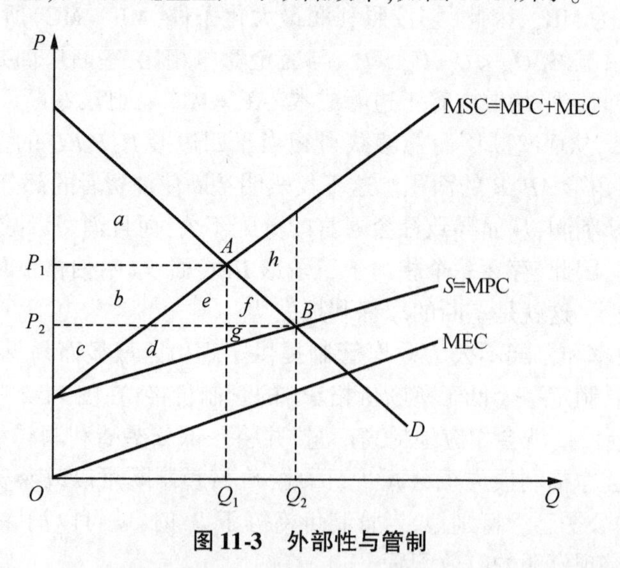

图11-3 外部性与管制

在图11-3中,D为市场需求曲线,S为产业的供给曲线,也即所有厂商的边际私人成本曲线MPC;MEC是与产出相关的边际外部成本曲线,它由每个人在每种产出水平下所

遭受的边际外部成本相加得到;MSC 为边际社会成本曲线,代表所有厂商边际生产成本和边际外部成本的总和,即 MSC = MPC + MEC。由于市场需求曲线反映了消费者的边际收益,当存在外部性时,有效的社会产出应由市场需求曲线与边际社会成本曲线的交点 A 给出,此时产量为 Q_1,价格为 P_1,全社会的经济剩余为消费者剩余(a)加生产者剩余($b+c$)。然而,追求利润最大化的厂商不会主动考虑外部成本,而是按照边际私人成本决策,其最优产量由市场需求曲线 D 和产业供给曲线 S 的交点 B 给出,产量和价格分别为 Q_2 和 P_2。显然,与社会最优产量相比,私人最优产量太高了。而此时,全社会的经济剩余为

消费者剩余($a+b+e+f$) + 生产者剩余($c+d+g$) − 外部成本($d+e+g+f+h$)

$= a+b+c-h$

显然,私人最优产量 Q_2 时的全社会经济剩余($a+b+c-h$)小于社会最优产量 Q_1 时的全社会经济剩余($a+b+c$),因此,竞争性产量 Q_2 是无效率的,存在无谓损失 h,这是过高的产量,也即过度消耗资源所导致的,它反映了外部性造成的无效率的社会成本。

外部性导致短期无效率,也导致长期无效率。在竞争性产业中,每当产品的价格高于生产的平均成本时,利润的存在就会使新厂商进入该产业;而每当价格低于平均成本时,亏损就会使原厂商退出该产业。在长期均衡状态下,价格等于长期平均成本最低水平。当存在负外部性时,平均私人成本低于平均社会成本,这样按效率要求某些本该退出产业的厂商会留在产业内。

为了纠正外部性带来的无效率,各国政府采取了各种管制措施,如制定排污标准、确定排放费以及实施可转让排放许可证等。其基本思想是设法使外部成本内部化,使厂商的边际生产成本移动到曲线 MSC 的位置。这样,产业的竞争性产出就将达到产业的社会有效产出点(Q_1,P_1),无效率的社会成本就消失了。

当然,当政府管制迫使产业的竞争性产出达到产业的有效产出水平 Q_1 时,产品的价格将从 P_2 上升到 P_1,产量将从 Q_2 减少到 Q_1。这意味着消费者不得不承受一定高价低产,即一部分原本能够得到满足的消费者现在得不到满足了;与此同时,消费者剩余减少了,生产者剩余也发生了变化,但是,生产者受到的影响明显小于消费者剩余的变化,这是因为厂商以提价降产的方式将控制污染的成本转嫁到了消费者身上。也就是说,降低污染的环境管制政策使整个社会受益,而管制产业的成本主要由消费者来承担。

3. 信息不对称与管制

传统经济学理论假设市场完全竞争,从而实现帕累托最优。但现实中由于无法满足完全竞争的条件,不能达到帕累托最优,从而导致市场失灵。其中一个原因就是信息不完全和信息不对称。信息不完全是指任何人在任何情况下不可能拥有决策所需的全部信息。信息不完全的一个重要体现是信息不对称。所谓信息不对称是指有关交易的信息在交易者之间的分布是不对称的,一方比另一方占有更多的相关信息,即一方处于信息的优势方,而另一方处于信息的劣势方。事实上,在产品市场和要素市场上,处处存在着信息不对称情况。

信息不对称问题广泛而普遍存在的原因是多方面的,其中最主要的原因有:(1) 社会分工和劳动分工造成不同市场交易者所拥有的知识的不对称性。正所谓“隔行如隔山”,随着社会分工的发展,不同企业组织在知识结构上的差异呈现出扩大的趋势。同

时,随着劳动分工的发展,专业化使个体之间的知识结构差异也进一步扩大。由于企业和个人知识范围的局限性,他们较全面了解自身业务范围知识的同时,往往对其他业务领域知识缺乏了解。(2) 信息的搜寻成本。为了获得信息,必然要花费一定的时间、精力甚至直接的货币成本,因此,信息收集是有成本的,消费者不得不权衡信息的收集成本和收集收益,一旦收集信息的边际成本超过边际收益,就会停止信息收集。而一旦主动放弃信息收集,那么消费者只能在信息不充分的前提下作出决策。(3) 拥有信息优势的交易者对信息的垄断。在市场交易活动中,交易双方是根据自己所掌握的信息制定决策的,而决策的正确性相当程度上取决于所依据的信息数量与质量,因此,拥有信息优势的交易者为了在交易活动中取得主动权,往往会产生垄断某些真实信息的动机,甚至故意发布虚假信息,误导交易对方,以实现自身利益最大化。

信息不对称可能产生逆向选择和道德风险问题。逆向选择发生在交易之前,是指那些最有可能造成不利后果的交易对象,往往最积极寻找交易并有可能被选中,而那些相对较好的交易对象却退出了市场。例如,在旧车市场上,信息不对称有可能导致低质量的车辆进入市场而相对高质量的车辆退出市场。道德风险是一种事后行为,指交易达成后,交易的一方(通常为拥有信息优势的一方)倾向于从事交易的另一方并不希望发生的高风险活动,从而可能给交易的另一方带来巨大的损失。例如在保险市场上,一些人购买某些保险之后,就会产生一种依赖心理或麻痹大意,降低他们防范风险发生的努力程度,从而会提高风险实际发生的概率,使交易对方受损。

由信息不对称引发的逆向选择和道德风险都会严重影响公平交易,造成市场低效率。因此,要减少逆向选择和道德风险,就要从根本上缓解交易双方的信息不对称问题。而缓解信息不对称的途径有二:一是利用市场机制本身缓解信息不对称问题;二是通过政府管制缓解信息不对称。

利用市场机制缓解信息不对称问题的基本思路是,在交易者之间加强信息沟通。信息传递和信息甄别就是实现信息沟通的基本途径;而广告、产品“三包”、信誉等就是实现信息沟通的基本方式。信息传递是指信息优势方主动向市场发送信息的行为;信息甄别则是信息劣势方主动发现或诱使信息优势方暴露信息的行为。广告是传递信息最为普遍的方式,可以分为告知性广告和说服性广告,传递信息的广告实际是后者。产品“三包”是指包修、包换和包退,是优质产品的所有者向市场传递信息的一种重要手段。信誉是长期中传递信息最有效的方式,可以分为企业信誉和产品信誉,一旦形成便成为企业的无形资产,企业可以在信誉建立后制定较高的产品价格,获取一定的额外利润,称为“信誉租金”。

然而,在利用市场机制缓解信息不对称时也会出现市场失灵,主要表现为:(1) 虚假广告的大量存在使消费对广告信息产生怀疑,从而降低了广告传递优质产品信息的功能;(2) 对产品担保的承诺与实施之间的差异弱化了产品担保在信息传递中的作用;(3) 假冒产品造成信誉传递机制不能正常运作。这些市场失灵为实行政府管制提供了客观必要性。

政府管制具有权威性和强制性。因为政府可以运用其公共权利,通过对广告、产品质量的管制,整治虚假广告,打击假冒伪劣产品,强制生产经营者落实产品担保承诺等管制措施。政府也可以采取行政法规手段,强制生产经营者向市场提供真实的、比较全面的信息,以缓解交易双方的信息不对称问题。政府还可以通过产品质量检查、市场调查等方式收集有关信息。

与外部性管制类似,政府针对信息不对称的管制也会造成厂商生产产品的成本上升,而这些增加的成本同样是以提高产品价格和减少产量的方式转嫁给消费者。当然,不同的管制方式对产品成本的影响程度有很大的不同。如产品安全与质量管制和职业安全与健康管制都是针对不完全信息的管制,但两者的福利效果并不相同。产品安全与质量管制是针对消费者与厂商之间的信息不对称造成的消费者难以作出效用最大化的选择而设置的,管制的受益者是消费者群体,而管制成本的承担者也是消费者,因此,消费者最终能否从管制中受益取决于管制的效率。而职业安全与健康管制是针对工人与厂商之间在职业风险方面的不完全信息给工人带来的额外成本而设置的,管制的基本思想是设法使外部成本内部化,从而改善工人的福利状况,管制的受益者是工人,而管制的成本承担者是受管制产业的产品的消费者。

从以上关于市场失灵与政府管制的福利效果分析可以清楚地看到,管制政策既有有利的一面,也有不利的一面。在纠正一种市场失灵时,管制本身可能带来新问题,因此,当政府出台管制法律,实施管制时,应对管制可能产生的负面影响作出充分的估计,在权衡利弊的基础上,尽可能选择高效率的管制政策以降低管制成本,增加社会净福利。

二、管制的供求分析

供求分析是对管制进行经济分析的基本方法。供求均衡似乎应该是管制的一个理想目标,然而在现实中,管制的需求受多种因素影响而处于不断变化之中,管制的供给则具有相对稳定性,这就决定了管制的供求均衡难以实现,不均衡成为一种常态。管制的次优目标就是尽可能减少管制的供求不均衡程度,使之趋向于均衡。

1. 管制的需求

管制需求是政府创制管制法的理论依据。我们可以从宏观和微观两个层面来分析政府管制需求及其产生。

从宏观层面上分析,政府管制需求主要源于自然垄断、外部性、信息不完全和信息不对称等。根据本章上一节的分析,由于垄断导致低效率和分配不公,对自然垄断产业实施以追求社会整体经济效率、实现社会福利最大化为导向的政府管制成为必要,管制的目的在于抑制企业制定垄断价格,维护社会分配效率;防止破坏性竞争,保证社会生产效率和供应稳定;以及制约垄断企业的不正当行为。同样,外部性和信息不对称的低效率和普遍存在,也需要政府管制,以矫正市场失灵,提高资源配置效率。

从微观(企业)或中观(产业)层面上分析,斯蒂格勒(1971)认为,管制是产业自己争取来的,管制的设计和实施主要是为被管制产业的利益服务的。在斯蒂格勒看来,一个产业至少可以通过四种政策途径来谋求利益:一是谋求直接的货币补贴。如美国国内航空业在1968年曾得到15亿美元的"航空邮件"补贴;我国的央企每年也能得到数额巨大的货币补贴。[①] 二是谋求控制新竞争者进入的政策。企业固然可以采取许多策略以阻止新进入者,但是一纸营业许可证往往要比其他策略有效得多。三是谋求那些影响它的替代物或补充物的干预。如航空业积极支持补贴机场建设。四是谋求固定价格。在单个企业可以不断地扩大规模而不会导致规模不经济时,价格控制本质上是为了获取高于竞争时的回报率。正因为企业能从政府管制中获益,所以它们往往会要求政府对其所在产业进行管制。但是,实际中,政府管制对受管制产业而言,并非完全是利益,而是存在着双重性。一方面管制为受管制产业带来一定的利益,另一方面也可能对受管制产业形成种种约束,限制企业的决策空间,甚至会对企业的利益造成损害,尤其是从长期看,可能不利于产业发展。为此,企业对政府管制的需求不仅取决于政府管制所带来的相关利益和各种损失的对比,而且往往具有选择性,即选择那些只为企业带来实际利益的政府管制,特别是限制新的竞争者进入产业的进入壁垒政策。

2. 管制的供给

一般认为,政府管制是一种特殊的公共产品,这主要表现在:(1) 一般的公共产品是有形的,如公园、道路、桥梁、灯塔等;而政府管制是无形的,只表现为法律、法规、规章等,而且在管制实施过程中,具有一定的灵活性和主观任意性。(2) 一般公共产品的提供主体可能具有多元性,即可能由政府提供,也可能由私人赞助提供,还可能通过特许投标方式,由私人竞争来提供;而政府管制的供给具有垄断性,只能由政府独家供应。(3) 一般的公共产品为消费者提供基本相同的利益;但政府管制要受到价值观、意识形态、政治制度等多种因素的影响,具有一定的地域专用性,即在一国被认为是成功的政府管制,在另一国未必合适。一项管制对于不同的利益集团可能具有不同(甚至相反)的使用价值和价值。因此,相比于一般公共产品的供给,政府管制的供给具有复杂性。政府管制的供给主要取决于政府对提供新的管制政策的认识和条件。

具体来讲,管制的供给可能源于以下三个方面:(1) 一项管制的供给可能源于某一重大的突发事件,如 1996 年东南亚金融危机之后,许多国家领导人认识到加强金融管制的重要性,从而出台了相应的金融管制的法律法规;1998 年中国经历严重的洪涝灾害后,政府大大增强了对环境管制必要性的认识;2012—2013 年,随着雾霾在我国中东部地区大面积爆发,政府连续出台了《环境空气质量标准》和《防治大气污染行动计划》。(2) 一项管制的供给也可能源于长期的积累,如因产品质量差而导致的人员伤亡、财产损失等事故积累到一定程度后,政府就会认识到加强产品质量管制的需要并采取措施。(3) 一般情况下,管制供给来源于对管制供给的理性认识和分析,如对自然垄断产业的价格管制与进入管制,主要基于对自然垄断的低效率的经济理论分析和实证研究。

政府对某一项管制供给的认识会经历一个由浅到深的过程,只有当政府对管制供给的认识达到一定深度时,才会产生提供管制供给的动机。但是,政府最后能否提供某项管制供给,还要取决于政府提供该项管制供给的现实条件。例如,从国际经验看,许多经济发达国家在电信业管制体制改革之前,首先颁布《电信法》作为管制体制改革的纲领性

① 天则经济研究所课题组:《国有企业的性质、表现与改革》,载《新政治经济学评论》,第 19 期,浙江大学出版社 2012 年版。

文件,为管制体制改革和新体制运行奠定法律基础。而中国从 20 世纪 80 年代就开始电信业改革,到 1994 年中国联通公司的成立标志着中国电信业改革进入实质性改革阶段,但是至今中国还没有一部《电信法》。同样,世界上已经有近 90 个国家建立了反垄断法,中国早在20 世纪 80 年代末就开始酝酿反垄断法,而且,随着中国市场经济体制改革的深入,垄断及其利益集团越来越显现其弊端,但是,中国直到2007 年 8 月 30 日才颁布《反垄断法》,并于 2008 年 8 月 1 日起施行。

管制供给的内容主要包括管制立法和管制执法。管制立法就是政府颁布某项管制法规,它是政府管制执法的基础和依据;而管制执法就是管制机构依据管制法对受管制部门进行的监督与控制,它是政府管制立法的落实与保证。

3. 管制的均衡模型

政府管制俘虏理论的代表斯蒂格勒在其经典论文《经济管制论》(1971) 中提出了两个基本假设:(1) 政府的基本资源是权力,各利益集团能够说服政府运用其权力为本集团服务;(2) 管制者是理性的,会选择使其效用最大化的行为。在上述基本假设基础上得到的理论假说是,政府管制是为适应利益集团最大化其收益需要的产物。一个特定的利益集团能够通过说服政府实施有利于自己的管制政策而把社会其他成员的福利转移到自己手中。

1976 年匹兹曼发表《走向更一般的管制理论》一文,在斯蒂格勒理论的基础上进一步将利益集团简化为企业和消费者,管制者简化为立法者,利益集团和管制者都是经济人,以追求自身利益最大化为目标;企业追求利润最大化,消费者追求消费者剩余最大化,管制者的利益最大化行为将是寻求最广泛的政治支持,进一步体现为追求选票最大化;利益集团以提供他们对管制者的政治支持作为获取有利于他们自己的管制立法的交换条件。① 在这样的假定下,该文建立了一个管制的政治均衡模型,来描述管制均衡的实现,即管制者如何通过调节利益集团之间的价值转移达到自己选票数量最大化,见图 11-4。

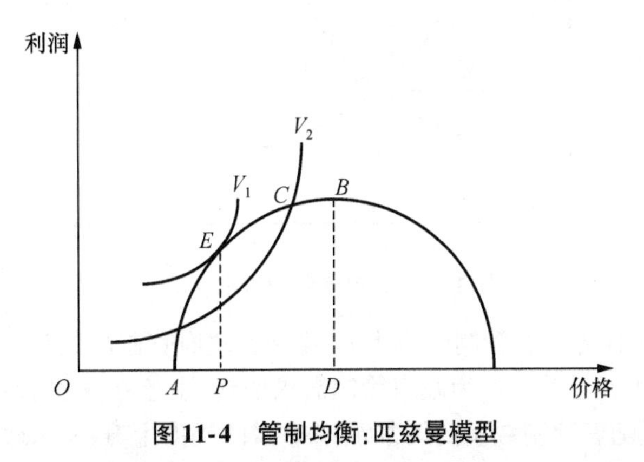

图 11-4　管制均衡:匹兹曼模型

在图 11-4 中,纵轴代表利润,横轴代表价格,分别表示企业和消费者的偏好。AB 曲

---

① S. Peltzman, Toward a More General Theory of Regulation, *Journal of Law and Economics*, 19 August, 1976.

线表示企业的利润是价格变化的函数。V曲线是管制者的选票数量的无差异曲线,表明管制者在企业与消费者之间寻求价值转移,$V_1 > V_2$。在A点上,企业的利润为零,意味着是完全竞争产业;在B点上,企业的利润达到最大,意味着完全垄断产业。如果管制价格选择在A点或D点上,都达不到一种政治均衡,除非企业或消费者的利益可以被完全忽视。因此,一个规范的政治均衡由E点给出。E点是管制者无差异曲线和AB线的切点,在该点上,管制者的边际政治替代率等于AB线的斜率。E点对应的价格P为管制的最优价格,很明显,P介于利润为零时完全竞争价格A和利润最大时完全垄断价格D之间。这表明某产业在不受管制条件下实现的均衡价格接近于最优管制价格时,管制不会发生;最有可能管制的产业是接近完全竞争和接近完全垄断的产业,因为从A点或B点向E点移动,对管制者来说,能产生更大的政治价值。这就是现实中对农业和公用事业的管制要比钢铁、汽车、服装等产业的管制多的原因。

匹兹曼管制均衡模型侧重于从管制者角度考察管制均衡的实现,却忽视了利益集团之间的力量对比。管制政策虽然会在某一时期倾向于某一利益集团,但它不可能永远向某一利益集团倾斜,因为各利益集团之间是相互竞争的。因此,在匹兹曼之后,贝克尔(1983)构建了一个新的模型,在利益集团相互竞争的条件下给出的政治均衡结果表明,管制倾向于增加更有影响力的利益集团的福利。①

无论是匹兹曼模型还是贝克尔模型都是建立在所谓的代议制基础之上,因此,王俊豪(2001)认为这些管制均衡模型都不符合中国国情,必须从新的角度来分析中国政府管制的供求均衡问题,为此,他仿照一般产品市场的供求均衡模型,构建了一个所谓的政府管制的供求均衡模型②,见图11-5。

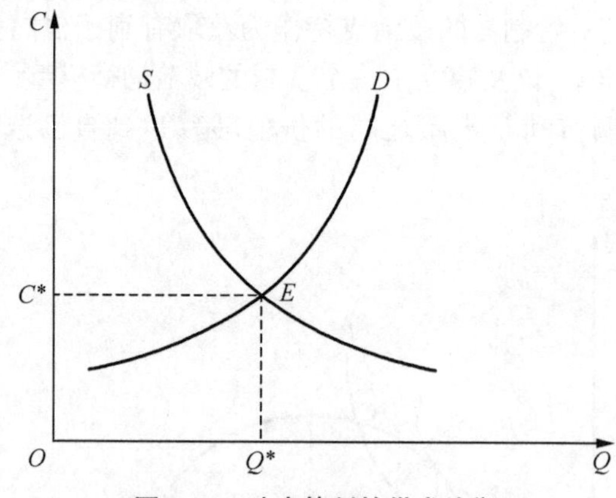

图11-5 政府管制的供求均衡

在图11-5中,纵轴为政府管制的成本C,横轴为政府管制的数量Q,可以解释为管制法的数量与执法的工作量等。D为政府管制需求曲线,由于在这里管制需求只受管制成本的弱约束,该曲线随着管制数量的增加而以递增的幅度上升;S为政府管制供给曲线,

① S. Becker, A Theory of Competition Among Pressure Groups for Political Influnce, *Quarterly Journal of Economics*, No.8, 1983.

② 王俊豪:《政府管制经济学导论》,商务印书馆2001年版,第4—17页。

它受管制成本的直接约束，管制的供给量将随着管制成本的增加而递减。管制的需求曲线 D 与供给曲线 S 在 E 点达到均衡，表明政府面对管制需求，在承受的管制成本为 C^* 时可提供数量为 Q^* 的管制供给。而在 E 点的下方，管制供给大于管制需求，意味着管制过剩，需要放松管制，甚至取消部分管制，以实现供求均衡；在 E 点的上方，管制需求大于管制供给，说明政府未能满足部分管制需求，这就要求政府对未满足的需求进行具体分析，并积极创造条件，提供相应的管制，从而使管制供求趋于均衡。

与一般产品市场上市场机制会同时作用于供求双方而自动实现供求均衡不同，在政府管制市场上，由于管制成本对管制需求的调节作用较弱，管制供求均衡主要通过政府单方面调节管制供给才能实现，这就表明政府在实现管制均衡中具有主动地位与核心作用。

三、管制的成本—收益分析

政府管制是有成本的，同时管制也为社会带来一定的收益。管制成本可以理解为因管制而付出的所有代价；管制收益则可以表示为因管制而获得的社会福利增长。对政府管制进行成本—收益比较分析，有利于权衡政府管制的利弊得失，从而为政府管制提供理论依据。

1. 管制的成本

政府管制过程包括政府管制立法、政府管制执法、法规的修改与调整、放松或解除政府管制等环节，在政府管制的每一个环节都会发生相应的成本，有时还会因管制成本太大而不得不延迟甚至停止某一领域的政府管制。

管制立法是一种十分严肃的管制活动，需要进行广泛的调查研究工作，征求各种利益集团的意见，然后起草某项政府管制法规，再以座谈会、论证会、听证会等多种形式征求公众的意见，作为修改草案的依据。如果一项管制法规未能达成各利益集团较为一致的意见，法规就可能被延迟。因此，管制立法的成本相当大，不仅发生在政府身上，而且发生在利益集团身上，即一些利益集团为促使政府颁布对其有利的法规，另一些利益集团为阻止政府颁布对其不利的法规，都会对立法者进行游说，甚至行贿而导致成本支出。

管制执法成本（或称运行成本）在管制总成本中所占的比重最大。一般，一项法规的有效期越长，该法规的实施成本就越大。管制的执法成本直观地表现为政府管制机构所发生的日常成本费用和政府管制机构的职员人数。以美国最重要的 11 个联邦政府管制机构①为例，1991 年所发生的管制运行成本是 122.46 亿美元，比 1970 年的 14.09 亿美元增长 769.13%。同期，专职职员由 1970 年的 73 375 人增加到 113 311 人，增长 54.43%。如果加上美国 50 个州的政府管制机构的运行成本，那么，所有政府管制机构的运行成本将更是大得惊人。为什么会发生如此巨大的政府管制运行成本？一种基本的解释是，管制机构与被管制企业的目标高度不一致，前者强调社会分配效率，以实现社会经济福利

① 这 11 个联邦政府管制机构为联邦通信委员会、联邦能源管制委员会、州际商务委员会、联邦贸易委员会、证券交易委员会、联邦航空管理局、联邦高速公路管理局、联邦铁路管理局、食品与药品管理局、职业安全与健康管理局和原子能管制委员会。

最大化;后者偏重于生产效率,追求自身利润最大化。这种目标差异必然导致两者之间的矛盾及其行为差异。管制机构为提高管制效率,必须尽可能掌握被管制企业的成本、利润、质量等信息;而被管制企业为获取更多利润,却会尽可能想办法隐瞒信息或虚报信息,也就是说,它们之间存在严重的信息不对称问题,这种信息不对称必然从管制机构与被管制企业两方面增加管制成本。

管制法规的修改和调整通常涉及有关利益集团的利益重新分配,一些利益集团可能要维护既得利益,而另一些利益集团要求瓜分一定的利益,政府就要从公正的立场协调各利益集团的关系,因此,与管制立法一样,管制法规的修改和调整也会发生相当高的管制成本。

建立在管制立法基础上的管制者和被管制者的关系,类似于企业间的合同关系。放松或解除管制固然能减少管制运行成本,但可能会因违反原有"合同条款"而发生成本,如违规成本、重新安排职员的成本或对失业者的补偿成本、某些利益集团的抵制成本等。

通过对政府管制成本的分析,可以将管制成本分为两大类:一类是由政府承担的成本,主要表现为政府管制机构的各种成本费用,较容易估量;另一类是主要由被管制企业承担的成本,用于向管制立法者和执法者游说,甚至寻租,这类成本往往被忽视了,也较难估量。

2. 管制的收益

目前衡量管制收益的方法主要有三种:

第一种是消费者剩余的总增加量。许多经济文献都这样衡量,但由于部分消费者剩余的增加源于垄断者利润的减少,因此消费者剩余的增加并不能完全代表政府管制净收益的增加。

第二种是消费者剩余和生产者剩余的总增加量。这是从福利经济学角度来衡量的。但由于消费者剩余和生产者剩余都只是心理上的一种主观感受,并不是消费者和生产者实际收入的增加,因此现实生活中难以测度其数值。

第三种是王俊豪提出的,他以实行管制后消费者减少的支出额和生产者因效率提高而增加的收益额之和来衡量管制的收益。其中,消费者减少的支出额等于不存在管制条件下的垄断价格和实行管制后的价格之差,乘以所有消费者购买某种被管制的产品或服务的数量;而实行管制后,生产者因效率提高而增加的收益额既可以按整个被管制产业效率提高后成本下降、收益增加的总量来测度,也可以对被管制企业逐一计量,然后加总以测度。他认为,这种方法的最大优点是简单可行,并且以英国政府对公用事业管制改革前后的数据对比进行了说明。[①]

3. 管制的成本—收益比较

管制的成本—收益分析并不能简单地用边际收益等于边际成本原则来决定最佳政府管制,因为政府管制是一种特殊的公共产品,对特定领域的政府管制不具有像实物产品那样的可分性,因而难以计算政府管制的边际成本和边际收益。对管制的成本—收益

---

① 王俊豪:《政府管制经济学导论》,商务印书馆2001年版,第25—27页。

分析是从管制的总收益与总成本角度进行的。

植草益(1992)认为,如果管制引起的成本负担比不实行管制时的垄断价格下的生产者剩余和资源配置效率损失之和(即管制收益)小,则实行政府管制是有意义的;反之,政府管制是没必要的。

斯蒂格勒(1989)是从福利经济学角度来进行管制的成本—收益分析的,认为如果管制的成本小于消费者剩余增量和生产者剩余增量之和,则管制增加了社会福利,因而政府管制是必要的;反之,政府管制是没必要的。

王俊豪(2001)认为,由于消费者剩余和生产者剩余只是人们在心理上的感觉,很难进行定量计算,所以上述两位学者的观点在现实中是难以操作的。他认为,可以通过预计实行某项政府管制后,消费者减少的支出额和生产者因效率提高而增加的收益额之和来计算政府管制收益,而以政府管制立法成本和运行成本等的预计加总数来计算管制成本,然后,通过对比政府管制收益与成本,以决定对特定领域是否值得采取某项政府管制,如果收益大于成本,管制就是必要的;否则,就没有必要。

管制的成本—收益分析进一步表明,即使客观上存在某种政府管制需求,但如果为满足这种需求而提供的政府管制成本太高,也不值得采取这种政府管制。为此,现实中政府管制均衡未必是一种理想状态。同时,随着被管制对象(如某一特定产业)的技术经济性特征和其他因素的不断变化,与此相关的政府管制需求和供给也会发生相应的变化,从而引起政府管制收益与成本对比关系的变化。因此,如果能够从动态上对政府管制的成本和收益进行比较分析,那么更有利于政府正确地决定对某一特定领域是放松管制还是加强管制。

第四节　管制的法学与经济学分析评述

管制与法律的密切联系决定了管制的建立与发展是一个管制与法律的互动过程,由此得到三个命题:第一,对管制的研究是法学与经济学的交叉地带;第二,管制与法律的互动关系决定了管制的法经济学研究的逻辑起点和基本路径;第三,管制的法学与经济学研究将对中国管制法律体系的构建产生重要影响。

一、管制:法学与经济学研究的交叉地带

从管制的法学和经济学定义中,可以发现,管制应该是市场经济的产物,是市场经济背景下政府对市场主体自由决策的强制性限制;而且,管制行为以国家强制力为后盾,由政府机构依照一定的法律法规进行。从这个意义上,可以说法律规则是政府管制权产生的依据,也就是说,政府管制权的范围及权力行使程序以及由此产生的管制主体与被管制主体之间的关系受到相关法律法规的调整和规范。因此,管制本身既包括管制政策,又包括为实施管制而制定的法律和法规。[1] 也正因为如此,管制本身就是经济学与法学研究的交叉地带。

---

① 徐晚松:《管制与法律的互动:经济法理论研究的起点和路径》,载《政法论坛》,2006年第3期。

尽管受学科领域的局限,经济学者没有直接研究管制所带来的法律结构变化,但他们主要从成本—收益分析角度对管制所进行的研究已经表明,他们不仅注意到了传统法律救济手段的弊端,而且将某些场合中管制的产生看成是对这一弊端防范的一个结果。而将管制者与立法机构和司法机构并列作为立法者及执法者的研究角度,就更加清楚地表明,经济学者已经将管制的法律看成是现代市场经济法律制度体系的组成部分。因此,管制并不是如同大多数法学研究者通常所理解的那样是一个纯经济学概念,而确确实实是一个涉及经济学、法学的交叉领域。不仅如此,经济学界在研究中对管制法律的涉足,还反映出管制与法律之间的互动关系。正如罗纳德·科斯所言:法律体系如何影响经济体系的运行?不同国家在不同时点采用不同的法律体系会产生哪些不同影响?如果同一国家采用不同的法律体系,影响又会有什么不同?采用不同类型的管制,会产生什么不同的结果?①

二、管制法经济学研究的逻辑起点和基本路径

对管制法存在乃至其体系框架建立最具有决定性意义的应当是一国干预所采用的基本方式或手段。换言之,国家干预所采取的基本方式及其所形成的管制关系,直接构成了管制法规范的存在形式和基础,因此,在法学领域,所谓政府管制实际上被看作国家干预的具体方式,它是管制法律关系产生的根源。按照研究的逻辑顺序,所有对管制法律的理论研究,即包括法学界和经济学界对管制法的理论研究,不仅应当以国家干预的基本方式或手段为逻辑起点,而且还应当沿着法律与管制之间的互动关系展开。

具体来说,从法律角度研究,首先要考虑管制及其变化对法律体系及其运转的影响,其次要研究法律在构建管制秩序过程中所发生的变化以及这种变化对管制的影响。从经济角度研究,首先应当考虑管制产生的原因,其次要进一步研究管制的形式、内容及管制的效果问题。

三、管制法经济学研究可能产生的影响

管制与法律的互动关系,不仅决定了管制法经济学研究的逻辑起点和基本路径,而且决定了法学界和经济学界对管制的研究必须考虑管制对法律关系和法律结构的影响,以及法律在为管制提供秩序保障过程中本身的变革。这一研究至少将在以下三个方面拓宽管制法理论研究的视野:一是国家适度干预的法律边界;二是管制法的内在结构;三是中国管制法体系框架。

由于市场失灵和政府失灵的存在,国家干预的度是经济学界和法学界所共同关注的。而由于政府管制所具有的特点,对国家干预的度的研究主要集中在对政府管制的程度的研究。管制的首要含义就是该不该管,即管制的边界的确定。由于管制原因的存在决定了管制的范围,管制范围的确定又影响着管制的政策,最后管制政策的实施才决定

---

① 〔美〕加里·贝克尔、罗纳德·科斯、默顿·米勒、理查德·爱波斯坦等:《圆桌会议:展望法和经济学的未来》,载《比较》,第19辑,中信出版社2005年版,第76页。转引自徐晓松:《管制与法律的互动:经济法理论研究的起点和路径》,载《政法论坛》,2006年第24卷第3期。

了管制的立法,因此,管制的立法政策选择在很大程度上取决于对管制政策的研究,而管制政策的研究又取决于对管制原因的解释。经济学界对管制的原因的研究,已经不满足于市场失灵及其相应的以“公共利益”为目标的管制理论,而是深入到更加具体的领域。事实证明,经济学界对市场经济的具体领域或产业管制的研究成果,对政府管制及其立法改革实践产生着重要影响。

到目前为止,有关管制法的内在结构的研究几乎没有人涉足,主要原因在于,被传统法律结构的逻辑体系所束缚,无法找到管制法自身的逻辑结构。管制法的经济学研究可以转换目前对管制的经济学和法学研究的思路,开拓两方面的研究视野,在许许多多以政府管制为基础产生的法律法规中,厘清管制法的内在结构。

对新的法律现象而言,体系框架的建立标志着对其内在规律性的揭示达到了一个较高的水平。毫无疑问,所有从政府管制及其具体法律角度展开的基础性研究最终都将对管制法理论体系框架的构建产生影响,从而有利于整个体系框架的构建。首先,从管制法角度展开的研究将使学界重新审视既有法律体系框架,从而深化对管制法存在状态的总体认识;其次,从管制法角度展开的研究,还将有助于中国转型时期管制法体系及管制制度体系的探索。

本章总结

1. 从法学角度,所谓政府管制,就是管制性行政主体根据法律法规的授权,为追求经济效益和社会效益的帕累托最优及维护社会公平和正义,对经济及其外部性领域和一些特定的非经济领域采取的调节、监管和干预等行政行为。从经济学角度,政府管制的定义很多,简单来讲,管制就是政府对微观经济活动进行的各种干预。

2. 政府管制法应该是调整政府管制关系以及在此基础上产生的监督政府管制关系的法律规范和原则的总称。它与传统行政法密切相关,两者既有相通的共性,又有鲜明的个性。

3. 管制可以分为直接管制和间接管制。直接管制又包括了经济性管制和社会性管制;而间接管制主要是反垄断管制。相应地,一个较完整的管制法体系应该包括涉及经济性管制的法律、社会性管制的法律和反垄断法。

4. 从经济学角度,市场失灵是政府管制产生的根源,因而垄断、外部性、信息不对称等都是政府管制的理由。

5. 在现实中,管制的需求受多种因素影响而处于不断变化之中,管制的供给则具有相对稳定性,这就决定了管制的供求均衡难以实现,不均衡成为一种常态。管制的次优目标就是尽可能减少管制的供求不均衡程度。

6. 政府管制是有成本的,同时管制也为社会带来一定的收益。对政府管制进行成本—收益分析,有利于权衡政府管制的利弊得失,从而为政府管制提供理论依据。

7. 管制与法律的密切联系决定了管制的建立与发展是一个管制与法律的互动过程,由此也决定了对管制的研究是法学与经济学的交叉地带。

思考题

1. 管制的法学定义与经济学定义有何异同？

2. 管制法包括哪几类法律法规？

3. 管制法与一般的行政法有何异同？

4. 从经济学角度分析，为什么需要管制或管制法？

5. 你能从管制的供求分析和成本—收益分析中理解管制失灵的含义吗？

6. 你如何理解“管制与法律的密切联系决定了管制的建立与发展是一个管制与法律的互动过程”这句话？

阅读文献

1. 〔美〕G. J. 斯蒂格勒：《产业组织和政府管制》，潘振民译，上海人民出版社、上海三联书店 1996 年版。

2. 〔美〕W. 吉帕・维斯库斯等：《反垄断与管制经济学》，陈甬军等译，机械工业出版社 2004 年版。

3. 〔美〕丹尼尔・F. 史普博：《管制与市场》，余晖等译，上海三联书店、上海人民出版社 1999 年版。

4. 〔美〕小贾尔斯・伯吉斯：《管制和反垄断经济学》，冯金华等译，上海财经大学出版社 2003 年版。

5. 〔日〕植草益：《微观管制经济学》，朱绍文、胡欣欣等译，中国发展出版社 1992 年版。

6. 王传辉：《反垄断的经济学分析》，中国人民大学出版社 2004 年版。

7. 王俊豪：《政府管制经济学导论》，商务印书馆 2001 年版。

8. 马昕、李泓泽：《管制经济学》，高等教育出版社 2004 年版。

9. 包锡妹：《反垄断法的经济分析》，中国社会科学出版社 2003 年版。

10. 余晖：《美国：政府管制的法律体系》，载《中国工业经济研究》，1994 年第 12 期。

11. 余晖：《中国的政府管制制度》，载《改革》，1998 年第 3 期。

12. 茅铭晨：《传统行政法与政府管制法的关系》，载《西南政法大学学报》，2005 年第 8 期。

13. 徐晚松：《管制与法律的互动：经济法理论研究的起点和路径》，载《政法论坛》，2006 年第 3 期。

14. 天则经济研究所课题组：《国有企业的性质、表现与改革》，载《新政治经济学评论》，第 19 期，浙江大学出版社 2012 年版。

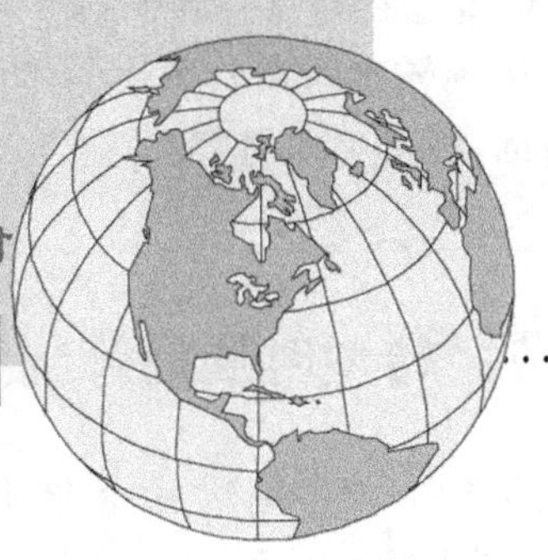

第十二章

管制法经济分析专题

无数关于管制的立法所能证明的只是人们希望管制，而并不能为事实上的管制提供确切的证据。

——〔美〕G. J. 斯蒂格勒

【本章概要】

管制是市场经济高度发达的产物，而立法是一国管制体系建立的基础。总体来说，中国的管制立法是滞后的，即使是较早开始的社会性管制，毕竟源于计划经济体制的高度集中管理，因而，与发达国家仍然有一定的差距。由于管制法的体系非常庞大，无法针对每一种管制法，一一进行经济学分析，因此，本章在阐述中国转型时期管制立法及其现状的基础上，从经济性管制、社会性管制和反垄断三个方面，选取生动的案例，结合具体的管制内容来进行管制法经济学的专题分析。

【学习目标】

1. 了解中国转型时期管制立法现状。
2. 学会具体管制案例的法经济学分析。

由于管制法的体系非常庞大,无法针对每一种管制法一一进行经济学分析,因此,本章分为四节,首先从总体上阐述中国转型时期管制法的建设及其现状,然后从经济性管制、社会性管制和反垄断三个方面,通过生动的案例,结合具体的管制内容来进行管制法经济学的专题分析。

第一节　转型时期的管制立法

管制是市场经济高度发达的产物,而中国从1978年才开始从计划经济体制向市场经济体制的渐进式改革,因此,不同于发达国家,中国的管制改革是一个取消与计划经济对应的旧管制、建立与市场经济对应的新管制的过程,这一改革有赖于政府管制框架的建立与完善,尤其是管制的法律体系的建设与完善。

一、经济性管制的立法

经济性管制主要是政府对那些具有固定网络系统的自然垄断产业的管制。具体来说,网络型产业是指需要基础设施网络来向用户传输物品或服务的产业,包括电信、电力、燃气、自来水、铁路、航空等行业。网络型产业的特点是产业中存在自然垄断环节,一般来说,基础设施网络具有自然垄断特性,产业上游或下游利用基础设施网络开展的业务具有潜在竞争特性。大多数发达国家都设立独立的规制机构,依据相应的管制立法,对这些行业实施管制。所谓独立规制,是指规制机构既与被规制企业、消费者等利益相关者保持一定的距离,又与政府行政部门保持一定的距离;通俗地表达,就是政企分离和政监分离。

独立规制是一种相对较好的制度安排,其最本质的特点是割断规制机构与行政部门的联系。但设立独立规制机构的前提条件之一是法律基础。只有通过法律授权,独立规制机构才能真正独立于行政部门,才能获得必要的权力和资源。条件之二是建立必要的监督和制衡机制。规制机构独立于政府后,如果没有强大的监督和制衡机制,不仅不能解决"规制俘虏"问题,还可能成为腐败的温床。条件之三是特殊的人事制度。

从计划经济体制向市场经济体制转型,决定了中国对自然垄断产业的管制改革必然是一个放松管制与强化管制并存的过程,即一方面通过改革原有政府垄断经营的管制体制,实行政企分离,使自然垄断产业的经营企业成为真正的竞争主体,并在此基础上,开放自然垄断产业市场,允许国内外新企业进入,形成与市场经济相适应的竞争体制;另一方面,在放松管制、打破垄断、引入竞争的基础上,基于自然垄断的经济特性,建立起与市场经济相对应的管制体制。而其中最为重要的是政府管制体制的法律框架,这是政府管制的基本准则。

发达国家的管制体制改革多以立法为先导,即先立法,再按照相关法律进行管制体制改革,从而使得管制体制改革具有明确的法律依据和实施程度。但从中国三十多年的经济管理体制改革实践看,似乎有一种先改革后立法的传统,往往是经过一段时间的改革,根据改革中取得的经验教训再制定相应的法规。《中华人民共和国反不正当竞争法》等法规就是在这样的背景下出台的。这种立法思路虽然有针对性,却是以较大的改革成本为代价的。因为从开始改革到颁布法规,期间由于缺乏改革的法律依据和实施程序,必然会产生不少混乱现象，同时也为投机者提供了“钻空子”的机会。例如，电信产业的改革始于20世纪80年代末，但是，至今，中国尚未颁布一部《电信法》，立法的滞后性在很大程度上影响了电信业改革的成效，并一度导致该产业内无线寻呼领域的无序和过度竞争，有线通信领域中国电信与中国联通的众多矛盾。

到目前为止，虽然我国自然垄断产业，包括电信、电力、航空、铁路和城市公用事业等管制改革已经开始或正在开始，但是，与此不相适应的是，我国在这些产业方面的相关管制立法是明显滞后的。立法的滞后不仅影响现已设立的一些监管机构的职能发挥，而且不利于中国自然垄断产业的改革与发展。为此，根据中国经济性管制法律建设方面所存在的问题，借鉴经济发达国家的经验，要提高管制改革的效率，中国自然垄断产业政府管制体制改革应该采取以“立法为先导”的原则，根据各自然垄断产业的技术经济特征、政府管制体制改革的目标等因素，由全国人大颁布相应的法规。法规要对规制机构的权力、资源、责任、程序、重要原则作出明确规定。同时，在立法的基础上，在行政框架内建立相对独立的规制机构，实现政策、规制相对分离。这是中国政治体制特点的要求，同时也有利于行政部门进行产业协调。

二、社会性管制立法

从20世纪70年代以来，放松经济性管制，加强竞争成为席卷全球的一场法律经济政策的深刻变革，与此同时，以环境保护、职业健康、消费安全等为主要内容的社会性管制得到明显加强。相应地，在经济性管制立法逐渐放松之时，社会性管制立法得到加强。以美国为例，如果说，1938年美国制定的《食品、药品和化妆品法》是社会性管制的一种偶尔初试，那么到了20世纪70年代前后，这种社会性管制呈现出蓬勃状态。期间，美国出台了水污染控制、空气清洁、食品安全、交通安全、职业安全与健康、汽车尾气排放、资源保护与回收等方面的众多社会性管制法律。

与发达国家不同，相比于经济性管制立法，中国对社会性管制的法制建设起步较早，如在大气污染、水污染、固体废物污染和噪声污染等环境污染管制方面，在新中国成立不久，就相继颁布了有关法规，在广告、名牌产品、食品和药品质量管制方面，中国也从20世纪80年代以来相继制定并修订了大量的法规。但是，无论与经济发达国家相比，还是与中国社会性管制的法律制度建设的现实需要相比，中国在社会性管制方面尚未形成比较完善的法律体系，与社会性管制的广泛性、深入性不相适应。

三、反垄断法的进程

所谓反垄断，是指在垄断行业取消政府管制，引入竞争，并主要依靠反垄断法来控制企业的垄断行为，除了对垄断行业的放松管制，还包括通过制定和执行反垄断法或反托拉斯法，对不公平竞争导致的垄断进行管制。这是世界各国政府对垄断最为强烈的反应。

在市场经济国家，反垄断法有“经济宪法”之称。目前全世界总共已有近90个国家颁布了反垄断法，世界发达国家，包括美、日、英、法等国早已颁布并实施反垄断法。以美国为例，从1890年到1950年，国会通过了一系列法案反对垄断，其中，最主要的是《谢尔曼法》(1890)、《克莱顿法》(1914)和《联邦贸易委员会法》(1914)。依据这些反垄断法案,美国判决了众多的反垄断案,有效地保护和促进了市场竞争。

中国早在20世纪80年代末就开始酝酿《反垄断法》。1987年8月,国务院法制局成立了反垄断法起草小组,《反垄断法》开始酝酿起草。1988年,《反对垄断和不正当竞争暂行条例草案》出台。1994年,中共中央(中发[1994]2号文件)批准的《第八届人大常委会立法规划》确定,制定《反垄断法》,并授权国家经贸委和国家工商局共同起草。1994年5月,《反垄断法》起草领导小组和起草工作小组正式成立。1997年7月,形成《反垄断法》草案大纲第一稿。1998年11月,形成《反垄断法》草案大纲第二稿。1998年以来,我国反垄断立法越来越多地受到关注。1998年11月和1999年12月,起草工作小组与经济合作与发展组织(OECD)合作,共同举办了两次反垄断立法国际研讨会。在会上,国内外反垄断法方面的专家、学者、政府官员,围绕中国反垄断立法展开了讨论。起草小组根据大家的意见和建议,对《反垄断法》(草案大纲)进行了反复修改。2006年6月7日,起草小组对《反垄断法》(草案大纲)又进行了修改,形成了第一次《反垄断法》征求意见稿,分送有关部门征求意见;6月24日,《反垄断法》(草案)正式提交第十届全国人大常委会第二十二次会议审议。2007年8月30日,第十届全国人大常委会第二十九次会议表决通过了《中华人民共和国反垄断法》,该法自2008年8月1日起施行。

西方发达国家的垄断是市场经济发展到一定阶段后的产物。它是源自市场竞争反过来又阻碍市场竞争的力量,是各经济主体为追求垄断利润而凭借市场力量形成的垄断。因而,在实施反垄断过程中,发达国家侧重于垄断的判定或垄断行为及其后果。从20世纪70年代各国放松管制的实践看,对通信、运输、金融和能源等行业的开放和竞争,也主要是依据反垄断法,借助法院判例来实现的。因此,在中国经济转型的特定背景下,《反垄断法》的出台不仅会促进电信、电力、航空、铁路和城市公用事业等自然垄断产业的改革,而且必将推动中国行政体制改革。

第二节　经济性管制问题

经济性管制(economic regulation)是指在自然垄断和存在信息偏在的领域,主要为防止发生资源配置低效、保证利用者的公平利用,政府机关用法律权限,通过许可和认可等手段,对企业的进入和退出、价格、服务的数量和质量、投资、财务会计等有关行为加以规制。本节将对经济性管制的主要形式即进入管制和价格管制,进行经济分析。

≺案例12-1≻

从一家独占走向三寡头并存——中国电信业的管制改革进程

长期以来,中国的电信产业一直是由原邮电部垄断经营的。邮电部既是电信政策的制定者,又是电信业务的直接经营者,因此,这是一种典型的政企合一的管制体制。20世纪80年代末期,随着改革开放和现代化建设的不断深入,通信供需矛盾日益突出,电信基础设施的落后成为我国电信业发展的最大瓶颈。为此,党中央、国务院先后采取了一系列政策措施，相继出台了收取电话初装费、减免关税和加速折旧等扶持政策。

1988年6月，国务院领导提出通信发展要坚持“统筹规划、条块结合、分层负责、联合建设”的方针，形成了全社会支持通信发展的合力；同年11月，国务院确定邮电体制改革“三步走”的方向：第一步是对邮电物资等管理机构完全实现政企分开；第二步是逐步实现邮政、电信专业分别核算，转移职能；第三步是条件成熟时，从上至下实现邮政、电信分营和政企分开；1993年8月，国家放开经营部分电信业务，向社会开放无线寻呼、800兆赫集群电话、450兆赫无线移动通信、国内VSAT通信、电话信息服务、计算机信息服务、电子信箱、电子数据交换、可视图文等业务。

1994年1月，经国家经贸委批准，中国吉通网络通信有限公司（以下简称“中国吉通”）成立，被授权建设、运营和管理国家公用经济信息网（即“金桥工程”），与原中国电信的CHINANET展开竞争；同年7月，中国联合通信有限公司（以下简称“中国联通”）成立。作为中国第二家经营电信基本业务和增值业务的全国性大型电信企业，邮电部独家垄断国内电信市场的局面开始改变。双垄断寡头的竞争使基本电信服务市场效率得到一定程度的改进，尤其是在中国联通大举进入的移动通信市场，邮电部门大幅降低了入网费和通话资费，老百姓开始从电信竞争中尝到了甜头。但直到1997年，中国联通的资产还不及原中国电信的1/260，其营业额也不到原中国电信的1/112。总体上说，当时中国电信市场的有效竞争并没有完全形成。

1995年4月，电信总局以“中国邮电电信总局”的名义进行企业法人登记，其原有的政府职能转移至邮电部内其他司局，逐步实现了政企职责分开。1997年1月，邮电部作出在全国实施邮电分营的决策，并决定在试点基础上，1998年在全国推行邮电分营。

1998年3月，国家在原邮电部和电子部的基础上组建信息产业部。1999年2月，信息产业部决定对中国电信进行拆分重组，将中国电信的寻呼、卫星和移动业务剥离出去，原中国电信拆分成中国电信、中国移动和中国卫星通信公司三个公司，寻呼业务并入联通公司。1999年4月，中国网络通信有限公司成立。2000年9月，国务院批转信息产业部关于地方电信管理机构组建方案，到12月底，全国31个省区市通信管理局全部组建完毕。2000年12月，铁道通信信息有限责任公司成立。至此，中国电信市场七雄争霸格局初步形成。

2001年11月，我国正式加入WTO。为增强我国电信业的竞争实力，更好地应对“入世”所带来的挑战，当月，国务院批准新一轮电信体制改革方案，再一次对我国电信业进行重新布局，决定将中国电信再次分拆，把北方十个省电信公司和中国吉通划归中国网通。2002年5月，新组建的中国电信集团公司、中国网络通信集团公司正式揭牌成立，标志着新一轮的改革重组画上了一个阶段性的句号。由此，我国电信领域形成了以中国电信、中国网通、中国移动、中国联通、中国铁通和中国卫通为主体的“5+1”格局。在各项业务市场上，尤其是国际国内长途、本地、移动、数据、专线及IP电话等业务市场上，都已各有两家以上旗鼓相当的骨干电信运营企业在相互竞争。

2008年5月24日，工业和信息化部、国家发改委以及财政部联合发布《关于深化电信体制改革的通告》，开启中国电信业新一轮重组方案，此后，中国电信业形成了新移动、新电信和新联通的三寡头垄断格局。

一、进入管制分析

对电信、电力、自来水等自然垄断产业的进入管制需要解决两个问题:一是要对新企业的进入实行严格控制,以避免重复建设和过度竞争;二是进入管制并不等于不容许新企业进入,而是要通过新企业的适度进入,发挥竞争机制的积极作用。进入管制主要涉及可竞争市场理论、原有企业对新进入企业的排挤行为及政府对原有企业和新企业的不对称管制。

1. 可竞争市场理论

可竞争市场理论(Theory of Contestable Markets)认为,只要政府放松进入管制,新企业进入市场的潜在竞争威胁自然会迫使产业内的原有垄断企业提高效率。

可竞争市场理论有一系列严格的假设条件:(1) 企业进入和退出市场完全自由,潜在进入者在生产技术、产品质量、成本等方面不存在劣势;(2) 潜在进入者能够根据现有企业的价格水平评价进入市场的盈利性;(3) 潜在进入者能够采取"打了就跑"的策略,即他们具有快进快出市场的能力,而且撤出时并不存在沉淀成本,即无进入与退出障碍。

可竞争市场理论的主要内容是:(1) 在可竞争市场不存在超额利润;因为任何超额利润的存在都会吸引潜在进入者以同样的价格甚至更低的价格与垄断企业竞争,为此垄断企业只能制定超额利润为零的"可维持性价格。"(2) 可竞争市场上不存在任何形式的生产低效率和管理上的 X 低效率(X-inefficiency),因为生产和管理上的低效率会吸引效率较高的潜在竞争者进入市场。

可竞争市场理论存在着很大的争议。肯定方认为,可竞争市场理论为探索许多产业组织和政府管制问题提供了一种分析工具,它考虑了决定市场的外部因素,突出了沉淀成本的重要性,并强调了潜在竞争对促进产业效率的积极作用。但批评方认为,现实中真正符合可竞争市场理论假设条件的产业并不多,这体现在:首先,可竞争市场理论对新企业进入产业后所采取的行为及其后果的一些假设不符合实际,特别是,它假定在产业内现有企业作出降价反应前,新企业能够独立建立自己的业务,能够以更低的价格与现有企业竞争,并顺利夺取它所需要的业务量。其次,新企业"打了就跑"而没有沉淀成本的假设不切实际。现实中,电信、电力、煤气、自来水等自然垄断产业的沉淀成本往往很大,新企业要建立自己的经营规模往往需要花费较长的时间,而在此时间内,现有企业完全可能作出降价反应。

在对可竞争市场理论提出异议的同时,一些学者还对该理论的实施进行了广泛讨论。其中,对新企业进入市场后可能采取的"取脂"战略,讨论较多。所谓"取脂"战略,又称"挑奶皮"(cream skimming),原意是挑出牛奶温热后富有脂肪而美味的部分来吃,在这里,指在允许内部交叉补贴的产业中,如实行放松管制,将使新企业仅涉足那些收益性高的地区(如有高密度、高增长性需求的地区)及服务领域。

2. 原有企业对新进入企业的排挤行为

产业内原有企业为保持其在市场上的垄断地位,会本能地设置一系列战略性进入障碍。从潜在竞争企业的角度分析,它的进入市场决策建立在进入后能够取得利润的信念基础上的，只有当进入市场的预期收益超过预期成本时，新企业才会进入市场。因此，市场上的原有企业为了阻碍潜在竞争者的进入，就会想方设法动摇潜在竞争者能取得利润的信念。

作为一种重要的进入障碍战略，原有企业会努力使潜在竞争者相信，它将对新企业进入市场作出强烈的反应（如大幅度地压低价格等），从而动摇其利润信念而放弃进入决策。一般认为，掠夺性定价战略的威胁是不容易被人相信的，因为这种战略有可能导致两败俱伤。所以，除了价格战略外，原有企业还可能采取许多非价格战略以阻碍潜在竞争者进入市场，如原有企业通过事先收买专利，致使潜在竞争者难以取得有竞争力的技术，从而抑制其进入市场；也可能通过广告、产品差异和产品品牌等方面的战略来阻碍潜在竞争者进入市场。

原有企业可能采取的各种阻碍新企业进入的战略行为说明，政府管制者应该采取适当政策措施，消除市场上原有企业设置的各种进入壁垒，以帮助新企业进入市场参与竞争。这说明仅有市场可竞争性是不够的，还需要政府制定促进竞争的管制政策。

3. 对原有企业与新企业的不对称管制

由于自然垄断产业需要巨额投资，资产专用性强，消费者人多面广，其基本业务具有物理网络性，因此，通常的情况是，新企业进入自然垄断产业之初，需要筹措大量资本，逐渐建立和扩展其业务网络，却缺乏经济规模和生产经营管理经验。而原有企业已经建立起庞大的基本业务网络，拥有相当大的经济规模，积累了相当丰富的管理经验。因此，新企业与原有企业之间的竞争是一种不对称竞争。与不对称竞争相对应，政府应该对原有企业与新企业实行不对称管制，即对新企业给予一定的政策优惠，扶植其尽快成长，与原有企业实行势均力敌的对称竞争，以实现公平、有效竞争。

事实上，对自然垄断产业内原有企业与新企业实行不对称管制，是各国政府在进入管制实践中所遵循的基本原则。如英国政府在电信产业管制体制改革中所采取的“双寡头垄断政策”及其相应的政策措施就体现了这一原则。20 世纪 80 年代，英国政府要在有线通信网络业务领域培育一家竞争企业——莫克瑞电信公司（Mercury Communications），与在位的英国电信公司形成“双寡头垄断”格局。为尽快形成有效竞争格局，英国政府要求英国电信公司向新企业以较低的成本价格提供市内电话通信网络服务，以帮助新公司抵消在长途电话经营中缺乏规模经济的劣势；同时，允许新公司采取“取脂”战略，即选择通信业务量最大的线路和地区作为其经营范围，以较低成本取得较高的利润。

不对称管制的主要内容有：(1) 在具有网络性的自然垄断产业，为避免重复建设和帮助新企业尽快建立起规模相当的业务网络，政府可以对原有企业实行强制性联网；(2) 为了弥补新企业在经营规模上的劣势，政府可以要求新企业只按边际成本收费，不用承担固定资产投资费用；(3) 政府还可以规定，短期中新企业可以不承担普遍服务义务，而采取“取脂”战略；(4) 政府可以允许企业采取比原企业更灵活的价格政策（如差别定价），利用价格优势争取顾客。

不对称管制有利于培养竞争力量，实行有效竞争，但有悖于公平竞争，因而只能是一种短期现象。当新企业经过一个发展期，具备一定竞争实力后，就应该取消不对称管制，实行中性管制，以实现公平竞争。

中国电信业的进入管制应该是一个放松管制与强化管制并行的过程。一方面,电信市场逐步放开,新的运营者不断加入;另一方面,政府采用不对称管制、联网管制等管制方式提高新进入者的竞争能力,初步形成了多元化的竞争局面。与此同时,在联通等新进入者进入之初,我们也看到在位的原中国电信对新进入的中国联通进行种种阻挠,以致到1997年,联通公司的资产还不及原中国电信的1/260,其营业额也不到原中国电信的1/112,影响了中国电信市场有效竞争的进度和强度。

二、价格水平管制分析

价格管制是政府管制的核心内容。价格管制可以从价格水平管制和价格结构管制两方面来加以分析。价格水平管制将从管制的目标、管制模型及其比较来分析价格水平管制的合理性。价格结构管制的中心任务则是要监督企业如何把许多共同成本合理地分摊到各种产品或服务之中,由不同类型的顾客来承担。

1. 价格管制水平的目标

受政府管制的产业部门的价格一般称为收费(rate,运费为fare)。收费水准(rate level)根据正常成本加合理报酬得出的总成本计算,在提供单一服务的产业,指的是每一单位服务的收费多少;在提供多种服务的产业,则指的是这些服务的综合成本水准。

收费体系(rate structure)在提供单一服务的产业,指的是把费用结构(固定费用与变动费用之比率)和需求结构(家庭用、业务用、产业用,以及少量需求和大量需求等不同种类的需求,高峰负荷和非高峰负荷等不同负荷的需求)考虑进去的各种收费的组合;在提供多种服务的产业,指的是把每种服务的收费水准的构成以及上述费用结构和需求结构都考虑进去的收费体系。

收费(包括收费水准和收费体系)的决定手续是:首先由受管制的企业向主管当局提出批准收费(包括新服务收费和旧的服务收费的修订)的申请,当局对企业的费用条件和需求条件等进行分析,算出合理的成本和报酬,然后批准当局认为是公平合理的收费水准的申请。

自然垄断产业价格管制的三维目标是:(1) 促进社会分配效率。在不受外部约束的条件下,自然垄断企业作为价格的制定者而不是接受者,很容易通过制定较高价格和较低产量来损害消费者剩余,并导致净效率损失。政府对自然垄断产业进行价格管制是为了保护消费者,促进社会分配效率。(2) 刺激生产效率。由于受管制产业几乎不存在竞争或竞争很弱,政府必须在制定管制政策和措施时,刺激企业优化生产要素组合,充分利用规模经济,不断进行技术革新和管理创新,努力实现最大生产效率。(3) 维护企业发展潜力。自然垄断产业都具有投资额大、投资回报期长的特点,而且,随着国民经济的发展,对自然垄断产业的需求具有一种加速增长的趋势。为适应大规模、不断增长的需求,就需要自然垄断产业的经营企业不断进行大规模投资,以提高市场供给能力。因此,政府在制定自然垄断产业的管制价格时,必须考虑使企业具有自我积累、不断进行大规模投资的能力。[①]

① 王俊豪:《政府管制经济学导论》,商务印书馆2001年版,第98—100页。

2. 价格水平管制模型

世界上存在两种最具典型意义并有较大差别的价格水平管制模型，即美国的投资回报率价格管制模型和英国的最高限价管制模型。

美国对自然垄断产业实行投资回报率价格管制具有悠久的历史。实践中，通常是受管制企业首先向管制者提出要求提高价格（投资回报率）的申请，管制者经过一段时间考察，根据影响价格的因素的变化情况，对企业提出的价格（或投资回报率）水平作出必要调整，最后确定企业的投资回报率，作为企业在某一特定时期内定价的依据。

如果企业只生产一种产品或服务，则投资回报率价格管制模型为：

$$R(p,q) = C + S(\mathrm{RB}) \tag{12-1}$$

如果企业生产多种产品或服务，则投资回报率价格管制模型为：

$$R\left(\sum_{i=1}^{n} p_i q_i\right) = C + S(\mathrm{RB}) \tag{12-2}$$

上面两式中，R 为企业收入函数，它决定于产品价格（p）和数量（q）；C 为成本费用，如燃料成本、工资、税收和折旧等；S 为政府规定的投资回报率；RB 为投资回报率基数（rate base），即企业的资本投资总额。

显然，在企业只生产一种产品或服务的情况下，管制价格 $P=R/q$；而在企业生产多种产品的情况下，R/q 只是所有产品或服务的综合价格，对每种具体产品或服务的价格还要通过价格结构管制才能确定。

美国的价格管制模型通过对投资回报率的直接控制而间接管制价格，有利于鼓励企业投资。该模型的缺陷在于：(1) 企业在一定时期按投资回报率定价，几乎不存在政府管制对提高效率的刺激机制；(2) 产生 A-J 效应，过度投资降低效率；(3) S 的讨价还价和 RB 的难以确定。

英国的最高限价管制模型可以简单地表述为：

$$P_{t+1} = P_t(1 + \mathrm{RPI} - X) \tag{12-3}$$

式（12-3）中，RPI 表示零售价格指数，即通货膨胀率；X 是由管制者确定的，表示在一定时期内生产效率的增长率。企业产品价格的调整幅度取决于 RPI 和 X 的相对值。如果 RPI 小于 X，则 $\mathrm{RPI}-X$ 是个负数，意味着企业必须降价，降价幅度为 $\mathrm{RPI}-X$ 的绝对值；如果 RPI 大于 X，则 $\mathrm{RPI}-X$ 是个正数，意味着企业可以提价，提价的最高幅度为 $\mathrm{RPI}-X$ 的值。

英国的最高限价管制模型的特点是政府对企业价格的直接管制，并且在管制价格的同时给企业以利润最大化的自由。由于采取零售价格指数和企业生产效率挂钩的办法，而零售价格指数对企业来说是外生变量，企业要取得较多利润，只有努力提高生产效率，使生产效率的实际增长率超过管制者规定的增长率（X）。这就会刺激企业通过技术创新和挖掘生产潜能提高生产效率。

随着电信市场逐步放开，新的运营者不断加入，中国政府放松了对电信产业的价格管制，电话初装费不断下调，并于 2001 年 7 月 1 日彻底取消；市话、长话和互联网等价格也不断下调。但是，中国电信产品或服务至今主要采取“成本加成定价”，即以实际成本为基础，加上一定利润而形成定价。这种价格形成机制不仅不能刺激企业努力降低成本,通过提高效率而取得更多的利润,而且与发达国家相比,目前中国的电话收费价格都比较高,损害了广大消费者的福利。电信业应该以经济学原理为基础,借鉴发达国家的经验,建立起高效的价格管制体制。

三、价格结构管制分析

大多数自然垄断产业都向不同顾客提供不同产品和服务,但在产品和服务的生产供应过程中,许多成本却是共同的,称为共同成本(common cost),其需求也具有总需求的性质。价格结构管制的中心理论是监管企业如何把许多共同成本合理地分摊到各种产品或服务之中,由不同类型的顾客来承担。

我们可以按照不同标准对自然垄断产业的总需求进行细分,形成不同的需求结构。例如,在自然水和煤气供应等产业中,按照顾客类型可以划分为居民用户、生产性企业用户、服务性企业用户、行政事业机关等。在电力产业,可以按照季节、月份、星期、日期,甚至时区划分高峰需求和非高峰需求。在煤气产业,可以按照使用设备将需求划分为厨房用、供应热水用、暖气用。还可以按照电表、煤气表、自来水表的大小划分大量需求、中量需求和少量需求。

与需求结构相对应,政府对居民用户往往实施较低的管制价格,而对生产性企业,特别是服务性企业制定较高的管制价格;对高峰需求制定较高的管制价格,而对非高峰需求制定较低的管制价格;对大用户以较低的价格提供产品或服务,而对小用户则收取较高的价格。但在实践中,经济上合理的价格不一定是价格管制中所采取的价格,因为政府管制者不得不考虑自然垄断产业的公益性。

我们也可以按照方法的不同确定线性定价与非线性定价。线性定价(liner pricing)指定额收费和同一从量收费。定额收费是指无论消费量大小,都按固定的标准收费。如宽带网的包月费,每月缴纳一定金额,就可以天天上网。定额收费的优点是简便,缺点是会造成过度消费,浪费现象严重。同一从量收费是指无论消费量大小,都按同一单位价格收费,如电力的千瓦小时(度),用水的一立方米,管道煤气的一立方米等。实际中,对于电力、自来水、管道煤气等自然垄断产业,无论是生产阶段还是输送阶段的单位成本,大用户都比小用户低得多,同一从量收费没有将单价与消费量挂钩,这对大用户来说是不公平的。另外,由于使用时间、使用设备等方面的差异也会影响生产供应成本,因此,同一从量收费也有其缺陷。

非线性定价(nonlinear pricing)是指企业根据用户的需求量、使用时间、利用机器(如计量表)以及提供服务所需设备的利用状况等不同,定出各种各样的价格体系。例如:① 递减、递增收费;② 分阶段递减从量收费;③ 划区递减从量收费;④ 递增从量收费;⑤ 两部收费;⑥ 三部收费;⑦ 复合两部收费;⑧ 递减复合两部收费;⑨ 递增复合两部收费;⑩ 高峰负荷收费;等等。其中两种最主要的非线性定价是两部定价和高峰负荷定价。

两部定价所形成的价格结构由两部分组成:一是与消费量无关的“基本费”,二是根据消费量收取的从量费。由于自然垄断产业的成本递减性,按边际成本定价,企业就会亏损。为了使自然垄断企业盈亏平衡,可以设计一种价格管制机制,使边际成本定价方式下形成的企业亏损由消费者承担。如果把亏损额视作固定费用,用年固定费用总额(K)除以用户总数(N),其结果就是每一用户平均承担的年基本费(K/N)。由于消费者一般按月支付费用,用年基本费除以12就是月基本费,记为 $T = K/12N$。若某一消费者的月消费量为 Q,则该消费者的月使用费为:$M = T + P_m Q$,其中,P_m 为根据边际成本定价原则所确定的价格。

两部定价既可以按照边际成本定价收取变动费用,又可以通过基本费补偿固定费用,从而使企业达到收支平衡,符合“收支平衡下经济福利最大化原则”。而且从社会分配效率的角度看,两部定价虽然次于按边际成本定价,但优于按平均成本定价。但由于固定费用太高,从而基本费太高,有可能排挤低收入和少量需求的用户(他们会觉得不公平而不使用该产品或服务)。实际中有两种改进方法:一是基本费的确定不以收回固定费用总额为目标,而只以收回“用户成本”为目标;二是对一定需求量以下的用户采用同一从量收费,而对一定需求量以上的用户则采用两部收费,即采用选择费用办法。

高峰负荷定价特别适合需求波动大的自然垄断产业,如电力产业。电力需求在一年、一季、一月甚至一日中都有明显的差异。通常电力需求在上午10时达到高峰,而在凌晨4时达到低谷;周末的电力需求可能只有工作日的50%;夏季的电力需求明显高于其他季节。

电力供应具有两个特点:(1) 不能储存,从而电力供应的最大容量取决于用电高峰的需求量。(2) 不同类型的电厂,其成本特征也不相同。一般,水力发电运行成本很低,而且无污染,但固定成本很高,且受到水力资源状况的限制;核能发电的运行成本低,但固定成本高,适宜连续供电;火力发电固定成本较低,但运行成本较高,适宜间歇性发电,尤其在水力资源缺乏的时期和地区。因此,整个电力系统需要由不同类型的电厂进行优化组合。

高峰负荷定价的原理是,对高峰需求制定高价,以抑制消费;对非高峰需求制定低价,以鼓励消费。目标是缩小高峰需求与非高峰需求的差异,提高负荷率,从而提高设备的利用率,降低生产成本,并减少固定资产投资需求,实现社会资源的优化配置。

第三节　社会性管制问题

社会性管制是以保障劳动者和消费者的安全、健康,保护环境,防止灾害为目的,对产品和服务的质量以及伴随着提供它们而产生的各种活动进行的管制。20世纪70年代之后,社会性管制需求不断增长的原因在于:一是微观经济主体的行为导致的外部性问题越来越严重;二是经济发展与收入水平的不断提高,使得人们对生活质量的要求越来越高。本节将从环境管制、产品质量管制、工作场所安全与健康管制三方面考察社会性管制。

一、环境管制

〈案例 12-2〉

松花江水污染事件

2005 年 11 月 13 日,位于吉林省吉林市的中国石油天然气集团公司吉林石化分公司双苯厂(101 厂)的苯胺车间发生剧烈爆炸,共造成 5 人死亡,1 人失踪,近 30 人受伤。爆炸厂区位于松花江上游最主要的支流第二松花江江北,距离江面仅数百米之遥,造成约 100 吨苯类物质流入松花江,造成了江水严重污染,黑龙江省会城市哈尔滨被迫停水一周,沿岸数百万居民的生活受到影响。

12 月 1 日,在国家环保总局召开的全国环境污染事故应急电视电话会议上,国家环保总局副局长王玉庆说,在松花江污染事故中,由于吉林省环保局信息传递不力,导致国家环保总局错过了将此次污染事故控制在萌芽状态的机会。

12 月 3 日,中共中央办公厅、国务院办公厅发出通报。通报指出,这起重大水环境污染事件发生后,国家环保总局作为国家环境保护行政主管部门,对事件重视不够,对可能产生的严重后果估计不足,对这起事件造成的损失负有责任。为此,党中央、国务院批准解振华同志向党中央、国务院申请辞去国家环保总局局长职务的请求。

根据《中华人民共和国环境保护法》等规定,环保部门可对造成重大水污染事故的单位处以最高 100 万元的罚款。2007 年 1 月,国家环保总局向中国石油天然气股份有限公司吉林石化分公司下发了《松花江水污染事故行政处罚决定书》,决定对该公司处以 100 万元的罚款。

然而,据有关专家估计,要恢复松花江生态,即使投入 100 亿元都不够。仅污染事件发生后,由于停水而给哈尔滨造成的直接经济损失就达 15 亿元。污染事件使黑龙江省 52 万渔民全部受到了污染事件的冲击,造成该省的渔业至少价值 18 亿元的经济损失,因为污染造成的负面影响更是长期的。

随着社会经济的发展,环境污染问题日益严重。有关"环境污染"的比较有影响的概念,由经济合作与发展组织(OECD)在 1974 年的一份建议书中提出。环境污染是指被人们利用的物质或者能量直接或间接地进入环境,导致对自然的有害影响,以至于危及人类健康、危害生命资源和生态系统,以及损害或妨害舒适和环境的其他合法用途。

通常,环境污染也被称为公害。如日本 1967 年通过的《公害对策基本法》第 2 条规定:本法所称的"公害",是指由于工业或人类其他活动所造成的相当范围的大气污染、水质污染、土壤污染、噪声、振动、地面沉降以及恶臭,导致危害人体健康或生活环境的现象。在我国现行环境立法中,虽然使用过"环境污染和其他公害",但是只作了例举(如《中华人民共和国环境保护法》(2014 年修订)第四章),而没有给出严格的定义。

简单来讲,环境污染是指人类直接或间接地向环境排放超过其自净能力的各种物质或能量。由于环境污染降低了环境质量,对人类的生存与发展、生态系统和财产等造成多种不利影响,因此也被称为公害。

环境污染常常使人发生中毒,或者感到厌烦,注意力不集中,容易疲劳和激动,工作效率降低,患病率提高。从环境污染造成的经济损失看,20 世纪 90 年代以来,水污染每年给中国造成的经济损失约 40 亿美元,大气污染每年给中国造成的经济损失为 500 亿美元。

从经济学角度看,环境污染是一种典型的负外部性。排污者所造成的社会成本往往高于私人成本,导致很大的外部成本。政府须加强对环境污染的管制,以保护人类生存和发展所需要的环境。

由于现实中存在着各种各样的环境污染,其中,大气污染、水污染、固体废物污染和环境噪声污染是最基本的环境污染类型,因此,我们将从对大气污染的管制、水污染的管制、固体废物污染的管制和环境噪声污染的管制四方面来探讨环境管制问题。

1. *政府对大气污染的管制*

大气是人类及其他生物赖以生存和发展的环境要素,是生命存在的必要条件。大气污染是指由于人类活动或自然过程使得某些物质进入大气,导致其化学、物理、生物或者放射性等方面特性的改变,造成大气质量恶化,从而危害人体健康和财产安全,以及破坏自然生态系统等的现象。大气污染是一种流动性污染,具有扩散速度快、传播范围广、持续时间长、损害大等特点。例如,雾霾就是高密度人口的经济社会活动排放的大量细颗粒物超过大气循环能力和承载度,导致颗粒物浓度持续累积而形成的一种灾害性天气现象。由于其流动性,极易出现大范围的雾霾天气。2013 年以来,我国四分之一国土出现雾霾,受影响人口约 6 亿人,2013 年 1 月的 4 次雾霾甚至笼罩至 30 个省(区、市)。

由于世界各国和地区的工业化程度和能源结构不同,其排放的大气污染物的种类存在着较大差异,从而使大气污染表现为不同的类型。目前主要的大气污染类型有煤烟型大气污染、石油型大气污染、混合型大气污染和特殊型大气污染等。大气污染会对环境、人体健康和动植物等造成多种危害。大气污染对自然环境的危害主要表现为全球变暖和臭氧层变薄,前者导致更多的台风、飓风等自然灾害,后者则会增强太阳紫外线辐射。大气污染也直接危害人体健康,引起呼吸道疾病,如气管炎、哮喘、肺气肿及肺癌等。大气污染还危害动植物的生存,使动植物种类和数量大大减少。

由于大气污染会给人类带来巨大的危害,各国政府都十分重视对大气污染的管制。美国在大气污染管制方面颁布了一系列法律,如 1963 年的《清洁空气法》,1965 年的《汽车空气污染控制法》,1967 年的《空气质量法》,1974 年的《能量供应与环境协调法》,1966 年、1970 年、1977 年、1990 年的《空气修正法案》。这些法律对大气污染管制的基本内容包括:(1) 通过规定特定区域的空气污染最高允许水平,并确定与此允许水平相一致的排放水平,实现对空气质量的管制;(2) 通过制定国家标准,对某些污染物的排放实行管制。

我国政府也十分重视对大气污染的管制。改革开放以后,随着工业化进程的加快和经济的高速发展,为加强对大气污染的管制,中国政府于 1987 年 9 月颁布了第一部对大气污染实行管制的专门法律——《大气污染防治法》;1991 年 5 月,经国务院批准,国家环境保护局还公布了《大气污染防治法实施细则》;1995 年 8 月,根据中国大气污染的特点,修订并颁布了新的《大气污染防治法》。由于中国大气污染未能得到有效控制,还有局部恶化的趋势,2000 年 4 月 29 日由中华人民共和国第九届全国人大常委会第十五次会议通过了经再次修订的《大气污染防治法》,它成为中国面向 21 世纪的一部对大气污染实行有效管制的专门法律,该法律对大气污染管制的主要法律制度有:① 大气污染物排放标准管制制度;② 大气环境影响评价制度;③ 大气污染物排污许可证制度;④ 大气污染事故报告处理制度;⑤ 大气污染物排污收费制度。此外,该法律还对限期治理制度、现场检验制度、大气污染监测制度等也作了相应的规定。

2. 政府对水污染的管制

水是人类生存和发展必不可少的环境要素,通常把海洋、江河、湖泊、运河、渠道、水库等地表水和地下水总体称为水体。所谓水污染,是指水体因某种物质介入,而导致其化学、物理、生物或者放射性等方面特性的改变,从而影响水的有效利用,危害人体健康或者破坏生态环境,造成水质恶化的现象。

水体污染源主要有两类:点源,主要指工业污染源和生活污染源,如工业废水、矿山废水和城市生活污水;面源,主要指农村污水和灌溉水、地质溶解及降水对大气淋洗造成的水体污染。根据污染物及其形成污染的性质,可以将水污染分为化学性污染、物理性污染和生物性污染。

水污染对人体健康、工农业生产和渔业生产等都会造成巨大的损失。然而,根据环境保护部公布的历年《中国环境状况公报》,我国主要河流有机污染普遍,面源污染日益突出;工业废水和生活污水排放量大;而且一些地区的水污染近年来还有不断恶化的趋势。

各国政府都制定有水污染管制的法律法规。如日本的《水质污染防治法》、荷兰的《地表水污染法》等。特别是美国,曾先后颁布《联邦水污染控制法》(1972)、《清洁水法》(1977)和《水质量法》(1987)等,不断扩大联邦政府对水污染的管制范围。

我国政府于 1987 年颁布第一部为专门防治陆地水污染而制定的法律——《水污染防治法》;1989 年颁布了相应的《水污染防治实施细则》,并先后颁布了一系列配套法规;1996 年颁布实施了新的《水污染防治法》;2000 年 3 月,批准了新的《水污染防治实施细则》。经过多年的法制建设,中国水污染管制从小范围扩大到大范围、从被动性防范走向主动监督管理、从先污染后治理逐步过渡到建设与控污同时进行,从而形成了比较系统而全面的水污染防治法规体系。《水污染防治法》对水污染管制的主要法律制度包括:① 水污染物排放标准管制制度;② 水污染影响评价制度和"三同时"制度;③ 水污染排放问题控制和核定制度;④ 水污染事故报告处理制度;⑤ 水污染物排污收费制度。

3. 政府对固体废物污染的管制

固体废物是指在生产建设、日常生活和其他活动中产生的污染环境的固态、半固态废弃物质。固体废物污染是指因不适当地排放、收集、贮存、运输、利用和处置各种固体废物而污染环境、损害人体健康的现象。固体废物污染的危害主要表现在:① 占用土地,污染土壤;② 污染水体;③ 污染大气;④ 直接危害人体健康。

随着社会经济发展、人口增加和人民生活水平的提高,固体废物的产生量也日益增加。虽然固体废物不是一种环境要素,而是一种潜在污染物,但是,针对其可能产生的危害,世界各国都制定了相应的管制法律法规。例如,美国在1965年就颁布了《固体废物处置法》,后来又进行了多次修订。英国、日本、瑞典、荷兰等许多国家都制定了相关的法律。甚至为了管制危险物的越境转移,国际社会于1989年通过了《控制危险废物越境转移及其处置巴塞尔公约》,中国在1991年也加入了该公约。

但是,中国对固体废物污染管制的专门立法起步较晚,直到1995年10月,才颁布了专门的《固体废物污染环境防治法》,其重点是对工业固体废物、城市生活垃圾和危险废物污染环境的防治和管制。对固体废物污染环境管制的主要法律制度有:① 固体废物环境影响评价和"三同时"制度;② 固体废物申报登记制度;③ 固体废物转移管制制度;④ 危险废物经营许可证制度;⑤ 危险废物污染事故报告处理制度。

4. 政府对环境噪声污染的管制

环境噪声主要是指在工业生产、建筑施工、交通运输和社会生活中所产生的干扰周围工作和生活环境的声音。环境噪声污染则是指所产生的环境噪声超过国家规定的环境噪声排放标准,并干扰他人正常生活、工作和学习的现象。与其他环境污染相比,环境噪声污染具有两大特点:局部性和暂时性。而且,环境噪声污染的大小不仅取决于环境噪声本身的强度,而且还与人的生理因素有关。

环境噪声污染的危害是多方面的,主要表现在:影响听力,导致听力下降;影响人的神经系统和心血管系统,导致头痛、多梦、嗜睡、心慌、记忆力减退和全身乏力等临床症状;影响人们的休息,使人感到烦恼,降低工作效率,打断思维的整体性,使人精神涣散,注意力不能集中,以致造成工伤事故。

中国随着工业生产、交通运输、城市建设的迅速发展及城市生活的多样化,正面临着环境噪声污染的严重挑战,并在一定程度上影响了人们的健康和经济的发展,为此需要政府对环境噪声污染进行有效的管制。

世界上许多国家制定了控制环境噪声污染的法规,甚至设立了专门的机构,负责全面的噪声调查以及对公众健康和福利影响的研究。我国对环境噪声污染管制的法规建设起始于20世纪50年代,直到1996年才制定了《环境噪声污染防治法》。目前对环境噪声污染管制的主要法律制度有:① 环境噪声标准管制制度;② 环境噪声影响评价制度和"三同时"制度;③ 环境噪声污染限期治理制度;④ 环境噪声排放申报登记制度;⑤ 环境噪声超标排污收费制度。

二、产品质量管制

案例 12-3

山西朔州假酒案

1998年1月23日,朔州市平鲁区医院接到了一名危重病人,症状是呕吐、头疼、瞳孔散大、呼吸困难,这名病人还没来得及进入抢救室就死亡了。当时值班的医生万万没有想到,一起震惊全国的假酒中毒案发生了,而且朔州市成为这起案件的重灾区。

1月26日,该市技术监督局从省城太原及大同拿回了鉴定报告:死者所饮酒中含的甲醇超过国家标准数百倍。

1月27日早,朔州市的广播电台和电视台滚动播放着一个节目:关于不要饮用散装白酒的紧急通知。与此同时,工商等部门查清出售假酒的源头:平鲁区贩卖假酒的是糖酒公司职工朱永福、个体户田贵业和田贵俊兄弟等人,而这几个人又是从朔城区南关杨万财处进的酒。当晚11点,涉案人员就被抓获,并查获尚未卖出的假酒6吨。

截至2月1日,朔州市共查封118个散装白酒销售点,查封白酒5万公斤,收回白酒2万公斤,抓获犯罪嫌疑人35人。

1998年3月9日,山西省吕梁地区、朔州市、大同市三个中级人民法院经过公开审理,分别对4起毒假酒案作出一审判决,王青华等6名犯罪分子被判处死刑,其他9名被告人分别被判处5—15年有期徒刑。

此次假酒案在短短几天时间内造成数十人死亡,数百人中毒,使得国人一度谈酒色变,山西酒业也因此受到重创,赫赫有名的汾酒集团受此案牵连,直到2000年岁末才恢复元气。

传统经济学理论假设市场完全竞争,从而实现帕累托最优。但现实由于无法满足完全竞争的条件,不能达到帕累托最优,从而导致市场失灵。其中一个原因就是信息不完全和信息不对称。信息不对称可能产生逆向选择和道德风险问题,具体表现为以次充好,欺骗消费者;虚假广告,蒙蔽消费者;甚至知法犯法,坑害消费者。除上述山西朔州假酒案外,还有安徽阜阳农村市场的"无营养"劣质婴儿奶粉、河南的毒大米、广东的瘦肉精、南京冠生园的"陈馅月饼"、三鹿集团的"三聚氰胺"奶粉等。这些伪劣产品严重威胁着人们的生命安全与健康,使得政府与公众越来越重视对产品质量的管制。

产品质量是产品的安全性、有效性、耐用性、可靠性、准确性、美观性、易操作和维修性以及其他价值的特性的组合。对于不同的产品,衡量其质量的特征重要性权数也是不相同的,如对于药品来说,安全性和有效性最为重要;对于服装来说,美观性就会上升到主导地位;而对于仪器仪表来说,可靠性和准确性才是关键。对于服装、蔬菜、大米和多数日用品,消费者通过感觉器官就能大致了解产品的质量,但是,对于电器、仪表等产品,消费者只有使用之后才可能了解其质量水平。

生产者与消费者之间对产品真实质量的信息不对称,最终可能出现劣质产品驱逐优质产品的现象。当然,优质产品的生产者可以通过广告宣传、创建名牌等方式建立起企业和产品的信誉,提供产品"三包"服务等市场机制向广大消费者传递信息。但由于虚假广告、假冒伪劣产品的存在以及一些企业不能履行"三包"的承诺等原因,依靠市场机制缓解信息不对称时也会出现市场失灵,这就要求政府通过对广告、名牌产品和产品"三包"等售后服务的管制,弥补这种市场失灵。因为政府管制具有权威性和强制性,政府可以运用其公共权力,以法律为基本准则,运用行政手段对产品质量实行有效管制,促使企业提高产品质量。

由于在产品生产经营者与消费者之间的信息不对称中，企业处于信息优势方，消费者处于信息劣势方，相应地，政府应该实行不对称管制，即政府应主要以企业及其产品为管制对象，通过整治虚假广告，打击假冒伪劣产品，强制生产经营者落实产品担保承诺等管制措施，保护处于信息劣势方的消费者权益。例如，美国商务部在1979年公布的《美国统一产品责任示范法》，对产品制造者和销售者的责任、消费者向产品生产经营者的索赔、政府管制机关的职责、仲裁规则等都作了较为详细的规定。在此基础上，1982年，美国颁布了更具法律效力的《产品责任法》，此外，美国还对一些直接关系消费者安全的产品专门制定了法律，如《食品安全法》《毒品包装法》《联邦危险品法》等。日本在产品质量管制方面也建立了比较健全的法律体系，主要法律包括《食品卫生法》《药事法》《药品副作用被害救济金法》《毒品及剧烈物品取缔法》《煤气事业法》《玩具安全对策法》等。

中国作为一个发展中国家，科技总体水平还不高，这在客观上必然影响产品质量，中国许多产品质量尚未达到国际先进水平。从主观上分析，中国一些企业存在片面追求短期经济效益的倾向，忽视技术创新和新产品开发，甚至在产品生产中偷工减料、以次充好，生产假冒伪劣产品。这不仅影响了中国产品质量及竞争能力，而且损害了消费者权益。作为对产品质量问题所作出的积极反应，中国在1993年2月颁布《中华人民共和国产品质量法》，2000年7月又对该法作了较大幅度的修改与调整，从而加大了该法的力度，增加了可操作性。

新修改的《中华人民共和国产品质量法》首次明确指出，各级政府应当把产品质量纳入国民经济和社会发展规划，加强对产品质量工作的统筹规划和组织领导，引导并督促生产者、销售者加强产品质量管理，提高产品质量，组织各有关部门依法采取措施，制止产品生产、销售中违反产品质量法规的行为。这就从法律上规定了政府对产品质量管制的责任。该法律对企业提出了更高的产品质量要求，并对违法企业处罚的范围作了新的界定。该法律规定了质量监督部门在行政执法过程中可以采取的必要的行政强制措施的权力；规定了产品质量监督部门进行产品质量监督抽查的监督检查制度、产品质量认证制度等。

尽管如此，与经济发达国家相比，中国在产品质量管制的法律体系建设方面还有一定的差距，如中国对一些直接关系到消费者安全和健康的产品尚未颁布专门的法规，有关产品质量管制的整个法律体系尚未建立起来。从现阶段来看，随着经济社会发展和居民消费结构升级，我国居民对于产品质量安全的要求越来越迫切，相应地，对产品质量安全也存在着较大的政府管制及其立法需求。

三、工作场所安全与健康管制

≺案例12-4≻

连年不断的矿难

根据国家安全生产监督管理局统计，我国煤矿企业每年因矿难事故而死亡的人数超过6 000人。统计还显示,我国煤矿平均每人每年产煤321吨,全员效率仅为美国的2.2%、南非的8.1%,而百万吨死亡率则是美国的100倍、南非的30倍。全国煤矿平均7.4天发生一次死亡10人以上的特大事故;平均50天发生一次死亡30人以上的特别重大事故。

矿难事故频繁发生的一个主要原因是,全国能源供应紧张,而随着石油价格不断飙升,对煤的需求亦水涨船高,价格成倍增长。我国石油资源贫乏,但煤炭资源就很丰富。为了弥补石油的不足,唯有加大力度开采煤矿,在增加的人手中,有相当一部分是农民工,很多都没有受过培训,即使有培训也未必充足,在这样的情况下进入高危的环境工作,就很容易造成意外,追逐利润也就变成了"催命符"。

另一方面,为了获取最大的经济效益,企业往往超能力生产,忽略矿井的安全,甚至在已经出现安全隐患时,为了增加产量,不让工人停工,并且强调不下井工作的矿工,全部要进行处罚,拒绝工作的甚至要停职停工,最终往往导致惨祸的发生。另一些不良矿主在事故发生后,为了逃避责任,经常隐瞒事故,或者尽量少报遇难人数,致使遇难人员得不到及时的救援,事故损失扩大。

除了以上直接原因外,煤矿企业安全工作不落实,安全规程和规章制度形同虚设,也是造成矿难频发的主要和首要原因之一。

为减少各类事故,遏制煤矿重、特大事故的发生,国家煤矿安全监察局发布新版《煤矿安全规程》,要求各煤矿企业于2005年1月1日起施行。新版《煤矿安全规程》根据煤矿事故教训而增加和修改的五个条例中就有这样的规定:"严禁在采煤工作面范围内再布置另一采煤工作面同时作业",及"突出矿井、高瓦斯矿井、低瓦斯矿井高瓦斯区域的采煤工作面,不得采用前进式采煤方法"。这样规定的目的,一是防止不合理集中生产和避免工作场所过于集中给通风、安全带来的隐患,二是防止采取前进式开采方式给瓦斯管理带来的困难,杜绝事故隐患。

随着恶性生产事故的增多,我国政府对工作场所的安全与健康管制越来越重视。1998年以前,都是各部门内设司局负责抓安全生产,国家劳动部或劳动人事部负责全国安全生产的综合监管和监察。1998年的政府机构改革撤销了一批行业主管部门,安全生产综合监督管理改由国家经贸委负责。期间,国家组建了国家安全生产监督管理局(委管局),与国家煤矿安全监察局实行"一个机构,两块牌子"。同时,一系列法律法规相继出台,如《矿山安全法》《职业病范围和职业病处理办法的规定》《尘肺病防治条例》等。其中《中华人民共和国安全生产法》是最重要的一部法律。该法律于2002年6月29日第九届全国人大常委会第二十八次会议通过,自2002年11月1日起正式施行。2003年3月,第十届全国人大一次会议决定国家安全生产监督管理局由委管局改为国家直属机构,拥有了单独发布部门规章和法令的权力,主要负责工作场所安全的标准制定及行政监督管理,以及信息发布等工作。

1. 工资差异化理论与风险信息

工人在找工作时,不是仅考虑该工作的工资水平,还需要考虑工作场所的舒适状况。

当两份工作工资水平相同时,工人肯定更偏好轻松、安全、舒适的工作;相反,要承受一份相对危险的工作,那么工人所要求的工资水平也会较高,因此,工人寻找工作时应该是综合考虑工作的工资水平和安全舒适状况的。而工作的工资水平和工作场所的安全与健康条件由工人与企业双方谈判来决定。并且,风险不同的工作岗位具有不同的均衡工资,即工作场所越危险,均衡工资水平越高。然而,要实现这一点是有条件的:其一,工人对他所处的工作场所的风险有充分的了解;其二,工人偏好安全和健康的工作场所。

现实中,工人大多偏好安全和健康的工作场所,但是,他们对其所面临的工作场所的安全与健康风险并不十分了解,甚至由于自身原因或他人误导,错误地将高风险岗位当作低风险岗位,其结果是,工资的差异化激励无法实现,工作场所的安全和健康也就无法改善。

当然,对于不同特征的风险,工人的识别程度也会不同。总体而言,涉及工作场所安全的风险较易识别,而涉及工作场所健康的风险则识别起来比较困难,因为安全风险通常当场表现出来,而健康风险比较隐蔽,其后果可能要 10 年、20 年甚至更长时间才会表现出来,如矽肺病、癌症等疾病。

2. 风险信息披露机制

由于风险信息的不充分,工资差异化机制的运行就不会达到最佳状态,从而出现市场失灵。因此,政府有必要强制要求企业对工作场所的风险进行信息披露,尤其是健康风险信息。

美国的"化学品标签"管制就是一个典型的例子。这项管制由卡特政府提出,并最终由里根政府签署付诸实施,其主要内容是,要求企业在化学品上粘贴有关风险警告的标签以及必须对工人进行相关的培训。

我国国家安全生产监督管理局的职责之一就是负责安全事故的统计和发布工作。每当有重大安全事故发生时,该局都会及时发布信息,提醒相关监督人员及相应行业的员工注意。每月底都会总结事故原因,寻求对策,并进行危险警告发布。同时,强制相关企业通过告示等方式进行危险警告提示,如在一些危险品的外包装上必须粘贴类似骷髅头之类的标识,运输危险品的车辆必须通过审核,在运输时也必须在车头明示自己运输的是危险物品。

3. 工作场所安全与健康的标准管制

虽然政府可以通过强制要求企业披露自己工作场所的危险状况来使工人尽可能掌握相关安全与健康信息,但是,有些风险具有不同的性质,例如,工作场所粉尘浓度问题。过高的粉尘浓度会刺激工人的呼吸系统,引发呼吸系统疾病,而工人每天都工作在这个环境中。这时仅靠信息披露管制是不够的,还必须督促企业改善工作环境,降低车间粉尘浓度以保护工人的健康。为此,需要管制机构制定工作场所的安全与健康标准,如车间粉尘浓度标准,要求企业车间的粉尘浓度不得超过某个限值,否则将受处罚。

对工作场所安全与健康实行标准管制的标准可以分为两类:(1) 技术标准,指对工作场所应具备的安全防护装置、采用的技术作出具体规定。(2) 绩效标准,即只规定企业应达到的管制目标,对企业如何达到目标则不作具体规定,以便发挥企业的创造力,降低管制成本。

第四节　反垄断法的经济学分析

反垄断是由反垄断机构和法院通过执行反垄断法而采取的旨在鼓励竞争的行动。反垄断法是对垄断进行管制的法律制度。反垄断法于1890年诞生于美国,其标志是当年通过的《谢尔曼法》。到目前,世界上已经有近90个国家颁布了自己的反垄断法。从主要国家反垄断法的立法、司法实践来看,反垄断法的实施范围主要包括对垄断状态的管制;禁止限制竞争的横向和纵向协议;防止经济力量过度集中;禁止滥用市场优势等。本节将从以上四个方面对反垄断管制进行经济学分析。

≺案例12-5≻

微软垄断案[①]

美国联邦贸易委员会(FTC)早在1990年就对微软公司进行了反垄断调查。经过三年的调查后,调查人员建议该委员会就微软公司对个人计算机(PC)制造商的许可制提起诉讼,但最后由于5个委员中2个反对和1个弃权而没有起诉。尽管如此,美国司法部继续对微软公司进行调查,并于1994年7月15日起诉微软公司,指控其排除竞争对手的行为违反了《谢尔曼法》。微软公司与司法部迅速达成和解协议,微软公司同意对其许可安排减少限制。上诉法院在1996年7月16日批准了该协议。

双方签署和解协议后不久,微软公司开始对Windows 95操作系统的安装许可施加一项条件,即如果PC制造商想要获得Windows 95操作系统的安装许可,必须同时在计算机上安装IE(Internet Explorer)浏览器。司法部认为该限制条件违反了双方的和解协议,因为和解协议的第IV.E节规定微软公司的许可协议不得以其他产品的许可为条件。但该条款有一个例外规定,即这一限制不得被解释为禁止微软公司发展一体化产品。微软公司辩称IE是操作系统的一部分,即IE与操作系统是一体化产品,而司法部则认为IE与操作系统各自独立,微软公司的捆绑行为(bundling)违反了和解协议。

1997年10月,司法部起诉微软公司。同年12月,美国哥伦比亚特区地方法官杰克逊发布禁令,要求微软公司解除捆绑。微软公司上诉获得成功,上诉法院推翻了杰克逊法官的禁令,认为IE与操作系统是一体化产品,因此不违反和解协议。

1998年5月18日,美国司法部连同19个州及哥伦比亚特区的总检察长一起起诉微软公司,指控微软公司滥用在软件市场的垄断力量排除竞争对手。这是美国有史以来最大的反垄断案之一,也是新经济时代最引人注目的反垄断案件,引发了从媒体到学校的热烈讨论。

1999年11月5日,杰克逊法官作出事实裁定,认为微软公司在PC操作系统市场具有垄断力量以及其行为对消费者造成损害。同年11月19日,杰克逊法官任命联邦上诉

---

① 此案例来自王传辉:《反垄断的经济学分析》,中国人民大学出版社2004年版,第213—214页。

法院法官、著名的芝加哥学派代表人物波斯纳为协调人，主持微软公司与司法部的谈判。2000年4月1日，波斯纳法官宣布谈判无果而终。两天后，杰克逊法官作出裁决，宣布微软公司违反了反垄断法。司法部建议将微软公司拆分为二：一个公司经营操作系统，另一个公司经营其他业务；并请求最高法院直接受理该案件的上诉。2000年6月7日，杰克逊法官作出裁决，接受司法部的建议，要求微软公司拆分为二。同年9月26日，美国最高法院作出裁决，拒绝了司法部的请求，将案件发回下级哥伦比亚特区上诉法院审理。

2001年6月28日，上诉法院作出裁决，推翻了杰克逊法官拆分微软公司的判决，并将案件发回地方法院，由一个新法官重新审理。同年8月7日，微软公司请求美国最高法院直接审理此案，但被最高法院于10月9日拒绝。在案件重新审理期间，微软公司于7月11日表示愿意与司法部重新谈判，并愿意放松对PC制造商的许可限制；而司法部也于9月6日决定不再坚持拆分微软。9月28日，地方法院考勒·科特莉法官命令司法部与微软公司进行和解谈判。双方于谈判的截止日，即2001年11月12日，向考勒·科特莉法官递交协议。依据该协议，微软公司同意披露中间件程度接口，允许制造商替换非微软公司的中间件产品，并且以统一的非排他性条款向PC提供商许可软件的使用。司法部和9个州同意了该和解协议，但还有10个州以及哥伦比亚特区没有同意和解协议，他们提出更多的要求，如要求微软公司以更低的价格提供无捆绑版本的Windows 95操作系统，这些要求被微软公司拒绝。2001年11月1日，考勒·科特莉法官批准了该和解协议。至此，“微软垄断案”终于暂告一段落。

一、对垄断状态管制的经济分析

从世界各国反垄断法的理论研究和立法、司法实践中可以看到，目前对垄断的法律界定标准主要采取两种方法：结构主义和行为主义。结构主义是指以市场份额来判断一个特定的市场是否达到了垄断状态。它以企业在市场上拥有的市场份额的多少作为推定其垄断力是否存在的重要依据，即企业的市场份额越高，推定的垄断力越大。因此，结构主义方法能够及时调整市场结构，确保公平、有效的竞争。行为主义就是以竞争者的垄断行为作为法律调整的对象。它认为企业在市场中占有一定的市场份额并不构成违法，只有当具有一定优势地位的企业在市场竞争中的某些行为对其他企业，主要是中小企业的市场行为和自由活动产生了不利影响时，才是违法的，需要政府出面干预以制止其行为。因此，行为主义并不针对企业规模的大小，而是动态地指向那些有害于竞争秩序的行为。诸如，企业间旨在限制竞争的横向和纵向协议、固定价格、分割市场、滥用市场优势地位、价格歧视以及导致垄断的过度合并等。行为主义方法在一定程度上能够保护企业的规模经济。

根据对垄断的法律界定标准，相应地可以将垄断划分为结构性垄断和行为性垄断。结构性垄断是指某一经济组织达到了一定规模，占有了特定市场中一定的市场份额，或者说在市场中具有一定的控制地位。行为性垄断则是指企业在市场中实施了法律所不允许的垄断行为。

所谓垄断状态(monopolistic situations),是指特定市场中因某些企业占据市场支配地位而影响、阻碍市场的公平有效竞争的状态。反垄断法对垄断状态的管制主要是对垄断企业的结构进行调整,因此,对反垄断状态予以禁止的反垄断法属于纯粹的结构主义方法。

垄断状态主要表现为一种市场结构的不合理,而一个企业在特定市场中占有多大比例的市场份额或多强程度的控制地位才会导致不合理的垄断状态,从而遭到政府法律的禁止,各国的立法、司法实践都有所不同。

美国法院确定了一个标准:只要企业的市场份额超过70%,该企业就会被法院判定具有垄断性的市场支配力;如果企业的市场份额小于50%,就不具有这种支配力。在企业的市场份额居于50%—70%的情况下,除市场份额外,还必须提供其他更多的证据。[①]据此,1945年美国法院判定美国铝业公司违反了《谢尔曼法》第2条的规定,因为该公司占有90%的铝铸块的市场份额。而法院认为:如果一个企业控制了这么大的市场份额,它必然会凭借自己的特殊地位以一个垄断者的身份进行活动。然而,20世纪70年代以来,美国对大型企业的反垄断指控尽管与市场份额有关,但其强调的是不法行为,而不是市场份额。例如,1961年美国司法部反垄断局根据《谢尔曼法》第2条对美国国际商业机器公司(IBM)提起的诉讼。虽然该案中,IBM公司只占通用数字计算机产量的67%,但由于该公司为了设置进入市场的障碍,就设备的各种部件进行了各种不同的定价和交易活动,从而被指控垄断了美国通用数字计算机系统的市场。

在微软垄断案中,美国司法部1998年成功起诉微软公司,不仅在于该公司在操作系统市场的份额已经达到了90%以上,还有另外两项证据:一是微软与PC制造商之间的限制性安排,主要是捆绑IE与操作系统;二是微软与互联网服务商之间的限制性安排。这两项被司法部认为微软公司有通过限制竞争达到和维持垄断地位的行为,违反了《谢尔曼法》第1条,即"每一个将要垄断、企图垄断,或与他人联合或共谋,以垄断任何环节的州际或国际的贸易或商业往来的人,都被认为犯有重罪"[②]。

2008年8月1日实施的《中华人民共和国反垄断法》第三章第18条和第19条分别对经营者具有市场支配地位的情形进行了认定和推定,其中推认经营者具有市场支配地位的主要情形为:"(1)一个经营者在相关市场的市场份额达到二分之一的;(2)两个经营者在相关市场的市场份额合计达到三分之二的;(3)三个经营者在相关市场的市场份额合计达到四分之三的。"针对我国从计划经济体制向市场经济体制转型过程中,许多行业存在凭借行政特许实现的行政垄断,《中华人民共和国反垄断法》第五章是专门关于"滥用行政权力排除、限制竞争"的,其中的第32条规定:"行政机关和法律、法规授权的具有管理公共事务职能的组织不得滥用行政权力,限定或者变相限定单位或者个人经营、购买、使用其指定的经营者提供的商品。"第33条则对行政机关和法律、法规授权的具有管理公共事务职能的组织滥用行政权力实施的妨碍商品在地区之间的自由流通的行为作出了认定。

---

① 包锡妹:《反垄断法的经济分析》,中国社会科学出版社2003年版,第147页。

② 〔美〕保罗·萨缪尔森、威廉·诺德豪斯:《经济学》(第17版),萧琛译,人民邮电出版社2004年版,第286页。

二、对横向和纵向协议管制的经济分析

在反垄断法中,卡特尔专指企业为垄断市场而在一定的时期内就产量、价格和市场划分等所达成的正式或非正式的协议,它包括横向协议和纵向协议。

横向协议,又称横向卡特尔,是指在法律上相互独立的企业为了达到控制市场,增加利润的共同目的,相互间在特定的市场中达成限制竞争的协议,或进行的某种协调。现实中,横向协议可分为两种类型:一种是有明确文字协议的;另一种是无文字但有口头协定的。根据横向协议的内容不同,又可将其分为价格卡特尔、条件卡特尔、生产数量限制卡特尔和销售卡特尔等。其中,价格卡特尔是最常见也是危害性最大的卡特尔形式。建立价格卡特尔的目的很明确,就是使各成员通过协调定价,或在经济不景气时共同稳定价格,以确保和取得较高或较稳定的利润。

纵向协议,又称纵向卡特尔,是指处于不同生产经营环节、不同市场阶段上的企业之间通过协议或其他共谋行为所实施的旨在限制其他竞争者的竞争行为的一种协议。这些企业间不存在竞争关系,但存在买卖关系。它们达成协议的目的是限制另一方当事人的竞争自由。纵向协议包含排他性交易和限制竞争的因素。所谓排他性交易,就是预先占有市场,排斥外界的竞争,以限制商品流通渠道,并使协议当事人获得较为有利的交易条件。所谓限制竞争,主要表现为维持转受价格的协议,即制造商与贸易商之间达成的至少限制一方(大多为购买方)在与第三方的合同中自由地确定价格和商业条件的协议。

横向协议和纵向协议尽管在某些方面有所差异,但他们的共同之处在于:(1) 两者都是由两个或两个以上企业联合实施的行为。单个企业所实施的诸如拒绝交易、掠夺性定价等市场支配地位的滥用行为,不属于横向和纵向协议的范围。(2) 两者都是以企业间的共谋为产生前提的。所谓共谋,是指由两人或两人以上所签订的旨在损害他人合法权益以获取自身利益的行为。正因为横向协议和纵向协议有以上共同之处,所以,它们都会对市场经济秩序造成破坏和阻碍作用,具体体现在四个方面:(1) 它们都会破坏市场机制的发挥,造成社会资源的浪费;(2) 它们都限制了经营者之间的公平竞争,破坏了市场的竞争秩序;(3) 它们都会通过限制竞争来削弱企业自身的发展能力,并导致整个社会生产力的滞后;(4) 它们都损害了广大消费者的利益。

由于横向协议和纵向协议对市场经济的消极、破坏作用是显而易见的,因此,在各国的反垄断法中,一般都对其加以管制。所不同的是,纵向协议对市场的危害不是太激烈和直接,为此有些国家采取了比较宽容和温和的态度;而横向协议限制了企业的生产能力,严重破坏了市场竞争,所以,各国的反垄断法对其加以严厉禁止。

美国的《谢尔曼法》第 1 条规定:"每一个限制州际间和与外国之间的贸易和商业往来的契约,以垄断形式和其他形式的联合或共谋,都宣布为非法。"第 2 条规定:"每一个将要垄断、企图垄断,或与他人联合或共谋,以垄断任何环节的州际或国际的贸易或商业往来的人,都被认为犯有重罪。"①由此可见,所谓的契约、联合或共谋,不仅包括横向卡特

① 〔美〕保罗·萨缪尔森、威廉·诺德豪斯:《经济学》(第 17 版),萧琛译,人民邮电出版社 2004 年版,第 286 页。

尔,也包括纵向的限制竞争的行为及其他一些合作形式,立法的目的就是管制一切可能出现的限制竞争的联合、共谋、契约形式以及除此以外的其他合作形式。

美国司法部指控微软公司违反《谢尔曼法》第1条的其中一项证据就是其纵向的排他性协议。微软的纵向协议包括与互联网服务商之间的互惠安排以及对PC制造商的约束。前者主要是微软公司与美国在线、AT&T Worldnet等大型互联网服务商达成互惠协议,根据协议,微软公司会在其操作系统上增加功能从而使用户很容易就可以进入互联网服务商的网站开设账户,并且在其IE浏览器上免费增加互联网服务商的"任务栏"(channel bar),增加其网站和服务的吸引力;而互联网服务商则同意将微软的IE浏览器作为其网站建设使用的浏览器,并且同意不推荐网景公司(Netscape)的浏览器。对PC制造商的纵向协议则是规定PC制造商不得从所安装的操作系统中移动IE浏览器以及不得突出其竞争对手的浏览器使之比IE浏览器更吸引人。①

2008年8月1日实施的《中华人民共和国反垄断法》第二章就是关于"垄断协议"的,其中的第13—16条分别对具有竞争关系的经营者之间、经营者与交易相对人之间、行业协会内的经营者之间达成的垄断协议作出了定义和禁止规定。

三、对过度集中管制的经济分析

从一般意义上讲,经济力过度集中就是指在经济生活中少数企业和企业集团存在具有支配力和控制力的情况。经济力集中可以分为一般集中和市场集中两种情况。一般集中是指整个国民经济和某个产业部门中居领先地位的少数企业经济力集中的情况。它表示一国的经济支配力的集中和分配程度。市场集中则是指特定的市场和产业中居领先地位的少数企业支配力的集中情况。它反映的是特定市场的竞争和垄断程度。一般集中与市场集中之间存在着密切的联系。在经济生活中,适度的集中有利于发挥规模经济的作用,有利于国民经济的发展;但过度集中则会产生垄断,从而限制竞争。所以,各国反垄断法都从企业集团和市场结构两方面对过度集中进行严格的管制,具体体现在各国反垄断法对企业合并的规定中。

合并是产生市场集中的一个重要途径。所谓企业合并,是指两个或两个以上独立的企业通过取得财产或股份,合并为一个企业的法律行为。

从法律形式看,企业合并以参与合并的企业的法律人格发生变化为标准,因而可以将企业分为吸收合并和新设合并两种。吸收合并就是通常所说的企业兼并,它是指在两个或两个以上的企业合并中,其中一个企业因吸收(兼并)了其他企业而成为存续企业的合并形式。在吸收合并中,存续企业保留了自己的名称,并有权获得被吸收企业的资产和债权、债务。被吸收企业不复存在。新设合并,是指两个或两个以上的企业因合并同时消灭后组成一个新的企业。新设企业接管了原来企业的全部资产和债权、债务。在西方国家的公司法中,还有第三种形式——购买控股权益,即一个企业取得了另一个企业一定的股份,并对之施加支配影响,达到通常被称为控股的合并形式。

从经济形式看,企业合并以企业合并的参与者所采取的,可达到一定经济目的,并改

---

① 王传辉:《反垄断的经济学分析》,中国人民大学出版社2004年版,第223页。

变了一定经济结构为标准，因而可以将企业合并分为横向合并、纵向合并、混合合并三种类型。横向合并，即水平兼并（horizontal merger），是指在同一相关市场上处于同一层次上的企业之间进行的合并，合并后相关市场产生了一个更大的企业实体。横向合并的主要经济目的是消除竞争，增加合并企业的市场份额。纵向合并，即垂直兼并（vertical merger），是指同一相关市场上不同层次上的企业之间的合并。纵向合并的目的是保证供应和销路，从而不受竞争威胁。混合合并，又称一体化兼并（conglomerate merger），是指包括横向合并和纵向合并的一种跨产品、跨行业的综合性的企业合并。混合合并的目的是拓展产品经营范围、扩大市场份额或纯粹扩大经营种类。

企业合并有其经济必然性和原始动机。可以说，企业合并是企业对利润最大化的内在要求和外在竞争压力的结果。首先，企业作为“经济人”，利润的稳定、最大化是其行为的基本准则。合并可以扩大生产规模，增加产量，节约交易费用，降低生产成本，最终达到利润稳定和最大化的目的。因此，企业合并首先源于其自身对利润最大化的追求。其次，竞争的结果是优胜劣汰。企业要想在竞争中取胜，一是靠企业自身的积累和实力，二是靠企业的外部扩张，即兼并。因此，企业合并是企业在外部竞争压力下快速发展的重要途径。

事实上，不管是横向合并、纵向合并还是混合合并，都可以使企业扩大生产经营规模，调整经营范围，在一定意义上实现规模经济。而在规模经济下，企业的资源可以得到合理的配置，企业就能在市场竞争中获得生存与发展。从宏观层面讲，企业合并能够实现国民经济的部门结构、产业结构的调整，实现社会资源的合理配置。

然而，企业合并也会导致生产和资本的集中，形成垄断，限制竞争。尤其是以横向合并的弊端最为显著，因为它排除了相关企业之间原来存在的竞争，提高了市场集中度。纵向合并与混合合并虽然不像横向合并那样直接、快速地导致市场集中度的提高，但是，如果合并主体在某一个经济层次上占有较强的市场优势，同样会导致市场集中度的提高，从而限制竞争。对整个社会来说，企业合并可能造成经济效率的降低，社会资源的浪费，消费者利益的受损。因此，对于企业合并不能听之任之，必须加以管制。

微软垄断案中，不存在微软公司的合并行为，但是，从微软公司在PC操作系统市场占有90%以上的市场份额来看，该市场已经过度集中。问题在于，如果微软公司拥有如此高的市场份额而不能有效实施或维持其垄断力量，那么美国司法部对微软公司进行反垄断就缺乏合理性。

芝加哥学派认为，影响垄断力量的因素，除市场份额外，还有市场的需求弹性和其他企业的竞争。微软所处的行业是新经济行业，具有不同于传统行业的自身特点。一方面，微软公司的操作系统与IBM公司及其他公司的计算机之间是一种互补关系，互补品结合销售产生的间接网络效果促使了微软公司操作系统用户的增加；而消费者使用操作系统的过程及互联网的发展，促使了操作系统用户的增加，产生直接的网络效果。这个行业的特点在于，已经形成和不断强化的网络效果会降低市场需求弹性并且增加操作系统市场的进入障碍。另一方面，虽然软件业开发的风险很大，但较之传统产业，该行业的低成本、高利润以及技术创新等因素有助于市场的进入和对网络效果的克服。微软公司不断强化网络效果的行为也从另一个角度证明了微软公司所面临的潜在竞争与技术创新的威胁。近年来微软公司操作系统的平均价格约为40—60美元，要远远低于有关经济分析证明的静态垄断定价1 800美元。① 这或许能说明潜在竞争威胁对微软公司市场力量实施的制约。因此，新经济行业的新特点增加了分析市场力量的复杂性，这也成为微软垄断案让理论与实践部门长时间关注并加以研究的一个重要原因。

2008年8月1日实施的《中华人民共和国反垄断法》第四章就是关于“经营者集中”的，其中的第28条规定：“经营者集中具有或者可能具有排除、限制竞争效果的，国务院反垄断执法机构应当作出禁止经营者集中的决定。但是，经营者能够证明该集中对竞争产生的有利影响明显大于不利影响，或者符合社会公共利益的，国务院反垄断执法机构可以作出对经营者集中不予禁止的决定。”

四、对滥用市场优势管制的经济分析

对市场优势的确切含义，各国的认识并不完全一致。日本《禁止私人垄断及确保公正交易法》第2条第7款规定市场优势的条件必须是：(1) 企业在市场中占有一定的市场份额。确定市场份额的标准是该企业的产品销售量在全国市场的年销售量中所占的比例。日本规定，在一年内，一个事业人（指从事商业、工业、金融业及其他事业者）的市场占有率超过1/2，或者两个事业人的市场占有率之和超过3/4，即构成经济优势。(2) 给其他事业人新经营属于该事业领域的事业带来显著困难。(3) 给市场造成其他不利因素的。德国的《反对限制竞争法》第22条规定市场优势为：(1) 市场中没有竞争者，或者竞争者很少；(2) 相对于其他竞争者而言，该企业拥有一个突出的市场地位。这个突出的市场地位要综合考虑企业在市场中的占有率，企业的财力、采购或销售市场的渠道和与其他企业的财产关系以及对其他企业进入市场的限制。

从上述规定可见，所谓市场优势，是指企业在市场中占有了一定的市场份额，形成了优势地位，而这种优势地位足以控制、操纵市场，削弱乃至排挤竞争。此处的市场优势不是一般意义上的强弱或大小，而是一种法律意义上所指的能控制、操纵市场的能力，因此，市场优势又称经济优势，或称垄断力（monopoly power）。相应地，所谓市场优势滥用，是指市场中处于支配地位的经营者，凭借自己的优势对其他竞争者，特别是中小企业所采取的排挤和限制行为。

一般情况下，各国的立法、司法实践不把优势地位列入违法的范围，但对于企业滥用市场优势的行为，各国反垄断法都是严厉禁止的。市场优势的滥用有三层含义：一是在市场中实施了不公平竞争行为的企业首先必须是具有市场优势地位的企业；二是处于市场优势地位的企业对其他企业实施了不公平的竞争行为，即滥用其市场优势；三是滥用市场优势的行为造成了一定的市场后果，如损害了其他经营者的利益，侵害了消费者的利益，破坏了市场的竞争秩序等。

现实中，市场优势滥用具有多种多样的表现形式。西方国家的法律一般都对其作了具体的规定，如美国在《克莱顿法》中规定属于市场优势滥用的情况有：(1) 价格歧视，即出售同一产品给不同顾客或买主收取不同的价格，而不是根据生产和经营该产品的成本

---

① 王传辉：《反垄断的经济学分析》，中国人民大学出版社2004年版，第221页。

制定统一价格。(2) 独家交易,即只准经销一家产品,而不得经销其他同行竞争者的产品。(3) 搭配销售,即卖方在推销某种产品时,强行搭配另一种买方不需要和不情愿接受的产品。(4) 限定销售区域。(5) 公司董事交叉任职,即同一人同时兼任两家或两家以上公司的董事,从而使有关公司能够串通一气,达到减少或消灭竞争的目的,等等。

捆绑销售是美国司法部指控微软公司违反反垄断法的最主要证据,也是微软垄断案中最具争议的部分。微软公司的捆绑销售表现在微软公司将 IE 浏览器与操作系统一起安装在 PC 制造商的机器上进行销售,这一行为被指控为不仅违反了《谢尔曼法》第 1 条,而且违反了《谢尔曼法》第 2 条。争论的焦点在于,IE 浏览器与操作系统是一体化产品还是两个单独的产品。杰克逊法官认为这是两个单独的产品,而微软的捆绑伤害了消费者,因为消费者不能得到一个无浏览器版本的操作系统,而包含了浏览器的操作系统会影响系统运行和占用内存空间。事实上,杰克逊法官无法从价格上指责微软的捆绑销售对消费者的伤害,其一,IE 是免费的;其二,无法从技术上证明 IE 损害了系统并占用了内存。

2008 年 8 月 1 日实施的《中华人民共和国反垄断法》第三章就是关于"滥用市场支配地位"的,其中的第 17 条对于禁止的滥用市场支配地位的行为作出了明确规定:"(1) 以不公平的高价销售商品或者以不公平的低价购买商品;(2) 没有正当理由,以低于成本的价格销售商品;(3) 没有正当理由,拒绝与交易相对人进行交易;(4) 没有正当理由,限定交易相对人只能与其进行交易或者只能与其指定的经营者进行交易;(5) 没有正当理由搭售商品,或者在交易时附加其他不合理的交易条件;(6) 没有正当理由,对条件相同的交易相对人在交易价格等交易条件上实行差别待遇;(7) 国务院反垄断执法机构认定的其他滥用市场支配地位的行为。"

本章总结

1. 管制是市场经济高度发达的产物,而立法是一国规制体系建立的基础。总体来说,中国的管制立法是滞后的,即使是较早开始的社会性管制,毕竟源于计划经济体制的高度集中管理,因而,与发达国家相比仍然有很大的差距。

2. 经济性管制是指在自然垄断和存在信息偏在的领域,主要为防止发生资源配置低效和利用者的公平利用,政府机关用法律权限,通过许可和认可等手段,对企业的进入和退出、价格、服务的数量和质量、投资、财务会计等有关行为加以规制;主要包括进入管制和价格管制。

3. 社会性管制是以保障劳动者和消费者的安全、健康,保护环境,防止灾害为目的,对产品和服务的质量以及伴随着提供它们而产生的各种活动进行的管制。具体来说,社会性管制主要包括环境管制、产品质量管制、工作场所安全与健康管制。

4. 反垄断是由反垄断机构和法院通过执行反垄断法而采取的旨在鼓励竞争的行动。反垄断法是对垄断进行管制的法律制度。从主要国家反垄断法的立法、司法实践来看,反垄断法的实施范围主要包括对垄断状态的管制;禁止限制竞争的横向和纵向协议;防止经济力量过度集中;禁止滥用市场优势等。

思考题

1. 中国转型时期的管制立法有何特点?
2. 试比较垄断行业的边际成本定价、平均成本定价、两部定价和垄断定价。
3. 试比较美国投资回报率价格管制模型和英国的最高限价管制模型。
4. 试比较计划经济下的进入管制与市场经济下的进入管制。
5. 举例说明一项社会性管制,分析其管制效果及原因。
6. 从结构主义和行为主义出发,反垄断的侧重点分别有什么不同?
7. 依据发达国家的反垄断法实践,你认为何时中国的反垄断法能够真正发挥作用?

阅读文献

1. 〔美〕G. J. 斯蒂格勒:《产业组织和政府管制》,潘振民译,上海人民出版社、上海三联书店 1996 年版。

2. 〔美〕W. 吉帕 · 维斯库斯等:《反垄断与管制经济学》,陈甬军等译,机械工业出版社 2004 年版。

3. 〔美〕奥利弗 · E. 威廉姆森:《反托拉斯经济学——兼并、协约和策略行为》,张群群、黄涛译,经济科学出版社 1999 年版。

4. 〔美〕保罗 · 萨缪尔森、威廉 · 诺德豪斯:《经济学》(第 17 版),萧琛译,人民邮电出版社 2004 年版。

5. 〔美〕丹尼尔 · F. 史普博:《管制与市场》,余晖等译,上海三联书店、上海人民出版社 1999 年版。

6. 〔日〕植草益:《微观规制经济学》,朱绍文、胡欣欣等译,中国发展出版社 1992 年版。

7. 包锡妹:《反垄断法的经济分析》,中国社会科学出版社 2003 年版。

8. 马昕、李泓泽:《管制经济学》,高等教育出版社 2004 年版。

9. 王传辉:《反垄断的经济学分析》,中国人民大学出版社 2004 年版。

10. 曾坚:《反不正当竞争法案例评析》,汉语大词典出版社 2003 年版。

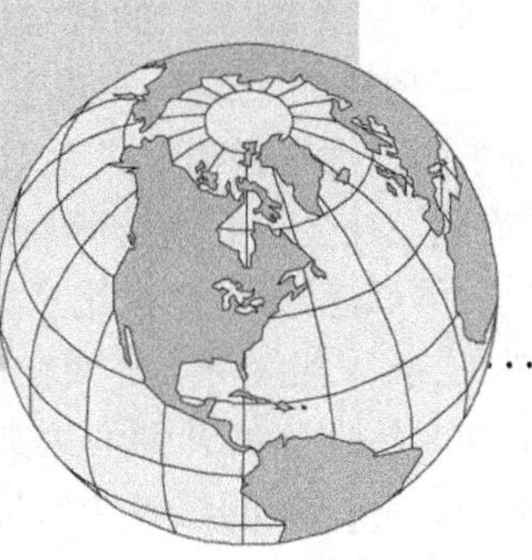

第十三章

刑法的经济学分析

法律执行的最优值除了其他因素,还依赖于逮捕与定罪的费用、惩罚的性质以及罪犯对执行的改变作出的反应。

——〔美〕加里·贝克尔

【本章概要】

犯罪与惩罚不仅是刑法学的研究对象,同时也是法律经济分析的重要组成部分。传统犯罪与刑法学侧重以犯罪的构成为基础,认定某一特定行为是否构成犯罪以及该行为应当接受何种程度的刑罚;犯罪与惩罚的经济学理论则从不确定条件下的理性选择框架出发,研究犯罪行为及犯罪率变化背后的影响因素,并从资源优化配置角度讨论最优犯罪惩罚的公共资源配置和刑事政策制定问题。

【学习目标】

1. 掌握英美刑法的渊源、犯罪构成要素、刑罚的本质及种类。
2. 了解犯罪经济学的基本理论及主要代表人物。
3. 理解理性犯罪决策模型的基本逻辑内核。
4. 了解资源优化配置视角下的犯罪治理和刑事威慑等问题。

刑法是人类历史最悠久的法律之一,它与人们的日常生活密切相关。从法学角度考察刑法,一般着重从刑法的渊源——刑法的表现形式着手,之后重点解析刑法的两大构成要件——犯罪与刑罚。从经济学的理性选择框架入手对刑法进行分析,则主要考察犯罪的原因,以及刑罚设定对犯罪治理及社会福利影响背后的经济学逻辑。从思想渊源来看,犯罪与惩罚的经济学分析思想,可以追溯到18世纪意大利的"刑法之父"贝卡利亚及英国的"功利主义之父"边沁。然而,就现代经济学框架在刑事与惩罚分析方面的应用而言,美国经济学家加里·贝克尔1968年发表的开创性论文《犯罪与惩罚的经济学分析》(Crime and Punishment: An Economic Approach)是这个领域的开山之作。后续,经过埃里奇(Isaac Ehrlich)、萨维尔(Shavell)、莱维特(S. Levitt)等人的不断拓展发展,现今犯罪与惩罚的经济学分析已经成为理解犯罪现象和犯罪治理公共政策最重要的分析框架之一;与此同时,犯罪与惩罚经济学研究领域的这些主题也已经成为现代法经济学、公共经济学和劳动经济学的重要构成部分。

本章的展开结构如下:第一节分别从刑法的渊源、犯罪的构成要素、刑法的本质和种类三个角度,简要介绍刑事犯罪的法学理论概貌;第二节先给出一个简单的理性犯罪决策模型,并在此基础上拓展讨论犯罪与惩罚经济学分析的基本分析框架;第三节简要介绍犯罪与惩罚经济学研究方面的相关实证研究证据;第四节是一个简单的总结与评论。

第一节 犯罪与惩罚的法学理论

刑法学理论体系十分丰富,为了能够在较短的篇幅内对英美刑法学理论作一个概括性论述,本节以英美刑法的渊源即英美刑法的表现形式作为切入点,并主要围绕英美刑法中的两大核心问题——犯罪构成理论、刑罚理论展开,对刑法学的概要观点作一个简要介绍,为后续章节刑法的经济学分析构成一定的基础和对比。

一、英美刑法的渊源

英国法是英美法系各国法律的源头,英国刑法更是英美法系刑法中的典范。在英国刑法发展史上,"诺曼征服"具有重要意义。在此之前英国刑法是分散的、带有浓烈的习惯法色彩,刑罚十分严厉。诺曼人征服英国后,英国刑法发生了重大变化。首先,制定法在刑法的发展中起着较为重要的作用,多数普通法中的惩罚是由制定法来规定的;其次,教会法对刑法原则、制度、规范产生了重大影响,突出表现在僧侣特权和庇护所有制度上;最后,刑罚的严厉程度较之前有所降低。1215年的《大宪章》在英国乃至整个世界刑法发展史上都占据了重要的地位。《大宪章》第20条、第39条确定了对后世产生重大影响的一些刑法思想,如罪刑法定、罪刑相适应、刑罚人道主义等。英国刑法的新近发展主要体现在刑事成文法的制定上。20世纪以来,英国先后制定了《杀人法》《盗窃法》,修改了《刑事司法法》《刑法法》等。[①]

① 夏菲:《英美法系刑法的构成——以英国封建时期刑法的内涵与特征为视角》,载《政治与法律》,2006年第2期。

美国独立时采纳了当时有效的英国普通法,最为流行的是布莱克斯通的《英国法释义》,其第四卷主要是关于英国普通法中的刑法。在独立发展的历史进程中,美国法院进一步改进和发展了普通法中有关刑法的内容。虽然美国刑法在历史上主要来自英国的普通法,但现在却以刑事立法(制定法)为基础,且日益向编纂法典的方向发展。

英国刑法的渊源主要有普通法和制定法。英国刑法最重要的渊源是普通法,它的最大特点就是"遵循先例"。英国刑法的渊源最早就是基于司法判决和先例而形成的早期习惯。普通法提供了英国刑法的一般性原则并界定了一系列罪名的概念。刑事责任理论、犯罪的形态、主犯与从犯等内容都是由普通法发展而来的;刑法术语"意图"、"疏忽大意"、"煽动"、"共谋"、"预备"至今尚无成文法规定,完全以普通法为依据;此外,普通法还界定了"谋杀"、"误杀"、"抢劫"、"夜盗"等罪名的概念。英国刑法的第二个重要渊源是制定法,也称成文法,就是由立法机关将普通法的原则用条文加以规定的法律。英国议会从1215年颁布《大宪章》之后,陆续制定了各种法令,如1351年的《叛逆罪法》、1494年的《夜间偷窃罪法》、1721年的《海盗罪法》等。18世纪之后开始颁布了一些关于刑事审判方面的法令,如1806年的《证人法》、1865年的《刑事诉讼法令》、1911年的《伪罪证法》、1981年的《伪造文书罪和伪造货币罪法》、1968年的《盗窃罪法》、1971年的《劫持法》、1982年的《航空安全法》等。

美国刑法的渊源主要有宪法、普通法和制定法。美国刑法的基础是美国宪法,包括组成权利法案的前十条修正案。宪法及其修正案首先规定了被告人享有无罪推定的权利,第五修正案规定了"一事不二罚"原则,第六修正案规定了"公开、迅速审判"原则,第八修正案规定了"禁止残酷和异常的惩罚"原则。美国刑法的普通法渊源一方面是指英国普通法时期所存在的法律,另一方面是指源自司法发展过程中的法律。现在没有一个州再准许法官通过普通法规定新的犯罪,普通法在美国刑法中的作用主要体现在两个方面:(1) 法官根据普通法来确定犯罪的构成要素;(2) 普通法是解释刑法原则的重要依据。美国刑法制定法较英国制定法的不同之处在于,英国制定法在全国是统一的(除了苏格兰),而联邦制的美国,既有联邦刑法,也有各州独立的刑法。1962年美国法学会发布了《模范刑法典》,它被2/3以上的州采纳作为本州现在的刑法典或者在此基础上进行相应的修订。[①]

二、犯罪的构成要素

英美刑法中并没有大陆法系列法中的"犯罪构成"概念,而是使用"犯罪要素"这个术语来阐述犯罪成立的构成条件。在英美刑法中,犯罪构成分为实质要素和形式要素。实质要素包括犯罪行为、犯意及因果关系,一行为若同时符合了刑事条款中规定的行为、意图及因果关系等要素,便被推定为犯罪。形式要素则从可以免除刑事责任的若干合法理由(例如,未成年、精神病、错误、醉态、胁迫、紧急避险、正当防卫等)角度提供无罪化的过滤机能。英美法系犯罪成立的双层次体系使犯罪成立须经过两次认定过程方可完成。

---

① 〔美〕波尔·H.罗宾逊:《美国刑法的结构概要》,载《政法论坛》,2004年第22卷第5期。

下文重点阐述犯罪构成的实质要素。①

犯罪行为是构成犯罪的核心要素。犯罪行为是指包括除被告人主观因素以外的一切犯罪条件。英美学者对犯罪行为的具体理解较为复杂,但较为统一的认识如下:犯罪行为是行为人在意志自由支配下的行为,如果行为人的身体举动是在无意识的情况下作出的反应,则不能被认为其是刑法上的行为;犯罪行为必须与犯意密不可分,行为人的行为必须是在一定的犯意支配下进行的;犯罪行为必须是客观存在的,是能够被证实的,而不仅仅是观念上的行为。英美刑法都将特定的"持有"、"身份"或"状态"视为犯罪行为。美国规定了大量的持有型犯罪,如非法持有毒品、武器等罪名;英国刑法将特定场合(如在公路上)的醉酒行为(醉酒是一种状态)视为犯罪。

犯意是指在被指控的犯罪的定义中有明示或默示规定所要求的那种心理状态。"没有犯罪意图的行为,不能构成犯罪"是英美刑法的一条原则,它充分体现了犯罪意图在犯罪构成中的重要地位。根据传统英美刑法的理论,我们将犯意归纳为四项不同内容,即"意图"、"明知"、"轻率"及"疏忽"。(1) 意图,是指行为人预见到可能发生某种结果,并希望这种结果发生的一种心理状态;(2) 明知,在《布莱克法律词典》中,明知是指认识到某些事实或者某些事情的真相,即行为人行动时明知他的行为就是法律规定为犯罪的行为或者明知存在法律规定为犯罪的情节;(3) 轻率,是指行为人轻率地对待法律规定为犯罪的结果或情节,没有考虑到或者没有充分考虑到其行为的危险性;(4) 疏忽,是指行为人疏忽地对待法律规定为犯罪的结果或情节,当行为时他没有觉察到可能发生此种结果或者存在此种情节的实质性的无可辩解的危险。②

因果关系是行为人之行为(作为或不作为)与行为结果之间的因果关系。研究因果关系是正确而公正地解决刑事责任问题的基础。因果关系有两种不同情形:(1) 行为是危害的事实原因;(2) 行为是危害的近因(或是法律原因)。事实原因在英美刑法中有两种检验标准,一种是"要不是"或称"如果没有"规则;另一种是实质作用标准或称"实质作用原因"。前者在理论上称为条件说,即如果没有被告人的行为 A,就没有被害人的受害结果 B。这种方法最显著的缺点是"即使行为不发生,结果无论如何都会发生,那么行为就不是结果的事实原因"。这种逻辑思维有时会否定行为与结果之间的因果关系。为此,英美刑法引入了"实质作用原因",即如果有行为 A 就有结果 B,那么 A 就是 B 的实质原因。这种方法避免了"要不是"规则的缺陷,但是它可能使有些本因追究刑事责任的行为被排斥在刑法以外。为弥补事实原因的缺陷,近因说被引入英美刑法的理论和实践之中。近因说认为,如果结果的发生不是太离谱或者太意外,以至于与行为人的责任或行为的严重性无关,那么行为就是危害结果的近因。它较好地避免了事实原因说的不足,更合理地解决了事实因果关系中的原因认定难题。

从上文的分析可知,犯罪行为、犯意以及因果关系是英美刑法犯罪的构成要素,只有符合法定的行为、犯意及因果关系的行为才构成犯罪。但是,在严格责任下,某些缺乏犯罪心态的行为也要被追究刑事责任。在严格责任出现之前,犯意一直是刑事责任构成的

---

① 陈兴良:《犯罪构成的体系性思考》,载《法制与社会发展》,2000 年第 3 期。
② 李洁、李立丰:《美国刑罚中主观罪过表现形式初探》,载《法学评论》,2005 年第 1 期。

必备条件之一。但这种情况在19世纪末发生了改变,在侵犯公共福利的犯罪中引入了严格责任,即对于某些犯罪,犯意不是犯罪构成的必要条件,而证明的责任归于被告。严格责任作为英美刑法的特有制度之一,主要运用于公共福利犯罪与道德犯罪中,其宗旨在于加强对于公共利益关系密切的社会关系的保护。

三、刑罚的本质和种类

英美刑法十分重视对刑罚理论的研究,刑罚的本质、种类一直都是英美刑法学家十分关注的问题。我们首先来讨论刑罚本质问题。

英美刑法学界对刑法本质的认识大致可以分为三个流派:刑罚报应论、刑罚目的论和刑罚折中论。

(1)刑罚报应论认为,刑罚没有特别希望达到的目的,刑罚的意义在于报应犯罪行为的罪恶,给犯罪人以惩罚,从而实现正义的理念。其理论根基源自德国哲学家康德的法哲学,并被英国学者伯特兰·罗素、美国学者约翰·罗尔斯系统理论化。刑罚报应论认为,刑罚不能作为谋求其他功利目的的手段,刑罚存在的唯一合理理由就是实现法的公正,从而实现社会的公正。报应论的优点在于以正义、公平作为刑罚权存在的法律依据,在实践中强调了刑法的罪责相符合原则,并最大限度地防止了刑罚的滥用;报应论的缺点主要在于完全否定了刑罚的社会功利性,极大限制了刑罚功利功能的发挥。

(2)刑罚目的论是以功利主义和预防思想为基础的,它主张刑罚的意义在于通过对犯罪人的惩罚预防犯罪,保卫社会。英国法学家边沁是该学说的代表人物。边沁将他的"最大幸福理论"运用于刑法理论中,提出"每个人的主要活动都是由先于算计快乐和痛苦的欲望决定的",刑罚从本质上就是以痛苦来抑止人们获取非法幸福的欲念,最终达到阻止罪犯重新侵害公民(特殊预防)并告诫其他人不能重蹈覆辙(一般预防)的目的。目的论是针对报应论的不足而提出的,它将经济学原理引入了刑罚领域,把刑罚效益作为首要考虑的因素,是方法论上的一大创新。此外,目的论创立了完整的威慑理论,将刑罚的目的确立为预防和减少犯罪。但目的论过分强调刑罚的功利性,容易导致刑罚的滥用和过度严厉。报应论与目的论都有一定的合理性,但同时都有其自身难以克服的问题,于是以英国著名法学家哈特教授为代表的学者提出了刑罚折中论。

(3)刑罚折中论认为刑罚的本质应该是二元的,既有报应的一面,又有功利的一面。它认为刑罚是由于犯罪而科处,将刑罚的原因归于报应主义;同时又承认刑罚的目的是预防犯罪。刑罚折中论兼顾了刑罚本质的报应因素,又主张刑罚本质上追求社会福利的因素,具有很大的合理性。但报应与预防两者在刑罚本质中的地位如何,孰轻孰重,还有待妥善解决。[①]

英美刑法中,刑罚的种类主要包括死刑、徒刑、财产刑和资格刑。

(1)死刑。死刑是以剥夺犯罪人生命为内容的刑罚,也是最严厉的刑罚。死刑是起源最早的刑种,在古代刑罚中,死刑带有强烈的残酷性、随意性和威慑性;启蒙运动之后,在死刑的立法和司法方面都注意限制死刑的滥用;当前,限制死刑已经成为世界性趋势。

---

① 高铭暄:《刑法专论》(上编),高等教育出版社2002年版,第494—524页。

澳大利亚及新西兰对所有犯罪都废除了死刑,英国、加拿大对普通犯罪废除了死刑。即便在保留死刑的国家(如美国、印度)对死刑都有着严格的限制与规定,死刑的适用仅限于法律明文规定的严重犯罪;死刑适用在诉讼程序上必须做到公平、公正、公开;死刑的执行方式必须是人道的,禁止残酷的死刑执行方式。

(2) 徒刑。徒刑是通过羁押来剥夺犯罪人自由的刑罚,包括有期徒刑与无期徒刑。法院判处徒刑的期限长短取决于犯罪的严重程度,期限从数月到终身监禁不等。徒刑的主要执行机构是监狱。徒刑被认为是最严重的惩罚之一,它具有剥夺犯罪人在羁押期间再次犯罪的机会、改造犯罪人、威慑及预防犯罪的功能;徒刑最大的弊端在于其执行成本太高,监狱的日常维护、看管人员的费用支出每年消耗大量的公共开支,导致英美国家谨慎对待徒刑。

(3) 财产刑。财产刑主要包括罚金、没收财产及赔偿。罚金,是判处犯罪人向国家缴纳一定数额金钱的刑罚。罚金因其广泛的适用范围、简单明了的处罚方法,成为现代英美国家最普遍的处罚方法。但对于不同收入人群犯同样罪行时,法院是否该科处相同的罚金这个问题,一直存在很大的争议,从而反映了罚金在刑罚指导及示范功能上的不足。没收财产是指将犯罪人在犯罪活动中所得财产归公国家的一种刑罚,目的在于剥夺非法的犯罪收益。赔偿是指犯罪人对因其犯罪行为所造成的被害人财产、身体、精神伤害而向被害人支付一定金钱的惩罚。

(4) 资格刑。资格刑常见的有剥夺犯罪人的政治权利、禁止犯罪人从事特定的职业或公职、禁止犯罪人出入特定场所、禁止犯罪人持有武器(适用于公民可依法持有武器的国家)及驱逐出境等。

第二节　犯罪与惩罚的经济理论

本节的理论分析,首先简要讨论在犯罪现象的根源及刑罚犯罪治理逻辑方面,传统观点和经济理论的一些简要差别,进而介绍一个简单的理性犯罪决策模型,并在此基础上讨论基准模型的扩展,加入劳动力市场状况、非理性因素等的考虑,最后分析犯罪惩罚与治理公共政策方面的启发。

一、刑法的必要性与目标

不论是对犯罪根源的阐述还是犯罪治理逻辑的诠释,犯罪与惩罚的经济理论与传统犯罪学、犯罪社会学的看法都存在差别。

1. 传统观点

从犯罪现象的根源解释来看,传统犯罪学、犯罪社会学理论倾向于将犯罪视为一种反常的社会行为,主张其根源在于异常的个体特征,或强调异化的社会环境对个体行为的影响。相应地,刑法刑罚作为一种调节这种紧张关系的法律工具,主要是从道德报复、社会改造等方面,对犯罪分子进行报复惩罚和重新塑造。例如,古典犯罪学中,龙勃罗索的犯罪原型理论认为犯罪分子存在和平常人不同的“返祖”外形特征,有些外形预示着暴力倾向,而有些外形则偏向于实施偷盗等。略有不同的是,经典犯罪社会学的观点中,犯罪被视为是一种社会环境变化塑造的行为失范或偏离正常轨道。比如,经济社会变迁过程中,传统社会的控制纽带被减弱,社会异质性增强导致的紧张感上升,以及相对剥夺感和犯罪亚文化的集聚,都将导致失范行为激增。刑法和刑罚的目标方面,犯罪学和犯罪社会学研究更多关注的是犯罪分子类型的识别以及社会改造。刑法的必要性及刑法与民法的差别方面,已有法学界的观点主要认为:(1) 犯罪行为一般是是故意过错,而一些民法过失则是意外所致;(2) 犯罪的定罪标准更加严格;(3) 犯罪往往不仅侵害了私人利益,通常也让公共利益受到损害;(4) 原告是政府而不是个人;(5) 犯罪人一旦被定罪,将受到惩罚。

2. 犯罪经济学的观点

和犯罪学及犯罪社会学的看法不同,源于加里 · 贝克尔(1968)经典论文《犯罪与惩罚的经济分析》的犯罪经济学,试图沿着贝卡利亚和边沁以来的功利主义分析进路,理解并解释犯罪现象。在这种理性选择的分析思路下,犯罪一定程度上是理性犯罪分子权衡犯罪潜在收益和成本之后的产物。所以,从犯罪根源来看,犯罪经济学家认为,犯罪的增加无非是激励约束的变化导致更多潜在犯罪分子进入非法活动市场,或者在非法活动中配置更多时间。相应地,犯罪治理方面,功利主义传统的犯罪经济学理论,强调犯罪治理的公共资源优化配置问题,即如何通过犯罪治理公共项目支出配置,实现满足社会福利最大化条件的犯罪治理。刑法的必要性论述方面,和侵权法着眼于冲突使用价值之间的内在化治理思路不同,犯罪与惩罚的经济理论认为,刑法和刑事惩罚的必要性在于,犯罪损害可能难以确切度量、证实完美赔偿事实上不可行,以及保障权利免受侵害,所以,刑法的首要价值在于威慑潜在的犯罪分子。

二、理性犯罪决策模型

不考虑精神道德约束等复杂因素的影响,我们考察一个代表性行为个体参与非法活动的激励约束及决策问题。假定个体 i 通过实施非法侵占活动 x,获取一定的非法收益 $G(x)$,但同时以外生概率 p 面临惩罚 $F(x)$。简单起见,假定非法活动收益 $G(x)$ 是非法活动 x 严重程度的增函数,但是存在正常的收益递减或非递增情况,即 $G'(x)>0$,而 $G''(x)<0$;和通常的法律实践相一致,惩罚严厉程度将是非法活动 x 严重程度的增函数,并存在惩罚累进特征,随着犯罪严重程度提升,惩罚的严厉程度将以更大幅度增加,即 $F'(x)>0$,且 $F''(x)>0$。于是,代表性行为个体 i 的“理性”犯罪决策可以转化为一个不确定条件下的预期收益最大化问题。

接下来,我们用简单的图示解析代表性行为个体 i 的预期收益最大化问题。如图 13-1 所示,我们将非法活动的严重程度置于横轴,相应的纵轴为犯罪的潜在收益与预期惩罚。简单起见,我们把犯罪的潜在收益 $G(x)$ 进一步简化为一个线性函数,这意味着犯罪的潜在边际收益($G'(x)$)为常数。惩罚方面,由于存在惩罚结果的不确定性,预期惩罚 $pF(x)$ 将低于实际惩罚 $F(x)$,所以预期惩罚曲线将位于确定性惩罚 $F(x)$ 曲线下方。值得注意的是,这时候代表性行为个体 i 的预期收益最大化问题,将分别存在角点解和内点解两种情况。角点解的情况是,非法活动的预期惩罚 $pF(x)$ 始终高于犯罪的潜在收益 $G(x)$,非法活动无利可图,如图 13-1(a)所示。这时候,代表性行为个体 i 将选择不参与

非法活动,满足行为人预期收益最大化的最优非法活动规模将为零($x^*=0$)。事实上,以上角点解情形和我们的一般观察保持一致,即进入非法活动市场的仅仅是社会中的一部分个体。代表性行为个体 i 预期收益最大化求解的第二种情形是内点解,如图 13-1(b)所示。图中,非法活动的预期惩罚成本 $pF(x)$ 在严厉程度为 x_1 和 x_2 之间的区域将低于非法活动的潜在收益 $G(x)$,于是代表性行为个体将选择从事非法活动。进而,按照预期收益最大化原则,不难发现行为人 i 将选取潜在收益曲线 $G(x)$ 与预期惩罚成本曲线 $pF(x)$ 之间距离最大的非法活动水平,即 x^*。

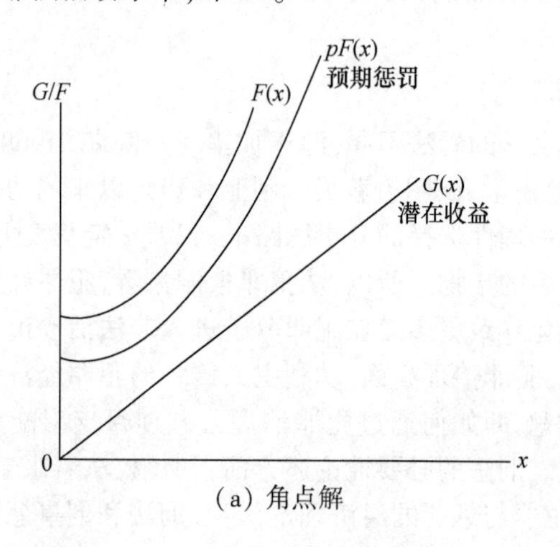

(a) 角点解

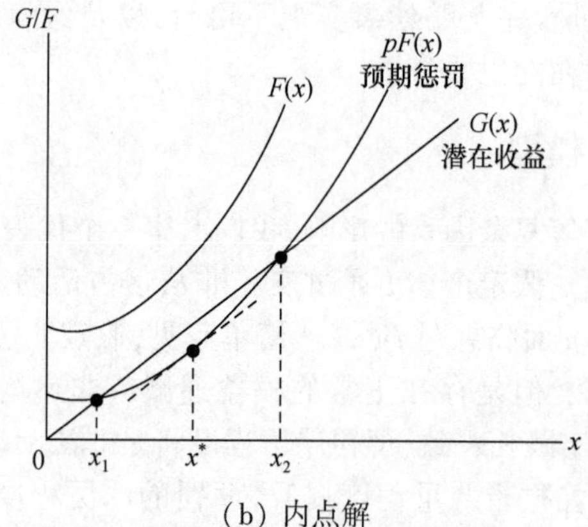

(b) 内点解

图 13-1 最优非法活动的角点解和内点解

我们还可以通过简单的数学表达,将以上代表性行为个体在最优非法活动水平选择中的权衡取舍(trade-off)作进一步的刻画呈现。简单起见,代表性行为个体 i 的非法活动选择可以表示为如下无约束的最优化问题:

$$\text{Max ER}$$
$$\text{ER} = G(x) - pF(x)$$

考虑内点解的情形,则行为人 i 预期收益最大化问题对应的最优化一阶条件可以表达为:

$$G'(x) - pF'(x) = 0$$

即

$$G'(x) = pF'(x)$$

值得注意的是,上式左边是新增加一个单位非法活动或非法活动严重程度上升的潜在边际收益 $G'(x)$,而右边则是非法活动的边际惩罚成本 $pF'(x)$。所以,以上最优化条件意味着,为实现代表性行为个体 i 的预期收益最大化,应当做到最后一个单位非法活动(x^*)的边际预期收益与边际惩罚成本相等。以上最优化过程也意味着,随着非法活动规模或严厉程度的增加,代表性行为个体一方面获得正的预期潜在收益,但是潜在收益的增加呈递减趋势;与此同时,非法活动增加提高了犯罪分子被惩罚的预期成本,且预期边际成本递增,所以代表性行为个体 i 将在这二者之间作出权衡。具体地,在图 13-1(b)中,在非法活动规模或严重程度低于 x^*,即在 x_1 到 x^* 之间的区间里,非法活动的边际潜在收益大于边际预期惩罚成本,这将激励犯罪分子增加非法活动规模;而当非法活动在 x^* 到 x_2 之间时,非法活动的潜在边际收益将低于预期边际惩罚成本,犯罪分子将降低非法活动规模或严厉程度。

〈专栏 13-1〉

加里·贝克尔简介

加里·贝克尔(Gary Becker)1955 年获得美国芝加哥大学经济学博士学位,1970 年开始在芝加哥大学执教,担任经济学与社会学教授之职。加里·贝克尔是犯罪经济学理论的重要奠基者之一。他认为"经济分析是一种统一的方法,适用于解释全部人类行为",一种行之有效的犯罪行为理论只是经济学常用的选择理论的扩展。同时,他还探讨了对付违法行为的最优公共决策与私人决策。1967 年,加里·贝克尔获得美国经济学会著名的约翰·贝茨·克拉克奖,1992 年获得诺贝尔经济学奖。他的主要代表作有《口味的经济学分析》《人类行为的经济学分析》《生活的经济学》《家庭论》等。

三、基准犯罪决策模型的扩展

以上非法活动的理性决策模型,大致就是犯罪与惩罚经济学分析的微观行为方面的基准设定。考虑到现实犯罪惩罚问题远比理性决策模型复杂,以下分别就从个人非法活动决策到宏观犯罪现象,犯罪—劳动时间配置以及理性程度减弱三个方面,对基准模型在解释实际犯罪问题中的扩展和应用略加讨论。

1. 从个体非法活动决策到宏观犯罪现象

从抽象的个体非法活动决策到宏观犯罪现象的过渡,现代犯罪经济学理论通常有如下做法。不考虑犯罪市场的不完全竞争、网络结构、外部性等复杂情况,如果将整个社会所有个体从事的非法活动按照严重程度从低到高排序,并将其置于图 13-1 横轴,于是,越接近原点的那些个体,非法活动程度越低;相反,越远离原点的个体,所参与的非法活动严重程度越高。相应地,纵轴是不同犯罪严重程度对应的潜在收益和预期惩罚成本,非法活动预期收益和惩罚成本曲线的设定和基准模型保持一致。这时候,同样如果非法活动的潜在收益 $G(x)$ 始终低于非法活动的预期惩罚 $pF(x)$,则如同图 13-1(a)角点解的情形,所有社会个体都不参与非法活动,社会层面加总的犯罪率为零。类似地,内点解的情况是,非法活动的潜在收益 $G(x)$ 曲线部分高于非法活动的预期惩罚,于是,犯罪严重程度介于 x_1 和 x_2 之间的犯罪分子都选择进入非法市场,最终宏观加总的犯罪率是介于 x_1 和 x_2 之间的所有个体的犯罪时间配置的累积总和。

2. 犯罪—劳动时间配置模型①

后续,在贝克尔 1968 年的理性犯罪决策基准模型基础之上,Ehrlich(1973)用一个不确定条件下的犯罪—劳动时间配置模型,讨论了劳动力市场状况对犯罪参与的影响,进一步丰富了犯罪问题分析的理论建构。以下简单介绍犯罪—劳动时间配置模型的基本建模思路。

一个简化版本的犯罪—劳动时间配置模型可以设定如下。初始财富为 A 的代表性行为个体 i 在合法市场和非法市场上分别配置 h_l 和 h_i 的劳动时间,获得收入为 $w(h_l)$ 和 $r(h_i)$ 。不考虑惩罚不确定性,$r(h_i)$ 代表了非法市场的预期收入。于是,代表性行为个体的预期效用最大化问题可以表示如下:

$$\text{Max } U(c,L)$$
$$\text{st}: c = A + w(h_l) + r(h_i)$$
$$L = T - h_l - h_i$$

其中,L 为闲暇,T 为行为人的时间禀赋。不难发现,代表性行为个体 i 的等效用曲线($dU^* = 0$)斜率,即闲暇和消费的边际替代率 MRS,可以表示为:

$$\text{MRS} = U_1(A + w(h_l) + r(h_i), T - h_l - h_i) / U_2(A + w(h_l) + r(h_i), T - h_l - h_i)$$

U_1、U_2 分别为效用函数对两个变量的一阶导数。所以,不难看出,以上代表性行为个体的预期效用最大化时间配置问题的解,将分别存在以下内点解和角点解的情况:

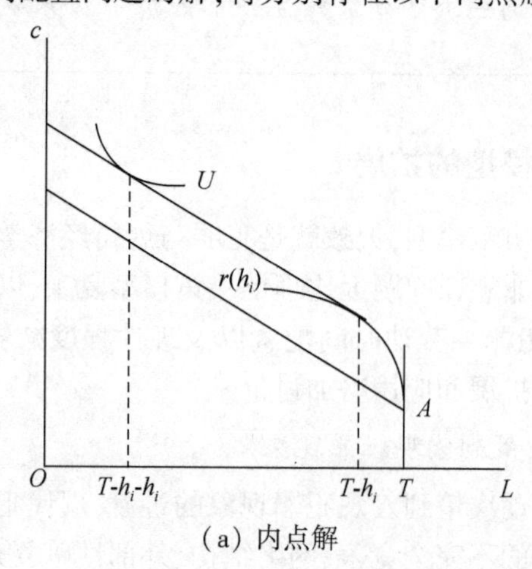

(a) 内点解

① 更详细的犯罪—劳动时间配置模型的推导,请参考 Ehrlich(1973)。

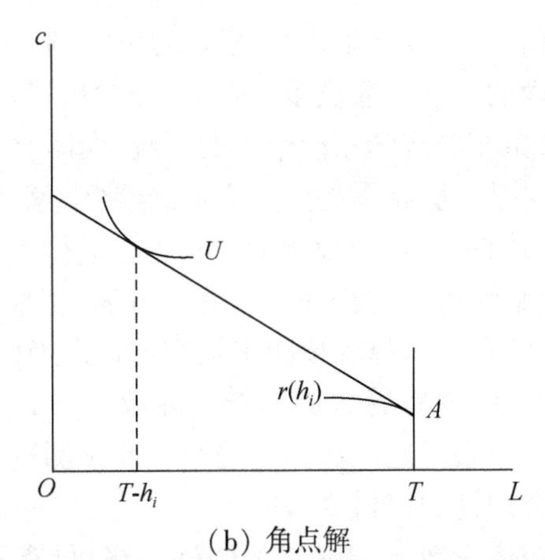

(b) 角点解

图 13-2 犯罪—劳动时间配置的内点解与角点解

和一般的劳动时间配置模型相似,行为人参与劳动供给的临界条件是合法市场工资率超过行为人的保留工资率(w_0)。类似的,代表性行为个体 i 进入非法市场的"门槛"工资条件则是,第一个单位的劳动时间在非法市场上获得的预期工资率将超过合法市场的工资率,即 $r'(0)>w'(h_l)$,如图 13-2(a)所示。内点解条件下,行为人按照:MRS $=w'(h_l)=r'(h_i)$,确定最优的时间分配 h_l^* 和 h_i^*。角点解的情况如图 13-2(b)所示,代表性行为个体 i 在非法市场上第一个单位劳动时间所获得的预期工资率小于合法市场工资率,即 $r'(0)>w'(h_l)$,所以,行为个体 i 将选择不在非法市场上配置时间,$t_i^*=0$,而最优时间配置方案将由行为人等效用曲线的边际替代率和工资率相等决定,即 MRS $=w'(h_l)$。

最后,值得注意的是,现实中非法市场的劳动工资率实际上不可观测,但是,Ehrlich(1973)曾指出在侵财犯罪中,犯罪侵犯对象是高收入人群,而犯罪实施者则多是低收入群体。所以,劳动力市场中高收入群体工资可以视为非法市场工资收入的代理变量。这样一来,劳动力市场中工资收入差距扩大意味着,合法市场工资收入下降,非法市场工资收入上升,这一方面将激励行为个体 i 在非法市场上配置更多劳动时间(替代效应);另一方面工资收入差距扩大也意味着更多个体将满足进入非法市场的"门槛工资"条件,犯罪市场参与规模增加。二者共同作用使得犯罪供给增加,宏观犯罪率上升。最终,市场层面加总的刑事犯罪率将是非法市场临界工资率以下的每个个体非法劳动时间配置 t_i^* 的累积加总。

3. *冲动、不耐与理性能力减弱问题*

不论基准犯罪决策模型还是扩展的犯罪—劳动时间配置模型,犯罪活动在经济学分析框架中都被处理为与正常劳动供给无差别的"理性"稀缺时间资源的配置决策。对此,一个常见的批评就是,"理性"犯罪决策模型如何能用来解释"非理性"的犯罪行为。另外,通常观察还发现,犯罪群体在统计上往往呈现冲动、不耐(impatience)及理性能力减弱特征,这些特征又是如何与既有的基准理性选择分析框架相调适?以下分别从分析方法论和一个简单的包含贴现率差异的基准模型扩展思路,对以上两个问题作出简要的补充说明。

分析方法论方面,与既有主流经济学理性框架应用于分析市场中的厂商行为受到的批判、批评类似,犯罪经济学的基准犯罪决策模型,也经常被指责为和现实观察中非理性犯罪行为不相匹配。对此,犯罪经济学家们给出的回应,大体上和20世纪50—60年代对主流经济学方法论的辩护也是一脉相承的。一方面,经济学家们指出犯罪理性决策模型实际上是对犯罪决策过程"仿佛"(as-if)权衡的成本收益进行考量,犯罪分子"仿佛"是按照理性计算框架决策犯罪活动上的资源分配。另一方面,犯罪经济学的研究者们还认为,理性犯罪决策模型的目的在于解释和预测市场和统计层面的犯罪活动变化,因而,从个体层面对这个模型的现实性、现实感方面的指责并没有多大意义,相反正确的方法应该是从统计加总层面对不同因素对地区犯罪率的影响及预测进行实证检验,唯有如此才能对理性犯罪决策模型的合理性加以讨论辩驳。[①]

除了方法论层面上的经济学帝国主义式的强硬主张,贝克尔的开创性贡献之后,许多犯罪经济学研究者们确实也从建模分析方法拓展方面对经典的理性犯罪决策模型进行拓展,尝试将现实中观察到的冲动、不耐和理性能力减弱等"非理性"因素,纳入传统理性分析框架中。这个研究拓展思路方面,Block 和 Heineke(1975)把犯罪活动的"精神道德成本"放到效用函数中对犯罪理性决策作了拓展,Sah(1990)的模型则考虑了折现率差异的影响,Glaeser 和 Sacerdote(1996)的工作则将社会网络互动加入到基准模型中。简单来说,后续这些拓展大体是将更多的影响因素加入到基准模型中,从而导出更多可以在现实当中观察检验的假说,以此理解不同地区犯罪率的差异,并讨论相应的犯罪治理公共政策方面的蕴含和启发。

四、犯罪治理的公共政策

在犯罪决策理性选择模型的基础上,我们还需要从资源优化配置角度,对犯罪治理的公共政策作进一步的分析和讨论。

1. 刑罚威慑假说

从基准犯罪理性选择模型出发,不难看出不论是惩罚概率 p 提高,还是惩罚强度 f 提升,都将增加参与犯罪的预期惩罚成本,因而将激励犯罪分子减少在非法活动中的时间配置,或者选择不进入非法活动市场。宏观市场加总层面上,类似这种预期惩罚提高将降低犯罪率的想法,通常也被称为刑罚威慑假说。鉴于刑罚威慑犯罪在犯罪理性决策模型中的基础性作用,因而犯罪与惩罚的经济理论通常又被概括为犯罪威慑模型。

从犯罪治理角度看,既有研究不仅需要检查刑罚威慑假说的有效性,即犯罪分子或地区犯罪率是否对刑罚威慑提升有反应,而且更重要的是,需要从定量角度进一步确认刑罚威慑犯罪的弹性大小。简单来说,从一般的微观经济学基本理论出发,我们知道如果犯罪供给富有弹性,那么政策制定时通过适当提高预期惩罚水平就能够显著地减少犯罪数量。相反,如果犯罪供给缺乏弹性,则犯罪治理就应当考虑理性犯罪模型所涵盖的其他收益类因素对犯罪治理的影响了。另外,更具体地,惩罚概率的提升,一般需要诸如

---

① 一定程度上正是出于这种方法论方面的关切和回应,实证研究在犯罪经济学诞生以来就得到经济学家们的重视和强调。

增加警察规模、增加司法方面的支出；惩罚严厉程度的提升，则主要涉及监禁规模方面的增加，两者都需要不菲的公共资源支出。因而，从社会福利最大化的角度来看，刑罚威慑假说对犯罪治理提出的第二个问题则是，惩罚威慑和监禁的相对有效性或弹性为多少，而从成本收益角度应该怎样进行犯罪治理资源的优化配置。

2. 最优犯罪治理规模分析

除了刑罚威慑假说为犯罪治理提供了理论支撑，从功利主义思路延伸下来讨论犯罪治理的公共政策，还需要回答的是最优犯罪治理规模问题。在贝克尔的原始模型中，犯罪实际上被阐释为一种类似于“负外部性”的活动，它造成了社会稀缺资源被配置于非生产性活动中，而非法侵害活动的存在也使得更多资源被累积用于直接非生产性的侵害保护活动中，因而应当通过“税收”等手段减少这种负外部性活动。然而，由于犯罪治理同样需要耗费稀缺的公共资源，于是，从社会福利最大化的角度，犯罪治理的最优规模应当是在边际上平衡最后一个单位犯罪率降低所带来的社会福利改进和为了减少该单位犯罪率所增加的治理成本支出。图 13-3 简单诠释了最优犯罪治理规模确定中的成本收益权衡问题。

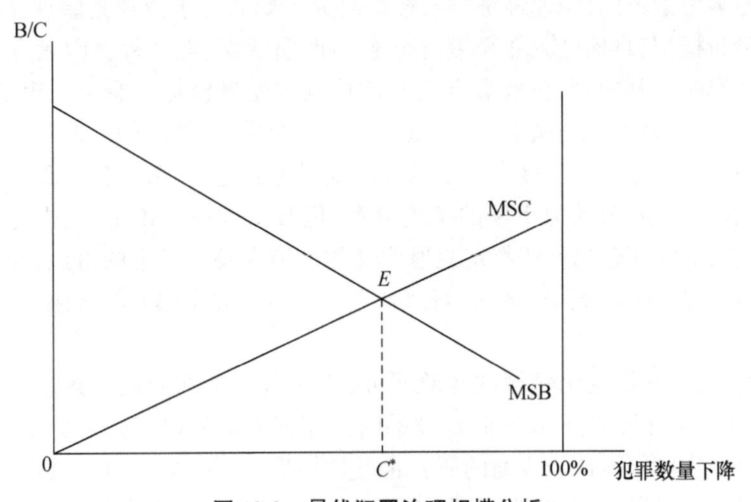

图 13-3　最优犯罪治理规模分析

如图 13-3 所示，犯罪治理的边际社会收益曲线为递减的 MSB 线，即随着犯罪治理数量增加，犯罪治理的社会边际收益呈现递减特征。这是因为，犯罪数量很低的时候犯罪率再下降，对整个社会的收益而言，显然没有犯罪数量较高时犯罪率同样比例下降的收益高。犯罪治理的边际社会成本是 MSC 线。和一般观察保持一致，随着犯罪治理数量的不断增加，犯罪治理需要投入的资源将越来越多，即犯罪治理的边际社会成本趋于递增。因而，符合社会福利最大化的最优犯罪治理规模应当是 E 点，最优犯罪率为 C^*。在犯罪治理不到 C^* 的阶段，多治理一个单位犯罪的边际社会收益要超过治理的边际社会成本，因而应当增加犯罪治理方面的支出。相反，在犯罪率较低或犯罪治理“过度”阶段，犯罪率下降所需要的边际成本支出将大大超过边际收益，因而这时候应当减少犯罪治理支出，从社会最大化角度“容忍”了犯罪率的增加。

第三节　犯罪与惩罚的经验研究

前面一节介绍了犯罪与惩罚经济理论的基础框架,本节将进一步讨论犯罪经济学领域经验研究的基本情况。总的来看,相比犯罪理论模型建构文献相对聚焦集中,这个领域的经验研究异常丰富,研究主题跨度也异常宽广,从经典的刑罚威慑经验研究到毒品管制、手枪管制甚至堕胎合法化对犯罪率下降的影响等,不一而足。本节将首先介绍犯罪经济学实证研究的基准做法,进而简要阐述刑罚威慑及收入差距等对犯罪率影响经验研究的进展情况。

一、犯罪与惩罚经验研究的基准设定

从贝克尔的犯罪与惩罚的经济分析论文以来,经济学家们就纷纷从不同角度对贝克尔的理性犯罪决策模型及其延伸假说进行了各式各样的经验检验。值得注意的是,和传统犯罪学、犯罪社会学主要从社会异质性、控制纽带弱化、相对剥夺感上升等解析地区犯罪率背后的影响因素不同,犯罪经济学的经验研究主要立足于微观犯罪理性决策模型中的成本收益分析框架,将地区犯罪率差异分解为刑罚威慑、经济社会因素和人口结构变量三个方面的影响。其中,刑罚威慑方面通常控制的变量包括犯罪被发现的概率、犯罪被逮捕概率、逮捕后被审判的概率,以及以地区监禁规模、监禁时间或监禁概率为主要表征的惩罚严厉程度。地区经济社会因素的控制变量通常包括,参与犯罪和非法活动的成本收益,例如收入差距、劳动力市场的工资分布、低收入群体工资水平、失业率等。人口结构变量则主要关注年轻男性或特定犯罪率高的群体在总人口中的占比,经常使用的这类度量包括:15—24 岁年轻男性的人口比例、美国样本研究中黑人的比例、城市中单亲家庭的比例等。

数据使用方面,早期这个领域的经验研究,大多基于美国的截面数据;进入 20 世纪 90 年代以来,基于面板数据和长时间跨度的时间序列方面的研究开始受到重视,这些年来发展中国家样本和国际比较方面的研究也开始慢慢崭露头角。分析策略方面,和传统犯罪学、犯罪社会学研究更多关注不同变量影响因子和地区犯罪率之间的相关关系不同,犯罪经济学领域的经验研究更多看中不同影响因子与犯罪率之间的因果关系检验,着重讨论犯罪供给方程回归中的各种潜在内生性问题,例如犯罪率的度量误差、遗漏变量、不可观测的异质性以及变量之间的联立内生问题。分析技术方面,犯罪经济学实证研究文献使用的计量分析模型包括简单的多变量回归模型、联立方程模型、时间序列的 VAR 及误差修正模型等。[1]

二、刑罚威慑与犯罪的经验研究

刑罚威慑犯罪的经验研究是犯罪经济学实证研究领域最核心的研究主题。这一方面是由于贝克尔的经典模型中,预期惩罚提升是影响犯罪决策的最基本因素,贝克尔开

① 犯罪经济学经验研究领域可以参考的几篇经典论文包括 Ehrlich(1996)、Levitt 和 Miles(2007)。

创的犯罪经济学分析框架,甚至直接被标注为犯罪威慑模型,因而刑罚威慑效应大小估计和犯罪理性模型的有效性直接相关;另一方面,刑事惩罚又是现实中各国各时代应用最为广泛的犯罪治理手段,因而,不论从犯罪经济学基础理论内核验证,还是犯罪治理资源配置有效性的考量来看,刑罚威慑效应的定量估计都具有极为重要的意义。然而,对刑罚威慑效应的准确估计往往碰到困难。这里面出现的典型计量难题是刑事犯罪率和公共执法变量之间的联立内生问题,即虽然刑罚威慑可能影响犯罪,但是犯罪率高的地方,犯罪惩罚的边际产出也将较高,这将激励地方政府增加公共执法方面的支出,这种联立内生问题将导致执法支出对犯罪率的影响被低估。一定程度上,后续刑罚威慑经验研究方面的文献,大多聚焦于如何对以上内生性进行恰当的处理和讨论。

迄今为止,刑罚威慑经验研究领域的文献,主要聚焦于以下几个方向上的研究:一是犯罪惩罚概率的威慑弹性估计;二是惩罚严厉程度的威慑弹性;三是惩罚威慑效应和能力剥夺效应的区分及估计。其中,犯罪惩罚概率方向上的研究,主要考察犯罪被发现概率、逮捕概率及审判概率等上升对地区犯罪率的影响;并且,进一步和惩罚概率关联密切的警察规模提升、警察方面支出的增加是否能够有效地减少犯罪。这方面代表性研究包括早期的 Daniel 和 Nargin(1978),以及 20 世纪 90 年代以来 Levitt(1997)为代表的一系列应用自然实验方法的实证研究。惩罚严厉程度的实证研究,主要讨论监禁规模、判罚严厉程度的提升对一般犯罪率的影响,以及死刑惩罚对谋杀犯罪的影响。在具体判罚严厉程度对犯罪率的影响方面,已有文献围绕著名的"三犯出局"法案生成的"自然实验"式的外生变化,有一系列的实证研究讨论。而监禁规模、监禁条件以及监禁解除调整对犯罪率的影响,也有相应的宏观和微观计量文献,比较著名的包括 Levitt(1996)利用美国监禁拥挤诉讼的研究,以及 Drago *et al.* (2009)利用意大利一项集体特赦法案(Collective Pardon)的考察。死刑判罚威慑谋杀犯罪是刑罚威慑经验研究的一项重要内容,这方面针对早期 Ehrlich(1975)的一系列研究和估计的争论和讨论,至今仍旧在不断发酵。最后,刑罚威慑实证研究中,与惩罚概率和惩罚严厉程度威慑犯罪研究密切相关的一个主题就是威慑效应和能力剥夺效应的区分,即犯罪率下降在多大程度上是预期惩罚增加的影响(威慑效应),而不是单纯监禁增加让犯罪分子无法参与犯罪活动的结果。

三、收入差距、劳动力市场状况对犯罪的影响

除了刑罚威慑方面的研究,犯罪经济学的经验研究中经济社会变量,尤其收入差距、劳动力市场状况对地区犯罪率的影响也是一个重要研究主题。这方面的研究主要沿着 Ehrlich(1973)的犯罪—劳动时间配置模型的讨论思路展开,考察参与非法活动的潜在收益和机会成本对宏观犯罪率的影响。具体研究问题方面,这个方向上的研究文献主要聚焦于讨论收入差距扩大、劳动力市场中低收入群体工资分布变化、失业率波动以及社会保障项目支出和运行效率,对地区犯罪率变化的解释力。

犯罪—劳动时间配置模型中,合法劳动市场工资下降和非法劳动市场工资上升,分别对应了参与非法活动的机会成本下降和潜在收益上升,因而将激励更多潜在犯罪分子参与非法活动,或者在犯罪活动中配置更多时间,宏观犯罪率上升。从这个推理思路出发,考虑到侵财犯罪中大多数参与者都是低收入群体,高收入群体往往是犯罪侵害对象,

因而实证研究重点考察收入差距扩大,或者哪部分低收入群体工资变化(主要是刚参加工作工人或建筑业、制造业不熟练工人工资等)对犯罪率的影响。失业率上升意味着犯罪分子在合法劳动市场的预期工资率下降,因而也激励他们更多在非法市场上配置劳动时间。这个领域的实证研究,代表性的研究包括 Freeman(1996)、Grogger(1998)对年轻男性犯罪率高企的研究, Gould *et al.* (2002)对失业率与犯罪关系的讨论。沿着收入差距、劳动力市场状况影响犯罪的分析思路,已有实证研究也关注社会福利项目的实施对犯罪率的影响。例如,福利补贴支出增加是否减少犯罪(Zhang,1997),福利项目在犯罪治理中的有效性取决于实施细节等。

第四节　刑法的经济学分析评价

自贝克尔 1968 年的开创性文献以来,微观经济学的理性选择框架应用于分析犯罪问题已经出现了极为丰富的理论和实证研究文献。这些文献不仅为传统犯罪学、犯罪社会学的研究增添了理解犯罪现象的一个重要框架和观察视角,同时也为经典理性选择框架扩展应用分析"非市场"现象,开辟了一个较为独特的新领域和新场所。经过半个多世纪的积累和发展,现今犯罪与惩罚的经济学理论已经成为理解犯罪现象的主流分析框架,为犯罪治理相关政策的制定提供了许多富有建设性的洞见和参考。和微观经济理论应用于解释法律现象类似,经典犯罪与惩罚的经济理论,也试图通过不确定条件下的时间配置等微观个体决策分析工具,厘清犯罪分子决策"仿佛"面临的激励约束权衡问题,进而为犯罪治理的资源优化配置和政策组合提供恰当的逻辑基础,最终为理解犯罪现象增加一定的边际知识。总的来看,已有犯罪与惩罚经济理论的实证研究,已经较为令人信服地表明,犯罪理性选择框架中的刑罚威慑变量、犯罪潜在获益和机会成本是地区犯罪率变化的重要解释因素。

刑法的经济分析理论自诞生之日起,因其独特的分析视角、全新的分析方法迅速成为刑法学、经济学中引人关注的一项新兴理论。刑法的经济分析理论既有其变革、创新的积极一面,也存在一定的局限性。

首先,刑法的经济分析理论开创了刑法分析方法的新局面。刑法的经济分析理论引入了经济学的经典理论,以理性的经济人作为前提假设,综合运用微观经济学的供给—需求理论、成本—收益理论、均衡理论等,通过规范及实证方法来研究犯罪与刑罚等刑罚现象。传统刑法理论强调的是刑法的阶级性及政治性,并以此作为刑法研究的起点,而忽视了作为刑法重要研究对象——犯罪人的经济理性。经济理性是犯罪人最本质的属性,刑法的经济分析理论中的"犯罪决策"模型,以成本—收益理论为基础,生动地揭示了理性犯罪人的犯罪决策过程,在很大程度上验证了犯罪活动的实践经验。此外,刑法的经济分析理论改变了传统刑法分析方法只停留在是非价值判断或定性分析上的局限性,引入了经济学中的定量分析,定量分析为最佳刑罚威慑效果理论奠定了方法论的基础。

其次,刑法的经济分析理论在传统刑法理论中引入了效率的理念。传统刑法以犯罪的政治性、阶级性作为理论的分析起点,为了追求不切实际的绝对公平,往往投入了过多的人力、物力、财力等社会公共资源,而忽视了刑法的经济性与效率。社会在一定时期内的公共资源总量是有限的，如果过多地将社会资源分配于刑法领域，将直接导致教育、交通、福利等社会公共开支的减少。刑法经济分析理论认为，效率也是一种公平。低效率的公平不是真正意义上的公平。刑法的经济分析理论主张国家在分配刑罚资源时应当遵守效率原则，以刑罚的成本—收益分析为基础，以实现最佳刑罚威慑效果为目标，合理配置刑罚资源以提高刑法的经济效率并实现社会效益的最大化。①

最后，刑法的经济分析理论开创了新型的刑事控制理论。在传统的刑法理论中，基于彻底消除犯罪的目标，刑法表现为以消灭犯罪为目标的刑事控制理论，并为实现这一价值目标而不计成本，消耗了大量的社会资源。刑法的经济分析理论认为：一方面，犯罪人的经济理性决定了彻底消灭犯罪是不现实的（无论刑罚如何严厉，只要预期的犯罪收益高于预期的犯罪成本，理性的犯罪人将选择犯罪）；另一方面，刑罚资源的稀缺性也决定了国家应当以追求刑罚资源的最佳配置效率为目标而不是彻底消灭犯罪（消除一定范围内的犯罪是符合刑法经济性的，而一旦超过限度，刑罚资源投入的成本将远高于消除这部分犯罪所得的收益）。因此，刑法的经济分析理论主张全新的刑事控制理论，即刑法的追求目标是把犯罪尽可能地控制在社会可以容忍的限度内，实现最佳的刑罚效益，建立一个以效率为导向的新型的刑事控制模型。②

刑法的经济分析理论作为一种全新的刑法分析理论还存在一定的缺陷。刑法的经济分析理论的前提假设是理性的经济人，该假设揭示了人的经济性，却忽视了人的社会性。③ 诚然，经济理性是人的重要的本质属性，但除此之外，人是社会的产物，具有社会属性。刑法的经济分析理论将经济理性作为人的唯一属性，以经济人追求利益最大化作为行动的唯一目标，忽视了经济因素以外其他因素对犯罪活动的影响，这种理论推导是片面的、孤立的。犯罪活动是一个十分复杂的决策过程，既有追求经济效益的内在动机，还受到政治、宗教、社会、文化及犯罪人个体心理因素的重要影响，单单凭借以成本—收益分析为基础的“犯罪决策”模型是无法全面解释纷繁复杂的犯罪现象的。此外，刑罚资源的配置既要考虑资源配置的高效率，还要考虑国家在特定政治、社会文化、宗教、伦理条件下，刑罚所具有的其他功能与特殊用途。

总之，刑法的经济分析理论因其经济学的独特视角，开创了刑法分析的新思路；同时也因为经济学理论的某些假设而使该理论饱受争议。

本章总结

1. 英美刑法的犯罪构成主要包括犯罪行为、犯意及因果关系。

2. 英美刑法学界对刑法本质的认识大致分为刑罚报应论、刑罚目的论和刑罚折中论；英美刑法主要包括死刑、徒刑、财产刑和资格刑等刑罚种类。

3. 理性犯罪决策模型认为犯罪活动可以视为犯罪分子在不确定条件下的最优化选

① 詹坤木：《刑法经济分析方法思辨》，载《现代法学》，2000 年第 22 卷第 6 期。

② 卢建平、苗淼：《刑法资源的有效配置——刑罚的经济分析》，载《法学研究》，1997 年第 19 卷第 2 期。

③ 朱力宇：《论“经济人”假设在法学研究中的运用问题》，载《法学家》，1997 年第 6 期。

择行为,当犯罪潜在收益超过犯罪预期惩罚成本时,犯罪分子将选择进入犯罪市场。

4. 理性犯罪决策模型的扩展包括从劳动力市场方面对犯罪机会成本和潜在收益作进一步的细化,以及从社会加总角度考虑刑罚威慑与犯罪数量的关系。

5. 一定意义上,犯罪可以视为一种负外部性行为,然而治理犯罪也耗费不菲的公共资源,因而从社会福利最大化角度来看,犯罪治理的最优水平应当平衡犯罪的边际社会成本和边际社会收益。

思考题

1. 阐述英美刑法中犯罪的构成要素及刑罚的种类。
2. 阐述犯罪经济学理性犯罪决策模型的基本要点。
3. 试阐述犯罪治理公共资源优化配置的基本逻辑。
4. 试比较传统犯罪学、犯罪社会学与犯罪经济学在关于犯罪成因论述方面的异同。

阅读文献

1. G. S. Becker, Crime and Punishment: An Economic Approach, *The Journal of Political Economy*, Vol. 76 (2), 1968, pp. 169—217.

2. I. Ehrlich, Participation in Illegitimate Activities: A Theoretical and Empirical Investigation, *The Journal of Political Economy*, Vol. 81(3), 1973, pp. 521—565.

3. Polinsky and Shavell, The Economic Theory of Public Enforcement of Law, *Journal of Economic Literature*, Vol. 38(1), 2000, pp. 45—76.

4. S. D. Levitt and T. Miles, Empirical Study of Criminal Punishment, in *Handbook of Law and Economics*, Elsevier, 2007.

5. 〔意〕贝卡利亚:《论犯罪与刑罚》,黄风译,中国大百科全书出版社 1993 年版。

6. 〔美〕理查德·A. 波斯纳:《法律的经济分析》,蒋兆康译,中国大百科全书出版社 1997 年版。

7. 〔美〕罗伯特·考特、托马斯·尤伦:《法和经济学》(第六版),史晋川、董雪兵等译,格致出版社、上海三联书店、上海人民出版社 2012 年版。

8. 高铭暄:《刑法专论》(上编),高等教育出版社 2002 年版。

9. 张远煌:《犯罪学原理》,法律出版社 2001 年版。

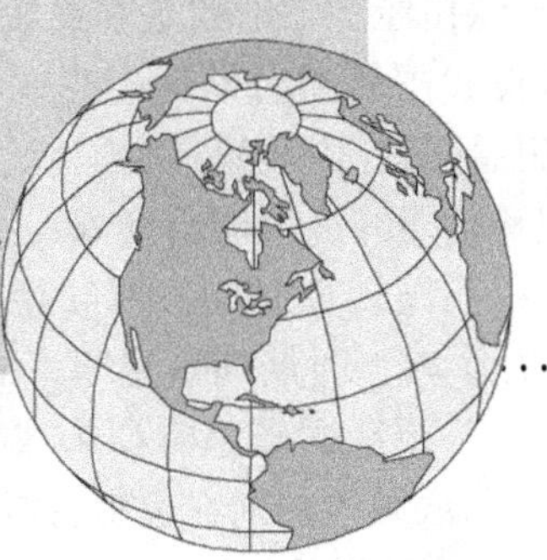

第十四章

刑法经济分析专题

刑罚的目的仅仅在于：阻止罪犯再重新侵害公民，并规诫其他人不要重蹈覆辙。

——〔意〕贝卡里亚

【本章概要】

中国社会正处于转型时期，中国刑法亦是如此。犯罪数量迅猛增加，特别是未成年人犯罪数量的激增曾是许多转型社会所面临的问题，如何运用经济学的分析工具分析我国未成年人犯罪的原因、特征，并在此基础上积极寻求有效预防未成年人犯罪的方法是一个重大的社会课题。“严打”是我国转型时期打击犯罪的特定手段，褒贬不一，通过对“严打”的经济学分析有助于了解“严打”的真实有效性。

【学习目标】

1. 了解我国转型时期刑事犯罪率变化的基本概貌。

2. 了解我国转型时期的刑法与刑事惩罚。

3. 理解我国未成年人犯罪的原因及特征，并在此基础上了解未成年人最佳刑事政策。

4. 掌握“严打”的成本—收益分析、委托—代理分析。

前面一章简要介绍了犯罪与惩罚经济理论的基本概貌,本章的讨论将进一步立足于犯罪与惩罚的经济分析理论,审视我国转型时期刑事犯罪率的变动趋势,并对我国经济社会转型时期典型的未成年人犯罪问题,以及颇具中国特色的刑事政策——"严打"运动尝试进行经济学分析,以期为理解犯罪经济学理论增添一些具体事实和现实案例。本章内容的结构安排如下:第一节介绍我国转型时期犯罪与惩罚的典型事实,通过数据分析和典型事实描述,呈现我国经济社会转型时期刑事犯罪率的变动情况及刑法刑罚的基本要点;第二节结合犯罪经济学理论分析我国转型时期未成年人犯罪率畸高问题;第三节讨论极具中国特色的"严打"运动司法政策的内在逻辑,并从简单的经济学理论出发对其有效性及对犯罪治理的长短期影响略作评价和思考。

第一节　转型时期的犯罪与惩罚

改革开放以来,我国的经济建设取得了极为辉煌的成就,人民生活水平持续提高。经济快速增长的同时,我国也经历着经济文化和社会制度的加速转型。众所周知,与经济社会转型相伴而生的一个重要社会现象就是犯罪率的飙升。从 1978 年到 2007 年,我国每十万人口刑事案件立案数从 76 件上升到 364 件,年均增长率高达 16%。迄今,虽然有关中国的刑事犯罪率统计仍旧存在许多争议和质疑,但是中国犯罪问题研究的学者们基本认同的一个判断是,即便考虑存在的统计测量误差后,和西方国家相比,中国转型时期的刑事犯罪率绝对数仍旧维持非常低的水平,而 20 世纪 80 年代初以来,中国的刑事犯罪率却以前所未有的速度快速增长。作为后续研究的基础,本节讨论中国转型时期刑事犯罪及惩罚的典型事实,并将其置于不同阶段的国际犯罪数据统计中进行比较分析。

一、转型时期刑事犯罪率变动的基本事实[①]

除了各国犯罪统计中普遍存在的"犯罪统计黑数"(dark figure)和"犯罪的统计保护机制"问题[②],就我国转型时期刑事犯罪统计而言,更主要的困难还在于经济社会快速转型带来的刑事法律的变更和刑事政策的频繁调整。就犯罪率统计而言,刑事法律变更主要体现在 1984 年和 1992 年的两次盗窃立案标准的调整,而刑事政策的影响则主要是历次影响深远的"严打"运动。以上三种因素的共同作用,一方面使得单一国家加总层面的时间序列刑事犯罪指标存在不可简单对比的困扰;而另一方面不同时点上政策调整的异常冲击,也使得任何直接基于加总刑事犯罪率的国际截面数据的比较,存在明显的不可观测的异质性问题。有鉴于此,本节首先考察国家层级的加总刑事犯罪率的变动情况,进而分析不受刑事立案标准调整的犯罪指标的演变趋势,最后利用不同时点上的省级层面的刑事犯罪率的组间(between group)和组内(within group)对比,对我国转型时期刑事

① 更详细的对我国转型时期犯罪率变动典型事实的描绘,请参考陈春良:《中国转型期收入差距与刑事犯罪率的动态变迁研究》,浙江大学出版社 2012 年版,第三章。

② "犯罪统计黑数"通常指犯罪受害者出于种种原因选择不到执法机关报案。"犯罪的统计保护机制"描述的是公众或者政治当局倾向于将高犯罪率归咎于警察部门,于是这种激励机制将诱使警察部门出现消极立案现象。

犯罪率变动的基本事实展开描述。

1. 国家层级的刑事犯罪率变动趋势

图 14-1 描绘了 1981 年以来国家层级加总刑事犯罪立案率的绝对数及历年的增长情况。首先,从 1981 年到 2007 年,我国的刑事犯罪率从每年每十万人 90 件上升到 364 件,年均增长率高达 14.98%;如果考虑早期报案立案误差较大,那么以上计算实际上是部分高估了我国的刑事犯罪增长速度。其次,除了 1983 年到 1986 年的第一次"严打"运动,以及 1992 年的盗窃犯罪和诈骗犯罪立案标准的大幅度调整,即从原来的农村 40 元、城市 80 元分别上升到农村 400 元、城市 600 元,导致总刑事犯罪统计数大幅下降,加总的刑事犯罪率在所有年份都以较快的速度增长。其中,20 世纪 80 年代末和 90 年代末,刑事犯罪率的年增长速度甚至超过 50%,不同年份刑事犯罪率的增长速度并不平衡。加总的刑事犯罪率在时间维度上的异常冲击包括,1983 年 8 月开始到 1986 年年底结束的第一次"严打"运动,1992 年盗窃及诈骗犯罪立案标准的提高,以及 1996 年的第二次"严打"运动。第一次"严打"运动使得刑事犯罪率从 80 年代初的每十万人 90 件下降到 1986 年的 51 件,下降了 43%,而 1992 年盗窃和诈骗犯罪立案标准的调整使得刑事犯罪统计数至少比 1991 年下降了 34%。

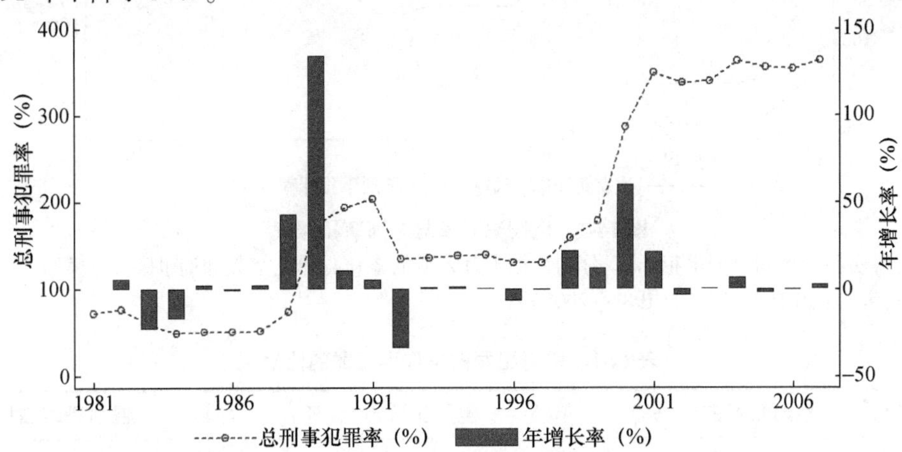

图 14-1 总刑事犯罪率与年增长率(1981—2007)

注:刑事犯罪率定义为每十万人口的刑事犯罪立案数,刑事犯罪年增长率定义为当年刑事犯罪率相比前一年变化的百分比。

资料来源:《中国法律年鉴(1987—2008)》。

总量水平上,1992 年盗窃犯罪立案标准的调整使得加总的刑事犯罪率显著下降;与此同时,20 世纪 90 年代前半段刑事犯罪率的增长速度也相对平缓,这其中的关键原因是盗窃犯罪在我国转型时期的刑事犯罪构成中占据了绝对的比例。图 14-2 给出了国家层面的盗窃犯罪率与总刑事犯罪率的共同演变趋势,表 14-1 报告了侵财犯罪[①]在历年总刑事犯罪中的占比。盗窃犯罪率在总刑事犯罪率中的绝对比重,使得图 14-2 中总刑事犯罪

① 和犯罪经济学的主流做法保持一致,我们的侵财犯罪率(property crime)定义为每十万人口的盗窃犯罪、抢劫犯罪与诈骗犯罪立案数的总和。

率的变动几乎完全复制了盗窃犯罪率的演变趋势。因而,我国转型时期刑事犯罪率的不断攀升,实际上是反映了经济发展过程中侵财性质的犯罪受到大规模的激发。所以,如果从简单的绝对立案标准的视角来看,那么经过调整后的盗窃犯罪率将远远高于1992年之前的水平,相应的总刑事犯罪率也将大幅上升。表14-1显示,从1981年到2007年,侵财犯罪在总刑事犯罪中的比例一直稳定在80%左右,而在20世纪80年代末刑事犯罪率异常增长的年份,侵财犯罪的占比甚至高达90%,这意味着80年代末刑事犯罪率的反常增长,除了纠正立案不实因素,同时应当也存在已有盗窃犯罪立案标准过低的问题。盗窃犯罪和总刑事犯罪的同步演化趋势,以及侵财犯罪在总犯罪率中的稳定高比例说明,我国转型时期的刑事犯罪,侵财逐利因素存在重要影响。

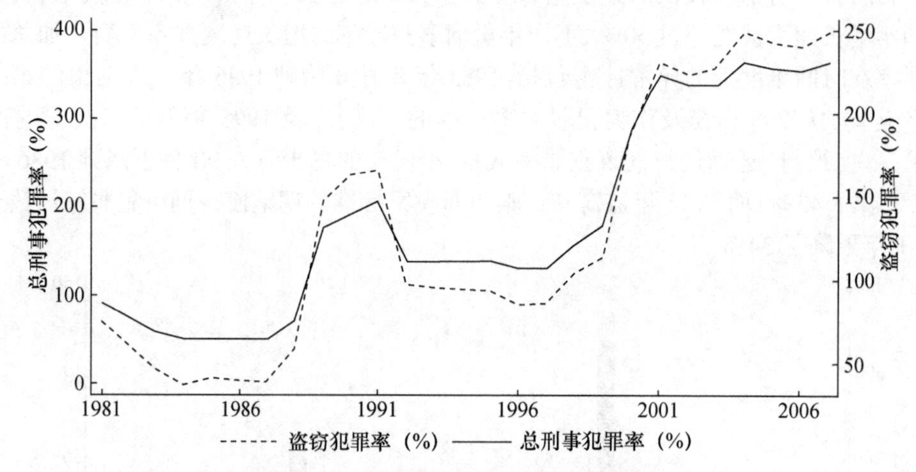

图14-2 盗窃犯罪率与总刑事犯罪率

注:盗窃犯罪率和总刑事犯罪率,分别为每十万人口的盗窃犯罪立案数和刑事案件立案数。
资料来源:《中国法律年鉴(1987—2008)》。

表14-1 侵财犯罪占总刑事犯罪的比例

年份	侵财犯罪占比(%)	年份	侵财犯罪占比(%)	年份	侵财犯罪占比(%)
1981	88.21	**1990**	90.12	**1999**	77.32
1982	86.00	**1991**	88.25	**2000**	77.97
1983	83.40	**1992**	83.07	**2001**	77.79
1984	80.80	**1993**	81.94	**2002**	78.58
1985	83.63	**1994**	81.33	**2003**	79.07
1986	82.73	**1995**	80.53	**2004**	79.70
1987	82.17	**1996**	79.02	**2005**	79.47
1988	86.26	**1997**	79.19	**2006**	78.81
1989	90.71	**1998**	78.30	**2007**	79.06

资料来源:《中国法律年鉴(1987—2008)》。

由于受到盗窃犯罪立案标准调整的影响,部分年份国家层级加总的刑事犯罪率出现异常波动,以此进行简单的犯罪率时间序列的对比,无法回避统计指标不可比和不一致问题。因而,接下来本节的分析重心将集中在国家层级的其他几种不受刑事犯罪立案调整影响的刑事犯罪率指标,并在此基础上进一步补充讨论省级刑事犯罪率数据的变动情况。

图 14-3 描述了 1981 年以来抢劫犯罪、伤害犯罪及杀人犯罪的演变趋势。值得注意的事实包括以下几个方面:首先,20 世纪 90 年代以来,抢劫犯罪经历了异常快速的增长,从 1990 年到 2000 年,抢劫犯罪从每十万人 7 件上升到 24 件,绝对数值变大了 3 倍;而 2000 年之后抢劫犯罪率有进一步的提升,最高年份的抢劫犯罪率接近 1981 年抢劫犯罪率的 13 倍,直到 2005 年以后略有下降。其次,从 20 世纪 80 年代开始,伤害犯罪率也是进入稳步增长的轨道,并且和抢劫犯罪不同,2000 年之后伤害犯罪率还有进一步放大的趋势。与前两种刑事犯罪率的表现略有差异,从 1981 年以来,最为恶性的刑事犯罪——杀人犯罪,并不存在非常显著持续的增长趋势,第一次“严打”运动结束以来到 20 世纪 90 年代中期,杀人犯罪数量有所增加,而进入 2000 年之后杀人犯罪开始明显略有降低。由于一方面抢劫犯罪没有受到立案标准调整的影响,同时另一方面相对而言抢劫犯罪的报案立案误差较小;因而,图 14-3 中抢劫犯罪率的走势表明,1981 年以来随着经济社会的快速发展,我国侵财犯罪确实急速膨胀,而 20 世纪 90 年代以来,侵财犯罪的增加甚至有进一步加速的趋势。

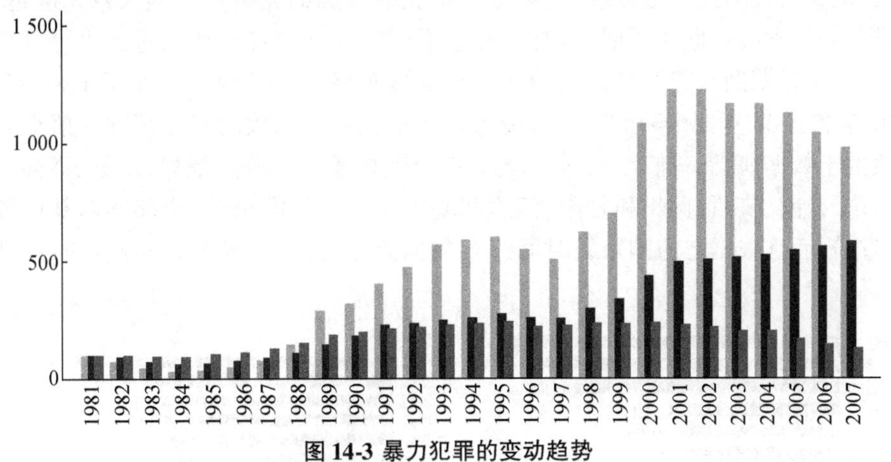

图 14-3 暴力犯罪的变动趋势

注:每个年份柱形从左到右依次是抢劫犯罪率、伤害犯罪率和杀人犯罪率,分别定义为每十万人口的抢劫犯罪、伤害犯罪和杀人犯罪的立案数。

资料来源:《中国法律年鉴(1987—2008)》。

最后,图 14-4 描述了抢劫犯罪、杀人犯罪以及暴力犯罪在总刑事犯罪构成中的变动情况。其中,按照犯罪经济学研究的惯例,暴力犯罪(violent crime)包括伤害、强奸和杀人三类犯罪。一般认为,随着经济社会的发展和现代化进程的加快,刑事犯罪中暴力犯罪的比例将逐渐下降,慢慢让位于侵财犯罪。值得注意的是,除了 20 世纪 80 年代暴力犯罪可能受到强奸犯罪异常增加的影响,暴力犯罪、杀人犯罪以及抢劫犯罪的演变情况符合以上观察;从 80 年代到 90 年代及 2000 年之后,前两种犯罪率的占比虽然依旧维持较高的水平,但是从长期来看确实呈现逐渐下降趋势,而抢劫犯罪的增长则快速明显得多。

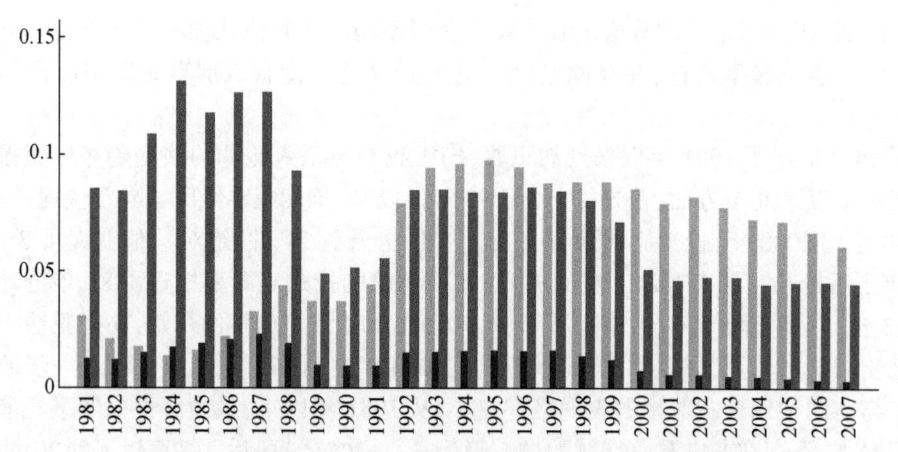

图 14-4　抢劫、杀人与暴力犯罪在总刑事犯罪中的构成比例

注：(1) 暴力犯罪包括伤害、强奸和杀人三种刑事犯罪；(2) 每个年份柱形从左到右依次是抢劫、杀人与暴力犯罪在总刑事犯罪中的构成比例。

资料来源：《中国法律年鉴(1987—2008)》。

2. *省级层面的刑事犯罪率变动*

相比国家层级的刑事犯罪统计，省级刑事犯罪数据的完备性差强人意。但是，和国家级数据不同，省级数据加总层次较低，并且不同时间点的省级截面对比也可以更好地揭示我国转型时期刑事犯罪变动的地区差异及演变特点。图 14-5 描绘了 1980 年、1985 年、1990 年和 2004 年四个时间点上部分省份刑事犯罪率总数的对比情况。值得注意的是，虽然由于数据缺乏，我们涉及的省份只有辽宁、内蒙古、安徽、福建、江苏、江西、浙江、湖北、山东、云南、陕西、贵州和甘肃，但这些基本包括了我国东部、中部和西部比较有代表性的省份，而且根据之前国家级时间序列数据的分析，以上四个时间点在时间维度上也同样具有代表性。

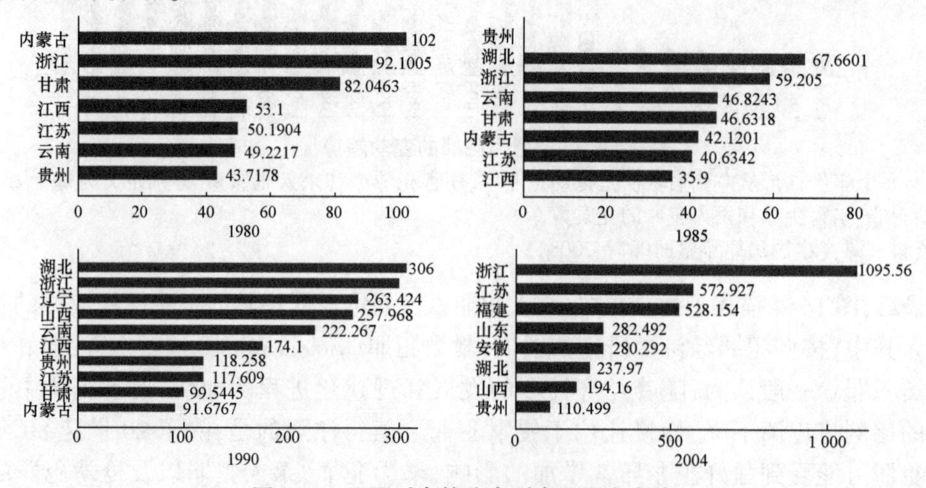

图 14-5　不同时点的分省刑事犯罪率变动

注：刑事犯罪率定义为每十万人口的刑事犯罪立案数。

资料来源：不同省份的刑事犯罪立案数分别来源于各省历年统计年鉴、公安志或者省级年鉴中公安部门的年度报告。

首先,从时间维度来看,从1980年到2004年,浙江省和江苏省的刑事犯罪率均增长了超过10倍,而贵州省的刑事犯罪率仅增长了2.53倍;而从1990年到2004年,从可以对比的省份来看,浙江省的刑事犯罪率上升了3倍,江苏省的刑事犯罪率上升为原来的4.87倍,贵州省在此期间的刑事犯罪数据则几乎维持不变;再参考1985年“严打”期间的统计数据,所有省份犯罪率相比1980年均显著下降,而到了1990年又有大幅度上升。以上对比说明,和国家层级时间序列数据的发现一致,改革开放以来所有省份的刑事犯罪均有大幅度的增长,除了“严打”期间犯罪率略有下降,其他所有年份犯罪率均维持较高的增长态势;其中,20世纪90年代之后随着经济发展和社会转型的加速,刑事犯罪的快速增长尤为明显。

其次,从省级截面比较来看,不同省份之间的刑事犯罪差异非常显著,并且根据经济的发展程度不同,省份间对比越发明显。从图14-5所列的13个省份的情况看,1980年刑事犯罪率最高的省份与最低省份的对比仅仅为2.33倍,而2004年刑事犯罪率最高的省份与最低省份的比值高达9.91。省份之间刑事犯罪率的最高最低对比,在1985年“严打”期间最低为1.88倍。另外,值得注意的是,从2004年的省级数据来看,刑事犯罪率较高的均是东部沿海经济相对发达的省份,经济欠发达的省份刑事犯罪率则低于国家加总的平均水平。

以上不同时点的省级截面数据的组间和组内比较,初步表明我国分省的刑事犯罪的异质性非常显著,经济发展带来犯罪率在不同地区的非平衡增长意味着我国转型时期经济和逐利因素对刑事犯罪率的增加有显著影响;而刑事犯罪在不同地区的分布差异也意味着,除了经典犯罪经济学模型提示的逐利因素以及犯罪威慑变量,在我国转型时期犯罪问题的研究中,还必须将经济发展的过程变量加入宏观犯罪供给模型中加以考察。

二、转型时期刑事犯罪率变动的国际比较

理论上,国家层面的犯罪率数据的比较可能更好地反映了经济发展、社会转型对刑事犯罪的影响,因为国家是一个相对独立封闭的观测点,较少出现大规模的国家间犯罪人口流动导致的犯罪输入输出问题。然而很多时候,国际犯罪率数据的比较并不可行,这其中最重要的原因是不同国家司法体系和立案标准的差异使得国际犯罪率数据的绝对值存在许多不可比的因素。这一点与前面提及的刑事犯罪立案标准的调整本质上存在相似之处。于是,沿着相似的分析思路,现今国际刑事犯罪率比较研究中,较为一致的做法是选取定义标准相对一致的抢劫犯罪和杀人犯罪,分别视为侵财犯罪和暴力犯罪的代表,以此反映不同国家社会治安状况的变化。类似地,本节利用联合国发布的国际犯罪趋势调查(International Crime Trend Survey,CTS)数据,选取抢劫犯罪和杀人犯罪两个犯罪率指标,将我国转型时期刑事犯罪的变动置于国际犯罪数据比较的背景下加以考察。同样也是因为样本中的国家数据并非完备,同时为了避开20世纪80年代初“严打”运动对我国刑事犯罪统计的异常影响,我们分别选取80年代末的4个年份、90年代的前中后3个年份以及2000年之后的2个年份,对部分国家的刑事犯罪数据进行比较分析。样本国家选取的基本原则是照顾数据的可得性,同时兼顾亚洲国家和发达国家两个比较维度。

图14-6报告了基于最近的一次CTS调查数据的比较结果。首先,我们所选取的杀

人犯罪、抢劫犯罪和总刑事犯罪率三个指标，在2005年和2006年的取值均比较接近，这意味着这些国家这两年中犯罪数据较少受到异常的冲击，所以任选一年的数据进行比较分析，结果没有差别。其次，从总刑事犯罪率指标看，我国的指标值普遍明显低于发达国家（2005年我国的总刑事犯罪率大致只有美国的十分之一、日本的五分之一，与印度及新加坡的刑事犯罪率比较接近）。最后，如果按照统计口径相对一致的杀人犯罪指标进行比较，2005年美国的杀人犯罪率仅为我国的3.51倍，而总刑事犯罪率远高于我国。日本、德国和奥地利的杀人犯罪率甚至都低于我国。类似地，侵财犯罪方面，抢劫犯罪的对比显示，2005年美国抢劫犯罪率仅是我国的5.48倍，日本的抢劫犯罪率显著低于我国。不同国家总刑事犯罪率和杀人犯罪率及抢劫犯罪率比较所呈现的巨大差异，意味着如果杀人犯罪和抢劫犯罪的平均报案率和统计误差均低于总刑事犯罪率，那么第10次联合国CTS调查数据的比较表明，我国刑事犯罪水平和西方发达国家的差距并没有总刑事犯罪率对比显示得那么大；而且，如果将每年大致相同数量的治安犯罪加入考虑，调整后的我国刑事犯罪的绝对水平仍旧显著低于西方发达国家，但是抢劫犯罪和杀人犯罪在总刑事犯罪中的占比却明显高于西方发达国家。

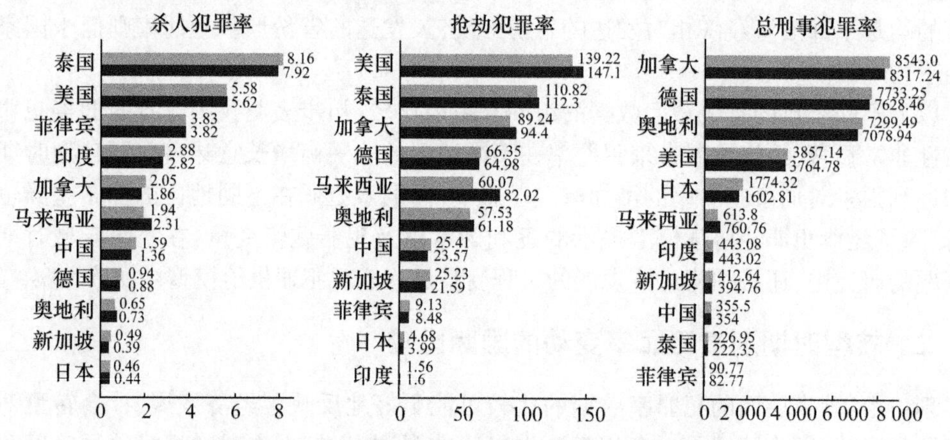

图14-6　基于第10次CTS数据的国际犯罪率对比

注：每个国家的上面一个柱形为2005年数据，下面一个柱形为2006年数据。
资料来源：CTS第10次调查。

鉴于不同国家刑事犯罪立案标准存在显著差别，我们接下来的分析将主要集中在具有比较价值的抢劫和杀人犯罪。20世纪90年代国际犯罪数据的比较中，我们选取了1990（1991）年、1994（1995）年和1999年三个时间点，同时分别描述了不同国家在以上三个时间截面上的抢劫犯罪率和杀人犯罪率，具体结果报告在图14-7中。[①] 从三个时间点的比较来看，虽然我国的杀人犯罪率的绝对数维持较低的水平，远低于同样处于经济社会转型时期的俄罗斯，但是高于同处亚洲的日本和韩国，从1999年的数据来看甚至高于美国。和第10次CTS数据的比较类似，20世纪90年代的这三个年份，虽然我国的抢劫犯罪率的绝对数很低，但杀人犯罪率高于许多亚洲国家，甚至和西方发达国家的差距也比总刑事犯罪率显示的结果缩小很多，而1990年和1999年抢劫犯罪率均高于日本。

---

① 统计分析中，有些年份数据缺失，往往用相邻年份替代，所以存在图14-7的年份和表述不严格一致的情况。

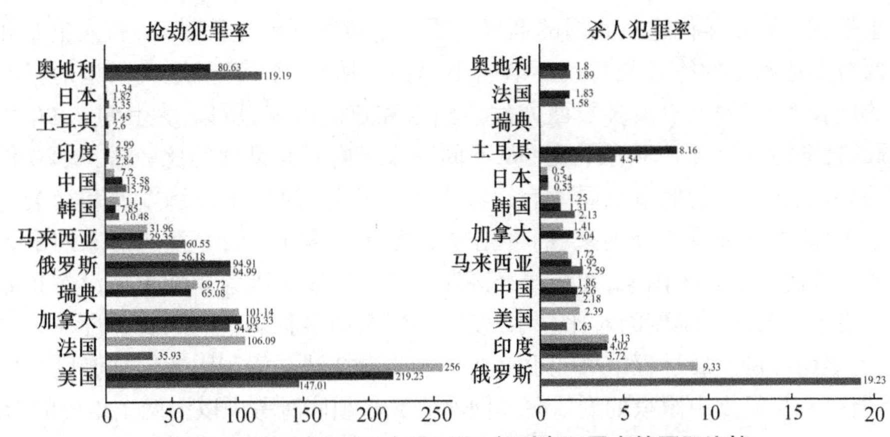

图 14-7　1990 年、1995 年和 1999 年刑事犯罪率的国际比较

注：每个国家的三个柱形自上而下分别是 1990 年、1995 年和 1999 年的犯罪率数据。
资料来源：CTS 的历次调查。

20 世纪 80 年代的国际犯罪率对比结果报告在图 14-8 中。其中，不论抢劫犯罪还是杀人犯罪指标，1986 年我国的刑事犯罪率均大大低于西方发达国家，也比同时期的许多亚洲国家都低。相比 1986 年，1988 年的抢劫犯罪率的绝对数有明显提高，略高于日本的水平，但大概只相当于加拿大的三十分之一。同样，除了日本和缅甸，我国抢劫犯罪率和杀人犯罪率均远低于西方发达国家水平，但是相比之下抢劫犯罪率和西方国家的差距比杀人犯罪率要大得多。

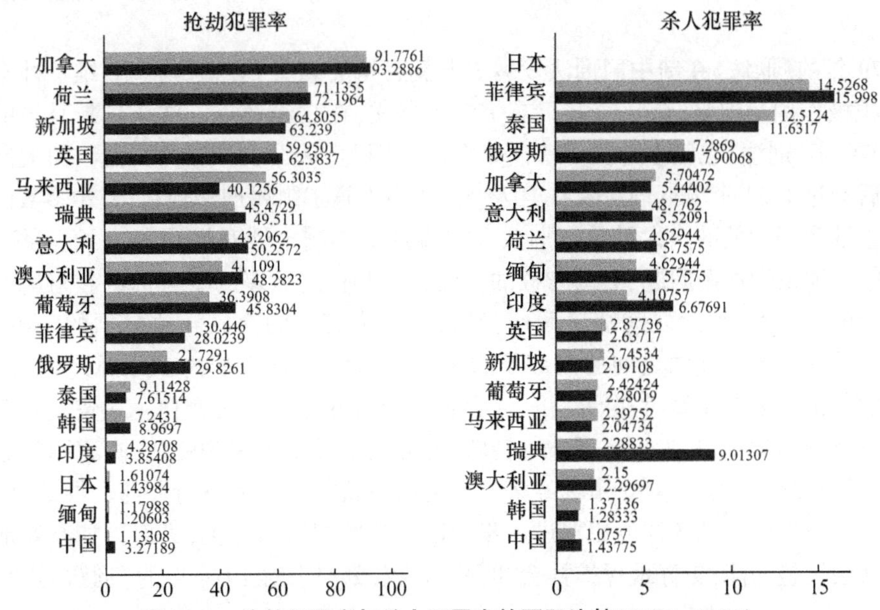

图 14-8　抢劫犯罪率与杀人犯罪率的国际比较（1986—1988）

注：每个国家的上面一个柱形为 1986 年数据，下面一个柱形为 1988 年数据。
资料来源：CTS 的历次调查。

综合以上三个时间段的国际犯罪率数据的比较，组间截面维度的比较显示，虽然 20 世纪 80 年代我国的刑事犯罪率远低于西方发达国家，与亚洲国家相比犯罪率同样维持较低的水平;但是90年代之后我国的刑事犯罪率绝对数开始显著攀升,杀人犯罪和抢劫犯罪与西方发达国家的绝对距离在逐渐缩小;另外,从80年代开始,我国抢劫犯罪和杀人犯罪的增长率,普遍高于大多数西方发达国家和亚洲国家,所以,尤其进入90年代之后,我国的社会治安状况并不容乐观。从不同国家组内时间维度的比较看,从80年代开始,许多西方发达国家的刑事犯罪率有逐渐下降的趋势,而处于经济发展和社会转型过程中的中国、印度和俄罗斯等国家,刑事犯罪率均持续攀升。西方发达国家刑事犯罪率的绝对值普遍高于发展中国家,意味着经济发展过程中逐利因素驱使更多潜在犯罪分子进入犯罪市场。而时间维度的对比显示,发展中国家刑事犯罪率的增长速度往往高于发达国家,这表明经济发展过程中可能也存在一些要素抵消了逐利因素增加激励犯罪参与的影响,所以有关发展中国家的刑事犯罪问题研究必须同时考虑以上两个维度的影响。

三、转型时期犯罪与惩罚的典型事实

中国具有重刑主义的传统,历史上《唐律》《宋刑统》《大清律》等重要法典的主要内容多数是有关犯罪与刑罚的规定。中国刑法近代化始于清末修律,以沈家本为代表的修律大臣在考察德、意、俄、日等国的刑法基础上,对大清律中的刑律作了彻底的修改;在北洋政府及国民政府时期,刑法得到了进一步的改进;新中国成立之前,中国共产党在革命根据地实施过一系列具有刑法性质的条例。新中国成立之后,《刑法》的起草工作断断续续,直到1979年7月,新中国第一部《刑法》才宣告诞生。自此以后,中国刑法发展的历史进程同时伴随着中国经济的历史性转型,中国刑法的变革深深地打上了转型时期的历史烙印。

1979年的《刑法》在新中国刑法发展史上具有重要意义,对惩治犯罪、维护社会秩序起到了积极作用。但是,该法总共只有192个条文,在政治、经济、文化日新月异的转型时期,1979年《刑法》在很多地方无法满足需求。因此,从1981年以来,我国的最高立法机关先后通过了24个单行刑法及在107个法律中设置了附属刑法规范,其中多数内容是与经济生活密切相关的。大量单行刑法及附属刑法的制定针对性地解决了一系列改革开放中的犯罪及刑法新问题,有其积极的一面;但同时,这么多的单行刑法和附属刑法缺乏体系上的完整性,彼此之间缺乏照应,经常因为内容上的交叉导致定刑的失衡。《刑法》、单性刑法及附属刑法之间的内部矛盾是要求修订《刑法》的内在原因,《刑法》新一轮修订的外部原因是转型时期的经济、社会各方面所发生的巨大变化。在建立社会主义市场经济体制的过程中,为了实现体制转轨,各方面都发生了深刻变化,在犯罪领域也出现了许多新情况、新问题,对于市场经济中出现的不轨行为如何进行罪与非罪的划分,如何对社会上出现的各式各样的犯罪进一步加以科学的归纳与分类,进而更加有效地发挥刑法的社会调整功能,更好地保护社会和保障人权,都要求对1979年的《刑法》进行系统性修订。

经过15年的研究与修订,1997年3月,第八届全国人大第五次会议通过了修订的《中华人民共和国刑法》(以下简称"新《刑法》"),并与1997年10月1日起正式施行。新《刑法》包括总则、分则、附则三部分共十五章,条文也由1979年《刑法》的192条增加到452条。新《刑法》修订范围之广、内容之多、力度之大在中国刑法发展史上可谓空前。

下文将结合新《刑法》修改的具体内容评述新《刑法》的特点及其影响。

首先，新《刑法》实现了形式上的统一性与完备性。刑法面向的是所有的民众，因此从立法示范效用的角度看，要求一部良好的刑法必须具有统一性与完备性，只有这样，刑法的精神才能更好地被法官和民众所掌握。在1979年《刑法》之后所颁布的大量单行刑法和附属刑法的基础上，对它们进行分门别类的处理，其中大部分纳入了新刑法体例之中，对于那些不合时宜的条款，新《刑法》不再保留。此外，新《刑法》将当时较成熟的《反贪污贿赂法(草案)》和《惩治军人违反职责犯罪条例》作为第八章和第十章纳入新刑法体系中。最后，针对转型时期出现的新情况，刑法新设立170多个罪名，如非法经营同类经营罪、证券内部交易罪、泄露内部交易信息罪、洗钱罪、侵犯商业秘密罪、商业诽谤罪、虚假广告罪、非法侵入计算机信息系统罪等。单行刑法、附属刑法的法典化，两部重要草案的专章设置及大量新罪名的规定实现了1997年新《刑法》在形式上的统一性和完备性。

其次，新《刑法》在内容上强调了刑法法治原则及对公民权利的保护。新《刑法》在第一章第3—5条明文规定了罪刑法定原则、适用刑法人人平等原则及罪行相适应原则，并取消了1979年《刑法》中有悖罪刑法定原则的类推制度。罪刑法定原则是指犯罪及其刑罚都必须由法律明确规定，法无明文规定不为罪，法无明文规定不处罚。罪刑法定原则要求司法机关必须以事实为依据，以法律为准绳，认真把握犯罪的本质和具体的构成要件，严格区分罪与非罪、此罪与彼罪的界限，定性准确，量刑适当，不枉不纵，以及司法解释不能违背刑事立法的意图，不能代替立法。适用法律一律平等原则是指对任何人犯罪，在适用法律上一律平等，不允许任何人有超越法律的特权。罪行相适应原则是指犯多大的罪，便应当承担多大的刑事责任，就判处轻重相当的刑法，重罪重罚，轻罪轻罚，罪刑相称，罚当其罪，从而实现刑法的公正性。新《刑法》不仅通过确立三大基本原则实现了刑法法治化，还通过具体制度设计强调对公民权利的保护。新《刑法》从保护青少年的角度出发，进一步规定了对未成年人犯罪从宽处罚的原则。新《刑法》删除了1979年《刑法》中有关对于已满16周岁不满18周岁未成年人可以适用死缓的规定，这样对犯罪时未满18周岁的未成年人一概不得适用死刑(包括死缓)。为了鼓励、支持公民积极地与各种犯罪活动进行斗争，新《刑法》强化了对公民正当防卫权利的保护。此外，为了加强对公民人身权利、民主权利及财产权利的保护，新《刑法》较1979年《刑法》规定了更丰富的内容，如强制猥亵罪、侮辱妇女罪、绑架罪、强迫劳动罪、暴力逼取证言罪、侵占罪、破坏生产经营罪等。

最后，新《刑法》促进了中国刑法的国际化，中国刑事立法一方面要从中国实际情况出发，立足于本国具体国情；另一方面也要积极借鉴国外有益的立法经验，迎合世界刑法的发展潮流，特别是在国际交往活动频繁的今天显得尤为重要。新《刑法》增设了中国刑法的域外管辖权和普遍管辖原则，有关刑事管辖权原则的修改适应了中国改革开放的新形势，有利于积极发挥中国在国际事务中的作用。有关单位犯罪的制度设计及死刑的存废、限制问题是近年来国际刑法领域的重点研究问题，新《刑法》把握国际刑法发展的最新动态，作出了针对性规定。新《刑法》在总则部分规定了单位犯罪的概念和对单位犯罪采取双罚制的刑罚形式，并在分则中规定单位犯罪的具体罪名。此外，在减少、限制甚至废除死刑成为世界刑法的主流趋势的历史背景下，新《刑法》立足于本国实际，结合国际趋势作出了相应的规定。在中国尚不具备彻底废除死刑条件的情况下，新《刑法》坚持严格控制和减少死刑的立场,主要体现在,一是进一步明确死刑适用范围的限制条件,即死刑是适用于罪刑极其严重的犯罪分子;二是删除已满16周岁不满18周岁未成年人可以适用死缓的规定;三是大幅度减少死刑罪名,提高某些犯罪适用死刑的法定条件。

第二节　未成年人的犯罪问题

≺案例14-1≻

花季少年因迷恋上网而辍学 最后结伙抢劫而走上歧途①

2006年1月6日,尤溪县某航运公司的驾驶员肖某到管前派出所报案称:1月2日凌晨2时许,在管前鸭墓村至管前集镇的公路上遭到四名年轻人持铁棍拦路抢劫,被抢人民币230元。警方根据受害人反映的四名抢劫团伙成员的体貌特征抓获了小伟(男,16岁)、小沐(男,15岁)、小芳(男,20岁)、小材(男,17岁)四人。经审问得知,2006年1月1日晚,小伟、小沐、小芳、小材四名年轻人在鸭墓村玩至深夜,四人中有人提议去上网,但是没有钱。小伟就提议大家一起去抢劫一辆车子弄点钱上网。1月2日凌晨1时许,小伟等四人在公路上先后拦了两辆货车都没有得逞。于是小伟假装醉酒躺在路边,由小材假装扶他,由小沐去拦车。这时一辆运煤的大货车经过,司机见有人拦车,还有人躺在路中,便将车缓缓停在几个年轻人的面前。大货车刚一停下,三个小青年就围上车头,小材从驾驶座拔下钥匙,小伟拿着铁棍在车门上敲打,威胁司机下车,小沐抢走驾驶员现金230元。当天上午4人就将凌晨抢得的230元分赃后到网吧上网。经查,该抢劫团伙中有三名系未成年人,在上网时结识。他们沉迷于网络,已经到了一天不上网心里就像猫在抓、吃饭没味道、睡觉不踏实的境地。由于迷恋上网,他们经常有家不归,并因成绩较差而在初中阶段辍学。如今,因无钱上网、法律意识淡薄而走上犯罪道路。(由于涉及未成年人,文中均为化名。)

≺案例14-2≻

模仿影视作品抢劫 法盲学生入牢②

将要读高二的杨琦在开学前几天犯下抢劫罪,于2004年11月23日被福建省尤溪县人民法院判处有期徒刑五年,并处罚金人民币2 000元。杨琦因无法归还高一时向林某所借的200元钱,便萌生抢回欠条的念头,使林某无凭无据,无法向其追讨欠款。他模仿影视作品中的抢劫场景,到店铺买了一把水果刀、一双橡胶手套对林某实施威胁。2004

① 案例来源:http://www.snsfw.org/XXLR1.ASP? ID=2098。
② 案例来源:http://www.snsfw.org/XXLR1.ASP? ID=888。

年9月5日,杨琦等到林某家里只剩下他一人时,便敲门进入林某家,持刀威胁林某,要求其拿出欠条。因林某反抗挣扎,杨琦持刀划伤林某,造成轻伤。后因林某大声呼救,邻居赶来,才将杨琦扭送公安局。

上述两个案例只是当前日益严重的未成年人犯罪问题的一个缩影,未成年人犯罪问题已经引发了广泛的社会关注。本文所指的未成年人是一个法律概念,根据我国《未成年人保护法》的规定,未成年人是指未满18周岁之人,这界定了我国未成年人的上限年龄。根据我国《刑法》,未成年人负刑事责任的法定年龄是14周岁以上不满18周岁。我国行政法上未成年人年龄下限一般在12周岁左右。因此,本节所讨论的未成年人的年龄应当界定在12周岁以上不满18周岁。

一、未成年人犯罪的基本特征

当前,我国未成年人犯罪呈现以下几个基本特征:

首先,未成年人犯罪的绝对数量在增加,未成年人犯罪占青少年犯罪的比例逐年上升。

根据表14-2,我国未成年人犯罪的绝对数量从1991年的33 392人逐年上升到1996年的40 220人。经过1996年的“严打”行动之后,1997年与1998年的未成年人犯罪绝对人数有所下降,分别为30 446人与33 612人。但从1999年开始,未成年人犯罪的数量迅速增加,突破了4万人,2001年更是达到了49 883人。在未成年人犯罪绝对数量迅速上升的同时,未成年人犯罪的低龄化现象十分明显,具体表现为未成年人犯罪占青少年犯罪的比例在不断上升,从1990年的12.64%逐年上升到2001年的19.68%。

表14-2 1990—2001年全国法院审理青少年犯罪情况

年份	刑事犯罪总数(人)	不满18周岁(人)	青少年犯罪总数(人)	青少年占刑事犯罪比例(%)	不满18周岁占青少年犯罪比例(%)
1990	580 272	42 033	332 528	57.31	12.64
1991	507 238	33 392	268 206	52.88	12.45
1992	492 817	33 399	250 262	50.78	13.35
1993	449 920	32 408	228 311	50.74	14.19
1994	543 276	35 832	247 391	45.54	14.48
1995	542 282	38 388	267 842	49.12	14.33
1996	665 556	40 220	269 749	40.53	14.91
1997	526 312	30 446	199 212	37.85	15.28
1998	528 301	33 612	208 076	39.39	16.15
1999	602 380	40 014	221 153	36.71	18.09
2000	639 814	41 709	220 981	34.54	18.87
2001	746 328	49 883	253 465	33.96	19.68

资料来源:《中国法律年鉴》1991—2002年各年统计资料,法律出版社。

其次,未成年人的犯罪类型主要集中在盗窃、抢劫、抢夺等财产型犯罪,以及伤害、强奸等暴力型犯罪。

从表14-3可知,在未成年人犯罪类型中,盗窃罪、抢劫罪、抢夺罪等财产型犯罪以及伤害罪、强奸罪等侵犯公民人身权利型犯罪占未成年人犯罪总数的绝大部分。其中,侵犯财产型犯罪又在犯罪中占据85%—90%,而在侵犯财产型犯罪中,盗窃占了很大的比例。从1989年至1995年盗窃罪的比例一直高于68%,最高甚至超过了81%,未成年人实施侵犯财产犯罪一部分是出于贪图享乐、追求财物的动机,另一部分是为了寻求刺激或出于朋友义气,这也被表14-4所列的未成年人犯罪主要目的的调查所佐证。

表14-3 1989—1995年未成年人犯罪类型构成

(单位:百分比)

年份	盗窃	抢劫	伤害	强奸	流氓	抢夺	杀人	诈骗	放火	爆炸	其他
1989	81.37	8.67	2.28	2.61	1.12	0.75	0.62	0.53	0.16	0.03	1.24
1990	79.45	8.53	2.69	2.71	1.51	0.68	0.75	0.66	0.18	0.047	1.74
1991	77.37	9.88	3.06	2.77	1.99	0.94	0.24	0.62	0.19	0.042	2.89
1992	68.73	15.73	3.92	3.37	2.63	0.88	0.88	0.56	0.23	0.093	2.94
1993	68.86	16.68	3.94	2.76	2.40	1.14	0.76	0.47	0.18	0.10	3.16
1994	68.42	17.08	3.37	2.51	2.22	1.39	0.76	0.51	0.20	0.058	3.48
1995	68.09	17.12	3.20	2.23	2.15	2.07	0.80	0.49	0.21	0.048	3.50

资料来源:《中国法律年鉴》1989—1995年各年统计资料,法律出版社。

表14-4 未成年人犯罪的主要目的调查

(单位:百分比)

犯罪目的	城市(n=1 196)	农村(n=1 278)	合计(n=2 474)
为了钱财	39.4	38.3	38.8
为了恶作剧或好玩	22.2	22.3	22.2
为了朋友	21.5	18.3	19.8
为了报复	8.2	9.0	8.6
为了性满足	3.6	5.7	4.7
为了创造政治影响	0.5	0.8	0.6
其他	4.6	5.6	5.3

资料来源:关颖,《城市未成年人犯罪与家庭》,群众出版社2004年版。

最后,未成年人重新犯罪形势严峻。未成年人思想具有很大的可塑性,容易受到外界条件的影响,因此,未成年人犯罪具有很强的反复性,导致重新犯罪率居高不下。近年来,未成年人重新犯罪比例不断增加,有些地方达到了15%以上,甚至在20%左右。未成年人重新犯罪有一个突出的特点,就是所犯新罪往往比以前所犯的罪行要严重很多。在实证方面,根据中国青少年犯罪研究会1991年8月至1992年2月的调查表明,有两次以上犯罪经历的人占总数的29%;而根据最近的一次抽样调查,在调查的全部未成年犯中有705人曾经有过犯罪经历,占27.2%。

二、未成年人犯罪问题的经济学分析

国外有关青少年犯罪原因的理论研究经历一百多年的历史,形成了三大流派:生物学理论、心理学理论与社会学理论。

(1) 未成年人犯罪原因的生物学解释。关于未成年人犯罪原因的生物学理论主张，一个人犯罪是由其体型、体质和遗传因素等生物特征决定的。意大利犯罪学家龙勃罗梭创立的“天生犯罪人”理论，将一系列的体格特征同犯罪行为直接联系起来；美国学者谢尔登通过对部分违法青少年的研究后发现，肌肉型(肌肉发达型)的人在违法青少年中占支配地位；20 世纪 60 年代以来的研究表明，少年犯罪与性染色体及荷尔蒙异常有关。

(2) 未成年人犯罪原因的心理学解释。未成年人犯罪心理学理论关注个体犯罪动机的决定因素，强调个体的心理功能与未成年人犯罪之间的关系。奥地利精神分析学家弗洛伊德(该学派的早期代表)倡导运用精神分析学的观点解释青少年犯罪问题；瑞士精神病学家奥古斯特·艾希霍恩认为少年犯罪主要是由于缺乏爱，缺乏认同，没有形成正常的“超我”或“自我”理想；美国学者格鲁克夫妇的研究表明，具有精神病态人格是导致青少年犯罪行为发生的重要原因。

(3) 未成年人犯罪原因的社会学解释。社会学理论侧重从社会环境原因解释未成年人犯罪。美国学者克利福德·肖和亨利·麦凯通过对 16—18 岁违法少年的调查发现，少年犯罪率最高的地方位于重工业区和商业区，或与其毗邻的区域，一个地区的犯罪率越高，该地区的青少年再度犯罪的可能性也就越大。

有关我国未成年人犯罪的成因，众说纷纭，一般分析认为未成年人犯罪的成因可以从个人、家庭、学校、社会之中寻找。

(1) 个人因素。未成年人处于心理、生理的发育期，辨别是非的能力比较弱，自我控制能力比较差，价值具有很强的盲目模仿性和好奇心，容易受到社会不良因素的影响，从而走上犯罪的道路。

(2) 家庭因素。家庭是未成年人成长发育的第一环境，家庭因素对未成年人犯罪的影响主要体现在以下三个方面：第一，生长在离异、单亲等残缺家庭中的未成年人因为缺乏家庭亲和力，容易养成不良习惯与反社会意识，从而导致犯罪。第二，诸如溺爱、打骂、放任不管等不当的家庭教育方法比较容易导致未成年人犯罪的后果。近年来，独生子女因溺爱成性、缺乏教育而导致犯罪的案例屡见不鲜。第三，家长是未成年人行为模仿的重要对象，家长的行为不检也是影响未成年人犯罪的重要因素之一。

(3) 学校因素。学校是除了家庭以外未成年人学习、生活的重要场所，学校片面追求升学率、忽视法制教育等不当的教育方法，以及不良的学校风气都容易诱发未成年人的犯罪活动。

(4) 社会因素。我国社会处于转型之中，伴随经济体制改革而滋生的腐败、公众道德滑坡、社会风气恶化等都对容易受到外界环境影响的未成年人造成了严重的消极作用，构成了未成年人高犯罪率的社会大背景。

以下我们将从经济学角度出发，结合第十三章犯罪经济学的相关理论，从不同的研究视角对我国未成年人犯罪的相关问题尝试论述。

1. 犯罪决策模型对未成年人犯罪的适用问题

犯罪决策模型是犯罪经济学中最重要的模型之一。犯罪决策模型的主要内容是理性的罪犯为了追求自身效用的最大化，将权衡预期的犯罪收益与犯罪成本之间的关系，作出是否犯罪、何时犯罪及犯何种罪的理性决策。一般认为,成年人是理性的,对其行为的性质及结果有着充分的认识,因此,犯罪决策模型可以适用于正常的成年人(精神病等非正常人群除外)。而未成年人处于生理、心理发育期,12—18周岁的年龄跨度也决定了该人群生理、心理发育状况存在巨大差异,他们对自己行为的性质及后果是否存在理性的认知,以理性人为假设的犯罪决策模型是否也适用于未成年人犯罪成为一个值得关注的问题,这也是犯罪经济学对未成年人犯罪问题研究的前提性问题。

我们将结合表14-4、表14-5进行分析。表14-4有关犯罪目的的调查数据表明,一部分未成年人犯罪是有比较明确的目的性的,希望通过犯罪活动实现自己的特定目标,如38.8%的人追求财物,8.6%的人出于报复的目的,4.7%的人则是为了性满足,上述三类目的性比较明确的犯罪约占了52.1%。另一部分未成年人的犯罪并没有十分明确的目的,22.2%的人是基于恶作剧或好玩的心态,为了朋友的比例也占到了19.8%,上述两类犯罪占犯罪总数的比例高达42%。依据上述数据,犯罪的未成年人可以分为两类:一类是为了积极地追求特定的目的而从事犯罪活动,从经济学角度而言就是为了实现自身效用的最大化;而另一类则没有明确的犯罪目的,也似乎比较难从经济学角度对其行为作出解释。未成年人犯罪的上述特征也被表14-5的调查所佐证。

表14-5 未成年人犯罪时的心理状态(可多选)

犯罪时的心理状态	城市(%)	农村(%)	平均(%)
(A) 一时冲动,什么都没想	53.8	55.4	54.6
(B) 不知道是违法行为,也不知道会受到惩罚	32.0	38.3	35.2
(C) 知道是做坏事,但控制不住自己	27.7	25.8	26.7
(D) 认为自己犯罪可能不会被他人发现	18.1	15.4	16.7
(E) 犯罪能获得的好处很大,值得冒险	9.1	5.1	7.0
(F) 凭经验,认为根本就不会被抓到	7.6	4.2	5.9
(G) 即使被抓起来,走走“后门”也能放出来	5.9	3.7	4.7
(H) 几个人一起干,可以推脱责任	2.6	2.3	2.4
(I) 其他	2.9	2.3	2.6

一部分未成年人进行犯罪活动时,其主观意志是希望犯罪目标能够实现,7.0%的人认为犯罪能获得很大的好处,值得冒险。这种未成年人罪犯的主观恶性最大,与成年人犯罪的主观方面没有本质区别,可以使用犯罪决策模型对其行为进行分析。此外,16.7%的人认为自己的犯罪可能不会被他人发现;5.9%的人认为凭经验自己的犯罪活动不会被抓到;4.7%的人则认为即使被抓起来,走走“后门”也能放出来;2.4%的人认为几个人一起干,可以推脱责任。上述四类未成年人罪犯的一个共同特征是他们在犯罪之前都对是否被抓这个问题进行权衡,不同之处在于他们的权衡是基于不同的依据而进行的。这四类人可以直接适用犯罪决策模型进行分析,但在分析时要注意到影响其利弊权衡的其他因素。另一部分未成年人没有意识到其行为的违法性或者犯罪决策带有很强的盲目性。高达35.2%的人在犯罪时根本没有意识到其行为的违法性,也就更不知道自己的行为将受到惩罚,此类未成年人犯罪时根本没有意识到预期的刑罚成本,以成本—收益为核心内容的犯罪决策模型表面上看似乎不适用于该类犯罪。未成年人犯罪之所

以呈现以上特征是由该人群的特殊性所决定的,具体表现在两个方面:(1) 未成年人年龄跨度大,从 12 周岁到 18 周岁不等,又处于生长发育期,个体思想成熟程度的差异十分明显;(2) 地区差异大,我国城市与农村、东部与中西部的经济、社会、文化差异十分显著,生活在不同地区的未成年人对于犯罪、法律的认识存在巨大差异,这种差异从表 14-4、表 14-5 中的统计数据不难发现。

犯罪决策模型适用于那些犯罪目的比较明确,在犯罪之前曾权衡犯罪活动利弊的未成年人,这类未成年人犯罪的根本原因在于犯罪能增加其效用,这是经济学理性人的必然选择。同时,犯罪决策模型亦可以适用于那些没有明确犯罪目的的未成年人,只是这些人因为某些原因对预期的犯罪成本作出了错误的估计。对于认为自己的行为根本不构成犯罪或者认为其行为无须承担法律后果的未成年人罪犯,他们预期的犯罪成本为零或者很低,因此可以为了朋友、为了恶作剧或好玩(这种目的虽然不能给他们带来物质利益,但肯定在某种程度上满足了好面子或贪玩的需求,在经济学看来就是增加了其效用),或者一时冲动(正是因为他们对预期的犯罪成本作出了错误的估计,才放任自己的冲动行为;而成年人正是因为对预期的犯罪成本有着比较正确的认知,他们故意犯罪的比例要远高于非故意犯罪,而大量的未成年人犯罪属于非故意犯罪)而犯罪,他们看似非理性的犯罪其实是完全符合犯罪决策模型的。犯罪决策模型对该类未成年人的重要意义将在下面详细论述。

2. 未成年人犯罪特征的犯罪决策模型解读

我国未成年人犯罪呈现两大显著特征:一是财产型犯罪比例很高,二是重新犯罪率高。下文将运用犯罪决策模型对此进行分析。

财产型犯罪的成本—收益分析建立在物质利益的权衡之上,因此我们可以用一定单位的货币量来衡量财产型犯罪的预期犯罪收益与预期犯罪成本。之所以未成年人所犯的罪多数为财产型犯罪,是可以找到犯罪经济学根据的。我们假设,犯罪的时间成本(C_t)是犯罪人在从事犯罪及接受刑罚时所丧失的在该时间内从事合法获利活动的机会。犯罪的时间成本具有很大的个体差异性,影响犯罪人时间成本的因素有受教育程度(E)、收入状况(Y)、就业机会(J)、年龄(A)等,即 $C_t = f(E, Y, J, A)$。未成年人罪犯的受教育程度普遍较低,最近的一项调查显示:全部未成年人罪犯中的文盲、小学未毕业、小学毕业、初中没有毕业的人数比例高达 81.9%,初中毕业没有继续上学的有 11.7%,两者合计 93.6%。未成年人罪犯犯罪时一般都没有工作,闲散于社会。未成年人罪犯因为年龄较小、无工作收入等情况决定了其当前犯罪时间机会成本也是比较低的,这在很大程度上影响着未成年人罪犯的犯罪决策。如图 14-9(a)所示,在未成年人与成年人的预期犯罪收益曲线一致的情况下,成年人因其较高的犯罪预期成本曲线 C_1 与犯罪预期收益曲线 B 没有交点,他们的理性选择是放弃犯罪;而未成年人因其较低的犯罪预期成本曲线 C_2 与犯罪预期收益曲线 B 相交,选择犯罪将是未成年人的理性选择。当然,更多情况下,未成年人与成年人的预期收益曲线是不相同的。

在图 14-9(b)中,成年人的犯罪预期收益曲线 B_1 位置高于未成年人的犯罪预期收益曲线 B_2,这是因为成年人的犯罪成本要高于未成年人的犯罪成本,因此当他们从事严厉程度相同的犯罪行为时,成年人要求从犯罪活动中所获取的收益要高于未成年人的收益。当犯罪的预期成本曲线与犯罪的预期收益曲线相切时,便是选择犯罪的临界点。我们分别画出与 C_1、C_2 相切的成年人犯罪的预期收益曲线 B_1 和未成年人犯罪的预期收益曲线 B_2,切点分别为点 $D_1(x_1,y_1)$ 和 $D_2(x_2,y_2)$,点 D_1 位于点 D_2 的右上方,即成年人犯罪的临界点所对应的犯罪严重程度(x_1)也要高于未成年人犯罪临界点所对应的犯罪严重程度(x_2),这也与未成年人为了少量的财物而犯罪的大量现实案例相吻合。

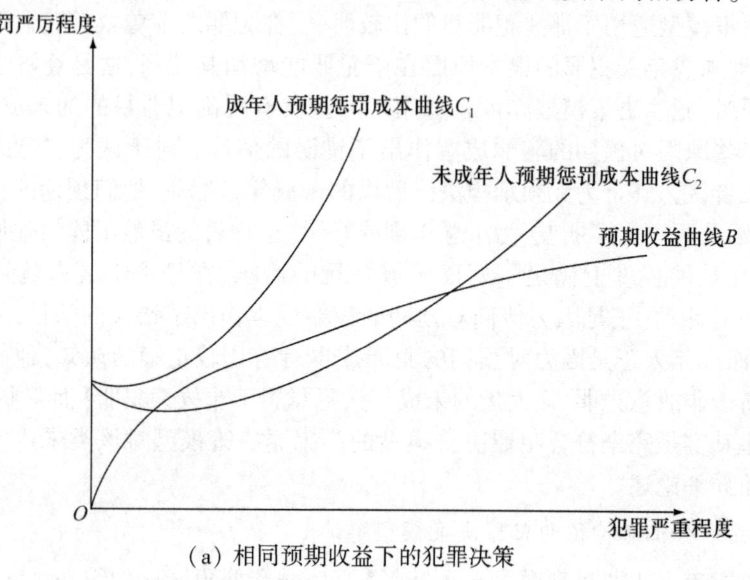

(a) 相同预期收益下的犯罪决策

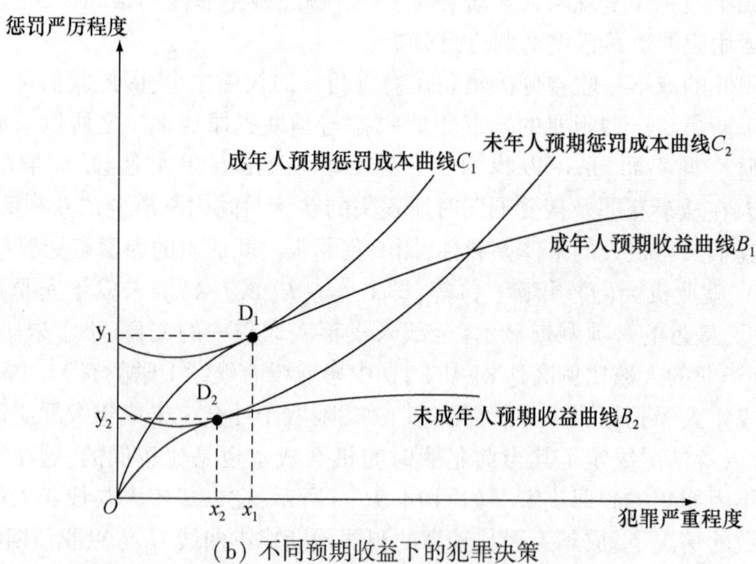

(b) 不同预期收益下的犯罪决策

图 14-9 成年人与未成年人的犯罪决策

重新犯罪率高是我国未成年人犯罪的另外一大特征。美国学者弗兰克·坦南鲍姆在《犯罪与社会》一书中指出:“制造犯罪人的过程,就是一个贴上标签、下定义、认同、隔离、描述、强调和发展被遣责那些品质的方式的话……那么处理少年犯罪人的整个过程是有害的。”未成年人罪犯的标签化是导致重新犯罪率高的一个重要原因,从经济学角度分析如下：在存在前科制度的情况下，无论未成年人因为何种原因而犯罪都将被标注为“问题少年”，这将给他（她）们以后的学习、就业、社会交往带来很大的负面影响，使得他（她）们重新犯罪的机会成本降低，从而带动犯罪决策模型中的犯罪预期成本曲线的下移，导致重新犯罪率的升高。标签化的未成年人因为受到社会的歧视容易相互之间形成一个小团体，团体犯罪成为未成年人重新犯罪的一大特征。据甘肃省少管所1999年的一项调查显示，在被调查的重新犯罪的未成年人罪犯中，团体作案的比例达到68.75%。

3. 寻求理想的未成年人犯罪刑事政策

未成年人犯罪刑事政策是指国家为了预防和控制未成年人犯罪，保障未成年人权益，维护社会公共利益而制定、实施的方针、指导原则以及具体操作措施的总称。理想的未成年人犯罪刑事政策要能从青少年的特殊性出发，有针对性地解决我国的未成年人犯罪的相关问题。具体要求如下：

（1）未成年人代表着我们国家、民族的未来，未成年人犯罪直接造成的社会财富的损害可能并不是很大，但大量的未成年犯将导致国家未来人才的减少，造成社会整体福利的降低。为此，国家应当通过制定理想的未成年人犯罪刑事政策来有效地预防与控制未成年人犯罪，这也是符合社会福利最大化原则的。

（2）未成年人处于身心发育期，可塑性强，基于保护和预防的考虑，理想的未成年人犯罪刑事政策必然以“提前干预”为重要特征。未成年人犯罪刑事政策所针对的未成年人的行为除了一般犯罪刑事政策所针对的犯罪行为之外，还包括了严重不良行为和一般不良行为。未成年人的一般不良行为或严重不良行为若不及时矫正，将可能慢慢演变成严重的犯罪行为。

（3）在未成年人犯罪的刑罚制度上，应当实行轻刑罚化与非刑罚化。上文已经论证，未成年犯大致可以分为两类：一类是没有认真权衡犯罪利弊的，另一类是考虑过犯罪成本—收益问题的。针对前者，规定再重的刑罚也很难有效地预防与控制其犯罪，因为他（她）们根本没有意识到其行为的违法性及可能的刑罚制裁后果。针对该类人群，应当通过有效的法制教育，培养其良好的法制观念，使其认识到犯罪行为性质的严重性与惩罚的严厉性，通过犯罪预期成本曲线的向上移动来减少犯罪。而针对后者，虽然他（她）们通过比较犯罪的预期成本与收益之后，“理性”地选择了犯罪，但我们的分析表明因为较低的犯罪机会成本使得刑罚的提高并不能有效地威慑他（她）们的行为。有效的方法是通过提高他们预期的犯罪成本，从而迫使其主动地放弃犯罪。提高预期犯罪成本的方法主要是通过增加其受教育的机会、就业的机会和收入水平进而提高其时间机会成本来实现的。此外，对未成年人实行严厉的刑罚亦不符合人道主义的宗旨。

（4）理想的未成年人犯罪刑事政策中的司法政策应当建立前科消灭制度。世界上很多国家如德国、法国等在有关的法律中明确规定了少年犯罪前科消灭制度。该制度可以有效地解决未成年犯标签化问题，使其享有与其他公民同等的权利，从而真正改过自新。

（5）理想的未成年人犯罪刑事政策应当包括刑事社会政策。造成未成年犯预期犯罪成本较低是有其背后深刻的社会原因的，诸如家庭暴力、受教育权的剥夺、不良的社会文化环境、对残疾人等特殊未成年人人群的保护不力等。只有通过全面刑事社会政策的实现，才能净化未成年人成长的家庭、社会环境，从而从根本上抑制其犯罪。

第三节 “严打”的司法问题

≺案例 14-3≻

某市“严打”3 个月重大案件破案率 100% 是功绩还是失职？①

据报载：某市公安局在最近 3 个月内破获各类刑事案件 1 228 起，打掉公安部挂牌的黑社会性质的犯罪集团 4 个、黑恶犯罪集团 21 个，抓捕逃犯 41 名，重大案件破案率 100%。读后我心里真是百感交集，想借贵报问一声：这到底是功绩还是失职？

众所周知，黑社会性质的犯罪集团和黑恶犯罪集团均非一日可成，少则一两年，多则三五年，为什么我们的公安部门不能将其控制、消灭于萌芽状态？难道该市的这些集团都是在一天或一月内形成的？再往下看，更让人不可理解的是：该市公安局实行了民警破案奖惩制，每破一起挂牌案件，市政府奖励 20 万元，对有功民警奖励 2 万元，调动了民警的工作积极性。同时，对工作失职、打击不力、出现失误的民警严肃追究责任，并罗列了一些被处分人员数字。我不明白：如果没有上述奖励，那些犯罪集团和犯罪人员是否仍会逍遥法外？我们的民警就会没有工作积极性？我不明白，我们的民警拿着国家的俸禄，拿着人民警察的警衔津贴和行业风险金，手握着刑事侦查、治安管理种种特权，并享受着人民警察的美称，为什么就没有积极性了呢？在此之前，那些局长、主管领导平日里是否有失职之嫌？为什么能稳稳地待在领导岗位上？

一个法治的国家绝不应是靠“严打”、专项治理这些运动来保持社会治安稳定的，我们应着手于日常的治安管理，做好日常的基层工作，做好日常的安全防范工作。如果那样，我们的社会也将更加安宁。

自从 1983 年我国第一次开展“严打”行动以来，有关“严打”利弊的争论一直就没有平息过，上述案例正是这种争论的一个缩影。理论界对“严打”主要有两种代表性观点，即“反对说”和“反思说”，而相关部门对“严打”的看法较为一致，即对“严打”持肯定态度。下文将在介绍我国“严打”行动的基本概况的基础上，运用第十三章有关犯罪经济学及最佳威慑等方面的理论，从经济学角度对“严打”作一番理性评价。

“严打”是“依法从重从快严厉打击刑事犯罪活动”的简称，我国自 1983 年开始，至今共实施过四次全国范围内的“严打”运动。②

（1）1983 年“严打”。“文化大革命”后，社会治安形势严峻，杀人、强奸、抢劫、盗窃等严重刑事活动甚嚣尘上，社会影响极坏的恶性案件接连发生，如 1979 年上海控江路事件、1980 年北京火车站爆炸案、1982 年姚锦云事件、1983 年沈阳“二王”抢劫杀人案、1983

① 案例来源：http://news.sohu.com/89/50/news146455089.shtml。

② 四次“严打”行动分别发生在 1983 年、1996 年、2001 年、2010 年，但持续时间有差异，以下主要介绍前三次行动。

年卓长仁等人劫机案等。这些案件造成了巨大的社会影响,人民群众要求严厉打击犯罪的呼声异常高涨。1983 年 8 月,党中央作出了《关于严厉打击刑事犯罪活动的决定》,同年 9 月,全国人大常委会通过了《关于严惩严重危害社会治安的犯罪分子的决定》和《关于迅速审判严重危害社会治安的犯罪分子的程序的决定》,从而拉开了中国第一次"严打"的大幕。依据党中央《关于严厉打击刑事犯罪活动的决定》,1983 年"严打"的打击范围主要包括杀人、抢劫、强奸、放火、爆炸和其他严重破坏社会秩序的犯罪("六类"案件)。在打击手段方面,1983 年"严打"依照邓小平同志"在三年内组织一次、两次、三次战役,一个大城市,一网打尽,一次打他一大批"的指示,在全国范围内展开了"严打"的三大战役。三大战役历时 3 年零 5 个月,取得了巨大成果。全国治安状况有了明显好转,共查获各种犯罪团伙 19.7 万个,查处团伙成员 87.6 万人,全国共逮捕 177.2 万人,判刑 174.7 万人,劳动教养 32.1 万人。

(2) 1996 年"严打"。进入 20 世纪 90 年代以后,我国出现新中国成立以来的第五次犯罪高峰,刑事案件的发案率是 80 年代前期的 8 倍,1995 年公安机关立案超过 150 万起,黑社会性质犯罪及持枪抢劫金融机构案件比较突出。1996 年 4 月,党中央又一次发动"严打"行动,此次"严打"的重点是打击带有黑社会性质的犯罪团伙和流氓恶势力,侦破抢劫金融财会部门和洗劫车辆等重大流窜犯罪案件,打击贩毒贩枪、拐卖妇女儿童、卖淫嫖娼、制黄贩黄、赌博及数额巨大的多发性盗窃案件。1996 年"严打"行动由各级党政领导亲自挂帅,公安、检察、法院等部门密切配合,通过组织大规模战役取得了打击严重刑事犯罪的阶段性胜利。1996 年我国刑事立案数比上年下降了 5.4%,重大刑事案件比上年同期下降了 1.7%,这是新中国成立以来第一次出现全部和重大刑事案件同时下降的情况。

(3) 2001 年"严打"。21 世纪元年,中国社会的治安情况又出现了一定的恶化,2000 年全国公安机关立案侦查的刑事案件总数比 1999 年增长了 50%,达到 363.7 万件,治安案件立案数达到 443.7 万件,总数达到创历史新高的 804.7 万件。根据国家统计局 2001 年全国群众安全感抽样调查显示,只有 37.2% 的被调查者认为目前的治安情况下感觉"很安全"或者"安全"。为此,我国开展了第三次"严打"行动。本次"严打"行动的打击对象主要是有组织犯罪、带黑社会性质的团体犯罪、严重暴力犯罪及盗窃等多发性犯罪。此次"严打"的重要特点是将"严打"与整顿社会主义市场经济秩序相结合。2001 年,全国公安机关共破获刑事案件 241 万起,比 2000 年增加 20.9%。各级公安机关组织开展"追逃"专项行动,抓获网上逃犯 12 万余名。各级公安机关狠狠打击了假冒伪劣商品犯罪、涉税犯罪、制贩假币、金融票证犯罪和传销违法犯罪。2001 年 4—12 月,全国公安机关共破获破坏社会主义市场经济秩序犯罪案件 7 万起,挽回经济损失 189 亿元。

我国这几次"严打"均发生在转型时期这一特殊的历史大背景之下。社会转型实质上是一个国家新旧模式之间的根本性转变,伴随着激烈的冲突,也将付出一定的代价。这种代价的一个突出表现就在于社会治安形势的严峻、犯罪率的升高等。

刑事犯罪方面的统计数据表明,整个 20 世纪 70 年代我国刑事犯罪立案数在 40 万件至 55 万件之间变动;进入 80 年代以后,该数据有了大幅度的增长,1980 年上升到了 75.7 万件,1981 年更是达到了 89 万件,如图 14-10 所示。我国第一次"严打"就是发生在这种

背景之下。进入90年代以后,我国的刑事犯罪率居高不下,数量是整个80年代的2—3倍,社会治安形势十分严峻,因此,党中央发动了第二次"严打"行动。21世纪之初,我国的刑事案件数量又一次大幅度增长,2000年达到了360万余件,第三次"严打"在2001年突然发起了。社会转型时期刑事犯罪的急剧增加并非只发生在我国,俄罗斯也有过相似的经历。在转型时期,社会阶层的分化和利益结构的重组,传统权威的流失和社会权力的转移,社会制度(体制)的变迁和社会发展方向的变化,社会群体之间、个体之间、不同的社会力量之间的竞争和冲突加剧,信仰的危机和价值观的多元化,社会心理的焦虑和迷惘,都是造成转型时期犯罪率迅速上升的内在原因。

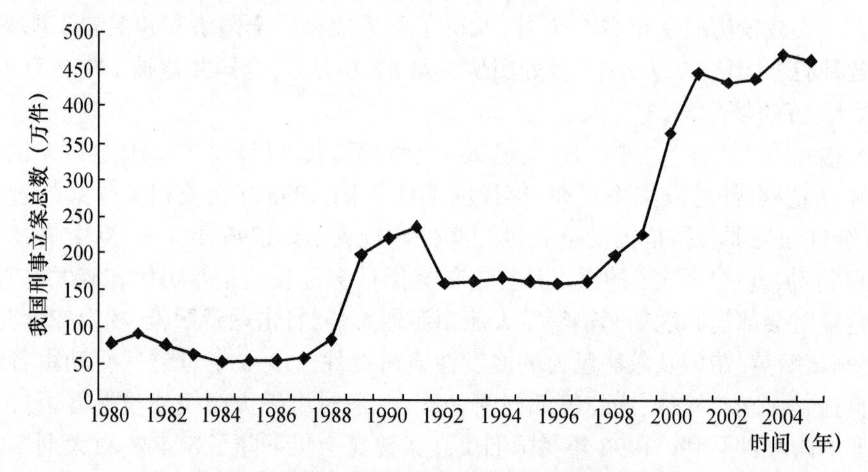

图 14-10 我国 1980—2005 年刑事立案数汇总图

资料来源:公安部统计资料。

我国"严打"的现实基础除了转型时期严峻的犯罪形势之外,还与我国特定的民众态度密不可分。民众的态度是制定形势政策必须考虑的一个重要因素,我国古代法律历来具有"重刑主义"的传统,以刑法为其重要内容,主张"乱世用重典"的犯罪治理思想,这种法律传统使得民众普遍怀有朴素的"犯罪报应情感"。这种报应的思想为确定"严打"的对象提供了一定的标准,即对严重的刑事犯罪,就要采取极端的打击措施。对多捕一批、多杀一批,民众大都"拍手称快",而没有从人道主义角度出发,考虑片面强调"严打"是否可能不利于罪犯的人权保障。理论界对于"严打"的质疑很重要的一个考虑因素就是"严打"可能造成罪犯人权的保障缺位。

"严打"的本质特征是"集中力量"、"从重从快"打击严重的刑事犯罪活动。从我国几次"严打"的实践中不难发现,"严打"是特殊时期的特殊手段,必须集中各方面的力量。我国的"严打"在宏观上是由党中央决策和领导的,各级地方党政领导具体负责;在微观实施层面上是由公安政法部门充当主力军,检察院、法院等机构积极配合,从而实现快批捕、快起诉、快审判。"从重"是指适用较重的刑种或较长的刑期,并在一定的情况下适用顶格刑,该抓的抓,该判的判,该杀的杀。"从快"是指集中力量发动战役,追求打击的速度与效应,在审判工作中,"只要基于事实清楚,给予证据确凿,就要快捕快诉快判,不要在细枝末节问题上纠缠,延误战机"。

在阐述了我国"严打"的现实基础与本质特征之后,我们将从成本—收益、委托—代理两个角度对“严打”进行经济学分析。

一、“严打”的成本—收益分析

从经济学角度，“严打”是否具有存在的合理性以及应当在何种范围内存在，很大程度上取决于“严打”的成本—收益分析。

“严打”的成本主要包括实际开支成本和其他成本。

（1）“严打”的实际开支成本是指社会为“严打”所支付的、可计算的成本，主要包括决策成本、侦查成本、诉讼及审判成本、执行成本。是否发动“严打”需要科学决策，而决策的制定需要搜集一定时期内的刑事犯罪数据、调查民众对社会治安的满意程度等，这些工作上都是要支付一定成本的。我国每次“严打”期初，刑事案件的立案数都有了明显的上升，这主要是因为集中了各方面的力量，从重从快打击犯罪的结果。“集中力量”使得更多的人力、物力投入“严打”的侦查中，“从重从快”使得更多的人力、物力投入到“严打”的诉讼及审判中，伴随定罪数量增加，监狱的执行成本也在迅速增加。我国尚未有对“严打”实际支出成本的统计数据，但参考美国的相关数据，我们不难发现刑事案件的成本是很高的。我国关押一名罪犯，每年就需要花费 1 万元以上，一个犯人每年给国家造成的消耗超过 3 万元。一定时期内，社会的总体资源是有限的，当更多的社会资源投入“严打”中时，也就意味着其他方面开支的减少。打击刑事犯罪、改善社会治安情况是构建和谐社会的必要手段，同时，教育、医疗、基础设施、社会福利等方面也需要社会资源的大量投入。如何合理分配“严打”及其他社会公共开支的比例也是考量“严打”成效的重要因素，如果因为“严打”的过多投入而导致社会总体福利的下降，“严打”将得不偿失。

（2）“严打”的其他成本是指除了实际开支成本、机会成本之外的成本，内容繁杂、难以计量是该成本的特点。“严打”对法治造成的负面影响是其中重要的一项成本，也是理论界反对或质疑“严打”的重要原因所在。依法治国是党的“十五大”确立的治理国家的基本国策，“严打”作为一项形势政策应当在社会主义法治轨道上进行，“从重从快”必须在法律允许的范围内进行。这就要求“严打”不可以突破法律的界限，任意多捕、盲目从重，甚至对犯罪分子随意加重处罚，也不可以超越法律程序，剥夺犯罪嫌疑人应有的诉讼权利而草率行事、随意从快。在实践中，由于受各种人为因素影响，“严打”往往会在某种程度上脱离法治轨道，从而可能对法治造成某种程度的破坏。这种破坏主要表现在：一是过分强调法律威慑而忽视法律公正；二是过分强调“严打”业绩而忽视人权保障；三是过于强调刑法强度而可能强化专制。“严打”过程中出现的一系列冤假错案使得民众对“严打”产生了抵触心理。

“严打”的收益是指因为“严打”而产生的对社会的正效应的增加或负效应的减少，主要包括减少犯罪、预防犯罪以及改善民意等。

（1）减少犯罪数量的收益。“严打”收益最直接的表现在于犯罪率的降低、犯罪数量的减少。从图 14-10 中可知，“严打”在短期内确实有效减少了犯罪数量。1983 年第一次“严打”开始后，刑事立案数从当年的 610 478 件下降到 1984 年的 514 369 件，在随后的三年内立案数一直在 55 万件左右，立案数较 1983 年下降了大约 10%；第二次“严打”期间，刑事案件的立案数从 1996 年的 1 660 716 件略降到 1997 年的 1 613 629 件；2001 年开始第三次“严打”后,当年的刑事案件立案数为446.19万件,2002年较2001年下降了2.8%。刑事案件数量的下降在“严打”期间十分明显,但是在长期内犯罪数量又迅速回升并屡创新高。第一次“严打”结束后的1988年,立案数回升至827 594件,1989年更是增加到了1 971 901件,较1983年增加了近两倍;随着第二次“严打”的结束,1999年刑事立案数突破了200万件,2000年更是突破了360万件;第三次“严打”之后,2002年、2003年的刑事案件立案数均低于2001年相关数据,但2004年又回升到了471.8万件。这表明了“严打”无法在长期内有效控制犯罪的数量,我国转型时期犯罪数量剧增有其深刻的内在原因,单单依靠外在的“严打”手段是无法从根源上解决这个问题的。

(2) 犯罪预防的收益。犯罪预防包括一般预防与特殊预防,“严打”的特殊预防是指通过“严打”措施预防罪犯重新犯罪,一般预防是指社会一般人群鉴于“严打”的威慑力而放弃犯罪。从定性角度看,我国“严打”期间犯罪率的降低既有打击犯罪的贡献,也与犯罪预防息息相关;“严打”通过逮捕更多的罪犯剥夺了这部分人群重新犯罪的机会,而通过监狱的改造也可以起到预防犯罪的功效。社会一般大众通过各种渠道感知“严打”的威慑力,将有效地阻止其犯罪。“严打”的一般预防收益较难量化,而特殊预防收益可以通过重新犯罪率的数据来衡量,重新犯罪率越低,“严打”的特殊预防收益也就越大。我国第一次“严打”期间,成年刑满释放人员的重新违法犯罪率为6.59%,同时进行的一项调查显示,64%的罪犯愿意接受监狱的改造,54%的罪犯认为自己在刑满释放后将不再犯罪,“严打”取得了一定的犯罪预防的收益。

(3) 改善民意的收益。发动“严打”的一个重要目标是通过打击严重刑事犯罪,改变民众对社会治安状况的不满情绪。根据犯罪饱和性生成模型,在一定的社会条件下,社会只能容纳一定量的犯罪率,当犯罪率超过一定的量时,社会民众对犯罪的厌恶程度将急剧增加并通过各种渠道向政府施加打击犯罪的压力。为了维护统治,谋求公众福利最大化,政府将采取包括“严打”在内的各种手段打击犯罪,将犯罪率控制在民众容忍的范围之内。一项调查显示,中国民众对“严打”持“一边倒”的赞成态度,90%的被调查者认为“严打”很有必要,86%的被调查者认为在任何时候都要“严打”,44%的被调查者认为当前犯罪率居高不下的原因是没有“严打”,63%的被调查者认为“严打”之后犯罪率大大降低。这一系列数据表明,“严打”在改善民意方面的收益是十分明显的。

在明确了“严打”的成本与收益之后,“严打”是否有存在的必要性以及在多大程度上应当存在的讨论就有了经济学分析的基础。当“严打”的收益超过“严打”的成本时,“严打”就具备了存在的合理性,收益超过成本的幅度越高,“严打”存在的合理性及必要性也就越大,反之同理。无论“严打”的成本还是收益都是比较难以衡量的,如“严打”对法治的冲击、“严打”的预防收益、“严打”对民意的改善都很难从数量上进行比较。因此,在运用成本—收益分析来判断“严打”是否应当存在以及应当在多大范围内存在时,就需要仔细考虑不同社会条件下每项成本及收益的权重,以便作出正确的决策。

二、“严打”的委托—代理分析

以上重点从成本—收益角度分析了是否应当实施以及在何种程度上实施“严打”的

宏观决策问题,“严打”不仅需要科学的决策,还有赖于良好的实施机制。下文将从委托—代理角度分析“严打”实施过程中的有关问题。党中央是“严打”的发动者及统帅者,是经济学意义上的委托方;各级地方政府及司法部门是“严打”的具体实施者,是经济学意义上的代理方。“严打”实施过程中是否存在委托—代理问题,如果存在,问题有多严重,我们将结合历次“严打”过程中出现的问题进行分析。

1. 地方政府及司法机关追求部门利益现象相当严重

我们以本节的开篇案例为例,该报道中的某市公安局竟然在短短3个月时间内破获各类刑事案件1 228起,打掉公安部挂牌的黑社会性质的犯罪集团4个、黑恶犯罪集团21个,抓捕逃犯41名,重大案件破案率100%。黑社会性质的犯罪集团和黑恶犯罪集团均非一日可成,少则一两年,多则三五年,为什么公安部门不能将其控制、消灭于萌芽状态?其实原因很简单,因为在“严打”期间,该市公安局实行了民警破案奖惩制,每破一起挂牌案件,市政府奖励20万元,对有功民警奖励2万元,调动了民警的工作积极性。布坎南认为,“当人由市场中的买者或卖者转变为整治过程中的投票人、纳税人、受益人、政治家或官员时,他们的品性不会发生变化”,他们也是为了追求自身效益的最大化。党中央在进行“严打”决策时,其目标是严厉打击严重的刑事犯罪活动,形成良好的社会治安秩序;在决策中,党中央假定作为代理人的各级地方政府及司法部门与党中央有着一致的目标,以人民群众的利益为根本出发点,能够尽职尽责地将党中央的“严打”决策落到实处。而事实上,一部分地方政府及司法部门为了自身利益,追求的并非是党中央“严打”决策设定的目标,而是部门利益的最大化,具体表现为机会主义行动相当普遍。在部门利益的驱动下,在“严打”实施过程中出现下文将要论述的问题,亦是不可避免的。

2. “严打”的“从重从快”与“法治”的冲突相当严重

作为刑事政策的“严打”应当遵循“依法治国”的基本国策,应当在法治的轨道上运行。彭真同志曾指出:“‘严打’斗争也是完全在法律范围内进行的。”另有同志认为:“‘从重从快’是在法律规定的量刑幅度之内从重处罚,是在法律规定的程序之内从快处理,而不是盲目从重,更不是重刑思想指导下的多杀、重判,也不是超越法律程序、剥夺被告人应有的诉讼权利,草率从重,随意从快。”这表明决策者是要依法进行“严打”的。但是,一些地方政府及司法部门为了取得“严打”的政绩,采取“限期破案”、“下严打指标”等方式,只强调公检法三部门配合而不顾权力之间的相互制约,不遵循刑事侦查、审判的客观规律,盲目“从重从快”。某地曾出现一起杀人案件从立案、侦查、起诉到审判总共只花了7天时间的案例,此等案件的质量有待商榷。此外,“严打”期间刑讯逼供、超期羁押等有违程序正义的现象相当普遍。

3. 重打击,轻日常治安防范

打击犯罪是一项长期性的工作,不仅需要特殊时期的“严打”,也需要日常的治安防范,将犯罪消灭在萌芽状态。但在部分地区的“严打”实施过程中,往往呈现“重打击,轻日常治安防范”的不良态势。其原因可能在于,“严打”是一场轰轰烈烈的社会运动,它所特有的在短期内迅速、暂时地遏制犯罪的威慑作用,颇得决策层的青睐,相应地,作为回报和激励,司法机关能够获得较之平时更为丰富的物质待遇和更为良好的办公设备;而日常的基础治安工作多是在默默无闻中开展的,所以少有司法机关或司法人员为其投入充分的人力、物力和精力。学者尼斯兰卡曾精辟地论述到,官员追求的目标是在其任期内获得最大化预算,一个官员可能追求以下目标:薪金、职务津贴、公共声誉、权力、机构的产出、事务变革易行、机构管理平滑;除最后两项外,其余的目标都与政府预算有正相关关系。而"严打"可以满足地方政府与司法部门预算最大化的需要,决策层在历次"严打"行动中都把给予司法机关足够的资源配置作为一个重要的配套措施来落实。

如何解决好"严打"中的委托—代理问题,我们可以借鉴经济学家的经典论述。凯威特和麦库宾斯提出,委托人可以采取四种措施来解决普遍存在的委托—代理问题:一是筛选代理人,通过比较多个代理人之后选择最优的代理人;二是合约设计,合理地设计机构分派管理责任及规制方式;三是监督和回报;四是制度制约,为政府机构设置一个平衡机制。

"严打"是我国转型时期犯罪率居高不下的特殊产物,本节的分析并非绝对地肯定或否定"严打"存在的合理性。我们只是从经济学的角度分析了"严打"的成本—收益问题以及可能存在的委托—代理问题,试图为"严打"决策提供一个经济学的分析基础。

本章总结

1. 改革开放以来,我国刑事犯罪率持续攀升,侵财犯罪在加总刑事犯罪中占据绝对比例;按照国际比较相对一致的指标,我国经济社会转型时期,刑事犯罪局面不容乐观。

2. 1997 年的新《刑法》实现了形式上的统一性与完备性,内容上强调了刑法的法治原则及对公民权利的保护,并促进了中国刑法的国际化。

3. 我国未成年人犯罪数量激增、犯罪以财产型犯罪为主、重新犯罪率高等都有其对应的经济学解释。

4. 运用成本—收益分析法来判断,"严打"是否应当存在以及应当在多大范围内存在,需要仔细考虑不同社会条件下每项成本及收益的权重。

5. 从委托—代理理论的分析视角来看,"严打"在犯罪治理中的有效性和可持续性,需要更加严格、精细的激励约束制度设计。

思考题

1. 试述我国转型时期刑法与刑事惩罚的主要特征。
2. 试利用犯罪经济学理论分析我国未成年人犯罪及相应的治理政策。
3. 试从成本—收益角度,分析"严打"存在的合理性及其适用犯罪。
4. 试从委托—代理角度,分析"严打"可能存在的问题及相应的政策建议。

阅读文献

1. Ejan Mackaay, History of Law and Economics, in Boudewijn Bouckaert and Gerrit De

Geest (eds.), *Encyclopedia of Law and Economics*, Volume I, 1999, *The History and Methodology of Law and Economics.*

2. R. B. Freeman, Why Do So Many Young American Men Commit Crimes and What Might We Do About It, *Journal of Economic Perspectives*, 1, 1996, pp. 25—42.

3. Harold M. Tanner., Strike Hard! Anti-Crime Campaigns and Chinese Criminal Justice, 1979—1985, Cornell University East Asia Program, 1999.

4. Tanner Murray Scot., Campaign-Style Policing in China and Its Critics, in *Crime, Punishment and Policing in China*, Rowman & Littlefield Publishers, Inc., 2005.

5. 汪明亮:《"严打"的理性评价》,北京大学出版社2004年版。

6. 张利兆:《未成年人犯罪的刑事政策研究》,中国检察出版社2006年版。

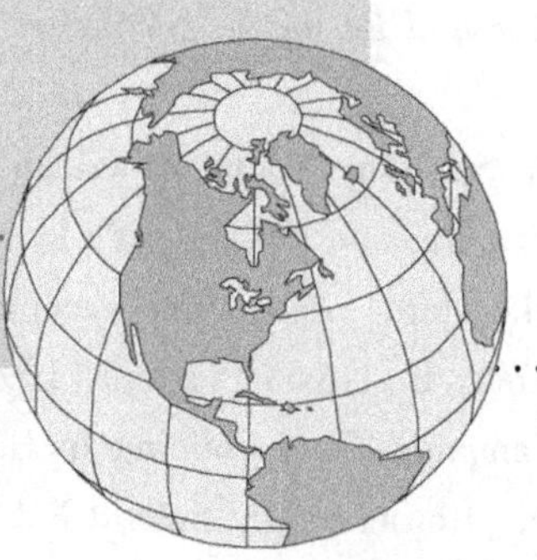

第十五章

程序法的经济学分析

刑律不善不足以害良民，刑事诉讼律不备，即良民亦罹其害。[1]

——沈家本

【本章概要】

在法学家看来，程序与实体相对应，而在经济学家看来，程序本质上是配置资源（权利）的一种规则。公正的程序是促进现代化的社会变革的基本杠杆之一，在市场经济秩序的确立过程中扮演着极其重要的角色。本章将首先从法学角度阐述法律程序的概念、功能和特性，接着从资源配置的角度分析程序的经济功能，并在此基础上介绍经济学分析在关于证据法的研究中的应用，最后我们将比较法学和经济学关于程序研究的异同。

【学习目标】

1. 理解程序的基本特性和功能。
2. 从经济学的角度理解程序的资源配置功能。
3. 理解民事诉讼和刑事诉讼差异的经济学原理。
4. 了解行政处罚中"民间证据"的有效性。

① 出自清代沈家本、俞廉三进呈刑事诉讼律草案的奏折。转引自季卫东：《法律程序的意义》，载《比较法研究》（季刊），1993年第1期。

从法学的角度来看,程序主要体现为按照一定的顺序、方式和手续来作出决定的相互关系。其普遍形态是:按照某种标准和条件整理争论点,公平地听取各方意见,在使当事人可以理解或认可的情况下作出决定。但是,程序不能简单地还原为决定过程,因为程序还包含着决定成立的前提,存在着左右当事人在程序完成之后的行为态度的契机,并且保留着客观评价决定过程的可能性。另一方面,程序通常没有预设的真理标准。程序通过促进意见疏通、加强理性思考、扩大选择范围、排除外部干扰来保证决定的成立和正确性。[①] 对于社会和政治的现代化来说,合理的程序制度具有非同寻常的积极意义。本章首先回顾法学研究视角下的程序问题,接下来的两节侧重从法经济学的角度对法律程序的几个相关问题进行分析,最后一节将对程序的法学和经济学研究进行多方面的比较。

第一节 法律程序的目的与意义:法学视角

关于法律程序的法学研究通常集中在对程序法与实体法的比较研究中。此外,由于在法律实践中,我国的法制建设和实施长期缺失现代意义上的合理程序,因此从法理学的角度探讨法律程序的整体性意义和功能是非常有必要的。在这里,我们首先需要了解“正当程序”这一概念及其背后的更深层次的社会价值问题,其次还有必要进一步明确程序建设对构建现代化社会之制度基础的重要性。下面试析之。

一、“实体性正当过程”与“程序性正当过程”之辩

在西方思想传统中,自然法的信念认为,法律是人类理性和道德观念的表现,它本身必须符合自然理性和自然正义的要求。按照自然法的最高伦理原则,个人享有不可变更的自然权利,而政府的职责在于保障人们通过社会契约委托政府保护自己的那些权利。这种思想深刻地影响着西方社会法律原则的制定。在美国历史的早期,美国的法学家大都信奉自然法理论,联邦宪法和各州宪法的制定自然也带上了自然法和自然权利思想的深刻烙印,并且在美国的《独立宣言》中得到了确认。美国联邦宪法吸收了自然权利和自然法中的伦理原则的思想,它们集中体现在《权利法案》的成文条款中。《权利法案》中的“正当法律程序”条款实际上相当于对自然法的传统解释,即体现了自由、公平、正义和平等等西方社会的基本理念。[②]

“正当法律程序”(due process of law)是美国宪法修正案所确立的一项极为重要的法律制度,在法律理论和实践中具有非同寻常的意义。就正当法律程序条款适用的理论与实践来看,正当法律程序条款实质上是对政府的活动施加了两方面的限制,即“实体性正当过程”(substantive due process)和“程序性正当过程”(procedural due process)。[③]

虽然目前法学界对实体性正当过程和程序性正当过程的概念表述在形式上尚未统

---

① 季卫东:《法律程序的意义——对中国法制建设的另一种思考》,载《中国社会科学》,1993 年第 1 期。

② 陈瑞华:《正当法律程序与美国刑事被告人的权利保障》,载《检察理论研究》,1994 年第 3 期。

③ 王锡锌:《正当法律程序与‘最低限度的公正’——基于行政程序角度之考察》,载《法学评论》,2002 年第 2 期。

一，但是在基本含义上已经达成一致。按照最频繁被引用的美国联邦最高法院的解释，"实体性正当过程"可定义为"公民的生命、自由或财产不受任意剥夺的宪法保障"，它是对政府部门立法权力的一种限制，即要求任何一项涉及剥夺公民生命、自由或财产的法律不得是不合理的、任意的或反复无常的，而应当符合公平、正义、理性等基本理念，并且要不违背政府立法的合理目的；程序性正当过程则涉及法律实施的方法和过程，它要求解决纠纷和争议的程序必须是公正的，即在任何人的生命、自由或财产被剥夺之前，他必须有获得法庭审判和辩护的机会，他必须能够获知控诉的性质和理由，并且对案件的裁判必须由一个中立和合格的法庭按照公正的程序进行，等等。①

法学家们还强调程序问题必须与公正性结合起来考虑。所谓"程序性正当过程"这一用语，就是要强调程序中的价值问题。与此相联系的是"程序性正义"（procedural justice）的观念。罗尔斯的正义论正是以程序倾向为特色的。因为他认为公正的法治秩序是正义的基本要求，而法治取决于一定形式的正当过程，正当过程又主要通过程序来体现。②

由此可见，程序性正当过程和实体性正当过程都深刻折射出西方社会观念中的公平观，它们是西方公平观实践于立法的不同角度的体现。事实上，回溯法律思想史，早在美国《权利法案》确立之前，正当法律程序原则就已见诸于正式的法律文本。1215 年英格兰国王颁布的《大宪章》可视作其肇始之初。《大宪章》第 39 条规定，"除非经由贵族法官的合法裁判或根据当地法律"，不得对任何自由人实施监禁、剥夺财产、流放、杀害等措施。1355 年英国国王爱德华三世颁布的法令再次强化了这一基本规定。③ 毫无疑问，对于程序过程强调的背后是对自由公平等社会基本要素的认同。思想家们早已认识到程序是实现实体目的的载体和保证。

二、现代法律程序的基本特性与功能④

公正的程序是促进现代化的社会变革的基本杠杆之一。在现代社会中，法律程序有四个基本特性和功能，包括对恣意的限制、理性选择的保证、"作茧自缚"的效应和反思性整合。正是因为有了这四个基本功能，法律程序在西方国家市场经济秩序的确立过程中扮演了极其重要的角色，其四个基本功能的解释可以归纳如下：

1. 对恣意的限制

实体法起源于实践中解决纠纷的需要，但是在没有约束的情况下，审判者不可避免地会有恣意的倾向。为了尽可能地避免这种情况，制度上通常有两种限制措施：一种是审级制度，在审判者之上设立审判者，以资补救；另一种是分权制度，使制定法律的机构与适用法律的机构相互分离。此外，还有让审判者受自己过去决定的拘束、让当事人有为自己服务的法律专家等制度。所有这些制度的操作都需要程序。随着社会的进步，程

---

① 陈瑞华：《正当法律程序与美国刑事被告人的权利保障》，载《检察理论研究》，1994 年第 3 期。

② 季卫东：《法律程序的意义——对中国法制建设的另一种思考》，载《中国社会科学》，1993 年第 1 期。

③ 陈瑞华：《正当法律程序与美国刑事被告人的权利保障》，载《检察理论研究》，1994 年第 3 期。

④ 本小节内容主要参考季卫东：《法律程序的意义——对中国法制建设的另一种思考》，载《中国社会科学》，1993 年第 1 期。

序也变得日益精致和严密。

虽然程序表现为规范认定和事实认定的过程,但实际上它既不单纯取决于规范,也不单纯取决于事实。分化和独立是程序的灵魂。分化是指一定的结构或者功能在进化过程中演变成两个以上的组织或角色功能的过程。这些相互分别的过程各自具有特定的意义,因而要求独立地实现其价值,需要明确活动范围和权限的界分。通过排除各种偏见、不必要的社会影响和不着边际的连环关系的负担,使当事人获得平等对话的空间,这是现代程序建设的目标。

2. 理性选择的保证

程序的完备程度可以视为法制现代化的一个根本性指标。在抽象的规范与具体的案件之间所存在的鸿沟,是由有效的选择程序来填充弥合的。在现代社会中,法是可选择的,但不是无限制的。合理的程序排斥恣意却并不排斥选择,程序使法的变更合理化,使人的选择有序化。

具体来讲,法律程序通过四种途径来确保选择合乎理性。(1) 程序的结构主要是按照职业分工的原理进行的,专业的训练和经验的积累使程序角色担当者的行为更具效率、合理化和规范化。(2) 程序的执行一般是公开的,或者至少其过程和步骤属于共同知识,这使得决策过程中的错误更容易被发现继而纠正。(3) 程序创造了一种根据证据资料进行自由对话的条件和氛围,这样可以使各种观点和方案得到充分考虑,实现优化选择。(4) 通过预期结果的不确定性和实际结果的约束力这两种因素的共同作用,程序参加者的积极性容易被调动起来,基于利害考虑而产生的强烈参与动机将促进选择的合理化。

3. "作茧自缚"的效应

当法律程序开始运行之际,事实已经发生,结局却是不确定的,这就给国家留下了政策考虑的余地,也给个人留下了获得新的过去的机会。换言之,程序具有操作过去的可能性。然而随着程序的展开,人们的操作越来越受到限制。经过程序认定的事实关系和法律关系,一一被贴上封条,成为不可动摇的真正的过去,而起初预期的不确定性也逐步被消化吸收。程序的所有参加者都受自己的陈述与判断的约束,事后的抗辩和反悔一般都无济于事。

经过程序而作出的决策被赋予既定力,只有通过高阶审级的程序才有可能被修改。而且先例机制迫使决策机关在今后活动中保持立场的一贯性。法院的判决最典型地体现了由程序所产生的既定力和自缚性。因此,程序又可以看成是过去与未来之间的纽带。

人们一旦参与到法律程序当中,除非程序的进行明显不公正,就很难抗拒程序所带来的后果。程序的公正在相当程度上强化了法律的内在化、社会化效果。在西方各国,法制向日常生活的渗透基本是通过程序性的法律装置而实现的。

4. 反思性整合

程序是交涉过程的制度化。在程序运行的地方,法律的重点不是决定的内容、处理的结果,而是谁按照什么手续来作出决定的"问题的决定"。简单地说,程序的内容无非是决定的决定而已。按照卢曼的观点,这种反而求诸自身的结构具有反思性。在形式合理性与实质合理性之外,还存在反思合理性。反思合理性既依赖于"看不见的手"的机制,却又不归属于这种"自然的社会秩序",它追求一种"有管理的自治"。反思性具有程序指向,它倾向于利用程序规范来调整过程、组织关系、分配权利。

程序对于议论、决定过程的反思性整合,一方面可以减少乃至消除形式法的功能僵化的问题,另一方面也可以防止实体法的开放过度的弊端。程序的反思机制实际上可以看作社会自我有序化过程的模拟,它应当是在尽量排除外部干扰的状况下进行的。程序的这种特点可以用来简化社会复杂性、模拟条件效应、测量法与社会的偏差值、调整法制的姿态。

程序通过规则而明确,所以它是可以设计的;程序通过当事人的相互行为和关系而实现,所以它又是自然发生的。理论上很完美的制度并不一定可以付诸实施,而行之有效的制度却未必是事先设计好的。规范(设计)合理性与进化(历史)合理性的接合部恰好是程序的合理性。在这里,社会现实中的各种行为可能交互影响,但是程序使社会的自发有序化机制能够得以定向运作。由此看来,目的化的制度设计在一定程度上也可以经由程序设计得以实现。

第二节 法律程序的成本最小化目标与优化资源配置功能:经济学视角

复杂而精致的程序法,从经济学的角度视之,就抛开了正义这样的规范目的,它的目标首先在于社会成本的最小化。在经济学家看来,法律不外乎是一种制度,更确切地说,它是一种特殊的产权配置方式。自从远古部落时代起,就存在着一些约束人们行为、解决纠纷的规定或准则,这可以看作法律的起源。当人们的权利发生冲突以致无法通过私下的协商加以解决时,法律就开始发挥作用。因此,如何管理这些社会冲突,必然会引致所谓的管理成本,为了度量社会成本,我们可以将程序规则视为实体法运用的一个工具,然而使用这些工具,有时仍然难免导致实体法运用上的错误。比如在侵权责任法中无过失的一方承担了责任,或者有过失的一方承担了数额上存在错误的赔付额度,都会使得侵权法本身的激励功能受到扭曲,从而为社会带来一系列的成本。程序法的经济目标应该是最小化这种管理成本和错误成本之和,也即社会成本最小化。我们用 SC 表示社会成本,用 $c(a)$ 表示管理成本,用 $c(e)$ 表示错误成本,那么程序法的目标即可表示为:

$$\min SC = c(a) + c(e) \tag{15-1}$$

无论是最小化管理成本还是最小化错误成本,从经济学的意义上说,程序法的目的均在于保证资源配置的有效性。法律可以视为私人交易边际的一种替代权利配置模式。这里关键的问题是,这一边际代表着什么涵义?在什么条件下法律对私人交易的替代才具有经济效率?这就是接下来我们首先具体阐述的程序法的成本最小化目标,然后回答市场和法律的界分条件这一经典的问题,随后我们将以法经济学中的两个典型的话题为例来进行具体的应用分析。

一、程序法的成本最小化目标

为了进一步突出成本最小化的程序法目标,我们先来认真考虑一下成本的构成。管理成本是牵涉诉讼各方在历经不同法律程序阶段的所有成本耗费的总和,这些成本包括权利主张的成本、各方交换信息的成本、为达成和解的协调谈判成本、诉讼费用、上诉成本等。相对于错误成本,管理成本相对容易测量,而错误成本则更加难以被理解和度量,而度量错误成本首先需要明确无错误的标准到底是怎么样的。

要想得到无错误的标准,首先必须考虑法院所拥有的信息。在现实情况里,法院不可能拥有完全信息,这使得法院在实体法运用时可能存在错误。当然,随着信息状况得到改善,法院可以逐步减少错误。我们假设一个法院对所处理的案件详情和所涉及的法律条文拥有完美信息,它从不犯错,可以根据现有法律作出完美的判决,我们称这种判决为完美信息下的判决,用j^*表示。完美信息下的判决j^*和实际判决j之间的差异,即是法院犯下错误所造成的损失:$e=j^*-j$。然而,法院判决错误所带来的损失不一定等于其社会成本,错误的社会成本还取决于它所带来的激励扭曲。

接下来,我们来看一个假想的例子,以此来解释一下判决错误所带来的最终社会成本。如果一家生产燃油添加剂的公司发现其产品存在质量问题,这种燃油添加剂会损害汽车的发动机,在完美信息下判决j^*可以让汽车车主得到的赔偿恰好能够等于更换被燃油添加剂损坏的发动机所需的费用,设为2 500元,而实际的判决却为2 000元,那么错误的程度差异为2 500-2 000=500元。然而,错误所带来的这种直接的程度上的差异,并不一定等于其社会成本,如果完美赔偿为2 500元,实际赔偿只有2 000元,那么500元的错误判决也许会让燃油添加剂的生产商从此习惯于较低的质量控制。降低质量控制节约了生产厂家的成本,假设这一成本为1 000元,但是将造成车主额外损失10 000元,那么,在这种情况下,判决错误所带来的社会成本就等于降低质量控制带来的9 000元的净损失,即c(500元)=9 000元。

从这个意义上来说,程序法不但要协调实体法运用的管理,而且还要降低实体法运用过程中出现错误所带来的社会福利的损失,也即在管理成本和错误的社会成本基础上进行最小化,才是程序法的目标所在。而成本的最小化,从另外一个意义上来说就是资源配置的效率最大化,接下来我们就从资源配置效率的角度来审视程序法的功能。

二、资源的市场配置与法律配置

自从亚当·斯密在其著名的《国富论》中提出"看不见的手"命题以来,市场机制一直被古典和新古典经济学家们视为有效配置资源的最佳手段。[①] 市场机制的核心是价格,价格是供求均衡的反映,同时又反过来引导人们根据价格信号作出自己的供求决定。价格通过市场交易合约达成。

但是罗纳德·科斯在1937年发表的《企业的性质》一文中观察到现实中还广泛存在

---

① 〔美〕亚当·斯密:《国民财富的性质和原因的研究》,郭大力、王亚南译,商务印书馆1972年版。

着市场以外的合约形式或资源配置方式，即企业。[①] 事实上科斯所指的“企业”是个很宽泛的概念，它不单单指法律意义上的企业，实际上包括所有以指挥权代替市场交易的制度或组织形态。在企业形式的合约安排下，“企业家或代理人根据合约获得一组生产要素有限使用权，他们指挥生产活动而不直接涉及每种活动的价格，并把生产出的产品拿到市场上销售”[②]。按照科斯的看法，企业之所以替代市场是因为它能够节约交易成本。科斯认为，市场机制下的交易成本在于使用价格机制的成本，但是他的解释并不完全。张五常在《企业的合约性质》中对市场价格机制的成本作了自己的阐释：

(1) 同存在企业组织时相比，纯粹依赖市场机制就需要进行多得多的交易，每一个交易又需要单独的讨价还价以确定各自的价格。如果消费者要为每一份贡献或商品的每一个组成部分付款，而不是为单一的成品付款，那么成本就会高得惊人。而在企业组织内，这一系列合约被一个合约替代了，从而使交易成本得以降低。

(2) 了解产品信息需要耗费成本。当分开来考虑一种产品的各个零件而不易识别其用途时，生产者与消费者之间为产品的每一零件协商价格，就要比为整个产品协商价格付出更高的成本。而对于价值不易识别的零件来说，在专业代理人和投入所有者之间达成价格协议所花费的成本，要少于在投入所有者和消费者之间或在专业代理人和消费者之间达成价格协议所花费的成本。在这里，专业代理人实际上就充当了企业家的职能。

(3) 发现价格的第三种成本是度量成本。在每一笔交易中，都必须对商品的特征或特性进行度量。不管这种交易是在代理人与消费者之间、代理人与投入所有者之间，还是投入所有者与消费者之间进行都是如此。如果投入所有者进行的交易活动经常变化，如果这些活动不相同，或如果不能方便地事先规定所要进行的交易活动，那么放弃对这些活动进行直接的度量，而代之以另一种以代理人服务的度量方法，就往往要更为经济。

(4) 在达成价格协议时，把各种贡献区分开也是需要耗费成本的。当投入所有者一起工作时，每个投入所有者的贡献有时不易界定清楚，每个人都可能要求多于自己贡献的报酬。在此，张五常举了一个 1949 年以前中国内河纤夫拉纤的事例来说明这一问题。一大群纤夫与监工达成了一个合同，即由被雇用的监工来监督纤夫拉纤，甚至同意对不尽力的纤夫进行鞭打。之所以会有这样自愿的合约达成，要点在于度量每一个纤夫对船体移动所作出的贡献成本会非常高，以致通过雇用一个代理人——监工——来进行仲裁就显得必不可少。

《专栏 15-1》

张五常简介

张五常（Steven N. S. Cheung，1935—），国际著名经济学家，新制度经济学和现代产

---

① Ronald H. Coase, The Nature of the Firm, *Economica*, 4, 1937, pp. 386—405.

② Steven N. S. Chueng, The Contract Nature of the Firm, *Journal of Law and Economics*, 26, 1983, pp. 1—21. 中文译文参见张五常：《经济解释——张五常经济论文选》，易宪容译，商务印书馆 2001 年版，第 351—379 页。

权经济学的创始人之一，在交易费用、合约理论研究等方面作出了卓越贡献，现任香港大学经济金融学院院长、教授。他于 1959 年到加州大学洛杉矶分校经济系跟从现代产权经济学创始人阿尔奇安学习，1963—1967 年攻读博士学位，1967 年到芝加哥大学跟从科斯作博士后研究，1969 年为西雅图华盛顿大学教授，1982 年起担任香港大学经济金融学院教授。他曾当选美国西部经济学会会长，是第一位获此职位的美国本土之外的学者。1969 年，他以名为《佃农理论》的博士论文轰动了西方经济学界。1991 年，他作为唯一一位未获诺贝尔奖的经济学者而被邀请参加了当年的诺贝尔奖颁奖典礼。张五常教授的主要著作有《佃农理论》(1969)、《社会成本的神话》(1978)、《中国会走向"资本主义"的道路吗?》(1982)、《卖橘者言》(1984)等，而论文则散见于 *Journal of Political Economy*, *Economic Journal*, *Journal of Law and Economics* 等顶尖学术期刊。

在《社会成本问题》一文中，科斯进一步讨论了交易成本与产权配置的关系。[①] 不少学者对其原创性的思想进行了各自的归纳和解读，其中以斯蒂格勒版本的"科斯定理"最为著名。斯蒂格勒在《价格理论》中写道："科斯定理表明……在完全竞争条件下，私人成本和社会成本是相等的。"[②]黄少安教授则创造性地将科斯定理表述为一个扩展的定理组：[③]

(1) 第一定理：如果市场交易成本为零，不管权利的初始安排如何，当事人之间的谈判都会导致那些使财富最大化的安排。

(2) 第二定理：在交易成本大于零的世界中，不同的权利界定会带来不同效率的资源配置。

(3) 第三定理：产权制度的供给是人们进行交易、优化资源配置的前提，不同的产权制度将产生不同的经济效率。

其中第一定理即是斯蒂格勒概括的"狭义的科斯定理"，而扩充的定理组中的第二和第三定理则可以被视作狭义科斯定理的推论或引申。由于真实世界几乎不存在交易成本严格为零的情形，交易成本大于零才是对真实世界的合理刻画。因此，正如科斯自己所承认的那样，"科斯定理"并不是要把人们的思维局限在脱离现实的零交易成本世界中，恰恰相反，"科斯定理"的意义在于将正的交易成本引入关于制度的思考当中。[④]

上文已经提到，科斯定理的一个推论是：当交易成本大于零时，不同的权利界定会带来不同的经济效率。当权利冲突导致纠纷发生时，我们自然会想到当事人能否通过互相谈判来平息争端。但是，现实情形是私人解决只是纠纷解决方式的一种，大量的纠纷案例需要依靠警察和法院等公权力机构来裁定解决。在这里选择私人(市场)解决还是法律(行政)手段解决的关键决定因素还是制度的实施成本。具体而言，当市场决定成本高于法律决定成本时，权利纠纷的解决就由法律手段来执行。这样的解释当然没错，但是

---

① Coase, Ronald H., The Problem of Social Cost, *Journal of Law and Economics*, 3, 1960, pp. 1—44.

② Stigler, George J., *The Theory of Price*, 3rd ed., MacMillan, 1966, p. 113.

③ 黄少安：《产权经济学导论》，山东人民出版社 1995 年版。

④ Coase, Ronald H., The Institutional Structure of Production, *American Economic Review*, 82, 1992, pp. 713—719.

从经济学的角度来看,最根本的原因还是在于市场校正带有外部性,尤其是负外部性,这会导致侵犯权利的社会成本高于私人成本,因此法律才有了用武之地。波斯纳认为,法律制度(尤其是普通法)的终极目标还是在于通过资源的一定配置达到效率最大化。进一步,资源配置的法律决定与市场决定存在着重要的相似之处,但也包括一些不可忽视的差异:①

(1) 与市场一样,法律也等同于以机会成本为代价来引导人们促成资源配置的效率最大化。赔偿责任的作用并不是为了强制人们服从法律,而是为了强制违法者支付相当于违法机会成本的代价。如果这种代价低于他从不违法行为中所取得的价值,那么他只有违法才能使效率最大化,而法律制度在实际上也鼓励他这么做;如果这种代价高于他从不违法行为中所取得的价值,效率原则就要求他不要违法。法律制度像市场一样使人们面临其行为的成本,但也将是否愿意遭受这些成本的决定权留给个人。

(2) 法律程序像市场过程一样,它的施行主要有赖于追求自身利益最大化的个人而非利他者或者政府官员。行为的受害人可以通过雇用律师而维护自己的权利,这样,国家就可以节省保护公民普通法权利的警力,也可以不再需要检察官来实施这些权利,更不需要其他官僚职员来操作这一制度。但是在大陆法体系下,"审问制"(inquisitional system)——与此相对的是普通法体系下的"对抗制"(adversarial process)——使法律实施的责任大量地从私人部门向公共部门转移,波斯纳所举的例子是:瑞典和德国的法官—律师比率是美国加利福尼亚州的10倍之多。如果承认私人部门的效率要高于公共部门,那么审问制相比对抗制就会有效率损失。

(3) 法律程序还在其非人格性(impersonality)上类似于市场机制,即效率因素高于分配因素。法官的公正无私与市场机制的"看不见的手"有异曲同工之妙。证据规则进一步加强了司法的非人格性。穷人不能将其贫困或富人求助于法官的阶层团结性的可能作为其免除责任的理由。分配因素虽然并不会因此而被全然忽视,但是相对配置效率它将居于次要地位,对于普通法体系来说尤其如此。

(4) 作为两种资源配置手段,在波斯纳看来法律和市场的根本区别在于市场是一种用以评价各种竞争性资源使用方法的更有效的机制。在市场上,人们的偏好可以很好地通过支付意愿得以显示。但是在司法上却难以通过一定的标准来确定相对偏好和价值。

三、纠纷解决的途径:诉讼还是和解

上述关于资源配置方式的选择原理的一个典型应用是关于诉讼还是和解的决定。②正如我们观察到的那样,现实中普遍存在着诉讼与和解这两种权利纠纷解决方式。从本质上来讲,诉讼是寻求法律手段来解决权利纠纷,而和解则是通过(市场)交易来决定争议权利的配置。

和解谈判要能够达成,所需满足的一个必要条件是:原告在和解协议中愿意接受的最低价格必须高于(或至少不低于)被告在履行损害赔偿责任时愿意支付的最高价格。

---

① 〔美〕理查德·A.波斯纳:《法律的经济分析》,蒋兆康译,中国大百科全书出版社1997年版,第十九章。
② 同上书,第二十一章。

当这一条件满足时，对双方当事人而言就存在一个价格谈判空间。但是谈判空间的存在仅仅是和解协议得以达成的必要条件。对于双方当事人来说，每一方的策略空间中都有两种：即选择和解还是诉诸法律。这样就构成了一个典型的静态博弈。而借助静态博弈框架能够使我们更清晰地揭示问题的本质。

我们不妨用 p 来表示原告(prosecutor)，d 来表示被告(defendant)，J 表示原告胜诉的情况下判决确定的赔偿数额。P_p 表示原告预期自己胜诉的概率，P_d 表示被告预期自己败诉的概率。C 和 S 分别是每一方当事人的诉讼和和解成本。波斯纳基于美国的经验，将 C 和 S 设定为对双方当事人都相等①；为了使这一假设更加符合我国的一般情形，我们假设诉讼成本只由败诉方承担。另外简化起见，我们假设当事人都是风险中性的。易见，原告接受和解协议的最低要价 X_p 满足：

$$P_pJ - (1 - P_p)C = X_p - S \tag{15-2}$$

即最低要价在原告对诉讼还是和解无差异时取得。对(15-2)进行移项即可得到原告接受和解的最低要价表达式：

$$X_p = P_pJ - (1 - P_p)C + S \tag{15-3}$$

类似地，被告接受和解协议的最高要价 X_d 满足：

$$P_dJ + P_dC = X_d + S \tag{15-4}$$

即最高要价在被告对诉讼还是和解无差异时取得。对(15-4)进行移项即可得到原告接受和解的最低要价表达式：

$$X_d = P_d(J + C) - S \tag{15-5}$$

要使和解得以达成，正的谈判空间要求原告的最低要价至少不高于被告的最高支付价格，即

$$\begin{aligned} X_p \leqslant X_d &\Rightarrow P_pJ - (1 - P_p)C + S \leqslant P_d(J + C) - S \\ &\Rightarrow (P_p - P_d)J \leqslant (1 - P_p + P_d)C - 2S \\ &\Rightarrow (P_p - P_d)(J + C) \leqslant C - 2S \end{aligned} \tag{15-6}$$

通过分析和解条件(15-6)，我们可以发现：

(1) 由于 $0 \leqslant P_p \leqslant 1$，$0 \leqslant P_d \leqslant 1$，因此 $0 \leqslant 1 - P_p + P_d \leqslant 1$。所以，式(15-6)中倒数第二个不等式表明，恰如预期的那样，在其他条件不变的情况下，诉讼成本的提高以及和解成本的下降都将使和解更容易达成。

(2) 式(15-6)中最后一个不等式表明，当原告对诉讼前景更为乐观(给定 P_d 的前提下，P_p 的值增大)时，原告更愿意将纠纷诉诸法律而拒绝接受和解条件；反之，当原告对诉讼前景更为悲观(给定 P_d 的前提下，P_p 的值减小)时，原告更愿意接受和解条件而不是提起诉讼。对于被告的分析也有类似的结果：当被告对诉讼前景更加乐观(给定 P_p 的前提下，P_d 的值减小)时，被告将更倾向于接受原告的诉讼而非和解；反之，当被告对诉讼前景更加悲观(给定 P_p 的前提下，P_d 的值增大)时，被告更愿意与原告和解。总体上，当双方当事人中只要有一方以上对诉讼前景更加乐观时，诉讼的可能性就会上升，反之和解

---

① 根据美国的法律制度，胜诉方的诉讼成本并不能由败诉方补偿。参见〔美〕理查德·A. 波斯纳：《法律的经济分析》，蒋兆康译，中国大百科全书出版社 1997 年版，第 724 页。

的可能性上升。

当然,正如波斯纳指出的那样,如果放松关于诉讼成本固定和当事人风险中立的假设,会使理论的预测复杂化。比如,较大的标的会由于扩大可能结果的方差而提高诉讼的风险;而诉讼风险越大,厌恶风险的当事人就越要寻求和解。更重要的是,标的的增加会诱使当事人投入更多的诉讼成本(比如聘请更好的律师,拉拢媒体记者,对法官行贿,等等)。此外,预期诉讼成本的增长一般要比预期和解成本的增长大得多:大案和解的成本并不比小案和解的成本高多少,但大案的诉讼成本却要比小案的诉讼成本高得多。所以,综合起来看,标的越大,和解就越有吸引力。

四、民事诉讼与刑事诉讼的比较分析

在普通法体系下,民事诉讼与刑事诉讼的一个重要区别在于证据标准的差异。民事诉讼中所适用的证据标准是"优势证据标准"(the preponderance-of-the-evidence standard)。这一"优势证据标准"要求在民事诉讼中一方当事人所提供的证据比另一方当事人所提供的证据更具说服力或更加能够令人相信。具体地说,民事诉讼中的原告和被告双方,只要一方出示的证据能够使事实的发现者(法官、陪审团)相信,其主张比另一方当事人的主张更有力,便具有优势证据。法庭可据此判决,决定官司的输赢。而刑事案件则适用"排除合理怀疑标准"(the proof-beyond-a-reasonable-doubt standard)。这一标准要求检察官向事实的确认者(法官、陪审团)证明被指控者确实犯有被指控的罪行。具体地说,检察官的举证责任必须达到使法官和陪审团"排除合理怀疑"的举证程度。"排除合理怀疑标准"要求证据是确凿无疑的,能够达到消除所有可能的不确定性的程度。试看,在美国司法史上具有里程碑意义的"米兰达案"(见专栏15-2)。

≺专栏15-2≻

历史上的"米兰达案"

1963年,一位23岁的无业青年米兰达涉嫌强奸和绑架妇女,被亚利桑那州警方逮捕。警官在审讯前,没有告诉米兰达有权保持沉默并有权不自证其罪。米兰达在审讯中招供,并且在供词上签字画押。亚利桑那州法院考虑到米兰达一贫如洗,主审法官指定公共辩护律师莫尔为米兰达提供免费辩护。莫尔在出庭辩护时声称,警方违背美国宪法第五修正案以及最高法院关于为穷人提供免费律师的判例,在缺乏律师在场的情况下审讯米兰达。因此,米兰达的所有供词属于被迫自证其罪(self-incrimination)。结论是:供词应无效,不能作为庭审依据。亚利桑那州法院宣称,最高法院尽管有各州法院应为被控重罪的贫穷被告提供律师的规定,但并未具体规定在庭审前警方审讯时就必须提供律师,警方并无违规。米兰达的供词属合法证据。判决结果:陪审团判有罪,法官判处米兰达20年有期徒刑。米兰达和莫尔律师不服判决,最终将案件上诉至美国联邦最高法院。1966年,美国联邦最高法院以5∶4票裁决亚利桑那州法院的审判无效。最高法院的理由是,宪法第五修正案规定的公民权利,不仅适用于正式法庭审判,同样也适用于法庭之外的任何场合。米兰达的供词属“非自愿供词”,审判中无效。首席大法官沃伦亲自执笔撰写最高法院的判决书,详细具体地规定了警务人员和执法官员在审讯犯罪嫌犯时必须严格遵守向嫌犯及时宣读有关提醒和告诫事项——“你有权保持沉默;如果你开口,你所作的供述可能在法庭上作为对你不利的证据;你有权申请律师辩护;如果你没钱雇请律师,将为你指定”,即后被称为著名的“米兰达告诫”。

那么需要进一步追问的是:为什么在普通法尤其是美国法律中要对不同的案件所适用的证据标准作出不同的规定,并且在刑事案件中规定适用远较民事诉讼中优势证据更为严格的“排除合理怀疑”的证据标准呢?我们可以尝试从法学和经济学的角度对这一问题分别作出解释。[①]

1. 法学角度的解释

首先,从法学角度来看,法律追求的核心价值是公平、公正和正义,“法律面前人人平等”。民事诉讼中,从诉讼主体——原告和被告双方来看,法律诉讼的主体大都是普通民众,或者说,法律诉讼主体双方的地位大致是平等的,不存在一方当事人较另一方当事人拥有更优势法律地位的情形。因此,民事诉讼中,平等地位的竞争主体只要一方当事人能够较另一方当事人出示更具有说服力的证据,作为“裁判”的法庭就可据此作出判决。

而在刑事案件审理中,起诉的一方是代表公权力的检察官,被起诉的一方则是普通民众。尽管检察机关和检察官也要受法律约束,但检察机关本身就是国家强制性权力的一个组成部分,因此,原告和被告双方的地位并不是完全平等的。从广义的政府角度——立法、行政、司法来看,刑事案件在很大程度上是政府与老百姓打官司,政府(检察机关)提出起诉,政府(法院)审理判决,老百姓在司法过程中则处于相对弱势的地位。

根据“三权分立”原则,立法、行政、司法三者必须分权限约。所以,当检察官在刑事案件中负有举证责任时,立法者用更为严格的“排除合理怀疑”的证据标准,不失为一种平衡的方法。同时,由于检方的证据部分地涉及被起诉方的供词,为了尽可能地保证证据的真实客观,用一套严格的审讯程序来保证被起诉方的权利,也有助于更好地实现法律的公平、公正和正义。

2. 经济学角度的解释

从经济学角度看,民事诉讼所涉及的大都是人们之间的利益,例如合同纠纷、财产侵权、遗产继承。这些利益大部分是可以明确定义的经济利益,或者说,可用货币来直接衡量的。即使民事诉讼中部分的利益不能直接用货币衡量,例如人身致残、名誉侵犯,但大都往往也能事后间接地转换为用货币来衡量。那么,为何涉及用货币来衡量的利益的民事诉讼中,使用“优势证据标准”就基本足够了呢?其原因主要有两点。首先,更为严格的证据标准,会增加民事诉讼的成本(交易成本),降低民事诉讼的效率。更严格的证据标准即意味着更高的诉讼成本,将导致取证成本高,取证过程复杂,审判难度增加,致使许多民事诉讼拖而不决。高额的诉讼成本,使得一些当事人不愿意或无能力通过诉讼解

---

① 史晋川:《“你有权保持沉默”——米兰达告诫的法律经济学解释》,载《经济学消息报》,2005年第9期。

决纠纷,法律"太昂贵了",将部分人排除在法律保护外。其次,尽管不采用更严格的证据标准会使法院判决的出错率大一些,但民事诉讼中纠错的成本较低,造成的社会福利损失相对不大。具体地说,民事诉讼中,法院倘若依据优势证据作出判决,一旦发生错判,所造成的后果一是并非不可挽回的,二是挽回(依照新的证据改判)的成本相对不高,较少导致社会福利的净损失。

但是刑事案件与民事诉讼有着明显的不同之处,尽管部分刑事案件也会涉及人们的经济利益,例如刑事案件附带民事赔偿的诉讼。然而,由于刑事案件的判决主要涉及当事人的刑事责任,判决内容事关当事人的人身自由和生命(10年徒刑即剥夺10年自由,无期徒刑即剥夺终生自由,死刑即剥夺生命权利)。一旦刑事案件发生错判,其后果比民事诉讼的错判远远严重得多!刑事案件错判,无论事后是否被纠正,所造成的后果几乎或完全是不可挽回的,试图挽回的努力的成本将是巨大的,因而会造成社会福利的净损失。首先,人们几乎无法用别的方式(包括货币)来对失去自由或失去生命的当事人进行公平的补偿,所谓公平在此指使他(她)能恢复到与判决前相同处境的"无差异"状态。其次,不同于民事诉讼,刑事案件中一方所受到的损失(惩罚),并不等同于另一方的收益,由此会导致社会福利的净损失。

尽管按照法律规定,在刑事案件中采用"排除合理怀疑"这样一种非常严格的证据标准,有可能在司法实践中会使得证据取得和事实认定更具难度,案件的审理更加耗时、费力,但是,权衡利弊,对刑事案件采用更严格的证据标准,加以用"米兰达告诫"及有关法律来规范取证的严格程序,是完全必要的。

第三节　证据法的经济学分析

波斯纳认为,所谓证据法是"确定向必须解决事实争议的法庭提供何种信息以及如何提供信息的一整套规则"[①]。事实发现是法律适用的基础,事实认定实行证据裁判主义,因而证据法在法律体系中具有不可忽略的地位和独特的性质。[②] 准确解决此类问题对于法律制度的经济效率而言有相当重要的意义。对此,波斯纳提出了两个模型来分析这个问题。[③]

一、搜寻模型

证据搜寻过程是一个经济决策过程。在诉讼环境,证据的搜寻表现为证据的收集、过滤(sifting)、引导(marshaling)、提出以及权衡的过程,这一过程产生特定的收益并消耗相应的成本。假设当证据为裁判者所用时案件得到正确判决的概率为 $p(x)$,$0\leqslant p\leqslant 1$,它

① Richard A. Posner, An Economic Approach to the Law of Evidence, *Stanford Law Review*, 51, 1999, pp. 1477—1546. 中文版参见〔美〕理查德·A. 波斯纳:《证据法的经济分析》,徐昕、徐昀译,中国法制出版社2004年版。

② 徐昕:《事实发现的效率维度——波斯纳〈证据法的经济分析〉解读》(代译序),载〔美〕理查德·A. 波斯纳:《证据法的经济分析》,徐昕、徐昀译,中国法制出版社2004年版。

③ Richard A. Posner, An Economic Approach to the Law of Evidence, *Stanford Law Review*, 51, 1999, pp. 1477—1546. 中文版参见〔美〕理查德·A. 波斯纳:《证据法的经济分析》,徐昕、徐昀译,中国法制出版社2004年版。

是证据数量 x 的一个非负函数,且满足 $p'(x)>0, p''(x)\leqslant 0$,即证据有效发挥作用的概率 p 随着证据数量的增加而增加,但是收益率递减。如果争议标的金额为 s,那么证据搜寻的收益就是 $p(x)s$。另一方面,存在搜索成本 $c(x)$,它同样是证据数量 x 的一个非负函数,且满足 $c'(x)>0, c''(x)\geqslant 0$,即证据搜索成本随着证据数量的增加而增加,且边际成本递增。

在此,有必要对概率函数 $p(x)$ 和搜寻成本函数 $c(x)$ 的二阶性质作一解释。马丁·魏兹曼的最优搜寻模型有助于说明这一问题。[①] 首先,我们假设有 n 种可能的证据来源,并且这些来源是相互独立的。对于每一个证据来源而言存在一个有价值证据的概率为 p,证据的价值为 V,搜索该来源以发现是否包含该证据的成本为 c,并且 p, V, c 均为已知。因此,对每一个证据来源进行搜寻的预期净收益就是 $pV-c$。如果我们在所有证据来源中试图搜寻最具证明力的证据(比如最优秀的证人或书面证据),而非试图简单地积累证据,那么我们就应该持续地进行搜寻直到找到这样的证据来源为止。此时,这一来源产出的证据所具有的价值 V^* 应该至少不小于所有尚未搜寻的证据来源的净价值,也即

$$V^* \geqslant (pV-c)/p = V - c/p \tag{15-7}$$

对于所有未搜寻的潜在证据来源来说,其净价值大于零,即 $V > c/p$。由于我们试图找到最有价值的证据,因此如果每一次成功的证据搜寻皆具有相同的证据价值,则应在第一次成功时就停下来。而在证据搜寻失败的情形下,我们接下来就应该进一步搜索具有最高概率 p、最低成本 c 或最高价值 V 的证据来源以满足不等式条件(15-7)。在这一证据搜寻模式下,追加证据对案件结果的边际影响就会趋于下降。

其次,如果证据搜寻者不能预先确定什么证据最可能富有成果,那么他的搜寻程序就会类似于随机抽样。根据统计理论,随着样本规模的扩大,由于额外增加的样本数量所创造的证据准确性增加之边际价值会递减,因此搜寻的边际收益递减。与此同时,随着证据搜索范围的扩大,追加搜寻成本几乎不会有下降的趋势,并且随着证据搜寻初始线索的逐步耗尽,搜寻的边际成本很可能会显著攀升。

由此,我们可以得到证据搜寻的预期净收益函数:

$$G(x) = p(x)V - c(x) \tag{15-8}$$

根据 $p(x)$ 的凹性和 $c(x)$ 的凸性,易见 $G(x)$ 也是凹的,即 $G''(x)<0$。这样我们就可以求出最优证据搜寻数量:

$$x^* = \arg\max_x G(x) = \arg\max_x [p(x)V - c(x)] \tag{15-9}$$

求导后不难发现,x^* 当且仅当以下条件成立时取得:

$$p'(x^*)V - c'(x^*) = 0 \tag{15-10}$$

这一条件表明最优证据搜寻数量在边际收益等于边际成本处得到。通过图 15-1 我们可以更直观地看到这一关系。图 15-1 还表明,当标的金额从 V_1 上升到 V_2 时,最优证据数据也将会增加。这是因为当标的金额上升后,在原有的证据数量处,证据搜寻的边际收

---

① Martin L. Weitzman, Optimal Search for the Best Alternative, *Econometrica*, 47, 1979, pp. 641—654. 关于这一简化版本的转述参见:Richard A. Posner, An Economic Approach to the Law of Evidence, *Stanford Law Review*, 51, 1999, pp. 1477—1546. 中文版参见〔美〕理查德·A. 波斯纳:《证据法的经济分析》,徐昕、徐昀译,中国法制出版社 2004 年版。

益超过了边际成本,使得扩大证据搜寻量变得有利可图。

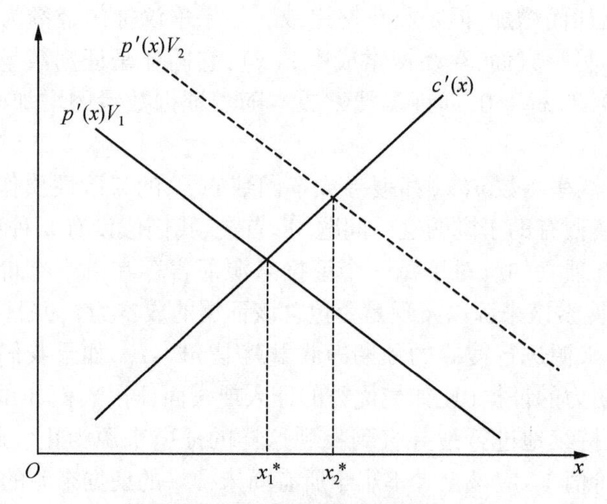

图 15-1　最优证据搜寻量的决定

为了说明证据对于整个法律制度的重要性,我们不妨试着从法律惩罚的准确性与威慑力来进行分析。不难理解,惩罚的预期成本实际上就是一个人犯罪时的预期惩罚成本与他没有犯罪时的预期惩罚成本之差。如果 p_g 表示被告有罪时受到惩罚的概率,p_i 表示被告无罪时受到惩罚的概率,S 表示刑罚规模(可以理解为转换成货币后的金额),那么惩罚的预期成本就是:

$$E(C) = (p_g - p_i)S \tag{15-11}$$

从中很容易发现,如果惩罚的施加完全随机(在这种情况下惩罚独立于用于证明是否犯罪的证据),那么 $p_g = p_i$,于是实际上的预期惩罚成本为零。对于真正的犯罪行为,法院审判就起不到威慑作用。相反,对犯罪事实的判断越准确,即 p_g 越接近于 1 而 p_i 越接近于 0,犯罪的预期惩罚成本就越高,法律的威慑作用也就体现得越充分。

这里的分析表明了对证据搜寻进行投资的重要性,否则就会因为扭曲性的惩罚而使法律制度失去其应有的作用。比如说一个有犯罪记录的人,很可能会因此后任何一件犯罪指控而被判有罪,即使他并未实施这一犯罪。一方面这将会减少刑法防止其此后犯罪的威慑效果,另一方面它也将促使有犯罪记录的人避开那些可能导致被捕或被错误检控的行为。因此,不确定性既有可能导致威慑过度也有可能导致威慑不足。就如波斯纳认识到的那样,"在证据的经济分析中,威慑扮演了一个主要的角色,因为它把对准确性(正是证明过程之核心)的关注与经济学家有关法律的观念——法律作为一种为有效率的行为创造激励的制度——联系起来","既然在审判中准确的事实认定对于法律传递有效的激励之效率至关重要,因此裁判的准确性就不仅仅构成一种道德和政治价值,而且还是一种经济价值"。

二、成本最小化模型

经济学中的"对偶理论"(duality theory)告诉我们,对于理性假设下的最优选择行为而言,效用(或利润)最大化模型与成本最小化模型本质上是等价的。这提示我们可以从成本最小化的角度来另行探讨证据搜寻问题。

现在我们假设判决错误概率为 $p(x)$，证据搜寻成本为 $c(x)$。它们都是证据数量 x 的函数。其中 $p'(x)<0, p''(x)\geqslant 0$，即错判概率是证据搜寻量的减函数，并且随着证据搜寻量的扩大，p 的减小越来越慢；$c'(x)>0, c''(x)\geqslant 0$，即搜寻成本是搜寻量的增函数，并且边际成本随着搜寻量的扩大而递增。这是符合直觉的，并且与上一部分魏兹曼的最优搜寻模型也是一致的。争议标的规模为 S，如前文那样我们不妨认为 S 是转换成货币单位的金额数。对于一个社会而言，证据搜寻虽然能够减少错判概率、提高司法准确和公正程度，但是由于证据的搜寻也同样需要耗费大量成本，因此最佳的证据从理论上讲一定是使得总成本最小的数量。

证明过程的总成本可以写作：

$$C = p(x)S + c(x) \tag{15-12}$$

对其求一阶导数并使之等于零就可以得到：

$$C'(x) = 0 \Rightarrow -p'(x)S = c'(x) \tag{15-13}$$

根据 $p(x)$ 和 $c(x)$ 的二阶性质，$C''(x) = p''(x)S + c''(x) \geqslant 0$，即总成本 C 对证据搜寻量 x 是凸的，所以等式(15-13)就决定了最优证据搜寻量：

$$x^* = \arg\max_x C'(x) = \arg\max_x [p'(x)S + c'(x)] \tag{15-14}$$

在 x^* 这一点上，由额外一单位证据的搜寻所带来的预期错判成本 pS 的减少恰好为它的搜寻成本 c 的增加所抵消。如果 $x<x^*$，那么证据搜寻数量就应该继续扩大，以利用错判成本的节约所带来的效益；如果 $x>x^*$，那么证据搜寻数量就应该有所减少，因为此时相对过高的证据边际搜寻成本使得搜寻行为变得不经济。我们只需把图 15-1 中的 $p'(x)V_1$ 和 $p'(x)V_2$ 改写成 $-p'(x)S_1$ 和 $-p'(x)S_2$，就可以进行类似的比较静态分析。其结论也是类似的，即标的的增加使最优证据搜寻量也增加。

第四节　程序的法学研究与经济学研究的比较

回顾上文的分析，我们可以发现，在法学和经济学的视角下，程序作为一种制度形态对于纠纷的解决乃至社会价值或效率的实现都具有重要的意义。但是这两种研究范式本身却存在十分明显的差异。概括起来讲，最主要的差异是研究的立足点与研究方法的差异，在下文我们将作详细的分析。但是我们不能而且难以就此作出不同方法之间孰优孰劣的判断。应该说不同学科的研究范式都有其合理的一面。在这里特别需要指出的是，现代经济学分析方法在传统法学领域中的应用可以说是大大拓展了原有的分析思路和研究范围，但是现代经济学或者说新古典经济学的分析方法是建立在一套严格的假设基础之上的，因此在应用到具体问题的时候需要格外谨慎。这也是目前的法经济学研究受争议比较多的地方。我们在本节的第二部分将对法经济学的可能改进方向作一些讨论。

一、法学研究与经济学研究之立足点与方法的差异

从法学的角度看，程序主要体现为按照一定的顺序、方式和步骤作出法律决定的过

程。其普遍形态是：按照某种标准和条件整理争论点，公平地听取各方意见，在使当事人可以理解或认可的情况下作出决定。正如本章第一节所强调的，程序不能简单地还原为决定过程，因为程序还包含着决定成立的前提，存在着左右当事人在程序完成之后的行为态度的契机，并且保留着客观评价决定过程的可能性。另一方面，程序并没有预设的真理标准，程序通过促进意见疏通、引导理性思考、扩大选择范围、排除外部干扰来保证决定的成立和正确性。[①] 可见程序在整个法律制度中具有其特殊的地位和意义，法学研究更多的是围绕着程序的整体功能本身展开。第一节中对“实体性正当过程”与“程序性正当过程”之辩的概述实际上又进一步反映出法学界对法律程序本身整体合理性和价值意义的关注。

在我国法学界，法律程序的整体意义对于法学家来说又具有格外重要的意义。从20世纪80年代早期人治与法治的讨论到最近关于私有产权和人权问题的研究都反映出一种倾向，即在考虑法制建设的时候，中国的法学家更侧重于令行禁止、定名正分的实体合法性方面，而对在现代政治和法律系统中占据枢纽位置的程序问题则语焉不详。现实中，中国的法律程序建设确已取得长足的进步，无论是人大的议事规则的完善，还是《行政诉讼法》和《民事诉讼法》的增补修订，都体现出这一发展趋势。[②] 但是理论研究仍然主要限于对整体程序框架的讨论。对于一个经济和社会都处于转型时期的国家来说，法律程序本身在许多领域还是基本空白或严重残缺，因此对程序整体价值的讨论有助于加深和培养国人对程序的认识，逐渐提高程序自觉程度，塑造现代化的公民社会。但是毋庸讳言，随着社会的进步，法制和法治的逐步改进，对于程序总体意义的简单讨论将不再适应迅速发展的客观现实。对于法律程序制定、应用和实际操作中具体问题的研究正变得越来越紧迫和具有现实意义。因此研究立足点和方法的转换就显得必不可少。而法经济学的研究则在这方面起到了十分重要的补充作用。

现代经济学的哲学基础是方法论个人主义。根据英国学者马尔科姆·卢瑟福的论述，方法论个人主义通常与下列归纳主义主张相联系，即所有社会科学理论都可以归结为人类个体行为理论；所有社会或集体现象，诸如制度（法律制度），都有待内生化，有待用人类个体行为来解释。进一步，它可以被概括成以下几个方面：(1) 只有个人才有目标和利益；(2) 社会系统及其变迁产生于个人的行为；(3) 所有大规模的社会学现象最终都应该根据只考虑个人，考虑他们的气质、信念、资源以及相互关系的理论加以解释。[③] 方法论个人主义的微观研究范式对于程序研究来说具有独特的价值。法律程序作为一种过程，其每一个环节势必牵涉到多方面的利益相关者。程序的执行因此可以看作一个多方博弈的过程。程序的设计实际上是一个博弈规则制定的过程，在一定的法律程序的目标（公平、公正以及下面将论及的效率）下，程序规则就应在原则上能够切实有效地有助于这些法律制度目标的实现。从方法论个人主义基础上微观地研究程序相关问题，能够使我们更好地揭示具体程序运行过程中的利益关联特征、推断理性主体的相应反应，

---

① 季卫东：《法律程序的意义——对中国法制建设的另一种思考》，载《中国社会科学》，1993年第1期。

② 同上。

③ 〔英〕马尔科姆·卢瑟福：《经济学中的制度》，陈建波译，中国社会科学出版社1999年版。转引自魏建、黄立君、李振宇：《法经济学：基础与比较》，人民出版社2004年版，第226页。

从而避免程序设计中的系统性偏误。其推理过程所依赖的一个基本假设是理性假设,这也是法经济学研究中效率标准的出发点。

以波斯纳为代表的"新自由主义"法经济学者在作包括程序法在内的法律的经济学分析时,自始至终贯彻的一个核心标准就是"效率"准则。他们吸收了新古典经济学关于理性人的假设,字里行间细致的分析体现出以价值最大化作为评价资源配置的效率标准的经济学逻辑。波斯纳认为,所有的法律活动和全部法律制度的最终目的就是最有效地利用资源和最大限度地增加社会财富——"诉讼判决的终极问题是,什么样的资源配置才能使效率最大化"①,而这其中当然也包括程序法在内。

对于程序设计而言,首先需要一定的程序目标,只有目标明确了才能相应地进行制度设计以使程序规范能够尽可能地接近既定设计目标。前面已经提到,法经济学选择将"效率"作为研究的核心标准,但是判断效率高低还需要在不同的分析环境下对作为最大化目标的"价值"作出具体的解释,尤其是"价值"(value)、"效用"(utility)和"效率"(efficiency)三者的概念界定。

波斯纳指出,经济学上的价值是指某人为取得某物而自愿支付多少(如货币、时间、财物等),即主观效用论中的价值。效用在经济学中有两种含义:一是指预期的成本或收益的价值。这涉及个人对风险所持的态度,在不同的对待风险的态度下,相同的财富状况可以有完全不同的效用。譬如100%获得100万美元价值的确定性资产,与具有10%的概率获得1 000万美元的不确定性资产,两者的预期收益都是100万美元,但是风险规避者会选择前者,风险偏好者则会选择后者,而风险中性者对选择两者中的任何一种资产都是无差异的。二是在人们风险观不同时,要对价值和效用作出区别。在宽泛的意义上,价值包括一个规避风险的人衡量1美元比获取未来10美元的10%更有价值的观念,而效用则意味着幸福。② 关于风险态度的设定可以引入程序研究中来。在当事人具有明显不同的风险态度时,风险中性的简单假设就会有失偏颇。比如在本章第二节探讨诉讼和和解决定的问题时,我们为了简单起见而假设双方当事人都是风险中性的。但是在许多情况下,这一假设并不符合实际情况。比如在民事诉讼中,如果双方当事人的风险态度不一致,最后关于和解条件的结论就有可能需要进行修正。

为了说明这一点,我们根据"确定性等价"原理,定义原告和被告的风险溢价因子分别为θ_p和θ_d,即未来预期收益带来的效用与风险资产分别以θ_p和θ_d的比例折算成确定性资产后的效用相等。如果$\theta_i < 1, i = p, d$,那么此时的风险态度就是风险规避型的;反之,当$\theta_i > 1$时就是风险偏好型的;当$\theta_i = 1$时就是风险中性的。于是等式(15-2)和(15-5)就应该相应地改写为:

$$\theta_p[P_pJ - (1 - P_p)C] = X_p - S \tag{15-15}$$

$$X_d = \theta_d P_d(J + C) - S \tag{15-16}$$

于是和解得以达成的必要条件就是

$$X_p \leqslant X_d \Rightarrow \theta_p[P_pJ - (1 - P_p)C] + S \leqslant \theta_d P_d(J + C) - S \tag{15-17}$$

---

① 〔美〕理查德·A.波斯纳:《法律的经济分析》,蒋兆康译,中国大百科全书出版社1997年版,第677页。

② 魏建、黄立君、李振宇:《法经济学:基础与比较》,人民出版社2004年版,第207页。

从不等式(15-17)中我们可以发现,当原告比被告更厌恶风险($\theta_p < \theta_d$)时,相比双方当事人都是风险中性($\theta_p = \theta_d$)时的情形,此时和解条件更易达成,因为此时原告更愿意规避诉讼结果的不确定性所带来的风险。反之,当被告比原告更厌恶风险($\theta_p > \theta_d$)时,相比双方当事人都是风险中性($\theta_p = \theta_d$)时的情形,此时和解条件更难达成,因为此时被告更不愿意规避诉讼结果的不确定性所带来的风险,接受原告的和解条件。这一例子表明,程序的经济分析中对当事人效用的合理设定相当重要,因为它很可能会影响到相应的结论。

经济学中的"帕累托效率"(Pareto efficiency)概念在波斯纳看来显得过于苛刻,在现实世界中的适用性很小,"因为大多数交易(如果不是一种单一交易,就是一系列可能的交易)都会对第三方产生影响"[①]。所以波斯纳转向了经济学中的补偿性效率概念,即"卡尔多—希克斯效率"(Kaldor-Hicks)标准:只要某一交易对第三方的总损失不超过交易的总收益,该交易就是有效率的。[②] 用"卡尔多—希克斯效率"标准替代"帕累托效率"概念作为法经济学分析中的效率标准,大大拓展了经济分析的应用空间。虽然这一效率标准依赖人际间效用可加性的严格假设,具有边沁功利主义的形式,从而排除了其他形式社会偏好的存在(如罗尔斯社会福利函数形式),但是由于其简洁性而给分析带来了便利,这一效率标准仍不失其实用价值。当然,在特定的分析环境中决定社会偏好的合成形式时需要格外谨慎,比如某些具有再分配性质的法律(如遗产税法)的目标就可能更偏向于社会收入的公平,此时罗尔斯社会福利函数就可能比边沁福利函数更适合作为研究法律制度的效率标准。

二、程序的法经济学研究:缺陷与可能的发展方向

程序的过程虽然可以最终分解为个人行为,但是程序过程并不是个人行为的简单加总。法经济学家康芒斯就曾批评过传统经济学所主张的个人优先于集体的观点,提出了"制度化的头脑"这一观念。他认为个人并不是自然状态中孤立的个人,而是社会的一员。每个人从婴儿开始就要学习和服从各种集体的行动规则,因而他长大时的头脑就是"制度化的头脑"。个人是制度的产物,是集体行动中的一员,他的活动必须受集体行动的支配。因此,在康芒斯看来,集体优先于个人,而传统经济学长期以个人经济活动为研究对象,忽视了更为重要的集体行动,正变得越来越不合时宜。[③]

按照康芒斯的解释,集体行动的种类和范围非常广:从无组织的习俗到有组织的机构如家庭、公司、控股公司、同业协会、工会、银行、法院以及国家等。为个人决定彼此有关的和交互的经济关系的业务规则,可以由一个公司、一个卡特尔、一家控股公司、一个行业协会、一个工会、一个雇主联合会、多个协会的联合贸易协定、一个交易所或者贸易委员会、一个政党或国家本身来规定和实行。康芒斯认为,私人商业组织的经济集体行为有时候比政治组织——国家——的集体行动更有力量。[④]

---

① 〔美〕理查德・A. 波斯纳:《法律的经济分析》,蒋兆康译,中国大百科全书出版社 1997 年版,第 16 页。

② 魏建、黄立君、李振宇:《法经济学:基础与比较》,人民出版社 2004 年版,第 208 页。

③ 同上书,第 185—186 页。

④ 同上书,第 188—189 页。

集体行动对个人行为的影响可以根据康芒斯的论述概括如下:(1) 用伦理和法律的说法来说,一切集体的行为在人与人之间建立起了权利、义务、没有权利和没有义务的社会关系。(2) 用个人行为的说法来说,集体行为所要求的是个人的实行、避免和克制;从由此造成的个人的经济状态来说,集体行动所产生的是“安全”、“服从”、“自由”和“暴露”;从原因和目的上看,集体行动的运行规则和统治权是贯穿一切经济行为的共同原则;从业务规则对个人行动的作用来看,集体行动表现为通过它的帮助、强制和阻止,来决定一个人能或不能、必须或必须不、可以或不可以做什么事情。(3) 康芒斯由此得出结论:一个强有力的社会经济制度,正是通过集体行动来协调人们之间的利益冲突,来决定什么是合理的。集体行动的意义就在于为经济生活中个人的行为建立一个“行为规则”,以指导和约束变化无常的个人行为,从而使个人行动符合社会的利益。①

程序作为一套法律决定的规则,它的制定和执行以及所产生的相应的法律结果都或多或少地牵涉到集体行动。首先,程序规则的决定是集体行动的结果,是各种利益集团(包括政党、协会、媒体等)事实上的互相制衡、互相讨论的结果,它是个典型的政治博弈均衡。比如,诉讼法案的草拟、修订、决议和通过。在这个过程中,单单依靠个人的力量很难左右程序性的法律法规的制定,甚至会因为协议成本过高而使得决议根本无法达成。这时候,理性人的理性选择结果就是通过组织行为或政府行为来促成最优结果的实现。② 其次,程序的执行也往往会涉及集体行动。这里的要点不仅在于程序过程中的当事人有可能是集体形态,更重要的是其博弈规则具有集体行动的特征:投票、多数决定、一致同意等。公共选择理论的发展使得在集体行动理论研究领域中出现了大量优秀的成果,但是遗憾的是,这些成果(主要是研究方法)至今还没有被很系统地吸收到关于法律程序的经济学研究中来。

事实上,关于法经济学研究的这一缺陷在西方法经济学制度分析学派针对波斯纳等学者的效率观的批评意见中也有所体现。比如制度分析学派的代表人物 A. 施密德(A. Schimid)和 W. 塞缪尔斯(W. Samuels)都不同意波斯纳等人的主流法律效率观,认为效率并非与利益分配无关,市场对冲突的影响也并非是中性的。他们认为,仅仅在产权和效率的表层联系上兜圈子,很容易陷入循环论证的结局。因此他们都主张通过揭示法律和经济的演进过程的规律,去帮助人们选择人与人之间的协调规则——法律制度。比如施密德把法律制度看作协调冲突和人们偏好的规则集合,它决定一个人或集团的选择集,并对经济绩效产生影响。无疑,这跟康芒斯主张通过法律从冲突中造成秩序、强调法律对社会经济发展的决定性作用的观点是相通的。而塞缪尔斯则将法律和经济过程看成是一个统一的体系,即法律是经济的函数,经济也是法律的函数,重在分析二者之间的互动关系及演进趋势。③ 由此可见,借助制度变迁和集体行动理论,有可能使当前关于程序的法经济学研究在方法上、视域上和解释力上得到进一步的拓展和深化。

---

① 魏建、黄立君、李振宇:《法经济学:基础与比较》,人民出版社 2004 年版,第 189 页。

② 〔美〕詹姆斯·M. 布坎南、戈登·塔洛克:《同意的计算——立宪民主的逻辑基础》,陈光金译,中国社会科学出版社 2000 年版,第 52—62 页。

③ 魏建、黄立君、李振宇:《法经济学:基础与比较》,人民出版社 2004 年版,第 202—203 页。

本章总结

1. 从法学的角度来看,程序主要体现为按照一定的顺序、方式和手续来作出决定的相互关系。法律程序有四个基本特性和功能,包括对恣意的限制、理性选择的保证、“作茧自缚”的效应和反思性整合。

2. 法律制度(尤其是普通法)的终极目标在于通过资源的一定配置达到效率最大化。因此,资源配置的法律决定与市场决定存在着重要的相似之处。

3. 从本质上来讲,诉讼是寻求法律手段来解决权利纠纷,而和解则是通过(市场)交易来决定争议权利的配置。和解谈判要能够达成,所需满足的一个必要条件是:原告在和解协议中愿意接受的最低价格必须高于(或至少不低于)被告在履行损害赔偿责任时愿意支付的最高价格。

4. 民事诉讼中纠错的成本较低,造成的社会福利损失相对不大;而刑事案件发生错判时,其后果比民事诉讼的错判严重得多,无论事后是否被纠正,所造成的后果几乎是不可挽回的。因此普通法体系下,“优势证据标准”适用于民事诉讼案件,而更严格的“排除合理怀疑标准”则适用于刑事诉讼案件。

5. 对证据搜寻进行投资对法律制度而言具有重要作用,否则就会因为扭曲性的惩罚而使法律制度失去其应有的作用。结果是既损害法律的正确性,又有可能导致威慑过度或威慑不足。

思考题

1. 关于法律程序的法学研究和经济学研究有哪些区别?最主要的区别在哪里?
2. 如何从资源配置的角度来看待法律程序的作用?
3. 从波斯纳的模型来看,采用诉讼还是和解的方式来解决纠纷的条件是什么?
4. 试从经济学的角度来分析刑事诉讼和民事诉讼证据标准差异的原因及启示。
5. 证据在法律制度中的作用和地位体现在哪里?请从法经济学的角度加以分析。

阅读文献

1. Steven N. S. Chueng, The Contract Nature of the Firm, *Journal of Law and Economics*, 26, 1983, pp. 1—21.

2. Ronald H. Coase, The Nature of the Firm, *Economica*, 4, 1937, pp. 386—405.

3. Ronald H. Coase, The Problem of Social Cost, *Journal of Law and Economics*, 3, 1960, pp. 1—44.

4. Richard A. Posner, An Economic Approach to the Law of Evidence, *Stanford Law Review*, 51, 1999, pp. 1477—1546.

5. 〔美〕理查德 · A. 波斯纳:《法律的经济分析》,蒋兆康译,法律出版社 2012 年版。

6. 〔美〕罗伯特 · 考特、托马斯 · 尤伦:《法和经济学》(第六版),史晋川、董雪兵等译,格致出版社、上海三联书店、上海人民出版社 2012 年版。

7. 黄少安:《产权经济学导论》,山东人民出版社 1995 年版。

8. 魏建、黄立君、李振宇:《法经济学:基础与比较》,人民出版社 2004 年版。

9. 季卫东:《法律程序的意义——对中国法制建设的另一种思考》,载《中国社会科学》,1993 年第 1 期。

10. 史晋川:《“你有权保持沉默”——米兰达告诫的法律经济学解释》,载《经济学消息报》,2005 年第 9 期。

11. 王锡锌:《正当法律程序与“最低限度的公正”——基于行政程序角度之考察》,载《法学评论》,2002 年第 2 期。

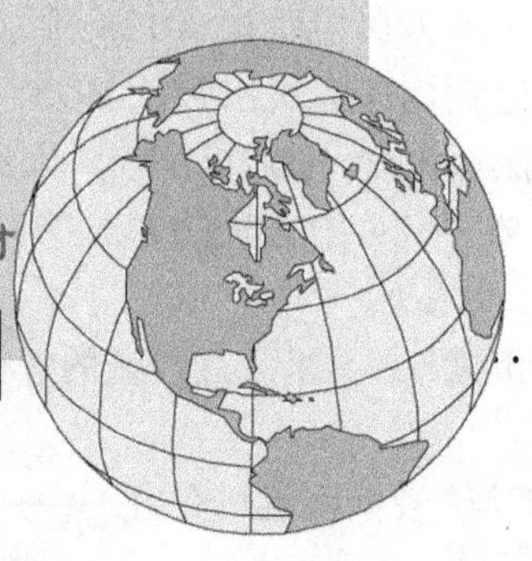

第十六章

程序法经济分析专题

《权利法案》的大多数规定都是程序性条款。这一事实绝不是无意义的。正是程序决定了法治与恣意的人治之间的基本区别。

——〔美〕威廉·道格拉斯

【本章概要】

本章内容主要涉及我国法律实践中有关程序法的具体问题。首先,我们将通过对比东西方法律程序上的差异来指出我国传统法律合理程序的内在缺陷,并阐述在社会转型过程中程序建设的特殊问题和意义。接下来的专题分析将借助具体的案例来考察我国当前法律环境和社会背景下的几个特殊的程序话题,它们分别是“刑事非法证据的排除”、“刑事附带民事诉讼”和“行政处罚中‘民间证据’的有效性”。

【学习目标】

1. 了解传统上东西方法律程序的差异。
2. 通过“浙江叔侄奸杀冤案”理解刑事非法证据排除的重要性。
3. 学会从效率的角度分析刑事附带民事诉讼的程序意义。
4. 学会从成本最小化的角度解释最优证据搜寻量的决定。

本章内容主要涉及我国法律实践中有关程序法的具体问题。首先,我们将通过对比东西方法律程序上的差异来指出我国传统法律合理程序的内在缺陷,并阐述在社会转型过程中程序建设的特殊问题和意义。在接下来的专题分析中,我们借助具体的案例来考察我国当前法律环境和社会背景下的几个特殊的程序话题,它们分别是"刑事非法证据的排除"、"刑事附带民事诉讼"和"行政处罚中'民间证据'的有效性"的三个专题研究。通过这三个附有具体案例的专题研究,我们希望能在更加微观、更加具体的层面上引导读者对于程序建设中具体问题的思考。

第一节　转型时期的程序法[①]

合理的现代化的程序建设对于正处于转型过程中的我国法律和经济社会的运行机制至关重要。作为现代社会公民权利保障和社会价值实现的杠杆,良好的程序环境对于推动社会的成功转型和文明和谐秩序的建立将具有非常积极的作用。但是我国程序建设的现状却远远落后于社会发展的步伐,这里既有历史的、传统的原因,也有转型时期的特殊因素。通过分析加深对这些因素的理解有助于我们更好地探求程序建设的有效途径。

一、东西方程序的差异

程序的实质是管理和决定的非人情化,其一切布置都是为了限制恣意、专断和裁量。限制恣意的方式主要有两种:一为审级制,二为分权制。传统上中国更侧重于前一种方式,通过位阶关系来监督和矫正基层的决定。东西方程序的根本差异在于对具体案件依法进行决定的场合,在解释法律和认定事实的方式上。

概括地说,西方审判制度的原理是通过援引法律,对法律的文字含义和立法精神进行严密的解释说明,提出证据,对证据的信凭性、取证方式和因果关系进行仔细的审查考虑,来防止专断、保证审判的客观性与公正性。为了有效地达到这一目标,主要采取在公开法庭进行对抗性辩论的方式、方法。因为当事人双方的胜诉动机会促使他们仔细寻找和考虑一切有利于自己的证据、法律规定及其解释方式,并竭力发现相反观点的漏洞和问题,从而可以使处理某一案件的各种选择都能得到充分展现和权衡。当然,由于当事人对法律含义和证据价值缺乏足够的知识,他们的议论未必能击中要害。为此就需要聘请律师加以帮助,使法律职业者再产生分化,带上党派性。

传统上,中国审判制度的原理与此不同。司法与行政合一的体制决定了视审判为行政的一个环节的观念,审判程序是按行政原理设计的。就是说,审判的程序性限制也是以官僚机构内部纪律的形式出现,程序的遵守不是由于当事人能够对违法的过程提出效力瑕疵的异议,而是通过上司对违法官僚的惩戒处分来保障,人民仅仅止于接受其反射性的利益。当事人在诉讼中的活动主要是形成供状(陈述情节)和招状(表示认罪)。但招供的过程实际上并不是事实认定的过程,只是通过结论必须由被告自己承认这一制度

---

① 这一部分的内容主要参考季卫东:《法律程序的意义》,载《比较法研究》(季刊),1993年第1期。

设定来防止专断。证据是在促使被告认罪这一意义上使用的。因此,司法官不必受复杂的证据法的限制。当事人对法律的援引和解释也没有发言权。法律适用完全系于司法官的一念之间,不必经过法庭争辩。从而律师也就没有必要设置。司法官在审判中几乎完全处于支配地位,恣意的防止除了依靠判决必须以获得被告认罪书为前提这一限制措施之外,还体现在量刑的机械化、法律的细则化、当事人的翻案权和上级机关的复审权上。

近年来,中国的程序建设的确有了长足进步。但是,程序的制度化作业进展远不能令人满意。法律条文往往忽视程序要件的规定,因而缺乏操作性,给恣意留下了藏垢之所。在实践中,不按程序办事已成恶习,更是专制与腐败的一大病灶。尽管合理的现代程序目前已经初具规模,但是传统的残余和影响仍然随处可见。例如,法律的细则化以及存在副法体系的特点不仅得以保留,而且还有扩大的趋势。基于此,季卫东教授认为传统中国程序上的缺陷依然存在,并已经成为法制和社会进步的重大障碍。

二、转型时期法治的非程序化倾向与程序建设的意义

在法律程序走向现代化的过程中,除了传统程序的负面作用之外,持续的社会变动也起了一定的妨害作用。因为变动使得法与社会的关系难以协调,这时的法律处理常常不得不牺牲对于法律的形式合理性和严格的程序要件的追求,以便寻找出历史的突破口。社会变动所引起的结构上的对立、价值上的矛盾反映到个人行为上,就是客观性纠纷,指如果社会结构上的对立不解消就无法彻底解决的纠纷。对这类纠纷很难作出黑白分明的法律判断。中国近年农村里的承包合同纠纷、城市里的破产企业处理问题,就是最典型的例子。解决这类纠纷,必须注意纠纷产生的社会背景和根源。比方说,中国的国有企业乃至集体企业的亏损可以分为两种,一种是政策性亏损,另一种是经营性亏损;此外,企业缺乏经营自主权,价格体系也不合理,这些因素使得企业的经营状况很难用一个客观标准去衡量。因而,很多情况下企业破产实质上是结构性破产。在这种情形下,破产处理中的制裁装置难以启动,也难以见效。可见,如果仅仅着眼于破产的威慑效果,试图以此来改变企业的行为方式,那么过早导入破产制度不会有太大的实际意义。

现代诉讼程序的一个要点在于,法律职业者的任务是处理主观性纠纷,即与社会背景相对分割开来认知的个别的、表层的纠纷,而对客观性纠纷一般不加考虑。审判着眼于行为,而不是行为背后的价值体系。法院受分权主义的消极受理原则的束缚,不能依据职权去发掘潜在案件而给予积极的救济。因此在许多场合,社会变动的实践迫使严格的诉讼程序要求撤退,转而采用较有弹性的方式来处理纠纷。在其他决策过程中,社会发展的不平衡、变革期的动态也往往成为违反程序的一种常见理由。但是,在社会变动时期采取比较有弹性的方式来处理问题、作出决定,并不意味着可以不按程序办事,也不意味着可以无视程序的内在要求。

第一,任何重大的社会变动几乎都是采取一破一立这两种方式进行的,我国目前的体制转轨更是如此。"破"是否定,是通过破坏或变更一定的行为样式或行为期待所引起的变化。"立"是计划,是通过制定和实施左右社会活动方向的规范和制度所引起的变化。在国家主导的社会变动的场合,第二种变化形式更加重要,因为它是建设性的,是制度化指向的。这里不存在"破"字当头、立也就在其中的逻辑。国家总是通过法律手段来

推行变革。这时法律本身也会相应地产生两种变化:一种是在社会变动过程中按照刺激—反应方式进行的自我调整;另一种是独立于社会变动的按照规范逻辑方式进行的自我形成性的变化。法律的功能主要是组织社会变革和使变革成果安定化。社会变革成果的安定化在很大程度上取决于法的安定化,而法的安定性又与法的自律性密切相关。可以说,法律系统的自治性越强,其安定性也就越高。

这些目的的实现,需要借助于一些有过滤效果的中介装置。从各国现代化变革的实践来看,主要有三种隔离措施:(1) 准法律秩序的形式,例如中国的内部规范群、调解制度、乡镇法律服务处、司法助理员系统等。但是中国存在准法律秩序肥大化,从而侵蚀了法律系统的问题。(2) 一般条款,例如中国《民法通则》中的公平和诚实信用原则等。但是中国存在一般条款的运用缺乏法理限制的问题。(3) 程序,它通过对社会事实进行固定化处理,一方面可以向那些不能为立法所吸收的分散利益给予在法律上进行表达的机会,同时通过把分散利益的特殊性向普遍性转化的机制来保障法的自治性。由此可见,在社会变动期间,程序是必不可少的。而且,程序也是正确运用准法律秩序和一般条款的保证。

第二,国家主导的有目的的社会变革是一个极其复杂的系统工程,不可能一蹴而就。而各项改革措施之间的功能关联性非常强,如果没有其他制度条件的配合,一项改革措施往往不能见效。关键在于正确地选择突破口,适当地决定应当采取的改革措施的顺序和日程。为此首先需要能够缩减社会复杂性并能使改革设想转换成容易操作的形态的某种方法。在许多场合,程序能满足这一需要。例如,在社会主义各国的改革中,破产处理程序曾经被用来观测、实验和模拟企业管理体制改革的效果。在破产处理程序中,经营失败所引起的各种权利要求和利害关系都充分暴露出来。而且,通过企业管理班子的改组、亏损责任的追究、破产连锁反应的抑制等一系列操作,在一定程度上可以把经济体制的各种问题转换成破产程序中的技术性问题。可以说,导入破产制度的实际意义主要不在于改变企业的经营行为,而在于社会复杂性的缩减。

社会现实是多方面的,而改革措施的决定往往是出于单方面的目的。因此,决策者往往会为一项决定或措施所带来的种种出乎意料的效果而困惑。例如,中国的决策机关本来打算导入股份公司制度,但结果是股份实际上变成了一种债券形态,银行利息也有必要相应调整;本来打算通过合营企业的外汇平衡来促进出口,但结果是一部分企业无法开工,最后不得不承认外汇市场的合法性。总之,任何特定的法律决定都不得不伴随着不特定的效果。为了使社会变革更加顺利地进行,既需要单方面的状况设定、特定的行为分工、容易判断的选择对象,但同时又不能不对应于社会功能的多方面性。能够满足这种需要的是程序。程序的不确定的开始状况和确定的结果、程序的分化和角色分工体系,适合在多方面性条件下的单方面性选择,使对各种可能性的考虑比较周到一些。

第三,大变动带来的价值冲突需要适当处理。新的制度为社会所接受和承认需要经过正统化的过程。在吸收不满、消化矛盾的旧有机制瓦解之后,需要一种新的因势利导的装置。改革的风险性使得决策者也需要一种免责或分散归责的保护措施。这一切都可以归结到程序问题上去。在经过长期的政治动荡,制度建设已经成为社会发展的最首要任务之后,更需要大力强调程序的意义。否则,整个过渡期间的管理体制的正统性危机将会以激烈的方式爆发。

目前的现状是在没有健全程序的情况下,只能采取承包的方式,哪里出了问题就找主事者负全部责任。中国官僚的一些弊病也由此而生。为了推卸责任,只好事先提早请示、事后及时回报,寻找上司庇护。中国官僚的敷衍塞责、缺乏独立自主性、官官相护、拉帮结派等许多弊端都与程序缺陷有关系。

另外,在缺乏程序要件的状况下作决定,极易出现机械化和恣意化这两种极端倾向,不容易妥当处理,为此需要有事后的补救措施。当事人可以任意申告翻案,上级机关可以随时越俎代庖,这样就使决定状况变得极其不安定,法律关系也很难确定。中国的上访问题除了与社会结构有关之外,在很大程度上是由程序缺陷造成的。

总之,如果程序不能保证合理的自主选择,就会妨碍社会进步;如果程序不能吸收不满,就会危及统治秩序的正统性。既然中国的法制乃至社会的许多问题的症结何在已经清楚,那么改革的方向也就不难确定了。公正而合理的程序建设,对于处于经济、制度和社会转型时期的中国来说,已经成为一个非常紧迫的任务。

第二节 论刑事非法证据的排除:“浙江叔侄奸杀冤案”的背后

2013 年 3 月 26 日,经浙江省高级人民法院依法再审公开宣判,认定发生在 2003 年 5 月的张辉、张高平叔侄奸杀冤案原判决定罪、适用法律错误,宣告张辉、张高平叔侄无罪。这起冤案因其在起诉证据方面的明显缺陷,引起了媒体、学术界和民众的严重关切。一对因被冤枉而身陷囹圄长达 10 年之久的无辜的“罪犯”终于获得本应享有的自由。但是 10 年的牢狱生活带来的是身体健康的严重摧残和家人的不幸。虽然最终获得国家赔款,但是失去的东西永远也无法弥补。为什么在我国法制和社会发展的过程中会出现如此重大的司法事故?其根本原因何在?如何从法经济学的角度来分析这一问题?这就是本节的主要内容。

≺案例 16-1≻

浙江叔侄奸杀冤案①

2003 年 5 月 18 号晚上 9 点左右,张高平和侄子张辉驾驶皖 J-11260 解放牌货车去上海。17 岁的王某经别人介绍搭他们的顺风车去杭州。王某本来是到杭州西站,由她姐夫来接她,张氏叔侄到上海都走绕城高速。王某是一个小女孩,张高平不放心,让侄子张辉把她送到杭州西站,结果到了杭州西站没人来接,对方又叫她自己再打的到前家三桥一个某某地方,再与他联系,到那个立交桥让她下车了,然后张氏叔侄就到上海去了。

这之后,张高平和张辉驾驶货车进入了沪杭高速,前往上海。但几天后,二人却突然

---

① 案例来源:百度百科,http://baike. baidu. com/link? url = fah_1c9f4KGXQIKL4vRPNIfDpINYSZhuF8HPmQlwo-11MG0b24oJbWbuMGr7qvTkJxIL1B_sX8HFC8Ahrqgqth_,以及人民网,http://society. people. com. cn/n/2013/0520/c1008-21544638. html。

被警方抓捕。原来,2003 年 5 月 19 号杭州市公安局西湖区分局接到报案,在杭州市西湖区一水沟里发现一具女尸,而这名女尸正是5 月 18 号搭乘他们便车的女子王某。公安机关初步认定是当晚开车搭载被害人的张辉和张高平所为。

2004 年 4 月 21 日,杭州市中级人民法院以强奸罪判处张辉死刑,张高平无期徒刑。半年后,2004 年 10 月 19 日,浙江省高院终审改判张辉死缓、张高平有期徒刑 15 年。

但是,这些判决,没有人证,也没有物证,有的是二人的供述。不过,张高平虽然因为种种原因“交代”了,但是,在服刑期间,即便是有减刑的机会,他也坚持不认罪、不减刑,坚持自己是清白的。

在监狱中,张高平发现了自己案件的若干疑点,经过他本人及家属的申诉,2012 年 2 月 27 日,浙江省高级人民法院对该案立案复查。2013 年 3 月 26 日的公开宣判认为,有新的证据证明,本案不能排除系他人作案的可能。最终,张氏叔侄被认定无罪。

既然坚称无罪,那么当初张氏叔侄为什么还要作出有罪的供述?张高平说,这些供述并不真实,因为在被羁押期间,他遭到了公安部门特别方式的询问。

立案重审时张高平侄子张辉的代理律师朱明勇分析,当时认定他们有罪,除了他们自己的供述,还有一个重要的依据是同一个监室里其他人的旁证。朱明勇认为,所有的证据从证明的内容来看,只能分为两大类,一类就是证明死者死亡事实的证据,另一类是证明是谁实施的犯罪行为的证据,而在这个案件当中对于谁实施了犯罪行为的证据,只有他们自己的有罪供述,除此以外,什么都没有。再就是从监犯一个旁证证明在看守所里张辉给我讲过他是怎么样去犯这个罪的。

当时,公诉方出示了一个叫袁连芳的人的证言。袁连芳说,张高平在看守所关押期间向他讲述了奸杀王某的经过。但朱明勇律师认为这样的证据存在很大的问题。只有公安机关、人民检察院、国家安全机关才有行使侦查的权力,如果把他当作耳目或线人,主要是提供情报,他可以靠自己的耳去听,自己的目去观察,为办案机关提供一些有价值的线索。可是在这个案件中,他亲自实施了获取证据的行为,并且在获取证据的时候还采用非法的方式,比如殴打、威胁,还有一些指供,把犯罪现场图纸画好,让他去指认现场,这种严重的违法行为所取得的证据是必须要排除的。

虽然我们无法确认张氏叔侄当初是否遭到了刑讯逼供。但中华全国律师协会刑事专业委员会主任田文昌认为,绝大部分冤假错案问题都出在了刑讯逼供上。过去的赵作海案、聂树彬案,这些案子都是由于刑讯逼供所带来的严重恶果。冤假错案形成的真正元凶是刑讯逼供。刑诉法的修改有很大的进步,有了很多突破,但是问题在于我们排除非法证据的具体措施和保障性的条款还很不够,比如这次定的疑罪从有的观念,在很多司法人员的思想里还是根深蒂固,刑诉法规定了只有口供不能定罪,但是很多冤假错案就是凭着刑讯逼供所取得的被告人的口供最后确定被告人有罪甚至判了重刑或者极刑,这是一种非常危险的做法。

10 年,张辉从 27 岁到 37 岁,张高平从 38 岁到 48 岁,冤案终于得以昭雪。10 年的光阴,两人各自获得国家赔偿 110 万元,相关部门也受到了追责,但是,这一切并没有因为监察部门道歉以及叔侄二人的自由而结束。

证据制度作为衔接实体法与程序法的桥梁,直接体现着程序的公正性,并在很大程度上决定着实体权利的实际享有。在审判制度改革逐步深入的大背景下,证据制度引起了我国法学界和司法实践部门的广泛关注。建立科学、公正、合理的证据制度,特别是刑事证据制度,已经成为我国法制建设的一项十分重要的任务。

非法证据排除规则作为刑事证据制度的重要内容,是指在刑事诉讼中,对于不符合证据的形式、证据的关联性、采证程序的证据资料,否定其证据资格的规则。在现代社会,追惩犯罪并非终极目的。随着对正当程序和人权保障的追求,越来越多的国家强调在追惩犯罪时,应尊重公民依法所享有的基本权利和自由,对国家权力进行必要的限制。因此,在其刑事证据立法中,确立了非法证据排除规则。

所谓"非法证据",顾名思义,即不合法的证据,理论界有广义和狭义之分。广义的非法证据是指所有违背了有关法律对证据予以规范的证据。《诉讼法大辞典》就把"非法证据"解释为:"不符合法定来源和形式的或者违反诉讼程序取得的证据资料。"其范围包括获得证据的手段、证据的内容、表现形式及收集主体等因素不合法的证据。而狭义的非法证据,即为"非法取得的证据",指司法人员违反法律规定的程序和方式取得的证据。当然取得手段和方式不合法的证据根据排除规则适用的对象的不同又可以分为:非法取得的自白;非法搜查、扣押的证据;使用秘密侦察手段而非法取得的证据;其他违背程序规则的非法证据。鉴于理论界对非法取得的自白即非任意性自白的排除明确为"自白的任意性规则",而且把它和非法证据排除规则并列于证据的可采性规则之中,因此,这里所谈及的非法证据,仅指非法搜查、扣押取得的证据。[①]

那么,问题是为什么要在刑事诉讼中特别强调非法证据的排除呢?我们仍然可以从法学和法经济学的角度来尝试对此作出回答。

从法学角度来看,作为一种程序法,证据法旨在规范证据资格、证据收集和审查程序以及司法证明活动的法律规则体系,与程序的独立价值相适应。证据法的独立价值在于:其本身必须具有内在的优秀品质和公正标准,在诉讼中应充分发挥其"公平竞赛"的规范作用。这就要求证据不仅应具备客观性和关联性,更要具备法律严格限定的资格和条件。因此,立法对非法证据的取舍,本质上体现了实体公正和程序公正的价值冲突。一般主张程序正义优先的国家和地区均对非法证据的效力作出否定性评价,例如"排除说"从维护被告人合法权益的角度出发,认为非法证据应当一律排除。相反,着重追求实体正义的国家基于对案件客观真实的"顽强追求",往往对非法证据的采信作出相对宽松的规定,例如"全盘采用说"认为个别案件中非法证据可能是唯一定案的依据,主张只要对"还原"案件事实有所帮助,无论获取手段如何一律采用。随着法制的发展,特别是两大法系的融合,绝对的"采用说"和完全的"否定说"已很难觅寻,代之以具有折中色彩的"衡量采证说"和"排除例外说"。

我国关于非法证据的法律现状如何呢?《中华人民共和国刑事诉讼法》第109—118条对搜查扣押实物证据的具体程序作出了规定。按照这些规定,侦查人员在进行搜查时,必须向被搜查人出示搜查证(第111条);搜查时应当有被搜查人或其他见证

---

① 以上内容主要参考张倩:《论中国的非法证据排除规则》,载《法苑》,2004年1月,总第10期。

人在场,搜查妇女身体应当由女工作人员进行(第112条);搜查、扣押要制作搜查笔录和扣押清单(第113、115条);不得扣押与案件无关的物品、文件(第114条);扣押犯罪嫌疑人的邮件、电报的应当经公安机关或人民检察院批准(第116条)。但是,刑诉法却没有对违反这些程序性规定如何进行救济,对非法获得的实物证据有无证据能力作出明确的表示。两高的司法解释对非法搜查扣押取得的证据的效力也未曾作出过明确的规定,因此,在司法实践中,违反法定程序进行搜查扣押而取得的实物证据,如果查证属实,事后补办相应的手续,就认为具有证明力,完全可以采用,不认为有排除的必要。

可见,当前我国刑事诉讼法对非法证据的规定少之又少,更谈不上真正的非法证据排除规则了。就非法证据而言,由于其取得途径或方式是违法的,常常以牺牲权利为代价,如果从程序道德的目标出发,以权利保障为价值取向,其逻辑结果是对这些证据的舍弃,然而,非法取得的证据其客观性以及与案件事实的关联性并不一定由于收集取得的方式不合法而丧失,而且往往对证明案件事实具有重要的作用,对之采信会有助于查获犯罪事实,有效控制犯罪。因此,对于非法证据的取舍陷入一种两难的境地,从而引发了刑事诉讼法律价值的权衡问题。①

这个权衡问题恰恰可以借助经济学的方法来进行分析。从经济学的角度来看,刑事诉讼案件判决结果与真实情形(假设存在的情况下)的差距是一个不确定事件,具有随机性,可以看作服从一定概率分布的随机变量。为了讨论的方便,我们假想有这么一个案例:原告A控告被告B对其造成了严重的人身伤害,而被告人B却认为A也对其造成了伤害。对当事人以外的第三人来说,真实的情形可以用B对A造成的净伤害程度(B对A的伤害程度减去A对B的伤害程度)x来表示。可见x可正可负,是一个随机变量。在“B没有伤害A”的原假设(null hypothesis)成立的情况下,随机变量x具有概率密度$f(x,H_0)$;这里的条件变量H_0就是原假设。同样,在“B伤害了A”的备择假设(alternative hypothesis)成立的情况下判决x也是一个随机变量,它的概率密度为$f(x,H_1)$;这里的条件变量H_1就是备择假设。在现实中,一般情况下我们无法确知真实情形,只有通过调查取证才能最大可能地使判决结果接近事实,因此存在犯错的可能性。根据统计学中的纽曼—皮尔森(Neyman-Pearson)定理,在真实情况并不确知的情况下,判决存在两类错误:第I类错误和第II类错误。就我们的讨论环境而言,第I类错误是指在原假设H_0成立的情况下,错判成H_1的情形;第II类错误是指在备择假设H_1成立的情况下,错判成H_0的情形。图16-1用图形说明了发生这两类错误概率的可能性。

根据纽曼—皮尔森定理,由于真实情况未知,所以两类错误不可避免;要减小其中的一种错误,通常只能通过增加另一种错误的方法做到;要使两类错误的概率同时减小,只能增加样本量,但在实际中往往不可行。这在图16-1中可以很直观地看出来。图中深色区域与浅色区域的分界线决定了我们所控制的犯两类错误的概率;深色区域的面积表示犯I类错误的概率,即将“无罪判有罪”的概率,浅色区域表示犯第II类错误的概率。其中犯第一类错误的概率即我们所规定的显著性水平α。在两种假设下的概率密度分布不

① 张倩:《论中国的非法证据排除规则》,载《法苑》,2004年1月,总第10期。

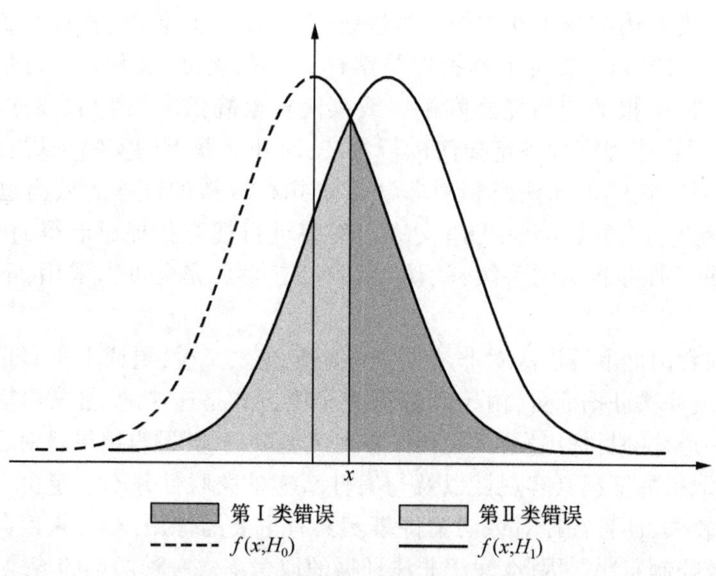

图 16-1　刑事判决的两类错误概率

变的情况下,两类错误概率的关系是此消彼长的。这些分析提示我们在现实中要提高刑事诉讼判决的正确概率,通常需要权衡两类错判概率和成本,作出最优折中。以下试析之。

就刑事判决来说,两种类型的犯错成本具有不同的性质和大小。我们在第十五章第二节中已经指出,刑事案件的判决主要涉及当事人的刑事责任,被判决有罪的罪犯(不一定真正犯过罪)一般都需要被剥夺人身自由和生命权利。相比民事诉讼中的经济赔偿,这是更为高昂的代价。因此,一旦第I类错判发生,即"无罪判有罪",事后纠正的成本就会非常高,甚至因无法挽回而接近无穷大(如"浙江叔侄奸杀冤案"中的错判导致10年的冤狱生活,身心健康受到严重摧残)。即使刑事制裁采取罚金的形式,"已决被告所承受的全部成本也不会在社会簿记的其他地方以收益的形式出现",所以,"给一个无辜者定罪的社会净成本可能会超过制裁对他造成的成本"①,因而这是一种社会净损失。而当第II类错判发生时,即"有罪判无罪",对犯罪者个人来说,他无须付出自由、权利和生命的代价,对其本人当然是好事,但是也有可能因此而增加了其继续为非作歹的动机。所以,波斯纳认为,"开释一个有罪者的社会净成本是有限的,而这限度就是由于减少惩罚犯罪活动的概率而造成的社会总成本的增量",且"因此可以缩减监禁成本"。②

虽然如此,要在一般意义上比较这两种错判情形的成本是非常困难的,也是没有必要的。但在某些特殊情形下,我们仍然可以作出大致的判断。一个最明显的事实是西方社会对人权的重视,西方国家的民众普遍认为人的自由和平等的权利高于其他一切权利。在这样的价值观下,相对第II类错误来说,犯第I类错误的成本就显得非常之大,一

① [美]理查德·A.波斯纳:《法律的经济分析》,蒋兆康译,中国大百科全书出版社1997年版,第721页;也可参看2012年新版的相关章节。

② 同上书,第722页;也可参看2012年新版的相关章节。

旦犯错就会引起全社会的公愤,被认为是对上帝赋予的人权的最大侵犯和亵渎。为了尽可能避免这样的错误,美国刑事诉讼法律中的"排除合理怀疑原则"就是一种相应的制度保证。这是一方面。另一方面非法证据的排除也是必然要求,比如美国联邦宪法第四修正案就明文规定:"人民保护自己的人身、住宅、文件及财产,不受任何无理搜查和扣押的权利不受侵犯;除非是由于某种正常理由,并且要有宣誓或誓言的支持并明确描述要搜查的地点和要扣留的人或物,否则均不得签发搜查证。"①

尽管在不同国家不同的法律制度下,对不同类型非法证据所采取的认定态度、排除方式和排除强度并不相同,但在非法言辞证据的排除上一般都比较彻底,这是因为言辞证据具有易变性,其内容受调取手段影响极大。贝卡利亚就曾指出:"在痉挛和痛苦中讲真话并不那么自由,就像从前不依靠作弊而避免烈火于沸水的结局并不那么容易一样……痛苦的影响可以增加到这种地步:它占据了人的整个感觉,给受折磨者留下的唯一自由只是选择眼前摆脱惩罚最短的捷径,这时候,犯人的这种回答是自然的……罪犯与无辜者的任何差别,都被意图查明这种差别的同一方式所消灭了。"这实际上是说,在某些特定目的下非法言辞证据的取得过程中很可能会改变证据的可信度,因此对它的使用有可能增加犯错的概率,影响到司法的准确性和公正性。这里犯错的概率既有可能是第I类错误,也有可能是第II类错误,但从经验来看,第I类错误的可能性更大。此外,由于第I类判决错误的社会成本很可能比第II类更高,所以非法证据的排除可以看成是与权利维护进而程序公正的诉求一脉相承的。

"浙江叔侄奸杀冤案"最终因真凶落网才得以真相大白,而张高平和张辉在沉冤10载后得以重获自由,该案的教训是沉痛的,值得我们深思。一个错案会产生两个恶果:一是使无罪的人受到追究,二是使有罪的人得不到惩罚。另外,错案还会使人们对司法机关缺乏信任感,使宪法的尊严荡然无存。而造成冤案的罪魁祸首是我们错误的司法理念和不健全的司法体制。只要还存在刑讯逼供,张高平和张辉叔侄这样的悲剧就还会发生。

第三节　刑事附带民事诉讼的法经济学透视

我国《刑法》所规定的犯罪,尽管性质不同,但大多数犯罪行为常常使国家、集体财产受到侵犯,使公民遭受物质损失,附带民事诉讼的案件在刑事案件中的比例较大,并且近几年来,刑事附带民事诉讼案件的数量不断增加,而且在司法实践中,还存在轻视民事诉讼的现象,影响诉讼活动的进行。因此,本节将就学术和司法实践所关注的刑事附带民事诉讼问题作一些讨论。

---

① 张倩:《论中国的非法证据排除规则》,载《法苑》,2004年1月,总第10期。

≺案例16-2≻

药家鑫故意杀人案①

2010年10月,西安音乐学院学生药家鑫将张妙撞倒并连刺数刀致受害人死亡的事件引发舆论热议;10月23日,药家鑫在父母的陪同下到公安机关投案。2011年4月,西安市中级人民法院对此案作出一审判决,判处药家鑫死刑,剥夺政治权利终身,并赔偿被害人家人经济损失费;药家鑫随后提起上诉。2011年5月,二审判决宣布维持原判;6月7日,药家鑫被执行死刑。2012年2月,受害人家属起诉药家要求兑现微博上所说的20万元捐赠。

2010年10月20日22时30分许,药家鑫驾驶陕A419N0号红色雪弗兰小轿车从西安外国语大学长安校区返回市区途中,将前方在非机动车道上骑电动车同方向行驶的被害人张妙撞倒。药家鑫恐张妙记住车牌号找其麻烦,即持尖刀在张妙胸、腹、背等处捅刺数刀,将张妙杀死。逃跑途中又撞伤二人。同月22日,公安机关找其询问被害人张妙被害案是否系其所为,药家鑫矢口否认。同月23日,药家鑫在其父母陪同下到公安机关投案。

药家鑫说,当日他开车行至事发地时,正在给车里的音响换碟,不清楚车是否在走直线,突然听见"嗵"的一声,感觉出事了便下车察看。结果发现车后有一个女的侧躺在地上,发出呻吟声。"天太黑,我不清楚她伤的程度,心里特别害怕、恐慌,害怕她以后无休止地来找我看病、索赔。"于是,两三秒后,"一念之差"下,药家鑫从随身带的包里取出一把单刃刀,向张妙连捅数刀,然后驾车逃跑。开出一段路后,因为"心里发慌,手打颤、脚也不听使唤",药家鑫又撞上两名行人。这次,他没能跑掉,被赶来的村里人堵住了。之后,肇事车辆被交警大队暂扣,药家鑫和父母赶往医院处理后来的两名伤者治疗事宜。在经历了警方的两次询问后,2010年10月23日,药家鑫向父母说出实情,并向警方投案。

2011年3月23日上午9点多,可容纳500人的西安市中院大法庭里座无虚席,被告药家鑫的亲属、受害人张妙的家人以及近400名在校大学生有序落座,静待开庭。受害人张妙的家人提起了刑事附带民事赔偿请求,请求法庭从重追究药家鑫刑事责任,并判令赔偿受害方死亡赔偿金、精神损害赔偿等共计53万余元。面对公诉人的指控,药家鑫表示对罪名与事实均"没有异议",并在公诉人宣读完起诉书时,向受害人家属下跪表达歉意,同时称"愿和父母尽最大努力赔偿受害人"。

2011年4月22日上午,西安市中级人民法院对被告人药家鑫故意杀人案作出一审判决,以故意杀人罪判处药家鑫死刑,剥夺政治权利终身,并处赔偿被害人家属经济损失45 498.5元。

---

① 案例来源:百度百科,http://baike. baidu. com/link?url = qRKj9QMFIb2a-etCfStGYphdh-ua77r-1UPv42VzSNlfl-Oit0Pl8rtxlzagCpO_L2QCZJdHGZFYrMKjnyavlGK,以及人民网,http://opinion. people. com. cn/GB/155936/155938/218621/218622/。

2011年5月20日，陕西省高级人民法院对被告人药家鑫故意杀人一案进行了二审公开开庭审理并宣判，依法裁定驳回药家鑫上诉，维持原判。

陕西省高级人民法院经审理认为，一审认定药家鑫故意杀人犯罪的事实清楚，证据确实、充分。药家鑫开车撞倒被害人张妙后，为逃避责任将张妙杀死，其行为构成故意杀人罪。药家鑫在作案后第四天由其父母带领到公安机关投案，如实供述犯罪事实，构成自首，但药家鑫开车将被害人撞倒后，为逃避责任杀人灭口，持尖刀朝被害人胸、腹、背部等处连续捅刺，将被害人当场杀死，其犯罪动机极其卑劣，手段特别残忍，情节特别恶劣，属罪行极其严重，虽系初犯、偶犯，并有自首情节，亦不足以对其从轻处罚。对其上诉理由及辩护人的辩护意见不予采纳。陕西省人民检察院的意见正确，予以采纳。原审判决定罪准确，量刑适当，程序合法，故裁定驳回药家鑫的上诉，维持原判，并依法报请最高人民法院核准。

刑事附带民事诉讼是指司法机关在刑事诉讼过程中，在处理被告人刑事责任的同时，附带处理由遭受物质损失的人或人民检察院提起的，由于被告人的犯罪行为所引起的物质损失的赔偿而进行的诉讼活动。我国《刑事诉讼法》第77条规定："被害人由于被告人的犯罪行为而遭受物质损失的，在刑事诉讼过程中，有权提起附带民事诉讼。"第78条规定："附带民事诉讼应当同刑事案件一并审判，只有为了防止刑事审判的过分迟延，才可以在刑事案件审判后，由同一审判组织继续审理附带民事诉讼。"由此可见，我国的刑事犯罪引发的民事诉讼进行的前提是：(1) 要在刑事诉讼启动后才能进行；(2) 要与刑事审判一并进行，例外的才能在刑事审判后由同一审判组织继续审理。[①]

从我国的上述法律规定及有关司法解释和司法实践来看，我国的刑事附带民事诉讼制度的设计遵循的主要是以下两种理念：

(1) 公权与私权并存时，强调公权优于私权。当犯罪行为与民事侵权并存时，立法者认为犯罪本质是对社会主义社会关系的侵犯，即便是存在被害人的情形时，也认为是对整个社会的侵犯，而非简单的对个人的侵犯。因此，只有国家对该犯罪行为追究进入提起公诉阶段时，才允许私人就其民事赔偿部分提出请求，被害人首先要服从于国家追究犯罪的需要。我国诉讼法上有一众所周知的原则，"刑事先于民事"，即当法官在审理民事案件中发现涉嫌刑事案件，应当中止审理，将其移送到有权机关。这便是公权优于私权理念的最好诠释。

(2) 在公平与效率的关系上，强调效率优先。在刑事诉讼过程中，立法者关注的是国家资源的大量投入，因此强调简化诉讼程序，节省人力、物力，强调及时有效地处理案件。所以我们看到，民事诉讼要在刑事诉讼启动后才能进行，并且刑事附带民事诉讼要求与刑事案件一并审理，即使为防止刑事案件的过分迟延，也要在刑事案件审判后，由同一审判组织继续审理附带民事诉讼。

必须承认的是，强调公权优先，的确在较大程度上能维护社会利益，有利于打击犯

---

① 以下内容主要参考杨涛：《刑事附带民事诉讼构建的再思考》，法律教育网，http://www.chinalawedu.com/news/16900/173/2003/11/zh9618216341411130029552_58492.htm。

罪;强调效率优先,也有利于保证及时迅速地处理案件,节省国家资源。但是,这两个理念是否在附带民事诉讼中都应毫无区别地适用呢?如何从法经济学的角度看待这一问题呢?我们仍然可以从以上两个角度来分析。

1. 公权优先的再思考

"刑事先于民事"是世界上大多数国家刑事诉讼中的一个基本原则,先解决被告人的刑事责任,再解决其民事责任,是一种国际惯例。然而,公权所保护的社会利益并非总与被害人的利益相一致,对社会利益的过分关注,完全可能导致对被害人利益的忽视。对此学者龙宗智也曾指出:"在公诉案件中强调社会普遍利益的维护,强调公诉机关可以代表被害人的要求,却多少忽视了社会利益的多元化和矛盾性,忽视了被害人的独特要求。"[①]同时我们看到这一理念下设计的制度有如下致命缺陷:在刑事追究迟迟不能启动,公权无法行使时,私权也无法请求救济,给被害人带来的是双重损失,即刑事追究与民事赔偿的要求均无法实现,私人成本和社会成本均无法得到弥补。当犯罪嫌疑人潜逃长期不能归案时,此时,即使有充分的证据证明其有犯罪事实,但刑事追究仍无法启动(我国在刑事诉讼中尚无缺席审判制度),附带民事诉讼无从提起。而如果按独立的民事诉讼进行的话,该事实就可以认定,并在该犯罪嫌疑人有财产或是未成年人时,被害人可请求法院执行其财产或要求其监护人承担责任。但限于刑事先于民事,民事诉讼仅能"附带"于刑事诉讼中而无法独立启动,其结果往往是被害人不能得到一定补偿,频频上访或迁怒于犯罪嫌疑人的家属,引发新的社会动荡。民事诉讼的"帕累托改进"空间在此类情况下被"刑先于民"的规定抹杀了。在药家鑫案中,一开始药家鑫出于自保否认过自己的潜逃情节,事后在父母劝说下投案,是否构成自首情节也引发了颇多争论,这些都是其例。而药家鑫之所以连砍张妙数刀,也是为了躲避他假想的民事诉讼请求。

在世界各国的立法中,法国对此问题有所关注。现行法国《刑事诉讼法典》第3条规定:受到损害的当事人可以选择在民事法院还是刑事法院提起民事诉讼,但是在刑事诉讼提起时尚未判决前,在民事法院进行的民事诉讼应中止进行。法国学者阐述道:"公诉尚未发动之前就已经在民事法院审判的民事诉讼具有绝对独立地位,这种民事诉讼与刑事诉讼并无关系,民事法院可以对民事诉讼立即进行审理裁判,而不需要等待提起公诉以对公诉作出判决,民事法官有进行评判的完全自由。此外,民事法官就民事诉讼所作的判决对刑事法官可能在其后的公诉中作出的判决不产生任何影响,因为,民事方面的既决事由对刑事方面不具有权威效力。"

2. 效率优先的再思考

由同一审判组织在刑事诉讼中附带审理案件,当然在最大程度上保证了效率,但是对于公正的保证是否有所欠缺呢?总的来说,刑事诉讼与民事诉讼都是属于程序法,一般认为都是公法范畴。然而,两者的区别仍很大,前面的章节已经提到,刑事诉讼是国家对公民个人的诉讼,是国家对公民个人发起的一场"战争",其具有典型的公法性质,民事

---

① 龙宗智:《相对合理主义》,中国政法大学出版社1999年版,第56页。转引自杨涛:《刑事附带民事诉讼构建的再思考》,法律教育网,http://www.chinalawedu.com/news/16900/173/2003/11/zh9618216341411300295552_58492.htm。

诉讼是平等主体之间的诉讼,具有一定的私法性质。两者至少在以下几点上明显不同:(1) 刑事诉讼的启动是国家基于公权而发动的,具有强制性和地位的不平等性,民事诉讼的启动是公民个人的启动,具有较强的自愿性和平等性;(2) 举证责任不同,刑事诉讼的举证责任在公诉方,被告人不负举证责任,而民事诉讼则是谁主张谁举证,在特殊情况下实行举证责任倒置和无过错原则;(3) 证据标准适用不同,在刑事诉讼中,证据标准要求很高,英美法系是"排除合理怀疑"原则,大陆法系是"高度盖然性"原则,我国是"证据确实、充分",而民事诉讼中则相对要求低得多,英美法系是"优势证据"原则,大陆法系是"盖然性"原则,我国在实践中也是以证明力较大取胜。正是上述两种诉讼形式存在重大差异,以一种诉讼涵盖另一种诉讼,牺牲的必然是公正。由同一审判组织在刑事诉讼中附带审理民事案件,难免使法官带有先入为主的观念,以审理刑事案件的思维和证据标准去审理民事案件,对被害人是一种极大的不公平。

在处理刑事诉讼及与其密切相关的民事诉讼的关系上,世界各国有三种立法规则:第一是作为一种原则,把它主要交由刑事诉讼程序附带予以解决,这是法国、德国类型的现代意义上的附带民事诉讼的解决方式(但法国在公诉未启动前可单独进行民事诉讼)。第二是允许在一定情况下,可以通过刑事诉讼程序附带予以解决,而在其余情况下应通过民事诉讼程序或其他单独诉讼程序予以解决,这是英国的"混合式"解决方式。依英国1870年《没收法》规定,被害人有权提起因犯罪行为所造成的损害的赔偿之诉,诉讼方式有三种:一是被害人可向刑事损害赔偿委员会请求赔偿;二是被害人可对犯罪人提起民事诉讼;三是法律规定,法庭可以根据自己职权或根据受害人的请求,在判刑时以"赔偿令"的形式责令犯罪人赔偿受害人的损失。前两种方式都是在刑事案件审理终结时才能提起诉讼。第三是把它完全交由民事诉讼程序来解决,这是美国和日本现行立法的解决方式。比如著名的"辛普森案"中,虽在刑事审判中,辛普森被无罪释放,但在接下来的民事审判中,他却被判处数以百万美元的高额民事赔偿。

在我国,依据《刑事诉讼法》第77条和第78条的规定,解决刑事被告人的犯罪行为引起的损害赔偿问题上,主要是由刑事诉讼程序附带予以解决,这难免会出现如我们上述所说法官先入为主及两种诉讼方式的举证责任与证据标准不同产生冲突的问题,而刑事诉讼是在国家作为相对方情形下设计的,举证责任与证据标准都是采取有利于被告人的方式来设计,以刑事诉讼方式来解决民事诉讼不免给被害人带来消极影响。典型的是,我们知道,在民事诉讼中精神赔偿是予以认可的,但我们看到《最高人民法院关于刑事附带民事诉讼范围问题的规定》第1条第2款规定:"对于被害人因犯罪行为遭受精神损失而提起民事诉讼的,人民法院不予受理。"显然这是将附带民事诉讼区别于一般的民事诉讼。值得注意的是,我们看到《最高人民法院关于执行〈中华人民共和国刑事诉讼法〉若干问题的解释》第89条规定:"附带民事诉讼应当在刑事案件立案以后第一审判决宣告以后提起,有权提起附带民事诉讼的人在第一审判决宣告以前没有提起的,不得再提起附带民事诉讼。但可以在刑事判决生效后另行提起民事诉讼。"这里例外地同意了被害人对犯罪人单独提起民事诉讼,但这只是例外规定,基于公权优先及效率优先的理念,认为公权的行使已使被害人利益在最大程度上得到保障,故这种例外的诉讼不可能有如真正意义上的民事诉讼保护有力,实践中被告人赔偿了被害人损失的被少判刑及上述司法解释不予精神赔偿便是最好的写照。

由此我们认为,公权与私权、公平与效率这两对永恒的话题两者没有绝对的平衡,只能取决于主体的需要,对某一方侧重时对另一方兼顾。在刑事诉讼不断趋于对被告人进行保护的今天,附带民事诉讼上应强化对被害人的保护,这也符合社会利益、被告人利益以及被害人利益三者冲突平衡的需要。

第四节 行政处罚中“民间证据”的有效性

由于行政程序的特殊性,与行政处罚相关的证据制度也不同于民事和刑事证据制度。其中当事人身份特征的特殊性尤其值得注意。我们认为,在我国当前的司法实践中,由于立法上的滞后性,“民间证据”得不到应有的地位,这与行政处罚的效率原则是相悖的。

≺案例 16-3≻

市民拍摄交通违章的照片能否作为处罚依据?[①]

2004 年 3 月 5 日,广州市民赖先生收到广州市公安局交警支队机动大队开具的一份《公安交通管理行政处罚决定书》,称赖先生在 2003 年 12 月 13 日上午 10 时 05 分驾驶一辆小汽车,在由南往北经广州大道中路段时,违反交通标线,因而依据《广州市道路交通管理处罚规定》要处以 100 元的罚款。而对方出示的证据就是“拍违”市民孔某提供的赖先生所驾车辆的违章照片。

赖先生于次日交纳了罚金,但是认为该处罚不合法,随后又向广州市公安局提请行政复议,称公安机关有偿置换违章照片并作为行政处罚证据的做法,超越职权,没有法定依据,也违反了行政处罚的法定程序,请求审查并撤销广州市公安局 2003 年 7 月发出的《关于奖励市民拍摄交通违章的通告》,同时撤销对其发出的《行政处罚决定书》,并退还 100 元罚金。

收到赖先生行政复议的申请后,广州市交警支队机动大队对赖先生作了询问笔录,反映赖先生对车压线一事没有异议。4 月 22 日,赖先生收到一份复议,称“《关于奖励市民拍摄交通违章的通告》符合法律法规规定”,赖先生“违反交通标线的行为事实清楚,证据充分”,但是对赖先生进行处罚的“适用依据不正确”,因而撤销对赖先生作出的《行政处罚决定书》。

但是,赖先生仍然认为这份复议决定书中称他违章行为“事实清楚,证据充分”与事实不符,还是依据《行政诉讼法》相关规定向越秀区人民法院提起诉讼,要求取消处罚并撤销《关于奖励市民拍摄交通违章的通告》。

7 月 20 日,越秀区法院对该案作出一审判决,认为广州市公安局 2003 年 7 月发出的

---

① 王海涵:《“向法规叫板”:市民拍违章照片不能作处罚证据》,载《南方都市报》,2004 年 12 月 3 日。

《关于奖励市民拍摄交通违章的通告》,“属没有强制力的行政指导行为”,“不属于人民法院行政诉讼的受案范围”,所以不对该通告进行审查。同时认为仅凭市民拍违照片和事后补充的询问笔录就认定赖先生违章“依据不足,本应撤销”。但是,由于公安局已经在行政复议书中主动撤销了对赖的处罚,遂驳回了赖先生的诉讼请求。

赖先生对一审判决表示不服,认为一审法院没有对照片的合法性进行审查,违反了相关法律规定,造成对案件事实认定不清的后果,遂向广州市中院提出上诉,要求以主要证据不足为由撤销公安局作出的行政复议,并重新作出复议。二审法院根据赖先生在3月10日承认有压线一事,查明违章部分事实正确,予以确认。所以,赖先生“所提异议不成立”。

但法院认为,在证明赖先生驾车违章一事上,广州市公安局采用的两个主要证据都有问题。首先,对赖先生本人的询问笔录是在处罚行为作出之后才收集到的材料,不能作为证明该处罚合法的证据,“复议机关将该材料采纳为证据是不恰当的”。另外一个证据就是市民拍摄到的赖先生涉嫌驾车违章的照片。对于该照片,法院认为:“调查取证是行政执法机关行使行政处罚权的组成部分,依照《中华人民共和国行政处罚法》第18条第1款的规定,不能委托公民行使。”因此,本案中市民拍摄到的照片“只能作为上诉人涉嫌违法的线索,而不能直接作为公安机关交通管理部门行政处罚的证据”。

因此,法院认为广州市公安局“所采纳的两个证据都不能作为认定原行政处罚合法的根据,其在复议决定中认定原处罚决定事实清楚、证据充分是不当的”。但是,“该瑕疵并不影响复议决定的合法性”,所以,赖先生要求撤销原复议决定的理由不成立,维持原审法院“驳回其诉讼请求”的处理。

上述案例中,公安机关采取的特殊行为方式和由此形成的不同寻常的官民角色关系,以及它们所体现出来的行政改革方向,同样值得探讨。在本案的行政处罚中,“拍违”的市民并非以所谓“行政相对人”的角色出现,而是反过来站在公安机关一边协助它“对付”另外一部分违章的市民。这种不以传统面目出现的官民关系尽管属于制度改革、方法创新的新生事物,完全适应现代公共行政发展的方向,但许多时候却由于人们对新生事物抱有的习惯性的怀疑、否定态度,而受到非议和责难。所谓“市民做回市民,警察做回警察”、“执法归执法,挣钱归挣钱”便是持否定意见者的代表性意见。对此,我们可以从经济学和法学的角度为这种官民角色关系作一番辩护。①

第一,从行政机关一方来看,其实施的是旨在调动公民积极性的行政奖励。在本案中,公安机关对公民赖先生等交通违章者实施的是行政处罚,对另一类公民孔某等“拍违”者实施的则是另一种行为——行政奖励。行政奖励是行政主体依照法定程序和条件,对为国家和社会作出重大贡献的单位和个人,给予物质或精神鼓励的具体行政行为。本案中公安机关对“拍违”市民所给予的物质奖励,属于行政管理方法的创新。

从经济学的角度我们可以将之视为一种理性主体的交易行为。在这桩交易中,作为

---

① 莫于川、林鸿潮:《行政机关借助市民力量取证,证据是否有效——“广州市民被拍违章状告公安局”案评析》,法律教育网,http://www.chinalawedu.com/news/2005/4/ma385015122992450024560.html。

“买方”的公安机关获得了查处交通违章的重要线索，节省了大量的人、财、物开支，大幅提高了行政效率；作为“卖方”的市民获得一定的物质回报；其他普通公众则得到了更加良好的通行环境和更有保障的交通安全；即便是对被拍者而言，这种“交易”纵然会使违章者更可能受到应有的惩处，却并不至于使守法者遭遇不当的错罚，也并不冤枉。用本章第二节的术语来说，它减少了第 II 类错误概率，却不会增加第 I 类错误概率，从而从总体上减少了法律的错误成本。这样的“交易”有人得益却无人受损，实现了帕累托改进，当然值得一试。

第二，从法学角度来看，社会公众一方履行的是旨在协助行政机关执法的公民义务。基于行政优先的行政法理和法律的规定，公民负有协助行政执法的义务。过去我们常将这种义务的承担者局限于行政机关向其发出要求的特定对象，实际上不特定的多数人也有可能作为此种义务的承担者。在交通违章行为高频出现难以查究、人民群众反映强烈的情况下，公安机关鼓励市民“拍违”的通告，当可视为向不特定人提出的协助执行公务的一般要求，市民对此便负有协助义务。

当然，市民履行协助执法义务的方式与程度有一个较大的弹性空间可供伸缩，否则便有可能成为行政机关推诿自身职责，将执法工作转移到市民头上的借口。客观条件与主观态度决定了不同市民履行协助执法义务时在方式和程度上的差别，以拍摄违章协助交通执法而言，则摄像器材与摄影技术的限制便对许多市民构成了限制，但我们并不能据此便否认他们对这一义务的履行。因此，公民履行协助执法义务的最低程度即消极的履行方式，便是对公安机关的此项工作不加妨碍、不施破坏即可；其更为积极的履行方式才是拍摄违章、提供线索，二者均是其履行义务的方式。而公安机关对履行此项义务中的更积极者、更出色者给予物质上的表彰，自属理所当然。

第三，从违章者一方来看，其接受的只不过是本来就依法应得的行政处罚。也就是说，本案中公安机关所尝试的新的行政手段，以及由此形成的新的官民关系也并未使违章者遭受更加不利的对待。诚然，监控交通违章行为是公安机关的一项重要职责，而交管部门鼓励市民拍摄违章，将违章行为置于公众的监控之下，看起来使得违章者陷于更加不利的地位。这里似乎有滥用行政职权之嫌，而权力控制和禁止权力滥用恰是依法行政原则的根本要求，这也是本案中公安机关的行为颇受诟病之处。但我们认为，公安机关的行为实际上无可厚非。一则公安机关动员社会力量旨在制裁市民的违法行为而非合法行为，在目的上具有正当性。违章的市民因此遭受处罚的可能性虽然加大了，但他们所遭受的处罚却不是额外增加的，而是本来就依法应得的，也就是说第 II 类错误成本减小了。二则市民们与违章行为斗争的过程同样受制于法律的严格约束，若市民以此为由侵犯他人的合法权益同样应该受到追究。三则市民提供的线索也须经过行政机关依法甄选方能形成证据并接受非法证据排除原则的检验，公安机关并不能因证据线索是由市民提供的而降低其要求，从而使违章者遭受不利。

第四，从行政处罚的采证规则来看，它同样要求证据的合法性。我们在前文已探讨过刑事诉讼中的非法证据排除原则，本质上它是为了实现程序公正，同时也必然有助于实体公正的实现。这一论证逻辑也适用于行政处罚。这是因为行政机关具有证明行政相对人实施了违法行为的责任，一般情况下不需要行政相对人证明其未实施违法行为。

另外,行政处罚是一种剥夺行政相对人权利或增加其义务的行为,是一种制裁措施,所以同刑事诉讼一样,应当采用较严格的证明标准,否则就容易导致对相对人合法权益的侵犯。但是行政处罚中非法证据排除标准与“民间证据”的采纳并不矛盾,相反,是可以很好地统一的。

具体来讲,行政处罚程序中应当排除的非法证据包括:(1) 严重违反法定取证程序收集的证据。如《行政处罚法》规定:“行政机关在调查或者进行检查时,执法人员不得少于2人,并应向当事人或者有关人员出示证件。”如果一名执法人员取证,即构成违反法定程序取证,这种证据不具有合法性。(2) 不合法主体收集和提供的证据。如不具有鉴定资格的主体作出的鉴定结论等。(3) 以偷拍、偷录、窃听等手段获取侵害他人合法权益的证据材料。这涉及通过秘密手段取证的问题,在行政实践中,行政机关大量采用秘密手段调查违法案件,并采用秘密手段收集证据,如工商、技术监督部门隐瞒身份拍摄有关行政相对人违法的证据等。为了打击违法行为,应当赋予行政机关一定的秘密取证的权力,因此不能全面否定行政机关秘密收集的证据,行政机关秘密收集的证据如果不侵害行政相对人合法权益,应当用于证实案件事实。(4) 以利诱、欺诈、胁迫、暴力等不法手段获取的证据材料。(5) 不具备合法性的其他证据材料。[①] 上述情形可以概括为程序违法、主体违法、手段违法和侵害权益。就本节案例中的违章照片而言,它的取得在程序上并没有违反“证据在先、处理在后”的原则,也无其他违法情形;在主体上,诚如上文所言,取证过程始终操之于公安机关之手,其权力从未假手于人;在手段上,无论是孔某拍摄赖某交通违章的过程,还是公安机关向知情者孔某收集照片的过程,均无利诱、欺诈、胁迫、违反善良风俗等情节;而取证的过程也并未侵犯赖先生的生命健康、隐私名誉等合法权益。因此,对本案中公安机关所采证据材料的效力,应当可以得出肯定的结论。[②] 而这对今后相似案件的处理以至于相关立法的改进也有积极的参考意义。

本章总结

1. 合理的现代化的程序建设对于正处于转型过程中的我国法律和经济社会的运行机制至关重要。作为现代社会公民权利保障和社会价值实现的杠杆,良好的程序环境对于推动社会的成功转型和文明、和谐秩序的建立将起到非常积极的推动作用。

2. 从经济学的角度看,“浙江叔侄奸杀冤案”悲剧的根源在于“排除合理怀疑”原则的缺失使得非法证据成为错判依据。

3. 刑事附带民事诉讼是由同一审判组织在刑事诉讼中附带审理民事案件,在一定程度上保证了效率,但是对于公正的保证却不尽然。

4. 由于行政程序的特殊性,与行政处罚相关的证据制度不同于民事和刑事证据制度,其中当事人身份特征的特殊性尤其值得注意。在我国当前司法实践中,由于立法上

---

① 徐继敏:《试论行政处罚证据制度》,载《中国法学》,2003 年第 2 期。

② 莫于川、林鸿潮:《行政机关借助市民力量取证,证据是否有效——“广州市民被拍违章状告公安局”案评析》,法律教育网,http://www.chinalawedu.com/news/2005/4/ma38501512299245002456 0.html。

的滞后性,“民间证据”得不到应有的地位,这与行政处罚的效率原则是相悖的。

思考题

1. 在我国当前的转型过程中,程序建设的意义和方向何在？

2. 刑事附带民事诉讼是否具有效率？它与一般的民事诉讼有什么区别？请试从法经济学的角度加以阐述。

3. 从经济学的角度看,刑事非法证据的排除对社会而言有何作用？其实施过程中是否存在两难问题？

4. 你认为在行政处罚中民间证据是否有效？理由是什么？

5. 你能举出一个典型的案例来反映当前法律程序的缺陷,并用经济学原理加以分析吗？

阅读文献

1. 〔美〕理查德・A. 波斯纳:《法律的经济分析》,蒋兆康译,法律出版社 2012 年版。

2. 季卫东:《法律程序的意义》,载《比较法研究》(季刊),1993 年第 1 期。

3. 徐继敏:《试论行政处罚证据制度》,载《中国法学》,2003 年第 2 期。

4. 张倩:《论中国的非法证据排除规则》,载《法苑》,总第 10 期。

5. 杨涛,《刑事附带民事诉讼构建的再思考》,法律教育网, http://www.chinalawedu.com/news/16900/173/2003/11/zh961821634141130029552_58492.htm。

6.《浙江叔侄奸杀冤案律师:改判具有里程碑意义》,中国网, http://news.china.com.cn/live/2013-03/29/content_19306202.htm。

7.《药家鑫事件》,人民网, http://opinion.people.com.cn/GB/155936/155938/218621/218622/。

中英文人名对照表

A

Aaron Director	阿伦·迪雷克特
Adam Smith	亚当·斯密
Adamson Hoebel	埃德蒙斯·霍贝尔
Adolf A. Berle	阿道夫·A. 伯利
Alfred Kahn	阿尔弗雷德·卡恩
Alfred Marshall	阿尔弗雷德·马歇尔
Andre Tunc	安德烈·图恩克
Armen A. Alchain	阿门·A. 阿尔钦
Arthur Cecil Pigou	阿瑟·赛斯尔·庇古
Arthur Linton Corbin	亚瑟·L. 柯宾

B

Benjamin Cardozo	本杰明·卡多佐
Bertrand Russell	波特兰·罗素
Brian R. Cheffins	布莱恩·R. 柴芬斯

C

C. Baccaria	C. 贝卡里亚
Cardiner C. Means	卡迪纳·C. 米恩斯
Carl Shapiro	卡尔·夏皮罗
Cesare Beccaria	切萨雷·贝卡里亚
Bonesana Baccaria	本尼撒拉·贝卡里亚
Charles de Secondat, Baron de Montesquieu	查理·路易·孟德斯鸠
Charles K. Rowley	查尔斯·K. 罗利
Christian von Bar	克雷斯蒂安·冯·巴尔

D

Daniel R. Fischel	丹尼尔·R. 费希尔
Daniel Spulber	丹尼尔·史普博
David D. Friedman	大卫·D. 弗里德曼
David M. Walke	戴维·M. 沃克
Donald A. Wittman	唐纳德·A. 威特曼
Douglas C. North	道格拉斯·C. 诺斯

Douglas Melamed	道格拉斯·梅拉梅德

E

Edward Levi	爱德华·列维
Eirik Furubotn	埃里克·菲吕博腾

F

Francis Y. Edgeworth	弗朗西斯·Y. 艾奇沃斯
Frank Tanenbaum	弗兰克·坦南鲍姆
Frank H. Easterbrook	弗兰克·H. 伊斯特布鲁克
Frederic M. Scherer	弗雷德里克·M. 谢勒
Friedrich Kessler	弗雷德里克·凯瑟勒

G

Gary Becker	加里·贝克尔
Gary D. Libecap	加里·D. 利贝卡普
George J. Stigler	乔治·J. 斯蒂格勒
Gorden Tullock	戈登·塔洛克
Guido Calabresi	奎多·卡拉布雷西
Gunnar Myrdal	纲纳·缪尔达尔

H

Hans Hattenhauer	汉斯·哈腾保尔
Harold Demsetz	哈罗德·德姆塞茨
Henry Manne	亨利·梅因
Henry Simons	亨利·西蒙斯
Hens-Peter Schwintowski	汉斯·彼得·舒维托斯基
Herry T. Terry	海瑞·T. 特里

I

Ian Ayres	伊恩·艾尔斯
Isaac Ehrlich	伊萨克·埃里奇

J

James Barr Ames	詹姆斯·巴尔·埃姆斯
James Buchanan	詹姆斯·布坎南
Jean Jacques Rousseau	让·雅克·卢梭
Jeffrey L. Harrison	杰弗里·L. 哈里森
Jeremy Bentham	杰里米·边沁
John Brown	约翰·布朗
John Commons	约翰·康芒斯
John Eatwell	约翰·伊特韦尔

John G. Fleming	约翰·G. 福莱明
John Locke	约翰·洛克
John Maynard Keynes	约翰·梅纳德·凯恩斯
John Rawls	约翰·罗尔斯
John Rogers Commons	约翰·罗格斯·康芒斯

K

Karl N. Llewellyn	卡尔·N. 卢埃林
Karl Larenz	卡尔·拉伦茨
Kenneth Wedwell	肯尼斯·万德威尔德

L

Larned Hand	勒尼德·汉德
Lord Atkin	罗德·阿特金

M

Malcolm Rutherford	马尔科姆·卢瑟福
Martin Weitzman	马丁·魏兹曼
Max Weber	马克斯·韦伯
Melvin A. Eisenberg	梅尔文·A. 爱森伯格
Michael D. Bayles	迈克尔·D. 贝勒斯
Morton J. Horwitz	莫顿·J. 霍维茨
Murray Milgate	默里·米尔盖特

N

Neil Duxbury	内尔·杜克斯伯理
Nicholas Mercuro	尼古拉斯·麦考罗

O

Olive Wendell Holmes	奥利弗·温德尔·霍姆斯

P

Paul Bohannan	保罗·波汉南
Peter Benson	彼得·本森
Peter H. Schuck	彼得·H. 舒克
Peter Newman	彼得·纽曼
Peter Stein	彼得·斯坦

R

Richard A. Posner	理查德·A. 波斯纳
Richard A. Epstein	理查德·A. 爱波斯坦
Richard J. Gilbert	理查德·J. 吉尔伯特

Richard P. Adelstein	理查德 · P. 阿德尔斯坦
Richard T. Ely	理查德 · T. 埃利
Robert D. Cooter	罗伯特 · D. 考特
Robert Redfield	罗伯特 · 雷德菲尔德
Robert W. Hamilton	罗伯特 · W. 汉密尔顿
Roberta Romano	罗伯特 · 罗曼诺
Robin Paul Malloy	罗宾 · 保罗 · 麦乐怡
Ronald Dworkin	罗纳德 · 德沃金
Ronald H. Coase	罗纳德 · H. 科斯
Ronald M. Dworkin	罗纳德 · M. 德沃金
Roscoe Pound	罗斯科 · 庞德

S

Sam Peltzman	萨姆 · 匹兹曼
Samuel Wellington	萨缪尔 · 威灵斯顿
Sandro Schipani	桑德罗 · 斯奇巴尼
Sir William Blackstone	威廉 · 布莱克斯通爵士
Stephen Littlechild	斯蒂芬 · 李特查尔德
Steven G. Medema	斯蒂文 · G. 曼德姆
Steven Shavell	史蒂文 · 萨维尔
Svetozar Pejovich	斯韦托扎尔 · 配杰威齐

T

Theodore W. Schultz	西奥多 · W. 舒尔茨
Thomas Hobbes	托马斯 · 霍布斯
Thomas Jackson	托马斯 · 杰克逊
Thomas J. Miceli	托马斯 · J. 米塞利
Thomas Ulen	托马斯 · 尤伦
Thorstein Venblen	索斯坦 · 凡伯伦

W

Werner Z. Hirsch	沃纳 · Z. 赫希
Wilber G. Katz	维尔伯 · G. 卡茨
William Baumol	威廉 · 鲍莫尔
William Blackstone	威廉 · 布莱克斯
William Douglas	威廉姆 · 道格拉斯
William L. Prosser	威廉 · L. 普罗瑟
William M. Landes	威廉 · M. 兰德斯
William Nordhaus	威廉 · 诺德豪斯
Yoram Barzel	约拉姆 · 巴泽尔

后　　记

呈现在诸位读者面前的这部《法经济学》教材是国内较早尝试结合中国本土法律实践经验介绍法经济学理论的教材之一。本教材第一版的创作编写始于 2006 年春,并于 2007 年 10 月在北京大学出版社出版。但实际上,教材中所涉及的法经济学理论的整理和案例搜集,早在 1999 年本人在浙江大学经济学院开设介绍法经济学理论的博士生课程时就已经开始。自本书 2007 年首次出版以来,一方面我国法律实践领域涌现了一批和法经济学研究相关的新问题及新案例,例如食品安全问题、产品侵权问题等,这些现象在对我国转型期的法律问题构成冲击和挑战的同时,也为法经济学的中国本土化研究提供了许多新素材,法律立法方面的调整也需要法经济学理论对这些现象背后隐含的经济逻辑及社会福利影响做进一步的分析。另一方面,2010 年和 2012 年,受上海人民出版社的邀请,由我本人牵头的浙江大学法律经济学研究团队承担了法经济学领域经典教科书——考特和尤伦两位教授撰写的《法和经济学》第五版和第六版的翻译工作,在这两版《法和经济学》教材的翻译过程中,我们深切感受到近十年来,法经济学领域出现了不少新的理论进展和实证研究,对已有法经济学知识体系构成了有益的补充和发展,这些内容应当被纳入法经济学理论的介绍中。此外,近年来,国内高校的研究者和专家们,在阅读和使用本教材的过程中,也陆续给我们反馈了许多关于本教材需要修订和改进完善的建设性意见和建议。基于以上考虑,我们深感有必要对这部《法经济学》教材进行修订更新。2013 年 4 月,在北京大学出版社的支持下,教材编写组启动了教材的修订工作。

第二版教材,除了部分章节标题的改动,章节摘要、思考题与阅读文献的内容调整和文字表述的修改外,与第一版相比,本次修订的主要内容如下:

(1) 第四章的修订,第一节新增了部分内容,对《物权法》的起草到颁布进行了进一步的补充阐述;对第二、三、四节选用的案例和案例分析也作了相应的更新。

(2) 第五章的修订,第一节对合同的有关概念和定义作了补充阐述;第二节合同理论的经济学分析中,对代理博弈模型的具体数值作了修改,同时增加了“合同法的长期关系”这一部分内容,来进一步说明合同法重复交易与合作的问题;第三节更新了关于完全预期损害赔偿、完全机会成本损害赔偿和完全信赖损害赔偿的案例及图表。

(3) 第六章的修订,对“案例 6-1”和“案例 6-2”的内容作了更新,并在第三节中增加了关于“效率违约的案例分析”这一部分内容,替代了原来的案例分析。

(4) 第七章的修订,在第四节增加了法经济学对“侵权的存在基础:损害”的相关内容阐述。

(5) 第八章的修订,对第一节中“中国侵权制度的历史变迁”进行了较大的修订,主要是改变了原来对中国侵权制度变迁的历史阶段划分,由原来的四个阶段减少到了三个阶段;增加了对中国《侵权责任法》出台前后侵权制度的比较研究;删除了第一版中对中国侵权制度缺陷的描述;在中国现行侵权法的法经济学分析中,增加了第一版出版后至本版修订前这段时间内,中国学者对侵权法的法经济学研究综述。第三节则在原案例分析的基础上,增加了对《道路交通安全法》修订的立法思路转变的经济效率分析。

(6) 第九章的修订,删除了原来第二节“公司法的结构与内容设计”中“公司法的政治经济学分析”的内容;同时,针对当前公司法修改最大的“资本制度”问题,增加了“公司资本制度改变的经济分析”的内容。

(7) 第十章的修订,针对公司法的修改,对案例进行了相应的更新,其中第二节和第四节进行了完全更新,包括案例和涉及的法学理论内容;第三节则作了部分修改更新,在不改变案例涉及的法学理论的基础上更新了案例及分析。

(8) 第十一章的修订,主要是对表11-1和表11-2的内容作了大量的更新和完善。

(9) 第十三章的修订,主要是重新撰写了第一版有关刑法的经济分析的内容,取而代之的分别是新版第二节中的犯罪与惩罚的经济理论和第三节中的犯罪与惩罚经济理论的经验研究;同时,在第四节中对刑法经济分析的评价也作了调整和补充。

(10) 第十四章的修订,主要在第一节增加了较大的篇幅讨论我国转型时期犯罪率变化的典型事实,并分别对犯罪率的历史演变趋势、构成变化及地区和国际比较作了内容补充和进一步的讨论。

(11) 第十五章的修订,主要是增补了程序法的目标,并对其进行了更为详细的解释,以便非经济学专业的读者对这一部分内容能够更加容易阅读和理解。

(12) 第十六章的修订,主要是更新了部分案例及案例分析的内容。

2014年的《法经济学》新版教材的框架仍包括16章内容。第1—2章介绍了法经济学的学科演变和学科特征,第3—16章分别对财产法、合同法、侵权法、公司法、管制法、刑法以及程序法展开了经济学分析及专题研究。新版教材的撰写,第一章由史晋川教授(浙江大学)和陈春良副教授(清华大学博士后,浙江工商大学)合作编写;第二章由史晋川教授和冯文俊(中国交通银行)合作编写;第三、四章由朱慧副教授(浙江工商大学)编写;第五、六章由董雪兵教授(浙江大学)编写;第七、八章由吴晓露副研究员(浙江省社科院)编写;第九、十章由栾天虹副教授(浙江工商大学)编写;第十一、十二章由李建琴教授(浙江大学)编写;第十三、十四章由陈春良副教授和吴兴杰博士合作编写;第十五、十六章由李井奎副教授(浙江财经大学)与王争(英国诺丁汉大学)编写。最后,由史晋川教授在陈春良副教授的协助下,共同对全书作了进一步的校订定稿。由于教材修订的时间较短,在新版教材中可能没有能够更充分地反映法经济学研究的新进展,对中国转型时期的有关法律问题的分析也可能不很到位,敬请读者见谅。

北京大学出版社的林君秀主任、刘京编辑和周玮编辑在本书2014年新版的编辑和出版过程中,耗费心血甚多,对本书作者帮助甚大。在此表示衷心的感谢。当然,由于本书主编的水平有限,书中难免存在缺点甚至错误,欢迎读者朋友不吝赐教。

史晋川

2014年9月于杭州